보이지 않는 붉은 손

보이지 않는 붉은 손

1판 1쇄 발행 | 2021. 4. 26.
1판 3쇄 발행 | 2021. 12. 14.

지은이 | 클라이브 해밀턴 · 머라이커 올버그
옮긴이 | 홍지수
발행인 | 남경범
발행처 | 실레북스

등록 | 2016년 12월 15일(제490호)
주소 | 경기도 용인시 수지구 성복2로 86 115-801
대표전화 | 070-8624-8351
팩스 | 031-308-0067

ISBN 979-11-966546-6-5 03300

블로그 | blog.naver.com/sillebooks
페이스북 | facebook.com/sillebooks 이메일 | sillebooks@gmail.com

값은 뒤표지에 있습니다.
잘못된 책은 구매하신 서점에서 바꾸어 드립니다.

진리가 너희를 자유케 하리라 VERITAS VOS LIBERABIT

세계의 자유와 평화를 위협하는 중국 공산당의 야욕

보이지 않는 붉은 손

HAND

—

클라이브 해밀턴
머라이커 올버그
옮긴이 홍지수

실레북스
SILLEBOOKS

HIDDEN HAND:
Exposing how the Chinese Communist Party is Reshaping the World

옮긴이 일러두기 'Democracy'는 '민주주의'로 번역이 굳어졌지만 사실 '-주의(ism)'가 아니라 '정치체(통치체)(-cracy)'이므로 '민주정체'가 적절한 번역이다. 이 책에서는 독자의 가독성을 위해 Democracy를 민주주의로 옮겼다.

중국 공산당은 정치, 비즈니스, 대학, 싱크탱크, 유엔 등 국제기구를 통해 서방 세계에 영향력을 행사하고 있다. 이 새로운 권위주의 권력은 민주주의를 약화시키기 위해 민주주의를 이용하고 있다.

_ 폴 몽크, 디 오스트레일리안

우리는 중국에 대해 얼마나 알고 있는가?

한국과 중국이 수교한 지 어언 30년이다. 한중 수교 30년간 양국은 경제적으로 깊이 맞물리게 되었다. 한중 간 경제적 상호 의존도 심화는 정치적 사회 문화적 교류의 확대와 심화로도 이어졌다. 이를 반영하듯이 한국 사회에서는 뜨거운 '한풍漢風'이 일어나기도 했다. 어느덧 중국어는 영어만큼이나 필수적으로 배우는 언어가 되었고 중국 역사와 문화에 대한 학습 열기 또한 그에 못지않다. 현재 중국은 한국인이 가장 많이 방문하는 여행지이기도 하다. 그리고 중국은 한국의 정치, 안보, 경제, 사회 문화에 매우 중요하고도 막대한 영향을 주는 이웃 강대국이 되었다.

특히 2010년대에 중국이 명실공히 세계 2위의 경제대국으로 부상하면서 한국과 국제 사회에 무시할 수 없는 영향력을 행사하게 되었다. 이러한 변화는 한국 사회에서 중국에 대한 새로운 담론이 형성되는 계기가 되기도 했다. 한국 사회에서 상식으로 자리 잡게 된 이른바 'G2'라는 개념이다. 이 용어의 확산으로 일반인들은 마치 세계가 미국과 중국 양 강대국 중심의 구도가 된 듯이 인식하게 되었다. 이와 함께 한국 사회 주류 담론으로 대두된 것이 이른바 '선택론'이다. 마치 한국이 미국과 중국 사이에서 한 편을 선택해야 하는 딜레마에 빠져 있다는 식의 담론이 전문가로부터 시작해 대중에 이르기까지 당연한 듯이 회자되기에 이르렀다.

하지만 이러한 담론에서 '어떤 중국?' 또는 '어떤 미국?'이냐 라고 하는, 즉 다시 말해 그 국가의 성격에 대한 고민은 실종되어 버렸다. 한국의 자유, 독립, 번영을 유지하는 데 가장 기본적이고도 실존적인 고민인데도 말이다. 그리고 그러한 고민이 실종된 공간은 '실용' 또는 '실리'라는 수사적 용어로 포장되고 있다. 그런데 중국의 역사, 문화, 언어 등에 대해 그 어느 때보다도 많이 알게 된 현재, 다시 이 근본적 질문을 던져야만 하는 상황에 직면해 있다. '우리는 중국을 얼마나 알고 있는가?' 이 질문을 더욱 구체적이고 직설적으로 던져 보자. '우리는 중국 공산당 일당 독재 체제 하에 있는 중국에 대해 얼마나 알고 있는가?' '중국 공산당의 대외 전략은 무엇이고, 그것은 우리 한국에 어떠한 영향을 주고 있는가?' '중국 공산당의 중국이 아시아 패권을 장악하면 한국에는 어떠한 영향이 발생할까?' 그리고 '중국 공산당은 아시아를 넘어 세계 패권을 장악하기 위해 어떠한 일들을 전개하고 있는가?'

이상과 같은 질문에 대한 실마리를 《보이지 않는 붉은 손Hidden Hand》이 제공해 주고 있다. 저자인 클라이브 해밀턴은 우리가 던져야 할 질문을 호주가 처하게 된 위기의 상황을 보면서 먼저 제기했다. 지난 수십 년간 호주와 중국은 경제적으로 상호 교류가 폭발적으로 증가했다. 그리고 경제교류의 증가는 동시에 사회 문화적 교류 심화로 이어졌다. 그런데 중국과의 경제 사회 교류가 활발해 지면서 호주는 중국 공산당이 호주를 은밀하고도 조용하게 침략하고 있는 엄중하고도 심각한 문제에 직면하게 된다. 그 결과 뒤늦게나마 일부 호주의 지식인들이 이 문제의 심각성에 눈을 뜨게 되었다. 호주의 정치학자이자 환경 정책 전문가인 해밀턴은 중국 공산당이 호주를 잠식해 실질적으로 장악하기 위해 전개하는 파상적 공세와 은밀한 공작의 실태를 뒤늦게나마 깨닫게 된 일부 지식인 중 한 명이다. 그 실태를 고발한 책이 바로 《조용한 침략Silent Invasion》이다. 《조용한 침략》은 호주뿐만 아니라 전 세계적 반향을 일으킨 바 있다. 하지만 문제는 호주만이 아니었다.

중국 공산당은 미국, 캐나다, 영국을 포함한 서방 유럽국가들, 그리고 전 세계에 걸쳐 은밀하고도 고도로 정교화된 공작 수법을 동원해 삼투滲透와 장악을 기도하고 있었다. 중국 공산당은 또한 개별 국가만이 아니라 각종 국제기구를 내부로부터 장악하면서 실질적인 영향력을 확보하고 있었다. 여기서 해밀턴의 문제의식은 전 세계로 확장된다. 특히 자유 민주주의 체제와 국제 자유주의 질서의 핵심인 미국과 서방 유럽 선진국이 자기도 인식하지 못하는 사이에 중국 공산당에 침탈당하고 있는 실상에 주목한다. 유럽에서의 중국 공산당 잠식 행태를 연구해 오고 있는 머라이커 올버그와 공동 조사 및 분석에 들어간 배경이다. 공동 저자인 머라이커 올버그는 독일, 프랑스, 영국, 이탈리아 등 서유럽 자유주의 선진국에서 중국 공산당이 전개하는 자유주의 체제와 서방 사회 파괴 공작 실태를 매우 실증적으로 분석해 온 학자이다. 그리고 그 공동 연구 결과가 바로 이번에 국내에 번역되어 소개되는 《보이지 않는 붉은 손》이다.

이 책은 중국 공산당이 한 국가 사회를 장악해 나가는 전략 전술, 공작 수법과 실태를 실증적 자료를 바탕으로 드러내고 있다. 이 책에서 집중적으로 분석하고 있는 사례는 북미와 유럽, 그리고 국제기구이다. 중국 공산당은 북미와 유럽에서 매우 은밀하고도 고도로 정교화된 삼투 공작을 통해 서구인들이 인식하지 못하는 사이에 국가 사회를 내부로부터 피폐화시키고 병들게 함으로써 영향력을 장악해 나가는 전략 전술을 전개해 오고 있다. 이 지점에서 저자들은 의문을 제기한다. 중국 공산당이 자유 민주주의 체제와 국제 자유주의 질서를 제약하고 파괴하는 현실을 보면서도 왜 서방 세계 엘리트(정치 지도자와 지식인들)들은 중공의 위협에 눈감고 침묵하거나 또는 애써 무시하는가? 이 책에서는 이에 대한 해답을 철저하게 실증적인 분석을 통해 밝혀내고 있다. 참고로 서방 국가와 국제기구에 대한 중국 공산당 침탈 실태가 실증적으로 제시될 수 있는 것은 이들 국가에서 관련된 조사와 분석이 최근에 봇물 터지듯이 쏟아져 나오고 있기 때문이다. 하지만 이러한 사례는 서구 사회에만 국한되는 것이 절대로 아니다. 한국을 포함해 아시아, 아프리카, 중남미 전역에 걸쳐 중국 공산당의 '보이지 않는 손'이 끼치지 않는 곳이 없다. 오히려 중국 공산당의 '보이지 않는 손'은 이들 국가와 지역을 더욱 심각하게 장악해 나가고 있다. 다만, 한국을 포함한 이들 국가에서는 관련된 조사와 분석이 이루어지고 있지 않을 뿐이다.

이 책을 읽으면서 우리 모두 제기해야 할 중요한 질문이 있다. '한국은 예외인가?' 이 질문을 놓지 않고 이 책을 읽는 독자들은 책 한

페이지를 넘길 때마다 다음과 같은 탄성과 함께 무릎을 치게 될 것이다. '우리나라에서 중국과 관련해 일어나는 일들이 바로 이런 것이었구나!' 만약 독자들이 이 책을 일독하면서 문제의식이 여기까지 이어졌다면, 한국 사회에서 중국과 관련해 진행되고 있는 실태에 대해 검색해 볼 것을 권하고 싶다. 이미 널리 회자된 이른바 '차이나게이트,' '나는 개인이오,' 'FOLLOW_THE_PARTY,' '차이나타운' 등의 키워드 외에도 무수히 많은 사실들이 충격적으로 드러나게 될 것이다. 이 지점에서 앞서 언급한 질문을 다시 제기해 본다. '어떤 중국(?)', '선택의 딜레마(?)', 무엇을 선택한다는 것인가? 우리는 현재 한국과 한국인의 자유, 독립, 번영의 유지라고 하는 실존적 문제에 직면해 있다.

끝으로 책의 번역에 대해 언급하지 않을 수 없다. 보통 번역은 또 다른 창작이라는 얘기가 있다. 한 언어에는 그 언어를 사용하는 사람들의 역사, 철학, 문화, 종교, 삶의 양식을 포함한 가치관 등이 배어 있다. 다른 언어를 우리말로 번역할 때 겪는 어려움이 여기에서 나온다. 왜냐하면 단어 하나, 문장 하나에도 그 언어를 사용하는 사람들만이 공유할 수 있는 깊은 의미가 함축되어 있기 때문이다. 그래서 우리말로 정확하게 번역할 수 없는 단어나 문장이 매우 많다. 번역 과정에서 겪게 되는 가장 큰 어려움이다. 그래서 직역을 고수할 것인가 아니면 의역을 선택해야 하는가, 그것도 아니면 부연 설명을 추가해야 하는가 라는 고민에 종종 빠져들게 된다. 이러한 번역의 어려움을 탁월한 문장과 단어 선택의 묘미로 명확하게 전달하는 것이 바로 '홍지수' 번역의 특징이다. 홍지수 선생님과는 아직 일면식도 없다. 하지만 그 동안 국제 정치와 관련된 홍지수 선생님의 다른 번역서를 접하면서 정치학자로서 그리고 번역 작업을 해 보았던 경험자로서 높이 평가하는 이유이다. 번역한 책을 이미 원서로 읽은 상태에서 접한 홍지수 번역본은 해당 번역본을 이미 원서로 읽고 스스로 잘 이해했다는 판단을 종종 뒤집어 놓기도 했다. 이것이 '번역의 힘'이기도 하다. 이번《보이지 않는 붉은 손》도 홍지수 번역에 거는 기대를 한 치도 저버리지 않는다. 개인적으로 이 책이 출판된 2020년에 바로 읽었던 상태에서 접한 이번 번역본으로 저자들이 전달하고자 하는 내용을 더욱 명확하게 정리하는 데 도움을 받을 수 있었다.

이 책은 중국 공산당의 실체와 본질을 정확히 인식하는 데 있어 필독서 중 하나이다. 한국인이라면 반드시 읽어야 할 이 책이 최고의 번역으로 쉽고도 명확하게 이해할 수 있도록 소개되는 데 도움을 주신 홍지수 선생님과 출판사 대표님께 중국 정치 전문가로서 감사의 말씀을 드리고 싶다.

계명대학교 중국학 전공 교수

이지용

역사는 민주적 자유의 편이므로 결국 세계만방에서 승리하리라는 믿음은 위안을 주기는 하지만 희망 사항일지도 모른다는 두려움 또한 항상 공존했다. 실제 지난 2-30년간 세계에서 일어난 사건들을 보면 더 이상 우리가 누리는 민주적인 자유를 당연시 여길 수 없게 되었다. 보편적인 인권이나 민주적 관행과 법치는 막강한 적들과 직면해 있다. 특히 공산당이 지배하는 중국은 그 가운데서도 가장 막강하다. 공산당은 세계를 대상으로 영향력을 행사하고 개입하기 위해 치밀하게 계획을 세워 대담하게 실행했으며, 더 나아가 어마어마한 경제적 재원과 기술력으로 뒷받침한다. 서구 진영 국가들에서 제도를 전복하고 엘리트 계층을 포섭하는 폭넓은 시도를 통해 중국 공산당 지도층은 기대했던 정도보다 훨씬 큰 성과를 올렸다.

제 2차 세계 대전 이후에 구축된 세계 질서와 민주적 제도들은 생각보다 훨씬 허술했다. 또한 이를 무너뜨리기 위해 정치적 전쟁에 적들이 동원하는 신형 무기들에도 취약한 것으로 드러났다. 중국 공산당은 민주주의 체제의 약점을 이용해 체제를 훼손하고 있지만 서구 진영의 사람들은 대부분 이를 인정하지 않으려 한다. 민주주의가 살아남으려면 본연의 모습을 원상회복할 필요가 절실하다.

중국 공산당은 우리 모두가 두려움 없이 살 권리를 위협하고 있다. 서구 진영에서 거주하는 티베트인, 위구르인, 파룬궁法輪功 수행자들, 홍콩 민주화 운동가들과 많은 중국인들이 중국 공산당의 억압을 받는 최전선에 노출되어 있고 두려움 속에서 살고 있다. 정부, 학문 기관, 기업인들은 중국의 분노를 사 금전적으로 보복을 당할까 봐 전전긍긍한다. 이러한 두려움은 독성과 전염성이 강하다. 이러한 두려움을 국가가 번영하기 위해 치러야 할 당연한 대가로 받아들여서는 안 된다.

서구 진영에서 중국의 영향을 받지 않은 민주주의 국가는 없다. 중국은 서구 진영이 이에 대해 저항을 거의 하지 않자 더욱 대담해져서 강요와 협박 전술을 사용할 대상을 점점 넓혀 가고 있다. 중국 공산당의 강압적인 손길을 직접 느끼지 않는 이들에게조차 세계는 변하고 있다. 중국의 독재적인 규범들이 전 세계로 확산되고 있기 때문이다.

출판업계, 영화계, 영화관 경영자들이 중국인의 심기를 거스를지 모르는 견해들을 검열하면서 표현의 자유가 침해된다. 대학 당국이 학자들에게 중국 공산당에 대한 비판을 자제하라고 압력을 넣거나, 티베트 지도자 달라이라마의 초청 강연을 금지하면 학문의 자유가 훼손된다. 불교 기관이 시진핑習近平에게 충성을 맹세하고 중국 공산당이 첩자들을 교회 기관에 심어 놓으면 종교의 자유가 위태로워진다. 중국이 인터넷으로 시민을 감시하고 합법적인 시위에 참가한 시민들을 촬영하는 등 감시 체제를 강화하고 확대하면서 개인의 사생활이 침해된다. 중국 공산당 관련 기관들과 당을 대리하는 조직들이 서구 진영에서 국민을 대표하는 정치인들을 포섭해 타락시키고 막강한 로비스트들을 고용해 중국 공산당의 심부름을 하게 만들면 민주주의 자체가 공격을 받는다.

북미 지역과 서유럽(이하 서구 진영으로 표기)에서 중국 공산당이 어떤 수단을 동원해 어떻게 영향력을 행사하고 개입하며 체제를 전복하려 하는 이유가 뭔지 밝히는 게 이 책의 주제이다.《은밀한 침공 Silent Invasion》에서 자세히 설명한 바 있지만 호주와 뉴질랜드에서 중국 공산당이 한 활동도 가끔 언급된다. 그러나 그런 활동은 수단만 달라질 뿐 세계 도처의 다른 나라들이 겪은 일과 매우 유사하다. 사모아에서 에콰도르, 몰디브에서 보츠와나에 이르기까지 중국 공산당의 표적이 되지 않은 나라를 찾기는 힘들다. 남반구에서 중국 공산당이 행사하는 영향력도 치밀하게 조사하고 폭로해야 할 절실하고 급박한 필요가 있지만 이 책에서 다룰 범위를 벗어나는 내용이다.

중국 공산당은 중국 안팎에서 당이 모든 중국인을 대표한다고 설득하기 위해 안간힘을 쓴다. 중국 공산당은 중국에 관한 모든 것의 중재자로 보이고 싶어 하고 중국을 사랑하는 중국인이라면 어디에 살든지 상관없이 당연히 당도 사랑해야 하고, 당을 사랑하는 중국인만이 중국을 진정으로 사랑하는 사람이라고 주장한다. 중국 공산당은 당이 곧 인민이고, 따라서 당에 대한 어떤 비판도 중국 인민에 대한 공격으로 간주한다.

서구 진영의 수많은 이들이 이러한 계략에 속아 넘어가서 중국 공산당의 정책을 비판하는 사람들을 인종 차별주의자라거나 중국을 혐오하는 사람으로 낙인찍는다. 그러나 그런 행동이 중국인을 옹호해 주지는 못한다. 오히려 중국 공산당에 맞서는 중국인들과 당이 박해하는 소수 민족들의 목소리를 묵살하거나 폄하하는 셈이 된다. 최악의 경우 중국 공산당의 영향력 확대를 돕는 역할을 하는 셈이다. 이 책에서는 중국과 중국 공산당을 엄격히 구분한다. 이 책에서 '중국'이라는 단어는 중국 공산당이 지배하는 정치체를 뜻한다. 예컨대, 유엔에서 결의안에 찬성한 '캐나다'라는 문구에서 캐나다가 지니는 의미와 일맥상통한다.

당과 나라와 국민을 혼용하면 온갖 오해를 낳는데, 이게 바로 중국 공산당이 바라는 바다. 해외에 거주하는 중국인들을 적으로 간주하는 사람들이 간혹 생기게 된다. 이 책에서 다루겠지만, 그들 가운데 많은 이들이 사실 중국 공산당의 가장 큰 피해자인 경우가 많다. 그들은 중국 공산당의 활동에 대해 가장 잘 알고 있는 사람들이고 그 가운데 일부는 이 문제를 해결하는 데 관여하고 싶어 한다.

당과 인민을 엄격하게 구분해야 중국과 서구 진영 간의 갈등은 세간에서 주장하는 '문명의 충돌'이 아니라는 사실을 이해할 수 있다. 우리가 직면한 상대는 유교를 내세우는 '타자'가 아니라 독재 정권, 즉 중앙 위원회, 정치국, 그리고 어마어마한 경제적 기술적 군사적 재원이 뒷받침하는 총서기로 구성된 레닌주의 정당이다. 중국 공산당의 억압적인 가치관과 관행 그리고 표현과 집회와 종교와 신념의 자유, 박해로부터의 자유, 사생활 보호의 권리, 평등하게 법의 보호를 받을 권리 등 유엔 인권 선언문에 명시된 자유 간의 충돌이다. 중국 공산당의 언행은 이 모든 자유를 낱낱이 거부한다.

중국 가까이 사는 사람들은 서구 진영의 대부분의 사람들보다 이를 훨씬 잘 알고 있다. 그 때문에 홍콩에서 최근 시위에 불이 붙었고 2020년 1월 타이완에서 차이잉원蔡英文 총통이 재선되었다. 타이완 국민은 차이잉원을 압도적인 표차로 지지함으로써 중국 공산당에 맞선다는 의지를 밝혔다.

좌익은 역사적으로 피억압자들을 옹호해 왔음에도 불구하고 일부는 시진핑 치하의 중국 정부가 지닌 속성을 못 본 체 핑계거리만을 찾는다. 그들은 전체주의가 인권을 얼마나 억압할 수 있는지 잊어버렸다. 중국 공산당의 활동에 대한 우려는 정치적 진영을 초월한다. 미국 의회에서 민주 공화 양당이 손을 잡고 중국에 맞서듯이 말이다. 유럽도 마찬가지다. 좌우 양 진영은 여러 가지 사안에서 의견을 달리 하지만 중국 공산당 치하의 중국은 인권뿐만 아니라 국가 주권에 대한 중대한 위협이라는 데 의견을 같이 한다.

서구 진영의 수많은 이들이 중국 공산당의 위협을 애써 축소하거나 부인하는 이유가 이 책이 다룰 주제다. 업턴 싱클레어Upton Sinclair의 말처럼 "특정한 사안을 이해하지 않아야 생계가 유지되는 사람에게 그 사안을 이해시키기란 매우 어렵다." 또 다른 이유는, 특히 좌익 진영의 일부 사람들이 보이는 태도인데, 바로 '그러는 우리는?'과 같은 태도이다. 이들은 중국이 못마땅한 짓을 좀 할지 모르지만 '그러는 미국은?'이라고 반문한다. 백악관을 차지했던 도널드 트럼프를 상대로 이런 논리를 펴면 효과적일지 몰라도 과거와 현재의 미국과 미국의 외교 정책에 대해 어떤 비판을 하든(그리고 우리는 미국과 미국의 외교 정책을 강하게 비판한다.) 중국 공산당 정권이 인권을 유린하고 자유를 억압하는 행태는 축소되지도 면제되지도 않는다.

세계 여느 민주주의 국가와 마찬가지로 미국도 결함이 있지만 정부에 효과적으로 맞서는 반대 세력이 존재한다. 선거를 통해 정부가 교체된다. 국가로부터 대체로 독립적인 사법부가 존재한다. 언론 매체는 다양하고 제약을 받지 않으며 종종 정부에 대해 혹독한 비판을 한다. 그리고 불의에 맞서 조직화할 수 있는 시민 사회가 존재한다. 중국 공산당 치하의 중국에는 이 가운데 단 하나도 존재하지 않는다. 서구 민주주의 사회의 일부 독재적인 성향의 정치인들은 우려를 낳기는 하지만 체제가 그들의 활동을 제약한다. 그러나 시진핑의 독재적인 충동을 제약할 수 있는 힘은 거의 없다. 특히 마오쩌둥 같은 또 다른 초강력 지도자의 출현을 막기 위해 중국 공산당이 구축한 정치 협약을 시진핑과 그의 추종 세력이 파기해 버린 현재는 더더욱 그러하다. 따라서 서구 진영과 민주주의 국가도 결함이 많지만 중국 공산당이 제시하는 정치 모델이 해결책은 아니다.

서구 진영이 중국 공산당의 위협을 제대로 인식하지 못하는 또 다른 이유는 무지다. 과거에 중국 공산당과 같은 적을 상대해 본 적이 없기 때문이기도 하다. 냉전 시대에 서구 진영에서 소련과 경제적으로 깊이 엮여 있었던 나라는 없었다. 그런 만큼 '중국에 대한 이해를 도모'하겠다는 서구 진영에 중국이 돈을 쏟아 붓고 있는 바로 그 시점에 많은 나라들이 중국이 지니는 경제적 전략적 중요성을 알려고 애쓰고 있다. 당사자인 중국으로부터 직접 정보를 얻는 게 그럴 듯해 보이겠지만 이는 대단한 실수임을 앞으로 이 책에서 밝히고자 한다.

1 An overview of the CCP's ambitions

중국 공산당이
품은 야심

중국 공산당은 총 한 발 쏘지 않고 세계 질서를 재편하고 자기의 형상을 본 떠 세계를 재창조하려는 결의에 차 있다. 중국 공산당은 지지자들을 포섭하고 비판하는 이들의 입을 틀어막고 제도를 전복함으로써 외부로부터 도전을 받지도 않고 내부에서 발생하는 저항도 방해해 왔다.

대서양을 사이에 두고 유럽과 북미에 거주하는 정치 분석가들이 중국을 적으로 규정해야 할지 여부에 대해 전전긍긍하고 있지만, 중국 공산당은 이미 30년 전에 결론을 내렸다. 소련이 붕괴한 이후의 세계에서 중국은 중국 공산당이 패배시키거나 무력화시켜야 할 적들로 둘러싸이게 되었다.

서구 진영에서 중국 공산당을 지지하는 이들과 당사자인 중국 공산당은 중국을 상대로 세계가 '신냉전'을 벌이고 있다고 비판하지만, 정작 중국 공산당은 '적대적인 세력들'을 대상으로 이념적인 투쟁을 중단한 적이 없다. 중국 공산당에게 냉전은 결코 끝난 적이 없다.

동맹을 재구성하고 세계가 세계를 인식하는 방식을 바꿔야 중국 공산당이 자국 내에서 계속 통치할 수 있고, 그 영향력을 확장해서 결국은 중국이 세계에서 으뜸가는 강대국이 될 수 있다. 중국 공산당의 계획은 지도부의 연설과 문서를 통해 잘 설명되어 왔다. 서구 진영의 엘리트 계층을 포섭해서 그들이 중국의 지배를 환영하게 만들거나 중국의 지배가 필연적이라고 받아들이게 하고 이에 저항해 봤자 소용없다고 생각하도록 만드는 게 목표를 실행하는 전략이다. 일부 국가에서는 중국 동포들이 지닌 경제력과 정치적 영향력을 이용하는 한편 그 나라 내부에서 중국을 비판하는 사람들의 입을 틀어막는 수법도 핵심적인 전략이다.

중국은 어마어마한 경제적 영향력을 이용해 강요와 외교적 압박을 가하고, 통일 전선을 형성해 '우방'을 포섭하고 언론 매체, 싱크탱크, 대학들을 상대로 농간을 부린다. 이 모든 전술들은 서로 중첩되고 강화된다.

중국이 전 세계에 행사하는 이 같은 영향력은 여느 나라들이 펼치는 그것과 전혀 다르지 않다고 주장하는 이들이 있다. 중국 공산당이 하는 일이 하나같이 독특하지는 않을지 모르지만, 그들은 강제력을 적극적으로 이용하는 점에서 다른 나라들의 외교 활동과 분명히 구분된다.

세계 최대 규모의 제조업 시설을 보유하고 세계 2위의 경제 규모를 자랑하는 중국은 서구 진영의 많은 기업들과 정치인들을 유인해 왔다.

일부 산업들은 중국의 거대한 시장에 크게 의존하고 있고 중국은 이러한 경제적 의존성을 정치적 무기로 기꺼이 이용한다. 중국 사정에 밝은 한 인사의 말처럼 "중국 정치 지도자들이 원하는 대로 하지 않으면 경제적으로 보복을 당한다. 그들은 전 세계 정치인들에게 경제적 족쇄를 채워 놓는다. 그들은 오래전부터 이런 짓을 해 왔고 잘 먹혀든다."[1]

때로 그들은 그 족쇄를 노골적으로 옥죈다. 2018년 캐나다에서 중국 기업 화웨이華爲 간부 멍완저우孟晩舟가 체포된 후 중국은 캐나다로부터 대두, 카놀라, 돼지고기 수입을 금지했다. 2017년 한국이 북한의 도발에 대한 대응으로 미국의 탄도 미사일 방어 체계를 설치하기 시작하자 중국은 한국에 대해서도 비슷한 방식으로 대응했다. 중국은 자국민의 한국 관광을 금지하고, 중국에서 한국의 대기업들을 축출했으며, K-Pop 스타들의 입국을 금지하고, 전자 제품과 화장품 수입을 금지하는 등 43가지 보복 조치를 취했다.[2] 2019년 10월에도 중국은 여전히 한국에 대한 보복 조치를 시행하고 있었다.

중국은 뉴욕주에 있는 로체스터 대학교의 이스트먼 음악 학교 측에 중국 순회공연이 예정대로 진행되기를 원한다면 학교 교향악단에서 세 명의 한국인 학생들을 배제하라고 요구했다.[3] 공연이 취소되면 학교의 명성에 흠집이 난다는 이유를 들어 이스트먼 학장은 한국인 학생들이 공연에 참가하지 못하게 하겠다고 밝혔다가 학생들과 동문들의 반발로 공연을 취소하기로 결정했다.[4]

휴스턴 로케츠Houston Rockets 농구단의 단장 대릴 모레이Daryl Morey가 2019년 말 홍콩 시위대를 지지한다는 트윗을 날렸다가 중국으로부터 즉시 반격을 당했다.[5] (그의 트위터 계정에 쇄도한 비판은 중국 내에 있는 댓글 부대와 가짜 계정들로부터 비롯된 것으로 보인다.[6]) 중국에는 로케츠 팀의 열혈 팬이 많지만 경기 중계방송은 취소되었다. 후원사들도 후원을 철회했다. 중국은 모레이가 '중국인들의 심기를 거슬렀다'며 격분했다. 중국 국영 방송 CCTV의 진행자는 '국가의 주권과 사회적 안정을 해치는 언행'은 표현의 자유에 해당하지 않는다며 이에 대한 정의를 새롭게 내렸다.[7] 중국에서 성장 중인 시장을 보

호하는 데 급급한 전미농구협회는 중국 공산당 중앙 선전부가 썼음 직한 절절한 사과문을 발표했다.[8]

몇몇 대상에게 본보기 삼아 가혹한 처벌을 내리기만 하면 모든 사람들에게 공포를 심어 줄 수 있지만, 중국은 애매하고 은근한 협박을 선호하기 때문에 나중에 협박하지 않았다고 부인할 수 있고, 이 때문에 표적이 된 대상은 자신이 협박을 받고 있는지를 알아채기가 어렵다. 중어 중문학자 페리 링크Perry Link의 말처럼 애매모호한 협박은 더 많은 사람들을 두렵게 만든다. 자기가 협박의 표적이 되지 않으리라고 아무도 장담하지 못하며 따라서 협박의 표적이 될 만한 대상은 '활동을 더욱 폭넓게 자제하게 된다.'[9]

중국은 자국이 지닌 경제적 영향력을 국가 차원에서 악용하는 기술을 세계에서 가장 능수능란하게 이용하게 되었다. 최근 몇 십 년 동안 서구 진영의 국가들이 자유 시장 경제 정책을 고수하기 위해 무역에 대한 정치적 개입을 꺼리게 되었기 때문인 이유도 있다. 그 때문에 도널드 트럼프가 2018년 중국을 상대로 무역 전쟁을 선포하자 세계는 경악했다.

트럼프가 여러 가지 잘못하는 일도 있지만, 중국이 세계 교역의 원칙들을 체계적으로 위반하고도 응분의 대가를 치르지 않아 왔다는 그의 주장은 옳다.

중국이 해외에서 사회 기간 시설 구축에 대대적으로 투자하는 '일대일로창의一帶一路倡議'는 궁극적으로 경제적 영향력을 행사해 원하는 바를 얻기 위한 수단이고, 더욱 정확히 말하자면 경제적 협박 수단이다. 일대일로 정책을 통해 중국은 건설 산업과 어마어마한 자본 보유고가 진출할 출구를 마련해 주는 한편 자본이 부족하고 주류 금융 산업의 융자 대상에서 소외되어 있는 나라들에게 필요한 투자 자본을 공급해 준다. 중국이 제시하는 저리 융자를 뿌리치기는 힘들다. 특히 환경 보호 등 다른 조건들이 딸려오지 않는 융자라 더더욱 그러하다.[10]

그러나 이른바 '새 비단길'로도 알려진 일대일로의 목적(438쪽의 약어 풀이를 참조할 것)은 단순히 중국이 잉여 자본의 탈출구를 마련해 주거나 빈곤한 국가들의 발전을 도와주는 일이 아니다. 일대일로는 중국이 세계 지정학 체계를 재정립하는 주요 기제다.[11] 시진핑의 간판 정책인 일대일로는 이제 중국 정부가 해외에서 시행하는 상업적, 기술적, 학문적, 문화적 활동 등 거의 모든 활동과 밀접하게 통합되어 있어서 중국의 총체적인 외교 활동과 불가분의 관계이다.

시진핑은 인류의 공동 운명 공동체를 구축하는 자신의 미래상에 반드시 필요하다면서 일대일로를 여러 차례 언급해 왔다.[12] 이 개념은 서구 진영 사람들에게 그럴듯하게 들릴지 모르지만 사실 중국 중심의 세계를 구축하는 게 목적이다. 즉 시진핑을 정점으로 한 강경파가 꿈꾸는 미래상이다. 그들은 중국이 주도하는 세계 질서를 '중국 인민의 부흥'에 반드시 필요한 요소로 간주한다.[13]

따라서 일대일로는 중국이 전후 세계 질서를 바꾸는 데 사용하는 가장 막강한 수단이다.[14] 국방 전략가이자 퇴역한 중국 인민 해방군 소장 차오량喬良은 2015년 연설에서 일대일로를 순전히 중국이 미국을 압도하기 위한 수단이라고 설명했다. 그는 이를 뿌리치기 어려운 새로운 세계화의 형태이며, 이 정책의 성공은 중국의 인민폐人民幣가 세계 기축 통화로서 달러를 대체하고 미국을 '공동화空洞化'시키는지 여부로 가늠하게 될 것이라고 말했다.[15] 차오량은 선을 넘는 발언을 하는 인물로 알려져 있지만 일대일로를 추진하는 지리 전략적인 근거는 다른 곳에서도 분명히 나타난다. 예컨대 2019년 일대일로 프로젝트에 관해 중국-말레이시아가 공동 개최한 회의에서 논의된 내용이 유출되었는데, 일대일로 프로젝트는 '정치적인 속성'이 있지만 대중은 이를 시장 주도적인 프로젝트로 보게 해야 한다고 기록하고 있다.[16]

일대일로창의에 가장 빈번하게 붙는 수식어는 '거대한'이라는 형용사다. 중국의 고위 외교관 양제츠楊潔篪는 2019년 8월 일대일로는 '사소한 지정학적 게임'에는 관심이 없다고 했는데 그가 한 말은 사실이다.[17] 〈파 이스턴 이코노믹 리뷰〉의 편집인을 지낸 나얀 찬다Nyan Chanda는 일대일로를 '21세기에 중국이 지닌 권력욕을 노골적으로 드러낸' 프로젝트라고 묘사한다.[18]

이와 병행해서 중국 정부가 창립한 아시아인프라투자은행(AIIB) 같은 기구들과 마찬가지로 일대일로창의는 다른 나라들이 참여하는 기존의 기구들에게 전혀 위협이 되지 않는 척 하지만 야금야금 중국의 이익에 부합하게 노선을 재조정하고 세계 힘의 균형을 바꾸고 있다.

중국 공산당이 지닌 세계적 지역적 힘의 역학 관계에 대한 사고의 핵심은 '주적'과 '맞설 상대'를 규명하고 통일 전선을 구축하는 일이다. 세계적인 차원에서 보면 주적은 미국이며, 중국은 미국을 미국의 동맹국으로부터 떼어내 고립시켜야 한다.

영국이 브렉시트Brexit로 유럽 연합을 탈퇴하기로 하고 도널드 트럼프가 선출되면서 중국이 대서양을 가로지르는 동맹을 약화시키고 더 나아가 유럽의 결속을 잠식할 전략적 기회가 조성되었다. 중국 공산당은 오래전부터 유럽을 미국의 별 볼일 없는 동반자로 여겨 왔지만, 이제는 유럽을 대단한 전리품으로 간주하고 있다. 중국 공산당은 유럽을 자기편으로 끌어들임으로써 중국이 '다자주의 multilateralism의 수호자'이자 미국의 패권과 일방주의를 견제하는 데 절실히 필요한 주체라고 세계를 설득하려 한다.[19]

중국은 개발 도상 지역에서 자국이 추진하는 구상들에 대해 유럽의 지지를 이끌어내고 싶어 한다. (이 책에서는 다루지 않겠지만, 이와 유사하게 기존의 동맹 관계를 파괴하는 전략들이 세계 각지에서 시행되고 있다.)

'부채 외교,' '세계의 결속,' '상생 협력' 등에 대한 보도가 쏟아지지만, 일대일로창의의 전략적 목표는 사회 기간 시설 투자에 동반되는 정치적 영향력뿐만 아니라 세계적 담론을 관리하는 다각적이고도 은밀한 프로그램을 통해서 달성된다. 일대일로창의는 담론의 조건들을 통제함으로써 힘을 투사하는 게 목적이다. (이는 6장에서 다루도록 하겠다.) 일대일로창의의 논의를 기업 활동과 경제에 국한시킨다는 것은 가당치 않다. 싱크 탱크들을 서로 연결하는 실크로드 망에서부터 언론 매체들과의 협약, 문화 기구들 간의 협력에서부터 자매 도시 결연과 '민간 교류'에 이르기까지 우후죽순으로 생기고 있는데, 이 모두가 일대일로창의의 양해 각서에 포함된다.

오늘날, 중국 공산당은 여전히 중국의 체제를 변화시키려는 적대적인 세력들의 '이념적 침투'를 극도로 경계하고 우려한다. 2006년 중국 중앙 선전부가 발간한 지침서에 따르면, '적대적인 세력이 사회를 혼란케 하고 정치 체제를 전복하려 할 때 항상 가장 먼저 이념에 구멍을 뚫고 침투해 인민의 사고를 혼란케 한다.'[20] 이러한 냉전

시대적 사고방식은 중국 공산당의 국제적인 활동을 이해하는 데 매우 중요한데, 이러한 활동을 통해 중국 공산당의 체제 안보 욕구를 세계적으로 확장하는 게 가장 중요한 일차적 목표이다.

이러한 이념적 침투의 위협에 직면한 중국 공산당은 최고의 방어는 공격이라는 결론을 내렸다. 따라서 멜라니 하트Melanie Hart와 블레인 존슨Blaine Johnson의 말처럼,[21] 중국 지도자들이 세계 질서를 더욱 '민주적이고 개방적이고 다양하게' 만들자는 얘기를 하면, 이는 '독재 체제와 가치가 자유 민주적 체제와 가치에 상응하는 세계적인 지위를 누리는' 질서를 뜻한다.

2016년 4월 중국 공산당의 극성스러운 황색 신문 〈환구시보環球時報〉가 중국 공산당의 속내를 엿보게 해 주는 기사를 실었다. 인터넷-검열용 방화장성防火長城, Great Firewall을 '중국에 이념적으로 침투하려는 서구 진영의 의도를 퇴치'하기 위한 일시적인 방어 수단으로 정당화했다.[22]

즉, 중국 공산당이 세계의 담론을 재정비하고 당이 추구하는 가치와 정치 체제와 정책들이 전 세계적으로 받아들여지면, 서구의 이념이 중국 공산당에 가하는 위협이 극복되고 방화장성은 더 이상 필요하지 않게 된다는 뜻이다. 중국 공산당은 이제 스스로 세계의 담론을 바꿀 만큼 막강해졌다고 믿는다.[23]

중국은 국제 사회가 중국 반체제 인사들과 타이완 독립을 지지하는 이들을 기피하게 만들려고 애쓰고 있다. 중국 공산당은 중국을 통치하기에 적합한 유일한 당이라는 주장을 전 세계가 지지하기를 바란다. 또한 중국의 정치와 경제 체제가 서구 민주주의와 자유-자본주의 경제 질서보다 우월하다고 인정받고, 미국과 비교해 볼 때 중국 공산당이 통치하는 중국이 훨씬 더 인류의 번영을 위해 힘쓰는 더욱 책임 있는 행위자라고 인정받고 싶어 한다.

중국 공산당의 이러한 이념 수출 시도는 분명히 실패한다고 주장하는 이들도 있지만, 이 주장은 이제 설득력을 잃었다. 중국은 책임 있는 세계적 강대국이라는 주장과 미국은 '무책임한 세계적인 불량국가'라는 중국의 비판은 미국 중앙 정보국에서 컴퓨터 전문가로 일했던 에드워드 스노든Edward Snowden의 폭로로 드러난 증거, 즉, 이라크 침공, 베네수엘라 정권 교체를 요구한 도널드 트럼프 등 여러 가지 사건들에 비추어 볼 때 호소력이 있다. 공교롭게도 트럼프는 중국의 경제력에 강하게 맞서면서도 미국을 동맹국들로부터 고립시키고 동맹국들을 중국 공산당의 개입에 훨씬 취약하게 만듦으로써 중국 공산당의 손아귀에 놀아나고 있다. 유럽에서 중국의 영향력이 강화되면서, 미국을 불신하는 나라들과 중국을 유럽 연합이나 유럽의 비교적 크고 막강한 나라들에 맞설 대항마로 여기는 유럽 연합 회의론자들은 이를 환영해 왔다.

그밖에도 민주주의의 효용에 의문을 제기하고 중국의 독재 체제를 선망하는 이들도 있다. 중국이 전액 비용을 부담하고 초청한 서구 진영의 언론인들은 중국의 고속 성장과 기술적 진보에 입을 떡 벌리면서 다른 나라들도 서구 진영을 따라잡는 시기에 중국 못지않은 고속 성장을 했다는 사실을 까맣게 잊고, 수십 년 동안 중국의 발전을 가로막은 장본인이 바로 중국 공산당이라는 사실을 무시한다. 서구 진영의 수많은 이들은 중국 공산당이 7억 인구를 가난에서 구제했다는 주장을 되풀이하지만, 1949년 중국 공산당이 창당된 후 30년 동안 중국 공산당은 수억 명의 인민을 가난에 묶어 두었고 중국 공산당이 기본적인 자유, 즉 사유 재산권, 창업, 직업 전환, 거주 이전 등을 허용하고 나서야 비로소 중국 인민들이 가난에서 벗어났다는 게 훨씬 정확하다.

2 A Leninist party goes out to the world

레닌주의 정당,
바깥세상으로 발을 내딛다

중국 공산당의 냉전 시대적 사고

중국 공산당이 중국에 대한 비판을 무력화시키는 데 즐겨 사용하는 화법 중 하나가 상대방을 '매카시즘'이나 '냉전 시대적 사고'를 지녔다고 뒤집어씌우는 방법이다. 외교부 대변인 화춘잉華春瑩은 툭하면 '냉전 시대적 사고'라는 용어를 들먹이고, '제로섬 사고'라는 용어도 즐겨 쓴다.[1] 2019년 국수주의적인 〈환구시보〉는 중국의 통신장비 대기업 화웨이가 '첨단 기술 매카시즘'의 피해자라고 주장했다.[2] 주영 중국 대사 류샤오밍劉曉明은 남중국해에서 미국이 실시하는 항해의 자유 군사 훈련을 '냉전 시대적 사고에서 비롯된 무력 외교'라고 묘사했다.[3] 중국의 처참한 인권 유린에 대한 비판도 마찬가지로 냉전 시대적 사고에 뿌리를 두고 있다고 일축한다.[4]

냉전 시대적 사고라는 비난은 서구 진영에서도 종종 되풀이된다. 2019년 3월 베이징 대학교 세계 심포지엄에서 클린턴 행정부에서 국무부 부차관보를 역임한 수전 셔크Susan Shirk는 미국에서 중국을 겨냥한 '매카시즘 색깔론'이 부상하고 있다고 경고했다.[5] 셔크는 '집단 본능'이 미국인들로 하여금 도처에서 중국의 위협이 도사리고 있다고 착각하게 만들고 있고 이는 처참한 결과를 낳을 가능성이 있다고 주장한다.[6] 이런 언행은 정당한 우려를 가볍게 일축하기 때문에 유감스러울 뿐만 아니라 공교롭기도 하다. 중국 공산당 지도부보다 더 냉전 시대적 사고를 지닌 이들을 찾기 힘들 뿐만 아니라 시진핑 치하에서 이러한 사고는 절정에 달했다. 2012년 12월 시진핑은 연설을 통해서 중국은 경제 성장에도 불구하고 소련의 붕괴에서 얻은 교훈을 잊어서는 안 된다고 경고했다. 그는 소련 제국을 하룻밤 사이에 붕괴시킨 세 가지 패착을 거론했다. 첫째, 소련 공산당 지도부는 군을 통제하는 데 실패했다. 둘째, 소련 공산당 지도부는 부정부패를 통제하는 데 실패했다. 셋째, 특히 미하일 고르바초프 체제하에서 소련 공산당의 지침이 되는 이념을 포기함으로써 소련 공산당은 '서구의 적대적 세력들'의 이념적 침투를 막는 장벽들을 제거했다. 소련 공산당은 운명을 자초했다.[7]

눈썰미가 있는 관찰자들이 보기에 시진핑의 연설은 그가 중국을 한층 더 개방하고 중국을 세계 질서에 편입시킬 자유주의적 개혁가 되리라는 기대는 실현되지 않으리라는 첫 번째 징후였다.[8]

2019년 3월 중국 공산당의 대표적인 학술지 〈구시求是〉('진실 추구'라는 뜻)는 시진핑이 한 또 다른 연설 요약본을 실었다. 중국 공산당 중앙 위원회의 위원 300명을 대상으로 2013년 1월에 한 연설이다. '사회주의를 옹호하고 발전시키기'를 주제로 한 이 연설에서 시진핑은 위원들에게 중국 체제는 결국 자본주의 체제를 꺾고 승리하게 되지만, '이 두 체제 간에 협력과 갈등이 오랫동안 지속될' 경우에 대비해야 한다고 말했다. 그는 소련이 붕괴한 주요 원인은 '그들이 소련의 역사와 소련 공산당의 역사를 철저히 부정했기 때문이라는 경고를 되풀이하면서, 소련은 레닌을 부정했고 스탈린을 부정했다, 그들은 "역사적인 허무주의"(즉, 공산당의 과거에 대해 비판적이었다.)에 빠져 자기들의 이념을 혼돈에 빠뜨렸다고 했다.[9]

시진핑의 발언은 그저 입에 발린 말이 아니었다. 그의 발언에는 결연한 행동이 뒤따랐다. 2013년 4월 당 중앙 위원회는 '작금의 의식 형태 영역의 정황에 관한 통보關於當前意識形態領域情況的通報'라는 제목의 성명서를 마련했다. 이 성명서는 9호 문건이라는 명칭으로 더 잘 알려져 있다. 지급地级• 혹은 그 상위 행정 구역의 지도자급에게 배포되는 이 악명 높은 통지문은 그들이 더 이상 지지해서는 안 되는 일곱 가지 '착오적 이념 추세'를 열거했다. 서구의 입헌 민주주의, 보편적 가치, 공민 사회, 신자유주의, 서구의 언론 준칙, 역사적 허무주의, 중국 특색을 지닌 사회주의의 사회주의적 속성에 대한 의문 제기 등이 그 일곱 가지다.[10]

중국 공산당은 민주주의와 보편적 인권을 정면으로 부인하고 있고, 이 통지문의 배포에 뒤이어 중국 내에서 위에 열거한 일곱 가지 금기 사항을 추구하는 이들에 대한 처절한 탄압이 시행되었다. 9호 문건은 중국 공산당이 당의 권력 장악을 위협한다고 생각하는 이념들을 제거하는 시도의 시작에 불과했다.[11] 중국 공산당은 스탈린이 했다고 알려진 다음과 같은 발언을 추종하는 듯했다. '이념은 총보다 막강하다. 우리의 적들이 총을 손에 넣도록 내버려 두어서도 안 되는데, 그들이 이념을 지니도록 내버려 두어서야 되겠는가?'

2013년 10월 인민 해방군의 국방대학교가 제작한 것으로 보이는 〈교량무성較量無聲〉('침묵의 대결'이라는 뜻)이라는 제목의 내부 배포용 다큐멘터리가 유출되었다.[12] 90분 길이의 이 영화는 미국이 중국에 '이념적으로 침투'해서 체제 변화를 야기할지도 모른다는 주장을 되풀이했다.

• 중국의 행정 구역은 크게 성급省级 지급地级, 현급縣级, 향급鄉级, 촌급村级으로 나뉜다.

이 영화는 포드 재단 같은 외국의 비정부 기구와 중국의 '내부적 위협'인 '변절한' 중국학자들을 지목했다. 이 영화가 유출된 후 〈환구시보〉는 이 다큐멘터리를 소수 국수주의적인 군부 학자들의 시각이라고 애써 축소하려 했다.[13] 그러나 중국 대학교에서 '이설적인 사고'를 탄압하고, 언론 매체에 대한 통제를 강화하고, 국제 비정부 기구의 활동을 극도로 제약하는 '해외 비정부 기구 법' 같은 새로운 법을 2018년에 제정하는 등 〈침묵의 대결〉에 등장한 경고를 되풀이하는 점으로 미루어 볼 때 이 다큐멘터리는 중국 공산당이 이념적 위협을 어떻게 바라보는지 잘 보여 준다.[14]

그러나 서구 진영의 대부분의 관찰자들은 시진핑 정권의 철저히 이념적인 속성을 계속 못 본 척했고 이러한 태도는 이제야 서서히 바뀌고 있다. 2017년 8월, 베이징 특파원을 지냈고 호주 정부의 자문역을 역임한 존 가노John Garnaut가 호주 정부 고위 관리들을 대상으로 비공개로 행한 연설에서 시진핑이 스탈린과 마오쩌둥의 사고로 회귀하고 있다고 말했다.[15] 시진핑은 그의 전임자들보다 훨씬 더 이념을 강조해 왔는데, 그 전환점은 1989년에 일어났다고 가노는 지적했다. 당 지도자들이 톈안먼 광장에서 학생들이 시위하는 광경에 충격을 받았고 이들을 탄압하기 위해 무력을 사용했던 바로 그 해다. 그리고 다섯 달 후 베를린 장벽이 무너지면서 당 지도자들은 한층 더 깊은 고민에 빠졌고, 베를린 장벽 붕괴는 막강한 소련 공산권의 해체를 촉발시켰다. 중국 공산당 지도자들은 체제 안보의 필수 요소로서 '이념적 안보'에 집중하기 시작했다.[16] 앤-마리 브래디Anne-Marie Brady가 보여 준 바와 같이 이러한 사건들을 목격한 중국 공산당은 선전 선동과 이념 활동을 대대적으로 확장했다.[17] 가장 주

안점은 국내적으로 학교에서 '애국 교육'을 강화하고 중국에 '적대적인 이념'이 침투하지 못하도록 막는 조치 등을 아우르는 정치적 세뇌였다.

1990년 조지프 나이Joseph Nye는 연성 권력soft power이라는 개념을 소개했다.[18] 중국 공산당 지도자들은 나이가 제시한 개념들을 미국이 중국을 이념적으로 전복하려고 계획했다는 증거라고 보았다. 나이의 저서《이끌 운명Bound to Lead》의 요약본은 즉시 중국어로 번역되었고 1992년 1월 군사역문출판사가 출간했다. 군 편집자들은 서문에서 베이징의 전문 번역가들을 '특별히 초빙'해서 중국어로 번역해 미국의 계획을 신속히 폭로했다고 설명했다.[19] 그들은 독자들에게 저자 나이가 중국과 구소련과 제 3세계에 문화와 이념의 유입을 강화해 이러한 나라들이 미국의 가치 체계를 받아들이게 만들라고 제안하고 있다고 했다. 미국은 정치뿐만 아니라 문화적으로 그리고 이념적으로도 세계를 지배하려는 계획을 한층 강화하고 있으며 중국 인민은 미국의 '화평연변和平演变(평화적 수단에 의한 체제 변화)'이라는 음모에 맞서는 지루하고 복잡하고 처절한 투쟁의 필요성을 인식할 필요가 있다고 했다.[20]

중국이 중국 내에 혼돈을 야기하려는 적대적인 서구 세력에 맞서 생사를 건 대결에 직면하고 있다는 생각은 중국 공산당 내부에 깊이 뿌리내려 있다. 2000년 외부적으로는 국무원신문판공실이라는 명칭으로 통용되는 대외 선전실 관리 사치광沙奇光은 서구 진영이 지난 10년 동안 중국을 상대로 '총성 없는 3차 대전'을 진행해 왔다고까지 주장했다.[21] 다시 말해서 '이념적 전복'을 추상적인 위협으로 간주하지 않는다는 뜻이다. 중국은 2014년 타이완에서 일어난 해바라기 운동과 같은 해 홍콩에서 일어난 우산 운동을 중국의 정세를 불안하게 하려는 서구 진영의 음모로 해석했다.[22] 2019년에 시작된 홍콩 시위도 민주적 자유를 위해 대규모 시위대가 행진을 했지만 중국은 이를 서구 진영의 음모로 해석했다.

2001년 말 중국이 세계 무역 기구(WTO)에 가입했어도, 서구 진영의 국가들과 점점 상호 의존도가 높아졌어도, 이념적 침투에 대한 중국의 불안감은 줄어들지 않았다. 2000년부터 2004년까지의 기간 동안 동유럽에서 첫 번째 시민 혁명의 물결이 일어나자 중국 공산당은 더욱더 공포에 빠졌다. 당은 소련의 몰락에 대해 일련의 연구를 의뢰했다.[23] 2004년 중국 공산당은 최초로 당이 계속 권력을 장악하리라고 장담할 수 없다고 인정했다. 당은 경제적 성과와 국수주의보다 훨씬 든든하고 영구적으로 당이 권력을 장악하는 게 합법적이라고 뒷받침해 줄 토대가 필요했다. 경제는 실패할 수도 있고 국수주의는 당이 극도로 국수주의적 국민들의 기대에 부응하지 못할 경우 역풍을 맞을 수도 있기 때문이었다.[24]

당 지도자들은 중국의 경제적 영향력에도 불구하고 세계적 담론의 틀을 짤 역량이 없다는 사실을 꿰뚫어 보았다. 즉, 다른 나라들이 중국을 어떻게 생각하고 중국의 체제와 세계 속에서 중국의 역할에 대해 어떻게 생각하는지 중국이 규정할 수 없었다. 세계 여론의 심판대에서 '서구 진영은 강하고 중국은 약하다.'고 중국 공산당은 결론을 내렸다.[25] 이는 바뀌어야 했다. 중국 공산당은 화어권話語權•과 그 지위에 걸맞은 이미지가 필요했다.[26]

• 의제를 설정하고 공공 담론의 방향을 정하는 역량을 일컫는 중국 공산당 용어

'대외선大外宣'•

1993년 상하이에 있는 푸단復旦 대학의 젊은 교수 왕후닝王滬寧은 수년 전 미국 대학가를 둘러보다가 연성 권력이라는 개념을 습득했고 〈푸단 학보復旦學報〉에 실린 기고문에서 국제 관계 전문 중국학자들에게 널리 이 개념을 소개했다.[27] 처음에는 연성 권력이라는 개념으로부터 중국을 방어해야 한다는 시각이 우세했지만, 시간이 흐르면서 연성 권력은 중국이 직접 이용할 수 있는 대상으로 재규정되었다. 2017년 시진핑은 7명으로 구성된 중국 공산당의 최고 지도기구인 중앙정치국 상무위원회에 왕후닝을 임명하는 파격적인 인사를 단행했다. 시진핑이 가장 신뢰하는 부관으로 손꼽히고 중국에서 공식 서열 5위로 막강한 권력을 행사하는 왕후닝은 중국의 최고 이념 선동가로서 선전과 사상 업무를 책임지고 있다.[28]

왕후닝은 수십 년에 걸쳐 진행되어 온 업무를 계속 추진하고 있다. 초창기에는 중국 공산당과 당이 표방하는 이념과 정책들에 대한 국제적인 지지의 틀을 새로 짜는 일이 당이 기득권 국가들의 저항에 부딪히지 않고 세계적 강대국으로 부상하는 방안을 마련하는 업무의 일환이었다.[29] 2003년 12월, 그리 널리 알려지지 않은 연설에서 당시 당 총서기 후진타오胡錦濤는 '호의적인 국제 여론 환경 조성'이 '중국의 국가 안보와 사회 안정'에 중요하다고 선언했다.[30] 중국 공산당은 '대외선'으로 알려진, 중국을 대외적으로 선전하는 전사회적 접근 방식을 채택해 대외 선전 활동에 국민을 대거 참여시

• 정부 선전 부서들과 당과 정부의 모든 기관들이 중국 사회 뿐만 아니라 더욱 폭넓게 외국인을 표적삼아 진행하는 선전 공작.

키고 더 많은 정부 부서들이 관여하도록 했다.[31]

중국 공산당이 안전하려면 당이 내놓는 메시지는 '당대에 가장 우렁차게' 울려 퍼져야 했다.[32] 세계 무대에서 합법적인 지위를 얻고 세계 질서를 재편하고 세계 담론의 방향을 설정하기 위해 이러한 작업을 한 대내적 동기도 대외적 동기 못지않게 중요했다. 이 작업이 체제 안보와 직결되어 있다는 사실로 미루어 볼 때 중국 공산당의 명운이 걸린 일이었다.

1990년대 이후로 이념적 침투와 신냉전이라는 개념은 일관성 있고 끈질기게 제시되어 온 반면, 중국 공산당이 위협으로 인식한 대상들을 무력화시키는 데 이용한 수단은 상당히 변모했고 훨씬 공격적으로 변했다. 일찍이 2005년에 당의 한 이론가는 '대외 선전과 당의 통치 역량 구축에 관하여'라는 제목의 글에서 세계 여론을 재구성하면 중국 내에서 중국 공산당의 역량 잠식을 막는 데 도움이 된다고 설명했다. 이 글은 중국이 외국인들을 표적으로 진행하는 선전은 '화평연변에 맞서는 투쟁의 선봉'이라고 묘사했다. 그리고 중국에 적대적인 세력이 확산시키는 메시지가 중국에 도달하기 전에 무력화시키는 데 도움이 된다고 했다.[33]

당 지도자들과 중국인 학자들은 2008-2009년 금융 위기를 중국의 견해가 세계적으로 영향력을 행사하게 되고 서구의 질서에 대한 대안으로 중국의 정치 경제적 모델을 제시할 기회로 보았다. 당 분석가들은 금융 위기가 금융 규제 완화와 감독의 부재가 야기하는 약점들을 노정했다고 강조했다. 반면 중국이 추진하는 더욱 신중한 개혁은 그러한 금융 시장 붕괴를 미연에 방지할 수 있다고 주장했다. 이를 계기로 중국 학계에서는 '중국 모델'을 서구 진영의 통치

모델의 대안으로 세계에 수출하는 방안에 대해 최초로 심도 있는 토론이 이루어졌다.[34]

시진핑 체제에서 이러한 노력은 새로운 특성을 띠게 되었다. 과거 세대의 지도자들은 '중국 모델'이라는 용어 사용을 기피했지만, 이제 중국 공산당은 이를 '중국 방안中國方案'과 '중국식 지혜'라고 일컬으면서 다른 나라들에 공개적으로 선전하고 있다.[35] 2019년 전국 인민 대표 대회 기간 동안 중국의 관영 신화통신사에서 일하는 미국인 콜린 린웨버Colin Linneweber는 '중국의 성공 비결은 민주주의 체제임이 널리 인정되고 있다.'라고 주장했다.[36] 시진핑은 2019년 프랑스 파리를 방문한 자리에서 국제 사회에서 훼손된 신뢰와 협력의 해결책으로 '중국 방안'과 일대일로창의를 제시했다.[37]

전미 민주주의 기금이 주장한 바와 같이 중국 같은 독재 국가는 연성 권력이 아니라 강압적이고 속임수를 이용해 영향력을 행사하는 강성 권력에 의존한다.[38] 실제로 중국인들은 연성 권력에 대해 토론할 때마다 항상 연성이라는 측면보다 권력이라는 측면에 훨씬 지대한 관심을 보인다.

중국 공산당이 '중국 특색을 지닌 민주주의'와 중국 특색을 지닌 여러 가지 다양한 개념들(인권, 법체계 등)을 널리 알리려는 노력에 대해 안이하게 생각하거나 중국의 체제는 호소력이 없으므로 이러한 노력이 실패하리라고 믿는다면 큰 오산이다. 우선, 중국 공산당이 개발도상국과 서구 진영에서 표적으로 삼는 대상은 대부분 중국의 경제적 성과 말고는 중국에 대해 아는 바가 거의 없다. 서구 진영의 정부들과 언론 매체가 '중국을 왜곡'한다고 믿는 이들도 있고, 최근의 설문 조사에 나타나듯이 권위주의적인 정부에 호감을 보이는 이들도 있다. 그리고 중국 공산당은 민주주의 국가에서 위기가 발생하면 이를 중국의 장점을 알릴 기회로 이용하면 중국 공산당이 강조하는 내용들은 그런 이들에게서 공감을 얻을지도 모른다고 생각한다. 실제로 브렉시트와 2016년 도널드 트럼프의 당선은 민주주의가 필연적으로 혼돈과 비효율성을 낳는다는 주장을 뒷받침하는 데 이용되었다.[39]

중국 공산당의 통치

2021년 7월 중국 공산당은 창당 100주년을 맞는다. 1921년 당원이 몇 십 명 남짓한 조직에서 출발해 9000만 명 이상의 당원, 200만 명의 군인, 중국 사회의 모든 측면을 통제하는 각종 기구들을 지닌 조직으로 성장했다. 중국 공산당은 당이 바깥 세계에 정상적으로 보이는 여건을 조성해 주고 국제무대에서 활동하도록 해 주는 국가 기관들을 거느리고 있다. 그러나 중국이 세계에 미치는 영향력을 논할 때 서구 진영의 많은 이들은 중국 공산당을 거론하지 않는다.

서구 진영이 중국을 상대할 때 가장 극복하기 어려운 난관으로 손꼽히는 게 바로 중국을 논하는 외국인들이 중국의 정치에 대해 문맹이라는 사실이다. 특히 중국 공산당과의 관계를 감추고 활동하는 당 관련 기구들이 우후죽순 증식해 영향력을 행사하면서 이러한 문제점은 더욱 가중된다. 국제 사회는 중국 공산당이 중국에서 얼마나 포괄적인 역할을 하는지 이해하는 데 끊임없이 실패해 왔다. 당이 다른 모든 기관들에 대해 얼마나 막강한 지배력을 행사하는지 파악하려면 인민 해방군은 국군이 아니라 중국 공산당의 무장 기관이라는 사실을 주목하라.[40] 중국 언론 매체들은 국가가 아니라 당이 소유하고 있고 최대 지분을 중국 공산당의 선전 부서가 갖고 있다.

대부분의 서구인들은 중국을 논할 때 마치 중국 공산당이 존재하지 않는 듯한 태도를 보이지만 우리가 상대하는 정치체를 파악하기 위해서는 반드시 공산당에 초점을 맞춰야 한다. 앞서 살펴본 바와 같이 중국이 대외적으로 행사하는 영향력은 당이 국내에서 추진하는 목표의 연장선상이고 국내 전략과 기관들의 적응 방식이다. 이러한 행동들은 당의 특수성과 역사라는 렌즈를 통해서 들여다보아야만 이해가 간다.

중화인민공화국이 건국된 이후로 중국의 기관들과 인민이 더욱 자유롭게 외국인들과 교류한 때가 있었다. 시진핑은 점진적으로 통제력이 느슨해지던 추세를 역전시켰다. 2017년 제 19차 중국 공산당 전국 인민 대표 대회에서 그는 마오쩌둥의 발언을 인용해 중국에서 당이 할 역할을 다음과 같이 설명했다. '정부, 군, 사회, 학교, 동서남북-당은 모든 것을 통치한다.' 이는 빈말이 아니었다. 반 년 후 2018년 연례 회의에서 전국 인민 대표 대회는 일련의 변혁을 선언했고 이를 통해 몇몇 정부 기구들을 해체해 당 부서로 통합시켰다.[41] 중국을 벗어나도 좋다는 허락을 받는 대표단은 하나같이 적어도 한 명의 당 관리가 동행했고, 그 관리의 업무는 다른 모든 이들을 감시하는 일이었다.[42]

중국 공산당은 중국 인민의 '혁명의 선봉'이 된다는 구체적인 목표를 바탕으로 창건된 레닌주의 정당이다. 그렇게 당은 중앙 기구로 설치되어 중국 사회의 모든 부문들에 침투하고 군과 국가 기관들을 비롯해 다른 모든 기구들보다 상위에 위치한다. 영향력 확장 업무에 관여하는 가장 중요하고 막강한 조직들은 중국 정부가 아니라 항상 당 관료 조직의 일부였고, 중국 정부는 중국 공산당의 연장선상에 있는 하부 조직처럼 기능한다. 선전부, 대외 연락부, 통일전선공작부는 모두 당 기관들이다.

통일전선공작부(다음 부분에서 자세히 다루었다)는 종교 기관과 다른 이익 집단 등 중국 공산당 바깥에 존재하는 모든 세력들과의 연락을 담당한다. 해외에 거주하는 중국인 5-6000만 명에게 지침을 내리는 일도 맡고 있다. 국내 공작과 해외 공작의 구분은 애매하다. 해외 교포의 가족과 사업체들이 중국과 연결되어 있기 때문이다.

반면, 대외 연락부(4장 참조)는 해외의 정당들과의 연락을 담당한다.[43] 외국의 정치인들 가운데 자국에서 직책을 맡고 주요 인사로 입지를 굳히기 전에 떠오르는 인물들을 미리 포착하는 '일종의 레이더' 역할을 한다.[44] 2018년 5월 시진핑은 한 연설에서 중국의 외교공작 업무에 대한 당의 지도를 강조했다.[45] 앤-마리 브래디가 지적한 바와 같이 '이러한 변화는 중국 공산당의 혁명적이고 변혁적인 외교 정책 의제와 수단이 무역, 투자, 최고위 외교 회의처럼 그동안 중국 공산당이 시행해 온 전형적인 외교 정책 활동과 얼마나 밀접하게 연관되어 있는지 보여 준다. 이 두 측면이 결합했던 가장 최근 시기는 중국 공산당이 권력을 장악하기 전인 1940년대였다.'[46]

물론 국가 기관들은 영향 공작 업무에 계속 관여하지만 그들은 당의 엄격한 통제를 받고, 당의 이익에 봉사하며, 당이 내리는 명령을 수행한다. 과거에 당과 국가를 분리하고 점진적으로 중국 공산당의 역할을 축소해 몇몇 핵심적인 기능만 남기려 했던 지도자들도 있었지만, 시진핑은 이 추세를 뒤엎어 버렸다.

경제도 마찬가지다. 민간 기업들은 오래전부터 당 세포 조직을 의무적으로 구축해 왔지만, 이러한 의무 사항은 시진핑이 집권하고 나서야 비로소 다시 널리 시행되었다. 외국 국적의 기업들을 포함해 크고 작은 모든 기업들은 업체 내에 당 조직을 구축해야 한다.[47] 화웨이, 알리바바阿里巴巴, 텐센트騰訊 같이 세계적으로 활동하는 기업들은 자사가 중국 공산당으로부터 독립되어 있다는 점을 입증하려고 부단히 애쓰지만, 중국에서 민간 기업과 국유 기업의 차이는 지속적으로 줄어들고 있다.

통일 전선

서구 진영에서 중국 공산당이 행하는 영향 공작 활동을 이해하려면 중국 공산당의 통일 전선 공작을 이해하지 않고는 불가능하다. 통일 전선 공작의 목적은 당 외부 인사들을 유인, 포섭, 협박해서 '통일 전선'(또는 당의 이익에 부합하는 방식으로 행동할 집단들의 연합체)을 구축하고 당이 적으로 규정한 대상들을 해치는 일이다.[48] (통일전선공작부의 조직망에 속한 집단이면 통일 전선 단체를 대문자로 일컫고, 영향 공작 업무가 당과 당 관련 조직들의 더욱 폭넓은 업무에 속하는 경우에는 소문자로 일컫는 점을 주목하라.)

통일 전선 전략은 레닌의 이론에서 비롯됐다. 1920년대에 개발되어 1930년대와 1940년대에 내전 기간 동안 실행된 이 전략이 추구하는 목표는 소규모 정당들과 소수 민족들을 포섭하는 일이었다. 앤-마리 브래디 말처럼, '주적을 해치는 데 이해관계가 일치하는 가능한 한 가장 포괄적인 연합체를 결성'하는 일이다.[49] 마오쩌둥은 통일 전선 공작을 중국 공산당이 보유한 3대 '마법의 무기'로 손꼽았다.[50] 중국 공산당이 창건된 후, 이 포괄적인 전략과 당 구조 내의 관련 기관들은 종교적 민족적 소수 집단들을 포섭하고 복종시키는 한편 독자적이고 소외된 집단들의 지지를 확보하는 데 지속적으로 사용됐다.

중국 공산당은 통일 전선 전략을 마르크스-레닌주의에 기초한 전략으로서 실행할 때 상황에 맞게 조정할 수 있는 과학으로 간주한다.[51] 당 이론가들은 정당, 당 외부의 지식인, 민족 집단, 종교 기관, 민간 기업, 해외 중국인 화교 공동체 등과 같이 다양한 부문을 아우르는 통일 전선 이론 묶음을 개발해 왔다. 2015년 교육부는 통일 전선학의 학위 프로그램을 대학원 수준으로 승인했고, 산둥 대학교는 2018년 이 학문을 전공한 학위 수여자들을 처음으로 배출했다.[52]

중국 공산당의 통일전선공작부가 관장하는 이 업무는 당 기관들과 당 관련 조직들로 구성된 구조로서 이는 확장 일로에 있으며 당이 해외에서 영향력을 행사하고 개입하는 활동의 핵심 부분을 구성한다. (더 자세한 내용은 7장에서 다루도록 하겠다.) 통일 전선 공작은 통일 전선 공작 부서의 활동에 국한되지 않고 모든 당원의 책임이다.[53]

통일 전선 공작은 2012년 시진핑이 당 총서기가 되면서 한층 강화되었다.[54] 그는 2014년 해외에 거주하는 중국 교민들을 대상으로 한 공작 업무僑務에 대해 다음과 같이 말했다. '화교가 단결하는 한 화교는 국가의 부흥이라는 중국몽을 실현하는 데 필수불가결한 역할을 담당할 수 있다. 그들은 애국심이 강하고 자본, 재능, 가용 수단, 사업으로 구축한 인맥이 풍부하기 때문이다.'[55] 브래디의 말을 빌리자면,[56] '새로운 차원의 야망'으로 격상된 통일 전선 활동은 마오쩌둥이 상상했던 정도보다 훨씬 더 막강한 '법보法寶(마법의 무기)'로 틀이 잡혔고, 성공한 중국인의 규모가 비교적 큰 나라들에서 주로 시행되었다.

최근 몇 년 사이 통일 전선 공작은 점점 서구 진영 국가들의 주류 계층 사이에서 중화인민공화국에 대해 더욱 호의적인 시각을 고취시키는 방향으로 추진되어 왔고, 이 책 전체를 통틀어 이러한 활동들을 다루고 있다. 사고와 태도의 틀을 새롭게 구축하려는 노력은 대체로 엘리트 계층을 겨냥해 이루어졌고 중국 공산당의 통치에 대한 부정적인 인식을 불식시키고 긍정적인 측면들을 강조했다. 앞으로 살펴보겠지만, 중국 문화를 깊이 이해하고 중국 기업가들을 이해하려고 애쓰는 서구 진영의 영향력 있는 인사들은 그들이 상대하는 조직이 중국 공산당 통일 전선 조직의 비밀 부서이고 본인들이 공작 대상이라는 사실을 깨닫게 될지 모른다.

정치 지도자들은 당연히 포섭 대상이고, 선거에 해당 지역의 화교 공동체를 관여시키고 싶다면 더더욱 필요한 포섭 대상이었다. 통일 전선 활동은 중화총상회中華總商會 지부들을 비롯해 재계와 지역 문화 단체들을 대상으로 특히 만연해 있는데, 이러한 영향 공작은 중국의 무역과 투자가 급격히 성장하면서 한층 추진력을 얻었다. 서구 진영의 재계 인사들은 중국계 기업가들과 안면을 트고 함께 일할 기회를 환영했다. 재계의 통일 전선 공작원들은 정보를 수집해 중국 영사관에 전달하고 중화인민공화국에 동조하는 견해를 확신시키는 인사들과의 인맥을 구축했다. 서구 진영의 수많은 유수한 재계 인사들이 중국의 의견을 자국 정부와 더욱 폭넓은 대중에게 전달하는 확성기 역할을 하고 있다. 이들은 '중국과의 관계를 훼손'하지 말아야 하고 중국의 심기를 불편하게 하는 발언을 할 경우 보복의 위험이 있다고 경고한다.(학계 엘리트 계층에 대한 비슷한 사연은 12장에서 다루었다.)

첩보 활동은 해외 영향 공작 활동에 속하지 않는 듯이 보일지 모른다. 서구 진영에서 첩보원은 군사적 전략적으로 이득이 되는 비밀을 훔치기 때문이다. 그러나 중국의 첩보 활동은 중국의 영향 작전과 밀접하게 통합되어 있다. 서구 진영 지도자들, 기업가들, 대학 고위급 행정 관료들, 여론을 조성하는 사회 지도층 등에 대해 사생활, 건강 상태, 정치적 성향과 성적인 취향과 관련해 수집한 정보로 개인 프로필을 구축해 표적을 협박하는 데 이용한다. 중국 공산당의 통일 전선 공작원들은 정보를 첩보원들과 서로 주고받는다. 중국의 첩보 활동과 연관된 통일 전선 활동은 8장에서 자세히 다루겠다.

일인 다역과 일 조직 다기능 관행

외국인들이 중국 공산당의 역할이 얼마나 광범위한지 인식하지 못하고 그들이 상대하는 대상이 누군지 오판하는 경우 전적으로 그들의 잘못은 아니다. 중국 공산당은 적극적으로 그들의 판단을 흐리게 하는 활동을 한다. 주로 써먹는 전술은 전위 부대다. 서구 진영에는 중국인이 구축해 온 조직이 수백 개이고 각 조직은 통일전선공작부가 관장하는 조직망에 직접적으로 간접적으로 연결되어 있다. 그들은 조직 명칭에 '화평통일'을 넣은 단체들과 같이 노골적으로 정치적 목적을 표방하는 경우도 있지만, 대체로 재계 단체, 전문직 협회, 혹은 문화 기구나 지역 공동체 조직을 표방한다. 이러한 조직들에 대한 자세한 내용은 7장에서 다루겠지만, 통일 전선 공작의 은밀한 속성 때문에 통일 전선 공작의 작동 방식을 이해한다고 해도 이러한 조직들을 규명하기가 어렵다는 사실을 강조할 필요가 있다.

게다가 중국 공산당의 공식적인 구조 내에서는 한 사람이 몇 가지 서로 다른 직책을 겸하는 경우가 흔하고 상황에 따라서 동일한 조직이 여러 가지 다른 명칭을 사용하는 경우도 흔하다. 예컨대, 중국의 화평굴기和平崛起• 개념을 창안한 정비젠鄭必堅은 중국의 사상가, 중국개혁개방취회中國改革開放聚會(비정부 비영리 연구 기관)의 회장, 중국 지도자들의 자문역 등으로 다양하게 소개된다.[57] 이러한 직위를 이용해 그는 세계의 정치적 지도자와 지식인들과 폭넓게 친교를 맺어 왔다. 이러한 직함들은 듣는 상대방을 대단히 호도한다. 그가 지닌 다른 직위들은 중국 공산당 내에서 그가 정말로 누구인지를 훨씬 더 정확히 드러내 주고, 그는 당 내에서 매우 신뢰받는 고위급 간부이기 때문이다. 1992년부터 1997년까지 정비젠은 중국 공산당 중앙 선전국 부국장으로 일했고 1997년부터 2002년까지 중앙당교의 부회장(사실상 최고 지도자)을 역임했다. 그리고 그는 중국인민정치협상회의의 지도급 인사였다.[58]

또 다른 사례는 뤼젠중呂建中이다. 그는 전국 인민 대표 대회의 구성원이자 사주지로국제총상회絲綢之路國際總商會(사주지로는 비단길이라는 뜻) 회장이다. 그러나 그는 자신을 서안대당서시문화산업투자유한공사西安大唐西市文化産業投资有限公司 이사장, 중화국제총상회 부회장, 중국국제문제연구 기금회 부이사장, 혹은 산서중국 문화촉진협회 회장 등으로 자신을 소개하기도 한다.[59]

이러한 겸직은 외국인들을 속이기 위한 연막전술이지만 오히려 그들의 의도와 다르게 우리에게 유리하게 작용하는 장점도 있다. 특정한 조직이 중국 관료 조직 내에서의 위치가 어딘지 대강 재구성할 수 있기 때문이다. 보통 특정인이 현재 B라는 조직의 회장이

• 세계에서 중국이 행사하는 영향력은 대체로 평화로운 특성을 지닌다는 개념.

자 A라는 조직의 부회장이면, 한 조직이 다른 조직을 직접 관할한다고 보면 된다. 경우에 따라서 A와 B는 동일한 기구를 일컫는 서로 다른 명칭에 불과하기도 하다. 예컨대, 최근까지만 해도 중국국제우호연락회 회장은 인민 해방군 총정치국 연락국 부국장 역할도 동시에 했는데, 이는 두 기구가 연결되어 있음을 암시한다.[60]

중국 정부의 국무원신문판공실國務院新聞辦公室은 이 명칭을 내걸고 정부 기자 회견을 열고 바깥 세계가 보기에 통상적으로 당이 아니라 정부 소속 기관인 척한다. 그러나 내부적으로 이 기구는 중국 공산당의 대외 선전 중심실로 알려져 있고, 중국의 공식적인 정보원은 이 조직이 당의 지도부 밑에, 구체적으로 (2018년 가장 최근에 단행한 대대적인 조직 개편 이후로) 중앙 선전부 산하에 있다고 확인해 준다.[61]

이처럼 일인 다역과 일 조직 다명칭의 관행은 중국에서는 통상적인 관행이고 때로 중국 공산당은 외국인들의 무지를 이용해 이러한 조직들이 당이 통제하는 기구라는 사실을 감춘다. 예컨대, 1997년 해외에서 문화적 통일 전선 공작을 시행할 임무를 맡은 새 학술원이 중앙 사회주의 학원 내에 설치되었다. 통일전선공작부의 직속 기관인 통일 전선 훈련 학교였다. '사회주의'라는 단어가 들어간 명칭이 국제 사회에서 '달갑지 않게' 여겨진다는 사실을 인식한 중국 공산당은 해외에서는 중화 문화 학원이라는 명칭을 쓰기로 결정했다.[62]

대외 선전에 관여하는 중국의 언론 매체와 그 밖의 기구들은 외국인들을 상대할 때 자기 조직을 당 기관은 물론이고 정부 기관으로도 소개하지 말고 '민간 기업으로 위장하라'는 지침을 따라 왔다.[63] 예컨대, 중국 공산당의 외문출판국은 '상업적 명칭'인 중국 국제 출판 집단으로 바깥세상을 상대한다.

앞으로 알게 되겠지만, 인민 해방군과 국가 안전부는 위장 기관들을 이용해 첩보 수집을 한다. 중국국제우호연락회처럼 경우에 따라서는 인민 해방군이나 국가 안전부와의 연관성이 드러나기도 한다. 그러나 후자의 경우는 기업가들을 외국인들과 접촉하는 중개자로 이용하고 상하이 사회 과학원 같은 연구 기관들을 외국인들에게 접근하는 위장 조직으로 이용하기도 한다.[64]

인민, 인민의 친구와 적

외국인들을 상대하는 또 다른 위장 조직들은 이른바 인민 기구들이다. '인민'과 인민이 외국인과 맺는 '우의友誼'는 중국 정치에서 특별한 의미를 지닌 개념으로서, 서구 진영에서는 그 의미를 이해하는 사람이 거의 없다. 당은 우의라는 개념에 대해 냉소적이고 기회주의적인 인식을 지니고 있는데 이는 2017년 시진핑이 잘 설명해 주었다. 그는 당 바깥의 친구들은 '사적인 친구'가 아니라 '당에 도움이 되는 친구'나 '공익'에 도움이 되는 친구를 사귀어야 한다고 말했다. 그는 '물론, 당 바깥에서 맺는 우의는 사적인 우의로 발전하게 된다. 그러나 사적인 우의는 공익을 위한 업무에 부합해야 한다. 원칙, 자기 관리, 규율이 유지되어야 한다.'라고 말한다.[65]

앤-마리 브래디의 2003년 저서 《외국인이 중국에 봉사하게 만들기Making the Foreign Serve China》는 중국 공산당이 개발한 '대외 우의' 체계를 이해하려면 반드시 읽어야 할 지침서다.[66] 그녀는 정치적 우의는 '적의 모순을 집중 공격하고 공동의 목표를 중심으로 결속할 수 있는 모든 세력들을 규합해 적을 분열시키는 데 통일 전선 원칙들을 적용하는 활동'이라고 말한다. 중국 공산당의 언어로 말하자면, '우의'는 친밀한 사적인 교감이 아니라 전략적인 관계를 일컫는다. 당에게 우의라는 용어는 '상대편을 심리적으로 무력화시키고 현실을 재편하는 방법'을 뜻한다. 외국인 친구들은 중국의 이익을 증진할 의지와 역량이 있는 이들을 말한다고 브래디는 지적한다.[67]

중국에서 민간 기구들은 절대로 독립적이지 않으며 하나같이 통일 전선 조직들을 통해 당 체제와 연결되어 있다. 영국에서 지역 공동체 조직이 공식적인 허락을 받지 않고 조직 명칭에 '왕립royal'이라는 단어를 쓰지 못하듯이, 중국에서는 지역 공동체 단체는 당의 허락 없이 그 명칭에 '인민'이나 '우호'라는 단어를 쓸 수 없다.

조직의 명칭에 '자선', '화평', '발전', '이해', '통일' 같은 그럴듯하고 무해한 단어가 들어가 있으면 이는 당이 통제하는 통일 전선 조직이라고 보면 된다. 중국인민대외우호협회, 중국화평통일촉진회, 중국국제우호연락회 등이 앞으로 이 책에서 다룰 사례들이다.

1937년 마오쩌둥은 에세이 《모순론矛盾論》에서 모순에는 인민들 사이에 존재하는 모순(인민 내재적 모순)과 인민과 인민의 적들 사이에 존재하는 모순(대외적 모순)이 있다고 정의를 내렸다.[68] 인민과 인민의 적이라는 개념은 국내적 차원과 국제적 차원에서 여러 가지 다양한 형태로 출몰한다. 2013년 전국선전사상공작회의에서 행한 연설에서 시진핑은 중국의 이념적 영역에 존재하는 세 가지 구역을 규명했다. 적색구역(중국 공산당이 장악한 구역), 회색구역(중간 지대), 흑색구역(부정적 여론, '적'의 구역)이다.[69] 시진핑은 적색구역을 수호하고 회색구역에 손을 내밀어 이를 적색구역에 통합시키고 흑색구역을 상대로 투쟁하라고 당에 지시했다.[70] 국제 관계에 접근하는 방식에 있어서 중국 공산당은 외국인들을 이미 당에 동조하는 세력, 영향 공

작의 주요 표적인 '정치적 중립' 세력, 그리고 설득이 불가능한 강경 노선 세력으로 구분한다.[71]

중국 공산당은 토론을 하거나 반론을 다룰 때 논란이 되는 문제를 세 가지 유형으로 분류하고 각 유형마다 다른 접근 방식이 필요하다고 주장한다. 학술적인 문제, 오해('이념적 파악의 문제'로 규정), 그리고 정치적 문제다. 학술적 문제는 당이 분명한 입장을 제시하지 않은 문제들이다.[72] 따라서 마오쩌둥이 뜻한 바에 따라 인민 내부 갈등이라고 분류되는 학술적인 문제에 대해서는 비교적 열린 토론과 의견 교환이 허용된다. 두 번째 부류인 오해는 중국 공산당이 무엇이 옳은지에 대해 분명한 입장을 지니고 있지만 당의 입장과는 다른 입장을 피력하는 개인이나 집단 쪽에서 악의적이거나 이미 정해진 의도를 지니고 있지는 않다고 간주되는 문제들이다. 이러한 경우에 중국 공산당은 올바른 입장을 끈질기게 설명해 상대방을 설득하려고 노력한다. 마오쩌둥의 용어로 보면 오해는 인민 내부 갈등이다.

세 번째 부류인 정치적 문제는 중국 공산당이 무엇이 올바른 입장인지 규명했으나 국내외 적대적 세력들이 의도적으로 거짓을 확산해 당의 입장을 훼손하려고 애쓰는 문제들이다. 일단 악의적 의도와 사전 모의가 있다고 간주되면 옳지 않은 입장을 표명하는 개인이나 집단은 '적'으로 분류해 단호하게 대처한다. 시진핑 체제에서 당 이론가들은 점점 더 많은 문제들을 정치적 문제로 분류해 왔다.[73]

사전 모의라는 개념은 정치적 행동을 분류하는 데 사용된다. 어떤 집단이 시위가 자발적이라고 주장하는 까닭은 자기들의 활동이 적대적인 세력 또는 '검은 손'이 주도하는 정치적 활동이라고 낙인찍히지 않기 위해서다. 그리고 중국 공산당은 중국 공산당을 지지하는 시위는 '자발적'인 시위로 분류해 정부가 기획했거나 암묵적으로 부추겼다는 주장을 선제적으로 차단한다. 예컨대, 2019년 뉴질랜드의 오클랜드에 있는 중국 총영사관은 오클랜드 대학교에서 홍콩 시위대를 공격한 중국 본토 출신 학생들의 '자발적인 애국심'을 칭송했다.[74] 반대로 중국 공산당은 자기들이 탐탁지 않게 여기는 시위는 '자발적으로 일어나지 않았고 외국의 적대적인 세력들'이 조직한 시위라고 낙인을 찍는다.[75]

무엇보다도 인민과 인민의 적 사이에 갈등이 발생하면 중국 공산당은 수단과 방법을 가리지 않고 대응한다. 당은 무슨 수를 쓰든 아무런 권리도 없는 '인민의 적'을 봉쇄한다. 중국 공산당의 이념적 세계에는 이러한 이들은 인류 역사의 진보를 가로막으므로 무슨 수를 쓰더라도 처단할 필요가 있다. 인민과 인민의 적을 구분하는 방법은 당이 반체제 인사나 인권 변호사와 파룬궁 수행자와 같은 '불순분자들'을 혹독하고 잔혹하게 다루는 관행을 정당화하는 데 사용한다.[76] '인민 내부 모순'과 '인민과 인민의 적들 간의 모순'의 구분은 시진핑 시대에 당 규율로 다시 공식적으로 도입되었다.[77]

5퍼센트 규정과 조용한 외교

그렇다면 중국의 인구는 어떻게 '인민'과 '인민의 적들'로 구분되는가? 마오쩌둥은 인민의 95퍼센트는 선하다고 주장했다. 즉, 95퍼센트는 인민의 편이고 따라서 중국 공산당의 편이다. 당은 결국 '인민의 선봉'이니 말이다. 중국의 정치 체제는 할당제로 악명이 높은데, 이 95퍼센트 규정이 적용되던 마오쩌둥 통치 기간 동안 국내 선전 선동에 영향을 미쳐 '반동' 분자로 숙청당하는 사람의 비율이 보통 5퍼센트로 책정되었다.[78] 톈안먼 시위에 대한 공식적인 입장은 '소수 반동 분자들이 학생 소요를 악용해 정치적 혼란을 기획하고 조직화하고 사전 모의해 실행한 사건'으로 남아 있다.[79]

이런 식의 틀 짜기는 국제 사회에서도 흔하다. 중국은 선하고 중국 인민의 압도적인 다수는 선하므로 많은 사람들이 중국에 맞선다는 건 불가능하다. 중국은 선전 선동을 통해 일반적으로 중국이 세계 대다수의 생각과 일치하는 모양새를 갖춘다. 중국 공산당에 맞서는 자는 누구든 아주 극소수에 속하는 셈이다. 예컨대, 중국 공산당이 억류한 캐나다인 마이클 코브리그Michael Kovrig와 마이클 스파보Michael Spavor를 석방하라고 요구하는 서신에 대한 답변으로 중국 외교부 대변인은 〈중국일보〉에 다음과 같은 글을 기고했다. '중국 인민 한 사람 한 사람이 캐나다 지도자들에게 공개서한을 보낸다면 그들의 목소리가 더욱 크게 울릴 것이고 정의의 편인 국제 사회의 주류 여론과 틀림없이 일치한다. (중략) 이 공개서한의 배후인 한줌밖에 안 되는 사람들은 고의적으로 공포심을 조장하고 있다'[80]

호주 정부가 입수한 첩보를 바탕으로 기업가 황샹모黃向墨의 영주권 비자를 취소하자 그는 〈환구시보〉에 '호주 내의 반중 집단은 아주 극소수'라고 말했다.[81] 스웨덴 주재 중국 대사관은 2019년 발표한 성명서에서 '극소수의 사람들'이 중국 전문가 행세를 하면서 반중 정서를 확산시키고 있다고 통탄했다.[82] 중국 정부 대변인의 말처럼 '한 줌밖에 안 되는 홍콩 사람들이 외국의 세력들과 공모해 홍콩 문제에 개입하려고 해 봤자 헛수고'이다.[83]

중국 안팎으로 중국 공산당의 정책에 반대하는 사람들이 실제로 얼마나 되는지는 중요하지 않다. 중국 공산당은 한결같이 극소수라고 주장할 테니 말이다. 마치 그러한 주장이 정책의 정당성을 보장이라도 하듯이 말이다. 그러나 중국 공산당이 정보를 독점하는 여건과는 거리가 먼 국제적인 맥락에서 보면, 이러한 틀 짜기가 먹혀들려면 중국 공산당의 정책에 반대하지만 직접 공격을 받지는 않는 이들이 입을 다물고 있어야 한다. 중국의 직접적인 공격을 받는 대상들을 대신해 그들이 목소리를 높이면 당의 주장에 정면으로 배치된다. 바로 이 때문에 중국 공산당은 은밀한 막후 외교가 공개적인 외교보다 훨씬 효과적이라는 주장을 강력히 밀어붙여 왔다. 유감스럽게도 세계 수많은 이들은 이러한 계략에 넘어가 농락당해 왔다.

2016년 남중국해 분쟁이 일어나자 중국 공산당의 공식적인 입장은 미국의 엘리트 계층(인민의 적)이 (개발 도상 진영의 국가로서 당연히 '인민'의 일부인) 필리핀을 꼬드겨 헤이그에 있는 국제 상설 재판소에 제소하게 만들었다는 주장이었다. 주모자인 미국이 필리핀을 호도하거나 강요해 제소를 했다고 했다. 화웨이의 5G 기술 참여를 두고 벌어진 갈등에서도 똑같은 주장이 제기되었다. 중국은 미국이 부당하게 '화웨이를 상대로 전쟁'을 사주하는데 뭔가 꿍꿍이속이 있다는 주장을 폈다.

적대적인 세력은 그 수는 적지만 그들이 인민을 호도하거나 조종하는 데 성공한다면 큰 영향을 미칠 수 있고, 중국 공산당은 이러한 적대적 세력들을 선한 공산당과 대비되는 악한 세력으로 간주한다. 즉 소수 집단이면서도 다른 사람들을 조종할 정도로 똑똑하지만 그 힘을 인민을 올바른 방향으로 인도하기보다 호도하는 데 이용하는 세력 말이다.

인민의 95퍼센트는 선하고 따라서 당의 편이라는 개념과 연관된 정치 행위가 중국 공산당에 대한 충성 서약이다. 데이비드 샴보우 David Shambaugh가 설명한 바와 같이, 특정한 구호나 정치적 문구를 되뇜으로써 충성 서약을 하는 행위, 즉 표태表態(태도 표명)는 중국에서 '의례적 수사적으로 중요한 정치 행위다.'[84]

표태 관행은 외국인들 사이에서도 점점 흔해지고 있다. 예컨대, 중국 공산당은 '일개 중국 정책一個中國政策'과 관련해 외국인들로부터 구두 서약을 되뇌라고 요구하고 한 번씩 이 서약이 되풀이될 때마다 당의 정당성이 더해진다고 간주한다. 실크로드 싱크 탱크 네트워크 회원들은 '일대일로창의가 세계 경제 성장을 촉진시키는 중요한 노력임을 이해하는 데 의견을 같이 한다'고 서약해야 한다.[85] 영국의 왕립 국제 문제 연구소인 채텀 하우스, 스페인의 엘카노 왕립 연구소, 독일 개발 연구소 등 이러한 국제 싱크 탱크와 조직들은 부지불식간에 표태 행위에 동참하고 있다. 다른 사람이 만든 문구를 되뇌어 정치적 충성을 표명하는 행위는 세계 다른 지역에서도 이루어지고 있지만, 중국 공산당하에서는 극단적인 차원에 도달했다. 나중에 몇 가지 사례를 더 살펴보도록 하겠다.

《모순론》에서 마오쩌둥은 또 다른 주장을 제시했는데 이 주장은 오늘날에도 여전히 중국 공산당의 사고의 틀을 구성하고 있다. 특정 집단은 시간, 장소, 사안에 따라 동맹이 되기도 하고 주적이 되기도 한다. 현재 중국이 직면한 최대의 적은 '다극 체제로 가는 불가피한 역사적 추세'를 가로막고 있는 미국이다.[86] 이 갈등은 인민과 인민의 적간의 갈등(대외적 모순)으로 분류된다. 즉 미국은 중국의 편으로 만들 수 없다는 뜻이다. 그렇다면 중국 공산당은 왜 여전히 미국 대중과 특정한 미국 이익 집단들의 마음을 얻기 위해 노력할까?

미국은 세계 전체로 볼 때 힘의 균형의 측면에서 보았을 때만 적이기 때문이다. 미국 사회 내에 존재하는 세계 역사의 퇴행 세력인 진짜 적은 '소수'에 불과하다. 대다수는 '인민'의 일부다. 후자의 경우 일부는 잘못된 사고에 현혹되었을 뿐이며 중국 공산당이 인내심을 갖고 그들에게 진실을 설명해 주면 당의 편으로 돌아설 수 있다. 미국의 쇠락을 에둘러 표현한 '다극 체제로 향한 필연적인 역사적 추세'에 맞서서 미국의 패권에 집착하는 이들과는 다르다.[87]

중국 공산당 운영 절차

보통 중국 공산당은 한 번에 너무 많은 사람들을 적으로 돌리지 않으려고 애쓴다. 대다수가 당의 관점에 이의를 제기하는 상황에서 특히 그렇다. 몇몇 국가들이 중국 공산당이 보기에 못마땅한 행동을 하면 당은 한두 나라를 지목해 비판한다. 다른 나라들이 행동을 억제하도록 하거나 시험 삼아 운을 띄워 보는 것이다. 경우에 따라 침묵하기도 한다. 이는 95퍼센트가 여전히 잠재적인 동맹 세력이라는 개념에서 비롯된다. 대다수에게 자신이 중국 공산당의 압력을 받는다는 느낌이 들지 않도록 해 주는 데도 도움이 된다.

마오쩌둥이 통일 전선 공작을 위해 제시한 또 다른 실무 규정은 '외원내방外圓內方'•이라는 구호로 표현된다.[88] '확고한 원칙과 유연한 전략'으로 번역되기도 하는 이 접근 방식은 전략적인 목적 달성을 위해 일정 정도 양보를 허락한다. 가장 중요한 원칙들을 시야에서

• 바깥쪽은 원이고 안쪽은 네모라는 뜻. 원칙을 훼손하지 않고 전략적 유연성을 발휘하는 원칙.

놓치지 않는 한 말이다.

중국 공산당의 융통성을 뜻하는 또 다른 원칙은 전략적으로 일부 우호적인 세력들에게 중국 공산당 비판을 허락하고 그들이 다른 이들의 신뢰를 얻도록 하는 관행이다. '소매대방망小罵大帮忙(약간의 험담으로 큰 도움이 된다)'이라는 구절로 알려진 이 개념은 1949년 이전 국민당하에서 신문들의 행태를 지켜본 중국 공산당이 개발했다.[89] 언론은 사소한 문제들에 관해서는 국민당을 비판하고 중요한 문제에 관해서는 국민당을 지지함으로써 언론을 객관적이고 균형 잡힌 조직으로 인식시켰다. 실제로는 국민당을 확고하게 지지하고 있었지만 말이다. 오늘날 중국 공산당이 (2016년부터 알리바바 그룹의 소유인) 〈사우스 차이나 모닝 포스트〉에 대해 접근하는 방식은 바로 소마대방망 원칙을 적용하는 것으로 이해해야 한다. 〈사우스 차이나 모닝 포스트〉가 당을 비판하는 데는 한계가 있다.

서구 진영의 수많은 기업가들이 중국과의 거래를 통해 돈을 벌고 중국 공산당의 막강한 로비 집단 역할을 한다. 그동안 유지되어 온 우호적인 관계에 대해 중국 관리가 약간의 언질만 주어도 기업이나 억만장자가 즉각 자국의 정부에 압력을 넣어 중국의 심기를 거스를 만한 짓은 절대 하지 못하도록 해 준다. 이 전술은 이상핍정以商逼政(기업을 이용해 정부를 압박한다는 뜻)으로 알려져 있다. 이를 보여 주는 사례들은 차고 넘친다. 타이완 관광업자들은 중국이 중국발 관광객 수를 대폭 줄이자 가두시위를 했다. 호주 광산업 거부는 정부를 대상으로 반체제 인사인 작가 류샤오보劉曉波의 죽음에 대해 성명서를 발표하지 말 것을 촉구했다. 미국 재계 기관들은 도널드 트럼프에게 무역 전쟁을 끝내라고 압박해 왔다. 종종 기업 관련 단체들은 중국이 협박을 안 해도 알아서 선제적으로 행동한다.

1949년 중국에서 공산당이 집권하기 전, 공산당은 도시에서 퇴각해 시골에 기지를 구축해야 했다. 당은 이 경험에서 얻은 교훈을 '농촌포위성시農村包圍城市(농촌을 이용해 도시를 포위하는 전략)'에 통합시켰다. 이 구호는 문자 그대로만 해석해서는 안 된다. 이 개념은 중국 공산당의 적이 약하거나 제대로 면모를 갖추지 못한 지역에서 그곳 주민들을 조직화하고 그들을 이용해 적이 장악한 지역을 포위한다는 뜻이다. 세계적인 차원에서 보면, 중국 공산당은 '농촌'과 '개발도상 지역'을 동일시한다. 다시 말해서, 개발 도상 지역은 중국 공산당이 세력을 구축하기가 비교적 쉬운 지역으로 간주한다는 뜻이다. 일단 충분한 수의 개발도상국들이 중국편이 되고 나면 중국 공산당이 선진국 진영의 장악력을 야금야금 잠식하기가 훨씬 쉬워진다.

'이용지방포위중앙利用地方包圍中央(지방을 이용해 중앙을 포위)'라는 구호, 또는 주변부에서 중심부로, 소규모에서 대규모로, 주변부에서 주류로 등의 구호에서도 비슷한 개념이 표출되어 있다.[90] 이는 중국 공산당이 해외에서 영향력을 행사하는 전략으로서 시행착오를 거쳐 검증된 전략이고 신화통신사 같이 당이 소유한 언론 매체나 화웨이 같은 중국 기업이 해외에서 영향력을 행사할 때도 이 전략을 사용한다. 비교적 쉽게 설득당하는, 상대적으로 소규모이거나 주변부로 밀려난 집단들을 포섭함으로써 중국 공산당과 연계된 기관들은 서서히 주류로 진입하고 있다. 이 책 전반에 걸쳐 거론되는 이 원칙은 중국이 지방 위원회와 서구 진영에 있는 자매 도시와의 관계를 강조하는 이유를 설명하는 데 도움이 된다.

3 Political elites at the centre: North America

권력 중심부의 정치 엘리트:
북아메리카

친구 사귀기

중국이 서구 진영에서 행사하는 영향력의 구조를 살펴보려면 중국이 세계를 바라보는 시각으로 우리도 세계를 바라보아야 한다. 즉, 각 나라마다 권력이 어디에 집중되어 있는지 조사하고 재계, 정치계, 학계, 싱크 탱크, 언론 매체, 문화 기관에 종사하는 엘리트 계층이 누구인지 판단한다. 그들이 누구와 인맥이 닿아 있고 누구와 친구이고 가족은 누군지에 대한 정보를 수집한다.[1] 중국에 사업적 개인적 연고가 있으면 특히 유용하다. 그러고 나면 통일전선공작부와 인민 해방군과 연관된 전위 부대들은 접근할 대상들을 선정하는 임무를 실행한다.[2]

예컨대, 미국의 엘리트 권력 집단의 구조는 독일과는 다르다. 독일은 캐나다나 영국의 엘리트 권력 집단의 구조와 또 다르다. 그러나 표적은-전국, 지방, 지역 등-각급 정부의 과거, 현재, 미래의 정치 지도자들을 아우른다. 정치 지도자들에게 자문을 하고 영향력을 행사하는 고위급 관리들도 지대한 관심의 대상이다.

리처드 바움Richard Baum에 따르면, 중국 공산당은 외국인들을 다양한 부류로 분류한다.[3] 첫 번째 부류는 '친구'인데, 중국 공산당이 하는 일은 무조건 동의하는 사람이다. 그들의 발언은 공식 언론 매체에 종종 인용된다. 두 번째는 '우호적인 인물'로서 기업인들처럼 중국 공산당이 의지는 하지만 딱히 신뢰하지는 않는 이들이다. 우호적인 인물로 분류되는 이들은 중국에 대해 우호적으로 보이는 데 이해관계가 걸려 있기 때문에 조종이 가능한 대상이다. 세 번째 부류에는 보통 학자와 언론인이 포함되는데, '중국을 정말 좋아하지만 중국 공산주의의 사악한 면모도 모조리 알고 있는 사람들'이다. 이 사람들에게는 영향을 미칠 수 없다. 네 번째 부류는 '중국을 좋아하지만 중국 공산주의를 증오하는 사람들'이다.[4] 그들은 '적'으로 분류되고 기회가 있을 때마다 폄하당한다. 마지막 부류는 '중국에 대해 모르거나 관심이 없는 사람들'이다. 이 사람들은 잠재적으로 쓸모가 있다. 이들은 영화나 문화 행사에 초청해 주면 중국에 대해 긍정적인 인상을 품게 되기 때문이다.

중국의 잠재적인 친구로 분류된 이들에게는 초청장이 발송된다. 보기에 중립적인 자선 단체나 학술 기관 등이 주최하는 회의, 리셉션, 문화 행사 등 각종 행사에 이들을 초청해 우호적인 분위기를 조성한다. 선물도 기증해 받는 사람들로 하여금 의무감과 보답해야 한다는 느낌이 들게 만든다. 뒤이어 중국 측에서 비용을 내고 무료로 중국 여행을 주선하고, 여행하는 동안 포섭 대상인 표적은 사전에 치밀하게 짜인 모임과 관광 프로그램에 따라 집중적으로 공작을 당한다. 이를 주최하는 기관은 보통 통일전선공작부와 연관된 위장 단체이거나 중국 공산당의 중앙군사위원회 소속 정치 공작부의 연락부인데, 국유 기업도 이러한 역할을 할 수 있고, 시진핑 시대에는 민간 기업들도 이러한 역할을 한다.

조지 H. W. 부시는 자신의 회고록에서 순진한 서구 정치인들이 '우의'라는 덫에 순순히 걸려들기가 얼마나 쉬운지 다음과 같이 증명해 주었다. "덩샤오핑이 나를 중국의 '오랜 친구老朋友(라오펑요우)'

라고 불렀다. 그 표현은 그저 통상적으로 하는 입에 발린 찬사가 아니라 내가 미중 관계의 중요성과 이를 계속 유지할 필요가 있다는 사실을 인식하고 있음을 인정해 주는 말처럼 느껴졌다."[5] 그러고 나서 덩샤오핑은 부시에게 "중소 관계에 대해 자신이 어떻게 생각하는지 그 속내를 털어놓았다."

중국 최고 지도자들이 자기에게 속내를 털어놓을 정도로 자기를 신뢰한다고 믿는 이들은 보통 중국의 메신저 역할을 하면서 다른 사람들에게 중국을 '넓은 아량으로 통 크게 이해'하고, '중국의 시각으로 바라보라'고 하고, '더욱 온건한 입장을 채택'하라고 촉구한다. 호주 전 총리 폴 키팅Paul Keating은 헨리 키신저와 더불어 중국개발은행의 국제 자문 위원회에 위촉되었는데, 그는 시진핑과의 만남을 포함해서 최고위 지도부의 내밀한 생각을 자기가 알고 있다고 넌지시 귀띔한다. 키팅은 시진핑 정권을 가장 열렬히 옹호하는 이로 손꼽히는데, 그는 인권이 중국에는 적용되지 않는 '서구적 가치'라면서 중국 공산당 정부를 "지난 30년 동안 세계에 등장한 정부들 가운데 가장 뛰어난 정부라는 데 토를 달 수 없다"고 칭송한다.[6]

미 국무부 전직 관리인 수전 손튼Susan Thornton도 자신이 중국의 친구라고 자부한다. 2019년 미국이 중국에 강하게 맞서자 이를 격렬히 비판하면서 미중 관계가 파괴된 건 미국의 잘못이고 외교력을 발휘하면 중국을 책임 있는 국제 사회의 일원이 되도록 만들 수 있다는 글을 썼고 이 글은 널리 읽혔다.[7] 그녀는 중국이 '국제 공공재'를 더 많이 제공하기 위해서 노력하고 있다고 주장했다. 손튼은 '중국몽은 미국을 닮는 것'이고 공산당 고위 관리들은 자기 나라가 미국을 지배하기보다 자기 자녀를 미국 명문 대학교에 입학시키는 데 더 관심이 많다고 주장했다.

2019년 7월 트럼프 행정부가 중국에 대해 강경한 자세를 취하자 미국 학자, 외교 정책 전문가, 기업 대표 등 100여 명이 이를 비판하는 공개서한에 서명했는데 수전 손튼이 이 서한의 주요 작성자 중 한 사람이다.[8] 서한에 서명한 이들은 최근 들어 중국의 행동은 '우려스러운' 게 사실이라고 인정하면서도 과거 수십 년간 유지해 온 협력적이고 우호적인 자세를 지속하라고 촉구했다. 중국이 세계 경제 질서에 편입되면 중국 내에서 정치적 자유화 세력이 탄력을 받게 되고 머지않아 그 세력이 승리하게 된다는 그들의 믿음은 절대로 깨지지 않는 듯하다. 사실은 정반대 현상이 벌어지고 있는데 말이다. 시진핑하에서 세계 경제에 편입된 중국이 오히려 독재자들의 힘을 강화하는 역할을 했다는 사실을 이 서한에 서명한 이들은 간과했다.

이 서한은 '중국'만 언급하고 중국 공산당은 전혀 언급하지 않고 있다는 사실은 많은 것을 시사한다. 서명자들은 '중국'은 미국을 제치고 세계 지도자가 되는 데 전혀 관심이 없다고 믿는다. 그들이 보기에 '중국'은 심각한 '경제적 적'도 안보를 위협하는 존재도 아니다. 그들은 진짜 문제는 중국에 대해 적대적인 태도를 취하고 중국이 가하는 위협을 과장하는 미국이라고 믿는다. 그들은 트럼프 대통령의 공격적인 태도는 중국 내에서 서구 진영과 '온건하고, 진취적이고 진정으로 협조적인' 관계를 바라는 이들의 입지를 약화시킨다고 주장한다.

미국 전문가들이 뛰어들어 중국 공산당이 오래전부터 갈고 닦아 온 감성적인 접근 방식을 지속해야 한다고 주장하자 중국 공산당 관리들은 당연히 이들을 칭송했다. 중국 외교부는 이 서한은 '합리적이고 객관적'이라고 평했다.[9] 〈환구시보〉는 이 서한 작성을 주도한 다섯 명 가운데 한 명인 (그리고 이 서한에 서명한 9개 기관 가운데 하나에 소속된) 카네기국제평화기금 상임 연구원 마이클 스웨인Michael Swaine을 인터뷰했다.[10] 스웨인은 중국에 대해 미국이 '냉전 시대' 식으로 대응하고 '극단적인 정책' 접근 방식을 취한다고 매도하면서, 중국은 세계 질서를 전복하기를 바라지 않고 다만 모종의 개혁 조치들을 도입하고 싶어 할 뿐이라고 주장했다.

존 폼프렛John Pomfret은 이 서한은 미국이 전통적으로 중국을 대할 때 취해 온 '대단히 온정주의적인' 시각과 맥을 같이 하는데, 이러한 태도는 미국의 체제가 우월하기 때문에 중국 지도자들을 살살 달래서 미국의 체제를 모방하도록 만들 수 있다는 믿음에 기인한다고 반박했다.[11] 서한 작성자들이 희망을 걸고 있는 중국의 자유주의적 지도자들은 시진핑이 전향시키거나, 숙청하거나, 투옥하거나 입을 틀어막았다.

존 매컬럼이라는 통탄스러운 사례

중국 공산당은 그 역사를 통틀어 친구와 적을 모두 심리적으로 조종하는 정교한 기법들을 개발해 왔다. 이러한 기법들은 서구 진영에서 중국 공산당에게 가치가 있다고 판단되는 각계각층의 사람들을 대상으로 적용해 놀라운 효과를 발휘했다. 다시 말하지만 이러한 기법으로 달성하려는 목적은 그들로 하여금 자기가 중국과 특별한 관계라고 믿게 만들고 중국의 정치적 목표에 자기의 의견을 일치시키도록 유인하는 일이다. 중국인 학자 제임스 지안 화James Jiann Hua 말대로, 이런 종류의 심리 공작은 '무해하고, 호의적이고, 도움이 되는' 듯이 보이는 동시에 '행동을 강력하게 통제하고 조종하는 효과적인 수단'이다.[12]

2018년 12월 캐나다에서 화웨이의 최고 재무 담당자 멍완저우孟晚舟가 체포되었다. 미국 측이 은행 사기 등의 혐의를 받고 있는 그녀를 송환해 달라고 요청했다. 뒤이어 오고간 외교적인 설전이 절정에 달하자 중국은 미국이 아니라 캐나다를 협박했고 혐의를 날조해 캐나다 국적자 두 명을 투옥시켰다. 이때 주중 캐나다 대사 존 매컬럼John McCallum은 온타리오에 있는 중국어 언론 매체를 상대로 기자 회견을 열어 멍완저우에게 송환에 맞서 법적인 방어를 할 최선의 방법을 제시했다.[13] 중국의 친구로 이미 잘 알려진 인물이자 캐나다는 미국보다 중국과 공통점이 더 많다고 생각하는 매컬럼은 자기가 보기에 이 송환 사건에서 심각한 결함들을 조목조목 열거했다.[14]

매컬럼 대사는 캐나다의 입장을 변호하기보다는 중국 정부 대변인 같은 발언을 했다고 주장하는 이들도 있었다.[15] 중국의 〈환구시보〉는 매컬럼이 "진실을 말한다"고 칭송하면서 캐나다인들에게 '도덕적 정의감'이 결여되었다고 꾸짖었다.[16] 캐나다 내에서 매컬럼에 대한 비판이 쇄도하자 그의 전 비서실장은 매컬럼의 발언이 '말실수'라며 그는 '근본적으로 점잖고 낙관적인 인물'이라고 변호했다. 매컬럼은 지난 30년에 걸쳐서 중국을 자주 방문하면서 오랜 세월 동안 중국에 애정을 품어 온 인사이므로 그가 중국 공산당의 심리적 조종 기법에 넘어간 피해자일 가능성이 농후하다는 점을 시사해

준다.[17]

매컬럼은 멍완저우에게 어떻게 법적인 다툼을 할지 조언을 하고 며칠 후 캐나다는 그녀를 석방하는 게 바람직하다고 말했다. 그렇게 하면 캐나다가 미국에 대해 이행해야 하는 법적인 의무를 두고 격분한 중국의 화를 가라앉힐 수 있다고 주장했다. 결국 저스틴 트루도 캐나다 총리는 매컬럼을 해고할 수밖에 없었다. 이 사건을 지켜본 사람들은 경륜 있는 정치인이자 외교관이 어떻게 그런 헛발질을 할 수 있었는지 고개를 갸우뚱했다.

중국은 매컬럼처럼 중국 공산당의 표적인 다른 이들도 미끼로 유혹하기보다 남의 마음에 들고 싶은 그들의 허영심과 욕심을 이용한다. 한 냉소적인 머리기사 제목처럼, 그들은 '중국 관리가 정말로 나를 좋아하는 것 같다!'고 생각한다.[18]

매컬럼이 왜 멍완저우를 두둔하는지 그 이유를 제대로 짚은 이는 전 주중 멕시코 대사 호르헤 과하르도Jorge Guajardo이다. 그도 중국 공산당이 똑같은 식으로 길들였다.[19] 중국에 새로 부임하는 외교 사절들은 중국 고위 관리들로부터 소외되어 있다. 어느 정도 시간이 흐르면 고위급 관리가 그들을 만나고 싶어 한다는 전갈을 받는다. 그들은 중국 관리를 만나서 자기들이 '당의 미묘하고 까다로운 처지를 이해할 독특한 위치'에 있다는 말을 듣는다. 그러고 나면 그들은 자신을 '특별한' 사람으로 간주하기 시작한다. 그들은 고위급 지도자들에게 접근하는 드문 기회를 얻게 되고 자기들에게 중국 고위 관리들이 중국 정치의 속사정에 대해 이례적으로 터놓고 얘기한다고 믿게 된다. 물론 다른 외교 사절들도 똑같이 믿도록 길들여진다. 중국의 특별한 친구로서 외교 사절들이 본국의 상사에게 하는 조언에는 그들의 독특한 시각이 반영되어 있고 중국은 그들이 바로 이러한 조언을 본국에 전달하기를 바란다.[20]

자신감에 자신이 중요한 인물이라고 여기고 싶은 욕구가 더해지면 유혹에 빠지기 쉽다. 중국 공산당이 인간의 허영심을 얼마나 절묘하게 조종하는지는 주중 캐나다 대사를 역임한 데이비드 멀로니 David Mulroney가 다음과 같이 잘 설명했다. '오로지 당신만이 중국의 상황을 제대로 이해하고 본국 정부에 잘 설명할 재능과 경륜을 지녔다. 두 나라 관계의 운명이 당신 손에 달렸다.'[21] 그 어떤 나라보다도 중국에 파견되는 외교관들이 '우호적인 관계를 유지하는 게 세계에서 가장 중요한 일'이라고 확신하게 된다.[22] 중국에 파견되는 외교관들은 외국인들이 중국을 이해하기가 어렵다는 중국 당국의 말에 설득당한다. 그래서 주중 외국 대사들은 자국의 입장을 중국에 설명하는 대신 중국의 입장을 자국 정부에 설명하는 일이 자신의 역할이라고 생각하고 중국 공산당의 메시지를 본국에 전달하는 통로가 된다. 이게 바로 매컬럼이 저지른 실수다.

이러한 상황은 냉전 시대와는 다르다. 그 당시 공산권 정부에 동조한 사례들을 보면 충성스러운 시민이 모국에 '등을 돌리고' 의식적으로 적을 위해 일했다. 그러나 오늘날 중국 공산당의 입장을 옹호하는 이들은 마음속으로 자신이 여전히 모국에 충성을 한다고 믿지만 중국의 입장이 모국의 이익에도 최대한 부합한다고 생각하게 되기 때문에 훨씬 더 효과를 발휘한다. 따라서 중국에서 가장 널리 읽히는 신문 하나가 캐나다 대사 매컬럼이 멍완저우를 지지함으로써 '중국 편을 들었다.'고 쓴 머리기사 제목은 부적절하다.[23]

중국과 우호적인 관계를 유지하는 게 그 무엇보다도 중요하다는 확신은 서구 진영의 외교부서에 만연해 있고, 부서원들이 장관에게 날마다 하는 조언에는 그런 확신이 덧씌워진다. 외교 관리들은 수많은 양자 회담을 통해 평화로운 관계를 유지하는 게 성공적인 외교라고 간주한다. 그러나 사실상 그들은 중국 공산당을 떠받드는 셈이다. 중국이 서구 진영의 외교 관리들과의 면담을 취소하고 냉랭하게 대하면, 그들은 겁에 질려서 본국 정부에 입장을 누그러뜨리라고 조언한다.

워싱턴 D.C.에서의 영향력

정치 지도자, 공식적 비공식적 조언자들, 공무원, 당료, 기부자, 친구, 배우자와 그 밖의 가족 친지들, 사업 관련자, 군 장성 등이 귀 기울이는 사람이라면 누구든 중국 공산당의 포섭 대상이 된다. 영향 공작은 표적에게 금전적 보상을 하는 경우 훨씬 쉽게 진행되므로 중국이 미국에서 사업적 거래를 통해 영향력을 촉진하는 방식은 구소련은 꿈에서나 그려 볼 만한 방식이었다. 싱크 탱크들, 그중에서도 특히 정치 지도자나 사업가 출신이 이끄는 싱크 탱크는 기부나 연구 협력을 통해서 유인한다. (이 주제는 7장에서 다루었고, 워싱턴의 의사결정자들에게 영향을 미치는 다른 경로들은 앞의 장들에서 다루었다. 중국 공산당이 워싱턴에서 행사하는 영향력의 전모를 밝히기는 가능하지 않지만, 어느 정도인지 대체로 감을 잡는 게 이 책의 목표다.)

2018년 〈워싱턴 포스트〉의 마당발 칼럼니스트 조쉬 로진Josh Rogin은 중국이 장기간에 걸쳐 미국에 영향력을 행사할 인맥을 구축해 왔고 미국 정부는 '중국 정부가 원하는 바를 얻기 위해 이러한 인맥을 무기로 쓰겠다고 결심할 가능성에 대비하고 있다'는 점을 지적했다.[24] (중국이 서구 진영에서 러시아식의 '적극적 조치•'를 이용하는지 여부는 알려져 있지 않지만, 정치적 계산을 해 볼 때 써 볼 만하다고 판단하면 그런 조치들을 쓸 게 분명하다.) 중국 공산당이 시행한 가장 대담한 침투 작전으로 손꼽히는 1996년 차이나게이트에서, 최고위 첩보 공작원이 백악관에서 순진한 클린턴 대통령을 만났고 중국 군부와 연관된 사람들을 통해서 클린턴 선거 운동 본부에 선거 자금이 흘러들어 갔다.(8장 참조.)

중국은 1970년대부터 미국 의회에서 영향력을 얻기 위해 공작을 펴왔다. 중국 공산당의 국제 연락부와 중국국제우호연락회(이는 나중에 다루겠다.)처럼 당과 연관된 기관들의 활동을 통해서 영향력 있는 인사들을 친구로 만들어 왔다.[25] 그럼에도 불구하고 미국 의회는 대체로 중국에 대해 여전히 의구심을 지니고 있다. 때로는 '친중국' 성향의 의원들이 영향력을 발휘해 중국에 대해 비판적인 목소리가 묻히기도 하지만 말이다.[26] 대통령, 백악관, 관료 조직, 싱크 탱크, 기업 로비 집단 할 것 없이 모두가 중국이 포섭 대상으로 삼아 상당한 효과를 얻었다.

최근까지만 해도 워싱턴 D.C.에서 활동하는 거의 모든 인사들이 '중국의 화평굴기'라는 수사와 '건설적인 관여'의 가치에 설득당했다. 중국이 경제적으로 발전하면 자연스럽게 자유 국가로 변신하리라는 게 공통된 믿음이었다. 이러한 시각이 근거가 전혀 없지는 않았다. 중국 공산당 내부에서 비교적 자유주의적 성향의 파벌들이

• 정보를 수집, 수정 보완, 평가하는 활동 외에도 세계적으로 일어나는 사건의 진행 과정에 영향을 미치기 위해 수행하는 정치적 전쟁 행위를 말하며 언론 조작부터 폭력을 사용하는 각종 특수 조치에 이르기까지 다양하다.

강경파와 투쟁을 했기 때문이다. 하지만 미국에서 이러한 시각은 기관들이 순진하게 그대로 받아들여 강화되고 중국은 이를 십분 이용한다. 사실상 정반대라는 증거가 나온 후에도 여전히 이러한 시각을 고수하는 많은 이들이 중국을 옹호하는 데 개인적으로 심혈을 기울여 투자해 온 이들이다.

2019년 5월 조 바이든Joe Biden은 민주당의 대통령 후보에 출마한 다른 경선 후보들과는 달리 중국이 미국에게 전략적 위협이라는 주장에 코웃음을 치며 아이오와시에서 열린 선거 유세에서 군중을 상대로 다음과 같이 말했다. '중국이 우리 점심을 먹어치울 거라고? 웃기지 말라.'[27] 바이든은 오래전부터 중국에 대해 부드러운 접근 방식을 취해 왔다. 오바마 대통령의 국무 장관 힐러리 클린턴이 중국이 아시아에서 취하는 군사적 모험주의에 대해 강경한 입장을 취하자 부통령 바이든은 신중하라고 촉구했다. 바이든은 시진핑이 부주석이고 차기 주석이 확실시 되던 시절부터 그와 사적으로 가까운 관계를 유지해 왔다.[28]

오바마는 두 번째 임기 중에 클린턴 국무 장관을 중국의 입장에 대해 훨씬 수용적인 존 케리John Kerry로 교체했다. 이러한 역학 관계를 보면 오바마가 2012년에 내세운 '아시아로의 선회Pivot to Asia' 정책이 왜 용두사미로 맥없이 끝났는지 설명된다. 중국의 시진핑이 오바마에게 한 약속을 어기고 남중국해에 있는 섬들을 합병하고 군사기지를 설치하는 동안 미국은 수수방관했다. 이 약속을 파기하면서 중국은 전략적으로 어마어마하게 유리한 위치를 점하게 되었다.

조 바이든은 수많은 중국학자들과 대부분의 워싱턴 정치인들이 폐기한 믿음을 여전히 고수하고 있다. 중국을 국제 사회에 편입시키면 책임 있는 구성원으로 만들 수 있다는 믿음 말이다. 펜실베이니아 대학교가 워싱턴 D.C.에 설립한 싱크 탱크, 즉 그의 이름을 따서 펜 바이든 외교 및 세계 편입 센터는 세계 자유 질서에 대한 위협을 규명하는 게 목적이라고 하는데 이 기관의 홈페이지에 가 보면 중국은 그런 위협으로 명시되어 있지 않다. 러시아, 기후 변화, 테러리즘만 나열되어 있다.[29] 바이든은 중국의 인권 유린에 대해 목소리를 냈지만, 여전히 중국의 '화평굴기'라는 개념에 매달리고 있다.

그렇다면 조 바이든이 중국에 대해 다른 시각을 지니고 있다는 게 중요한 문제일까? 그렇다. 중국 공산당이 그의 아들 헌터 바이든Hunter Biden에게 사업 거래를 성사시켜 주고 부자로 만들어 줌으로써 그를 자국의 편으로 만들려고 노력했다는 증거가 있기 때문이다. 2019년 출간된 《비밀 제국Secret Empires》에서 저자 피터 슈와이저Peter Schweizer가 이 이야기를 다루고 있다.[30] 그가 주장한 내용들 가운데 일부는 반박이 들어와 이를 수정해 (사실을 철저히 확인해 보도한다고 명성이 자자한-반어법(옮긴이)) 〈뉴욕 타임스〉에 기고했다.[31] 간단히 말하자면, 2013년 12월 바이든 부통령이 중국을 공식 방문할 때 부통령 전용기에 자기 아들을 태우고 갔다. 바이든 부통령이 중국 지도자들과 우호적인 외교 활동을 펼치는 동안 헌터는 다른 종류의 모임을 열고 있었다. 이 방문이 이루어지고 2주가 채 안 돼, 2013년 6월 존 케리의 의붓아들을 비롯해 두 명의 다른 사업가들과 함께 헌터가 창립한 업체는 중국 정부가 운영하는 중국은행Bank of China이 최대 주주인 BHR 파트너스에 펀드를 조성하는 거래를 체결했다. 헌터는 사모 펀드 분야에 경험이 전무했음에도 불구하고 말이다.[32]

중국은행은 국가 소유로 중국 공산당이 관할한다. 헌터 바이든이 자기 회사에서 맡은 역할이 뭔지는 논쟁의 대상이지만 한 전문가에 따르면 그의 지분이 2000만 달러 정도라고 한다.[33]

그러나 여기서 요지는 (언론 매체가 이 문제의 틀을 윤리 문제로 짰지만[34]) 바이든 부자의 윤리가 아니라 중국 공산당이 고위급 정치인들에게 영향을 미치는 방식이다. 미국의 고위급 지도자들이 본인의 손을 직접 더럽히지 않고 그 가족들이 중국과의 관계를 이용해 돈을 벌게 해주는 '대리 부패corruption by proxy' 기법을 중국 공산당 홍색 귀족은 완벽하게 터득했다. 2014년과 2015년 중국은 남중국해에 공격적으로 세를 확장해 들어갔지만 오바마, 케리, 바이든은 수수방관했다.

억만장자 기업가이자 뉴욕 시장을 역임한 마이클 블룸버그Michael Bloomberg는 2020년 민주당 대선 후보 경선에 뒤늦게 뛰어들었다. 그는 후보들 가운데 단연 가장 친중국 성향이다. 중국에 막대한 투자를 한 그는 관세 전쟁에 반대하고 종종 중국 공산당 정권을 옹호하는 발언을 한다. 그의 언론 매체는 중국 공산당 지도자들을 비판하는 기사를 억눌러 왔고, 2019년 블룸버그 본인 입으로 시진핑은 자기를 지지하는 유권자들을 만족시켜야 하므로 '독재자가 아니다'라고 주장했다.[35] 〈워싱턴 포스트〉의 조쉬 로진은 다음과 같이 주장했다. '블룸버그는 중국 정부의 특성과 야망을 오해하고 있는데 이는 미국의 국가 안보와 외교 정책에 심각한 피해를 끼칠 우려가 있다. 그는 순진하게 중국을 관여시키는 정책을 옹호하고 희망 사항을 설파하고 있는데 이는 이미 시도해서 실패한 정책이다.'[36]

공화당 의원들 또한 중국이 살포하는 돈의 영향력으로부터 자유롭지 못하다. 2015년부터 상원 다수당 지도자를 맡고 있는 켄터키

주 상원 의원 미치 매코널Mitch McConnell은 워싱턴에서 대통령 다음으로 막강한 인물이다. 한때 중국에 대해 강경한 노선을 표방한 그는 1990년대에 눈에 띄게 중국에 대해 온건해졌다.(2019년 홍콩 시위대에 대한 지지를 표명했지만, 아마도 사소한 문제에 관해 중국을 약간 비판하는 척하면서 실제로는 크게 도움을 주는 그런 사례일 가능성이 높다.[37]) 1993년 그는 자신에게 선거 자금을 기부하는 중국계 미국인 기업가 제임스 차오James Chao의 딸 일레인 차오Elaine Chao와 결혼했다. 일레인 차오는 그 후로 조지 W. 부시 대통령 정권 때 노동부 장관을 지냈고 2017년에는 트럼프 대통령 행정부의 교통부 장관으로 취임했다. 취임하기가 무섭게 그녀는 자기 가족과 중국 정부 관리들 간의 만남이 일정에 포함된 중국 방문을 계획했다가 국무부에서 윤리 문제를 제기하고 나서야 비로소 무산되었다.[38]

제임스 차오는 중국 주석을 역임한 막강한 실력자 장쩌민과 학교 동창이고 그 밖에도 중국 내에 인맥(관시)이 타의 추종을 불허한다. 차오는 화물 운송업체 포모스트그룹Foremost Group을 통해 부자가 되었는데, 이 회사는 중국 국가 소유의 거대 기업인 중국국영조선공사와 친밀한 관계 덕분에 성장했다. 매코널이 차오의 딸과 결혼한 후 중국 공산당 최고위층 지도자들은 그의 환심을 사기 위해 애썼고 그의 처가댁 식구들은 곧 중국 정부가 소유한 기업들과 거래를 시작했다.[39]

2008년 제임스 차오는 사위 미치 매코널 부부에게 수백만 달러를 증여해 매코널을 의원들 가운데 손꼽히는 부자로 만들어 주었다. 1990년대 이후로 매코널은 공화당 의원들이 중국에 대해 우호적인 입장으로 전환하도록 애를 써 왔다.[40] 1999년 공화당 의원들이 타이완을 지지하는 결의안을 강력히 지지할 때 매코널은 종적을 감추고 보이지도 않았다. 그는 인권 유린과 환율 조작을 이유로 중국을 제재하는 조치에 반대해 왔다. 일레인 차오는 2000년 중국의 첩보 활동을 폭로한 보고서 내용을 일축했고 중국이 미국의 위협적인 존재임을 절대로 인정하지 않는다.[41]

백악관

2017년 2월 도널드 트럼프가 백악관에 입성하면서 중국에 대한 미국 정부의 태도가 바뀌기 시작했다. 선거 유세에서 트럼프가 중국에 대해 한 강경한 발언에 미루어 볼 때 기대했던 것보다는 훨씬 속도가 느리긴 했지만 말이다. 트럼프가 취임한 후 첫 한 해 동안 미국 행정부는 저울질을 했다. 신임 대통령이 처음 취한 조치 중 하나는 범태평양동반자관계(TPP) 불참이었다. 중국의 점증하는 경제적 영향력에 맞설 기구로 태평양 연안 12개 국가들이 참여한 무역협정인데 말이다. 백악관 내부에서 막강한 영향력을 행사하면서 중국과 깊은 관계를 맺고 있는 이들이 중국에 대해 유화적인 접근 방식을 촉구하고 있었다.

신임 상무부 장관 윌버 로스Wilbur Ross는 중국에 대대적으로 투자를 해 왔고 그가 운영하는 기업들 가운데 하나는 중국 국유 기업과 제휴를 맺고 있었다(로스는 압력을 받고 2019년 지분을 처분한 것으로 보인다).[42] 그는 2017년 중국에서 골드만 삭스와 국가 소유 투자 펀드인 중국투자공사 간의 제휴를 거론했고 민감한 자산을 포함해 미국 제조업체들의 지분을 최고 50억 달러까지 제시했다.[43] (이 글을 읽는 독자들은 이 책의 색인을 참조하면 골드만 삭스가 중국의 영향 공작에서 얼마나 과도하게 비중 있는 역할을 하고 있는지 파악할 수 있다.)

트럼프 행정부의 국가 경제 위원회 위원장 게리 콘Gary Cohn은 골드만 삭스의 회장을 역임했는데, 골드만 삭스는 중국 은행들에 깊이 연관되어 있기 때문에 골드만 삭스가 사업에 성공하는지 여부에 개인적인 이해가 걸려 있다. 트럼프 행정부에 임명되기 전에 콘이 중국에서 보유하고 있는 금전적 이해관계 가운데는 중국 공산당 관할인 거대 은행인 중국공상은행에 수백억 달러 지분이 있는데, 그는 이 은행이 미국에서 자산을 매입하도록 도왔다. 이 은행은 트럼프타워에 입주한 기업들 가운데 임대한 시설 규모가 최대인 것으로 알려졌다.[44] 콘은 미중 무역 투자 관계를 촉진시키는 업무를 해 오면서 중국 금융계와 정계의 엘리트 계층과 깊은 관계를 맺어 왔다.

트럼프 행정부의 재무 장관 스티븐 므누신Steven Mnuchin 또한 한때 골드만 삭스에서 일했고 이 회사 주식을 수백만 달러 어치 보유하고 있었는데 장관 취임 직후 매각했다. 므누신은 백악관 내에서 곧 중국에 대해 유화적인 태도를 보이면서 관세 부과를 비롯해 여러 가지 경제 제재를 부과하는 조치들을 막거나 무산시키려고 불철주야 일하고 있다.[45]

도널드 트럼프 본인의 가족도 중국에서 크게 수익을 올리기를 기대했다. 트럼프가 자신의 사위 재러드 쿠쉬너Jared Kushner를 백악관 상임 고문에 임명할 당시 쿠쉬너는 트럼프의 친구 스티븐 슈워츠먼Stephen Schwarzman이 소유한 투자 회사 블랙스톤에 상당한 지분을 보유하고 있었는데 이 회사는 중국에 대대적으로 투자를 했다. 2018년 쿠쉬너의 부동산 회사는 중국 투자자들에게 미국에 거주할 비자를 받도록 해 주겠다며 아파트 건물 지분을 매입하라고 유인하

는 계획을 세운 혐의로 조사를 받고 있다고 알려졌다.[46]

트럼프 대통령의 딸 이방카 트럼프Ivanka Trump는 중국에서 가치가 높은 상표들을 보유하고 있는데 이 가운데 일부는 아버지가 대통령에 당선된 후에 획득했다. 그녀는 트럼프 호텔의 상임 부회장이었는데, 이 기업은 중국에 2-30개 호텔을 건설할 계획을 세웠다.

처음에 트럼프 대통령은 시진핑을 툭하면 '훌륭한 친구'라고 일컬었지만,[47] 2018년에 워싱턴 D.C.의 분위기가 싸늘하게 변했다. '건설적인 관여'는 적대적인 접근 방식으로 대체되었다. 중국 공산당이 영향력을 행사하기 위해 구축한 구조는 맥을 못 췄다. 애를 써도 소용이 없었다. 2019년 3월 〈마더존스Mother Jones〉라는 매체가 트럼프에게 선거 자금을 기부한 중국계 미국인 신디 양Cindy Yang이라는 인물에 대한 저속한 기사를 터뜨렸다. 플로리다에서 사창가를 운영한 그녀는 부유한 중국인들에게 미국 비자를 발급해 주는 일을 중개한 것으로 보도되었고 트럼프 측근이 되려고 무던히 애썼지만 성공하지 못했다는 내용이었다. 그러나 그녀는 대통령의 여동생 엘리자베스 트럼프-그로Elizabeth Trump-Grau에게 접근해 트럼프 소유의 마라라고Mar-a-Lago 휴양지에서 열린 행사에 참석했다. 양은 중국 공산당 통일 전선 기구, 특히 중국화평통일촉진회 플로리다 지부에서 적극적으로 활동했다. 그녀는 아시아계 미국인 공화당 전국 위원회에도 직함을 보유하고 있었다. '아시아계 공화당'으로 알려진 이 조직의 목표는 '중국계 미국인의 정치 참여 촉진'이라고 이 조직의 위원장 클리프 종강 리Cliff Zhonggang Li는 말하는데, 중국 공산당이 화인참정華人參政('중국 화교의 정치 참여'를 뜻하는데 이는 7장에서 자세히 설명하겠다.) 공작에 관여하고 있음을 시사하는 어휘다.[48]

미국의 대통령 일가에게 영향을 미치기 위해 더욱 정교하고 효과적인 공작도 진행되어 왔다. 2016년 공화당 대통령 후보를 선출하는 예비 선거 기간 중에 젭 부시가 도널드 트럼프보다 승산이 높아 보였다. 젭의 선거 운동에 기부한 이들 가운데 싱가포르에 기반을 두고 캘리포니아에 부동산 개발업체를 소유한 중국인 부부 고든 탱Gordon Tang과 화이단 첸Huaidan Chen이 눈에 띄었다. 그들은 과거에 게리 로크Gary Locke와의 관계로 주목을 받았다. 로크는 워싱턴 주지사를 역임했고 오바마가 주중 미국 대사에 임명한 인물이다.[49] 로크가 주중 대사로 재직하고 있던 2013년에 화이단 첸은 메릴랜드 주 베세다에 있는 로크의 저택을 168만 달러에 매입했다.[50] (공직자 윤리 전문가들은 이는 명백한 이해 충돌이라고 말했다.[51]) 로크가 공직에서 물러난 후 그들은 로크를 자기들 회사의 고문으로 영입해 보수를 지불하기 시작했다.

고든 탱과 화이단 첸이 젭 부시의 선거 운동에 기부한 130만 달러는 결실을 맺지 못했지만, 그들은 젭의 동생 닐 부시Neil Bush를 일찍이 2013년 그들 소유 회사 싱하이이SingHaiyi의 비상근 회장에 임명했다.[52] 부시 일가와 중국의 친분은 미중이 공식적인 외교 관계를 맺기 전 조지 H. W. 부시가 주중 미국 연락 대표부 대표(사실상 중국 주재 미국 대사)로 부임한 1974년에 시작되었다. 그는 훗날 '나는 중국이 어떻게 작동하는지 안다.'라고 말했고 중국 내에서 '오랜 친구'로 대단히 존경을 받았다. '오랜 친구'는 중국을 어마어마하게 도와준 세계적인 인물들에게만 드물게 붙여 주는 영예로운 호칭이다. (헨리 키신저와 국제 올림픽 위원회 회장을 역임한 후안 사마란치Juan Samaranch)도 동일한 영예를 누렸다.[53] 1989년 당시 대통령이던 부시는 6월 톈안면 광장 학살이 일어난 후 두 나라 관계를 평탄하게 유지하려고 무던히 애썼고, 중국 정부의 탄압으로 유혈 참극이 발생한 지 겨우 한 달이 지난 7월 초 중국에 비밀 대표단을 파견했다.[54]

오늘날 부시의 유지는 그의 셋째 아들 닐 부시가 이어가고 있다. 그는 조지 H. W. 부시 중미 관계 재단 이사장을 맡고 있는데, 이 재단은 2018년 10월 중국의 중요한 통일 전선 기구인 중국 인민 대외 우호 협회와 합동으로 워싱턴 D.C.에서 중요한 회의를 개최하는 등 다양한 활동을 해 왔다.[55] 중국 인민 대외 우호 협회는 부시 재단과 협력해 미중 간의 관계를 더욱 친밀하게 하고 '보다 평화롭고 번영하는 미래를 조성'하기 위해 노력한다.[56]

문제는 중국어로 '우협'('우호 협회')이라는 약칭으로 불리는 중국 인민 대외 우호 협회는 비정부 기구로 위장한 중국 관영 기구라는 점이다. 이 기구는 중국 공산당의 통일 전선 공작을 총괄하는 최고위급 자문 기구인 중국인민정치협상회의 유관 기관이다. 이 기구의 주 업무는 민간 외교라는 기치하에 외국인들을 친중 인사로 포섭하는 일이다. '우의'는 외국인들과 그들을 상대하는 중국 공산당의 구조와 전략 체계와 밀접한 연관을 지닌 용어가 되었다고 앤-마리 브래디는 말한다.[57] 중국 인민 대외 우호 협회 같은 기관의 활동을 통해 외국인을 친구로 포섭하는 업무는 해외에서 영향력을 행사하는 중국 공산당 체제에 반드시 필요하다. 예컨대, 2019년 5월, 신화통신은 중국 인민 대외 우호 협회와 아일랜드의 싱크 탱크 아시아매터즈AsiaMatters 간에 양해 각서를 체결하고 민간 교류와 협력을 증진하기로 했다고 보도했다. 양해 각서 체결식에서 아일랜드의 외교장관이자 부총리 시몬 코브니Simon Coveney는 두 나라 간의 관계가

증진되면 아일랜드가 유럽 연합에 손을 내밀어 유럽 연합에서 중국의 이익을 촉진하게 된다고 말했다.[58]

2019년 6월, 〈인민일보〉는 미국이 무역 장벽을 '정치적 무기로 이용해 중국을 겁박'하고 있다는 닐 부시의 견해를 보도하면서 호들갑을 떨었다.[59] 닐 부시는 중국은 점점 성숙한 국가가 되어 가는 반면, 미국의 민주주의는 결함이 있고 정치인들은 미국인들을 '세뇌해' 중국을 골칫거리로 보게 만든다고 주장했다. 그는 부시 재단의 역할은 미국인들이 중국에 대한 진실에 눈을 뜨게 하는 일이라고 설명했다. 국영 방송 중국환구전시망中国環球電視網과의 인터뷰에서 닐 부시는 '중국 인민은 천성이 친절하고 선물을 주기 좋아한다.'며 입에 침이 마르게 칭송함으로써 부지불식간에 중국 공산당이 그를 길들이는 데 써먹은 수법들을 드러냈다.[60]

한 달 후 닐 부시는 홍콩으로 날아가 영국이 홍콩을 중국에 반환한 후 초대 행정 장관을 지낸 최고위급 통일 전선 공작원인 홍콩 기업인 동젠화董建華가 주최한 회의에 기조 연설자로 참석했다. 닐 부시는 미중 간의 긴장을 미국에 만연한 반중 정서의 탓으로 돌리면서, 청중에게 미국은 중국의 내정에 간섭하지 말아야 하며 중국 공산당 지도자들은 인민을 아끼며 '미국식의 외교'는 중국에 걸맞지 않는다고 말했다.[61] 닐 부시는 10월에 중국환구전시망과의 또 다른 인터뷰에서 비슷한 주제의 발언을 하면서 아첨을 떨었다. 그는 이 인터뷰에서 미국인이 중국에서 '인민들이 누리는 자유가 신장'되고 있는 광경을 목격한다면 중국에 대한 생각을 바꿀 것이라고 말했다.[62] 그의 발언은 중국 공산당의 선전부가 작성한 선전 문구와 너무나도 유사해 마치 선전부가 직접 써 준 듯하다.

적을 대상으로 공작하는 부서

최근 들어 중국은 점점 호전적인 언어를 많이 사용하고 군사력을 과시하고 있다. 남중국해 도서 지역의 병합과 군사 기지화뿐만이 아니다. 패권을 차지하기 위해서 막후에서는 더욱 은밀하고 더욱 강력한 절차가 진행되어 왔다. 바로 적을 '해체'하는 공작이다. 이 공작의 핵심은 중앙군사위원회 정치 공작부 소속 대외 연락부다. 과거에 적인부敵人部로 알려진 연락부는 중국 첩보 관련 기관들의 필수 요소다.[63] 그러나 중국학자 제프 웨이드Geoff Wade가 지적하듯이 '그 기능은 훨씬 폭넓다. 세계 엘리트 계층과의 인맥을 쌓고 중국 국경을 벗어나 다른 나라들, 기관, 단체들의 정책과 행동에 영향을 미치는 게 목적이기 때문이다. 이 기관은 선전, 연락, 영향력 행사, 정보 수집, 인식 관리를 비롯해 폭넓은 활동에 관여한다.'[64]

중국 공산당 전문가 마크 스톡스Mark Stokes와 러셀 샤오Russell Hsiao는 이 기관의 작동 방식을 설명해 왔다. 외국 국방부와 군부 내의 고위층인 개인들과 기관들은 친구, 적, 포섭 가능한 중립적 인사들로 분류된다. 이는 이 책의 2장에서 살펴본 바와 같이, 그리고 리처드 바움이 위에서 설명한 분류 방식과 같이 중국 공산당이 자국 인민을 분류하는 방식과 유사하다. 스톡스와 샤오에 따르면, '엘리트 계층에 대한 심리적 평가를 통해 지도자들을 분석하고 각 개인의 경력, 문화, 동기, 가치, 정치적 성향과 파벌, 사회적 지위, 가족, 전문 분야에서의 능력 등을 평가한다.'[65]

개인 신상 자료, 건강 진단서, 개인 이메일 계정 등을 사이버 해킹해 얻은 정보는 학계뿐만 아니라 과거와 현재 군부와 정치 엘리트 계층과의 친밀감을 조성하는 데 유용하게 쓰인다. 이러한 공작을

실행하기 위해 연락부는 수많은 위장 조직과 위장 기업들을 만들고 지원한다.[66]

도널드 트럼프가 취임하고 한 달 후 중국계 미국인 사업가 앤젤라 챈Angela Chen은 뉴욕 파크 애비뉴에 있는 트럼프타워에 1580만 달러짜리 콘도를 매입했다.[67] 언론인 앤디 크롤Andy Kroll과 러스 초마Russ Choma는 〈마더 존스〉에 기고한 글에서 막강한 권력을 행사하는 인사들에게 접근하도록 해 주고 수고비를 받는 컨설팅 회사를 운영하는 첸이 중국 군사 첩보와 관련된 대외 영향 공작 기관 의장을 맡고 있다고 밝혔다.[68] (이 기관의 활동은 10장에서 자세히 다루겠다.) 이 기관은 연락부의 위장 단체인 중국국제우호연락회와 연계되어 있다.[69] (중국국제우호연락회 산하 기관들 가운데는 화평개발연구중심이 있다.) 스톡스와 샤오에 따르면, 이 기관의 공식적인 목적은 세계 평화와 발전을 증진하기 위한 '민간 교류 협력 촉진'이고 주요 기능은 '퇴역한 군 장교와 의원들을 비롯해 국방과 안보 부문 원로 인사들과 우의를 다지고 유지하는 일'이다.[70] 호주인으로 중국 주재 특파원을 지낸 존 가노John Garnaut가 본 이 기관의 지침서에 따르면, 이 기관은 '적을 해체하고 중국에 우호적인 군사 부문 분자들과 협력하는 공작을 수행'하는 업무를 전문으로 한다.[71] 가노가 밝혀 낸 한 가지 사례를 보면, 중국국제우호연락회 관리들이 호주의 최고위 기업인들 단체를 포섭하려 했는데, 알고 보니 그들의 연락책이 인민 해방군 중장인 싱원밍邢運明이었다.[72] 싱원밍은 2015년까지 중국국제우호연락회 상근 부회장이자 인민 해방군 연락부의 부장이었다.[73]

그는 토니 블레어Tony Blair 전 영국 총리와 빌 게이츠Bill Gates를 비롯해 많은 유명 인사들을 초청하는 자리를 마련하기도 했다. 제프 웨이드는 다음과 같이 지적한다. '중국국제우호연락회 활동에 인민 해방군 고위 간부들이 적극적으로 관여한다는 사실로 미루어 볼 때 이 기관이 인민 해방군의 비밀 공작 부서로서 첩보와 선전 공작에 얼마나 깊이 개입해 있는지를 분명히 보여 준다.[74]

중국은 많은 미국 전직 관리들을 자국의 영향 공작 망에 끌어들였다.[75] 포섭당한 주요 인사들 가운데 합동참모부 부의장을 지낸 (퇴역한) 미국 해군 제독 빌 오웬스Bill Owens도 있다.[76] 오웬스는 중국의 중앙군사위원회 부의장 쉬치량许其亮을 비롯해 인민 해방군 고위 지도자들과 접촉하는 특혜를 받았고, 2013년 가노가 쓴 글에 따르면 그는 '아마도 지난 6년 동안 현직 미국 장성들이 중국 고위 장성들과 만난 시간을 모두 합한 것보다 더 많은 시간을 중국 고위 장성들과 보냈다.'[77]

1996년 미 해군에서 퇴역한 오웬스는 중국 인맥을 이용해 홍콩의 투자 회사에서 수입이 짭짤한 경력을 쌓았고 국경을 넘나드는 기술 이전 자문으로도 일했다. 그는 브루킹스, 카네기, 랜드Rand, 외교 위원회Council on Foreign Relations를 비롯해 여러 싱크 탱크들에서 이사회 이사직을 지내고 워싱턴 D.C.에서 여론을 주도하는 이들과 어울렸다.[78] 2008년을 시작으로 오웬스는 미국 고위 군 장교들과 그들에 상응하는 계급의 중국 인사들과의 만남을 주선했다. 삼아창의三亞倡議라고 알려진 이 모임에 참석한 미군 장교들 가운데는 중국 공산당의 선전 문구를 그대로 되풀이하는 이들도 있었다. 중국의 의도는 평화적이고 위협이 아니라는 식의 문구 말이다. 오웬 본인도 〈파이낸셜 타임스〉에 '미국은 중국을 친구로 대해야 한다.'는 제목의 글을 기고해 미국이 타이완에게 무기를 판매하는 일은 미국의 국익에 부합하지 않는다고 주장했다.[79] 2008년 삼아창의가 낸 보고서는 '이미 미국 장군 네 명이 모두 중국군에 대한 글들을 반박하는 기고문 작성을 논의하기 시작했다'고 주장했다.[80] 중국국제우호연락회는 중화인민공화국 군사력에 대한 미국 국방부 보고서의 발간을 늦추려고도 했다.[81]

2013년 오웬스는 레드 바이슨Red Bison이라는 컨설팅 회사를 창립해 중국과의 동반자 관계를 구축하고 있다.[82] 그는 군 고위 장교들을 그들의 '중국 상대역'에게 소개해 주는 작업을 계속했다. 2012년 의회 조사국이 발간한 보고서는 전현직 미국 군 장교들과 인민 해방군 간의 접촉의 속성에 대해 우려를 제기했다. 이 보고서는 특히 오웬스와 삼아창의의 관계와 중국에서 그의 사업 관련 이익을 구체적으로 거론했다.[83] 오엔스는 이 보고서를 접하고 중국에서 그가 한 사업 활동에서 1억 달러를 받았는지 여부에 대해 질문을 받았지만 답변을 거부했다.[84] 2012년 미국 공화당 전국 위원회 회의에서 이 사안에 대한 의회 청문회를 열어야 한다는 요청이 제기되었지만 조사를 하면 당에 해를 끼칠 수 있다는 이유로 청문회는 열리지 않았다.[85]

삼아창의는 계속 번성하고 있다. 삼아창의는 2018년 10월 중국 공산당과 연관된 중미교류기금회(6장과 7장 참고)와 '민간인 기부자들'의 재정적인 지원으로 회의를 열었고 중국국제우호연락회도 협력했다.[86]

중국예술기금회가 주최한 행사에 참석한 거물급 초청 인사들 가운데는 블랙스톤그룹Blackstone Group의 최고 경영자 스티븐 슈워츠먼Stephen Schwarzman이 눈에 띈다. 플로리다 팜비치에서 도널드 트럼프와 이웃하고 사는 슈워츠먼을 〈워싱턴 포스트〉의 마이클 크래

니쉬Michael Kranish는 중국에 대한 트럼프의 생각을 조종하는 인물이라고 묘사했다. 미국 경영자들 가운데 중국과 가장 가까운 관계인 인물로 손꼽히기 때문이다.[87] 2017년과 2018년 내내 트럼프는 중국에 대한 태도가 냉탕과 온탕을 오락가락하며 갈팡질팡했다가 2019년 초에 강경한 태도를 굳혔다. 슈워츠먼이 이따금 트럼프에게 온건한 노선을 견지하라는 메시지를 전해도 더 강경한 목소리에 묻혔다. 그러나 중국은 대통령과 가까운 슈워츠먼을 중국의 든든한 지원군으로 두고 있다. 트럼프는 슈워츠먼을 백악관 기업 자문단 단장에 임명했다. 16명으로 구성된 대통령의 전략과 정책 자문 포럼인 이 자문단에는 J. P. 모건 체이스, 블랙록, 보잉, 인텔, 에른스트 & 영, IBM의 고위 간부들이 포함되어 있다. 이 자문단의 첫 회의에서 자문단은 트럼프에게 중국에 대해 잘못 알고 있고 더욱 유화적인 태도를 보여야 한다고 주문했다.[88]

2007년 블랙스톤그룹이 상장되자 중국 정부 기관인 중국 투자 유한 책임 공사가 이 그룹의 주식을 9.9% 매입했다. 국가 안보를 저해하는지 조사를 받아야 하는 기준에 약간 못 미치는 비율이었다. 중국 투자 유한 책임 공사는 국부 펀드로서 중국의 외환 보유고 일부를 관리한다.[89] 2017년 6월 블랙스톤은 유럽에서 물류와 유통 관련 자산의 최대 소유주인 로지코Logicor를 중국 투자 유한 책임 공사에 매각해 130억 8000만 달러를 챙겼다. 2016년 블랙스톤은 보유하고 있던 미국 특급 호텔 지분을 중국의 보험 금융 회사 안방보험집단安邦保險集團에 55억 달러에 매각하고 나서 3년 후 부패 추문으로 블랙스톤그룹이 휘청거리자 이를 다시 사들이려고 했다. 슈워츠먼은 '중국인 자산 매입가들의 해결사'가 되었다.[90]

슈워츠먼은 자신이 '비공식적인 주중 미국 대사'이자 '비공식적인 주미 중국 대사'로 간주된다는 발언을 했다.[91] 농담으로 한 말이지만 사실처럼 들리는 아주 불편한 발언이다. 그는 중국의 최고위 지도자들에게 잘 알려져 있다. 2017년 스위스 다보스에서 열린 세계 경제 포럼에서 시진핑은 슈워츠먼의 소매를 잡아끌며 잠깐 얘기 좀 하자고 하더니 억만장자인 그가 중국 공산당 최고위층에서 평판이 좋다고 말해 주었다. 2018년 트럼프가 마라라고에서 시진핑을 만나기 전 슈워츠먼은 트럼프에게 '시진핑 주석은 좋은 사람'[92]이라고 말했다. 슈워츠먼은 중국 최고 명문 대학이라는 평가를 받는 칭화淸華 대학교에 단과 대학을 신설해 주었다. 칭화 대학은 시진핑을 비롯해 수많은 최고위급 당지도자들의 모교이기도 하다.[93] 슈워츠먼 단과 대학은 '전도유망한 젊은 지도자들'을 위해 국제 문제 석사 과정을 가르친다. 학생의 거의 절반이 미국에서 유학을 오며 학비는 무료다.

2017년 2월, 슈워츠먼은 70세 생일을 맞아 비단길을 주제로 한 화려한 생일잔치를 열었다. 초청받은 손님들 가운데는 중국인 친구들, 신임 대통령 트럼프의 내각 각료들인 스티브 므누신, 윌버 로스, 일레인 차오, 그리고 재러드 쿠슈너와 이방카 트럼프도 있었다.[94]

블랙스톤그룹은 (로이터통신과 제휴해) 금융 뉴스와 자료 분석 서비스를 제공하는 회사 리피니티브Refinitiv의 최대 주주다. 2019년 6월 리피니티브는 톈안먼 광장 학살 30주년에 즈음해 게재한 기사들을 검열했다. 중국의 사이버스페이스 검열 당국의 요구가 있었기 때문이다.[95] 그로부터 석 달 후 슈워츠먼은 무역 분쟁에서 평화 중재자 역할을 하면서 중국이 이룬 '놀라운 기적'을 칭송하면서도 서구 진영이 우려하는 바를 수용하고 무역과 기업 관행들을 바꾸라고 촉구했다. 그는 중국의 대대적인 기술 도용 정책을 '지적 재산권에 대한 색다른 접근 방식'이라고 규정했다.[96]

캐나다의 친중 엘리트

오래전부터 언론인들은 데마래Desmarais 일가가 소유한 캐나다 거대 기업 파워코퍼레이션Power Corporation이 행사하는 막강한 정치적 영향력에 매료되어 왔다. 그러나 중국이 파워코퍼레이션을 통해서 캐나다의 정계-재계 엘리트 계층의 인맥에 깊이 파고들어 왔다는 사실은 잘 알려지지 않았다. 때로는 이 엘리트 계층이 캐나다를 통치하는 듯하다. 중국의 이러한 은밀한 영향력으로 미루어보면 2018년 화웨이의 멍완저우 체포를 둘러싸고 위기가 발생했을 때 트루도 정부가 왜 그렇게 꼼짝 못했는지 이해가 간다. 이 인맥이 어떻게 구축되었는지는 오랜 기간 해외 특파원을 한 조너선 맨소프Jonathan Manthorpe가 2019년에 출간한 중요한 저서 《판다의 발톱Claws of the Panda》에 자세히 서술되어 있다.[97]

초창기에 열린 한 행사는, 1977년에 맨소프의 말을 빌리자면 '캐나다의 재계 귀족 계층'이 총출동한 회의였다. 미국이 아직 중국을 공식적으로 인정하지 않고 있던 당시에 파워코퍼레이션 우두머리인 폴 데마래Paul Desmarais와 페트로-캐나다Petro-Canada의 최고 경영자 모리스 스트롱Maurice Strong은 이 회의에서 중국에 상설 무역 대표부를 설치해야 한다고 주장했다. (자유당 당원인 스트롱은 훗날 파워코퍼레이션 사장에 취임했다.) 1978년 이 두 사람은 훗날 막강한 재계 로비 집단인 캐나다-중국 기업 위원회를 결성했다. 놀랍게도 이 위원회 창립 멤버로 공식적으로 이름을 올린 10개 기업 가운데는 중국중신집단유한공사中國中信集團有限公司도 있었다. 덩샤오핑의 지시로 1979년에 설립된 중국중신집단유한공사는 1987년에 홍콩에서도 활동하기 시작했고 곧 몇 개 대기업을 집어삼키면서 거대한 공룡 기업으로 몸집을 불렸다.[98] 고위 간부들 가운데는 중국 공산당 홍색 귀족도 있었다. 이 공사는 인민 해방군과 밀접한 연관이 있었고 '비밀첩보원들'로 들끓었다.[99] 중국중신집단유한공사 사장 왕쥔王軍은 첩보 공작원이었다. 그의 부친은 중화인민공화국 부주석을 지냈고 덩샤오핑의 가까운 친구였다. 왕쥔은 훗날 클린턴 임기를 집어삼킨 차이나게이트Chinagate 스캔들에 깊이 관여했고 이 사건은 대중의 관심이 모니카 르윈스키와 클린턴의 백악관 성 추문으로 쏠리면서 묻혔다.[100]

중국중신집단유한공사를 캐나다-중국 기업 위원회에 끌어들여 캐나다 재계 최고위급 엘리트 계층에 침투시킨 장본인은 이 로비단체를 새로 맡게 된 폴 데마래였다.[101] 그러더니 데마래는 중국중신집단유한공사에게 처음으로 중요한 해외 투자 기회를 제공했다. 바로 그곳에 파워코퍼레이션의 제지 공장들 가운데 하나의 지분 50퍼센트를 제공한 것이다. 이를 계기로 중국 국유 기업들이 캐나다에 집중적으로 투자하는 절차에 착수했다. 그 이후로 폴 데마래의 사업을 아들 안드레Andre가 이어받으면서 데마래 일가는 중국 재계와 정계 엘리트와 탄탄한 인맥을 유지해 왔다. (폴 데마래는 자신이 가장 존경하는 역사적 인물 네 명의 하나로 마오쩌둥을 꼽았다.[102])

2012년까지 중국 공산당 내에서 데마래 집안과 가장 가까운 인물은 시진핑의 정적으로서 승승장구하던 보시라이薄熙来였다. 그는 부정부패와 살인 혐의로 급속히 몰락했지만 파워코퍼레이션과 캐나다-중국 기업 위원회의 친밀한 관계에는 조금도 손상을 입히지 못했다. 보시라이의 아들 보과과薄瓜瓜는 미국 컬럼비아 대학교 법학대학원 출신으로 2018년 파워코퍼레이션에서 근무하기 시작했다.[103]

수십 년 동안 캐나다 정부를 장악한 자유당은 파워코퍼레이션과 밀접하게 연관되어 있다. 정부와 파워코퍼레이션을 회전문처럼 드나든 정치 자문역, 각료, 주지사 등은 수십 명에 달하지만 여기서는 최고위층에 집중하겠다. 폴 데마래는 피에르 트루도가 총리가 되기 전에 자문 역할을 했고 그의 총리 임기 중(1980-1984)에도 자문을 했다. 트루도가 의회에서 물러난 후 데마래는 그를 파워코퍼레이션의 자문으로 영입했다.[104] 1984년부터 1993년까지 총리를 지낸 보수 성향의 브라이언 멀로니Brian Mulroney는 수상이 되기 전 파워코퍼레이션의 변호사를 역임했다. 멀로니는 데마래가 사망하자 '나는 그를 내 친형제처럼 아꼈다.'라고 말했다.[105] 멍완저우가 체포된 후 멀로니는 중국의 협박을 두고 벌어진 논쟁에 개입해 캐나다는 중국에 유화적인 태도를 보여야 한다고 훈수를 두었다.[106]

자유당 소속 총리 장 크레티앵Jean Chrétien(재직 기간 1993-2003년)은 1980년대 말 파워코퍼레이션의 자회사 이사를 역임했고 1981년 그의 딸이 앙드레 데마래와 결혼했다. 훗날 파워코퍼레이션의 회장이 된 앙드레는 캐나다-중국 기업 위원회 회장도 맡았고 오늘날 그는 중국중신집단유한공사의 홍콩 지사인 중국중신집단유한공사 태평양 지사의 이사직을 맡는 등 중국을 통치하는 엘리트 계층과 탄탄한 관계를 유지하고 있다.[107] 크레티앵은 공직에서 물러나고 두 달 후 중국중신집단유한공사의 초청으로 비밀리에 중국을 방문해 사적인 사업 거래를 했다.[108] 그의 중국 방문에는 사위 앙드레가 동행했다. 크레티앵의 후임 총리 폴 마틴Paul Martin(2003-2006년)은 자신이 경영하던 파워코퍼레이션 자회사를 데마래로부터 매입하기 전 13년 동안 파워코퍼레이션에서 일했었다.[109]

1999년 크레티앵 총리 임기 중 〈글로브앤드메일The Globe and Mail〉에 선정적인 기사가 실렸다.[110] (조너선 맨소프가 이 사건을 탁월하게 분석하고 있다.[111]) 왕립캐나다기마경찰과 캐나다안보첩보국 관리들이 1997년에 은밀하게 작성한 이 보고서는 중국의 첩보 기관들, 삼합회 조직 범죄단들, 캐나다의 기업들을 사들이는 중국 거부들이 연대해 캐나다에 '새로운 삼합회'를 결성했다고 주장했다.[112] 이 세 집단은 캐나다 기술을 훔치고, 캐나다의 경제를 주무르는 이들에게 영향력을 행사하고, 막강한 정치인들과의 관계를 구축해서 정치적 영향력을 행사하는 작전에서 서로 협력하고 있었다. 이 보고서는 중국 공산당이 학계에도 점점 침투하고 있고, 중국과 연관된 거부들이 부동산 투자를 통해서 정치적 영향력을 축적하고 있다고 경고했다.

더 나아가서 이 보고서는 중국은 중국중신집단유한공사의 주도로 캐나다 기업들을 인수하고 있고, 이 유한공사는 파워코퍼레이션과 친밀한 관계를 구축했다고 지적했다. 이 유한공사가 주요 정당들에게 상당한 정치 자금을 기부해 왔다고도 지적했다.

크레티앵 정부는 중국과 친밀한 경제적 관계를 더욱 적극적으로 추진하는 데 관심이 있었기 때문에, 위의 보도에서 제기된 주장을 자세히 들여다 볼 생각도 하지 않았다. 이 보고서는 폄하되고 묻혀 버렸다.[113]

맨소프는 파워코퍼레이션을 '캐나다와 중국의 공식적인 관계를 지키는 수문장'이라고 묘사한다. 중국 공산당 간부들은 캐나다에서는 자기들이 원하는 건 뭐든지 얻을 수 있다고 믿게 되었다. 따라서 그들은 멍완저우가 체포되자 마치 캐나다에 배반당한 듯한 반응을 보였다. 그리고 그들은 멍완저우를 돌려받기를 간절히 원했다.

2015년 총리에 선출되기 전 저스틴 트루도가 부유한 중국계 캐나다인들의 자택에서 비공개로 선거 자금을 모금하는 행사에 참석했었다는 보도가 2016년에 나왔다. 행사를 주최한 이들 가운데는 중국 공산당과 친밀한 관계가 있고 중국이 남중국해의 도서를 장악하는 정책을 적극적으로 지지해 온 이들도 있었다.[114] 한 기부자는 총리에게 로비를 해 부유한 중국인들에 대한 이민 규정을 완화해 달라고 했다. 〈글로브앤드메일〉이 '중국 억만장자이자 공산당 간부'라고 묘사한 또 다른 기부자 장빈은 동업자와 함께 트루도의 부친 피에르 트루도의 동상을 몬트리올 대학교에 설립하기 위해 5만 캐나다 달러를 기부했다. 이보다 더 노골적인 대가성 청탁은 없을 듯싶지만, 설상가상으로 그는 저스틴의 부친을 기리는 자선 단체 피에르 엘리엇 트루도 재단에 20만 캐나다 달러를 쾌척했다.[115] 이 기부자들은 저스틴이 자기들에게 쓸모 있는 친구임을 단박에 알아보았다. 2013년 저스틴이 또 다른 선거 자금 기부자에게 중국은 '기본적인 독재 체제' 덕분에 해야 할 일을 해치우니 부럽다는 속내를 털어놓았으니 말이다.[116] 멍완저우의 체포에 대한 보복으로 중국이 날조된 혐의를 덮어씌워 억류한 캐나다인 마이클 코브릭과 마이클 스페이버는 운이 지지리도 없었다. 중국 공산당에 맞설 의지가 전혀 없는 총리가 캐나다 정부를 이끌고 있었으니 말이다.

캐나다와 중국 두 나라 엘리트 계층의 얽히고설킨 인맥은 신뢰받는 중국계 캐나다인들이 캐나다 연방 정부를 비롯해 선출직에 진출하는 현실에서도 드러난다. 중국과 가장 가까운 인물로 종종 언급되는 이들 가운데 2007년부터 2018년까지 온타리오 자유당 정부의 각료를 지낸 마이클 챈Michael Chan이 있다. 일찍이 2010년 캐나다의 첩보 기관 수장 리처드 패든Richard Fadden이 적어도 두 곳 지방 정부에 근무하는 각료들이 '외국 정부의 영향력하에 놓여 있다.'고 경고했었다.[117] 그는 중국을 콕 집어 거론하지는 않았지만, 중국계 캐나다인들이 캐나다에 불충하다는 암시를 해 비판이 쇄도했다. 의회의 한 위원회는 정부에게 사과를 하고 패든의 입에 재갈을 물리라고 요구했다.

2015년 〈글로브앤드메일〉은 패든이 염두에 둔 요주의 인물들 가운데 하나가 챈이라고 보도했다.[118] 챈은 이 주장을 부인하면서 이 신문을 상대로 소송을 걸었다.[119] 온타리오 주 주지사는 챈에 대한 우려는 사실 무근이라고 일축했다. 캐나다 권력층의 아무도 캐나다 안보첩보국의 우려를 심각하게 받아들일 생각이 없는 게 분명했다. 중국의 영향력에 크게 휘둘리고 있기 때문이든가 아니면 인종 차별주의자이고 중국을 혐오한다는 비난을 받을까봐 두려워서였다.

2016년 중국 외교부장이 인권에 대해 질문한 캐나다 기자에게 발끈해 그 기자를 꾸짖자 챈은 중국어 문건에 수록된 중국의 인권 현황을 거론하면서 중국을 옹호했다.[120] 의회에서 물러난 후, 홍콩에서 한창 폭동이 일어나던 와중에 마이클 챈은 친중 시위에 참석해 홍콩 경찰에게 시위자들을 엄격히 다루라고 촉구했다. 그는 나중에 중국이 한 비판을 그대로 되뇌면서 홍콩에 외부인들이 침입해 소동

을 일으키고 역사적인 치욕감을 부추기고 있다고 주장했다.[121]

화웨이 위기가 벌어지는 동안 저스틴 트루도는 캐나다에서 사실상 중국의 사절 역할을 한 존 매컬럼 대사를 해고하고 중국 엘리트 계층과 훨씬 더 깊이 엮여 있는 인물로 대체했다. 도미닉 바튼Dominic Barton은 2009년부터 2018년까지 매킨지McKinsey & Co. 전무이사를 지냈고 그 가운데 5년은 맥킨지의 아시아 지역 총괄 회장으로 상하이에서 근무했다. 〈뉴욕 타임스〉는 맥킨지를 '세계 곳곳에서 부패한 독재 정부들의 위상을 높여 주는 데 공을 세운' 기업으로 묘사해 왔다.[122] 맥킨지는 중국 정부와 폭넓은 관계를 맺어 왔다. 예컨대, 매킨지는 중국이 남중국해에 인공 섬을 구축하는 일을 도와주던 이와 계약을 체결했다.[123]

바튼은 국영 중국개발은행 자문단으로도 일해 왔고 칭화 대학의 객원 교수이기도 하다. 그는 중국의 '성공 사례'에 대해 입에 침이 마르게 칭찬하는 글을 쓴다고 알려져 왔다.[124] 2018년 매킨지를 떠난 그는 캐나다 최대 광물 기업인 텍 리소시즈Teck Resources 이사장을 맡았다. 중국 공산당이 최대 주주인 중국 투자 유한 책임 공사가 일부 소유하고 중국을 최대 시장으로 둔 기업인 텍은 2016년 중국 전국 인민 대표 대회의 대의원을 지냈고 중국 공산당 당원인 충취안崇泉을 이사회 이사에 임명하는 이례적인 조치를 취해 사람들을 경악하게 했다.[125]

2019년 초 바튼은 중국에서 입지를 구축하려고 애써 온 미국 거대 투자 펀드 블랙록의 아시아태평양 지역 사업을 총괄하는 제럴딘 버킹엄Geraldine Buckingham과 결혼해 중국의 인맥으로 더욱 깊숙이 진출했다(6장 참조).

도미닉 바튼을 주중 대사에 임명한 조치는 서구 진영이 흔히 범하는 정치적 패착을 그대로 반영한다. 중국에서 오랜 기간 경험을 쌓은 이를 대사에 임명하는 게 항상 이득이 된다는 믿음 말이다. 중국과 중국의 막강한 실력자들을 알게 되는 과정에서 많은 이들이 중국의 미묘한 영향 공작 수법에 넘어가게 되고 따라서 서구 진영에서 파견한 대사는 사실상 중국의 메시지를 서구 진영 자국의 수뇌부에 전달하는 통로 역할을 한다는 사실을 서구 진영의 정부들은 잊는다.

2019년 10월 총리에 재선된 후 트루도는 바튼의 상사인 외무 장관을 임명했다. 프랑수아-필립 샹파뉴Francois-Philippe Champagne는 바튼과 트루도, 그리고 그의 정신적 스승인 장 크레티앵 못지않게 중국 공산당 정권에 매료된 듯하다.[126] 2017년 중국환구전시망과의 인터뷰에서 샹파뉴는 시진핑을 입에 침이 마르게 극찬했다. 그는 중국과 캐나다가 '안정적이고 예측 가능한 법치 체제와 매우 포용적인 사회의 귀감으로 우뚝 솟았다'고 찬사를 퍼부었다.[127]

신장성, 홍콩, 그리고 캐나다에서조차 횡행하는 납치, 사이버 공격, 무역 금지, 노골적인 통일 전선 공작 활동과 툭하면 외교적으로 모욕적인 언사를 남발하는 중국의 온갖 만행에도 일절 대응하지 않고 침묵으로 일관하는 캐나다 엘리트 계층의 행태를 이 모든 상황이 잘 설명해 준다. 트루도는 2019년 선거 운동 기간 중 통상적으로 진행되던 외교 정책 토론을 취소하고 제 2차 세계 대전 후 캐나다가 직면한 가장 심각한 외교적 위기에 대해 일언반구 하지 않았다.[128]

4 Political elites at the centre: Europe

권력 중심부의 정치 엘리트: 유럽

정당 간의 외교

중국 공산당은 소련의 국제 공산당 가입부터 시작해 해외 정당들과 우호적인 관계를 다져 온 오랜 역사를 자랑한다. 소련의 국제 공산당은 1921년에 중국 공산당의 창당을 도왔다. 1980년대까지만 해도 정당 간의 끈끈한 접촉은 대체로 공산주의 이념을 지닌 당들에 국한되었지만, 그 이후로 모든 정당이 영향 공작의 표적이 되었다. 통일전선공작부가 해외 거주 중국인들에게 지침을 내려 반체제 인사들의 목소리를 억압하는 업무를 담당한다면, 해외 비정부 기구와 정치 단체들을 상대하는 업무뿐만 아니라 정당 간의 외교 업무는 중국 공산당의 대외 연락부에서 담당한다.[1] 대외 연락부의 부부장은 다음과 같이 시진핑의 발언을 인용했다. "정당 간의 외교는 우리 당의 중요한 전선戰線이고 국가의 총체적 외교의 중요한 구성 요소다."[2]

대외 연락부는 지난 20여 년 동안 꾸준히 성장해 왔고 시진핑 시대에 와서 한층 더 강화되었다. 대외 연락부의 촉수는 멀리까지 뻗어나가 다른 나라의 정부, 야당, 미래에 집권 가능성이 있는 당들과 관계를 구축해 왔다.[3] 2016년 중국이 남중국해의 도서 지역을 자국에 귀속시켜 논쟁이 일자 대외 연락부는 중국이 280개 유명 싱크탱크와 비정부 기구들의 지지와 더불어 120개국에서 240개 이상의 정당들의 지지를 받았다고 주장했다.[4] 중국이 이 수치를 부풀렸거나 지지자들이 지닌 영향력을 과장했을지는 모르지만 대체로 정당 간의 외교는 상당이 괄목할 만한 결실을 맺어 왔다.

2017년 11월 대외 연락부는 베이징에서 '중국 공산당과 세계 정당들 간의 고위급 대화'라는 거창한 회의를 개최했다. 전 세계 300개 정당에서 600명의 대표들이 참석했다.[5] 영국 보수당, 캐나다 자유당, 미국 공화당에서도 대표단이 참석했는데, 이 가운데는 공화당 전국 위원회 재무 책임자 토니 파커Tony Parker도 있었다.[6] 회의에 참석한 대표단들은 회의를 마무리하면서 '베이징창의北京倡議'에 서명하고 그들은 "시진핑 총서기를 중심으로 중국 공산당이 이룬 중요한 업적과 부단한 노력에 찬사를 보낸다."고 선언했다.[7] 그들은 자유와 법치를 근간으로 한 질서의 대안으로 시진핑이 제시한 혜안을 승인했다. 중국 공산당은 이 대안을 '인류 공동의 미래를 위한 공동체 구축'이라고 일컬었다. 이 선언문은 각 나라가 지닌 가치를 존중하자고 촉구했다. 중국 공산당이 보편적인 인권 기준을 거부할 때 써먹는 발언이다.

정당 감시단Party Watch Initiatve의 줄리아 보위Julia Bowie가 지적한 바와 같이 이는 미국 공화당이나 영국 보수당이 내심 시진핑을 숭배한다는 뜻은 아니다.[8] 이러한 행사들이 유의미한 이유는 중국 공산당이 행사에 참석한 개개인들과 친밀해질 기회를 제공하고 참석자들이 각자 고국에 돌아가 자기가 소속한 당이 어떤 문제를 심사숙고할 때 중국의 관점을 주입하기 때문이다. 이런 행사들은 중국 공산당에게 대단히 중요한 상징적 의미도 지닌다. 중국 공산당과 그 정책들이 국제 사회의 지지를 받는다고 과시할 수 있기 때문이다.

중국 공산당의 여느 공식 기구들과 마찬가지로 대외 연락부는 '평화', '발전,' 그리고 '진보'같은 용어를 이용해 조직을 선전한다.[9] 대외 연락부는 정기적으로 각종 해외 단체들과 함께 참석한 회의에 대한 보고서를 발간한다.[10] 2019년 5월 대외 연락부 부장 쑹타오宋濤는 독일 연방 의회 의원이자 외교 위원회 위원인 만프레드 그룬트Manfred Grund와 만났다. 대외 연락부에 따르면 그룬트는 자기가 소속한 기독자유당이 "일대일로창의를 적극적으로 지지"하고 "중국 공산당과의 교류를 강화하고 서로 배울 만반의 태세가 되어 있다."고 다짐했다.[11] 나중에 그 발언에 대해 언급을 해 달라는 요청을 받은 그룬트는 그런 말을 한 기억이 없다고 하면서도 중앙아시아에서 유럽과 중국이 공동의 이익을 지니고 있다고 말했다.[12]

외국의 정치인들이 공개적으로 발언을 하는 행위는 '충성을 표명'하는 표태 의례다. 2장에서 살펴봤듯이, 외국인들은 중국 공산당의 선전 문구를 되풀이하도록 포섭된다. 또 하나의 사례가 있다. 2018년 12월 노르웨이 외무장관 이네 에릭센 쇠레이데Ine Eriksen Søreide는 "노르웨이 정부는 중국의 핵심적인 이익과 주요 우려 사항을 존중하며 두 나라 관계를 위한 정치적 토대를 굳건히 지키기 위해 구체적인 조치를 취하겠다."고 말했다.[13] 헝가리 사회주의당 대표 토트 베르탈란Tóth Bertalan은 자기 당은 "창당과 국가 통치에서 성공한 중국 공산당의 경험에서 기꺼이 교훈을 얻겠다."고 다짐했다.[14]

이런 식으로 자신이 한 발언이 보도되면 흡족해 하는 이들도 있고 자신의 발언이 인용되거나 중국 공산당과 그 정책을 지지하는 듯이 와전된 줄 모르는 이들도 있다. 어느 쪽이든 목표는 달성되는 셈이다. 외국인들 사이에 중국 공산당을 지지한다는 정서가 널리 퍼져 있다는 인상을 조성하는 게 목적이기 때문이다. 자신의 발언이 와전됐다고 느끼는 사람들이 보도를 정정해 달라고 요구하지 않는 한 말이다. 그러나 정정 보도를 요청하면 양쪽 다 체면을 잃게 되고 정정 보도를 요청한 이는 물질적인 피해를 보게 된다.

대외 연락부는 기존 정당이든 신당이든 상관없이 유럽의 거의 모든 정당들과 만난다. 모든 정당들이 빠짐없이 열렬히 중국 공산당을 인정하지는 않지만, 고위급 정치인들은 거의 모두가 대외 연락부와 기꺼이 만나고 보통 그들이 중국을 지지하는 발언을 했다는 보고서가 나온다.[15]

대외 연락부는 일대일로창의를 널리 알리는 데 어마어마한 노력을 기울여 왔다. 전 세계적으로 정당들을 설득해 이에 대한 지지를 끌어내는 게 목적이다. 대외 연락부가 가장 집요하게 설득하느라 공을 들인 국가가 일본, 그리스. 그리고 영국이다.[16] 대외 연락부의 가장 충성스러운 친구로 손꼽히는 인물이 영국의 블레어 정부에서 각료를 역임했고 영국-중국 센터의 명예 회장인 피터 맨델슨peter Mandelson이다.[17] 2019년 5월 맨델슨은 중국과의 관계는 영국에 매우 중요하므로 영국은 "일대일로창의를 실현하는 데 적극적으로 참여하기 바란다."고 말한 것으로 알려졌다. 그는 공산당 선전 선동가가 작성한 듯한 다음과 같은 말도 덧붙였다. "영국은 정당들 간의 영중 대화를 지속하고 두 나라의 정당들 간의 교류를 강화하고 영중 관계에서 '황금시대' 건설을 촉진하기 위해 중국과 계속 협력할 자세가 되어 있다."[18]

그로부터 한 달 후 맨델슨은 〈선데이타임스〉에 기고한 글에서 미국이 자국의 경쟁자인 중국을 찍어 누르기 위해 무역 전쟁을 시작했고 영국은 어느 편도 들지 말아야 한다고 주장했다.[19] 화웨이가 안보 위협이라는 주장은 '철저히 과장'됐고 화웨이의 숨통을 조이려는 목적이라고도 주장했다. 중국과 지정학적 경쟁 관계가 아닌 영국은 무역 동반자로서의 중국에 영향을 미쳐야 한다고도 했다. 맨델슨은 중국 공산당 지도자들을 잘 설득하면 국제 사회의 선량한 일원이 될 수 있다고 여전히 믿는 이들 가운데 하나다. 그가 기고한 글을 보면 중국 공산당의 단점은 전혀 거론하지 않고 영국은 중국의 부상과 국제 사회 관여를 열렬히 환영해야 한다는 논조다. 맨델슨은 48그룹 클럽48 Group Club의 회원이다(아래 참조).[20]

유럽 길들이기

앞서 살펴보았듯이 캐나다의 존 매컬럼을 길들이는 데 탁월한 효과를 발휘했던 그 절차를 통해 주중 스웨덴 대사 안나 린드슈테트Anna Lindstedt의 사고방식도 영향을 받았을지 모른다.[21] 그녀는 2019년 1월 앤젤라 구이Angela Gui의 입을 막으려는 시도를 도운 것으로 알려졌다. 앤젤라의 부친인 스웨덴 시민 구이민하이桂敏海는 2015년 홍콩에서 도서 판매업자로 일하고 있었는데, 태국에서 중국 당국에 납치당해 재판도 거치지 않고 중국 교도소에 투옥되었다. 홍콩에서 도서 판매업자들을 탄압하는 중국의 정책의 일환이었다. 수많은 다른 이들과 마찬가지도 그도 중국 국영 TV에 억지로 끌려나와 자백을 강요당했다. 앤젤라는 부친의 석방 운동을 적극적으로 해 왔다.

린드슈테트 대사는 앤젤라 구이에게 중국 사업가 몇 명과 함께 만나자고 요청했다. 그들이 중국에 인맥이 탄탄해서 그녀의 아버지를 석방시키는 데 도움을 줄 것이라고 약속했다.[22] 스톡홀름에 있는 한 호텔에서 앤젤라와 만난 중국 사업가들은 린드슈테트 대사가 보는 앞에서 감언이설과 뇌물과 협박을 동원해 가면서 앤젤라를 구슬려 부친의 억류에 대한 공개적 발언을 중지하라고 했다. 앤젤라는 린드슈테트 대사가 자신에게 시키는 대로 하면 부친이 석방된다고 말하고 나서 '스웨덴 TV에 출연해 스웨덴-중국 관계의 미래가 밝다.'고 말했다고 주장했다.[23]

앤젤라 구이가 이 만남에서 겪은 일에 대해 공개한 후 린드슈테트 대사는 사임했다.[24] 스웨덴 외교부는 그런 만남이 있었는지 몰랐다고 주장했다. 린드슈테트가 소속 부서에 알리지도 않고 스웨덴까지 날아와 중국의 대리인들과 협상에 관여했다면 이는 모든 외교 의전을 위반한 셈이다. 스웨덴 검사들은 린드슈테트의 행위에 대한 조사에 착수했고 2019년 12월 '외국과의 협상에서 자의적'으로 행동했다는 애매모호한 죄목으로 기소했다.[25] 국제 작가 협회PEN 스웨덴 지부가 구이민하이에게 상을 수여하고 이를 문화부 장관 아만다 린드Amanda Lind가 시상하자, 스웨덴 주재 중국 대사 구이충유桂從友는 중국이 스웨덴을 상대로 무역 제재를 가할 것이라고 말했다.

중국과 너무 친밀하다는 이유로 조사 대상이 된 유럽 외교관은 안나 린드슈테트가 처음이 아니다. 2013년 미카엘 린드스트룀Mikael Lindström은 주중 스웨덴 대사직에서 물러난 후 화웨이 자문으로 영입되었다.[26] 2005년부터 2011년까지 중국 주재 유엔 연합 외교단 수장을 지낸 프랑스인 세르주 아부Serge Abou는 브뤼셀 주재 화웨이 지사 컨설턴트로 영입되었다. 그러자 유럽 연합은 2012년 말까지 아부에 대해 냉각기를 부과하는 이례적인 조치를 단행해 브뤼셀에서의 그의 활동을 추가로 제약했다. 그 조치 가운데는 '유럽 집행위원회와 관련된 그 어떤 로비 활동에도 관여하는 행위'를 금지하는 조항도 포함되어 있다.[27] 2014년 초 아부는 화웨이에서 맡은 역할에서 물러났다.[28]

시진핑의 일대일로창의에 지지를 보낸 또 다른 전직 대사들도 있다. 2007년부터 2013년까지 주중 독일 대사를 지낸 마이클 셰퍼Michael Schaefer는 '중국의 일대일로창의를 옹호하고 나선 최초의 독일 정치인으로 손꼽힌다.'는 이유로 신화통신의 극찬을 받았다.[29] 셰퍼는 일대일로를 '21세기의 경이로운 프로젝트'라고 말했다. 독일 엘리트 계층과의 탄탄한 인맥을 자랑하는 셰퍼는 독일-중국 기업 협회 이사회 이사이고, BMW 재단 헤르베르트 콴트 이사회 이사장을 맡고 있다.[30] 그는 유럽의 유수한 중국 전문 싱크 탱크 메르카토르 중국 연구소Mercator Institute for China Studies 이사회에도 관여하고 있다.[31] 2016년 셰퍼는 중국 공산당의 선전 문구를 그대로 되풀이하면서 중국이 추진하는 '포용, 평등한 기회, 문화와 정치 체제의 다양성에 대한 존중을 토대로 한 새로운 형태의 외교'를 유럽 연합이 수용해야 한다고 촉구했다. 중국 공산당이 보편적인 인권과 민주주의 형태의 정부가 독재 체제보다 낫다는 개념을 거부할 때 써먹는 표현이다.[32]

베이징에 있는 중국정법대학 명예 교수인 셰퍼는 중국이 사회적 경제적 권리를 신장시키는 '엄청난 진전'을 이루었다고 칭송하면서 표현의 자유와 언론의 자유는 중국 같은 나라에서는 '하는 역할이 거의 없다.'고 주장해 왔다.[33] 그는 시진핑을 자신이 만나 본 인물 가운데 '가장 인상적인 중국 지도자'라고 일컬으면서 시진핑에 대한 개인적인 존경을 표했다.[34] 두말할 필요도 없이 그의 이런 발언은 중국 언론 매체에 대서특필되었다. 외국의 주요 인사가 시진핑을 칭송했다고 보도하는 기사에서 특히 이런 내용을 강조하는데, 이를 언론인 데이비드 밴더스키David Bandurski는 중국에서 탄생한 '아첨학阿諂學'이라는 새로운 학문 분야라고 이름 붙였다.[35]

유럽 연합-중국 우호 단체

미국 신문사 〈블룸버그 뉴스Bloomberg News〉에 기고하는 피터 마틴Peter Martin과 앨런 크로포드Alan Crawford에 따르면, 유럽 연합 전체에 퍼져 있는 중국의 친중 인사 인맥은 정치인, 정부 관리, 기업가 등을 아우르는 등 어마어마하게 넓다.[36] 대외 연락부와 더불어 영향 공작을 주도해 온 기관은 중국 인민 대외 우호 협회로서 이 기관은 지역적 차원에서 영향 인맥을 구축하는 데 집중한다. 이 기관에 호의적인 단체 가운데 하나가 독일의 BGA 무역 협회인데, 이 단체는 2019년 '현재 만연한 중국에 대한 공포는 아무런 근거가 없다'고 경고했다.[37] 중국은 정치 노선도 기꺼이 초월한다. 중국은 2017년 강경한 우익인 독일대안정당AfD, 이탈리아의 '반기득권' 오성당五星黨을 비롯해 포퓰리스트 정당들에게도 성공적으로 추파를 던졌다. 독일 연방 의회의 독일-중국 우호 단체의 부의장이자 독일대안정당 소속 정치인 로비 슐룬트Robby Schlund는 중국 인민 대외 우호 협회 부회장과 만난 후 두 나라 간의 협력을 증진하고 자매 도시 결연을 촉진하겠다고 약속했다.[38]

중국은 2019년 유럽 의회 선거와 선거 결과가 중국에 대한 유럽의 태도에 어떤 영향을 미칠지에 대해 지대한 관심을 보인 것으로 알려졌다.[39] 유럽 연합 주재 중국 외교단은 매우 적극적인 행보를 취해 왔고 지금까지는 거의 역풍을 맞지 않았다. 11장에서 살펴보겠지만, 중국 외교단은 브뤼셀에서 중국과 아시아에 대한 연구를 하는 거의 모든 싱크 탱크에 후원을 하고 있고 이 가운데 전직 유럽 연합 관리들이 이끄는 싱크 탱크도 적지 않다. 중국 외교단의 활동은 대부분 유럽 연합의 부서들과 협력해 마련한다.[40]

브뤼셀에는 유럽 연합의 여러 기구들뿐만 아니라 북대서양 조약 기구NATO 본부도 있다. 이 도시는 외교관, 군 장교, 언론인, 정치 지도자들이 모여드는 중심지이고 중국의 영향 공작과 첩보 기관들의 지대한 관심의 대상이다. 벨기에 첩보 기관은 브뤼셀을 첩보원들, 특히 중국 첩보원들의 '장기판'이라고 묘사한다.[41] 〈디벨트Die Welt〉는 2019년 초 유럽 대외 행동 서비스Europe External Action Service는 브뤼셀에 중국 첩보원이 약 250명 정도 있다고 추산하고 외교관과 군 장교들에게 브뤼셀에서 있는 특정 식당들 출입을 삼가라고 촉구했다.[42] (유럽 연합 주재 중국 외교단은 이러한 주장에 '심히 충격'을 받았다면서 중국은 다른 나라들의 내정에 절대로 간섭하지 않는다고 주장했다.[43]) 2020년 1월 독일 연방 검찰은 유럽 연합 관리이자 외교관을 역임한 게르하르트 사바틸Gerhard Sabathil에 대해 중국에 정보를 전달한 혐의를 잡고 수사에 착수했다.[44] 벨기에는 중국이 첩보와 영향 공작을 하기에 만만한 표적이다. 정치 체제가 분산되어 있고 천하태평인 태도가 만연해 있기 때문이다.[45] 게다가 정부는 중국이 투자를 더 해 주기를 바란다. 중국이 유럽으로 진입하는 남쪽 관문이 이탈리아라면 벨기에는 북쪽 관문이다.

브뤼셀에 있는 유럽 의회의 유럽 연합-중국 우호 단체에도 중국 공산당을 대놓고 노골적으로 지지하는 이들이 있다. 2019년 이 단체는 20여 개 나라에서 온 46명의 유럽 의회 의원들이 가입해 유럽 의회에서 회원이 가장 많은 우호 단체라고 주장했다.[46] (이 단체에 대한 중요한 연구를 한 지창 룰루Jichang Lulu는 실제로 활동하는 회원의 수는 훨씬 적다고 주장한다.[47]) 이 단체는 유럽과 중국 간의 친밀한 관계를 열렬히 주장해 왔고 유럽 의회가 중국의 인권 유린을 비난하지 못하게 하려고 애써 왔다. 이 단체는 유럽 의회 의원들이 2008년 유럽 연합의 베이징 올림픽 참가를 거부하도록 하려는 '모의'를 무산시키기도 했다.[48] 이 단체 소속 회원들은 중국을 자주 방문하고 티베트도 방문하는데, 중국 공산당은 그들이 티베트를 방문하면 중국이 티베트의 문화를 보호하기 위해 얼마나 노력을 기울이는지 보여 준다.[49] 이런 종류의 방문이 이루어진 후 〈중국일보〉는 '우호 단체가 3일 동안의 현장 답사 후에 티베트를 칭송한다.'라고 주장했다.[50]

2006년 유럽 의회에서 영국 남동부 지역구를 대표하는 보수 성향의 의원인 너지 데바Nirj Deva가 창립한 이 단체는 2019년 선거 때까지 회장을 데바가 맡았다. 이 단체는 유럽에서는 활동이 눈에 띄지 않지만 중국 언론 매체에서는 두드러지게 존재를 드러낸다. 〈환구시보〉는 데바를 '중국의 친구인 저명인사'로 소개하는데 이는 대단한 찬사다.[51] 데바가 이런 찬사를 받는 영광을 누리게 해 주는 막후 실력자는 이 우호 단체의 사무총장이자 유럽 의회에서 데바가 신임하는 보좌관 가이린蓋琳이다. 체코 연구 집단 시놉시스Sinopsis에 따르면, 가이린은 그의 고향인 랴오닝성遼寧省에 있는 중국 인민 대외 우호 협회 지부와 연관되어 있다.[52] 중국 언론 매체들은 2009년 그가 유럽 연합의 공무원으로 근무하는 최초이자 유일한 중국 국적자

라고 주장한다.[53]

국제 라디오 방송인 중국국제광파전대에 따르면, 가이린은 호텔 경영학을 공부하고 있던 2004년 여름 브뤼셀에 있는 한 술집에서 데바와 우연히 마주친 후 데바 밑에서 일하기 시작했다. 2005년 여름 데바는 유럽 의회 의장에게 가이린을 채용하도록 특별히 허락해 달라고 요청하는 서한을 보냈다. 데바 의원은 유럽 의회에서 중국을 제대로 '이해'하는 사람이 아무도 없어서 중국 국적자를 채용하고 싶다고 했다. 가이린은 곧 컨설턴트로 채용되었다.[54]

2014년 가이린은 〈인민일보〉에 기고한 글에서 2006년에 유럽 연합-중국 우호 단체를 창설하자는 아이디어를 낸 주인공이 본인이라고 주장했다.[55] 그는 유럽 의회 의원들에게 중국에 대한 '긍정적인 선전'을 함으로써 유럽이 중국을 더욱 잘 '이해'하게 되리라고 했고 이에 데바가 동의했다고 주장했다. 가이린은 유럽 의회가 달라이라마를 초청하려 했을 때 이를 막았고, 중국은 아직 개발도상국이라고 유럽 의회를 설득해 1억 2800만 유로의 개발 원조를 중국에 제공하도록 하기 위해 유럽 의회에 제출한 법안의 초안을 자신이 작성하고 수정했다고 자랑했다.[56]

유럽 연합-중국 우호 단체는 유럽 의회에서 인권을 포함해 중국에 대한 담론을 바꾸는 데 상당한 영향을 미쳐 온 듯하다. 데바 본인도 중국의 주장을 툭하면 그대로 되뇐다.[57] 그는 화웨이에 대한 보안 우려를 '허튼소리'라고 일축해 왔다. 그는 중국의 인권 상황을 옹호하면서 2008년 베이징 올림픽 불참에 강력이 반대해 (성공적으로) 의견을 관철시켰다. 그는 또한 2009년 중국의 신장성 위구르 탄압을 지지했다.[58] 위구르족 여성 사업가이자 사회 운동가인 레비애 카디르가 2009년 9월 유럽 의회에서 연설을 하자 데바는 중국이 위구르족을 탄압한다면 그녀가 어떻게 11명의 자녀를 두고 풍족한 삶을 영위하며 위구르어를 유창하게 구사할 수 있는지 의문을 제기했다.[59] 2018년 신화통신은 전국 인민 대표 대회의 티베트 대표단의 유럽 의회 방문에 대해 보도했다. 대표단은 티베트에서 경제 성장이 빠르게 일어나고 있고 사회적 결속력이 강하다면서 달라이라마의 '분열주의'를 비판했다. 이 보도는 "유럽 연합-중국 우호 단체가 티베트의 발전을 촉진하는 중국의 노력을 유럽 의회에서 객관적으로 제시하는 노력을 계속하겠다."고 한 데바의 발언도 인용했다.[60]

데바와 이 단체 회원들은 그 어떤 공식적인 역할도 하지 않지만 중국에서는 유럽 연합의 공식 대표단보다 중국의 최고 지도자들과 훨씬 쉽게 접촉한다.[61] 데바는 유럽 의회에서 끊임없이 중국을 옹호해 왔고 유럽 연합이 '중국을 어린애 다루듯' 한다고 비판했다.[62] 그는 중국 국영 TV에 '영국 전문가'로 소개되어 왔다. 2016년 7월 그는 남중국해에 대해 헤이그 국제 상설 재판소가 내린 판결의 합법성에 의문을 제기하면서 필리핀이 중국과 양자 대화를 통해 문제를 해결했어야 한다는 중국의 입장을 되뇌었다.[63] 데바는 15년 넘게 중국을 지켜봐 온 자신이 판단할 때 중국 정부가 단 한 가지도 큰 실수를 한 적이 없다고 주장했다.[64]

데바와 가이린은 여러 가지 다양한 구상들에도 착수했다. 가이린의 제안으로 우호 단체 회원들 일부가 유럽 연합-중국 우호 협회라는 비정부 기구를 창설해 유럽 의회를 벗어나 사회 곳곳에 손길을 내밀기로 했다.[65] 이 협회는 중국 랴오닝성과 제휴를 맺고 랴오닝성 정부와 유럽 연합의 각종 기관과 기업들의 협력을 촉진하고 있다.[66]

데바는 2019년 유럽 의회 선거에서 재선에 실패했고 우호 단체의 부회장인 영국 노동당 소속 의원 데릭 본Derek Vaughan도 낙선했다.[67] 그러나 이 단체는 전혀 문제없이 거뜬했다. 중국 보도에 따르면 이 단체는 이제 체코 출신 의원인 얀 자라딜Jan Zahradil이 이끌고 있다.[68] 자라딜은 유럽에서 비중 있는 인물로서 2019년 유럽 의회 의장 후보 차점자였다.[69] 중국 공산당 분석가 지창 룰루가 지적한 바와 같이, 그는 일대일로창의를 전폭적으로 지지하고 있고 중국을 유럽으로 끌어들이는 데 전임자 못지않게 열성적이다. 가이린은 이 단체의 조직책으로 계속 일하고 있다.[70]

2019년 3월 유럽 연합-중국 우호 단체는 유럽에 일대일로창의 정책 조율 위원회를 발족했다.[71] 2019년 10월 몇몇 유럽 의회 의원들이 '화웨이와 개방적인 세계 디지털 생태계를 지속하기 : 유럽의 관점'이라는 행사를 주최했다. 화웨이와 함께 조직한 이 행사는 유럽 집행 위원회가 5G 통신망의 보안 위험 평가서를 발간하고 겨우 며칠 후에 열렸다. 이 평가서는 '국가와 국가가 뒷받침하는 행위자들'이 가하는 위험에 대해 경고하고 있다.[72] 이 행사를 주최한 이들 가운데는 유럽 연합-중국 우호 단체의 신임 회장인 자라딜도 있었지만, 이 단체와 그의 관계는 공개되지 않았다.[73]

문제는 유럽 연합에 국한되지 않는다. 우호 단체들은 유럽의 각국 의회 내에도 설립되었다.[74] 프랑스 의회에도 상하 양원에 모두 프랑스-중국 우호 단체들이 있고 공화당원들과 마크롱 대통령 소속 정당 의원들이 압도적으로 많다. 강한 친중국 성향의 단체들 가운데 하나는 장-뤽 멜랑숑Jean-Luc Mélenchon이 이끄는 좌익 정당 라 프랑스 엥수미즈La France Insoumise, 굴복하지 않는 프랑스라는 뜻-옮긴이라

는 단체다.[75]

영국에서는 1997년에 의회 내에 초당적인 중국 친선 협회가 설립되었다. 2006년 이 단체는 중국 전국 인민 대표 대회의 중국-영국 우호 단체와의 관계를 심화하는 협정에 서명했다. 이 단체는 중국 공산당이 하는 일을 무비판적으로 지지하지는 않는다. 그러나 중국 정부의 영향력이 미치는 범위 내에 있는 영국-중국 센터와 중국-영국 기업 위원회와 긴밀하게 협조한다.[76]

이제부터는 중국 공산당이 유럽의 최고위급 의사 결정 구조에 침투하는 다양한 방식을 살펴보겠다. 이런 방식을 포괄적으로 살펴보기란 불가능하지만, 영국, 프랑스, 이탈리아, 독일에서 중국이 시행하는 영향 공작을 집중적으로 살펴봄으로써 중국 공산당의 공작이 작동하는 방식과 그 의미를 밝혀 보도록 하겠다.

영국의 48그룹 클럽

1954년, 영국 기업가 48명이 베이징을 방문해 중화인민공화국과 무역 관계를 수립했다. 귀국길에 그들은 중국과 교역하는 영국인 48인 단체48 Group of British Traders with China를 결성하고 잭 페리Jack Perry가 회장을 맡았다. 원조 격인 48인 단체에서 파생된 48그룹 클럽에서 현재 활동하는 중국과 영국의 인사들의 면면을 보면 엘리트 권력층의 쟁쟁한 인물들을 발견할 수 있다.[77]

영국 측에서 잘 알려진 인물들 가운데는 토니 블레어 전 총리, 마이클 해즐틴Michael Heseltine 전 부총리, 존 프레스콧John Prescott 전 부총리, 억만장자인 웨스트민스터 공작, 블레어 정부에서 외무장관을 지낸 잭 스트로Jack Straw, 알렉스 새먼드Alex Salmond 스코틀랜드 전

초대 장관, 노동당 막후 실력자이자 유럽 무역 위원회 위원장을 지낸 피터 맨델슨Peter Mandelson, 그리고 너지 데바 등이 있다. 다섯 명의 전 주중 영국 대사들, 옥스퍼드와 케임브리지의 단과 대학 학장들, 퇴역 장군, 대영 박물관 관장, 왕립 오페라 하우스의 최고 경영자, 영국 항공 회장, 화웨이 소속 임원, 그리고 영국은행, 골드만 삭스, JP모건과 밀접하게 연관된 인사들도 있다.

이 책에 소개되었지만 지명도가 좀 떨어지는 인물들로는 인맥이 탄탄한 토니 블레어의 형수 레이디 케이티 체 블레어Lady Katy Tse Blair, 톰슨 로이터즈 최고 경영자를 역임한 톰 글로서Tom Glocer, 케임브리지 대학교 피터 놀런Peter Nolan 교수, 웨스트민스터 대학교 휴고 드 버Hugo de Burgh 교수 등이다.

중국 측 인사들로는 중국 공산당 내에서 막강한 권력을 행사하는 조직부 부장과 중화인민공화국 부주석을 지낸 리위안차오李源潮, 외교부 차관과 주영 중국 대사를 지낸 푸잉傅瑩 여사, 마오쩌둥의 통역관을 지낸 전 주영 중국 대사 지차오주冀朝鑄,[78] 전국 인민 대표 대회 외무 위원회 의장을 지낸 장언주姜恩柱, 중국 금융 규제 위원회 회장 류밍캉劉明康, 주영 중국 대사를 역임했고 전인대-유럽 의회 관계 단체의 의장인 차페이신查培新 등이 있다. 중국은 자국의 대외 영향 공작에서 48그룹 클럽이 올린 성과를 매우 높이 평가한다. 화웨이 간부 빅터 장도 회원이다.

1991년 중국과 교역하는 영국인 48인 단체는 중영 무역 위원회Sino-British Trade Council와 통합해 중국-영국 무역 단체China-Britain Trade Group을 결성했고, 이는 훗날 영국의 최대 기업들이 참여하는 막강한 로비 단체인 중영 기업 위원회China-Britain Business Council가

되었다.[79] 중영 기업 위원회 이사회는 막강한 재계 인사들로 채워져 있다. 특히 금융과 회계 기업들 인사들이 많다. 2019년 이 위원회의 이사인 존 매클린John McLean은 "중영 기업 위원회가 지난 65년에 걸쳐 영중 무역 관계의 중심에 있었다."고 말했다.[80] 위원회가 하는 다양한 활동들 가운데는 일대일로창의를 적극적으로 홍보하고 의회 내의 중국 친선 협회와 긴밀히 협력하는 일도 있다.[81]

두 단체는 통합에 뒤이어 48그룹 클럽을 결성해 재계 명망가들 외에도 회원을 확대하는 데 착수했다. 오늘날 이 단체 의장은 잭 페리의 아들 스티븐Stephen이 맡고 있다. 48그룹 클럽이 중국 지도부에 얼마나 중요한 단체인지는 스티븐 페리가 중국을 방문하면 시진핑부터 그 아래 인사들까지 접촉이 허용되는 이례적인 대우를 받는다는 사실로 미루어 짐작할 수 있다.[82] 페리는 시진핑이 제시한 미래를 공유하는 공동체라는 개념을 '국제 규범을 뒷받침하는 철학에 대한 새로운 접근 방식'이라고 칭송해 왔다. 그는 또한 다음과 같은 발언을 통해 중국 공산당의 선전을 되풀이한다. "중국은 제국을 추구하지 않는다. 중국은 경제 활동의 성과가 합리적으로 분배되고, 인민의 삶을 국가가 돌보고, 문화와 사회의 발전이 국가의 도덕적 기반을 공고히 하는 데 반드시 필요한 사회주의 국가를 추구한다.'[83]

2018년 페리는 중국에서 대단히 영예로운 상인 중국 개혁 우의상을 받았다. 시진핑 주석과 리커창李克强 총리가 직접 수여했다.[84] (이 훈장을 받은 인물로는 미국 지식인 로버트 쿤Robert Kuhn이 있다. 그는 장쩌민의 전기를 썼는데, 신화통신사 계열의 한 잡지는 그를 "중국을 통치하는 당을 지지하는 가장 영향력 있는 10인으로 손꼽힌다."라고 소개했다. [85])

48그룹 클럽은 중국에서는 화려한 연회를 개최하지만, 영국에서는 눈에 띄지 않게 활동한다. 회원이 500명 이상인 이 단체는 중국에 우호적인 인사들이 서로 교류하고 인맥을 구축하는 중심지로서 중국은 이 단체를 통해서 영국의 엘리트 계층을 길들인다. (이 책 여기저기서 이 단체 회원들이 등장하게 된다.) 스티븐 페리 회장이 이 단체 웹사이트에 올리는 발언들은 중국 공산당의 선전을 기계적으로 반복한 내용이다.[86] 그는 중국 주석의 임기 제한을 폐지한 정책을 옹호하고 정부에 변화를 일으킬 힘을 실어 주기 위해서 당의 통제력을 강화할 필요가 있다고 본다. 그는 시진핑이 우리의 정신을 자유롭게 해 줄 책임이 있다고 말한다. 그는 신화통신과의 인터뷰에서 세계가 일대일로창의를 전적으로 수용할 때라면서, 이러한 나눔이 "중국 특색을 지닌 사회주의의 본질"이라고 주장했다.[87] 2019년 11월 그는 신화신문전시망과의 인터뷰에서 중국의 민주적 통치 체제, "인민의 목소리에 귀를 기울이고 인민에게 봉사하는" 체제가 21세기에 세계를 주도하게 된다고 말했다.[88]

영국에서 48그룹 클럽보다 중국 공산당과 친밀하고 당의 신뢰를 받는 단체는 없다. 표면적으로만 보면 고개를 갸우뚱하게 될지 모르지만, 이 클럽의 기원을 윤색한 사연을 벗겨내고 그 뒷배경을 들여다보면 중국 공산당의 최고위 지도자들이 이 클럽을 왜 그토록 신뢰하는지 이해가 된다.[89]

1950년대 초, 중국은 한국전 개입으로 미국과 영국의 전략 물자 금수 조치 대상이 되었다. 소련 동구권도 무역 금수 조치 대상이었는데, 소련은 이를 우회하기 위해 1952년 국제 무역 촉진 위원회라는 위장 단체를 창설했다. 이 위원회는 같은 해 모스크바에서 국제 경제 회의를 열었고 잭 페리가 대표단으로 이 회의에 참석했다. 그는 영국으로 돌아와 다른 인사들과 함께 영국 국제 무역 촉진 위원회를 창설했는데 이 위원회의 목적은 소련과 중국이 무역 금수 조치를 우회하도록 돕는 일이었다. 1952년에는 저우언라이周恩来 총리의 지시로 중국 공산당이 중국 국제 무역 촉진 위원회를 수립했고, '저우언라이가 이 기구를 친히 이끌면서 대외 공작 업무를 수행했다.'[90] 이 위원회의 첫 임무는 외국 기업인들을 설득해 중국과 교역을 트게 하고 그들이 자국 정부를 설득해 금수 조치를 해제하도록 만드는 일이었다. (1957년에 작성되었고 1999년에 기밀 해제된 미국 중앙 정보국 문건에 따르면, 중국 국제 무역 촉진 위원회는 소련의 국제 무역 촉진 위원회와 밀접하게 연관되어 있다.[91])

중국 국제 무역 촉진 위원회의 최고위급 간부 두 명이 소련 국제 무역 촉진 위원회 위원도 겸했다.[92] 중국 국제 무역 촉진 위원회 회장은 중국 중앙은행 총재 난한천南漢宸이었다.[93] 1930년대 말부터 난한천은 통일전선공작부 부부장이었고 그는 통일 전선 공작 관련 여러 기관들에서 다양한 고위직을 맡았다.[94] 중국 국제 무역 촉진 위원회 부회장이자 사무총장은 지차오딩冀朝鼎인데, 그는 '중국과 영국 간의 긴밀한 관계를 구축한 제 1의 설계자'로 자리매김했다.[95] 미국에서 유창한 영어를 터득한 지차오딩은 1930년대와 1940년대에 중국 공산당의 비밀 당원이었다. 그는 뛰어난 첩보원이기도 했고 저우언라이 직속 부하였다. 일설에 따르면, 그는 국민당 정부의 고위 관리로 일하면서 이중 첩자로서 국민당 정부의 몰락을 초래하는 데 결정적인 역할을 했다.[96] (저우언라이는 초창기부터 중국 공산당 첩보 업무를 이끈 공로로 당 내에서 존경을 받았다.[97])

1953년 잭 페리는 모스크바에서 소련 국제 무역 촉진 위원회가 중요한 회의를 조직하는 데 도움을 주었다. 페리는 자신이 새로 설립한 회사인 런던 수출 공사의 회장 자격으로 이 회의에 참석했다. 1951년 유럽에서 지차오딩을 만난 그는 지차오딩의 설득으로 하던 일을 접고 이 공사를 설립했다. 중국 대표단은 난한천과 지차오딩이 이끌었다.[98] 이 회의에서 난한천은 페리에게 16명으로 구성된 영국 기업인 대표단을 중국으로 데려와 무역을 개방하라고 제안했고, 한 달 후 페리는 이 제안에 응했다. 오늘날 48그룹 클럽은 거의 언급하지 않지만, 런던 수출 공사에 관여한 인사가 두 사람 더 있다. 롤런드 버저Roland Berger와 버나드 버크먼Bernard Buckman이다. 이 두 사람이 중국 국제 무역 촉진 위원회와 그 사무총장 지차오딩이 주최한 회의에 참가하는 대표단을 이끌었다.[99]

롤런드 버저는 인권 운동가로 일해 오다가 1953년 영국 국제 무역 촉진 위원회 사무총장이 되었다. 그는 또한 영국 공산당 비밀 당원이었다. 버나드 버크먼은 직물업자인데 영국 공산당의 또 다른 비밀 당원이었고 노동당에 침투해 당의 원칙과 정책들을 바꾸는 활동을 했다.[100] 버크먼은 중국을 자주 방문하게 되었고, 2016년 그가 사망하자 〈중국일보〉는 서구 진영에서 그보다 중국의 최고 지도자들과 접촉이 가능한 이는 없었다고 보도했다.[101]

잭 페리는 지차오딩의 초청으로 1954년 더 큰 규모의 대표단을 이끌고 중국을 다시 방문했는데, 이번에는 48명의 영국 기업인들이 동행했다. 48그룹 클럽의 자체적 설명에 따르면, 페리는 저우언라이 총리와 논의를 통해 냉랭한 관계를 해소한다는 뜻에서 '우호적 분위기를 조성하는 이들icebreakers'이라고도 불리는 48그룹 클럽을 설립했다. 런던으로 돌아온 기업인들은 페리의 주도로 두 나라 간의 무역 관계를 구축하는 일에 착수했다.

영국 국제 무역 촉진 위원회 초창기부터 영국 정부는 이 단체가 영국 공산당과 친밀하게 연관된 소련 위장 단체라고 의심했다.[102] 1920년대부터 서구 진영에서 소련의 위장 단체가 우후죽순 생겼고 특히 제 2차 세계 대전 이후에 많이 생겼다. 1954년 중국을 방문하고 귀국한 48명의 기업인들 가운데 일부는 무역 업무를 담당하는 관리들에게 심문을 받았는데, 한 관리는 페리, 버저, 버크먼에 대해서 "그들이 공산주의자라면 그 사실을 아주 성공적으로 위장하고 있다."라고 했다.[103] 지금 와서 돌이켜 보면 잭 페리가 버저와 버크먼과 더불어 영국 공산당 당원이었다는 사실이 당연해 보인다.[104] 1963년에, 그리고 뒤이어 페리는 영국 공산당의 '수정주의'에 반발해 분리되어 나온 마오쩌둥주의자들 사이에서 활발하게 활동했다. 페리는 48그룹 클럽과 더불어 신마오쩌둥주의를 표방하는 신문 〈맑시스트The Marxist〉를 설립하는 데 기금을 댔고 이 신문은 1966년에 첫 호를 발간한 것으로 알려져 있다.[105]

한마디로 말해서 48그룹 클럽은 중국의 정치국 상임 위원회 회원인 저우언라이의 선동으로 영국 공산당 비밀 당원 세 명이 만든 단체였다. 창립 초기부터 이 클럽은 중국 공산당 최고위 지도부와 전례 없는 수준의 신뢰와 친밀한 관계를 구축했고 영국에서 중국이 영향 공작과 첩보 수집을 하는 가장 막강한 도구로 입지를 굳혔다. 영국의 정계, 재계, 학계, 언론계 상층부에 파고들어 중국에 대한 영국의 태도를 형성하는 데 결정적인 역할을 한다.

1954년 창립 기념으로 중국을 방문하고 4년 후 48그룹 클럽 회원들은 다시 중국을 방문하고 귀국해 클럽이 중국에서 '극진한 대접'

을 받았다고 했다. 자기들이 요청한 대로 대우를 받아서 얼떨떨하긴 해도 흡족한 그들은 클럽의 '신묘한 매력'에 대해 논하기 시작했다.[106] 오늘날 48그룹 클럽은 영국에서 중국 공산당의 이익을 열성적으로 증진시키거나, 신화통신이 선호하는 표현을 쓰자면 '영국-중국 간에 바람직한 관계를 촉진'시키는 데 한층 더 중요한 역할을 하고 있다.[107] 2018년 10월, 중국 국제 무역 촉진 위원회는 베이징에서 이 클럽의 창립 기념 중국 방문 65주년을 기념하는 성대한 연회를 개최했다.[108] 스티븐 페리는 시진핑을 접견했는데, 이는 영국의 외교관들에게는 허락되지 않는 기회로서, 중국 공산당 지도부가 48그룹 클럽을 영국에서의 영향 공작에 핵심적인 도구로 간주하고 있음을 시사한다. 시진핑은 클럽의 활동을 극찬했고, 페리는 중국이 이룬 '괄목할 만한 성과'와 시진핑이 제시한 '인류의 미래를 공유하는 공동체' 개념을 칭송했다.[109]

스티븐 페리의 아들인 또 다른 잭은 중국에 관심이 있는 전도유망한 젊은 영국 기업인들을 위해 48그룹 클럽이 창설한 '우호적인 분위기를 조성하는 청년들Young Icebreakers' 단체를 이끌고 있다. 우호적인 분위기를 조성하는 청년들은 2006년 영국을 방문한 원자바오溫家寶 총리의 제안으로 설립된 것으로 보인다.[110] 유니버시티 칼리지 런던에서 법학을 전공한 스티븐 페리는 〈중국일보〉에 "나는 마르크스주의, 레닌주의, 마오쩌둥 사상 관련 책을 법학 관련 책보다 더 많이 읽었다."라고 말했다.[111]

48그룹 클럽이 어떤 역할을 하는지 특히 잘 드러내 준 사건이 하나 있다. 2017년 제 19차 전국 인민 대표 대회가 '시진핑 사상'을 헌법에 통합하기로 만장일치로 찬성한 후(중국 의회는 몇 달 후 중국 헌법에 이를 삽입했다.) 중국 전역의 당원들은 최고 지도자의 사상을 습득하기 위한 학습에 참가했다. 2019년 4월 영국 주재 중국 대사관은 시진핑의 외교 사상 학습 대회를 열었다.[112] 이 자리에는 48그룹 클럽과 그 자매 단체인 중영 기업 위원회 회원 상당수를 포함해 70명이 넘는 인사들이 참석했고, 류사오밍劉曉明 대사가 개회사를 했다. 그는 '스티븐 페리 회장'의 노고를 치하한 후 참가자들에게 "시진핑 사상의 성실한 학습과 정확한 해석"을 통해 "두 나라 인민들 간의 결속을 강화하자."고 촉구했다.[113] 그는 시진핑주의의 핵심적 개념을 다음과 같이 강조하면서 연설을 마무리했다. "인류가 미래를 공유하는 공동체 구축에 여러분이 기여하리라고 믿는다."

학습 대회에서 다른 명망가들이 한 연설은 녹음되지 않았지만, 대사관 측은 스티븐 페리에 이어 영국 사회학 학회 명예 부회장이자《인류 공동의 미래에서 중국의 역할》의 저자인 마틴 알브로Martin Albrow가 연설자로 나서 시진핑의 사상은 세계의 분열을 치유하고 세계 평화를 촉진할 수 있다고 주장했다고 밝혔다. 2018년 중국 공산당과 관련된 회사가 출간한 이 책은 중국 당 기관지들의 극찬을 받았다.[114] 저명한 사회학자이자 블레어 정부의 이론적 토대를 제시한 앤서니 기든스Anthony Giddens는 알브로의 '탁월한' 저서가 중국이 세계 공동체를 개선하는 데 핵심적인 역할을 할 수 있을 뿐만 아니라 해야 한다고 설명했다며 극찬했다.[115] (2019년 알브로와 기든스는 〈중국일보〉의 국제판 발간을 극찬했는데, 중국 공산당의 영자 신문인 이 매체의 보도에는 "당의 정신이 스며들어 있다."[116]고 했다. 옥스퍼드 대학교의 세계사 교수 피터 프랑코판Peter Frankopan도 찬사를 하는 대열에 합류했다.)

대사관에서 열린 학습 대회에 초청돼 연설을 한 또 다른 인물은

2009년에 출간된 베스트셀러 《중국이 세계를 지배할 때 : 서구적 세계의 종말과 신세계 질서의 탄생》의 저자 마틴 자크Martin Jacques 다. 2019년 일본 오사카에서 열린 G20 정상 회담에서 그는 〈중국일보〉가 주최한 포럼에서 한 인터뷰에서 중미 관계의 붕괴는 미국의 책임이라고 했다. 그는 중국이 역사상 유일하게 오로지 평화만을 원하는 강대국이라고 했다.[117] 그 다음 달, 국영 방송 중국환구전시망과의 인터뷰에서 그는 홍콩 시위대를 맹렬히 공격하면서 호전적인 그들을 당국은 결코 용납해서는 안 된다고 했다.[118] 그는 중국이 홍콩을 통제하려는 게 아니며, 그런 두려움을 품은 이들은 '신뢰가 결여'되어 있다고 말했다. 홍콩 사람들은 사고방식이 너무 서구화되어서 중국에 대해 "대단히 무지하다."고 했다.

대사관의 학습 대회에 참석한 또 다른 인사들 가운데는 상원 국제관계 위원회 의장 하웰 경Lord Howell, BBC 회장 사순 경Lord Sassoon, 아프리카·아시아학 대학교 소속 공자학원 원장 네이선 힐Nathan Hill 박사, 아시아 하우스 회장 그린 경Lord Green, 〈텔레그래프〉와 〈선데이 텔레그래프〉 편집인을 지낸 이언 맥그리거Ian McGregor가 있다.[119]

우리가 판단하건대, 영국 엘리트 계층 사이에 중국 공산당의 영향력이 너무나도 깊숙이 침투해 있어서 영국은 이미 돌아오지 못할 강을 건넜고 중국의 영향권에서 벗어나려는 그 어떤 시도도 실패할 가능성이 높다.

이탈리아의 전향[120]

2018년 3월, 이탈리아는 독일, 프랑스와 더불어 유럽 연합의 투자 적격 심사 과정에서 중국 기업들을 전략적 부문에서 제외시키되 중국이 지정학적으로 유럽에 진출하도록 하라고 촉구했다.[121] 13개월 후 이탈리아 총리 주세페 콘테Giuseppe Conte는 시진핑 주석과 함께 이탈리아가 일대일로창의에 합류하는 데 합의했다.[122] 유럽에서 경제 규모 3위인 이탈리아가 안보 문제를 묵살하고 동쪽으로 눈을 돌리기로 결정했다. 무슨 일이 있었던 걸까?

이탈리아의 태도가 이처럼 돌변한 이유는 2018년 6월 유럽 연합에 대해 회의적인 성향의 인사들과 우익 포퓰리스트들이 지배하는 새로운 연립 정부가 구성되었고 중국에서 10여 년을 보내고 막 귀국한, 과거에 아무도 몰랐던 재정학 교수 미켈레 게라치Michele Geraci가 과도하게 영향력을 행사했기 때문이다. 2017년 한 만찬 자리에서 게라치는 중국에 대한 견해를 밝혔고 이는 리그당League Party의 대표 마테오 살비니Mateo Savlini에게 깊은 인상을 주었다.[123] 부총리가 된 살비니는 게라치를 경제 개발부 차관에 임명했다. 게라치는 곧 중국 태스크포스를 설치해 경제 개발 장관 루이지 디 마이오Luigi Di Maio와 함께 이끌면서 이탈리아에 대한 중국의 투자를 촉진하기 시작했다. 게라치는 이탈리아가 일대일로창의에 주도적으로 참여하는 유럽 국가가 되기를 바랐고 중국과 양해 각서를 협상하는 일차적인 책임을 맡았다.[124]

이탈리아는 일대일로창의에 합류한 최초의 주요 산업 국가였으므로 베이징은 뛸 듯이 기뻤다. 상하이에 있는 푸단復旦 대학교 유럽학 연구소 소장인 딩춘에 따르면, 중국은 이탈리아의 부채 위기를 서구 진영의 '심장부'에 일대일로창의를 확산시킬 기회로 보았고, 이탈리아의 일대일로창의 합류로 미국과의 갈등이 심화되던 중국에게 '큰 힘'이 되었다.[125] 중국의 전략가들은 부채 위기와 독일이 강요한 긴축 정책, 난민 정책을 둘러싼 갈등, 영국의 유럽 연합 탈퇴 등을 둘러싸고 유럽 연합이 사분오열되는 상황을 예의 주시해 왔다. 분열된 유럽은 유혹해서 전복시키기가 훨씬 쉬웠다. 중국인 학자이자 외교관을 지낸 인민 대학의 왕이웨이王義桅는 신임 이탈리아 정부가 유럽 연합에 대해 회의적이기 때문에 미국의 뜻을 거스르고 중국에 접근할 수 있었다고 말했다.[126]

중국 전문가 루크레치아 포게티Lucrezia Poggetti는 경제적으로 취약하고 유럽 연합에 대해 회의적인 태도를 지닌 유럽 국가들을 대상으로 중국이 경제 협력을 할 대안으로 자국을 선전하는 일관된 행동을 보인다고 지적했다.[127] 이탈리아에 앞서 중국은 남유럽의 포르투갈, 그리스, 몰타뿐만 아니라 몇몇 중부 유럽과 동부 유럽 국가들(폴란드, 체코공화국, 불가리아, 헝가리)을 설득해 일대일로창의에 동참하도록 하는 데 성공했었다. 이탈리아가 일대일로에 합류하면서 중국이 유럽에서 농촌을 이용해 도시를 에워싸는 '농촌포위성시' 전략을 추진한다는 인상이 강화되었다.[128]

중국은 이미 이탈리아에 상당히 많은 투자를 하고 있었다. 중국 화학 제품 회사가 피렐리Pirelli를 매입했고 화웨이는 휴대 전화 통신사 윈드Wind를 매입했다.[129] 중국 전문가 프랑수아 고드망François Godement이 지적한 바와 같이, 과거의 이탈리아 정부들은 중국이 세계의 지배적인 기술 국가가 된다는 중국의 청사진 '메이드 인 차이나 2025 Made In China 2025' 정책에 제시된 선결 과제들의 '사실상 복사판'인 일련의 과학 기술 협력에 기꺼이 서명했다.[130] 이는 우연이 아니었다. 중국 정부는 이러한 중국의 정책이 산업 기술 도용이 계속되리라는 우려를 낳고 있음에도 불구하고 이탈리아를 '메이드 인

차이나 2025'를 실행할 유럽의 주도적인 동반자로 만들고 싶다는 포부를 밝혔다.[131] 2019년 3월, 유럽 연합 국가들 가운데 오로지 이탈리아와 영국 두 나라만이 투자 자격 심사 제도 도입에 대한 2차 투표에서 기권했다. 2017년에 이탈리아가 프랑스, 독일과 함께 제시한 바로 그 제안인데 말이다.[132]

2018년 이탈리아에서 집권하기 전, 리그당과 오성당은 중국이 유럽에서 세를 확장하는 데 반대했지만 일단 정권을 잡자 신임 총리와 그의 내각 각료들은 협상을 하러 중국으로 날아가기 시작했다.[133] 미켈레 게라치의 인맥과 그의 견해가 큰 영향을 미쳤다. 어쩌면 결정적이었다고도 할 수 있다. 이탈리아에서는 게라치가 중국에 '집착'한다고 보는 이들도 있다.[134] 그가 공개적으로 하는 발언을 보면 일대일로창의는 정치적 위험이 전혀 없다.[135] 게라치가 보기에 중국-유럽의 경제적 통합은 당연하고 바람직하다. 화웨이는 그저 또 하나의 통신 장비 제조업체일 뿐이다. 화웨이가 중국 첩보 기관과 협력할 가능성에 대해 질문을 받은 그는 사람들이 중국을 오해한다며 중국은 '매우 평화를 사랑하는 국가'이고 그저 '자국민을 먹여 살리고 싶을 뿐'이라고 답했다.[136] 게라치는 자기 직원들에게 중국의 소셜 미디어 위챗WeChat 앱으로 소통하라고 권장하는데, 이 앱은 중국에서 감시한다.[137] 이탈리아 정치인과 언론인들은 그가 중국에 굽실거린다고 비판하지만 그는 이러한 비판을 일축한다.

2018년 6월, 게라치는 현대 중국의 경이로운 면모를 찬미하는 글을 기고했다. 그는 이탈리아가 지닌 모든 주요 문제(그는 부채 위기, 인구 이동, 인구 고령화, 심지어 중국의 사법 체계가 이탈리아보다 우수하기 때문에 공공 안전까지도 중국이 본보기가 된다고 했다.)에 대한 해답을 중국이 제시한다고 주장하고 동률세, 제조업 재건, 경제의 친환경화에 필요한 재정적 지원도 마련하게 된다고 주장했다.[138] 이 글에 대해 이탈리아의 중국 전문가들은 공개서한을 통해 게라치의 견해는 순진하고 중국 정부를 승인하는 행위는 비윤리적이라고 통렬히 비판했다.[139]

게라치는 중국으로 이주하기 전에 투자 은행가였다. 그는 중국 공산당에 대해 호감을 지닌 세계적으로 영향력 있는 서구 진영 학자들의 근거지인 노팅엄 대학교의 닝보宁波 캠퍼스를 비롯해 저장성浙江省에 있는 여러 대학교에서 객원 교수로 일하며 10년을 보냈다.[140] 2016년 닝보 캠퍼스가 통일전선공작부 최고위 관리가 회장으로 있는 싱크 탱크 중국여전구화지고中國與全球化智庫(중국 글로벌 싱크탱크)와 공동으로 포럼을 개최했는데, 미켈레 게라치가 연사로 초청을 받았다.[141] 게라치는 중국의 경제 뉴스 전문 매체인 〈재신전매財新傳媒〉에 중국에 대한 존경이 넘치는 칼럼을 써 오면서 시진핑 주석을 찬양하고 일대일로창의에 참여하는 게 두 나라가 '상생하는' 길이라고 주장했다.[142] 그는 또한 중국 공산당의 기관 매체인 중국중앙전시대와 〈중국일보〉에도 정기적으로 등장했다.

게라치가 이탈리아로 돌아온 2017년 이탈리아는 그의 친중적인 시각을 환영할 여건이 이미 조성되어 있었다. 2017년 로마에서는 일대일로창의를 홍보하기 위한 이탈리아-중국 협력 주간 행사가 열렸다. 이 행사는 중국 공산당의 중국 인민 대외 우호 협회, 중국 인민 대외 우호 협회의 후원으로 2013년에 설립된 이탈리아-중국 우호 협회, 그리고 이탈리아-중국 연락 협회 같은 친중국 단체들이 마련했다.[143]

경제 개발부 차관을 지냈고 일대일로창의를 열렬히 지지하는 고위 관리 카를로 카프리아Carlo Capria도 참석했다. 2019년 카프리아는 〈중국일보〉와의 인터뷰에서 일대일로창의를 '이탈리아에게 마지막 기회'라고 일컬었다.[144]

각 지역에서 통일 전선 단체들이 중국 화교들 사이에 일대일로창의를 적극적으로 홍보하면서 재계와 정계 고위 인사들과 인맥을 쌓아 나갔다. 2017년 12월, 통일 전선 공작 기관 가운데 하나인 중화전국귀국화교연합회中華全國歸國華僑聯合會 사무차장 자오훙잉趙鴻英이 대표단을 이끌고 로마를 방문해 '일대일로창의를 홍보하기 위해 화교를 십분 활용하라'라는 제목의 포럼을 개최했다. 대부분이 통일 전선 공작과 관련된 중이상회中伊商會 핵심 구성원들이 이 대의명분을 추구하는 데 보탬이 되겠다고 다짐했다.[145] 그리고 2017년 8월, 국무원교무판공실 실장 추위안핑裘援平이 이탈리아를 방문해 중국인-이탈리아인들을 동원해 일대일로창의를 더욱 적극적으로 지지하는 행사를 열었다.[146]

중국 인민 대외 우호 협회, 중화전국귀국화교연합회, 국무원교무판공실은 3대 최고 통일 전선 공작 기관으로서(212쪽 조직도 참조) 이탈리아에서 일대일로창의에 동참을 촉진하는 바닥 다지기 작업을 적극적으로 벌이고 있다.[147]

2017년에는 이탈리아 일대일로 연구소가 설립되기도 했다. 중국 베이징과 로마에 사무실을 마련하고 30명의 직원을 고용하기에 충분한 자금이 확보되었다.[148] 연구소 소장 미켈레 데 가스페리스Michele de Gasperis는 일대일로의 목적은 정치 개입이 아니라 오로지 협력이고 국제 관계에서 '정치적 안정'을 도모하는 새로운 패러다임을 상징한다고 말했다.[149] 이 연구소의 웹 사이트는 이탈리아가

일대일로창의에 합류함으로써 "중국과 유럽의 관계를 일신하게 된다."라고 주장한다.[150]

시진핑 주석과 콘테 총리가 일대일로 양해 각서에 서명하기 한 달 전인 2019년 4월, 유럽 연합은 중국을 '체제 경쟁자'로 규정하는 보고서를 발간했다.[151] 양해 각서 서명식에서 시진핑은 이탈리아의 '돈독한 우정'에 감사했다. 콘테는 더욱 탄탄한 '결속'과 '고대 실크로드'의 재생을 고대한다고 말했다. 이탈리아 각료들과 재계 지도자들은 따로 29개 합의서에 서명했다.[152] 그 가운데는 이탈리아 국영 은행 카사 데포지티 에 프레스티티Cassa Depositi e Prestiti가 '판다Panda' 증권(인민폐로 결제되는 중국 투자자들에게 제공하는 융자)을 판매하도록 하는, 중국은행과 합의한 합의서도 있다. 이 합의서로 중국은 중국 화폐를 국제화하는 열망에 한발 더 가까이 다가갔다.

콘테 정부는 중국 기업이 이탈리아의 전기 공급망을 매입하도록 허락했고, 이탈리아의 항구들도 일대일로 투자의 자금이 집중적으로 투입될 것으로 기대된다. 특히 트리에스테는 게라치가 "중국 투자에 개방해야 한다."고 주장한 항구다.[153] 트리에스테 항구는 중국이 유럽으로 진출하는 관문으로서의 이탈리아의 역할을 한층 증진시킨다.(이 도시는 또한 이탈리아의 유수한 과학 연구 기관들이 위치하고 있다.)

일각에서 생각하는 바와 같이 일대일로창의가 중국 공산당의 영향력을 해당 국가의 정치 체제에 몰래 침투시키려는 트로이의 목마라면, 이탈리아가 서명한 양해 각서에 담긴, 얼핏 보면 무해한 조항들 이면에 어떤 꿍꿍이속이 숨어 있는지 일별하게 해 준다. 자매 도시 결연(특히 베로나와 항조를 자매 도시로 엮는 구상)과 더불어 양해 각서에서 두 나라는 이탈리아 공영 방송국 RAI와 중국 매체 중앙광파전시총대(중국 공산당의 중앙 선전부의 감독을 받는다.) 간의 협력을 비롯해 '당사국들은 지역 당국들, 언론 매체, 싱크 탱크, 대학교와 청년층 간의 교류와 협력을 촉진'하는 데 합의했다.[154] 이러한 조항들은 중국 공산당이 영향 공작 활동을 펼칠 운신의 폭을 더욱 확대해 준다.

리그당 대표이자 미켈레 게라치의 정치적 후원자인 마테오 살비니Mateo Salvini는 일대일로 양해 각서 서명식에 불참했다. 그는 변심해 중국이 이탈리아를 '식민지화'할지 모른다고 경고하기 시작했는데, 백악관 수석 전략가를 지낸 스티브 배넌Steve Bannon의 영향을 받았는지도 모른다.[155]

2019년 7월, 화웨이는 자사가 이탈리아의 5G 통신망에 참여하도록 허락하리라고 이탈리아 정부에 기대한다고 하면서 동시에 31억 달러를 투자하겠다고 제시했다. 협박으로 보이는 조치다.[156] 화웨이의 이탈리아 지사장은 미국에서 일자리를 1000개 줄이고 같은 수의 일자리를 이탈리아에서 만들 계획이라고 말했다. 이 제안은 이탈리아 정부가 5G 통신망의 보안을 한층 강화할 권한을 정부에 부여하는 법령을 채택하고 일주일 후에 이루어졌다. 이 법령은 60일 내에 의회가 비준해야 했지만, 법령을 채택한 지 겨우 일주일이 지나 이탈리아 정부는 법안의 의회 통과를 밀어붙이지 않을 예정이라고 발표하면서 슬그머니 발을 뺐다.[157]

실타래처럼 서로 얽힌 중국과 프랑스의 엘리트 계층

프랑스와 중국의 재계 및 정계 엘리트 계층의 복잡하게 얽힌 인맥은 이미 상당히 진전되어 있다. 캐세이 캐피털Cathay Capital이라는 투자 회사는 두 나라에서 놀라운 수준의 정치 인맥을 구축했다. 파리에 본부를 둔 <인텔리전스 온라인 Intelligence Online>이 신중하게 조사를 벌인 끝에 그 인맥의 일부를 밝혀냈고 이 부분은 그 보도를 일부 인용한다.[158]

캐세이 캐피털은 2006년 중국 국적자 차이밍포蔡明泼와 리옹에 근거를 둔 금융가 에두아르 모아네Edouard Moinet가 국가 소유인 중국 개발 은행과 프랑스 정부의 투자 은행 방크 퓌블리크 뎅베스티스망 프랑스Banque publique d' investissement France, Bpifrance의 지원을 받아 설립했다. 프랑스 투자자들이 중국에 투자하는 통로 역할을 하는 이 회사는 특히 리옹의 재계에 인맥이 탄탄하고, 뉴욕, 샌프란시스코, 상하이에도 사무실이 있다. 차이밍포는 이 회사에 몇 명의 전직 고위 공무원들을 채용했다. 프랑스 재무부 장관을 역임한 브뤼노 베자르Bruno Bézard는 캐세이 캐피털의 대표 이사다.[159] 베자르는 주중 프랑스 대사관에서 공사 참사관으로 2년을 근무하기도 했고 현재 주영 프랑스 대사이자 마크롱 대통령과 막역한 사이인 장-피에르 주이에Jean-Pierre Jouyet와 함께 일했다.[160]

차이밍포는 리옹의 사업가 티에리 들로노이 들라 투르 다르테즈Thierry Delaunoy de La Tour d'Artaise와도 가까운데, 다르테즈는 중국 공산당 고위 당원들이 포진해 있는 어떤 중국 회사의 이사회 이사로 활동한다.[161] 또 다른 관련자는 프레데릭 베라하Frederic Beraha로서, 그는 에어버스 헬리콥터즈Airbus Helicopters의 전신인 군용 헬리콥터 제작사 유로콥터Eurocopter 간부를 역임했다. 차이밍포가 리옹과 파리에 구축한 복잡한 인맥은 마크롱 대통령실, 그가 소속한 정당, 전 현직 중국 외교관들까지 연결된다. 그는 중국에 있는 중국 공산당 고위 관리들과도 인맥이 닿아 있다. 그 가운데는 후베이성湖北

省 첨단 기술 투자 회사 소속으로 경제 첩보 활동을 했다는 혐의를 받고 있는 기관들과 관련되어 있는 이원초도 있다.[162]

차이밍포 본인은 양자강 국제 총상회 상하이 지부 부사장이다. 이 기관은 2014년 후베이성에 설립된 통일 전선 조직으로서 훗날 중국, 북미, 유럽, 호주 전역에 걸쳐 같은 이름의 상회 지부 조직망으로 확장되었다.[163] 그는 1994년 중국 정부와 유럽 집행 위원회가 상하이에 설립한 중국 유럽 국제 경영 대학원 출신이다. 이 학교는 '중국에 관심이 있는 뛰어난 프랑스 국적자 들의 본거지'로 일컬어진다.[164] 차이밍포는 이 학교 회계 부문에 교수진 자리를 마련하는데 자금을 지원했고, 자문 위원회 위원을 맡고 있다. 이 자문 위원회에 위원으로 참여하는 인사로는 프랑스 최고 경영자들과 중국 항공 산업 공사의 계열사 국장도 있다. 중국 항공 산업 공사는 거대한 국유 기업으로서 인민 해방군 공군에 스텔스 전투기와 공격 드론을 비롯해 군용기를 공급한다.[165]

이 경영 대학원에서 오랫동안 원장을 맡아온 페드로 뉘에노Pedro Nueno는 2018년 은퇴할 때 중국 정부로부터 우의상을 수여했고 시진핑의 찬사도 받았다.(이 학교에는 유럽인 총장과 중국인 총장이 한 명씩 있다.[166]) 이 학교 교수들 가운데는 세계 무역 기구 사무총장을 지낸 파스칼 라미Pascal Lamy와 프랑스 총리를 지낸 도미니크 드 빌펭Dominique de Villepin과 장-피에르 라파렝Jean-Pierre Raffarin이 있다.[167]

라파렝은 특히 주목할 만한 가치가 있는 인물이다. 그가 중국 공산당에 얼마나 어마어마하게 가치가 있는 인물인지는 2019년 9월 29일에 확인되었다. 중화인민공화국 건국 70주년을 앞두고 그는 당이 수여하는 최고 영예인 우의상을 시진핑이 직접 수여할 외국인 여섯 명 가운데 하나로 선정되었다.(이 상을 받은 또 다른 서양인은 캐나다인 인류학자로서 KGB 간첩으로 활동한 중국의 오랜 친구인 이사벨 크룩Isabel Crook이다.[168]) 신화통신에 따르면, 시진핑은 이 훈장은 '당과 인민의 대의명분에 충성'을 바친 이들에게 수여한다고 강조했다.[169]

라파렝은 2002년부터 2005년까지 총리였다. 2005년 중국 국빈 방문 당시 그는 중국의 타이완 침략을 승인하는 법에 동의했다.[170] 2008년 그는 베이징 올림픽 성화 봉송 행사가 파리를 순조롭게 통과하도록 개입했다. 2010년 중국이 이룬 성과를 찬양하는 그의 저서는 중국 공산당의 출판 기관이 중국어로만 발간했다.[171] 실크로드를 열렬히 찬양하는 그는 여러 중국 기업들 임원을 맡고 있고 다보스에서 열리는 세계 경제 포럼을 본떠 중국 공산당이 개최하는 보아오博鰲 포럼 이사회 이사로 활동하고 있다.[172]

라파렝의 이력은 타의 추종을 불허한다. 총리를 역임한 이력 외에도 그는 2011년부터 2014년까지 프랑스 부통령을 지냈고 2014년부터 2017년까지는 국방 외교 위원회 의장을 역임했다. 2018년 그는 마크롱 정부의 중국 특별 대표로 임명되었다.[173] 중국의 라오펑요우, 즉 '오랜 친구'로 불리는 그는 중국이 미국과의 무역 전쟁을 오로지 대화와 협력으로 해결하고 싶어 한다고 주장한다.[174] 라파렝은 중국 전직 외교관 쉬보와 함께 클럽 파리-상하이를 설립하고 화웨이 보건Huawei Healthcare의 대표를 지낸 파트리스 크리스토피니Patrice Cristofini를 클럽 수장에 앉혔다.[175] 2018년 6월, 이 클럽은 '유럽-중국 공동체'가 '모두에게 혜택을 줄 상호 이해'를 증진시키는 모임을 열었다. 이 모임은 프랑스 의회 건물에서 열렸다.[176]

라파렝은 권위 있는 프랑스-중국 재단의 창설을 주도했다고 알려져 있다. 2012년에 설립된 이 재단의 공식 제휴 기관은 중국 인민 외교학회다. 통일 전선 기관인 이 협회는 오래전부터 정기적으로 정치인, 정책 수립자, 언론인들을 중국에 초청해 중국의 입장을 주입시켰다. 일부는 귀국해서 중국이 떠먹여 준 내용을 그대로 되풀이한다.[177](래리 다이아몬드와 오빌 셸은 다음과 같이 말한다. "중국 인민 외교학회는 이른바 통일 전선 기관으로서 닥치는 대로 동맹을 구축할 기회를 모색하는 구소련과 레닌주의 국가들이 써먹은 수법과 비슷하다."[178]) 캐세이 캐피털은 최근까지만 해도 프랑스-중국 재단의 제휴 기관으로 등재되어 있었다.[179] 이 재단의 '전략 위원회'는 두 나라의 내로라하는 부유층과 권력층을 망라한다.[180] 프랑스 측에는 로레알L'Oréal 최고 경영자 장-폴 아공Jean-Paul Agon, 거대 보험 회사 악사AXA 회장 드니 뒤베른Denis Duverne, 저자이자 지식인 자크 아탈리Jacque Attali, 총리를 역임한 로랑 파비우스Laurent Fabius와 에두아르 필립Edouard Philippe, 프랑스 국부 펀드 투자 위원회 의장 파트리시아 바르비제Patricia Barbizet, 영화감독 장-자크 아노Jean-Jacques Annaud 등이 있다. 아노는 달라이라마를 호의적으로 그리고 인민 해방군의 잔인한 침공을 다룬 영화 '티베트에서의 7년 Seven years in Tibet'을 제작해 중국의 분노를 샀다. 아노는 (주인공 브래드 피트와 더불어) 중국 입국을 금지 당했지만, 아노가 자아비판을 한 후 입국 금지가 해제되었고, 2015년 아노는 중국 공산당을 흡족하게 만든 영화 '울프 토템 Wolf Totem'를 제작했다.[181]

중국 측은 인터넷 억만장자들을 망라하는 화려한 면면을 과시한다. 알리바바의 마윈馬雲, 텐센트의 마화텅馬化騰, 시나닷컴Sina.com의 왕옌王延, 바이두의 장야친張亞勤 등은 모두 중국 공산당 당원이다. 인민 해방군과 관련된 중국광대집단유한공사中國光大集團有限公司의 최고 경영자 천상陈爽, 인민 해방군과 관련 기업 중국중신집단유한공사中國中信集團有限公中國中信集團有限公司의 궈옌郭炎, 외무 장관을 역임한 리자오싱李肇星 등도 있다.[182] 중국 공산당은 프랑스-중국 재단을 프랑스 엘리트 계층을 대상으로 영향 공작을 할 최고의 경로로 보고 있는 게 분명하다. 이러한 점에서 이 재단은 영국의 48그룹 클럽과 비슷하다.

프랑스-중국 재단은 젊은 지도자들 포럼Young Leaders Forum도 후원한다. 이 클럽은 2013년부터 해마다 두 나라에서 각각 20명의 '전도유망하고 잠재력이 출중한' 지도자들을 한자리에 모으는 행사를 개최한다.[183] 에마뉘엘 마크롱도 이 클럽의 회원이다. 라디오-프랑스 회장 시빌 베일Sibyle Veil, 에두아르 필립 총리도 회원이다.[184]

프랑스-중국 재단과 이름이 중국어로 동일한 단체가 하나 더 있다. 바로 법중기금회法中基金會다. 2014년 '중국과 프랑스 기업가들'이 상호 이해와 협력을 증진시키기 위해 설립한 재단이다.[185] 인민 해방군의 통일 전선 공작 단체의 하나인 중국국제우호연락회의 후원하에 활동한다.[186] 중국국제우호연락회의는 이 재단의 '핵심 회원'이고 중국 공산당 활동을 대신하는 거대 공룡기업 해항집단유한공사海航集團有限公司, HNA Group도 회원이다.[187] 2014년 프랑스-중국 재단의 '중국 측 명예 회장'은 중국의 핵심적인 행정 조직인 국무원 발전 연구 중심 수장인 쑨샤오위孙晓郁다. 이 재단의 프랑스 측 명예 회장은 성 추문으로 치욕을 겪고 물러난 국제 통화 기금IMF 전 사무총장 도미니크 스트로스-칸Dominique Strauss-Kahn이다.[188] 이 재단의 웹 사이트는 시진핑에 대한 찬사와 일대일로 선전 선동으로 도배되어 있다.[189]

독일의 중국 친구들

2015년 독일 전 총리 헬무트 슈미트Helmut Schmidt가 사망하자, 중국 국영 TV 중국중앙전시대는 '중국 인민의 오랜 친구'가 세상을 떠났다고 보도했다. 저녁 7시 뉴스 첫 꼭지는 주석 시진핑과 총리 리커창이 그의 죽음을 애도하는 메시지였다.[190] 사망한 후 못지않게 살아 있을 때도 슈미트는 '라오펑요우(오랜 친구)'로 칙사 대접을 받았다.

슈미트는 '라오펑요우'로 불릴만한 업적을 세웠다. 그는 독일이 중화인민공화국과 공식적인 관계를 맺기 전인 1972년 처음으로 중국을 방문했다. 중국을 처음 방문하고 돌아온 그는 당시 독일 총리 빌리 브란트Willy Brandt에게 독일은 중국과 외교 관계를 수립해야 한다고 비공개로 조언했다. 슈미트가 한 인터뷰에서 강조한 바와 같이, '브란트는 미국보다 7년 앞서 중국과 외교 관계를 수립했다.'[191] 슈미트의 영향으로 독일이 타이완과의 관계를 단절하고 중화인민공화국을 공식적인 외교 상대국으로 인정하게 되었는지 여부와는 상관없이, 중국은 그에게 감사해야 할 이유가 한두 가지가 아니다.

1975년 슈미트는 독일 총리로는 최초로 중국을 방문했다. 그는 또한 1989년 톈안먼 광장 학살에 뒤이어 중국과의 관계가 냉각된 후에 중국을 방문한 최초의 독일 정치인이었다.[192] 슈미트는 인민이 군을 도발했고 유럽의 기준을 다른 나라에 들이대서는 안 된다는 발언으로 인민 해방군의 유혈 진압을 정당화한 것으로 악명이 높다.[193] 중국 공산당은 시진핑의 저서《중국의 통치 Governance of China》를 두둔해 줄 인물이 절실히 필요했고 슈미트는 이에 기꺼이

응해 이 책을 '영감을 주는 내용'이라고 칭송했다.[194] 그는 또한 함부르크 정상 회담의 공식적인 후원자였다. 중국과 독일 간의 경제 관계에 대해 논하기 위해 2년마다 개최되는 고위급 정상 회담으로서 2004년부터 함부르크 상공 회의소와 중국 산업 경제 연맹이 주관한다.

중국 공산당은 독일의 모든 주요 정당들과 관계를 맺고 있고 각 정당에 포섭한 정치인들이 포진해 있지만, 슈미트의 사회민주당은 중국 공산당이 유럽의 사회주의 정당들과 더욱 친밀한 관계를 구축하기로 결심한 시기부터 중-독 관계를 구축하고 유지하는 데 큰 역할을 해 왔다. 1984년 기독자유연합이 집권했지만, 사회민주당은 중국 공산당이 연계하기 시작한 최초의 비공산주의 정당들 가운데 하나였다. 사민당 소속 프리드리히 에버트 재단Friedrich Ebert Foundation은 독일 정치 재단으로서는 최초로 중국에 근거지를 마련했다.[195]

2013년 '중국에 동조하는 이들과 그들의 민주주의 적들'이라는 도발적인 에세이에서 언론인 사빈 팜페리엔Savine Pamperrien은 중국에 대한 독일의 지지는 서로 다른 두 개 진영에서 비롯되는 경향이 있다고 지적했다. 툭하면 반미주의로 끓어오르는 좌익 정치인들과 홍보 전문가들이 한 진영이고 다른 하나는 중국과의 '번성하는 무역'이 인권 침해에 대한 우려로 방해받는 상황이 못마땅한 막강한 기업가들이다.[196] 이 두 진영은 딱히 서로 입장이 모순되지도 않는다. 명목상 좌익인 정권에 대한 동조와 이익 추구 동기는 잘 어울린다.

이러한 조합을 누구보다도 잘 구현한 이가 게르하르트 슈뢰더

Gerhard Schröder 전 총리다. 슈뢰더는 2005년 공직에서 물러난 후 2017년 러시아 국영 석유 기업 로스네프트Rosneft의 이사회 의장이 되면서 러시아에 부역한 인물로 가장 잘 알려져 있다.[197] 그러나 그는 또한 중국의 영향권 안에도 확고하게 자리를 잡고 있다. 2009년 〈슈피겔〉은 그가 말 그대로 판다를 껴안은 사진을 실었을 정도다.[198] 2007년 그가 달라이라마를 만난 앙겔라 메르켈을 공개적으로 공격하기 훨씬 전부터 그는 중국에서 높은 평판을 누렸다.[199] 1999년 그는 북대서양 조약 기구가 베오그라드에 있는 중국 대사관을 우발적으로 폭격한 사건에 대해 중국까지 날아가서 사죄한 최초의 정치인이었다.[200] 2001년 가을, 중국을 방문하기 전 그는 독일 언론을 상대로 중국 측에 정치범 문제를 거론하기가 지겹다고 말했다.[201] 총리 재직 중(1998-2005) 그는 1989년 톈안먼 광장 학살 이후 유럽 연합이 중국에 부과한 무기 금수 조치를 해제하라고 강력히 주장했다.[202]

슈뢰더는 공직에서 물러나면서 중국 외교부 자문에 임명되었다. 본에 있는 중국 대사관 공관을 중국 한방 센터로 개조하는 보잘것없는 역할이긴 했지만 말이다.[203] 오늘날 그는 중국에서 많은 시간을 보내면서 중국 공산당 관리들과 유럽 기업인들의 접촉을 주선한다. 예컨대, 그는 스위스 링이어Swiss Ringier 미디어 그룹을 중국 정치국에서 언론 매체와 선전 공작을 책임진 리장춘李長春에게 소개해 주었다.[204] 신장에 있는 중국의 재교육 센터에 대한 질문을 받은 그는 아무것도 모르는 척하면서 다음과 같이 말했다. "잘 모르겠다. 내게는 아무런 정보가 없기 때문에 발언을 삼가겠다."[205]

헬무트 슈미트가 사망한 후 슈뢰더는 함부르크 정상 회의의 공식적인 후원자가 되었고[206] 이 조직에서 주는 중국-유럽 우호 증진에 기여한 상을 받았다.[207] 예상대로 슈뢰더는 정상 회의를 이용해 일대일로에 대한 강력한 지지를 표명해 왔다.[208]

사회민주당 총재(1993-1995)와 국방 장관(1998-2002)을 역임한 루돌프 샤핑Rudolf Scharping도 정계를 은퇴한 후 중국을 위해 일했다. 선배 정치인들이 닦아놓은 길을 좇아 그도 독일 기업들이 중국에 뿌리를 내리도록 돕는 컨설팅 회사를 설립했다. 그의 회사는 베이징에도 지사가 있다. 독일 언론 매체의 보도에 따르면, 그는 해마다 3분의 1 이상의 시간을 중국에서 보내고 독일 기업들에게 중국 공산당의 통치나 중국 영토 주권에 대해 의문을 제기하지 않는 한 '기업들은 많은 자유를 누릴 수 있다.'고 말해 왔다.[209] 당연히 그는 기업 컨설턴트라기보다 중국에서 '라오펑요우'로 간주된다.[210] 2013년 '라오펑요우' 샤핑은 광둥성廣東省 주지사 경제 자문에 임명되었고 2018년 허난성河南省 정부로부터 황허우의상黃河友谊奖을 수여했다.[211]

샤핑은 독일에서 일대일로를 널리 알리는 중국 공산당의 소중한 자산 역할을 해 왔고, 중국 외교관들과 나란히 등장해 일대일로에 대해 발언한다.[212] 사회민주당의 한 지구당에 따르면, 그를 초청해 연설을 들으면 "중국에 대한 그의 애정과 열정이 눈에 보일 정도다. 그는 교묘하게 비판적인 질문에 대한 답변을 빠져 나간다."[213] 무엇보다도 그의 회사는 중국 경제 협력 중심과 함께 해마다 중-독 일대일로 회의를 마련한다. 1993년에 설립된 중국 경제 협력 중심은 중국 공산당의 대외 연락부 소속(즉, 중국인이 아닌 사람들을 겨냥한 통일 전선 공작을 실행하는 부서 소속)으로서 정당 간 외교 기관의 경제 부문을 담당한다고 보면 된다.[214] 중-독 일대일로 회의에는 지멘스, 다임러, 폭스바겐 등 수많은 기업 지도자들이 한자리에 모이는데, 독일 각

료들과 연방 의회에서 고위급 인사들이 대거 참여한다.[215]

유독 사회민주당 출신 정치인들이 열렬한 중국 지지자들로 변신하는 듯이 보이지만, 독일에서 중국을 지지하는 당이 사회민주당뿐이라고 한다면 사민당이 너무 억울하다. 집권 기독민주연합은 독일 산업의 이익을 해칠까 봐 두려워서 중국의 심기를 거스르지 않으려고 안절부절못한다. 앙겔라 메르켈 총리는 안보 문제가 있다는 조언을 묵살하고 자기가 소속한 정당의 비판도 묵살한 채 화웨이 장비를 독일의 5G 통신망에 구축하도록 허락한 게 이를 보여 주는 대표적인 사례다.[216] 다른 정당들 소속 정치인들도 오래전부터 길들여져 왔다. 부총리와 자유민주당 총재를 역임한 필립 뢰슬러Philipp Rösler는 공직에서 물러난 후 뉴욕에 있는 하이난성자항공익기금회海南省慈航公益基金會 이사장에 취임했다. 이 재단은 정체가 불분명하고 대단히 부패했을 가능성이 높은 중국 거대 공룡 기업 해항집단유한공사HNA Group가 운영하는 재단이다.[217] (뢰슬러는 이 직책에서 중국에 매우 우호적인 세계 경제 포럼으로 자리를 옮겼다. 그는 2019년 재단에서 물러났다.)

독일 좌익당Die Linke 내부에 만연한 미국에 대한 회의론으로 많은 이들이 중국 공산당의 선전 문구를 무비판적으로 받아들여 왔다. 이 당의 공식 웹 사이트에는 독일이 유엔 안전 보장 이사회에서 타이완에 대한 무기 수출에 반대해야 한다는 내용의 글이 실려 있다.[218] 웹 사이트에 게재된 또 다른 글은 화웨이의 멍완저우 체포를 '정치적 의도에서 비롯된 납치'라고 주장하고 있다.[219] 중국 출신으로는 최초로 이 당에 합류한 사람의 인터뷰도 게재되어 있다. '노베르트Norbert'라고만 밝혀진 그는 시진핑의 사회 개혁으로 "중국 서부 농촌 지역 인민의 삶이 개선되었다."고 찬사를 퍼붓는다.[220] (이 웹 사이트는 중국 서부 신장성 지역에 대해서는 한마디도 없다.) 독일 연방 의회에서 열린 중국의 소수 종교 집단에 대한 공청회에서 독일 좌익당이 초청한 전문가는 이 문제는 역사적 맥락에서 살펴봐야 하고 중국이 느끼는 외부의 위협을 고려해야 한다고 주장했다.[221]

2020년 1월 중국 가교China Bridge(독일어로China Brucke)라 불리는 새로운 단체가 창설되어 독일 엘리트 계층과 중국의 관계를 증진시키겠다고 밝혔다. 창립 발기인들에 따르면, 이는 대서양 양안의 관계를 증진시키기 위해서 설립된 대서양 가교Atlantic Bridge를 본떠 만들었다. 이 단체장은 기독민주연합의 바바리아 주 자매 정당인 보수 성향의 기독사회연합당 소속 정치인 한스-피터 프리드리히Hans-Peter Friedrich다. 프리드리히는 독일 연방 의회 부의장이자 내무 장관을 역임했다. 그는 중국을 방문하는 동안 이 아이디어가 떠올랐다고 주장한다. 로이터는 그가 다음과 같은 발언을 했다고 전한다. "독일 같은 수출 국가는 중국과의 친밀한 인맥이 없으면 안 된다."[222] 이 단체를 통해 구축되는 인맥이 영국의 48그룹 클럽과 프랑스의 프랑스-중국 재단처럼 친중 엘리트 인사들을 동원하는 역할을 하게 될지는 두고 볼 일이다.

중국 공산당의 정책이 고위급 정치인과 정당들로부터 지지를 얻으면서 주류에서 합법성을 확보하고 있지만, 주변부에서도 중국 공산당 정책에 대한 지지가 비롯된다. 쉴러 연구소Schiller Institute는 유럽에서 중국의 영향력을 증진시키는 데 특히 적극적으로 활동해 왔다. 이는 1984년 헬가 제프-라루슈Helga-Zepp LaRouche가 비스바덴에서 창립한 연구소로서, 그녀는 논란의 대상인 미국인 음모론자 린든 라루슈Lyndon LaRouche의 부인이고 라루슈의 사상을 널리 알리는 정치 문화 네트워크인 우익 성향의 라루슈 운동LaRouche Movement과 관련되어 있다.[223] 중국 언론 매체는 제프-라루슈가 중국 공산당의 정책과 이념에 대한 지지를 표명하는 발언을 종종 보도한다.[224] 쉴러 연구소는 주로 일대일로를 홍보하는 데 심혈을 기울인다. 이 연구소는 '중국 모델'과 현재의 세계 질서에 대한 대안으로서 시진핑이 제시하는 개념들을 강력히 옹호한다. 제프-라루슈의 정당 시민 운동 연대Bürgerrechtsbewegung Solidarität(BüSo)는 선거 운동에서 일대일로창의를 '독일의 미래'라고 선전했다.[225]

쉴러 연구소는 유럽의 다른 지역에서도 일대일로창의를 홍보한다. 이탈리아에서 라루슈 운동을 주도하는 조직은 모비솔MoviSol인데 매우 적극적으로 활동해 왔다. 모비솔은 롬바르디 지역 정부와 의기투합해 밀라노에서 일대일로창의 회의를 주최했다. 연사로는 이탈리아 일대일로 협정의 설계자인 미켈레 게라치도 초청되었는데, 그는 이 협정이 이탈리아의 미래에 매우 중요하다고 강조했다.[226] 스웨덴에 있는 쉴러 연구소 소장은 스톡홀름 주재 중국 대사관을 방문한 자리에서 중국 대사 구이충유桂從友에게 '스웨덴 기업들을 대상으로 세미나를 열고, 언론 홍보를 하고, 강좌를 개최하고, 스웨덴 기업인 대표단의 중국 방문을 통해' 두 나라 간의 일대일로창의 협력을 촉진하겠다고 말했다.[227] 2018년 5월, 이 연구소는 중국-스웨덴 기업 위원회와 합동으로 스톡홀름에서 일대일로창의 집행 위원회를 발족했다.[228]

라루슈 운동은 독일에서는 비주류로 주변부에 머무는 조직이지만, 이탈리아의 정계 중심부, 그리고 아마도 스웨덴의 정치계에는 훨씬 더 가까이 다가가는 데 성공해 왔다.

5 Political elites on the periphery

주변부의
정치 엘리트

지방·지역 차원의 공작

중국 공산당의 영향 공작 활동에 대해서 중앙 정부가 아는 바와 지역·지방 정부가 아는 바의 격차가 크다. 그러나 중앙 정부조차도 중국 공산당처럼 촉수를 널리 그리고 깊이 뻗고 있는 조직의 자취를 추적하기가 힘들다. 2장에서 살펴본 바와 같이 중국 공산당은 목적을 숨기고 활동하는 수많은 당 소속 기관들과 위장 단체들을 통해서 공작하기 때문이다. 서구 진영의 지도자들은 자기들이 진짜 중국 민간단체를 상대한다고 믿지만, 실제로는 당 공작원이나 중국에 있는 기관들로부터 지침을 받는 이들을 상대하고 있다.

지역 정치인들은 보통 중국에 대해 거의 문외한이고 국가 안보를 지켜야 할 책임이 없고, 중국 측 상대가 민간 차원의 교류와 '지역에서 사업할 기회'를 목적이라고 내세우고 접근하기 때문에, 그리고 이러한 지역 정치인들은 그저 중국에 대해 모르는 척 하고 싶은 강력한 동기가 부여되어 있기 때문이다. 중국은 주로 경제와 문화 차원의 교류를 집중 공략하기 때문에 정치적 의도가 없다고 위장하기가 쉽다. 그러나 앞으로 살펴보겠지만, 이러한 지역적 차원의 교류는 사실 고도로 정치적이고 필요한 경우 이를 지렛대 삼아 중앙 정부에 압박을 가할 수 있다. 이는 바로 농촌을 이용해 도시를 에워싼다는 농촌포위성시農村包圍城市 전술이다.

중국 공산당 분석가 지창 룰루는 북유럽 국가들에서의 통일 전선 영향 공작 활동을 추적해 왔다. 중국 공산당은 상당한 의사 결정권을 행사하는 지역 관리들을 표적삼아 '우호적인 접촉'을 한다. 지역 관리들은 수도에서 벌어지는 전략적 논의로부터 소외되어 있고 중국의 의도와 전술을 이해할 전문성이 없기 때문이다.[1] 그는 중국이 그린란드에서 적극적으로 정치적 영향력을 모색해 왔다고 지적한다. 중국은 그린란드를 자원 공급과 극지방이라는 위치 때문에 중요한 지역으로 보고 있다. 그린란드에 대한 전략은 투자, 방치된 해군 기지 확보, 그린란드 엘리트 계층을 상대로 한 정치 공작 등 덴마크에서 시도했다가 경종을 울린 방법들이다. 그러나 중국 공산당의 공작은 대부분 규모가 작고 속성상 분산되어 있기 때문에 경종을 울리는 계기가 생기는 경우는 매우 이례적이다.

지방 정부 고위급이 일부러 모르는 척 하는 태도와 그들에게 중국의 통일 전선 공작원들이 미치는 영향을 보면 호주의 빅토리아 주가 일대일로창의에 조인한 이유를 설명하는 데 도움이 된다. 연방 정부는 이를 전면적으로 거부했고 이 문제가 언론 매체에서 폭넓게 다루어졌는데도 빅토리아 주 정부는 일대일로창의에 올라탔다.[2] 빅토리아 주 주지사 대니얼 앤드루스Daniel Andrews가 멜버른에서 통일 전선 공작원들과 찍은 사진이 종종 공개되는데 그는 빅토리아 주가 '중국이 호주로 진출하는 관문'이 되기를 바란다고 말했다.[3]

샌프란시스코 시 교통국 이사회는 차이나타운에 있는 새 지하철역의 이름을 중국계 미국인 지역 사회 유지 로즈 백Rose Pak 이름을 따서 지었다. 그녀와 중국 공산당의 깊은 관계는 수십 년 전으로 거슬러 올라가고 그 관계가 언론 매체에 낱낱이 폭로되었는데도 말이다.[4] 중국이 로즈 백에게 어떻게 다양한 방식으로 보답을 했는지 자세히 밝힌 테리 마시Terri Marsh 인권법 재단 전무이사는 교통국 이사회에 "중국 독재 정권과 친밀한 관계를 유지해 온 사람을 기리지 말라."고 촉구했다.[5] 지역 사회의 일부 중국계 미국인들도 지하철역 명칭 선정에 대해 강력한 반대를 표명했지만, 로즈 백은 통일 전선 공작을 통해 지역 사회 지도자로서 주류 사회에 진출해 높은 지위를 얻었다. 교통국 이사회는 4대 3으로 로즈 백을 기리는 결정을 승인했고, 한 이사는 로즈 백은 "유색 인종 여성으로서 유색 인종의 지위를 신장시키기 위해 진정으로 열심히 투쟁했다."고 말했다.[6] 대다수는 로즈 백이 중국과 밀접한 관계를 오랫동안 유지했다는 사실을 못 본 척하기로 했다.

스웨덴의 한 작은 도시는 훨씬 신중했다. 중국의 한 콘소시엄이 새 항구, 새 기간 시설과 휴양지를 건설해 주겠다면서 뤼세실Lysekil이라는 마을에 접근했다.[7] 이 콘소시엄의 회장은 통일 전선 기구와 인민 해방군과 밀접하게 관련된 점으로 미루어 볼 때 이러한 제안은 중국이 세계 도처에서 항구를 확보하는 해양 전략의 일환이라는 뜻이다.(호주에서는 중국 정부와 연관된 한 기업이 전략적 요충지인 다윈 항구를 99년간 조차하는 승인을 받아냈다.) 이 콘소시엄은 뤼세실 시 당국에 빨리 답을 달라고 압력을 넣었지만 이 콘소시엄이 중국 공산당과 연계되어 있다는 소식이 유출되면서 제안은 무산되었다.

중국이 지역 차원에서 벌이는 영향 공작의 논리는 간단하다. 첫째, 지역 차원의 우호적인 관계는 전략 자산(항구, 조종사 훈련소를 비롯한 지역 공항, 뉴질랜드에서도 진행했던 위성 수신기, 군사 기지와 인접한 토지 개발, 특정한 농업 개발 등)에 투자할 길을 순조롭게 열어 준다. 둘째, 중국은 지역 사회 지도자들 가운데 일부가 중앙 차원의 입법 기관에 진출하게 되고, 그들이 중앙 차원의 공직을 맡게 되면 그동안 맺은 우호적 관계가 더 큰 결실을 맺게 된다는 사실을 알고 있다. 마지막으로, 중국은 지역 지도자들이 중앙 정부에 정치적 압력을 행사한다는 사실을 파악하고 있다.

미중 간의 무역 전쟁이 한창이던 2019년 8월 위에서 언급한 마지막 사례를 잘 보여 주는 사건이 일어났다. 중국 신화통신이 "세계 2대 경제 대국들 간에 무역 갈등이 불거지고 있지만 미국의 주 정부와 지방 정부 관리들은 중국과의 협력을 증진할 방법을 모색하고 있다."는 제목의 기사를 실었다.[8] 이 기사는 7월 29일 수도 워싱턴에 있는 브루킹스 연구소에서 열린 한 포럼을 찍은 동영상을 중심으로 전개되고 있다. 이 포럼에 참가한 오리건 주 케이트 브라운Kate Brown 주지사가 무역 전쟁이 오리건 주의 대중국 수출에 '찬물을 끼얹고 있다.'고 투덜대는 동영상이었다. 그녀는 연방 정부 탓을 하면서 "특히 오리건 주 경제의 견인차 역할을 하는 농업 부문이 타격이 크다."고 말했다.[9] 로스앤젤레스 부시장 니나 하치지언Nina Hachigian은 무역 전쟁이 로스앤젤레스 항구를 출발하는 수출에 미치는 영향을 자세히 설명하면서 위의 주장에 힘을 보탰다.(8월에 로스앤젤레스 시장 에릭 가세티Eric Gacetti는 〈사우스 차이나 모닝 포스트〉에 지속되는 무역 전쟁으로 자기 도시의 아이들이 굶게 될지도 모른다고 말했다.)[10]

신화통신이 보도한 내용 가운데 가장 놀라운 발언을 한 인물은 민주당 소속으로 미주리 주 주지사(2001-2005)를 지낸 밥 홀든Bob Holden이다. 그는 농산물 생산자들은 중국과의 관계가 무너질까 봐 "매우 두려워한다."고 말했다.[11] 홀든은 중국이 아주 좋아하는 인물인데 그럴 만한 이유가 있다. 〈중국일보〉에 따르면, 2004년 그는 중국을 방문한 자리에서 중국 인민과 미국 국민이 공유하는 가치가 있다는 사실을 깨달았다고 말했다.[12] 주지사 선거에서 낙선한 후 웹스터 대학교에 교수로 임명된 홀든은 2005년 미주리 주에 최초로 공자학원을 설립하는 데 중요한 역할을 했다.[13]

밥 홀든은 20개 중서부 주들과 중국 간의 우호와 협력을 증진할 가교를 구축한다는 목적으로 설립된 미국 중부 지역 중국 협회의 회장이다. 이 협회는 2018년 새롭게 단장하고 중미교류기금회의 "지지를 환영한다."고 했다.[14] 11장에서 살펴보겠지만, 중미교류기금회는 홍콩 화물 운송업 거부이자 중국 공산당의 주요 실력자인 동젠화董建華가 자금을 지원하고 회장을 맡고 있다.[15] 2019년 12월 홍콩에서 시위가 일어나던 시기에 동젠화는 미국이 시위를 "조종하고 있다."고 비난하면서 폭력 진압 혐의를 받는 경찰을 두둔했고 타협해서는 안 된다고 말했다. 2019년 12월 민주주의 지지자들은 동젠화를 인권과 민주주의를 가장 유린하는 홍콩 인사 11명 가운데 한 명으로 지목했다.[16] 홍콩 민주주의 지지자들은 중미교류기금회를 중국 정부가 미국 정치에 개입하려는 시도를 시행하는 기관으로 지목하고 동젠화에게 제재를 가하라고 요구했다. 중미교류기금회는 미국 내에서 중국을 위해 일하는 외국 주체로 등록되어 있는데, 미국 내에서 텍사스 대학교 오스틴 캠퍼스를 비롯해 일부 기관들은 이 기금이 제안한 재정적 지원을 중국 공산당과 연계되어 있다는 이유로 거부했다.[17]

그래도 밥 홀든은 전혀 아랑곳하지 않고 무역 전쟁이 절정에 달한 2019년 5월 켄터키 주에서 열린 제 5회 미-중 주지사 협력 정상회담에 참석했다. 이 행사에 대해 워싱턴에서는 우려하는 목소리가 나왔다. 전국 주지사 협회와 이 행사를 공동 조직한 중국 측 단체가 중국 인민 대외 우호 협회이고 통일 전선 공작 기관의 하나인 이 협회의 최고위 지도자들은 공산당 홍색 귀족층에서 보통 차출되기 때문이다.[18] 그들이 내세우는 '민간 외교'는 중국의 공식 외교와 해외 영향 공작을 은밀하게 진행하는 활동이다.[19] 중국 주석을 역임한 리셴녠李先念의 딸인 이 협회 회장 리샤오린李小林이 이 정상 회담에서 연설을 했다. 중국 인민 대외 우호 협회는 지역 차원에서 외국의 도시들과 자매 도시 결연을 맺고 일대일로창의를 홍보하는 활동을 통해서 관계를 구축하는 책임을 맡고 있다.[20]

중국 인민 대외 우호 협회는 서구 진영에서 우호를 강화하는 책임도 맡고 있는데 뉴질랜드에서 그랬듯이 쇠락한 지역 사회를 되살리는 데 상당한 자금을 기부하는 활동도 포함된다.[21] 미중 국민 우호 협회는 1974년 설립되었고 미국 전역에 35개 지부가 있다. 이 협회는 선의를 지닌 많은 미국인들을 끌어 모으지만 최근 몇 년 들어 중국 인민 대외 우호 협회를 통해 중국 공산당으로부터 훨씬 직접적인 영향을 받게 되었다.[22] 1970년대부터 미중 국민 우호 협회에서 활동해 왔고 2005년까지 5년 동안 회장을 역임한 바버라 해리슨Barbara Harrison은 2004년 중국 인민 대외 우호 협회가 주는 최고의 영예인 친선 대사에 임명되었다.[23]

켄터키에서 열린 주지사 정상 회의는 투자 거래를 촉진시키기 위해 설계된 행사로서 '권위 있는 투자 회사들'을 유치했지만,[24] 중국 공산당이 워싱턴 연방 정부를 우회해 미국 전역의 중요 인사들과 친밀한 관계를 구축할 절호의 기회였다. 주미 중국 대사 추이톈카이崔天凱는 무역 전쟁을 진정시키느라 애쓰는 와중에 짬을 내 정상

회의에 모인 400명 청중을 상대로 '상생의 기회'를 마련하기를 희망한다고 말했다.[25] 그는 "나는 늘 진정한 우정을 모색하지 근거 없는 의심을 하지 않는다."라고 말했다. 그리고 중화인민공화국 외교부 대변인도 정상 회담에 대한 열의를 표명했는데 그 이유는 두 나라가 '지역 차원에서 전 방위적으로 교류와 협력을 심화함으로써' 상호 이득을 증진한다는 점을 증명했기 때문이다.[26]

유출된 한 이메일에 따르면, 백악관은 이 정상 회담에 대해 '못마땅해' 했고, 켄터키 주지사 매트 베빈Matt Bevin은 무역 전쟁은 의심과 오해에서 비롯되었으며 '국민이 서로 소통하면' 사라진다고 자신감을 내비쳤다.[27] 이게 바로 중국이 바라던 메시지였고, 늘 그렇듯이 이런 지지 발언은 중국의 공식 언론 매체들이 대서특필했다.[28] 두 달 후 한 중국 기업이 켄터키 농촌에 2억 달러를 투자해 종이와 펄프 재활용 시설을 지어 500개 일자리를 창출할 계획을 발표하자 매트 베빈은 더할 나위 없이 흐뭇해했다.[29] 〈차이나 브리프China Brief〉의 존 돗슨John Dotson은 주지사 정상 회의에서 중국 인민 대외 우호협회가 한 역할에 대해 언급하면서 이 행사에 관여한 미국인들은 "중국의 민간단체 대표를 상대한다고 생각할지 모르지만 그렇지 않다. 그들은 사실상 중국 공산당의 하수인들을 상대하고 있다."[30]고 지적했다. 이러한 관계들이 바로 지렛대 역할을 한다. 중국 외교관들은 이런 우호적인 주지사들 부추겨 워싱턴에 로비를 해 무역 전쟁을 철회하게 만들려고 애쓴다.[31]

주지사 정상 회의는 2019년 3월 푸단復旦 대학의 영향력 있는 교수 황런웨이黃仁偉가 치밀하게 설계한 전략을 실행에 옮겼다. 그는 마오쩌둥의 에세이 《지구전持久戰》을 인용하면서 중국이 미국 연방 정부를 상대로 "단호히 반격"하려면 중국은 "미국 50개 주와 더욱 긴밀한 경제 무역 관계를 구축해야 한다."고 주장했다.[32]

중국 인민 대외 우호 협회는 행동에 돌입했다. 2019년 7월, 켄터키에서 주지사 정상 회의가 열리고 두 달 후, 이 협회는 이번에는 휴스턴에서 미-중 자매 도시 시장 정상 회의를 미국 측 최상위 기구인 국제 자매 도시 결연 협회와 공동 개최했다. 주미 중국 대사 추이톈카이는 다음과 같은 축하 메시지를 보냈다. "지역 차원의 협력과 민간 교류는 중-미 상호 교류 역사의 백미이고 두 나라 관계를 성장시키는 원동력이다."[33] 277개 미-중 자매 도시 결연(그리고 50개 자매 주)은 상생 협력으로 이어졌다고 그는 말했다. 국제 자매 도시 결연 협회 부회장 캐롤 로페스Carol Lopez는 중국이 써 준 원고를 읽기라고 하듯 대표단들에게 다음과 같이 말했다. "두 나라 국민들은 서로 얽히고설켜 있다. 우리는 국민 대 국민으로, 지역 사회 대 지역 사회로 서로 교류하면 함께 더 강해진다고 믿는다."[34] 대표단들은 해상 실크로드와 스마트 시티에 대해서도 언급했다. 중국에서 '스마트 시티' 기술은 중국 공산당의 감시 체제와 불가분의 관계이지만, 중국 공산당은 선량하고 순진한 사람들을 이용해 다른 이들로부터 은밀한 지원을 받고 이득을 챙기고 있다.

아이오와 머스커틴이라는 흥미로운 사례

2018년 권위 있는 저장浙江 교향악단이 미국에서 짧은 순회공연을 했다. 디트로이트, 시카고, 샌디에이고, 그리고 머스커틴Muscatine에서 네 차례 연주회를 했다. 아이오와주 미시시피 강 유역에 있는 머스커틴은 주로 대두를 생산하는 인구 2만 4000명의 작은 마을이다. 이 교향악단이 이 작은 마을에 이끌린 이유가 뭘까? 이 마을과 중국의 특별한 관계는 1985년에 시작되었다. 허베이성河北省 관리 한 사람이 무역 대표단을 이끌고 머스커틴을 포함해 아이오와주의 농장과 농촌들을 둘러보았다. 바로 이 관리는 2012년에 이곳을 다시 찾았다. 그러나 이번에 그는 중국 부주석 자격으로 이곳을 방문했고 그리고 곧 주석이 될 예정이었다. 바로 시진핑이다. 그는 허베이성의 자매 주인 아이오와에서 '오랜 친구들'이 '농촌의 상식과 가족의 가치를 소중히 여기고 손님을 극진히 대접한다.'며 찬사를 퍼부었다.[35]

오래전에 구축한 이런 관계를 바탕으로 아이오와주 출신의 유수한 기업인들은 중국에서 스스로를 '아이오와 마피아'라고 일컫는다. 그들은 아이오와주에 더 많은 중국 투자를 유치하는 방안으로서 시진핑의 일대일로창의를 지지하고 있다.[36] 2018년 그들은 아이오와주 주지사를 지낸 테리 브랜스태드Terry Branstad가 신임 주중 미국 대사에 임명되자 이를 환영했다. 브랜스태드는 시진핑이 아이오와를 두 차례 방문한 두 시기에 주지사였고 자신을 시진핑의 친구로 여긴다.[37]

시진핑 주석의 또 다른 오랜 친구는 새라 랜드Sarah Lande인데, 1985년에 시진핑을 알게 된 그녀는 2012년에 자신의 자택에 그를 초대했다. 그녀는 아이오와 자매 주 협회 임원 자격으로 시진핑을 처음 만났고, 전무이사로 승진했다. 2013년 중국 인민 대외 우호 협회의 또 다른 대표단이 이 마을을 방문했다.[38] 중국 공식 언론 매체 언론인들을 포함해 80여 명의 대표단은 새라 랜드에게 금메달을 수여했고 그녀에게 친선 대사의 직함을 달아 주었다. 미국인 가운데 겨우 여덟 명이 받은 상이다.[39] 그녀와 아이오와 천연 자원국 국장인 그녀의 남편 로저는 '오랜 친구들' 단체의 일원으로 2012년 말 중국을 방문해 중국의 새 지도자를 만났다.[40]

시진핑과 머스커틴의 관계는 중국에서 잘 알려져 있다. 중국 학생들이 단체로 이 마을을 방문하고, 많은 중국 기업인들이 시진핑과 이곳의 특별한 관계를 이용해 한몫 잡으려는 심산으로 부동산을 매입해 왔다.[41] 중국 교향악단의 순회공연은 중국 기업가 청리쥔程利軍이 재정적 지원을 했다. 머스커틴을 제 2의 고향으로 삼은 그는 각종 부동산을 매입하고 낡은 호텔을 개조한다.[42]

2018년 도널드 트럼프의 관세 부과에 대해 보복 조치를 취하는 차원에서 중국이 미국산 대두 수입을 제한하면 아이오와주가 영향을 받게 된다는 사실은 잘 알려져 있었다. 아이오와는 2016년 대통령 선거에서 민주당 지지에서 트럼프 지지로 돌아선 중서부 농업 지역들 가운데 하나였다. 무역 분쟁 초창기 몇 주 동안 중국이 〈중국일보〉에 게재된 글을 아이오와 지역 신문인 〈디모인 리지스터Des Moines Register〉에 유료로 게재한 또 다른 이유다. 그러나 이 시도는 역풍을 맞았다. 아이오와 주민들을 설득해 연방 정부를 압박하는 데 성공하기는커녕 백악관의 화만 돋우었다. 트럼프는 이 게재문을 외국의 내정 간섭이라고 비판했다.

속이기 쉬운 시장들

중국 공산당은 도처에 '쓸모 있는 바보들useful idiots(레닌이 했다고 알려진 표현으로 혁명에 열렬히 동조하는 순진한 외국인들을 가리킨다.)'을 두고 중심부에서 영향 공작에 대한 저항이 거세지면 지역 차원의 영향 공작 활동을 한층 강화한다. 앤-마리 브래디는 중국 인민 대외 우호 협회가 수년 전부터 중국-뉴질랜드 시장 포럼을 개최해 관광, 교육, 농업 문제를 논의해 왔다고 지적했다.[43] 2018년 포럼이 열리는 웰링턴에는 중국 인민 대외 우호 협회 소속 일곱 명을 포함해 90여 명의 대표단이 도착했다.[44] 웰링턴 협의회는 연회를 여는 데 10만 뉴질랜드 달러를 썼다. 웰링턴 시장은 이를 '대성황'을 이룬 성공적인 행사라고 했다.

캐나다에서는 브리티시컬럼비아주 밴쿠버 주재 중국 총영사관이 수년 전부터 지역 정부 지도자들의 모임인 브리티시컬럼비아 도시 연합의 연례행사에서 칵테일 리셉션을 주최해 오고 있다.[45] 이런 지역 정치인들에게 영향력을 행사할 방법을 모색하는 다른 외국 정부는 없는데 왜 유독 중국만 굳이 이런 일을 할까? 중국을 예의 주시하는 한 관찰자에 따르면, 중국 외교관들은 이러한 행사를 '상대방이 얼마나 물러 터졌는지 간을 볼' 기회로 삼는다.[46] 별 논란 없이 수차례 이런 리셉션을 치르고 나자, 2019년 밴쿠버 시장을 포함해 브리티시컬럼비아주의 시장들은 다음 리셉션은 불참한다고 발표했다. 화웨이의 멍완저우가 체포된 후 중국이 캐나다를 협박하자 분노한 국민의 압박을 받았고 언론 매체의 보도에 대한 대응 차원이기도 했다. 포트 코퀴틀럼Port Coquitlam 시장 브래드 웨스트Brad West는 중국이 리셉션에 관여하는 행위는 비윤리적이고 '금전으로 매수해서 접근하려는 행위'라고 비난했다.[47]

2008년부터 2018년까지 밴쿠버 시장을 지낸 그레고리 로버트슨Gregor Robertson은 친환경 도시에서 지속 가능한 도시 생활을 구현하는 데 매진한 지도자로서 명성을 쌓았다. 2010년 중국이 코펜하겐에서 열린 세계 기후 협상을 결렬시킨 몇 달 후 상하이를 방문한 그는 중국의 정책이 서구 진영 국가들의 정책보다 훨씬 친환경적이라고 말했다. 그러나 캐나다에서 훨씬 더 관심을 모은 그의 발언은 이러한 더 나은 정책들이 중국의 정부 형태가 우월한 덕택이라는 주장이었다. 〈글로브앤드메일〉은 기차들이 제시간에 발착한다는 이유로 무솔리니를 칭송한 이들의 발언을 로버트슨이 그대로 따라한다고 지적했다.[48]

그레고리 로버트슨은 중국의 '오랜 친구'로 가장 존경받는 인물 노먼 베순Norman Bethune의 자손임에 자부심을 느낀다.[49] 2018년 통일 전선 공작 단체들이 소란을 피우자 로버트슨은 과거에 중국인들이 겪은 부당한 대우에 대해 시 당국을 대표해서 사과문을 발표했다.[50] 서구 진영의 수많은 다른 나라들과 마찬가지로 캐나다도 사죄해야 할 일이 많지만, 그의 사과는 중국의 선전 선동가들이 화교를 포함해 중국인들 사이에 불만을 조장할 절호의 기회가 되었다. 중국은 과거 잘못에 대한 민족주의적 앙심에 불을 지피고 중국 공산당을 역사적 치욕을 되갚을 해법으로 제시했다. 로버트슨의 사과문은 중국 국영 방송국인 중국중앙전시대가 방송했다.

중국 공산당이 서구 진영에서 사회 정의라는 정당한 담론을 얼마나 냉소적으로 이용해 먹는지 보여 주는 사례도 있다. 즉, 통일 전선 공작 단체들이 1937년 난징 대학살 기념비를 설립한 건 우연이 아니다.[51] 이 기념비는 이 역사적 만행의 희생자를 조용히 기리는 수단이라기보다 외국인들을 상대로 호전적인 적개심을 부추기는 수단이다. 중국 공산당이 중국 소수 민족들을 대하는 태도는 19세기와 20세기 초 서구 국가들이 중국인을 대한 태도와 공통점이 많다. 언젠가는 중국의 소수 민족 박해를 기억하기 위한 기념비가 설립되기를 기대한다.

2019년 그레고리 로버트슨은 기후와 에너지 국제 서약을 위한 순회 대사에 임명되었다. 2015년 중앙 정부들이 난제 해결에 실패한 데 대한 대응 차원에서 설립된 이 단체는 전 세계 9200개 도시들을 대표하며 회원인 도시는 모두 온실가스 배출을 줄이기 위해 강력한 행동에 나서기로 서약했다.[52] 로버트슨은 세계를 순회하면서 국제단체와 지역 환경 단체들을 만나 중국 공산당이 이룬 성과를 긍정적이고 진지하고 친근하게 포장해 홍보하는 역할을 하게 된다.

중국 공산당은 지역 차원에서 열리는 그 어떤 행사도 사소하게 여기지 않고 영향력을 행사할 기회로 삼는다. 2018년 호주 오지 마을 록햄튼(Rockhampton, 인구 8만 명)에서 지역 위원회가 육우 산업과 합동으로 파피에 마쉐Papier-mâché를 재료로 거대한 황소를 만들고 학생들이 자기 출신 국가의 국기를 색칠한 물고기 모양의 깃발로 황소를 장식하자고 제안했다. 그 황소는 그 마을의 문화적 다양성을 경축하는 상징이 될 터였다. 타이완 출신 어머니를 둔 학생 두 명은 타이완 국기를 만들었다. 그런데 전시된 황소를 본 두 학생은 망연자실했다. 다른 학생들이 칠한 국기들은 그대로인데 이 두 학생이 색칠한 국기는 지역 위원회 담당자들이 다른 색을 덧칠해 버렸다. 주도 브리스베인에 있는 중국 부영사가 지역 위원회에 항의했기 때문이다. 두 학생의 모친 에이미 첸은 자기 자녀들의 국기를 지우기로 한 위원회의 결정에 "매우 슬퍼하고 낙심했다."고 말했다.[53]

록햄튼의 시장은 시 위원회의 행동은 호주 정부의 '일개 중국 정책'과 노선을 같이 한다며 변명을 늘어놓았다. 그런 거창한 정책이

오지에 있는 작은 마을에서 실시된 아이들의 그림 그리기 프로젝트와 무슨 상관이 있단 말인가. 게다가 일개 중국 정책에 대한 호주의 입장은 그저 타이완이 중국 소유라는 주장을 '인지'하는 데 지나지 않는다. 중국 공산당과 그 동조자들이 끊임없이 되풀이해서 주장하는 바를 지지하는 것도 아니라는 말이다.

독일 농촌에서 일대일로창의를 지지하는 이들

2019년 독일에서 최초로 독일 내의 통일 전선 공작 기구들을 조사한 언론인이자 통일 전선 전문가인 디디 커스틴 태틀로Didi Kirsten Tatlow는 '통일 전선 관료 조직과 직접 연관된' 중국 단체가 190개 이상이라고 밝혔다.[54] 여기에는 중국인 직능 협회, 기업 단체, 언론 매체와 중국인 지원 센터 등이 포함되었다(7장도 참조).[55]

다른 지역과 마찬가지로 독일 단체들도 종종 중국 단체들과 제휴를 맺는다. 사실상 중국 공산당을 상대한다는 사실을 모르고 말이다. 예컨대, 독일-중국 기업 협회는 중국 공산당이 운영하는 중국 국제 무역 촉진 위원회와 제휴한다.[56] 태틀로가 밝힌 가장 중요한 상위 기관으로 손꼽히는 게 독중 우호 협회 연맹이다. 이 연맹의 사전 정지 작업은 마인츠에 있는 음악 기관이 중국 인민 대외 우호 협회의 초청으로 중국 현악기인 피파 앙상블 연주회를 연 1993년에 이루어졌다. 이 음악 기관의 창립자인 쿠르트 카스트Kurt Karst는 당시에 중국 인민 대외 우호 협회가 뭔지 알지도 못했고 그래서 초청을 수락했다.[57] 오늘날 카스트는 마인츠-비스바덴의 독중 우호 협회 회장이자 독중 우호 협회 연맹 총재로서 독일 전역의 우호 협회들을 총괄하고 있다. 2016년 이 연맹의 창립식에는 중국 외교관들, 중국

인민 대외 우호 협회 대표들, 독일 관리들이 참석했다.[58] 2년 후 이 연맹은 베이징에서 중국 인민 대외 우호 협회와 협력 협정을 체결했다.[59] 이는 서구 진영의 진짜 시민 단체가 장관이나 차관급 관리들이 이끄는 중국 공산당 산하 기관과 협력하는 전형적인 사례다. 이 연맹은 일대일로창의에 대한 중국의 선전 문구를 그대로 되풀이해 왔고 시진핑의 연설문과 일대일로창의는 '평화와 번영의 상징'이라는 그의 주장도 그대로 반복해 왔다.[60]

독중 우호 협회 연맹의 부총재는 요하네스 플루그Johannes Pflug인데, 그는 사회민주당원이고 1998년부터 2013년까지 독일 연방 의회 의원을 역임했다. 그는 현재 새로 설립된 엘리트 인맥 구축 클럽인 중국 가교China Bridge의 이사회 이사로 활동하고 있다.[61] 2016년 중국 총영사가 참석한 자리에서, 플루그는 뒤스부르크 시의 명예 중국 대표에 임명되었다. 뒤스부르크 시 당국은 그의 임명을 발표한 보도 자료에서 뒤스부르크를 일대일로창의의 '중요한 일부'라고 했다.[62] 플루그는 그 지역 독일 언론이 공개한 일대일로창의 홍보 동영상에도 출연했고, 〈누벨 뒤로프 Nouvelle d'Europe〉와 중국 공산당 공식 나팔수인 〈인민일보〉의 독일 온라인 판과 같이 유럽을 표적으로 삼은 중국 공산당 관련 언론 매체들과 인터뷰를 했다.[63] 플루그는 또한 뒤스부르크 중국 기업 네트워크를 이끌고 있는데, 이 단체는 지역 기업들을 중국 내에서의 이익 사업과 연결시켜 주고 지역 공자학원과도 협력한다.[64]

대부분의 독일 지방 정부들은 중국과 연결되어 있지만, 중국과 집중적으로 교류를 하고 경제적으로 두드러지게 연계되어 있는 지역들이 있다. 노스트라인 베스트팔렌주에는 중국과 친밀한 관계를 맺고 있고 중-독 관계를 심화시켜야 한다고 주장하는 도시들이 몇 개 있다. 이 주의 수도 뒤셀도르프도 그 가운데 하나다. 중국 영사관이 있는 이 도시의 시장은 뒤셀도르프를 '독일에서 가장 중요한 중국의 사업 근거지'라고 일컫는다.[65] 역시 같은 주에 위치한 뒤스부르크는 '스마트 시티'로 전환하는 작업 시행자에 화웨이를 선정했는데, 계약 조건에는 클라우드 컴퓨팅 솔루션과 전자 정부 시설 구축도 포함되어 있다.[66] 이러한 결정은 뒤스부르크 시장 쇠렌 링크Sören Link가 19명이나 되는 정부 대표단을 이끌고 광둥성 선전深圳에 있는 화웨이 본부를 방문한 뒤 이루어졌다.[67] 뒤스부르크는 화웨이와 체결한 양해 각서를 공개하라는 요청을 거절하면서 화웨이가 이 문서가 공개되면 법적 조치를 취하겠다고 협박했다고 주장했다.[68]

중국의 또 다른 중요한 활동 중심지가 함부르크인데 550개 중국 기업이 이 도시에 지사를 두고 있다. 함부르크는 4장에서 언급한 함부르크 정상 회의를 주관하는 도시로서 상하이와 자매 도시 결연을 맺고 있고 2017년부터 중화상회中華商會가 위치하고 있다.[69] 함부르크 의회는 상하이 상임 위원회와 상하이 인민 정치 협상 회의와 정기적으로 교류를 한다.[70] 함부르크 시장 피터 트션츠쳐Peter Tschentscher는 일대일로창의를 극찬해 왔고 함부르크는 국제 무역의 중심지로서 '새 실크로드가 끝나는 종착역'이라고 선언했다.[71] 함부르크와 인접한 지역은 폭스바겐의 고향인 니더작센주Lower Saxony로서, 폭스바겐은 2018년 중국에 400만 대 이상의 자동차를 팔았다. 이 주의 경제 장관인 기독자유연합 소속 베른트 알투스만Bernd Althusmann은 중국 총영사와 만난 자리에서 중국은 니더작센주의 중요한 협력동반자일 뿐만 아니라 '세계 평화에 기여하는 중요한 국

가'라고 말했다.[72]

한마디로, 독일 연방 정부는 일대일로창의에 대해 의구심을 품고 이를 승인하지 않는 신중한 자세를 유지해 왔지만, 중국 공산당은 지역 차원에서는 일대일로창의를 기꺼이 승인할 정치인들을 찾아내는 데 전혀 어려움을 겪지 않았다. 중국 공산당은 중앙 정부에 태도를 바꾸라고 압력을 넣는 데 도가 텄다. 이는 중국 공산당이 전 세계적으로 써먹는 전술이다.

자매 도시

자매 도시와 자매 주 결연은 중국 공산당이 지역 사회에서 영향력을 행사하는 데 매우 효과적인 전술이 되어 왔고, 전 세계 도시들은 지금도 새로이 자매결연을 조인하고 있다. 그러나 대부분의 지역이나 도시 정부들은 이러한 자매결연을 통해 중국 공산당이 추구하는 정치적 목적이 무엇인지에 대한 기초적인 이해도 결여되어 있다.

서구 진영에서 자매 도시 결연은 시의회나 시정부가 결정하지만, 중국에서 이 절차는 중국 인민 대외 우호 협회가 조율한다. 지창 룰루가 중국 공산당 외무 조직에 소속된 주요 "민간 교류" 기관이라고 설명한 바로 그 기관이다.[73] 중국 인민 대외 우호 협회는 자매 도시라는 기치를 내걸고 중국 공산당의 정치적 전략적 목표들을 체계적으로 추진한다. 이 협회 관리들은 개인적 친분과 인맥을 쌓고 자매 도시가 (문화 활동을 비롯해) 타이완이나 달라이라마를 상대하는 등 중국 공산당이 못마땅해 할 활동을 할 계획을 세우면 이 관계를 '무기화'한다.[74]

중국 인민 대외 우호 협회는 수 년 동안 정체기를 겪고 나서 10여

년부터 되살아나 '외국인들을 포섭해 중국의 외교 정책 목표를 지지하고 홍보하게 만드는' 활동을 적극적으로 하고 있다고 브래디는 말한다.[75] 시진핑이 통치하는 중국에는 독립적인 시민 사회라는 의미에서의 '국민'은 없다. 따라서 자매결연에서 수립되는 관계는 중국 공산당-외국 국민의 관계다. 서구 진영에서 선한 의도를 지닌 수많은 시민들이 중국을 진심으로 이해하고 중국인들과 잘 지내려고 하지만 이들의 노력을 중국 공산당이 악용하고 있다.

자매 도시·자매 주 결연은 '농촌포위성시' 전술을 이용할 또 다른 기회를 제공한다. 중국 공산당은 국제 협력과 세계 평화라는 미사여구를 내세우지만 당에게는 '모든 교류는 정치적 요소가 있고 정치적 결실을 거두기를 바란다.'[76]

미국 메릴랜드주는 이를 잘 보여 주는 사례다. 워싱턴 D.C.와 인접한 메릴랜드에는 미국 항공 우주국의 고더드 우주 비행 센터에서부터 국가 안보실과 국세청에 이르기까지 연방 정부 연구소, 안보기관, 정보기관들이 밀집해 있다.[77] 포트 미드에 있는 미국 사이버 사령부와 해군 해상 전투 센터에 이르기까지 14개 군사 시설도 있다. 이러한 기관들에는 수만 명의 직원이 근무하고 있고, 일부는 매우 높은 수준의 기밀에 접근할 수 있는 이들로서 메릴랜드에서 거주하고 일한다.

메릴랜드는 이민 등을 포함해 오래전부터 중국과 관계를 맺어 왔는데 그 시기는 미중 관계가 비교적 무해했던 시기로 거슬러 올라간다. 메릴랜드는 미국의 주들 가운데 최초로 1980년 중국 안후이성安徽省과 자매 주 결연을 맺었고 D.C. 지역에서 중등 교육 기관들의 교육 및 문화 교류 프로그램을 조직하는 미중 자매 학교 협회의 근거지이기도 하다.[78] 메릴랜드에서 가장 규모가 큰 몬고메리 카운티에 있는 록빌Rockville은 5만여 명의 중국계 미국인이 거주하며 이 지역의 '새 차이나타운'으로 불려 왔다.[79](이 카운티 정부는 한때 중국이 쇠는 음력설을 공립 학교 공식 명절로 지정하려 한 적도 있다.[80])

메릴랜드 대학교는 중국과 가장 먼저 관계를 수립한 학교로 손꼽히고, 2004년에는 세계에서 두 번째로 미국에서는 최초로 공자학원을 유치했다.[81] 이 대학교는 중국에서 많은 유학생들을 받아들이고 있고, 중국 관리들을 대상으로 한 강좌도 여러 개 가르치고 있으며 연구 협력도 활발하다. 2017년 중국인 학생 양수핑楊舒平이 졸업사를 통해 미국의 '표현의 자유라는 신선한 공기'를 찬양하자, 중국학생학자연합회는 그녀가 모국을 배반했다며 혹독하게 비난하는 운동을 전개했다.[82] 〈인민일보〉는 그녀가 '중국인에 대한 부정적인 편견을 강화'했다며 비난했다.[83] 중국 대사관 관리들은 중국학생학자연합회를 찬양하면서 다른 이들에게도 이런 활동에 동참하라고 부추겼다. 중국에 거주하는 양수핑의 가족은 괴롭힘을 당했고, 그녀에게는 온갖 협박이 쇄도했다. 결국 그녀는 백배사죄하는 사과문을 발표해야 했다. 달리 선택의 여지가 없긴 했지만 그나마 메릴랜드 대학교는 학생들이 발언할 권리를 옹호했다.[84] 중국 관리들을 대상으로 한 강좌 프로그램은 이 대학교의 주요 수입원이었는데 등록자 수가 급감했고 중국인 학생 수도 가파르게 줄기 시작했다. 아마 중국 측에서 보복한 듯싶다.[85]

메릴랜드주에 있는 하워드 카운티Howard County에는 인구 10만 명인 도시 컬럼비아가 있다. 민감한 정보를 다루는 연방 정부 기관에 근무하는 이들이 주민의 높은 비율을 차지한다.[86] 리양溧陽 시는 수 년 동안 컬럼비아 시에 대표단을 보내 자매결연을 하자고 요청해 오긴 했지만, 8개 중국 도시들 가운데 리양이 자매 도시로 선정된 데는 특별할 게 없어 보였다.[87] 컬럼비아-리양 자매 도시 결연을 주도한 인물은 클락스빌Clarksville에 사는 오초였다. 그는 컬럼비아 시의 중국 자매 도시 계획 위원회 부회장을 역임했다.[88] 오초는 2000년대에 메릴랜드 대학교 박사 과정 학생일 때 중국학생학자연합회 회장으로 활동했다. 2008년 그와 그의 동지들은 티베트 지지 운동에 맞서는 학생 시위를 조직했고, 베이징의 올림픽 유치에 대해 부정적인 발언을 하는 사람들에 대한 반대 운동도 했다.[89]

컬럼비아-리양의 자매결연을 중재한 이는 한쥔韩军이라는 여성인데, 그녀는 록빌Rockville에서 성공 국제 상호 연락 서비스라는 조직을 운영하고 있다.[90] 그녀는 '중국이 미국 동부 해안 지역에서 자매 도시를 물색하라는 임무를 맡기기 위해 고용했다.'고 알려져 있는데, 이는 그녀가 중국 인민 대외 우호 협회와 연관이 있을지 모른다는 뜻이다.[91] 그녀는 리양의 정부 고위 관리들과도 긴밀한 관계를 맺고 있는데, 중국 인민 대외 우호 협회를 관장하는 중국 외교부의 리양 지방 사무소와 리양 시장도 이에 포함된다.[92]

2016년 오초와 한쥔은 중국 공산당 언론 매체와 연관된 친중국 성향의 언론 매체, 얼라이언스 컬추럴 미디어Inc. Alliance Cultural Media Inc.가 D.C. 광역 지역에서 주최한 행사에서 뛰어난 중국인에 선정되었다.[93] 오초는 중국 공산당의 국무원교무판공실國務院僑務辦公室이 '화인참정華人參政'의 귀감으로 간주하기도 했다.[94] 2018년 그는 하워드 카운티 교육 이사회에 선출되었다.[95]

메릴랜드는 오래전부터 통일 전선 공작의 온상이었다. 조지타운

대학교의 의료원 원장과 공학자, 국립 보건원 과학자를 포함해 수많은 사회 지도층 인사들이 중국 공산당이나 중국 공산당이 관장하는 기관들과 연관되어 있다.[96] 메릴랜드 정치 운동가 허샤오후이何晓慧(헬렌 허라고도 불린다)는 2018년에 중국 공산당 기관인 중국화평통일촉진회 워싱턴 지부인 중국 화평 통일 전미 협회의 회장에 임명되었다(212쪽 조직도 참조).[97] 그녀는 이 직책을 수락하면서 "중국의 위대한 재기를 위해 불철주야 힘쓰겠다."고 다짐했다.[98] 헬렌 허는 메릴랜드에서 중국의 영향 공작 활동을 활발하게 해 왔고 미국 정부의 '반중' 조치들을 비판할 때면 지역 사회의 대변인 역할을 종종 한다.[99]

베서니 앨런-이브라히미언Bethany Allen-Ebrahimian은 중국 대사관 고위 관리가 헬렌 허의 임명식을 주관한 점을 지목하면서 헬렌 허는 이제 "베이징의 중국 공산당과 D.C. 광역 지역에서 중국계 미국인 지역 사회 간의 최고위 연락책 역할을 하게 됐다."는 기사를 썼다. 2009년 그녀는 당에 자신의 가치를 입증한 이들에게만 주는 명예인 중국인민정치협상회의의 해외 대표로 일했다는 사실로 미루어 볼 때 그녀가 얼마나 중요한 인물인지 입증해 준다.[100]

프라하의 사례도 중국 공산당이 자매 도시 결연을 정치적 영향 공작의 도구로 본다는 사실을 입증해 준다. 2019년 프라하 시청은 베이징과의 자매결연을 파기하기로 의결했다. 베이징이 협정문에서 '일개중국' 정책 조항을 삭제하지 않겠다고 했기 때문이다.[101] 막 선출된 프라하 시장이자 진보 성향의 해적당 소속 제네크 립Zdenek Hrib은 자매결연은 문화적인 교류이고 '일개중국'은 국제 정치 사안이라고 주장했다. 열렬한 친중 성향의 밀로시 제만Milos Zeman 체코

공화국 대통령하에서 원하는 바를 쉽게 얻는 데 익숙해진 베이징시 측은 격분했다. 주 체코 중국 대사관은 프라하시 측에 결정을 번복하지 않으면 '시 측이 피해를 입게 된다.'고 협박했다. 중국에서는 '프라하'라는 명칭이 들어간 교향악단들의 연주회가 취소되었다. 프라하는 베이징과의 자매 도시 결연을 파기하고 두 달 후 타이완의 수도 타이페이臺北와 자매 도시 결연을 맺는다고 발표했다.[102]

베이징시는 프라하의 이러한 결정에 대해 보인 반응으로써 본심을 드러냈다.

6 The Party-corporate conglomerate

중국 공산당
–기업 복합체

중국 공산당과 기업

2018년 트럼프 대통령이 중국과 무역 전쟁에 돌입하면서 환율 조작, 보조금 지원으로 제조한 상품의 미국 시장 덤핑, 미국 기업들에게 합작 투자를 강요하고 이를 통해 기술을 도용하는 행위 등을 포함해 자유 시장에서 준수해야 할 기준을 중국이 어긴 사례들을 열거했다. 2016년에도 이와 똑같은 불공정 관행들 때문에 선진국들은 세계 무역 기구의 규정에 따라 부여하는 시장 경제 체제 지위를 이를 그토록 절실히 원하는 중국에게 부여하지 않았다.

중국 대사관은 어느 나라에 주재하든 상관없이 그 나라 재계의 엘리트 계층을 단연 중요한 힘의 중심축으로 손꼽는다. 해외에서 활동하는 중국 기업들과 중국과의 관계에 경제적 이해가 걸려 있는 서구 진영의 기업들은 중국 공산당의 영향 공작의 주요 대상이다. 해외에서 활동하는 대부분의 중국 기업들은 상업적인 목적을 추구하지만 동시에 그들은 당과 국가의 이익에 봉사하라는 요구를 받는다. 이러한 중국 기업들은 중국 공산당 고위 간부들과 우호적인 관계를 맺고 유지하면 물질적으로 혜택을 받고 당에 복종하지 않으면 처벌을 받는다. 2017년 해외에서 활동하는 중국 기업들은 중국 정보기관들을 지원할 의무가 있다는 조항을 중국의 법에 공식적으로 명기했다.[1]

중국 공산당이 중국 경제를 개방하겠다고 했지만 이는 정부가 개입하지 않는다는 뜻은 아니었다. 현대 자본주의의 측면들을 레닌주의 국가 조직에 접목시켜 레닌주의적 자본주의라는 새로운 모델을 탄생시키는 과정이었다는 게 훨씬 정확한 해석이다. 시장의 힘이 확장되어도 당-국가의 힘은 약화되지 않았다. 사실 오늘날 당-국가의 위력은 시장의 힘 덕분에 더욱 막강해졌다.

역사적으로 서구 진영에서 사유 재산권과 시장이 확대되면서 독자적인 법체계가 발전했고 이러한 법체계하에서 법제화된 원칙에 따라 분쟁이 해결되었다. 형법과 더불어 이러한 법체계는 법치라는 개념을 등장시켰다. 중국에는 법치가 존재하지 않는다는 사실은 아무리 강조해도 모자라다. 중국에 존재하는 것은 법치rule of law가 아니라 법을 이용한 통치rule by law다. 즉 법을 통치의 수단으로 삼는다는 뜻이다.[2] 당은 이 점을 분명히 하고 있다. 법은 당이 정하고, 당의 이익은 이와 충돌하는 다른 모든 이익보다 우선한다. 판사들은 당의 이익에 봉사해야 한다. 법치가 존재한다는 전제하에 활동하는 변호사들은 투옥된다.[3]

중국 산업 생산의 약 3분의 1을 담당하는 국유 기업들에게 더욱 힘이 실리고 있다. 국유 기업의 고위 간부들은 당의 막강한 조직부에서 임명한다. 2016년 시진핑 주석은 국유 기업들이 '당의 결정을 실행하는 중요한 세력이 되어야' 하고 국유 기업의 이사회는 중요한 결정을 내리기에 앞서 당 내부 위원회의 지침을 받게 된다고 선언했다.[4] 당이 통제하는 대상은 국유 기업에 국한되지 않는다. 외국 투자 기업과 인터넷 기업과 같이 국가 안보에 민감한 기업 등 크고 작은 거의 모든 민간 기업들이 사내에 당 위원회를 두고 있다.[5] 당 서기는 중견급 관리자들을 임명하거나 해고하고 이사를 임명할 수 있으며, 이사장이나 간부직을 맡을 수 있다.[6] 2016년 당 위원회 서기와 이사장은 앞으로는 동일인이어야 한다고 보도되었다.[7]

중국 4대 은행의 이사회는 이사회 관련 규정에 따라서 중요한 결정을 내리기 전에 당 위원회의 견해를 참조해야 한다고 알려지자, 홍콩의 독자적인 투자자이자 주주-운동가인 데이비드 웹은 다음과 같이 지적했다. "투자자들이 투자할 때 당 기관과 얽히게 된다는 사실을 상기시켜 준다."[8] 중국에서 활동하는 외국 기업들에게도 똑같은 규정이 적용된다. 중견급 관리자들을 임명할 때는 당의 승인을 받아야 한다.[9] 이러한 상황을 가까이서 관찰해 온 롄이정練乙錚의 말을 빌리자면, 현대 중국 경제는 '당-기업 복합체' 체제다.[10] 몇 년 전만 해도 중국 공산당이 경제 자유화를 계속 허용하리라는 주장이 일리가 있었지만, 지금 중국 공산당은 분명히 정반대 방향으로 결연히 나아가고 있다.

중국 공산당 고위 관리들과 중국 기업들 간의 관계는 정치적일 뿐만 아니라 사적이기도 하다. 관리들은 보통 가족과 유령 기업을 통해 중국 기업에 금전적 이해관계를 지니고 있다. 부정부패를 척결한다는 시진핑의 가족조차도 해외에 어마어마한 재산을 은닉해 놓았다.[11] 정체를 알 수 없는 해항집단유한공사HNA Group(이 공사의 회장이 2018년 프랑스에서 절벽에서 떨어져 사망한 것으로 알려졌다.)는 당 최고위 관리들과 그들의 가족들의 점점 늘어나는 재산을 은닉하고 보호하는 수단인 것으로 알려져 있다.[12]

2018년에 발표된 한 학술 논문에 따르면, 정치국 구성원 25명 정도와 연관된 기업들이 지방 정부의 소유지를 매입할 때는 정치적 인맥이 없는 매입자가 지불하는 가격의 절반 이하의 가격을 지불한다.[13] 정치국 상임 위원회 7인과 연결된 기업들은 75퍼센트 할인된 가격에 매입한다. 이러한 요구에 순순히 응하는 지방 관리들은 그 보답으로 모조리 승진한다. 2016년에 출간된 저서《중국의 정실 자본주의China's Crony Capitalism》에서 페이민신裴敏欣이 자세히 설명하듯이, 이렇게 승진한 관리들은 자기 직함을 이용해 자기보다 하급 관리와 기업인들로부터 뇌물을 뜯어낸다.[14] 2018년 연구 논문을 보면, 시진핑 주석의 부정부패 척결은 당 지도자들이 받는 할인율이 약간 하락하는 효과밖에 거두지 못했다.

억만장자 동지

서구 진영의 일부 기업 간부들과 경제 평론가들 그리고 심지어 일부 학자들도 여전히 중국의 민간 기업 내에서 당의 역할을 형식적인 역할에 불과하다고 주장하지만 시진핑 통치하에서 이는 전혀 사실과 다르다. 당의 지시를 거역하는 주요 기업의 최고 경영자는 누구든 곤란한 처지에 놓이게 되고 자산을 몰수당한다. 화웨이 창립자 런정페이任正非가 자사의 통신 장비에 백도어backdoor를 설치하라는 당의 명령을 거부한다는 주장은 기가 막혀서 웃기지도 않는다.[15]

2017년에 제정된 국가 정보법에 따르면 모든 인민과 기관은 '국가 정보 업무' 수행에 협조하라는 어떤 지시도 준수해야 하는데, 이는 이미 오래전부터 해 온 관행을 공식화한 데 지나지 않는다. 그런데 이처럼 관행을 법에 명시함으로써, 중국 공산당 지도자들은 제 발등을 제가 찍었다. 서구 진영에서는 이 법을 근거로 화웨이는 중국 정보기관들의 협조 요청을 거절할 수 없다는 주장이 제기되기 때문이다.[16]

중국의 '제프 베조스Jeff Bezos(아마존 창업자)'라고 일컬어지는 제이디닷컴JD.com의 리처드 류는 '내 세대에서 공산주의가 실현될 것'이라고 말했는데,[17] 리처드 류처럼 중국의 가장 막강한 거부들이 당에 무한한 충성을 맹세하면 대외적으로 신뢰감을 줄 리가 없다. 당에 대한 충성은 사업을 할 때 충족시켜야 할 조건이다. 중국의 최대 부동산 개발업체의 회장이자 공산당 서기인 쉬자인許家印은 '회사의 전 재산을 당에 바친다.'고 선언했고, 중공업 거부인 량원건梁稳根은 자신의 삶은 '당의 것'이라고 했는데, 둘 다 의도치 않게[18] 진실을 말하고 있다.

2000년대 초부터 중국 공산당은 자본주의자와 기업 간부들을 당의 조직에 끌어들여 공적으로 청탁을 들어 주는 대가로 당의 명령 체계에 예속시키는 정책을 채택했다.

억만장자, 은행가, 최고 경영자들은 이런 정책에 따라 중국인민정치협상회의에 임명되는 보상을 받았다. 슈퍼스타 기업인 마윈(전자상거래 공룡 기업 알리바바의 존경받는 창립자로서 2019년 말 현재 자산 가치가 420억 달러에 이른다.)조차도 당의 지시에 굴복해 톈안먼 광장에서 시위하던 학생들을 탱크로 깔아뭉갠 게 '옳은 결정'이었다고 공개적으로 말했다.[19]

일당제 국가와 민간 기업이 얼마나 깊이 연결되어 있는지는 2018년 중국인민정치협상회의 모임에 참가한 대표단에 텐센트의 마화텅과 바이두의 리옌훙李彦宏을 비롯해 중국의 최대 기술 기업들의 최고 경영자들도 포함되어 있었다는 사실로써 가늠할 수 있다.[20] 그해 말 〈인민일보〉는 마윈이 1980년대부터 당원이었다고 밝혔다.[21] 다른 주요 기술 기업들의 최고 경영자들도 대부분 당원이다.[22]

그들이 당의 주요 행사에 참여하는 이유가 기회주의자라서인지, 이념적 이유나 애국심의 발로인지 상관없이 그들은 당 행사에 참여함으로써 중국 공산당에 대한 경의를 표하는 셈이다. 2018년 거대 기술 기업 소구搜狗의 최고 경영자 왕샤오촨王小川은 기업 지도자들에게 그들이 운영하는 기업이 당과 '하나가 되는' 시대에 접어들고 있고 당은 기업들에게 국유 기업들로 하여금 주식을 매입하도록 허락하라고 요청하고 있다고 말했다. 그리고 이러한 요청을 거부하면 안 된다고 했다. 기업 이익이 국가의 이익과 다르다고 생각한다면 "아마도 과거 그 어느 때보다도 훨씬 큰 고통을 겪게 될 것"이라고 말했다.[23]

중국에서 기업과 일당제 국가의 결합은 중국 공산당의 '민군 융합' 정책에서 특히 두드러진다.[24] 중국 군 현대화의 기둥인 이 결합은 미국의 군산 복합체보다 훨씬 깊고 광범위하다. 2012년 시진핑이 권좌에 오른 이후 민군 융합은 메이드 인 차이나 2025, 차세대 인공 지능 계획, 일대일로창의 등을 비롯해 거의 모든 중요한 전략적 구상의 일환이 되어 왔다.[25]

미국의 글로벌리스트 억만장자들

2018년 11월, 당시 트럼프 대통령의 미중 무역 전쟁에 깊이 관여하고 있던 백악관 무역 정책 자문 피터 나바로Peter Navarro는 월스트리트의 '글로벌리스트 억만장자들'을 가차 없이 공격했다.[26] 그는 월스트리트 은행가들과 헤지 펀드 운용자들이 중국과 미국 간에 '셔틀 외교'를 하면서 미국이 중국에 양보하라고 백악관에 어마어마한 압력을 가함으로써 미국의 무역 협상을 방해하고 있다고 비난했다.

나바로는 더 나아가 금융계 엘리트 계층은 중국이 워싱턴에서 시행하는 영향 공작의 일환에 동참해 '외국 대리인으로 등록하지도 않고' 외국 대리인 역할을 하고 있다고 꼬집었다.

상당히 강한 주장인데, 그렇다면 이를 뒷받침할 근거가 있었을까?

나바로가 금융인들의 셔틀 외교를 거론하면서 아마도 2018년 9월 골드만 삭스, 모건스탠리, 블랙스톤그룹 등의 간부들과 시진핑의 오른팔인 막강한 실력자 왕치산王岐山 부주석 간의 회동을 염두에 둔 듯하다. 그리고 그는 중국의 무역 협상 수석대표 류허劉鶴가 협상을 하러 미국에 올 때마다 가장 먼저 만나는 인사들이 월스트리트 최고위급 은행가들이었다는 사실을 인지하고 있었을 게 틀림없다.[27]

중국은 오래전부터 월스트리트를 상대로 공작을 해 왔다. 1999년 주룽지朱镕基 총리가 미국을 방문했을 당시, 그는 뉴욕의 애스토리아 호텔에 며칠 동안 틀어박힌 채 연달아 기업 지도자들과 회동했다. 〈뉴욕 타임스〉는 "주 총리는 미국 기업들에게 구애하는 데 지치지도 않는 듯하다."고 보도했다.[28]

미국 금융계의 거물들은 수십 년 전부터 미국의 대중국 정책이 나아갈 방향을 제시해 왔다. 클린턴이든, 부시든, 오바마든 대통령이 중국의 보호 무역주의, 환율 조작, 기술 도용에 대해 더욱 강경한 태도를 취하면 월스트리트의 우두머리들은 자기들의 영향력을 이용해 대통령에게 중국에 대한 태도를 완화하라고 설득했다.[29] 클린턴 정부가 중국이 무역 규정을 연달아 위반했는데도 세계 무역 기구 가입을 지지하기로 한 데는 월스트리트의 압력이 결정적인 역할을 했다.[30] 그로부터 20년이 지나 〈뉴욕 타임스〉는 다음과 같이 보도했다. "워싱턴과 월스트리트와 기업 이사회 회의실에서 중국은 수십 년 동안 자국의 몸집과 약속을 지렛대 삼아 자국에 맞서는 이들을 물리치고 자국의 부상을 돕는 이들에게 보상을 해 왔다." 금융 기관들은 워싱턴에서 중국의 가장 막강한 지지 세력이 되어 왔다.[31]

최근 들어 중국은 미국 투자자들에게 중국계 상장 기업들의 주식을 매입하라고 '권장'하고 있다. 2019년 6월 〈워싱턴 포스트〉에 조쉬 로진이 기고한 글에 따르면, 미국 자본 시장이 "중국 기업들에 대한 지분을 급격히 늘리면서 중국이 미국 내에서 어마어마한 지렛대로 이용할 수단을 제공하고 있다."[32] 연금 기금 같은 미국 기관 투자자들이 수십억 달러를 중국 기업들에 투자하고 있다. 월스트리트는 오래전부터 중국 기업들이 미국 주식 시장에서 기금을 마련하도록 도와 왔다. 이러한 중국 기업들은 회계가 불투명하고 외국의 감시의 눈길로부터 벗어나 있으며 미국의 경제를 대단한 위험에 노출시킨다.

거대 은행, 헤지 펀드, 투자 은행 등의 금융계는 미국 내에서 중국의 영향 공작 표적인 권력 중심지로 간주되고 있고, 그 가운데도 으뜸가는 알짜배기 자리를 차지하고 있는 게 골드만 삭스다. 중국 공산당이 미국 엘리트 계층에 침투하는 데 골드만 삭스보다 중요한 조직도 없고 골드만 삭스보다 기꺼이 협조하는 조직도 없다.[33]

중국 공산당에게 금융 거대 기업들은 만만한 표적이다. 서로 이해관계가 일치하기 때문이다. 월스트리트 간부들은 중국이 거대한 금융 시장을 외국인들에게 개방하면 일확천금을 벌어들이리라는 기대에 부풀어 중국 기업들에게 어떤 미국 기업을 매입할지에 대해 자문을 하고 매입 자금을 대출해 주고, 판매액의 일정 부분을 수수료로 챙겨 왔다.[34]

백악관 고위 관리의 말을 빌리자면, "거래에 환장한 사람들은 중국 공산당을 정말로 좋아한다."[35] 중국 공산당은 개방된 문호를 한층 더 활짝 열어젖히고 있다. 그러나 중국이 뉴욕과 런던 대신 결국 상하이를 세계 금융 중심지로 만들려는 생각을 품고 있다면 장기적으로 볼 때 월스트리트와 중국의 이해관계가 일치하지 않을지도 모른다. 레닌의 말처럼, '자본주의자들이 우리에게 팔아넘긴 밧줄로 우리는 그들의 목을 매단다.'

2003년 무렵 골드만 삭스는 '중국의 주요 국유 기업들을 보증하는 데 앞장서 왔다.'[36] 2006년 헨리 폴슨Henry Paulson은 골드만 삭스 최고 경영자에서 조지 W. 부시 행정부의 재무 장관으로 자리를 옮기면서 중국 최고 엘리트 계층과의 인맥을 그대로 유지한 채 취임했다. 폴슨은 중국을 70여 차례 방문했다. 그는 대통령에게 중국에 대한 미국의 경제 정책을 자신에게 맡겨 달라고 요청했고 부시는 그의 요청을 받아들였다.

그러나 헨리 폴슨은 일을 망쳤다고 폴 블루스타인Paul Blustein은 판단한다. 블루스타인은 폴슨이 중국의 환율 조작과 국유 기업에 대한 강력한 통제와 중국 주재 미국 기업들에 대한 부당한 대우와 기술 도용 정책에 대해 더욱 강력하게 대처했더라면 무역 전쟁으로 이어진 여건들은 조성되지 않았으리라고 주장한다.[37] 폴슨은 중국에 대한 보복 조치로서 미국 기업들을 보호하라고 권고하지 않고 '전략적 경제 대화'를 제안했다. 이 제안은 중국에게 유리한 입지를 제공했음은 말할 필요도 없다.

폴슨은 당시 베이징 왕치산 시장과 가까운 친구였고 이미 중국 공산당의 경제 개방 정책에 대해 호의적인 시각을 지니고 있었으므로 중국에 조종당하고 있었다. 중국 공산당은 폴슨을 점점 더 중국 권력 심장부로 끌어들여 자신의 영향력이 대단하다고 인식하게 만들었다. 그는 후진타오 주석과 독대할 기회도 얻었다.

2009년 폴슨(그는 세계 금융 위기를 관리하면서 왕치산에게 전화를 걸어 중국 국영 은행에게 베어스턴스를 구제하라는 지시를 해 달라고 애걸했다.)이 자리에서 물러난 후 골드만 삭스 동문들은 '미중 간에 바람직한 관계를 조성해 세계 질서 유지에 기여한' 그의 공로를 기리는 뜻에서 폴슨 연구소를 설립했다.[38]

존 손튼John Thornton은 골드만 삭스가 배출한 또 다른 유력 인사다. 그는 골드만 삭스의 중국 진출을 주도했고 2003년 회장 자리에서 물러나면서 베이징 칭화 대학교의 글로벌 리더십 프로그램 학장으로 취임했다. 손튼은 칭화 대학의 스티븐 슈워츠먼의 학위 과정을 열렬히 지지하고 중국과 미국의 초일류 기업 여러 곳의 이사를 맡고 있다. 2006년 그는 자신이 이사장으로 있는 브루킹스 연구소 내에 중국 센터를 신설하는 데 사비를 쾌척했다. 2008년 중국 공산당은 그에게 외국인에게 주는 최고 영예인 중화인민공화국 우의상友誼獎을 수여했다.[39]

월스트리트를 논할 때 절대 빠뜨려서는 안 되는 조직이 바로 65조 달러 자산을 주무르는 세계 최대 자산 관리 회사인 미국 투자기금 블랙록BlackRock이다. 2019년 이 회사의 최고 경영자 래리 핑크Larry Fink는 주주들에게 블랙록을 중국의 앞서가는 자산 관리 업체로 변신시킬 계획이라고 말하면서 중국이 자본 시장을 외국인에게 개방하기만 하면 이를 이용할 준비를 갖추게 되며, 중국에서 인민폐 기금을 조성하는 최초의 해외 자산 관리 회사가 되는 게 목표

라고 말했다.[40]

이를 위해 핑크는 블랙록을 중국에 적합하게 변모시킨다는 계획 하에 탕샤오둥汤晓东 토니 탕Tony Tang을 채용해 중국 내 영업을 맡겼다. J.P.모건, RBS 그리니치, 중국중신집단유한공사에서 두루 경험을 쌓은 베테랑 투자자인 탕샤오둥은 시카고 대학교 경영 대학원을 졸업했다. 천인계획千人計劃을 통해 발탁된 그는 베이징에서 고위급 금융 규제 담당자로 5년을 근무했다.[41] 블랙록의 중국 사모 펀드 수장은 헬렌 주다. 홍콩에 근거지를 둔 그녀는 골드만 삭스에서 블랙록에 스카우트되어 2014년 블랙록에 합류했다. 그녀는 MIT에서 공학을 전공했다.[42] 블랙록에서 전략과 혁신을 책임진 이는 아멜리아 탠인데, 그녀는 런던에 근거지를 두고 있고 시티뱅크에서 일하다 이 회사에 합류했다.

그동안 미국의 대중국 정책 수립에 월스트리트가 막강한 영향력을 끼쳐 왔는데, 2017년에 분위기가 변했다. 미국 제조업체들은 중국이 자사의 지적 재산권을 도용하는 데 넌더리가 나 더 이상 참지 못할 지경에 이르렀고, 중국이 경제를 자유화하고 미국 기업들에게 동등한 조건하에서 경쟁하도록 해 주겠다는 약속을 지키리라고 더 이상 기대할 수 없다는 결론을 내렸다. 미국 상공 회의소는 이런 내용을 담은 보고서를 발간해 금융계와 제조업 사이에 쐐기를 박았다. 바로 이 틈을 이용해 트럼프 행정부는 민주당의 지원을 받아 중국을 상대로 힘을 과시하게 되었다. 이 때문에 미국 금융 부문은 로비 활동을 한층 강화했고 미국 금융계는 베이징의 동맹군과 긴밀히 행동을 조율했다.

월스트리트의 태자당

중국 공산당은 중국과 서구 진영의 거대 금융 기업들 간의 이해 관계가 일치한다는 데만 의존하는 게 마땅치 않았다. 영향력을 미치는 중요한 경로 하나가 바로 태자당太子黨이었다. 태자당이란 과거와 현재의 당 최고위 간부들의 자녀들을 일컫는 용어다. 오래전부터 거대한 국유 투자 회사 중국중신집단유한공사는 태자당이 지배해 왔다. 무기 제조 중심의 거대 기업인 중국보리집단공사中国保利集团公司도 마찬가지다.[43] 이제 막 싹트기 시작한 중국 사모 펀드 부문은 '공산당 홍색 귀족층'과 그들의 자녀들이 장악하고 있다.

서구 진영의 헤지 펀드 회사, 보험 회사, 연금 기금과 은행들이 수익률이 높은 중국 자본 시장에서 사업을 하려면 거대 기업을 장악하고 있고 당 서열이 높은 집안들과 인맥이 있어야 한다. 이러한 집안들의 자녀들과 조카들에게 일자리를 제공하면 즉시 인맥이 생긴다. 중국에서는 이를 '관시關係'라고 일컫는다. 인맥을 만들기 위해 채용하는 자손들은 자격이 출중하거나 특별히 똑똑하지 않아도 된다. 중요한 건 그들의 인맥이다. 태자당의 이상적인 경력의 궤적은 아이비리그나 옥스퍼드·케임브리지 같은 명문대 학부를 졸업한 직후 뉴욕이나 런던에 있는 거대 은행이나 헤지 펀드의 증권 거래 현장에서 몇 년 실무를 쌓고 경영학 석사 학위를 따서 월스트리트 기업에 진출하는 길이다.

이러한 과정이 어떻게 작동하는지 들여다 볼 흔치 않은 기회가 있었다. 2016년 미국 증권 거래 위원회가 조사를 한 끝에 해외부패관행방지법Foreign Corrupt Practices Act을 위반한 J.P.모건에 2억 6400만 달러의 벌금을 부과했다. J.P.모건은 거래를 따내기 위해 중국 태자당 일당을 채용하다가 적발되었는데, 증권 거래 위원회는 이를 '체계적인 뇌물 수수'라고 설명했다.[44] 이 기업은 자녀 프로그램이라는 정책을 운영하면서 당 엘리트 계층의 자녀 수십 명에게 홍콩, 상하이, 뉴욕에서 일자리를 마련해 주었다.[45]

그 가운데 중국 상무부장 가오후청高虎城의 아들 가오줴高珏가 있었다. 퍼듀 대학교를 갓 졸업한 가오줴는 그의 부친과 J.P. 모건의 간부 윌리엄 데일리William Daley와 만난 후 일자리를 꿰찼다.(데일리는 클린턴 행정부에서 상무 장관을 지냈고 중국의 세계 무역 기구 가입을 밀어붙였다. 그는 훗날 오바마 정권에서 비서실장을 역임했다.)

가오줴는 면접을 형편없이 봤지만 모두가 선망하는 애널리스트 자리를 얻었다. 그는 툭하면 직장에서 꾸벅꾸벅 졸기 일쑤였고 곧 '철없고, 무책임하고, 미덥지 않은' 직원으로 찍혔다. 전반적인 인력 감축의 일환으로 은행이 그를 해고하려 하자 그의 부친은 J.P. 모건의 홍콩 지사장 팡팡方方을 저녁 식사에 초대해 아들을 해고하지 말아 달라고 간청하면서 J.P.모건이 중국에서 거래할 때 '특별히 편의를 봐 주겠다.'고 약속했다.[46] 팡팡은 설득에 넘어갔고 뉴욕 고위 간부는 정작 자기 아들은 해고당했는데도 가오줴를 계속 데리고 있기로 했다. 공과 사는 엄격히 구분해야 하므로 가오줴는 결국 해고당했지만 다른 금융 회사 여러 군데를 거쳐 마침내 골드만 삭스에 입성했다.

한 사모 펀드 간부가 〈파이낸셜 타임스〉에 말한 바와 같이 "태자당의 요구는 절대로 거절해서는 안 된다." 그렇다면 자녀를 채용하는 일 외에도 당 엘리트 계층을 위해 금융 회사들이 또 무슨 편의를 봐주는지 의문이 든다.[47] 팡팡이 중간에 다리를 놓아 J.P. 모건에 채용한 또 다른 인물이 금융 규제 당국의 고위 간부를 지냈고 포춘 500대 기업에 속하는 중국 정부 소유 금융 서비스 그룹 에버브라이트 그룹의 회장 탕솽닝唐雙寧의 아들 탕샤오닝唐小寧이었다. 탕샤오닝은 골드만 삭스와 시티그룹에서 일했었다.

J.P. 모건은 중국인민정치협상회의 회원이자 홍콩 행정 장관을 역임한 량전잉梁振英의 딸이 아직 고등학생일 때 인턴으로 채용했다. J.P.모건은 인맥이 넓고 부유한 엘리트 계층의 자녀들을 위해 '여름 캠프'도 만들었다.[48]

물론 미국 금융계에는 능력이 뛰어나고 자기 직책을 맡을 자격이 있는 본토 출신 중국인들이 많이 있고 그런 이들은 주로 고위직이다. 팡팡이 한 사례다. 팡팡은 1980년대에 명문 칭화 대학교를 졸업하고 내쉬빌에 있는 밴더빌트 대학교에서 경영학 석사를 마쳤다. 1993년 그는 메릴린치에 채용되어 뉴욕과 홍통에서 일했고 2001년 J.P.모건에서 근무를 시작한 지 13년 만에 홍콩에 본부를 둔 중국 투자 금융 부문의 최고위직에 올랐다.[49] 그 시기 동안 그는 사내에 다리를 놓아 수많은 태자당 일원들에게 일자리를 마련해 주었다.[50] 그는 중국 통치 엘리트 계층 일부의 개인 금융 거래에 대한 비공개 정보도 얻었다. 팡팡은 '중국 정부와 재계에서 방대한 인맥을 구축하고 있다'고 알려졌다.[51]

팡팡 본인은 중국 공산당 고위층이 아니지만 당의 홍색 귀족층과 아주 가까운 사이이다. 〈포춘〉은 그를 '공산당과의 인맥이 탄탄한 언론 친화적인 경영인'으로 묘사한다.[52] 2011년 그는 홍콩에 홍콩화청회香港華菁會를 설립했는데, 이는 해외 유학을 마치고 홍콩으로 돌아온 중국 본토 엘리트 계층의 자녀들을 위한 사교 클럽이다.[53] 이 사교 클럽은 태자당의 클럽이라고 일컬어져 왔고, 중국 공산당 태자당의 홍콩 분회다.[54] 2008년 그는 중국인민정치협상회의에 임명되면서 당 최고 지도부와 직접 접촉하게 되었다. 이는 중국 공산당 엘리트 계층이 그를 얼마나 신임하고 높이 평가하는지 보여 주는 증거다.[55] 그는 중국 공산당과 연관된 중요한 싱크 탱크 중국여전구화지고의 부회장도 되었다.[56]

J.P.모건만 자녀 프로그램이 있는 게 아니다. 미국의 거대 금융 회사들은 하나같이 이와 비슷한 프로그램을 운영하고 있다. 2013년 골드만 삭스는 2000년대 초까지만 해도 중국 공산당 내에서 전권을 휘두른 막강한 우두머리 장쩌민의 손자를 포함해 25명의 자녀들을 채용했다고 알려졌다.[57]

시티그룹에 이어 메릴린치도 중국 총리를 역임한 자오쯔양趙紫陽의 며느리 마거릿 임을 채용했다. 2012년 그녀는 전무이사로 승진해 중국을 총괄하고 메릴린치 미국 은행의 회장도 겸임하게 되었다. 그녀는 MIT 슬론 경영 대학원에서 석사를 받았고 중국여전구화지고 위원회 위원이다.[58] 메릴린치는 2013년에 은퇴할 때까지 10여 년 동안 당 서열 2위였던 우방궈吳邦國의 사위도 채용했다. 당 총서기를 지낸 후야오방胡耀邦의 손녀 재니스 호도 메릴린치에서 일했는데, 메릴린치에 합류하기 전에 근무한 크레디트스위스에서는 홍콩 투자은행 최고위직까지 올랐다.

모건스탠리는 주룽지朱镕基 전 총리의 아들을 채용했다. 거대한 중국개발은행 총재를 하다가 중국인민정치협상회의 부의장에 임명된 천위안陳元의 딸 천샤오단陳曉丹(사브리나 진)도 채용했다.[59] 천위안의 부친은 마오쩌둥과 함께 투쟁한 8명을 뜻하는 팔선八仙의 한 명이다.[60] 천샤오단은 매사추세츠주에서 사립학교를 다녔고 듀크 대학교를 졸업한 후 하버드에서 경영학 석사를 받았다. (중국개발은행은 여름 인턴을 채용할 때 오로지 하버드와 MIT 졸업생들로부터만 지원서를 받았다.[61] 아이비리그의 다른 대학교 출신들은 거들떠보지도 않았다.) 천샤오단의 남동생 천샤오신陈小欣은 시티그룹에 채용되었다. 그도 매사추세츠주에 있는 사립학교를 다녔고 코넬 대학교를 졸업한 다음 스탠포드에서 경영학 석사를 땄다.[62] 시티그룹은 숙청당한 당 서기 바오시라이薄熙來의 아들 리왕즈李望知도 채용했다.[63]

중국 공산당 엘리트 계층이 태자당 자녀 수십 명을 금융 회사에 포진시켜 월스트리트의 거물들과 엮는 데는 단순히 자녀들 취직보다 훨씬 중요한 목적이 있다.[64] 정보원과 첩자들을 미국 권력의 심장부에 침투시켜 정보를 수집하고 영향력을 행사하는 수단이다. 이들은 북미 지역 최고 부자들의 사생활과 재력에 대한 비밀 정보와 더불어 미국의 한 기업이 어떻게 작동하는지 그 전모를 중국에 있는 부친이나 삼촌에게 전달하게 된다.

시티오브런던의 중국 공산당

유럽 금융 기관들도 발 빠르게 태자당을 채용했다. 2000년대에 독일 최대 은행인 도이치뱅크는 뇌물과 부패 관행을 이용해 중국 심장부에 접근했다.

특히 원자바오 당시 총리의 가족과 현재 정치국 내각인 상임 위원회 위원이자 당시 베이징 시장이었던 왕치산을 비롯해 지도자들에게 값비싼 선물 공세를 했다.[65] 2009년 도이치뱅크는 J.P.모건을 제치고 거래를 따냈다. 고객인 중국 국유 기업 회장의 딸을 채용했기 때문이다.[66] 이 은행은 막강한 실력자 관리들의 자녀들을 채용하는 프로그램도 적극적으로 운영했다. 당시 선전부장 류윈산劉雲山의 아들과 현재 정치국 상임 위원회 7인의 한 명인 리잔수栗戰書의 딸 모두 자격 미달인데도 불구하고 채용됐다.[67] 현재 부총리이자 정치국 상임 위원회 위원인 왕양汪洋의 딸 왕시사汪溪沙도 도이치뱅크에 채용되었다. 그녀의 남편은 인민 해방군 장군 장아이핑張愛萍의 손자 장신량張辛亮(니콜라스 장)이다. 장신량은 UBS와 골드만 삭스에서 투자 은행가로 일한 뒤 헤지 펀드 회사 매그놀리아 캐피털 매니지먼트를 설립했다.[68]

취리히에 있는 크레디트스위스는 2013년까지 중국 총리로 경제 정책을 책임졌던 원자바오의 딸을 채용했다. 크레디트스위스는 자사가 채용한 태자당 자녀들과 그들이 각각 벌어들인 수익이 얼마인지를 기록한 스프레드 시트도 관리했다. 크레디트스위스는 중국 정부 고위 관리들의 자녀들과 친구들 100여 명 이상을 채용했다.[69] 한 '태자'의 경우는 크레디트스위스 직원들이 그녀의 이력서를 조작해서 채용되도록 도와주기까지 했다. 일단 채용되자 그녀는 출근도 하지 않았다. 출근을 해도 근무 태도는 '무례하고 직업 정신이 전무'하다는 평가를 받았고 때로는 모친과 함께 출근하기도 했다. 그럼에도 불구하고 그녀는 한 해에 100만 달러를 받았고 여러 번 승진했다. 그녀의 가족이 은행 측에 거래를 몰아줬기 때문이다.(2018년 크레디트스위스는 뇌물 혐의로 기소되지 않으려고 미국 당국에 7700만 달러의 벌금을 물기로 합의했다.[70])

금융 회사가 태자당 자녀들을 채용하면 그 대가로 중국의 거대한 금융 시장에 접근하는 관행은 월스트리트에서 중국 공산당이 영향력을 행사하는 가장 중요한 경로가 되어 왔지만 런던에서의 상황은 다르다. 런던의 금융가(시티오브런던 혹은 그냥 시티라고 알려졌으며 세인트폴 성당 동쪽으로 1제곱 마일 크기의 지역)는 유럽의 금융 중심지이기도 하므로 거대 금융 기업들은 영국 정치에 어마어마한 영향을 미친다. 브렉시트 이후 과연 런던이 유럽에서 지배적인 금융 중심지 지위를 유지할 수 있을지, 아니면 경쟁 도시인 프랑크푸르트나 파리로 대체될지 많은 이들이 설왕설래한다. 런던에 거주하는 중국 본토 출신 중국인들은 중국에게 황금의 기회를 제공하는 런던의 지위를 유지하려고 사력을 다하고 있다. 조금 과장해서 말하자면 중국이 런던을 장악하면 영국을 장악하게 된다. 중국이 이미 그런 장악력을 휘두르고 있다는 징후가 2019년 5월에 나타났다. 시티오브런던 지역의 지방 정부 시티오브런던 법인City of London Corporation이 연례행사인 시가행진에 타이완 사무소가 만든 조형물의 참가를 금지했다.[71]

중국 공산당이 추구하는 세계 경제 지배라는 야심만만한 전략의 핵심은 미국 달러를 밀어내고 중국 화폐인 인민폐 또는 RMB(위안이라고도 불린다)를 세계 기축 통화로 만드는 일이다. 중국 경제의 규모와 인민폐가 교역에서 두 번째로 많이 쓰이는 화폐라는 점은 도움이 되지만 금융 시장들은 중국의 금융 체제가 건전하지 못하고, 중국 정부가 시장을 조작한다는 사실을 알고 있기 때문에 불신감이 조성된다.

따라서 중국은 시장을 자유화하기보다 해외에서 핵심적인 의사결정자들에게 영향을 행사해 인민폐에 호의적인 정책을 펴도록 하는 작업에 착수했다. 일찍이 2011년 〈슈피겔〉은 중국이 “다른 나라들에게 강제로 중국 화폐 보유고를 유지하게 함으로써 경제 패권"을 쥐려한다고 중국을 비판했다.[72] 최근 들어 중국의 태도는 다소 수그러들었지만 의지는 더욱 집요해졌다.

중국의 접근 방식을 설명하기 위해서 우리는 노팅엄 대학교의 마틴 솔리Martin Thorley의 탁월한 연구에 빚을 졌다. 그는 국제화폐연구소國際貨幣研究所라는 기관이 행사하는 영향력이 얼마나 복잡하게 얽히고설켜 있는지 폭로했다.[73] 베이징의 중국 인민 대학에 위치한 이 연구소는 정부로부터 독립적인 기구라고 주장하지만, 솔리는 이 연구소 고위급 직원들이 공산당과 통일 전선 공작과 밀접하게 관련되어 있다는 사실을 증명하고 있다. 이 연구소의 창립자이자 소장인 비성린賁聖林은 매우 비중 있는 공작원이다.

비성린은 전국 상공 연맹 위원회 위원, 중국인민정치협상회의의 저장성 위원회 위원을 맡는 등 여러 개의 통일 전선 기구에 관여하고 있다. 비성린이 공산당 귀족이 아니라고 해도 상당한 고위직 관리임에는 틀림이 없다. 그는 서구 진영의 유수한 기관들과 인맥을 쌓고 제휴를 맺는 데 전념해 왔다.

2016년 브루킹스-칭화 센터는 국제화폐연구소와 공동으로 세미나를 열고 인민폐가 미국 달러를 대체할지 여부에 대해 토론했다.[74] 펜-와튼 중국 센터도 관여했다. 토론에 참가한 패널 가운데는 국제화폐연구소 소장과 부소장이 있었고 진행은 중국 국영 방송 중국중앙전시대 기자가 맡았다. 2018년 팰그레이브 맥밀런 출판사는 국제화폐연구소가 제작한 《화폐 국제화와 거시적 금융 리스크 관리》라는 책을 출간해 이 연구소와 이 연구소가 하는 주장에 힘을 실어 주고 정당성을 부여했다.[75]

미국의 케이토 연구소Cato Institute는 웹 사이트에 국제화폐연구소가 발간하는 영자 계간지 〈인터내셔널 모니터리 리뷰International Monetary Review〉를 게재하는데, 이 책자는 인민폐의 부상을 홍보하는 내용으로 가득 차 있다. 케이토 연구소의 선임 연구원 스티브 한케Steve Hanke는 국제화폐연구소의 국제 위원회 위원이다.[76]

국제화폐연구소의 영향권에 들어 있는 가장 두드러지는 기관이 화폐 금융 기관 공식 포럼Official Monetary and Financial Institutions Forum이다. 런던에 위치한 이 싱크 탱크는 중앙은행 업무와 금융 시장 규제를 집중적으로 연구한다. 이 포럼은 영국 국부 펀드와 연금 기금들과 연관되어 있다. 마틴 솔리는 국제화폐연구소와 이 포럼 인사들의 얽히고설킨 관계를 밝혀냈다. 적어도 일곱 명이 두 기관 모두에 적을 두고 있거나 기여하고 있는데, 이 가운데는 국제화폐연구소 자문 위원회 위원이자 계간지 이사회 이사인 데이비드 마쉬David Marsh가 있다. 이 계간지의 편집자 허버트 포니쉬Herbert Poenisch는 포럼에도 글을 기고한다. 2018년 포니쉬는 중국이 더욱 과감한 인민폐 확장 전략을 채택해야 한다고 주장했다.[77]

비성린은 이 포럼의 자문 위원회 위원이며 따라서 이 포럼은 최고위 통일 전선 공작원으로 하여금 런던의 실력자들에게 직접 접근하도록 해 주고 있다.

그 실력자 중에 한 명이 노동당 상원 의원 글렌 클로버의 데이비슨 경Lord Davidson of Glen Clova이다. 그는 중국의 인민폐 국제화를 가장 열렬히 부르짖어 왔다. 그는 상원에서 이와 관련한 발언을 하고 기고문을 쓰면서 재무부에게 인민폐에 개방하라고 촉구했다.[78] 2014년 그는 재무부의 미온적 태도와 상상력 부족으로 인민폐를 영국의 외환 보유고에 포함시키는 데 실패했다면서 재무부를 질타했다. 그는 런던을 중국 화폐의 가장 중요한 해외 중심지로 만들고 싶어 했다.[79] 2018년 그의 소원이 이루어졌다. 런던이 중국 바깥에서 거래되는 인민폐의 37퍼센트를 거래하게 되면서 그 어떤 해외 금융 중심지보다 중국 화폐를 많이 거래하는 곳이 되었다.[80]

데이비슨은 중국의 친구로 잘 알려져 있다. 2013년 그는 중국에서 열린 인권 포럼에 참가했다. 독일의 저명한 인권 변호사는 그를 '포럼 참가자 중에 인권 상대주의를 가장 목청껏 주장'한 사람으로 묘사했다.[81] 2014년 데이비슨은 노동당의 정책을 어기고 티베트 자치구 라싸에서 열린 '개발 포럼'에 참석해 달라이라마를 비난하고 중국 공산당이 티베트에 사회적 화합과 행복을 가져 왔다고 칭송했다.[82] 2018년 그는 상원에서 브렉시트 이후에는 영국 해군 함정을 남중국해에 파견하는 '호전적 태도'를 버리고 중국과 자유 무역 협상을 타결하는 게 영국 정부에게 훨씬 중요하다고 주장했다.[83]

예상했겠지만 데이비슨은 영국 48그룹 클럽의 회원이다.[84] 그는 미국에서의 인맥도 탄탄하다. 그의 2018년 중국 방문 비용을 버그루언 연구소Berggruen Institute가 지원했다.[85] 캘리포니아에 위치한 싱크 탱크로서 독일계 미국인 투자가 니콜라스 버그루언이 설립한 이 연구소는 더욱 친밀한 중미 관계를 주장한다(11장 참조). 버그루언은 베이징 대학에 중국 센터를 만들어 문화와 문화 간의 '대화'를 촉진하기 위해 2500만 달러를 기부했다.[86]

오늘날 시티오브런던 법인은 중국을 끌어들이지 못해서 안달이다. 2019년 3월, 시티오브런던 법인의 수장 피터 에스틀린Peter Estlin은 대표단의 일원으로 중국을 방문해 일대일로창의에서 시티오브

런던이 할 역할과 더불어 '핀테크Fintech와 친환경 금융'의 관계를 역설했다. 중국을 방문하는 동안 에스틀린은 시티오브런던이 중국의 성공에서 할 중요한 역할에 대해 발언했다.[87] 그는 피닉스TV와의 인터뷰에서 시티오브런던[88]은 다가오는 9월 중화인민공화국 건국 60주년 연회를 개최한다고 밝혔다. 에스틀린은 일대일로창의의 '상생 문화'를 찬양했고 시티오브런던이 '환상적인 구상'이자 '매우 흥분되는' 미래상을 실현하기 위한 재정 지원에서 핵심적인 역할을 하겠다고 말했다.

이 대표단을 이끈 사람은 중영 기업 위원회 이사 존 매클린John McLean으로서, 그는 "런던은 중국의 금융 기업과 기술 기업들에 문호가 열려 있다."고 선언했다.[89] 2019년 초 시티오브런던 정책 위원회 의장 캐서린 맥기니스Catherine McGuiness는 중국 공산당 기관지 〈중국일보〉의 국제판 창간을 환영한다면서 이 신문은 '스퀘어마일Square Mile(런던 금융가를 일컫는 명칭-옮긴이)에 위치해 있고 시티오브런던 법인의 가까운 친구'라고 강조했다.[90]

중국 인민 대학의 국제화폐연구소는 유럽 대륙에서 가장 중요한 금융 중심지인 프랑크푸르트에도 눈독을 들이고 있고, 괴테 대학교 금융 연구소와 손을 잡고 독일 은행가들을 양성하는 프랑크푸르트 금융경영학교에 중-독 금융 경제 센터를 열었다. 이 센터는 인민폐의 국제화를 추진하고 있고 중국과 독일의 중앙은행들의 지원을 받고 있다. 국제화폐연구소의 비성린은 저장 대학교 학장으로서 이 센터의 이사로 등재되어 있다.[91]

당 소속 최고위 공작원들 가운데 비성린은 아마 전 세계적으로 관계와 학계 금융 부문 인맥이 가장 넓은 마당발이다. 한 가지 예를 더 들어 보면, 그는 국제화폐연구소의 인맥 덕분에 통화 금융 연구소 공식 포럼의 미국 의장 마크 소벨Mark Sobel과 연이 닿았다. 그는 미국 재무부 최고위 관리를 지냈고 현재 워싱턴에 있는 싱크 탱크 전략 국제 연구 센터Center for Strategic and International Studies의 연구원이다.[92]

경제적 인식 형성하기

세계 최대 헤지 펀드 회사 브리지워터 어소시에이츠Bridgewater Associates는 상당 기간 동안 중국에 사업 기반을 구축하려고 애써 왔다. 2015년 브리지워터 창립자 레이 달리오Ray Dalio는 자사의 고객들에게 중국의 부채 위기가 위험 수위에 도달하고 있으니 가능한 한 빨리 자산을 매각하라고 은밀히 조언했다.[93] 그의 조언이 유출돼 〈파이낸셜 타임스〉에 보도되자 그는 말을 바꿔 자기의 조언을 '오해했다'고 말했다. 그는 중국의 부채는 그 정도로 큰 문제는 아니며, 그 이유는 중국의 화폐로 결제하기 때문이고 장기적으로 볼 때 전망은 밝다고 했다.[94]

2년 후 달리오의 발언 번복은 결실을 거두었다. 브리지워터는 외국 기업으로는 최초로 모회사가 100퍼센트 지분을 소유한 완전 자회사로서 중국에 자산 관리 회사를 설립해 중국 시장에 투자하게 되었다.[95] 2018년 세계 경제에 대해 비관적이 전망을 발표한 달리오는 중국에 대해서는 다음과 같이 열렬히 낙관했다. "중국은 지금까지 대단히 성공적이었다. (중략) 나는 중국을 생각하면 흥분된다. 중국에 대해 어떻게 흥분하지 않을 수 있는지 이해가 가지 않는다."[96] 2019년 그는 중국은 가족 같은 국가로서 국가는 인민에게 '아버지'

로서의 책임이 있고, 사회 신용 제도social credit system(국민 개개인의 일거수일투족을 점수화해 신용 점수를 매기는 제도-옮긴이)는 바로 이러한 취지를 토대로 한다고 중국 고위 지도자들이 자신에게 설명했다는 글을 기고했다. 반면 미국은 개인의 권리를 토대로 한다면서 "어느 체제가 더 낫다고는 말하지 않겠다."고 그는 이 글에 덧붙였다[97]. 달리오는 뻔뻔하게도 중국 정계에 인맥을 구축하고 특혜를 누리기 위해서 열여섯 살짜리 아들까지 동원해 '장애가 있는 고아들을 돕는 차이나 케어China Care라는 자선 단체를 설립'했다.[98]

세계 금융 시장은 인식이 지배한다. 저녁 뉴스에 등장하는 금융기관 선임 경제학자, 투자 기금의 애널리스트, 가입자들에게 배포하는 정보지 운용하는 경제학자, 신용 등급 기관의 전문가들 등 여론을 형성하는 이들이 세계 시장에 대한 이해와 기대감을 형성하는 데 중요한 역할을 한다. 그들이 하는 발언은 중국 성장 전망에 대한 신뢰성과 금융 부문의 안정성에 대한 인식에 영향을 미친다. 따라서 중국은 그들에게 지대한 관심을 기울인다.

중국 정부는 중국의 취약한 금융 시장, 합법적인 시장과 그림자 시장 둘 다에 대한 신뢰를 잃을까 봐 전전긍긍한다. 금융 위기로 경제가 붕괴하면 중국 공산당의 권력이 흔들린다. 공산당 홍색 귀족층이 보유하고 있는 자산 가치가 급락하는 것은 말할 필요도 없다.

2015년 6월 중국의 주식 시장이 폭락할 조짐이 보이자 중국 당국은 국영 언론 매체들에게 지침을 내려 보도 논조를 바꿔 '시장의 기대를 합리적으로 이끌라'고 했다.'[99] 이 지침은 "공포감이나 절망감을 과장하지 말라. 감정을 격앙시키는 침체, 급등, 붕괴 같은 단어는 사용하지 말라."라고도 했다.

주식 시장이 폭락하고 두 달 후 권위 있는 경제 잡지 〈재경財經〉의 기자 왕샤오루王曉璐는 '유언비어 확산' 혐의로 체포되었다.[100] 그는 평소에 하던 대로 취재하고 기사를 썼을 뿐이다. 그런데 그는 TV에 출연해 주식 시장에 대한 자신의 보도는 '무책임'했다고 자백했고, 이를 지켜본 다른 기자들은 그게 무슨 뜻인지 확실히 알아들었다. 외국 기자들은 그들이 시장 분석을 위해 의견을 구하고 발언을 인용하는 중국 전문가들이 입을 굳게 다물었다는 사실을 깨달았다. 관리들은 외국 기자들이 너무 비관적이라고 비판하고 중국 경제에 대한 '더욱 균형 있는' 보도를 요구하면서 압력을 넣었다. 늘 못미더웠던 중국의 데이터는 그나마도 점점 얻기가 힘들어졌다.[101]

중국을 전문으로 분석하는 경제학자와 시장 애널리스트들은 홍콩에 집중적으로 거주한다. 지난 10여 년에 걸쳐 중국 본토 출신으로 해외에서 유학하고 외국 기업이나 중국 기업에서 경험을 쌓은 경제학자들이 이 부류에 압도적으로 많아졌지만, 어디 출신이든 상관없이 대부분은 중국 경제와 금융 시장에 대한 우려를 표명하지 말라는 중국의 압력에 노출되어 있다. 홍콩 경제학자들이 제시하는 '독자적인 조언'은 사전에 조율한 듯이 보이기도 하는데, 그게 아니라면 중국 관영 언론 매체들로부터 무언의 언질을 받고 알아서 기는지도 모른다.[102] 얌전히 시키는 대로 하면 결국은 보상을 받을지도 모른다. 중국은 경제학자들이 사적 공적으로 하는 발언에 영향을 미침으로써 중국 경제 전망에 대한 세계의 인식을 입맛에 맞게 형성한다.

2015년 중국 경제에서 금융 부문이 심각한 위기에 처하자, 중국 공산당은 비관적인 뉴스로 판을 흔들지 말라고 세계적인 은행들에 은근히 압력을 넣었다. 스위스 최대 은행 UBS는 오래전부터 중국에서 사업을 해 왔고 중국의 금융 체제에서의 역할을 한층 강화할 방법을 적극적으로 모색해 왔다.[103] UBS 또한 공개적인 발언을 할 때 삼가라는 압박을 받아 왔고, 2018년 직원 한 명이 명백한 이유 없이 중국에 억류되자 UBS 경영층은 직원들의 중국 여행을 금지했다.[104] 시진핑의 부패 척결 조치는 특히 금융 부문에 집중되어 있으므로 금융업계 종사자들은 불안했다.

시장에 대한 기대는 하층부에서도 조작될 수 있다. 중국 공산당의 심기를 거스르는 이들을 처벌하면 된다. 2019년 홍콩에서 민주주의를 요구하는 시위가 벌어지고 있을 때, 캐세이퍼시픽Cathay Pacific의 직원 일부가 시위에 합류해 중국의 분노를 샀다. 한 투자은행의 애널리스트 자오둥천은 고객들에게 캐세이퍼시픽은 자사의 브랜드에 '회복 불가능한 손해'를 입혔고 주가가 폭락하리라고 예언했다. 그는 캐세이퍼시픽의 주식에 대해 '강한 매도' 등급을 매겼다.[105] 블룸버그가 예의 주시하는 19명의 애널리스트 가운데 자오둥천만 '매도' 등급을 매겼고 13명은 '매수'를 추천했으며 5명은 '보유'를 권했다. 항공 회사가 아니라 에너지 회사 전문가인 자오둥천은 중국의 거대 국영 은행 중국공상은행에서 일한다. 다른 애널리스트들은 그가 외국 기업들에는 부정적인 등급을 매기고 중국 기업들에는 긍정적인 등급을 매긴다고 비판해 왔다.[106] (캐세이퍼시픽의 주가는 폭락하기는커녕 보합세를 유지하다가 상승했다.)

이상필정

앞서 살펴본 바와 같이 외국의 기업들로 하여금 자국의 정부를 대상으로 중국을 대신해 로비하게 만드는 전술은 중국 공산당이 지닌 가장 막강한 전술로 손꼽힌다. 휴스턴 NBA 농구팀 로케츠의 매니저가 홍콩 시위대를 지지하는 트윗을 날렸다가 겪은 참사에 대해서 존 폼프렛John Pomfret은 경제 통합을 더욱 강화해야 한다고 촉구하는 이들이 바라는 바와 같이 '우리'가 '중국'을 바꾸기는커녕, 중국이 점점 더 우리를 바꾸고 있고, 서구 진영의 기업들은 중국이 휘두르는 막강한 무기 역할을 하고 있다.[107]

전미 농구 협회 소동이 일어나는 동안 미국의 유수한 스포츠 방송국 ESPN 채널은 진행자들에게 그 사건의 정치적 의미에 대해 절대 논하지 말라고 입단속을 했다. ESPN은 9단선이 그려진 중국 지도를 보여 주기도 했다. 중국의 남중국해 도서 영유권 주장은 국제법에 어긋난다는 판결이 내려졌는데도 이 지도는 남중국해 분쟁 지역을 중국 영토로 표시하고 있다. 이 지도는 중화인민공화국 바깥에서는 거의 사용되지 않는다.[108]

카메라 제조사 라이카Leica도 톈안먼 광장에서 탱크 앞에 맞선 학생을 등장시킨 홍보 동영상을 본 중국 네티즌들이 격렬하게 항의하자 화들짝 놀라서 그 동영상은 자사가 공식적으로 제작한 게 아니라며 거리를 두었다. 메리어트 인터내셔널Marriott International은 티베트 자치를 지지하는 트윗 포스팅에 '좋아요'를 누른 말단 직원을 해고했고, 중국이 불편한 심기를 보이자 타이완의 명칭을 '중화 타이페이Chinese Taipei'로 바꿨다. 스톡홀름에 있는 메리어트의 자회사 쉐라톤 호텔은 타이완 사무소(사실상 대사관)가 쉐라톤 호텔에서 타이완 국경일 축하 행사를 열겠다고 하자 이를 거절했다.

기업들 가운데 중국에게 가장 굴욕을 당한 기업은 애플이다. 애플은 미국 연방 수사국이 애플 사용자의 데이터에 접속하겠다고 하자 미국 정부를 상대로 소송을 걸더니, 중국 당국에는 암호화 키와 아이클라우드 데이터까지 순순히 넘겨줬다.[109] 중국에서 아이폰을 조립하는 애플은 홍콩인들이 가두시위 때 경찰과 마주치지 않도록 해 주는 앱을 삭제해서 거센 비판을 받았다. 중국 국영 언론들이 애플은 '폭도'들을 보호한다고 비난한 다음 날 이런 조치를 취했다. 그러고 나서 곧 애플 최고 경영자 팀 쿡Tim Cook은 칭화 대학 경영 대학원 자문 위원회 의장에 임명되었다.[110]

중국의 국가 주도 경제 정책은 시진핑이 통치하는 '새 시대'에 정치적 영향력을 휘두르는 막강한 도구로 진화했다.[111] 툭하면 사용되는 수법은 기업을 이용해 정부에 압박을 가하는 '이상핍정以商逼政'이다. 이 전술은 트럼프와의 무역 전쟁에서 미국 정부의 압력을 완화하라고 설득하는 데 이용되었다. 2019년 6월 수많은 애완동물 식품과 스포츠 장비 제조업자들을 비롯해 600여 개 기업과 협회들이 합동으로 대통령에게 공개서한을 보내 '미국 가족과 지역 사회들에게 피해를 주는 관세 부과'에 반대한다고 경고했다. 이는 '중부 지역을 해치는 관세Tariffs Hurt the Heartland'라고 불리는 단체가 조직한 교활하고 절제되고 비용을 많이 들인 캠페인의 일환이었다. 이 단체의 웹 사이트는 관세 때문에 한 비영리 단체가 '중서부 전역에 저소득 가정 산모들'에게 제공하던 아기 침대의 수를 줄여야 했다는 사연을 강조하고 있다.[112] 중국 공산당 보도 기관들은 이 서한의 내용을 지체 없이 보도했다.[113]

중국 공산당과 연계된 단체들이 '중부 지역을 해치는 관세'를 지원하는지 여부는 분명치 않다. 그러나 이 단체의 대변인 찰스 부스타니Charles Boustany가 중국과 관련이 있다고 〈데일리 비스트Daily Beast〉의 베서니 앨런-이브라히미언이 폭로했다.[114] 루이지애나주를 대표하는 연방 하원 의원 부스타니는 미-중 자문 위원회 공동 회장을 맡았다. 2017년 의원직에서 물러난 그는 로비 회사 캐피톨 카운슬Capitol Counsel에 합류했는데, 미-중 범태평양 재단을 대표하는 외국 대리인으로 등록되어 있다. 그는 이 재단으로부터 급여를 받고 미국 연방 하원 의원들을 중국 기업과 정치인들에게 소개해 주고 중국에 대한 그들의 이해를 촉진하는 업무를 한다.

독일 정부는 때로 중국에 대해 더 비판적인 입장을 취하다가 다시 '친기업적' 입장으로 되돌아간다. 그 이유를 이해하려면 중국 공산당이 기업을 이용해 압력을 행사한다는 사실을 알아야 한다. 앙겔라 메르켈 총리가 독일의 5G 통신망에 화웨이의 참여를 막는 법을 배제하자, 〈한델스블라트Handelsblatt〉는 메르켈 총리가 '중국과의 불화를 두려워해서' 그런 결정을 내렸다고 보도했다.[115] 2018년 두 나라 간의 무역량은 거의 2000억 유로에 달해 3년 연속 중국은 독일의 최대 교역 상대국이 되었다. 중국이 한해에 수입하는 독일 제품은 930억 유로에 달한다.[116] 독일과 중국의 경제 관계가 이처럼 급속히 성장해 온 결과 유럽 연합 국가들 가운데 독일은 중국에 대한 무역 의존도가 가장 높다.[117]

중국에 대한 독일의 수출은 성장해 왔지만 수출 규모만으로는 중국이 독일의 대중 정책에 미치는 영향을 다 설명하지 못한다. 특정한 산업계의 이익이 작동하고 있는 듯하다. 독일 자동차 산업은 수십 년 동안 그 규모에 비해 훨씬 막강한 정치적 영향력을 행사해 왔다.[118] 2018년 550만 대가 넘는 독일 자동차가 중국에서 팔렸다.[119]

2019년 7월 BMW는 중국의 인터넷 거대 기업 텐센트와 손잡고 자율 주행 자동차를 개발한다고 발표했다.[120] 독일 재계에서 자동차 산업이 유일하게 중국 공산당에 우호적인 목소리를 내는 것은 아니지만 자동차 산업은 중국 공산당에게 그 가치를 헤아릴 수 없을 만큼 중요한, 오랜 세월동안 공들여 온 자산이다. 그 결과 〈슈피겔〉의 말처럼, "독일의 자랑스러운 자동차 회사 대표들은 무슨 짓을 해서라도 중국과의 갈등을 피하려 한다."[121]

독일 자동차 제조업체들은 중국의 비위를 맞추기 위해 중국에 대한 발언을 스스로 검열한다. 폭스바겐 대표 이사는 BBC와의 인터뷰에서 신강 지역에 집단 강제 수용소가 있는지 없는지 자기는 모른다면서, 자사가 해당 지역에서 하는 활동에 대해 "대단히 자부심을 느낀다."고 말했다.[122] 메르세데스-벤츠는 인스타그램 광고에 달라이라마가 한 말을 인용했다가 재빨리 사과했다. 인스타그램은 중국에서 접속이 차단되어 있는데도 말이다.[123] 아우디는 독일에서 기자 회견을 하는 동안 타이완을 중국의 일부로 표시하지 않은 '틀린' 지도를 사용했다가 즉각 '진심으로' 사과했다.[124]

독일 거대 산업체 지멘스도 중국의 비위를 맞추려고 무던히 애써 왔다.[125] 지멘스는 10개 중국 제휴 업체들과 협정을 맺으면서 일대일로창의를 일찍이 받아들였고, 2018년 6월 베이징에서 자체적으로 일대일로창의 국제 정상 회의를 열었다.[126] 지멘스 최고 경영자 조 케저Joe Kaeser는 홍콩 시위에 대해 한마디 해 달라는 요청을 받고 독일은 독일이 추구하는 가치와 국익 사이에서 '균형'을 유지해야 한다고 주장하면서 다음과 같이 말했다.

"우리가 민감한 문제를 어떻게 다루는가에 따라 독일의 일자리가 달려 있다면, 일반인들의 분노에 분노를 더 보탤 게 아니라 모든 측면에서 모든 입장과 조치들을 신중히 고려해야 한다."[127] 케저는 2019년 2월 막강한 영향력을 행사하는 독일 기업 아시아 태평양 위원회 의장이 되었다.[128]

독일 일대일로창의 연방 협회(공식적으로는 2019년 3월에 브레멘에서 출범했지만 그 전부터 활동을 해 왔다.) 한스 폰 헬도르프Hans von Helldorff 회장은 전국에 방송되는 TV에 나와 독일의 대중국 정책을 비판하면서 독일의 '가치 지향적' 정책들을 파기하라고 요구했다.[129] 다시 말해서, 정부는 중국의 인권 유린 비판을 중단하고 오로지 기업의 이익에만 집중해야 한다는 뜻이다. 이러한 입장을 가장 대놓고 하는 인물이 폰 헬도르프지만 사실 사석에서는 흔히 오가는 주장이다.[130]

일대일로 전략

2019년 현재 세계 인구의 3분의 2에 해당하는 60개국 이상이 일대일로창의에 서명했거나 서명할 의사를 밝혔다.[131] 유라시아 대륙, 인도차이나, 동남아시아에 걸쳐 중국 국유 기업과 정부 관련 기업들이 도로, 항구, 공항, 철도, 에너지 공급망과 댐에 투자하고 있다. 항구는 특히 가치가 있다. 중국이 해상 무역에 의존하기 때문이다. 또한 항구는 분쟁 발생 시뿐만 아니라 평화로운 시기에도 전략적인 기능을 한다. 남중국해 주변의 국가들에 사회 기간 시설을 건설하면 이 지역에 위치한 도서 지역들로 하여금 중국에 합병될 경우 이를 운명으로 받아들이게 만드는 데 도움이 된다.

싱크 탱크 외교 위원회Council on Foreign Relations가 지적한 바와 같이, "미국은 일대일로창의가 중국이 주도하는 지역 개발, 군사적 팽창, 중국이 좌지우지하는 기구들을 도입하는 트로이 목마가 될 수 있다는 데 아시아 일부 국가들과 우려를 같이 한다."[132] 게다가 주요 기간 시설을 장악하려는 의도도 있다는 사실을 강조해야 한다. 필리핀의 전국 전기 공급망의 40퍼센트가 중국 국유 기업 국가전망공國家電網公司(국가전력망공사)에 매각된 후 필리핀 국영 전송 공사 사장은 전력 공급망을 감시하고 통제하는 시스템이 위치한 난징南京에 있는 스위치만 끄면 필리핀의 전력 공급 전체가 차단될 수 있다고 시인했다.[133] 국가전망공사는 호주의 빅토리아주와 사우스호주의 전력망 지분도 상당히 소유하고 있다.[134] 국가전망공사는 뉴사우스웨일스 전력망도 매입하려 했지만 국가 안보를 이유로 거부당했다. 참고로, 2016년 도널드 트럼프의 호텔 기업은 베이징에 있는 주요 부동산 개발을 국가전망공사가 관리하도록 하는 협상을 진행하고 있었다.[135]

유럽에서도 중국 기업들이 공항, 항만, 풍력 발전소를 소유하고 있는 나라가 9개에 달한다.[136] 이뿐만 아니라 중국 기업들은 자동차 타이어 제조사 피렐리, 스위스 비료 제조사 신젠타Syngenta, 다임러의 상당한 지분, 런던 금융 중심지에 있는 상당수 사무용 건물들, 13개 프로 축구팀도 소유하고 있다. 또한 유럽에서 규모가 가장 큰 로테르담 항구, 안트웨르픈 항구, 제브뤼허 항구의 전부 혹은 일부도 중국 소유다. 국영 중원해운물류유한공사中遠海運物流有限公司는 그리스의 주요 항구 피레아스Piraeus를 소유하고 있고 스페인 항구 관리 회사 노아툼Noatum의 지분 50퍼센트 이상을 소유하고 있으며 따라서 빌바오와 발렌시아 항구를 장악하고 있다.[137] 바르셀로나에 신설된 거대한 컨테이너 터미널은 홍콩에 본부를 둔 기업이 소유하고 있다.

영국, 독일, 프랑스는 중국의 투자에서 가장 많은 몫을 유치해 왔지만, 부채 위기에 뒤이어 유럽 연합으로부터 소외된 지중해 연안 지역이 이제 점점 중국의 관심을 받고 있다. 일대일로창의는 유럽 연합으로부터 홀대받았다고 생각하는 나라들의 환심을 사기에 안성맞춤인 수단이고, 이러한 나라들은 일부 다른 나라들과는 달리 외국 기업들이 국가의 생사가 걸린 기간 시설에 손대지 못하도록 위험한 투자 제안을 걸러 낼 수 있는 역량이 없다.[138] 중국은 지중해 연안에서도 해상력의 존재감을 높이고 있다. 인민 해방군 해군은 지중해 동부에서 눈에 띄게 활동을 강화해 왔고 2015년 그리스 해군과 합동 훈련을 실시했다.

중국은 공개적으로는 무역을 촉진하기 위해서 항구를 인수한다고 주장하지만, 눈에 띄지 않고 은밀하게 군사력 존재감을 확대하는 계획을 비롯해 전략적 압력을 구축한다는 장기적 구상을 품고 있다. 데빈 손Devin Thorne과 벤 스피백Ben Spevack이 싱크 탱크 C4ADS의 의뢰로 실시한 안보 분석 연구에 따르면 "항구 투자는 중국이 자국의 투자를 받아들이는 나라들을 옥죌 정치적 영향력을 구축하고 중국의 원정 해상 작전을 용의하게 할 기간 시설을 구축하는 두 가지 용도다."[139] 전략적 환경의 변화는 인도태평양 지역에서 가장 진전되었지만 지중해 지역에서도 상당한 성과를 얻었다. 중국어 정보원에 따르면 인민 해방군 해군 전문가들은 이 전략을 다음과 같이 설명한다. "위치를 엄선하고, 눈에 띄지 않게 전개展開하고, 협력을 우선시하고, 서서히 침투한다."[140] 중국은 기간 시설에 투자하고 해당 국가들이 중국의 '선의'를 믿게 만듦으로써 '전략적 지원

국가들'(중국의 '전략적 필요'에 맞게 유도할 수 있는 나라들)을 구축한다는 목표를 추진하고 있다.

담론 장악의 수단으로서의 일대일로창의

영향력 있는 중국인 학자 샹더바오相德寶는 일대일로창의를 통해서 중국은 "국제적 논의와 담론을 주도하고 있다."고 했다.[141] 일대일로창의가 이 책 전체에 걸쳐 등장하는 이유는 바로 이 구상이 담론을 형성하는 역할을 하기 때문이다. 일대일로창의는 중국이 기존의 지역 질서에 도전장을 내밀고 국가 주도의 독재적 자본주의를 포함해 통치 모델의 대안을 널리 알리는 수단이지만 '평등'과 '공존' 같은 문구로 위장하고 있다. 한마디로 일대일로창의는 중국 모델을 확산시키는 선전 선동agitprop이다.[142]

중국 공산당과 서구 진영 간의 이념적 대결은 현실을 보는 사회적 틀을 눈에 띄지 않고 정교하게 다듬은 언어를 이용해 대안적 담론으로서 아이디어를 제시하는 경쟁이 아니다. 담론은 힘의 원천이다. 담론은 무엇이 상상 가능하고 타당한지에 제약을 가하기 때문이다.[143] 중국 공산당의 두 이론가들은 "새로운 시대에 세계 통치에 대해 중국이 제시한 접근 방식인 일대일로창의는 중국의 담론에 반영되어야 하고 중국은 일대일로를 통해서 중국의 목소리를 깊이 침투시켜야 한다."고 말한다.[144]

시작부터 일대일로창의는 '포용적 세계화'의 모델로 제시되어 왔고 소외당했다고 느끼는 나라들을 겨냥했다. 일대일로창의는 무역과 문화 교류를 통해 세계 화합의 꿈을 이룬다는 언어로 포장되어 있다. 시진핑이 '미래를 공유하는 공동체'라는 문구를 언급할 때 그

저변에는 중국의 신세계 질서가 제 2차 세계 대전 후 미국이 구축한 패권 질서를 대체하리라는 뜻이 깔려 있다. 일대일로창의는 중국 공산당이 세계를 향해 제시하는 대안적 담론 체계를 홍보하고 침투시키는 주요 수단이다. 바깥세상을 향해 시진핑을 비롯한 당 지도자들은 '상생 협력'과 '대가족처럼 조화로운 공존'과 '평화와 동서 협력의 가교'를 얘기하지만, 중국 내에서는 세계 담론을 장악하고 지리 전략적인 지배를 달성할 방법을 논의한다.[145]

일대일로창의에 합류하는 나라는 중국 공산당의 담론에도 합류하는 셈이다. 이탈리아가 서명한 일대일로창의 양해 각서는 '공동의 발전과 번영을 추구하고, 상호 신뢰와 호혜적 협력을 강화'한다는 문구가 들어 있다.[146] 호주의 빅토리아주 정부는 연방 정부가 일대일로창의를 거부했음에도 불구하고 '평화, 협력, 개방, 포용, 상호 학습, 상호 이득을 중심으로 하는 비단길 정신을 증진시키고 새로운 시대(즉, 시진핑의 새 시대)에 발맞춰 그러한 정신을 한층 고양시키고자 하는 열망'에 매진하기로 했다.[147]

일대일로창의에 서명한 후 통상적으로 정치 지도자들과 고위 관료들은 중국 공산당이 쓰는 언어를 채택해 당이 세계에 보이고자 하는 중국의 모습, 즉 연성 권력soft power이라는 모습을 무의식에 각인시킨다. 중국 공산당이 보기에 그들은 당의 야망을 정당화하고 인류가 미래를 공유하는 공동체라는 시진핑의 미래상에 합류하게 된다.

2019년 베이징에서 열린 제 2차 일대일로 포럼 말미에 수십 명의 세계 지도자들은 다음과 같은 내용이 담긴 공동 성명서에 서명했다. "고대 실크로드는 평화, 협력, 개방, 포용, 상호 학습, 상호 이득을 신장시킨다는 정신으로 세계 경제의 결속력과 확장을 강화하는 데 기여했다."[148] 그들은 더 나아가서 당 이론가와 선전 선동가들이 중국의 투자 의도를 위장하기 위해 사용한 미사여구 포장지를 그대로 승인했다. 제대로 이해한다면 그 포장지가 훨씬 중요하다. 안에 담긴 내용물보다 훨씬 음험하고 교활하기 때문이다.

7 Mobilising the Chinese diaspora

해외 거주 중국인들을 동원하라

교무僑務: 해외 거주 중국인 관련 업무

해외에 거주하는 중국인 자손은 5000만에서 6000만 명 정도인데 이는 영국의 인구 규모에 맞먹는다. 당연히 이들은 사회적, 정치적, 문화적, 언어적으로, 그리고 중국에 대해 지닌 감정이 매우 다양하다. 그들은 중국 본토뿐만 아니라 타이완, 홍콩, 말레이시아 등 여러 지역 출신이다. 많은 이들이 중국 공산당이 집권하기 전에 해외로 이주했다.

본래 통일 전선 공작은 중국 내에서 비공산주의 조직들과 연대를 구축하는 데 집중했다. 그런데 지난 20년에서 30년에 걸쳐 통일 전선 공작은 해외 교민 지역 사회를 비롯해 더욱 폭넓은 집단으로 확대되었다. 최근에 이주한 이들인 신교新橋(참고로 중화인민공화국 국적자로서 해외에 거주하는 이들은 화교라고 부른다.)는 중국과의 관계를 유지하고 있고, 조상의 모국과 관련된 활동에 참여해야 한다는 감성적 심리적 필요를 느낄 가능성이 높다.[1] 혈연과 사업 관계를 비롯해 이러한 관계는 중국 공산당에게 대단한 지렛대 역할을 한다. 2015년 시진핑은 해외에서 유학하는 중국인 학생들을 통일 전선 공작에 새롭게 참여할 중요한 주체라고 지목했다.[2]

중국 공산당은 해외에 거주하는 중국인들을 '조상의 모국'에 결속시키는 목적으로 '중국인다움'을 선전해 왔고, 그렇게 함으로써 중국이 이룬 업적에 대한 국가적 자부심을 불러일으켰다. 서구 진영에서 인권 유린의 비판에 직면하면 중국 공산당은 중국의 통치 유형을 중국식이라거나 유교적 방식이라고 변호하곤 한다.(중국 공산당의 선전에 따르면, 타이완인들은 중국인에게 부적절한 길을 택했고 사회적 정치적 혼돈의 형태로 그 대가를 치르고 있다는 뜻이다.)

뉴질랜드의 중국 공산당 분석가 제임스 지안 화 토James Jiann Hua To는 해외 거주 중국인들을 겨냥한 공작을 포함해서 중국이 서구 진영에서 실시하는 통일 전선 공작의 목적과 수단들을 놀라울 정도로 자세히 묘사했다.[3] 교무(해외 교민 관련 업무)의 목적은 중국 공산당에 동조적이거나 동조적일 잠재력이 있는 지역 사회 단체들을 동원해 중국 공산당의 이익에 봉사하게 하는 동시에 적대적이라고 간주되는 이들을 억압하는 일이다. 당 정책을 해외 거주 중국인들에게 전파하고 '대의 민주주의, 인권, 학문의 자유를 비롯한 서구의 오염된 개념들'의 확산을 막는 목적도 있다. 통일 전선 공작 요원들을 가르치는 지침서에 따르면, '중국 내부에서 중국인들이 일치단결하려면 해외 거주 중국인들의 아들딸들이 일치단결해야 한다.'[4]

지난 20년에 걸쳐 중국 공산당은 서구 진영에서 중국 공산당을 비판하는 수많은 이들의 목소리(주로 민주주의, 티베트 자치, 위구르인들의 인권, 타이완의 독립, 파룬궁 수행자의 권리 등을 옹호하는 이들)를 억누르는 데 성공해 왔다. 오늘날 이런 목소리는 주류 언론에서든 중국어 언론에서든 거의 들리지 않는다. 해외에서 중국어로 보도하는 매체 장악이 이러한 면에서 매우 중요한 역할을 해 왔다. 이제 사실상 중국어로 보도하는 모든 신문과 라디오 방송들이 중국의 입장을 재생산하고 모국에 대한 충성을 부추긴다.

1990년대부터 중국 공산당에 동조적인 믿을 만한 개인들은 중국

영사관과 대사관들의 도움으로 북미와 서유럽에 이미 구축된 거의 모든 중국 지역 사회를 장악해 왔다. 그리고 기업, 과학, 직능 단체, 중국인을 위한 지역 공동체 단체들을 비롯해 친중 성향의 수많은 단체들이 새로 설립되어 왔고, 1989년 이후로 대학가에 중국인 유학생과 중국인 학자들로 구성된 협회들도 구축되었다.

그 결과 이제 친중 성향은 중국 지역 공동체 전체를 대표한다고 간주되고 있고 주류 언론 매체도 그런 식으로 보도한다. 이처럼 중국 공산당의 입장에 정당성을 부여하면 주류 정치인들과 교류하기 용이해진다. 중국은 해외의 중국인 단체들을 직접 통제하기보다는 해외 주재 대사관과 영사관을 통해서 지침을 하달한다. 정부 기밀 문서의 문구를 인용하자면, 그 목적은 "노골적으로 개입한다는 인상을 주지 않으면서도 내부에 침투해, 공개적으로 그들을 이끈다기보다 지침을 통해 영향을 미치는 일"이다.[5]

통일 전선: 작동 방식과 구조

제임스 토는 교무 공작은 "해외 거주 중국인들이 중국과 관련해 품고 있는 부정적인 의구심과 오해를 불식시키고 이를 긍정적 이해로 대체함으로써 그들이 하는 선택과 나아가는 방향과 충성심에 영향을 미치는 지속적이고 점진적인 노력"에 관여하는 일이라고 말한다.[6] 통일 전선 공작은 애국심과 감성에 호소하고 중국 공산당에 대한 비판을 '반중'정서와 동일시한다. 그러나 다른 동기들도 있다. 중국 공산당 전문가 게리 그루트Gerry Groot에 따르면, "공작 대상의 지위를 높여 주고 경우에 따라 물질적인 이익으로 보상하기도 한다."[7] 반체제 성향의 해외 거주 중국인들에 대한 강요와 협박은 보통 중

화인민공화국 국가 안전부와 영사관 직원들이 맡는다.[8]

중국 공산당은 통일 전선 공작에 이용하는 심리 기법을 수십 년에 걸쳐 개발하고 다듬어 왔고 기밀로 분류되어 있는 지침서에 따라 요원들을 양성한다. 제임스 토는 이러한 기법이 '행동을 강력히 통제하고 조작'하는 데 효과적이라고 지적한다.[9] 2015년 중앙 통일 전선 공작 회의에서 시진핑은 연설을 통해 '친구를 사귀는' 기술을 갈고닦아야 한다. "통일 전선 공작을 실행하는 중요한 방법이기 때문"이라고 말했다. 그는 "당원들, 정부 관리들, 통일 전선 공작 요원들은 모두 이 방법을 터득해야 한다."고 덧붙였다.[10]

2000년대 초부터 국무원교무판공실國務院僑務辦公室의 중앙 및 지방 사무소들은 미래의 지역 사회 지도자로 간주되는 이들을 겨냥해 해외에 거주하는 중국 청년을 대상으로 '훈련 강좌'와 '뿌리 찾기 여름 캠프'를 열어 왔다.[11] 이러한 차세대 지도자들은 그들이 거주하는 지역의 언어를 유창하게 구사하고 지역 문화를 몸에 익히게 된다. 이러한 심리 기법으로 달성하려는 목적은 그들의 애국심을 고취시키고 중국 본토의 단체들과 엮는 일이다. 자료는 희박하지만 공식적인 정보원들이 보도한 바에 따르면 2006년에 1만 1000명의 해외 거주 중국인들이 이 훈련에 참가했다고 알려졌다.[12]

서구 국가에서 실행하는 해외 통일 전선 영향 활동의 조직도는 이 책의 212쪽에 실려 있는 전체 조직도에 나타나 있다.[13] 이 조직도는 완전하지는 않으며, 인민 해방군의 영향 공작 기관들(특히 중국국제우호연락회)이나 대학교, 싱크 탱크, 중국어를 사용하지 않는 언론 매체를 대상으로 한 영향 작전은 표시하지 않았다. 그리고 당의 기관들이 실행하는 더욱 분산된 공작은 이 조직도에 반영할 수 없다.

이 조직도가 보여 주는 것은 중국 공산당과 서구 진영 내의 기관들 간의 관계다. 후자는 중국과 서구 국가를 구분하는 선 밑에 나타나 있다. 주요 실행 기구들(서구 진영에서 그 존재감이 확실히 감지되고 이 책에 소개된 기관들)만 표시했다. 이러한 기관들 상부에 위치하는 중앙외사공작위원회中央外事工作委員會(외교중앙위원회)와 영도소조領導小組(선도그룹) 같은 정책 개발 관료 조직은 표시하지 않았다.

통일 전선 공작은 조직도 오른쪽에 나타나는 국가 기관들이 아니라 중국 공산당 산하에 속한다. 물론 국가 기관들도 중국 공산당의 통제를 받고 영향 공작에 관여한다. 중국 공산당 중앙통일전선공작부(이하 통전부로 표기)는 중앙영도소조가 관할하는 대규모 부서다. 최근 구조 조정을 단행한 후 통전부는 부서 산하 제 3국, 제 9국, 제 10국에 해외에 거주하는 중국인 지역 사회들 사이에 영향 작전을 실행하는 임무를 맡겼다.[14] 다른 2개의 당 부서들도 해외 영향 공작에 관여한다. 대외 연락부(대외부)와 선전부다. 통전부는 2004년에 출간한 청서靑書에 포괄적인 전략을 제시하고 있다.[15] 해외 어디 거주하든 상관없이 비공산주의자 중국인들을 대상으로 조국과 고향에 대한 애국심과 '문화적 정체성'을 강조함으로써 '중국 국적자의 결속'을 강화하는 게 목적이다.

1979년 8월 덩샤오핑 총서기는 제 14차 전국 통일 전선 공작 회의에서 다음과 같이 분명한 지시를 내렸다. "통일 전선 공작은 당 전체의 임무다. 당 전체가 관여하는 데 성패가 달려 있다. 각급 당 위원회들은 위원회 의제에 통일 전선 공작을 포함시켜야 한다."[16] 이는 통일 전선 공작 업무는 실제로는 이 책에 수록된 조직도에 나타난 정도보다 훨씬 짜임새가 덜하고 형태가 불분명하다는 뜻이다.

통전부는 당과 무관한 분자들을 중국 공산당의 영향력 궤도 안으로 끌어들이는 대규모 고위급 자문 위원회인 중국인민정치협상회의에 지침을 하달한다(더 자세한 내용은 아래 참조). 당에 충성하는 해외 거주 중국인은 전국 차원이나 지역 차원의 정치 협상 회의에 초청된다. 중국인민정치협상회의의 가장 중요한 해외 기관으로 손꼽히는 기관이 중국화평통일촉진회로서 전 세계적으로 200여 개의 지부를 거느리고 있다. 중화전국귀국화교연합회도 공식적으로는 중국인민정치협상회의 소속이지만 실제로는 통전부가 장악하고 있으며, 이러한 이유 때문에 통전부가 거느린 주요 기관들(국무원교무판공실, 중국신문사, 중국 대외 교류 협회로도 불리는 중국 대외 우호 협회)과 함께 상자 안에 넣었다.

중국 인민 대외 우호 협회

중국 인민 대외 우호 협회는 자매 도시 결연이나 의회 우호 단체 결성, 중국 우호 협회 결성 등 주, 지방, 지역 정부를 통한 '민간 외교'로 서구 진영에 영향 공작을 하는 으뜸가는 기관이다. 중국 인민 대외 우호 협회는 이 책에서 자주 거론된다.

이 협회가 당 위계질서에서 차지하는 서열이 어느 정도인지는 불분명하지만 지창 룰루는 외교부의 통제까지는 아니더라도 관리를 받는다는 설득력 있는 주장을 한다. 여기서 '관리'라 함은 일상적인 업무 관리가 아니라 '정치적 지도와 사상적 지도'를 한다는 뜻으로 정의된다.[17] 중국 인민 대외 우호 협회는 외교부로부터 차출된 간부들로 구성된다. 이 협회는 당의 '팔선' 가운데 한 사람인 리셴녠李先念의 딸로서 막강한 실력자인 태자당 일원 리샤오린李小林이 이끌고

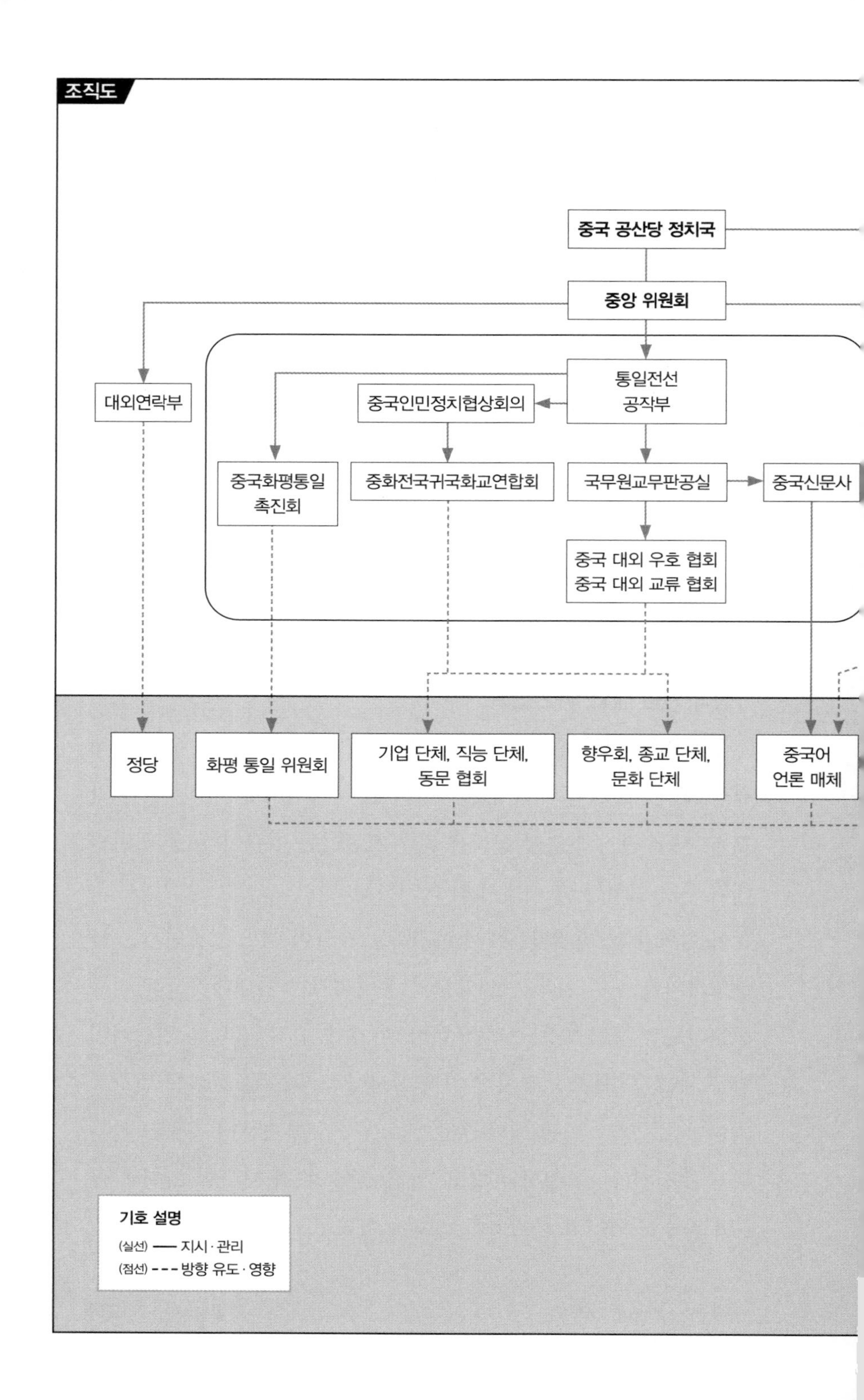
조직도
중국 공산당 정치국
중앙 위원회
대외연락부
통일전선
공작부
중국인민정치협상회의
중국화평통일
촉진회
중화전국귀국화교연합회
국무원교무판공실
중국신문사
중국 대외 우호 협회
중국 대외 교류 협회
정당
화평 통일 위원회
기업 단체, 직능 단체,
동문 협회
향우회, 종교 단체,
문화 단체
중국어
언론 매체
기호 설명
(실선) —— 지시 · 관리
(점선) - - - 방향 유도 · 영향

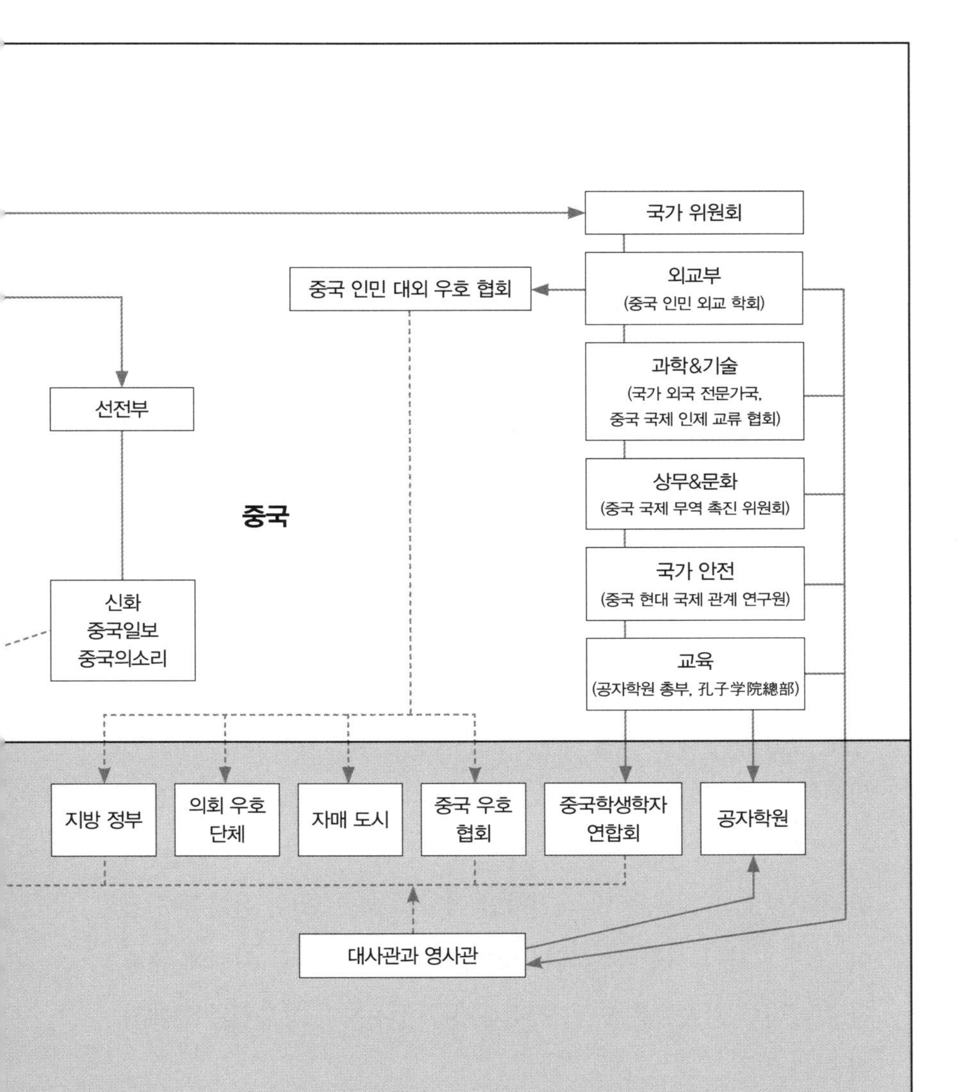

서구 국가

통일 전선 영향 기구들과
서구 국가 내의 관련 기관들 구조

있기 때문에 상당한 재량권을 행사한다.[18]

국무원교무판공실

국무원교무판공실은 해외 거주 중국인들의 활동 방향을 유도하고 감독하는 등 해외 거주 중국인들을 담당한다. 제임스 토는 다음과 같이 말한다. '국무원교무판공실은 해외 거주 중국인의 언론 매체, 문화 협회, 학교 등과 친선, 결속, 조율, 방향 유도 등을 통해서 문화적 소통 활동을 실행하는 연성 권력 의제를 추진한다.'[19]

2018년 국무원교무판공실이 하던 기능을 모두 통전부(제 9국과 제 10국)가 흡수했지만, 대외용으로는 이 이름을 여전히 사용한다.[20] 이 책에서도 국무원교무판공실 명칭을 그대로 쓰겠다. '국무원교무판공실 관리들'의 활동이 서구 진영을 대상으로 한 보도와 발언에 여전히 등장하기 때문이다. 국무원교무판공실과 중화전국귀국화교연합회는 중국 전체에 성省, 시市, 현縣 등 각급 지방에도 이에 상응하는 기관이 있고, 이들은 해외 거주 중국인들이 조직한 협회들과의 관계를 맺고 유지하는 데 직접적인 역할을 하고 있다. 이러한 수십여 개의 기관이 서구 진영에서 국가, 주, 도시 등 각급 차원에 존재하고 이러한 기관들은 모두 중국 대사관이나 지역 영사관과 연계되어 있다.[21]

통일 전선 공작을 강조한 시진핑의 지시의 일환으로 2014년 6월 국무원교무판공실은 '해외 거주 중국인들의 이익을 증진할 8대 계획'을 발표했다. 중국인 지역 사회 단체, 상호 원조 센터, 교육, 중국 전통 한의학, 문화 교류, 기업가와 정보 서비스 등을 겨냥한 프로그램이다.[22] 국무원교무판공실은 자체적으로 국제 뉴스 네트워크인 중국신문사도 운영하고 있다. 신화통신 같은 공식적인 국영 통신사는 서구 진영에 있는 중국어 매체에게 기사를 제공한다면, 중국신문사는 지분 확보를 통해서 '은밀하게 해외 언론 매체 기관을 운영한다.'[23]

조직도의 하반부에 있는 해외 중국 기관들은 9가지로 분류된다. 화평 통일 위원회, 상공 회의소 같은 기업 협회, 직능 단체와 과학 및 학술 단체, 동문회, 향우회, 중국인 기독교 협회와 불교 협회 등 종교 단체, 무용단과 작가 협회와 인민 해방군 노병 연의회 같은 문화와 전통 유산 단체, 중국인이 아닌 이들도 끌어들이는 친선 교류 협회, 학생회 등이다.

노병 연의회를 잠시 살펴볼 필요가 있다. 거주하는 중국인 인구 규모가 큰 서구 국가에서 인민 해방군 퇴역 군인들은 군복무 시절의 동지애를 새롭게 다지고 사업과 사회적 문제에서는 상호 이익을 주는 관계(관시)를 구축한다는 목적으로 협회를 결성해 왔다. 이러한 과거에 대한 향수는 회원들을 감정적, 언어적, 문화적으로 중화인민공화국과 가까운 관계를 유지하는 데 도움이 된다. 그러나 이러한 협회들은 통일 전선 기구로서 전복적인 기능과 영향 공작 기능을 한다.[24] 프랑스 외인부대 중국 재향 군인 협회French Foreign Legion Chinese Veterans Association는 1996년에 설립되었지만, 2004년 중국 대사관에 등록하면서부터 사회적 행사에 적극적으로 참여하기 시작했다.[25] 이 협회의 웹 사이트에는 인민 해방군 퇴역 군인들은 시험을 통과하면 프랑스 외인부대에서 5년을 복무한 후 프랑스 시민권을 딸 수 있다.[26] 2016년 '프랑스 주재 중국 대사관의 배려로' 각계각층의 인사들이 참석한 자리에서 천젠칭陈建青이 협회 회장에 취임했다.[27] 이임하는 회장은 과학 기술 교류, 일대일로창의 홍보, 중국 공공 안전 문제에 대한 포럼, 해외 거주 중국인과 중국 간의 연계 촉진 등 협회가 해 온 일련의 영향 활동에 대해 구체적으로 밝혔고 마지막으로 중국-프랑스 어린이들을 위해 중국에서 한 문화 활동을 열거했다.[28]

런던에서는 2016년 육군의 날(인민 해방군 창건을 기념하기 위해 8월 1일에 열린다.) 행사에서 영국화인노병연의회英國華人老兵聯誼會 왕징 회장은 "모국의 존엄성을 수호"하고 모국이 부르면 언제든지 "부름에 응하겠다."고 선언했다.[29] 캐나다에서는 2018년 캐나다화인노병연의회가 창립되면서 중국계 캐나다인 지역 사회 일부에서 불안감을 야기했다.[30] 협회는 연주회를 열었는데 인민 해방군 군복을 입은 재향 군인들이 애국심을 고취시키는 군가를 불렀고 수련회에 참가한 이들이 발맞춰 행진하면서 인민 해방 군기와 중국과 캐나다 국기에 경례하는 사진을 찍었다.

시드니에서는 2015년 인민 해방군 재향 군인들이 오중퇴역노병구락澳中退役老兵俱樂•을 결성했다. 이 협회도 군복을 입고 애국심을 고취시키는 노래를 부르는 행사를 개최했고 거리에서 중국인 지도자들을 환영하는 행사에 참가할 때 군사 전술을 이용했다. 2018년 멜버른에서도 육군의 날에 군복이 등장했다. 이번에는 오중퇴역노병구락이 주인공이었고 혁명가에 맞춰 행진을 했다.[31] 뉴질랜드에서 신시란(중국)노병연의회••의 역할은 더욱 악의적이었다. 회원들이 중

• 중국어로 호주를 오주澳洲, 클럽을 구락부俱樂部라고 한다.

•• 중국어로 뉴질랜드를 신서난新西蘭이라고 한다.

국에 동조적이지 않은 행사들을 감시하고 중국을 비판하는 이들을 위협했다.[32] 서구 진영의 당국들은 그런 행동에 아무런 반응도 보이지 않았다.

중국인민정치협상회의

통일 전선 공작을 주도하는 기관의 하나인 중국인민정치협상회의는 고위급 자문 기구로서 비당원들을 국가 의사 결정 과정에 통합시키는 역할을 한다. 몇 년 전 이 기관은 기업가들과 전문직 종사자들에게도 문호를 개방했고 중국 안팎에서 부유하고 영향력 있는 중국인들을 포섭해 당의 영향권으로 끌어들이는 데 대단히 효과를 거두었다. 중국인민정치협상회의에 초대되는 이들은 중국 권력 핵심부에 접근하는 특혜를 누리게 된다. 2013년 전국 회의에 억만장자 52명이 참석했다고 전해진다.[33]

중국인민정치협상회의는 성과 시 차원에도 상응하는 조직이 있어서 포섭망을 더욱 널리 확장할 수 있다. 중국 공산당 바깥의 세력들을 끌어들이기 위해 설립된 정치 기관으로서 상당히 비중이 있다고 간주되는 이 조직은 '가장 권위 있는 국가 통일 전선 기구'다.[34] 중국인민정치협상회의에 참여하는 해외 거주 중국인들은 당의 이익을 증진시킨다는 신임을 당으로부터 얻는다. 예컨대, 미중 공공문제 연구소 소장(중미교류기금회의 '미국 측 특별 대표'이기도 하다.) 프레드 텅Fred Teng은 2018년 회의에서 한 세션을 담당했다. 베이징에 머무르는 동안 텅은 주최자들에게 "해외 거주 중국인들은 강한 중국을 염원한다."고 말했다.[35]

중국화평통일촉진회

타이완의 독립을 저지하기 위해 1988년에 설립된 중국화평통일촉진회는 해외 거주 중국인들 사이에서 영향 활동을 폭넓게 시행해왔다. 중국화평통일촉진회 지부가 가장 선두에 나서서 활동하는 통일 전선 단체인 국가들도 있다. 중국 공산당 서열에서 이 촉진회가 중요한 위치를 차지한다는 징후는 회장 왕양汪洋이 정치국 상임 위원회 위원이라는 점이다. 부회장은 통일전선공작부 부장이다. 통일전선공작부의 위장 기구인 중국화평통일촉진회는 중국 공산당 선전을 널리 알린다. 존 닷슨John Dotson은 중국화평통일촉진회 지부가 있는 91개국을 열거했는데, 일부는 지방에도 지부가 있으며, "중국 정부를 대신해 은밀하게 정치적 영향 공작 활동을 점점 더 적극적으로 하고 있는 조직"이라고 지적한다.[36]

중국화평통일촉진회 지부들의 영문 명칭은 다양하지만 중문 표기는 보통 동일하다. 미국에는 거의 대부분의 주요 도시에 지부가 있고 워싱턴 D.C.에 있는 전미 본부는 중국 화평 통일 전미 협회로 불린다. 시카고 지역에서는 중국 화평 통일 중미 연맹으로 불린다. 영국에서는 국가 통일 촉진 영중 협회로 불린다.

전 세계에 퍼져 있는 이 모든 단체들의 지도자들은 베이징 지도부와 밀접하게 연관되어 있고 영향 공작 요원으로서 그들의 임무는 시진핑 주석하에서 한층 더 강화되었다. 시드니에 있는 중국 화평 통일 촉진 오주 위원회는 영향 공작을 매우 적극적으로 하면서 거금의 정치 자금 기부 등을 통해 주요 정당과 깊은 관계를 구축했다. 2018년 중국화평통일촉진회의 당시 회장인 억만장자 황샹모黃向墨는 호주 입국을 거부당했는데 그가 중국 공산당의 공작에 관여한다

는 사실도 한 가지 이유였다.[37]

미국에서 중국화평통일촉진회 지부들은 눈에 띄지 않게 활동해 왔다. 워싱턴 D.C.에서 정치인들을 대상으로 한 노력은 폭넓은 여론이나 정부 정책보다는 중국인 지역 사회 내에서 여론을 형성하는 활동에 주로 국한되어 있다. 그러나 여기서도 당 관련자들이 점점 중요한 역할을 맡게 되면서 반대 의견이 묵살되고 있다.[38]

중국화평통일촉진회는 그 이름에 걸맞게 타이완을 국제 사회로부터 퇴출시키려고 애쓰고 있다. 구주• 중국화평통일촉진회는 '유럽의 모든 동포들'에게 세계 보건 대회에 타이완의 참여를 지지하는 타이완 운동가들이 조직한 행사에 반대하라는 호소문을 발표했다[39].

협박과 괴롭힘

중국 공산당이 중국인으로 분류하는 중국인 지역 사회들 가운데 중국 공산당의 괴롭힘에 가장 시달려 온 이들은 파룬궁 수행자들이다. 태극권과 불교를 바탕으로 한 평화로운 영적 수련인 파룬궁은 아마도 많은 작가와 지식인들이 중국 공산당 치하에서의 도덕적 타락을 탄식했듯이 이에 대한 대응으로서 1990년대에 중국 전역에 수백만 명의 추종자들이 생겼다. 정치적 이해는 없지만 파룬궁의 급속한 전파는 당 지도자들을 공포에 빠뜨렸고, 1999년 장쩌민 총리는 무자비한 탄압에 착수했다. 수많은 수행자들이 중국을 탈출했지만 그들이 정착하는 곳이면 어디서든 중국의 치졸한 괴롭힘에서부터 폭력 행위에 이르기까지 탄압에 직면해 왔다.

• 중국어로 유럽을 구주歐洲라고 한다.

비교적 심각한 사건이 뉴욕시 퀸즈에 있는 플러싱에서 일어났다. 상당히 규모가 큰 중국인 지역 사회가 있는 곳이다. 2008년 파룬궁 수행자들이 거리에서 마이클 추라는 남자가 이끄는 '반-컬트' 애국 운동가들에게 괴롭힘과 공격을 당했다. 마이클 추는 중국 화평 통일 뉴욕 협회 부회장이었다.[40] 파룬궁 수행자들은 살해 협박과 중국에 있는 혈육을 처벌하겠다는 협박 전화도 받았다. 뉴욕 주재 중국 총영사 펑커위彭克玉가 직접 폭력을 교사했다는 사실이 드러났다.[41]

2019년 신장성 '자치 구역'에서 주민 감시 장비가 널리 사용되고 백만 명 이상이 강제 수용소에 수감되는 등 억압이 절정에 달하면서 중국 당국은 중국 바깥에서 사는 위구르족을 한층 더 괴롭혔다. 프랑스에서는 중국 경찰이 전화나 위챗으로 현지에 사는 위구르족들을 접촉해 그들의 프랑스 신분증과 결혼 증명서, 자택과 직장 주소를 제출하라고 요구했다. 독일에서는 망명한 위구르인 압두젤릴 에메트의 여동생이 신강에 있는 자기 집에서 오빠에게 전화를 걸어 사회 운동을 그만하라고 애원하자, 공안 요원이 전화기를 빼앗고 그에게 다음과 같이 협박했다. "당신은 해외에 살고 있지만, 당신이 독일에서 운동한다고 설치고 다니는 동안 당신 가족 생각도 해야 한다. 그들의 안전도 생각해야 한다."[42] 위구르족의 박해는 많은 나라에서 일어나고 있고 시민권이 있어도 지역 당국이 중국 경찰로부터 보호해 주지 못한다.[43]

서구 진영에 사는 위구르 학생들은 자신의 의견을 표명했다는 이유로 중국 한족 친구들에게 협박을 받아 왔다. 미국에 있는 한 위구르 학생은 많은 위구르인들이 자기 조국을 일컬을 때 쓰는 '동 투르키스탄'이라는 용어를 쓰면 중국 대사관에 알리겠다는 협박을 받았다.[44] 중국인 학생들은 그를 분리주의자라고 매도하면서 "네가 강의 시간에 중국을 비판하는 발언을 하게 내버려 두지 않겠다!"고 했다. (당시 담당 선생은 중국인 학생들에게 그들이 위구르인 학생을 중국 대사관에 신고하면 위구르 학생은 그들을 연방 수사국에 신고할 권리가 있다고 말했다. 그러자 중국인 학생들은 움츠러들었다.) 캐나다. 영국. 스웨덴, 독일에 거주하는 위구르인들은 동족인 다른 위구르인들을 염탐하는 데 동의하지 않으면 다시는 가족을 만나지 못한다는 협박을 받아 왔다.[45] 캐나다에 거주하는 위구르인 지도자는 "일단 중국을 벗어나면 자유롭다고 생각할지 모르지만, 절대로 자유를 누리지 못한다."고 말했다.

뉴욕에 거주하는 인권 운동가 원윈차오温云超는 중국 당국이 등교하던 자기 아들의 사진을 찍었다고 말했다. "그들은 마음만 먹으면 언제든 내 아들에게 해코지를 할 수 있다고 내게 경고한 셈이다."라고 말했다.[46] 인권 변호사 텅뱌오滕彪와 청광청陳光誠을 비롯해 해외에 거주하는 수많은 중국인들이 살해 협박을 받는다고 말한다.[47] 토론토에 사는 민주화 운동가 성쉐盛雪는 중국 당국이 그녀의 동향을 감시하고 있고 중국 지도자들에 대한 비판을 그만두지 않으면 죽이겠다고 협박했다고 말했다. 그녀는 온라인에서도 괴롭힘을 당해 왔다. 다른 사람의 벌거벗은 몸에 그녀의 머리를 합성한 사진이 그녀의 전화번호와 주소와 함께 에스코트 서비스 사이트에 포스팅되어 수많은 전화가 걸려 왔다.[48]

독일에 활동 중인 중국인 예술가 양웨이둥杨伟东은 "중국 공산당은 독일을 중국 공산당의 뒷마당 취급하는 지경에 이르고 있다."라고 말했다.[49] 디디 커스틴 태틀로는 2018년 베를린에서 노벨 평화상 수상자 류샤오보劉曉波 추모식에서 일어났던 사건을 다음과 같이 회상한다. 많은 '무표정한' 중국인 추모객들이 참석자들을 낱낱이 찍기 시작했고 중국 국가 안전부가 써먹는 수법들을 익히 알고 있는 사람이라면 누구든 공포에 질리게 만들었다.[50] 서구 진영에 거주하는 파룬궁 수행자들과 더불어 많은 중국인들, 위구르, 홍콩, 티베트인들이 느끼는 불안과 공포는 현지 법 집행 당국이 중국 경찰 및 정보기관과 공조하면서 한층 깊어진다. 이는 13장에서 자세히 살펴보겠다. 일당 독재 국가는 중국 공산당을 비판하는 이들을 모조리 색출할 수 있음을 상기시켜 주듯, 서구 진영에 사는 애국적인 중국인들은 자기 자동차를 중국 경찰차처럼 보이게 개조하기도 한다.[51]

화인참정

중국은 2005년 무렵 '중국인의 정치 참여'라는 뜻인 화인참정華人參政 정책을 밀어붙이기 시작했다.[52] '굴욕의 세기'와 계속되는 반중 정서와 인종 차별주의라는 담론을 툭하면 이용하는 중국 공산당의 통일 전선 전략의 새로운 전술로서 그 이후로 중국이 지원하는 중국인들이 캐나다, 미국, 뉴질랜드, 호주, 영국 등에서 정당에 가입하거나 선출직에 출마했다.[53]

통일 전선 기관들은 2010년 중국 공산당 전략가가 제시한 충고를 충실히 실행하고 있다.(중국인을 기반으로 한 정치 조직을 구축하고, 선거자금을 기부하고, 중국인 정치인을 지지하고 막상막하인 선거에서 판세를 결정할 표를 행사하는 방법이다.)[54] 이 접근 방식은 마오쩌둥이 이용한 '모래 섞기'다, 즉 믿을 만한 사람들을 적의 진영에 심는 전술이다.[55] 이 작전은 캐나다에서 가장 진전된 단계이지만 독일, 프랑스, 뉴질랜드, 호주에서도 구축되고 있다.[56] 2019년 9월 호주 언론 매체들이 연방 의회에 새로 선출된 글래디스 류가 호주와 중국 내의 많은 통일 전선 단체들과 연계되어 있다고 보도했다.[57] 결정적인 증거도 등장했다. 그녀가 수 년 전부터 통일전선공작부 산하 기구인 중국 대외 교류 협회의 지부 광동 대외 교류 협회 위원회 위원이었다는 증거였다.(212쪽 조직도 참조). 류는 중국인 지역 사회에서 왕성하게 기금 모금(100만 호주 달러, 70만 미국 달러) 활동을 했기 때문에 자유당 후보로서 선출되었다.[58] 그녀가 연방 의회에 입성한 후 스콧 모리슨Scott Morrison 총리는 글래디스 류와 중국 공산당과의 연계 설을 인종 차별주의가 저변에 깔린 비방이라고 일축했다.[59]

2019년 11월 호주의 걸출한 탐사 보도 기자 닉 매킨지Nick McKenzie는 중국 첩보원 조직이 멜버른에 사는 고급 승용차 딜러를 포섭해 연방 의회에 출마하게 하려했다는 폭발적인 기사를 터뜨렸다.[60] 보(닉) 자오는 선거 자금으로 100만 호주 달러를 약속받았다. 첩보 조직을 이끌고 있는 것으로 알려진 멜버른의 사업가 브라이언 첸은 "고위급 중국 첩보 요원으로 의심된다."고 알려졌다.(첸은 이를 부인한다). 닉 자오를 치숌Chisholm 지역구 자유당 후보로 지원한다는 계획이었다.(이 지역구 의석은 글래디스 류가 차지했다). 2018년 말 자오는 중국 공산당이 자신을 포섭하려 시도했다고 호주 안보 정보기관에 신고했고, 2019년 3월 그는 한 모텔 방에서 의문사한 채 발견되었다.

서구 진영에 거주하는 중국인들은 숫자에 비해서 정치권에 진출하는 비율이 낮고 따라서 그들의 정치 참여를 더 권장해야 한다. 그러나 이러한 여건을 중국 공산당이 이용해 공산당에 동조하는 이들을 후보로 밀어붙인다. 민주적 선거를 이용해 중국 공산당의 독재적인 영향력을 확산시키고 반중 정서의 역사를 이용해 유권자들을 결집한다.

정치적 영향력을 확보하는 또 다른 경로는 주요 정당 내에 중국인 위장 단체를 만드는 방법이다. 예컨대, 웨스턴오스트레일리아주에서 호주 중국 노동자 협회는 노동당 내에서 상당한 영향력이 있고 자기들이 선호하는 후보를 정계에 진출시켜 왔다.[61] 웨스턴오스트레일리아주 중국인 리버럴 클럽도 보수 진영에서 똑같은 일을 해왔다. 이러한 단체들이 천거해 지지하는 후보들은 중국인 유권자의 이익을 우선하리라는 기대를 받는다. 통일 전선 기관들은 멘토링이나 '교육 세미나'를 통해 중국계 호주인 신세대를 육성해 정계에 진출하게 만들고 있는 듯하다.

프랑스에서는 법국화교화인회法國華僑華人會• 대표들이 2017년 중국을 방문해 국무원교무판공실 2인자 탄톈싱譚天星을 만났다. 이 협회 회장 런리민任俐敏은 탄톈싱에게 협회에서 젊은 중국인 지역 사회 지도자들을 육성하고 청년들에게 지역 정치에 참여하라고 독려하겠다고 말했다.[62] 그 이듬해 런리민은 중국인민정치협상회의에 초대받았다. 중국 공산당이 그를 신임한다는 징후다.[63]

영국에서의 화인참정

중국계 영국인들 가운데도 상당히 고위직을 맡거나 통일 전선 기구 조직원으로서 중국에서 회동을 하는 이들이 있다.[64] 2018년 5월 중국 국무원교무판공실은 중국계 영국인들에게 투표에 적극 참여

• 중국어로 프랑스를 법국法國이라고 한다.

하라고 독려하고 그들이 대거 선거에 출마한 데 대해 치하했다.[65] 중국계 영국인 두 명이 특히 주목할 만하다.

크리스틴 리(리전쥐, 李貞駒)는 런던뿐만 아니라 베이징, 홍콩, 광저우에 사무소가 있는 회사의 변호사다.[66] 2006년 그녀는 영국계 중국인 프로젝트를 창립했다.(중국어로는 '영국계 중국인 정치 참여'로 번역된다.) 당시에 그녀는 중국 대외 교류 협회 회원이었다.[67] 그녀는 중국 공산당과 매우 깊은 관계를 맺고 있다. 그녀는 런던 주재 중국 대사관의 수석 법률 자문이자 국무원교무판공실 법률 자문으로 일해 오고 있다. 크리스틴 리는 중국인민정치협상회의의 해외 회원이기도 하다.[68] 이러한 직책들로 미루어 볼 때 그녀는 중국 공산당에 매우 중요한 인물임이 틀림없다. 그런데 그녀는 영국 의회의 정당 간 중국 단체의 서기이기도 하다.[69]

크리스틴 리가 영국 정치에 관여하기 시작한 시기는 토니 블레어 총리 시절이었던 것으로 보인다. 당시 그녀는 런던 노동당 하원 의원이자 내각 각료였고 근래에는 노동당의 그림자 내각의 국제 무역 장관이었던 배리 가디너Barry Gardiner와 연대를 맺었다.[70] 해나 맥그래스Hannah McGrath와 올리버 라이트Oliver Wright는 2017년 〈타임스The Times〉에 이러한 연계를 폭로하는 다음과 같은 기사를 썼다. "크리스틴 리는 결국 배리 가디너와 그의 지구당에 20만 파운드 이상을 기부하면서 두 사람의 관계는 결실을 맺었다."

2007년 블레어 정부의 각료를 맡고 있던 배리 가디너는 크리스틴 리의 영국계 중국인 프로젝트 회장이 되었고 두 사람은 영국 의회에서 중국에 우호적인 인사들을 만드는 프로그램에 착수했다. 이는 가디너가 2011년 '초당적인 단체를 만들어 영국 내 중국인들을 대표'하기로 하면서 한층 힘을 얻었다. 크리스틴 리의 자녀들 가운데 하나인 마이클 윌크스Michael Wilkes가 이 단체의 부회장을 맡았다.[71]

그녀의 또 다른 아들 대니얼 윌크스는 가디너 의원실에서 일하기 시작했고 급여는 자기 모친의 법률 회사에서 받았다. 가디너는 더욱 친밀한 중영 관계와 중국 국부 펀드의 영국 내 투자를 열렬히 옹호해 왔다. 그는 중국 국유 기업에게 힝클리 포인트Hinkley Point에 있는 원자력 발전소 건설을 맡기자고 강력히 주장했는데, 테레사 메이 총리는 국가 안보에 대한 우려로 이를 유보했다. 〈타임스〉에 따르면, "노동당 소식통은 힝클리 포인트 프로젝트에 중국이 관여하는 사안에 대해 당 내부에서 제기되는 비판에 가디너가 강하게 반대했다."고 전했다.[72]

크리스틴 리는 자신의 블로그에서 중국 공산당의 화인참정 프로그램이 뭔지 설명하고 중국계 영국인들에게 영향력을 얻는 방법에 대해 조언을 한다. 그녀는 영국계 중국인 프로젝트에 토리당 전 하원 의원 에드먼드 여(말레이시아 출신), 노동당을 지지하는 중국인이라는 단체의 회장 소니 렁, 중국자유민주당 공동 의장 멀린 에머슨이 동참하고 있다고 말한다.[73] 크리스틴 리의 활동은 중국 공산당 공식 언론 매체의 찬사를 받았고, 2011년 〈중국일보〉는 그녀가 영국에서 중국인들의 권리를 신장하기 위해 대단히 노력을 기울였다고 보도했다.[74]

크리스틴 리는 영국을 방문하는 중국 대표단들을 위해 수많은 행사를 조직했고 시진핑을 비롯해 중국 최고 지도자들과도 만났다. 그녀는 데이비드 캐머런이 총리일 때 그와도 우호적인 관계를 구축한 것으로 보인다. 2012년 그녀는 역대 최대 규모의 화인참정 대표단을 이끌고 중국을 방문했다. 소니 렁과 중국자유민주당 공동 의장 에머슨도 동행했고 국무원교무판공실 2인자 탄톈싱이 그들을 접견했다.[75] 2016년 크리스틴 리와 소니 렁은 다시 탄톈싱과 만났다. 이번에는 중국자유민주당 부의장이 동행했다. 탄톈싱은 중국계 영국인들의 정치 주류 합류를 독려했다.[76] 이듬해 리, 렁 그리고 영국에서 화인참정을 추진하는 이들이 단체로 중국을 다시 방문해 탄톈싱과 만났다.[77]

2015년 크리스틴 리는 다시 한 번 화인참정에 기여한 공로로 찬사를 받았다. 이번에는 〈인민일보〉가 "가가호호 방문해 중국인들의 투표를 독려하고 유권자로서 알아야 할 지식을 널리 알리고, 중국인들이 투표지에 제대로 기입하도록 도왔다."라고 보도했다.[78] 2016년 한 화교 웹 사이트에서 크리스틴 리의 활동에 대해 "중국인은 스스로 운명을 개척해야 한다."라고 했다.[79] 2019년 1월 31일 크리스틴 리는 영국계 중국인 프로젝트를 통해 기여한 공로를 인정받아 테레사 메이 총리로부터 포인츠 오브 라이트Points of Light 상을 받았다.[80] 총리 관저 다우닝 10번가 앞에서 찍은 크리스틴 리의 사진을 보면 총리 관저 출입구 위에 한자로 새해 덕담을 뜻하는 구절을 쓴 붉은색 휘장이 드리워져 있고 중영 관계의 '황금시대'를 선언하고 있다. 크리스틴 리를 영국 정부의 권력 심장부에서 받아들인다는 노골적이고 강력한 상징물이다.

'노동당을 지지하는 중국인' 설립자 가운데 한 사람으로서 토니 블레어의 중국계 미국인 형수인 케이티 체 블레어Katy Tse Blair는 1999년 블레어가 총리로 재직할 당시에 이 조직을 설립했다.[81] 이 조직은 노동당과 제휴를 맺고 있고 국가 집행 위원회와 국가 정책 포럼에도 참여하고 있고, 노동당의 대표, 부대표, 그림자 내각과 정기적으로 만난다.[82] 이 단체의 회장 소니 렁은 48그룹 클럽과 노동당 1000클럽(정치 자금을 기부할 수 있는 경로)의 회원이고, 노동당과 연관된 '흑인, 아시아인, 소수 민족 노동당' 단체의 집행 위원회 회원이기도 하다.[83]

이와 관련해서 특히 살펴봐야 할 필요가 있는 두 번째 중국계 영국인은 정치적으로 노동당의 반대 진영에 관여하고 있다. 1989년 영국으로 이주한 리쉐린李雪琳, Xuelin Bates은 몇 년 후 부동산 사업에 뛰어들었다.[84] 2009년 그녀는 통일 전선 공작을 실행하는 영국저장연의회英國浙江聯議會 창립 회장이 되었다.[85] 그녀는 이 협회의 명예 회장을 계속 맡고 있다.[86] 같은 해 그녀는 통일전선공작부 산하 기관인 저장성 대외 교류 협회의 위원회 부회장에 임명되었다.[87]

중국 공산당이 리쉐린을 신뢰한다는 가장 분명한 징후는 그녀가 중국화평통일촉진회 영국 지부, 국가통일촉진영중협회 부사장이라는 사실이다. 2013년 그녀는 중화전국귀국화교연합회 해외 위원회 회원에 임명되었고 2018년에 재임명되었다(212쪽 조직도 참조).[88]

2009년 리쉐린은 저장성 항저우杭州시에서 '교무의 지속적인 발전을 촉진'하려는 목적으로 국무원교무판공실이 개최한 닷새 일정의 지도력 워크숍에 참석했다.[89] 이듬해 그녀는 다시 항저우를 찾아 당 최고위 관리들과 만나 '자신이 한 업무에 대해 고국과 고향의 지도자들에게 보고'했다. 영국저장연의회는 협회가 이룬 성과에 대해 찬사를 받았다.[90]

리쉐린은 영국으로 돌아오자마자 보수당, 특히 데이비드 캐머런의 열렬한 지지자가 되었고 그를 여러 차례 만났다.[91] 2015년 무렵 캐머런은 중영 관계에서 '황금시대'를 언급하기 시작했다.[92] 동시에 리쉐린은 웨이 경(너새니얼 웨이, 중국 이름은 웨이밍언 韋鳴恩)에게 '무료 자문역'으로 일하고 있었다. 영국에서 태어난 중국인으로는 최초로 작위를 받은 사회사업가다. 리쉐린은 웨이밍언을 수행해 중국을 방문한 자리에서 중화인민공화국에 대한 웨이밍언 경의 이해를 증진시켰다고 알려졌다.[93]

2011년 리쉐린은 보수당 상원이자 한때 각료를 지낸 마이클 베이츠 경Lord Michael Bates과 만났다. 같은 해 그녀는 그를 중국 인민 대외 우호 협회 회장이자 중국 공산당 최고위 간부인 리샤오린에게 소개했다.[94] 리쉐린과 마이클 베이츠는 2012년에 결혼했다.[95] 베이츠 경은 그 전부터 중국과 가깝게 지내 왔다. 시진핑이 2015년 영국을 공식 방문하는 기간 동안 의회에서 연설을 할 때 베이츠를 지목해 찬사를 할 정도로 그는 중국과 가까웠다. 그리고 베이츠는 시진핑이 중국 공산당 엘리트가 영국 친구들을 만날 때도 배석했다. 그 자리에는 48그룹 클럽 소속 쟁쟁한 회원들도 여럿 배석했고 베이츠도 이 클럽의 회원이다.[96] 2019년 베이츠는 TED 강연을 하는 자리에서 중국에 대한 애정을 과시하고 중국 정부의 놀라운 업적을 칭송하면서 통계 수치를 줄줄이 쏟아내고 청중에게 중국은 오로지 평화를 원할 뿐이라고 말했다.[97] 같은 해 4월 이제 레이디 베이츠가 된 리쉐린은 중국 대사관이 주최한 세미나 '시진핑의 외교 사상'에 참석했고 48그룹 클럽의 회장 페리를 비롯해 이 클럽의 저명인사들도 여럿 참석했다.[98]

리쉐린이 베이츠와 결혼하면서 더 많은 기회가 열렸다. 수년에 걸쳐 그녀는 중국 기업가들이 영국의 엘리트 계층과 접촉하도록 적

극적으로 도왔고 중국의 통일 전선 기구들의 찬사를 받았다.[99]

2014년 리쉐린은 당시 런던 시장이던 보리스 존슨Boris Johnson이 연루된 부동산 개발 추문에 휩싸였다. 그녀는 오래전부터 존슨과 친분을 돈독히 다져 왔다. 그녀는 자기가 근무하는 중국 기업 총부기지總部基地와 존슨 사이에 런던의 로열 앨버트 도크Royal Albert Dock 일부를 재개발하는 거래를 중재했다. 10억 파운드에 달하는 이 사업은 '중국이 영국에서 한 최대 규모의 부동산 투자'로 알려졌다.[100] 2010년부터 2012년 사이에 베이츠가 보수당에 정치 자금을 16만 2000파운드나 기부했기 때문에 보리스 존슨이 이 회사를 우선적으로 선정했다는 주장이 제기되었다. 리쉐린은 회사 공금이 아니라 자신의 사비로 기부했다고 말했다.[101] 2015년 그녀는 존슨을 설득해 또 다른 중국 회사의 부동산 개발을 지원하게 한 듯하다. 이번에는 5억 파운드 규모의 크리스털 팰리스 파크Crystal Palace Park 개발 사업이었다.[102] 리쉐린은 이 개발 프로젝트에 금전적 이해가 걸려 있다는 사실을 밝히지 않았고, 이 프로젝트는 결국 무산되었다.[103]

리쉐린은 보수당 최고 기부자들을 위해서 데이비드 캐머런이 설립한 리더스 그룹Leader's Group 회원으로서 한 해에 5만 파운드를 회비로 내고 있다.[104] 회원들은 고위급 정치인들과 접촉하는 특혜를 누린다. 2014년 5월 리쉐린은 자신이 주최한 보수당의 한 오찬 자리에서 중국인 손님들을 한 사람 한 사람 캐머런에게 소개하면서 중영 미래 협력의 초석을 마련할 이들이라고 했다.[105] 2017년 선거를 앞두고 그녀는 남편과 함께 테레사 메이를 위해 선거 운동을 했고 메이가 유권자들에게 전화를 할 때 총리 옆에 앉아 있었다. 영국저장연의회의 소식지는 리쉐린 회장이 메이 총리가 선거 유세에서 연설을 할 때 바로 옆에 서 있었다고 강조했다.[106] 리쉐린은 2018년 두 도시 오찬Two Cities Luncheon 행사에서 메이 총리와 다시 한 번 어깨를 나란히 했다.[107] 2017년 베이츠 경 부부는 보리스 존슨을 위해 열성적으로 선거 운동을 했다.

2019년 2월 영국저장연의회는 의사당에서 영중 '황금시대'를 기원하는 신년 하례 만찬을 주최해 영국 정치인, 중국 외교관과 기업인들이 친목을 다지는 자리를 마련했다. 자선 경매 순서에서는 테레사 메이가 만든 페이퍼 커트 작품을 중국 기업인 야오이춘姚义纯이 낙찰 받았다.[108] 며칠 후 보수당 연례 기금 조성 연회에서 리쉐린은 테레사 메이에게 야오이춘이 그녀의 작품에 2200파운드를 냈다고 알려 주었다. 메이 총리는 매우 기뻐하면서 야오이춘의 후한 인심에 감사를 표했다고 전해졌다.[109] 이보다 2년 앞서 야오이춘은 리쉐린이 주최한 자선 행사에 1만 2000파운드를 기부했다.[110]

크리스틴 리가 영국 총리 관저 출입문에 중국어 문구가 쓰인 휘장을 드리우고 있던 바로 그날 리쉐린과 중국 공산당 기관들과 관련된 또 다른 세 명의 인사들은 테레사 메이와 함께 관저 내부를 중국 음력설을 기념하는 장식물로 치장하고 있었다.[111] 크리스틴 리와 리쉐린은 둘 다 영국의 최고 엘리트 계층과 가까운 인물로 입지를 구축하는 데 성공했고 그들을 상대로 '중국의 관점'을 설파할 수 있게 되었다.

마이클 베이츠 경은 열혈 하이커hiker로서 중국에서 '친선 걷기' 행사를 여러 차례 했다. 2019년 8월 그는 리쉐린과 함께 한 달 동안 저장성 일대를 하이킹했다. 이 걷기 행사는 중국 인민 대외 우호협회와 리쉐린이 회장을 맡고 있는 평화 걷기 재단이 공동 주최했다.[112] 중국 공산당의 대외 선전 기구 소속 중국 외문국 산하 기관이 베이츠가 걷기 중에 중국 보통 사람들과 만나는 장면을 담은 신파조의 다큐멘터리도 제작했다.

그 의도가 유치하든 사악하든 상관없이 마이클 베이츠의 활동은 중국 공산당이 '외국인을 이용해 중국에 대한 긍정적인 사연들을 전파하는' 차주출해借舟出海• 전술을 써먹는 대상으로 안성맞춤이다. 2019년 〈인민일보〉와의 인터뷰에서 그는 다시 한 번 현대 중국에 대해 입에 침이 마르게 친찬하면서 중국이 세계 평화와 번영에 기여했다고 강조했다.[113]

런던 주재 중국 대사관에서 열린 이 다큐멘터리 시사회에서 주영 중국 대사는 참석자들에게 다음과 같이 말했다. "베이츠 부처는 그들의 여정을 통해 새로운 시대에 중국의 얼굴을 한 사회주의에 대한 시진핑의 사상과 그 사상이 지역 발전에 제시하는 지침 간의 관계를 이해하려고 노력했다."[114] 이 자리에서는 CNBC, 〈월스트리트 저널〉 웹 사이트, CCTV를 비롯해 많은 새로운 언론 매체들에 이 다큐멘터리를 소개하자는 합의가 도출되었다.[115]

2019년 12월 영국에서 중국 공산당이 실시하는 영향 공작으로는 매우 중요한 행사가 열렸다. 베이츠가 중국 인민 대외 우호 협회 회장 리샤오린과 함께 2020년 2월 출범을 목표로 영중 우호 협회를 설립하기로 합의했다고 보도되었다.[116] 합의서 서명은 리샤오린이 재직하는 중국 인민 대외 우호 협회의 베이징 사무소에서 이루어졌

• 배를 빌려 바다로 나간다는 뜻. 다른 나라의 주체들을 빌려 중국 공산당의 메시지를 전파하는 전술.

다. 베이츠 경 부처는 합의서 서명을 위해 중국을 방문하는 동안 중국 공산당 선전부 부부장으로부터 '중국의 탁월함을 전파한' 공로로 상을 받았다.[117]

8 The ecology of espionage

첩보 활동의 생태계

영향 공작과 첩보 활동

1996년 빌 클린턴 대통령 재선 운동 본부는 중국계 인도네시아 기업 리포Lippo로부터 거액의 기부금을 받았고 중국계-태국 기업 차로운 폽크핸드Charoeun Popkhand와 마카오 기업 산킨입San Kin Yip으로부터도 기부금을 받았다. 리포는 중국 대외 무역 경제 협력부가 소유한 회사 화룬華潤이 일부 지분을 갖고 있다. 이러한 기부금을 모두 합하면 450만 달러에 달했다. 중국 공산당과 연계된 중국계 미국인 여러 명이 다리를 놓았다. 1997년까지 중국 중앙군사위원회 부의장을 지낸 류화칭劉華清 장군의 딸이 30만 달러를 제공했다고 뒤늦게 보도되었다.[1]

기부를 중개한 이들은 백악관에 자주 드나들었고 방문할 때 종종 중국인들을 데리고 갔다. 한 사람은 빌 클린턴과 왕쥔王軍의 회동을 주선했다. 왕쥔은 홍콩에 본부를 둔 중국중신집단유한공사中国中信集团有限公司와 중국보리집단공사中国保利集团公司의 수장이고 이 두 회사는 인민 해방군과 밀접한 관계가 있다. 홍콩의 내부 소식통에 따르면 중국중신집단유한공사 지도부에는 군 첩보 기관에서 파견된 다수의 비밀 첩보원이 포진하고 있고 중국보리집단공사 자회사인 보리과기유한공사保利科技有限公司는 '태자들의 안식처'로 일컬어져 왔다.'[2] 다시 말해서 왕쥔은 백악관에서 미국 대통령을 만날 당시 중국 첩보 기관 관련자였다는 뜻이다.

'차이나게이트' 추문에는 훨씬 많은 사연이 있는데 워낙 복잡하게 뒤얽혀서 그 전모가 완전히 드러난 적이 없다. 모니카 르윈스키 성 추문에 관심을 빼앗긴 이유도 있다. 그러나 중국 첩보 기관이 최고위급에 침투하는 역량을 적나라하게 드러낸 사건이다.[3]

차이나게이트는 더 심각한 뭔가가 있음을 알리는 전조였다. 중국의 첩보 활동(기밀 탈취와 지적 재산권 도용)과 영향 작전(여론과 행동에 영향을 미치는 활동)은 보통 병행되고 관여하는 사람과 조직들도 흔히 같은 경우가 많다. 그러나 서구 진영에서 활동하는 통일 전선 공작원은 종종 적발되곤 하는데 그들은 자기 무용담을 과시하는 경향이 있기 때문이기도 하다.

그러나 첩보 요원들은 철저히 위장하고 암약한다. 8장에서는 영향력을 이용해 어떻게 첩보 활동을 촉진시키고, 어떻게 영향 활동에 정보를 제공하는지 살펴보겠다.

역사적으로 서구 진영의 첩보 기관의 활동은 요원들을 모집하고 첩자를 심고 통신을 가로챔으로써 정보와 군사 기밀을 훔치는 일에 국한되었다. 중국 국가는 이러한 전통적인 첩보 관행에 관여할 뿐만 아니라 첩보 요원들을 다른 온갖 영역에 파견한다. 중국은 상업 비밀을 겨냥한 산업 스파이 활동과 정부와 군사 기밀을 겨냥한 국가 첩보 활동에 어마어마한 재원을 쏟아 붓는다. 미국 연방 수사국의 대응 첩보 부국장 빌 프리스탭Bill Priestap은 2018년 말 연방 수사국이 비전통적 첩보 활동에 대한 '수천 건'의 민원과 수사를 진행했는데 대부분이 중국과 관련되어 있다고 지적했다. "들춰 보는 것족족, 들춰 볼 때마다 중국이 있었다. 그것도 예상보다 훨씬 심각했다."라고 그는 말했다.[4] 미국 법무부는 2011년부터 2018년까지 경제

관련 첩보 사건의 90퍼센트에 중국이 관여되어 있었다고 추산한다.[5]

산업 첩보 활동은 민간 기업들이 오래전부터 관여해 왔지만 중국은 한 술 더 떠서 외교와 정보기관들을 이용해 지적 재산권 도용을 한층 용이하게 해 왔다.[6] 게다가 통일 전선 공작 기구와 첩보 기관들은 해외 거주 중국인 지역 사회에 깊이 침투해 정보원과 첩보원뿐만 아니라 영향 요원들도 모집한다. 전통적인 형태의 첩보 활동은 특화된 훈련에 의존하지만 중국의 널리 분산된 첩보 수집 프로그램은 수천 명의 아마추어 정보 수집 요원들에게 의존하고 있는데, 제임스 토는 이를 '분산된 소규모 첩보 활동'이라 일컫는다.[7]

전문직 종사자, 기업가, 학생, 심지어 관광객도 '천 개의 모래 알갱이' 전략의 일환으로서 대사관과 영사관의 연락관에게 정보를 제공하라는 권고를 받는다. 2007년 캐나다 안보 첩보국 국장은 "가끔 대단히 극성스러운 관광객들이 보이는데 그 수나 국적을 보면 깜짝 놀라게 된다."[8]라고 말했다. 그들이 입수하는 정보는 기술, 무역 협상, 기업의 가격 책정 전략, 해외 거주 중국인들의 동향 보고 등 다양하다.[9]

피터 매티스Peter Mattis는 정보를 수집하는 아마추어들이 수천 명에 달하지만 대부분이 첩보 기관의 전문가들의 지시에 따라 활동한다고 주장한다.[10] 매티스는 첩보 기관의 전통적인 작전에서부터 자택과 사무실에서 정보를 수집하는 아마추어에 이르기까지 '첩보 수집에 있어서 다층적인 접근 방식'을 취한다고 설명한다.[11] 첩보 전문가들은 정보가 입수되기를 기다리기보다는 중국에 있는 공장과 연구소와 협력해 특정한 지적 재산권을 표적으로 삼고 이를 확보할 수 있는 사람들을 물색한다.[12] 일부 아마추어 첩자들은 자기를 관리하는 사람으로부터 조언이나 훈련을 받고 암호화, 비밀 통신, 가명, 대응 첩보 관행 등과 같은 첩보 기법을 이용하기도 한다. 2019년 11월 샌프란시스코 관광 안내원이자 미국 시민인 에드워드 팽이 사전에 합의한 장소에 정보를 은닉하는 장면이 포착된 후 첩보 혐의로 기소되었다. 그는 호텔방에 현금이 가득한 봉투를 은닉해 두고 나갔다가 기밀 안보 정보가 담긴 메모리 카드를 가지러 호텔방으로 돌아 왔고, 이를 중국에 가져가 국가 안전부 요원들에게 넘겨주었다.[13]

중국의 첩보 기관들

중국 첩보 기관들의 활동 영역은 서구 진영 국가들의 활동 영역보다 훨씬 폭넓기 때문에 더 많은 재원이 필요하므로 시진핑은 첩보 기관들이 필요한 자금을 확보하도록 만전을 기해 왔다. 로저 팔리고Roger Faligot가 지적한 바와 같이 "특히 2017년 이후로 중국 첩보 기관의 권한이 무섭게 증가했다."[14] 중국에는 첩보 기관들 가운데 가장 중요한 2개 기관이 있다. 국가 안전부, 그리고 중앙군사위원회 연합 참모부 첩보국(인민 해방군 총참모부 제 2부의 후신)이다.

대략적으로 말하면, 국가 안전부는 중앙 정보국과 연방 수사국의 기능을 겸하지만 훨씬 막강한 권한을 행사하며 중국 공산당의 정치적 안전 유지가 주요 기능이다. 국가 안전부는 국내외 첩보와 안전 유지 활동을 맡고 있다. 또한 중국 기관과 해외 거주 중국인들을 포함한 개인들에게 첩보 활동을 하라는 지시를 내릴 수 있다. 대부분의 업무는 성과 시 사무소에서 시행한다. 중국의 첩보 기관들에 대해 가장 권위 있는 분석을 최근에 내놓은 피터 매티스와 매튜 브라

질은 국가 안전부 소속 18개국을 규명하고 있다.[15] 이 책과 관련해서 이 가운데 몇 개국을 살펴볼 필요가 있다.

제 1국은 잠입 활동하는 요원들을 맡는 부서로 정부와 무관하고 제 2국은 '외교, 언론, 그 밖의 정부 관련 위장 신분을 이용'하는 요원들을 관리한다.[16] 제 10국(대외 안전 정찰)은 해외 중국인 학생회를 관리한다. 싱크 탱크 중국 현대 국제 관계 연구원이 소속된 제 11국은 오픈 소스 연구와 해외 인맥 구축 활동을 한다. 제 12국(사회 업무)은 국가 안전부의 통일 전선 공작 관련 활동을 관리한다. 제 18국(대미국 작전)은 미국에서 비밀 첩보 활동을 실행한다. 미국에 대한 작전은 대부분 상하이 국가 안전국이 관리한다.[17]

미국 연방 수사국은 국가 안전부가 활동을 은폐하기 위해 약 3000개의 위장 회사를 설립했다고 2005년에 발표했다.[18] 국가 안전부는 경제 첩보에 관여하는 다양한 부서들을 거느리고 있고 "주요 금융과 상업 기관들, 특히 상하이와 홍콩에 있는 이러한 기관들에 깊이 침투해 있다."[19] 경제 첩보 활동이 모두 국가의 지시로 이루어지는 것은 아니다. 중국 국적자들은 기업을 설립해 중국에 있는 기업들로부터 지시를 받고 서구 진영에 있는 그들의 경쟁사들로부터 기꺼이 기밀을 제공할 의향이 있는 경쟁사 직원들을 포섭해 그들로부터 지적 재산권의 특정한 부분들을 확보해서 공급하는 활동을 한다고 알려져 있다.[20]

인민 해방군은 상당히 포괄적인 첩보 수집과 첩보 활동도 실행한다. 다만, 2016년에 대대적인 조직 개편이 단행되어 파악하기가 어렵다. 피터 매티스가 최선을 다해 새로운 조직 구조를 분석해 놓고 있지만 말이다.[21]

중앙군사위원회 연합 참모부 첩보국은 군사 첩보를 맡고 있지만 민간 부문에서도 상당히 폭넓게 활동한 역사를 지니고 있다. 첩보국은 무관들을 차출하고 첩보국에 귀띔을 해서 첩보를 수집하라고 지시한다. 중앙군사위원회 연합 참모부는 산하에 싱크 탱크들이 있다. 연구를 중점적으로 하는 중국 국제 전략 문제 연구소와 학술 및 정책 교류에 관여하는 중국 국제 전략 문제 기금이다.[22] 연합 참모부 소속(현재는 국방 기술 국립 대학 소속) 국제 문제 연구소는 무관과 비밀 요원들을 훈련시킨다. 2016년 《중국의 첩보 왕조China's Espionage Dynasty》의 저자 제임스 스콧James Scott과 드루 스패니얼Drew Spaniel에 따르면, 인민 해방군 총참모부 제 2부가 전 세계 각지에 심어놓은 조직들이 3만에서 5만여 개로 추정되는데 이 조직들은 기밀이든 아니든 닥치는 대로 정보를 수집해 중국으로 보내는 게 목적이다.[23]

중앙군사위원회 정치 공작부는 교육, 세뇌, 훈련을 포함해 당이 군 내부 구조의 장악력을 유지하는 데 필요한 활동을 한다. 매티스에 따르면 중앙군사위원회 소속 연락부는 통일 전선 공작, 정치 투쟁, 은밀한 휴민트HUMINT. human intelligence(첩보원이 수집하는 첩보)를 전문적으로 한다.[24] 연락부는 민간 기업에 침투하거나 은밀하게 접수하고, 국유 기업을 첩보 활동의 위장막으로 사용하는 폭넓은 프로그램을 관리해 왔다. 이런 기업들은 대부분 홍콩에 근거지를 두고 있다. 연락부는 10장에 소개할 중국국제우호연락회라는 중요한 위장 기관을 운영한다.

인민 해방군의 막강한 전략 지원군은 2016년에 결성되었는데 사이버 공간, 전자기 스펙트럼 등 '인민 해방군의 기술 정찰 역량 대부분'을 한 자리에 모았다.[25] 군사 작전에 필요한 첩보 수집에 집중하는 전략 지원군은 통신 감청을 포함해 신호 첩보, 특수 작전, 정보 전쟁, 공세적 사이버 작전(과거에 총참모부의 제 3부와 제 4부가 담당했던 업무들)을 맡고 있다.[26]

다른 나라의 기술에 대한 중국의 어마어마한 탐욕을 만족시키는 방법은 다양하다. 불법적 합법적 방법이 모두 동원된다. 방위 산업 기술 이전의 핵심에는 국가국방과기공업국國家國防科技工業局이 있는데, '사실상 첩보를 빨아들이는 진공청소기'라고 불린다.[27]

이 중앙 첩보 기구는 각 성省에 있는 국가 안전국 내에 이에 상응하는 조직이 있다. 성과 주요 도시들은 통일전선공작부와 직접 연결된 인재 모집 프로그램이 있다.[28]

모집 방법

미국의 싱크 탱크 전략 국제 연구 센터(CSIS)에 따르면 2000년부터 2019년까지 미국에서 일어났던 중국과 관련된 온갖 종류의 첩보 사례들은 137건으로 알려져 있다.

행위자의 57퍼센트는 '중국 군인이거나 정부 관리'였고, 36퍼센트는 '중국 민간인'이었으며, 7퍼센트는 '중국인이 아닌 행위자(보통 미국 시민)'였다.[29] 참고로, 2009년부터 2015년까지 미국에서 보고된 경제 첩보 사례들을 모두 분석한 결과 기소된 사례의 52퍼센트는 중국계가 피의자였는데, 이는 1997년부터 2009년까지의 기간에 보고된 사례의 세 배다.[30]

연방 수사국과 법무부의 인종적 편견 때문에 중국계 첩보원 비율이 높을 가능성도 있다. 그러나 연방 기관들에서 반중적인 인종 차별주의가 급격히 상승했다기보다는 중국이 미국에서 산업 첩보 활동을 강화하고 미국을 방문하는 중국인 방문객, 중국계 미국인들을 첩보원으로 모집해 범죄를 저지르도록 했기 때문이라는 설명이 훨씬 개연성이 있다.[31] 그러나 중국인이 아니지만 중국을 위해 첩보 활동을 하도록 포섭되는 사람의 수도 증가하고 있는 듯하다.

자존심, 성욕, 이념, 애국심, 특히 금전적 유인책 등 중국 첩보 기관들은 이러한 모든 수단을 동원해서 첩보원들을 모집한다. 2017년 연방 수사국 직원 조이 전Joey Chun이 연방 수사국의 조직과 작전에 대한 정보를 중국 요원에게 넘겨주고 대신 공짜 세계 여행과 성 접대를 받은 혐의로 기소되었다.[32]

중국을 위해 첩보 행위를 하는 이들 가운데 이념이 주된 동기인 이들은 주로 중국계다. 그러므로 냉전 시대에 이념적 이유로 소련을 위해 첩보 행위를 했던 서구인들의 경우와는 다르다. 또한 중국은 포섭 대상이 협조하지 않으려 하면 중국에 있는 가족을 해치겠다고 협박하는 방법을 쓴다.

오랫동안 다이앤 파인스타인Dianne Feinstein 밑에서 일해 오다가 첩보원으로 드러난 러셀 로우Russell Lowe가 첩보 활동을 한 동기는 이념인 것으로 보인다. 그는 파인스타인이 상원 정보 위원회 의장을 맡았던 시기에도 그녀의 밑에서 일했는데. 정보위 의장은 철저한 보안이 필요한 수많은 국가 기밀에 접근할 수 있다.[33] 파인스타인은 2013년 연방 수사국으로부터 본인의 의원실에 첩자로 의심되는 사람이 있다는 보고를 받았다. 중국계 미국인인 러셀 로우는 샌프란시스코 광역 도시권에서 친중 운동가로 수년 동안 활동하면서 중국 영사관에 정치 첩보를 제공했다. 로우가 함께 일한 조직들 가운데는 사회 정의 교육 재단이 있는데 이 조직은 제 2차 세계 대전 동안 일본 제국군이 여성들(대부분 한국인)을 성노예로 삼았던 역사를 폭로하는 일을 한다. 위안부에 대한 만행은 중국 공산당 요원들이 해외 거주 중국인들 사이에서 분노와 애국심을 조장하고 일본과 서구 동맹국들 사이를 이간질하는 데 이용한다. 로우는 국가 안보 희생양 종식 동맹이라고 알려진 단체와도 관련되어 있는데, 이 단체는 중국계 미국인 첩보원을 처벌하는 행위는 국가 안보를 핑계로 인종을 차별하는 행위에 지나지 않는다고 주장한다.[34]

파인스타인은 1990년대 초부터 중국을 띄워 왔고 상원에서 종종 친중적인 법안을 지지했다. 그녀의 남편은 중국에서 사업을 크게 하고 있는데, 파인스타인은 이런 상황이 그녀에게 어떤 영향도 미치지 않는다고 주장한다. 1997년 그녀는 톈안먼 학살을 1970년 오하이오주의 켄트 주립 대학교에서 4명의 학생이 총격으로 숨진 사건에 비유하면서 두 나라의 인권 문제를 논의할 미중 합동 위원회를 설치하자고 주장했다.[35] 로우는 연방 수사국이 파인스타인 의원에게 그의 첩보 행위에 대해 언질을 준 이후 의원실 업무에서 물러났다.

중국의 첩보 기관들은 정보 수집을 위해 중국인이 아닌 서구인들도 표적으로 삼는다. 2017년 미국 국무성에서 오래 근무해 온 캔디스 클레이본Candace Claiborne은 중국 요원들로부터 금전과 선물을 받고 외교와 경제 관련 정보를 넘겨주었다.[36] 그녀는 자기 가족이 중국에서 일하게 됐다며 중국인 친구에게 일자리를 구해 달라고 부탁한 후 중국 국가 안전부의 상하이 국가 안전국의 표적이 되었다. 클레이본은 5년 동안 국가 안전부와 은밀하게 접촉하면서 '재정적으로 곤란한 처지'에 대해 도움을 받는 대가로 정보를 제공했다. 그녀는 징역 40개월을 선고받았다.

1990년대 초 국내 문제를 관할하는 정보국인 영국의 MI5는 중국을 방문하는 기업가들을 보호하기 위한 안내서를 작성했는데, 여기 담긴 다음과 같은 조언은 오늘날에도 유효하다. "칭찬과 지나친 환대를 각별히 경계하라. 서구인들은 중국이 장기적으로 내다보고 저강도로 포섭해 '친구'로 사귀는 대상일 가능성이 높다. 이러한 전술은 표적 대상이 부채 의식과 의무감을 느끼게 하는 게 목표이고, 결국 표적은 호의에 보답하기 위해 상대방의 요청을 거절하기 어렵다고 생각하게 된다."[37]

중국의 민간인과 군인 첩보 요원들은 '친구'를 사귀는 기술을 훈련받는다. 중국을 좋아하는 사람들, 새로운 문화에 매료되는 사람들이 특히 취약하다. 이들은 길들여지고 나면 순진하게도 자신이 상호 이해와 화합에 기여한다고 생각하면서 첩보 정보를 넘겨주게 된다.

보통 서구인들은 금전적 보상, 미인계, 비밀 작전을 수행하는 데서 느끼는 흥분감 등에 이끌린다. 지금까지 공개된 사례들로 미루어 볼 때 금전적 보상은 이러한 서구인들을 유인할 때 가장 흔하게 사용되는 미끼다. 예컨대, 표적은 미중 무역 관계에 대한 짤막한 '백서'를 건네주고 소정의 수고비를 받게 된다. 일단 정보를 받고 돈을 지불하는 관계가 성립되면 기밀 정보를 넘겨주고 더 많은 액수의 보상을 받다가 결국은 넘지 말아야 할 선을 넘는 불법을 저지르게 된다.

상업 비밀의 경우, 미국 첨단 기술 기업의 엔지니어처럼 중국의 표적이 되는 이들은 주최 측에서 경비를 부담하는 조건으로 초청을 받아 중국의 한 대학에서 강연하는 대가로 강연료를 받는다. 표적이 중국계면 조국을 도와야겠다는 정서를 이용한다. 이런 경우에는 즉시 기업 비밀이 전달되지는 않지만 시간이 흘러 관계가 돈독해지면 표적은 자기 고용주를 배반하게 된다.

그 한 사례가 국가 안전부 장쑤성江蘇省 지부에 근무하는 중견급 간부 쉬옌쥔徐燕軍이다. 그는 2018년 GE 항공GE Aviation으로부터 '고도로 민감한 정보'를 입수하려 한 혐의로 기소되었다. 쉬옌쥔은 난징항공우주대학南京航空航天大學과 일하면서 미국 항공 엔지니어들을 접촉해 교육 교류를 제안했다.[38] 그는 그들에게 여행 경비와 강연료를 지급했고 바라던 대로 서서히 관계를 구축했다. 또 다른 사례는 2013년 일리노이 공과 대학에서 전기 공학을 공부하러 온 지차오췬冀超群이다. 그해 9월 그는 중국을 위해 포섭할 대상인 과학자와 엔지니어들을 물색하려다가 연방 수사국에 기소되었다. 지차오췬은 국가 안전부 장쑤성 지부에서 감시원으로 채용됐다고 알려졌다.[39] 그는 미 육군 예비군에도 지원했었다.

미인계를 이용한 성 상납이 포섭 수단일 때 세 가지 방법이 있다. 첫 번째, 유혹이 직접적인 비밀 탈취로 이어진다. 예컨대, 보리스 존슨이 런던 시장일 당시 부시장을 지낸 이언 클레멘트Ian Clement는 2008년 올림픽 때 베이징에서 미인계에 걸려들었다. 매력적인 여성이 그에게 접근해서 함께 술을 마셨고 그는 그녀를 자기 호텔방으로 초대했다.[40] 거기서 그는 정신을 잃었는데 그녀가 약을 먹인 게 분명했다. 깨서 정신을 차리고 보니 문서들을 샅샅이 뒤진 흔적이 있고 휴대용 단말기의 정보가 다운로드되어 있었다. 고든 브라운Gordon Brown 총리 수석 보좌관도 같은 해 똑같은 미인계에 걸려들었다.[41]

두 번째, 표적을 유혹한 후 공개되면 명예를 실추시킬 만한 사진을 찍은 다음 이 사진으로 협박한다. 이 전형적인 미인계는 러시아가 완벽하게 터득했다.[42] 이 방법은 심심찮게 이용되지만 사례들이 밝혀지는 경우는 거의 없다.[43] 2017년 해외 첩보 관할인 영국 MI6의 부국장을 지낸 나이젤 잉스터Nigel Inkster는 중국의 기관들이 미인계를 이용하는 사례가 늘고 있다고 말했다.[44] 2016년 중국 주재 네덜란드 대사가 덫에 걸렸다는 보도가 나왔다.[45]

세 번째는 오랜 기간 관계를 맺고 표적을 전향시키는 방법, 즉 세계를 중국 공산당의 관점으로 바라보게 만드는 방법이다. 2018년 5월 프랑스 대외 첩보 업무를 담당하는 대외 안보 총국 전직 요원 두 명이 중국 간첩 행위로 체포되었다.[46] 둘 중 한 명인 앙리 마니옥Henri Manioc 대령은 중국 여성과 사랑에 빠진 후 1998년 망명했다고 알려졌다. 그는 주중 프랑스 대사관 수장이었다.

최근에는 중국 첩보 기관들이 소셜 미디어를 이용해 잠재적으로 이용 가치가 있다고 보이는 서구인들에게 접근한다. 2018년 프랑스 당국은 전문직 종사자들의 인맥 구축 수단인 링크트인LinkedIn의 가짜 계정들을 이용해 수천 명의 전문가들에게 접근하는 프로그램을 적발했다고 밝혔다.

싱크 탱크 직원, 기업가, 컨설턴트, 계정 관리자 등으로 위장해 회원들에게 그들의 전문 지식에 중국 기업이 관심을 보인다면서 경비 전액을 대줄 테니 중국을 방문해 달라고 초청한다. 이 제안을 수락한 이들은 며칠 동안 여러 가지 활동을 하면서 사람들과 친분을 다진 후 정보를 제공해 달라는 요청을 받는다. 돈을 받는 장면 등 공개되면 굴욕을 당할 상황에서 사진이 찍히면 협박에 취약해진다.[47] 프랑스에서 폭로된 사건이 일어나기 전 독일에서도 1만여 명의 전문직 종사자와 전문가들이 표적이 된 비슷한 사건들이 일어났다.[48] 수백 명이 중국의 제안을 받고 솔깃했다고 알려졌다. 2016년 한 중국 비밀 첩보 요원이 사업가로 위장하고 링크트인을 통해 독일 연방의회 의원을 접촉해 의회 업무에 관한 비밀 정보를 건네주면 3만 유로를 주겠다고 제안했다. 이름이 밝혀지지 않은 그 의원은 제안을 수락했다.[49]

중국 공산당의 활동 때문에 중국계인 모든 사람들이 더 철저한 감시 대상이 되었고 미국 정부 기관들이 인종을 차별한다는 비난을 야기했다.[50] 그러나 인종 차별 주장을 입증하는 증거는 빈약하다. 일부 무리한 체포도 있었지만 말이다. 이런 근거가 빈약한 비난을 하게 되면 대중의 관심을 정말로 적극적으로 활동하는 중국 첩보 기관들에서 미국 사법 기관들로 돌리게 되는데, 미국 사법 기관들은 중국 첩보 기관들의 활동에 대처하기에도 인력과 재원이 빠듯한데 대중을 대상으로 해명까지 해야 하는 상황에 처하면 난감하다고 말한다.[51]

싱크 탱크와 연구소

중국의 각종 첩보 기관들은 오래전부터 서구 진영의 대학과 싱크 탱크들과 우호적인 관계를 맺는 데 공을 들여 왔다. 중국 공산당의 관점에 우호적인 태도를 보이는 세력을 만드는 게 목적 가운데 하나다. 로저 팔리고는 "중국 비밀 첩보 기관들은 외국 연구소와 중국 연수 센터에 침투하려고 애써 왔다."고 지적한다.[52]

이러한 업무를 하는 가장 중요한 기관으로 손꼽히는 곳이 중국 현대 국제 관계 연구원이다.[53] 이 연구원은 2011년 현재 인민 해방군과 첩보 요원들을 포함해 400여 명의 연구원이 있고 국가 안전부 소속 제 11국에서 관리하는 것으로 알려졌다.[54] 참고로, 1992년부터 1998년까지 중국 현대 국제 관계 연구원 원장은 정후이창耿惠昌이었는데, 그는 2007년부터 2016년까지 국가 안전부 부장을 맡았고 중국 공산당 중앙 위원회 위원이었다.[55] 중국 현대 국제 관계 연구원은 영향 활동 외에도 미래의 첩보 요원들을 훈련시키고 정치국 상임 위원회에 보고할 첩보 브리핑을 마련한다. 데이비드 섐보David Shambaugh는 중국 현대 국제 관계 연구원을 '소비에트식 첩보 기관'이라고 일컫는다.[56]

중국 현대 국제 관계 연구원은 인적 교류를 통해서 베이징에 있는 국제 관계 대학과 밀접한 관계를 맺고 신화통신의 위장 첩보 요원들을 훈련시키는 일도 한다.[57] 이 연구원의 영향력은 전 세계에서 전문직 종사자들과의 관계를 구축해 정보원들을 모집하는 데서 비롯된다기보다는 학술 교류와 회의가 주요 무기다. 팔리고는 이러한 학술 교류와 회의를 중국 현대 국제 관계 연구원이 '대상 국가의 가장 폐쇄적인 심장부'에 침투하는 데 사용하는 '수법 가운데 하나'라고 일컫는다.[58]

중국 현대 국제 관계 연구원은 파리에 있는, 유럽 연합의 안보 문제 연구소와 연례 회의를 열고 영향력 있는 워싱턴 D.C. 싱크 탱크 전략 국제 문제 센터와 정기적으로 만나 사이버 안보를 논의한다.[59] 이러한 논의를 통해 중국은 정보 수집 인맥을 구축할 기회를 얻을 뿐만 아니라 미국과 유럽 전문가들의 사고를 형성하는 데 영향을 미친다. 예컨대 중국을 사이버 침투의 피해자로 인식시키고 미국이 중국을 해킹의 당사자로 지목하는 경우 과연 중국이 그럴 역량이

있는지에 대해 의구심을 심어 준다.[60]

이탈리아에서 중국 현대 국제 관계 연구원은 토리노에 있는 싱크탱크 토리노 세계 문제 연구소와 워크숍을 열었다. 토리노 세계 문제 연구소의 간행물《오리쫀테 치나Orizzonte Cina》(중국의 지평선이라는 뜻)는 중국 공산당에 대한 비판을 기피할 뿐만 아니라 일대일로창의를 남유럽까지 연장하는 방안을 환영하는 등 중국 공산당이 통치하는 중국을 선망하는 태도를 보인다.[61] 토리노 세계 문제 연구소는 토리노 대학과 파리에 있는 명문 ESCP 경영 대학원과 제휴해 중국을 중심으로 하는 '지식 중심축'를 조성하기로 했다.

2000년대 초부터 중국 현대 국제 관계 연구원은 군 첩보 기관인 중국 국제 전략 학회, 중국 사회 과학원을 비롯해 다른 중국 기관들과 함께 회의를 조직해 왔다.[62] 이러한 회의도 외국인들을 설득해 정기적인 교류에 끌어들이는 기회다.[63]

상하이 사회 과학원은 중국 사회 과학원에 이에 두 번째로 권위있는 조직으로서 500명 이상의 연구원이 있다. 국가 안전부의 상하이 지국 요원들은 상하이 사회 과학원 소속 연구원으로 위장한다고 알려져 있고. 국가 안전부 상하이 지국은 학술원 연구원들을 이용해 해외 첩보원과 영향 공작 요원들을 감시한다.[64] 중국 사회 과학원도 같은 목적에 이용된다. 2017년 7월 미국 언론인 네이트 세이어Nate Thayer는 중국 국가 안전부 상하이 지국이 자신을 첩보 요원으로 포섭하려 했던 사연을 자세하게 기록했다.[65]

2017년 연방 수사국은 케빈 맬러리Kevin Mallory로부터 진술을 받는 자리에서 상하이 사회 과학원 소속이라고 주장하는 누군가가 그를 중국 첩자로 포섭했다는 증거를 들이댔다.[66] 맬러리는 국방부의 국방 정보국에서 일했고 '극비'에 접근할 수 있는 자격이 있었다. 중국은 링크트인을 통해 그에게 접근했고 맬러리는 상하이로 가서 새 전화기를 받고 암호화된 서비스로 통화하고 문서를 전송하는 방법을 터득했다. 그는 미국 정책 사안에 대한 백서들을 작성해 달라는 부탁을 받고 이에 응했다. 연방 수사국에 따르면, 그는 국방 관련 기업들로부터 입수한 비밀과 극비 문서들을 상하이에 있는 접촉자들에게 넘겨주고 수천만 달러를 받았다.

한편 미국 시민 글렌 더피 슈라이버Glenn Duffie Shriver는 하계 연구 프로그램에 참가하기 위해 중국을 방문했다가 중국과 사랑에 빠졌다.[67] 그는 상하이로 이주했고 무역 관계에 대한 논문을 쓸 사람을 찾는다는 신문 광고에 응모해 국가 안전부에 채용되었다. 그는 짤막한 보고서를 써 주고 120달러를 받았다. 시간이 흐르면서 국가 안전부와 '친분'이 쌓였고 슈라이버는 더 많은 액수를 사례비로 받았다. 그는 중국 국가 안전부로부터 미국 국무부나 중앙정보국에 취직하라는 권유를 받았고 시키는 대로 응모하고 나서 거액의 보상을 받았다. 선고를 받는 청문회에서 그는 사태를 수습하지 못할 지경에 이르렀다고 말했다. 그는 탐욕 때문에 저지른 일이라며 다음과 같이 시인했다. "바로 눈앞에 돈 자루가 보였다."[68]

천인계획

중국 공산당이 해외 거주 중국인들을 상대로 벌이는 교민 업무는 첩자를 포섭하는 또 다른 수단이다.[69] 국가 안전부와 인민 해방군 요원들은 대사관이나 문화 협회와 직능 협회 등이 주최하는 만찬이나 행사를 통해서 호의적인 관계를 구축하는 데 공을 들인다. 제임스 토에 따르면, 인민 해방군과 국가 안전부는 포섭 대상자들이 중국을 떠나기 전에 포섭할 표적으로 지정하기도 한다.[70] 유화책과 협박을 병행하는 화전 양면 전술을 실행한다. 포섭 대상이 중국으로 돌아오면 좋은 일자리와 집을 주겠다고 약속하는 게 회유책이다. 비자 발급을 거부하고 가족을 해치겠다는 협박도 한다. 유학생들은 쓸모 있는 정보에 접근 가능한 일자리를 얻을 경우에만 활동을 개시하는 비밀 첩보원이다. 제임스 토는 화전 양면 전술은 주로 과학, 기술, 군사적 가치가 있는 정보를 제공할 수 있는 해외 거주 중국인들을 대상으로 사용된다고 한다.[71]

천인계획千人計劃은 능력이 출중한 중국인들을 포섭해 그들이 해외에서 습득한 지식과 전문성을 중국에 돌아와 써먹게 한다. 중국에 충성스러운 중국인들에게 '계속 해외에 남아' 중국을 위해 봉사하도록 하기도 한다. 미국 에너지부는 핵무기와 에너지에 관한 첨단 연구 개발 업무에도 관여하는데, 바로 이러한 목적을 달성하기 위해서 중국의 집중적인 표적이 되어 왔다.[72] 에너지부 연구실에는 3만 5000명의 외국인 연구원들이 근무하고 있고 그 가운데 1만여 명이 중국 출신이다. 이 가운데 대다수는 천인계획을 비롯한 여러 가지 정책들을 통해 중국으로 돌아간다. 국방 관련 최고 연구실에서 얻은 지식으로 무장하고 귀국하는 이들도 있다. 한 보도에 따르면, 로스 알라모스(과학 기술 연구소) 출신으로 중국 대학과 연구소로 되돌아가는 중국인들이 너무 많아서 이들은 "로스 알라모스 클럽'으로 불려 왔다.[73]

천인계획은 2008년에 마련되었지만 서구 진영으로부터의 체계적인 기술 이전은 그보다 훨씬 전부터 진행되어 왔다. 1970년대 말과

1980년대 초 덩샤오핑 통치하에서 중국이 개방하기 시작하면서 기술 부문에 재능이 있는 젊은 중국인들을 서구로 보내는 정책이 수립되었다.

뛰어난 학생들이 독일과 미국으로 건너가 물리학 박사 학위를 취득했다. 일부는 현지에 눌러앉아 명문대에서 주요 직책에 올랐고 그러한 직책을 이용해 중국에 정보를 보낼 수 있었다.

미국에서는 이미 상당히 오래전부터 첨단 지식과 귀중한 연구 데이터에 접속 가능한 과학자들이 중국을 위해 일해 왔다는 사실이 알려져 있었다.[74] 그러나 이 문제를 인식하고 조치를 취하려 한 이는 최근까지도 거의 없었다. 2019년 3월 과학 부문에 가장 많은 재정적 지원을 하는 메릴랜드 소재 국립 보건원은 미국 내의 수백 여 개 대학 연구소에 특정 연구원들과 외국 정부와의 관계에 대해 문의하는 서신을 발송했다.[75] 국립 보건원은 중국의 정부나 대학(러시아와 이란도 요주의 대상이었다.)과 관련된 연구원들의 지적 재산권 절도에 대해 우려를 표했다.

그 다음 달 휴스턴에 있는 MD 앤더슨 암 센터가 국립 보건원이 연구 자료를 훔친 것으로 지목한 외국과의 관계를 밝히지 않은 중국계 미국인 연구원 세 명을 해고했다는 소식이 터졌다.[76] 국립 보건원은 이 암 센터에 연구 지원을 하고 있다. 적어도 55개 다른 기관들도 국립 보건원으로부터 비슷한 서신을 받았다고 전해졌다.[77] 이름이 거론된 일부 기관들은 천인계획에 관여되어 있어서 특히 주목을 받았다. 2020년 1월 28일 하버드에서 최고참 교수로 손꼽히는 화학자이자 나노 과학자 찰스 리버Charles Lieber 박사가 체포되어 수갑을 찼다. 연방 수사국은 그가 천인계획에 포섭되었다고 주장했다.

법무부는 2012년부터 2017년까지의 기간 동안 그가 한 달에 5만 달러와 넉넉한 생활비를 받고 우한 기술 대학에 연구소를 설립해 자기 지식을 전수했다고 주장한다.[78] 리버는 자신과 중국의 관계를 하버드에 밝히지 않았다. 우한 연구 센터를 '우한 기술 대학-하버드 합동 나노 핵심 연구소'라고 불렀는데도 말이다. 중국은 오랫동안 공을 들여 그를 포섭했다. 2009년 중국 공산당은 그에게 중국의 경제 사회 발전에 크게 기여한 외국 전문가들에게 주는 최고상인 우의상友誼奬을 수여했다.[79] 이러한 혐의가 사실이라면 그는 오로지 탐욕이 범행 동기인 듯하다.

중국 국제 인재 교류 협회는 눈에 띄게 드러내지 않고 활동하며 중국 바깥에서 이 기관에 대해 들어 본 이는 거의 없다. 표면적으로는 민간 교류 업무를 한다고 알려진 이 협회는 미국, 캐나다, 러시아, 독일, 영국, 호주, 이스라엘, 일본, 싱가포르, 홍콩에 사무소를 두고 있고 훨씬 많은 각국의 기관들과 협정을 맺고 협력하고 있다. 1999년 미국 의회의 콕스 위원회Cox Committee가 중국의 핵 기술 첩보 활동에 대해 발표한 기념비적인 보고서에 따르면, 중국 국제 인재 교류 협회는 "서구 진영의 과학자와 엔지니어들과의 접촉을 통해 불법으로 기술을 확보하기 위해 중화인민공화국이 설립한 기관들 가운데 하나"다.[80] 이 협회는 "무기와 관련된 민감한 비밀들을 찾아내기 위해 미국을 샅샅이 훑는 광범위한 첩보 작전"을 관장한다.[81]

그로부터 20년 후인 지금도 미국 사법 당국은 여전히 중국 국제 인재 교류 협회의 활동으로 골머리를 앓고 있다. 2019년 법무부는 이 협회 뉴욕 사무소 소장을 비자 사기 혐의로 체포했다.[82] 그의 기소를 통해 중국 국제 인재 교류 협회가 과학자, 엔지니어, 정보 기술 전문가 등을 포섭해 자기가 소속한 직장의 지적 재산권을 탈취해 중국으로 귀국하게 하는 수법들에 대해 소중한 정보를 얻게 되었다. 중국 국제 인재 교류 협회는 통일 전선 공작을 토대로 중국인들의 직능 협회, 미국의 대학교 내의 '친구들', 공자학원 등과 공동 작업을 하는데 이들은 모조리 중국 영사관과 긴밀하게 협력한다.

중국 국제 인재 교류 협회는 국가 외국 전문가국이 관리하고 국가 외국 전문가국은 과학 기술부에 직접 보고한다(212쪽 조직도 참조). 첩보 전문가 윌리엄 C. 해너스William C. Hannas, 제임스 멀브논James Mulvenon, 애나 B. 풀리시Anna B. Puglisi는 국가 외국 전문가국을 중화인민공화국에 근거지를 둔 가장 중요한 기술 이전 기관으로 지목한다.[83] 중국 국제 인재 교류 협회와 협력하든 국가 외국 전문가국과 협력하든 사실상 차이가 없다.'[84] 후자의 경우 미국에서 엔지니어를 포섭해 극비로 분류되는 스텔스 미사일 설계도를 중화인민공화국으로 빼내려다 덜미가 잡혔다.[85] 이 엔지니어는 징역 32년 선고를 받았다. 미국은 불법 기술 이전을 단속해 왔지만 캐나다는 중국 국제 인재 교류 협회의 공작을 용이하게 하는 데 앞장서서 '인재 교류'의 장애물을 제거해 왔다.[86]

국가 외국 전문가국의 목적이 첩보원 포섭이라는 사실은 웹 사이트에서 드러나 있다. "정부와의 접촉, 자매 도시와의 교류, 국제 경제 무역 협상, 국제회의 등과 같은 기회를 십분 활용함으로써 여러 형태의 모집 경로"를 통해 외국 전문가들을 영입하는 게 국가 외국 전문가국의 사명이라고 웹 사이트에 명시되어 있다.[87] 그러한 경로 가운데 하나가 민간 기업이다. 삼립국제집단三立国际集团, Triway Enterprises Inc.은 버지니아주에 본부를 둔 기업인데 국가 외국 전문가국의 후원으로 설립되었고 베이징과 난징에 분점이 있다.[88] 중국 기업과 지방 정부 기관들을 그들에게 지적 재산권을 넘겨줄 수 있는 미국 전문가와 연결해 주는 기능을 한다.

직능 협회

중국과학기술협회中國旅美科技協會, Chinese Association for Science and Technology, USA는 아마 미국에서 가장 규모가 큰 중국계 과학자와 엔지니어 협회로서 회원이 1만 명이 넘는다.[89] 이 협회는 삼립국제집단과 협력하고 중국의 정부와 대학과 밀접한 관계가 있으며 미중 간의 과학 기술 협력을 촉진하는 가교 역할을 한다는 사명에 걸맞은 기능을 한다.[90] 중국 대학에 직책을 두고 있는 직원들도 있고, 2016년 협회 본부 회장에 따르면 지부장 가운데 20명이 중국으로 돌아가 일하고 있다.

중국과학기술협회의 워싱턴 D.C. 지부는 D.C.뿐만 아니라 메릴랜드주와 버지니아주에서 가입한 1000명 이상의 회원이 있다.[91] 2000년 메릴랜드 대학교에 중국계 정보 기술 전문가들을 위한 중국 과기 네트워크 협회가 설립되었다.[92] 2002년 메릴랜드 대학교는 중국의 국립 혁신 단지 미국 본부를 유치했다. 해외에 설립된 최초의 소속 본부였다.[93]

중국과학기술협회 말고도 미국에는 광범위한 조직망을 갖춘 유사한 협회들이 많이 있고 다른 나라들에도 비슷한 협회들이 있다.[94] 호주에서 이러한 협회들을 총괄하는 상위 조직은 전오화인전가학자연합회全澳華人專家學者聯合會로서, 소속원들은 중국계 교수와 대학 행정 관리들이다.[95] 2004년 10월 이 연맹이 출범할 때 〈인민일보〉는 이 연맹이 "호주 주재 중국 대사관 교육실의 적극적인 지지와 지원"으로 시작되었다고 지적했다. 당시 호주 주재 중국 대사였던 푸잉傅瑩은 "전문가와 학자들이 첨단 기술 과업을 중국으로 이전하기를 바란다."고 말한 것으로 전해졌다.[96] 전오화인전가학자연합회 설립자는 당시에 퀸즈랜드 대학교 나노 기술 전문가로 재직하던 맥스 루Max Lu(중국 이름 루가오칭逯高清)다. 그는 중국 국무원 전문가 자문 위원회 위원을 맡는 등 오래전부터 국무원과 친밀한 관계를 유지해 왔다.[97] 루가오칭은 2017년 영국 서리Surrey 대학교 부총장이 되었다.

이러한 직능 협회들은 대부분 중국 국무원과 깊은 관계가 있고 영사관과 국가 외국 전문가국과 긴밀히 협력한다. 중국 국무원의 제안에 따라 직능 협회가 설립되는 경우도 있다.

중국인들의 애국심을 부추기지만 합법적인 봉급보다 '훨씬 많은' 봉급을 약속하기도 한다.[98] 첩보 전문가 해너스, 멀브논, 풀리시는 중국이 "이러한 협회들에 접근해 심리적 압박, 정치적 통제, 금전적 유인책 등을 복합적으로 이용해 그들의 활동을 원하는 방향으로 이끈다."고 한다.[99]

첨단 기술 부문 종사자 열 명 가운데 한 명이 중국 본토 출신인 실리콘 밸리에는 중국계 직능 단체들이 집중되어 있다.[100] 1989년 샌프란시스코 광역 지역에 거주하는 본토 출신 중국 엔지니어들을 위한 규곡중국공정사협회硅谷中國工程師協會(실리콘밸리중국엔지니어협회)가 창립되었다. "협회 회원들이 중국의 급속한 경제 개발에 관여할 경로를 구축"하는 일도 협회가 추구하는 사명이다.[101] 2013년 실리콘밸리에서 정보 기술 선임 엔지니어 잭 펑Jack Peng은 인터뷰에서 경솔하게도 중국이 서구 기술에 의존해 성장했다며 중국이 기술을 확보하는 방법을 하나 밝혔다. 그는 규곡중국해외화상협회硅谷中國海外華商協會(실리콘밸리중국화교상업협회)에도 직함을 갖고 있었는데, 이 협회는 해외 주재 중국인 전문가들을 중화인민공화국과 연결해 준다. 펑 씨에 따르면 "중국은 해외에 거주하는 중국인들을 필수적인 존재로 간주한다. 중국은 해외 거주 중국인들을 접촉해 그들의 연구 성과가 중국 토양에서 꽃피게 한다. 대부분은 규곡중국해외화상협회를 통해 중국 정부의 자문 역할을 한다. 모조리 전면적인 협력 체제에 편입된다."[102]

캐나다에도 중화인민공화국과 관련된 직능 협회 조직망이 있다. 이러한 기관들은 사회적 교류와 종사하는 분야에서 발전할 기회를 제공해 주지만, 전문가들을 한 자리에 모아 중국 영사관의 지시에 따라 조종하기도 한다.

2017년 국가 외국 전문가국 국장 장젠궈張建國는 뉴욕에서 열린, 중국 국제 인재 교류 협회가 미국에서 활동을 시작한 지 30주년을 기념하는 행사에 참석했다.[103] 그는 이 협회가 "미국 교육 기관, 산업 협회, 저명한 학자들과 깊은 관계"를 유지해 온 데 대해 기쁘다고 말하면서 협회가 많은 학자들의 중국 방문을 주선했고 외국 전문가들이 중국에 체류하면서 일하도록 도왔다고 지적했다.[104]

그 이듬해 영국에서도 국가 외국 전문가국/중국 국제 인재 교류 협회 30주년을 기념하는 행사가 열렸다. 영국의 한 지적 재산권 전문 변호사는 중국이 세계적인 수준의 지적 재산권 보호 체제를 구축하고 있고 서구 기업들이 기술을 도용당한다는 대부분의 보도는 관련 기업들의 태만함에서 기인한다고 참석자들에게 말했다.[105]

2019년 중국과 관련된 중국계 미국인 과학자들이 연방 정부의 감시를 받았고, 이 가운데 일부는 (100인회의 지원을 받아, 11장 참조) 이를 신종 매카시즘이라고 항의하면서 (두 나라 모두를 위해 일하는 게 마치 정상이라는 듯) '어느 한쪽을 택해야 한다는 데' 대해 불만을 토로했다.[106] 〈시노시즘 Sinocism〉이라는 권위 있는 소식지를 발간하는 빌 비숍Bill Bishop은 지적 재산권을 중국에 넘겼다는 혐의를 받은 중국계 미국인 과학자들이 해고된 소식을 전하면서 자신이 아는 중국계 미국인 과학자들에 따르면 은밀하게 지적 재산권을 양쪽에 팔아넘기는 관행은 오래전부터 있었으니 이미 오래전에 색출을 했어야 한다고 지적했다.[107]

비숍은 한 중국계 미국인 과학자의 말을 인용해 '주변에 심각한 수준으로 지적 재산권을 도용하는 이들을 보면 창피'하다고 생각하는 이들이 이 말을 한 당사자를 비롯해 일부 있다고 전했다.

서구 진영 대학교의 인민 해방군 과학자들

서구 진영의 대학교들이 중국 공산당의 집중적인 영향 공작의 표적이 된지는 상당히 오래 됐다. 대학 소속 과학자들을 초청해 인민 해방군 소속 국방 과학 기술 대학을 비롯한 중국 대학과 협력을 도모하고 서구 진영의 대학들도 중국 과학자와 엔지니어들을 자기 학교 연구소에 초청해 군사 관련 연구 프로젝트를 진행하게 한다. 그 결과 서구 진영의 대학교들은 첨단 무기 연구를 통해 중국이 미국에 군사적 우위를 점하도록 도와 왔다. 알렉스 조스키Alex Joske는 조사를 통해서 서구 대학의 연구원들과 중국 군부와 관련된 과학자들 간의 광범위한 협력 관계를 파헤쳤다.[108] 그는 2007년부터 인민 해방군이 2500명 이상의 군 과학자와 엔지니어들을 해외로 유학 보내 세계 최고 수준의 과학자 수백 명과 연구 협력 관계를 맺도록 했다는 사실을 밝혔다. 가장 많은 수의 인원이 파견된 나라는 미국과 첩보 동맹을 맺고 있는 파이브 아이즈Fives Eyes 국가들, 즉 미국, 영국, 캐나다, 호주, 뉴질랜드였고, 그 뒤를 독일과 싱가포르가 이었다. 2017년 무렵 서구 과학자들은 중국 군사 과학자들과 함께 수백 건의 과학 논문을 썼다.

대부분의 경우 중국 군사 과학자들은 인민 해방군 소속이라는 사실을 감춰 왔다. 일부는 정저우 정보 과학 기술 연구소 소속이라고 주장하는데, 이 연구소는 인용되는 논문의 수로 미루어보건대 세계에서 컴퓨터 과학과 통신 기술 분야의 선도적인 연구소로 손꼽힌다. 조스키에 따르면, 이 연구소 소속 과학자들이 때로는 미국 연구원들과 협력해 주요 과학 학술지에 900건 이상의 논문을 발표했는데, 이 가운데는 세계 최고 권위의 물리학 학술지로 손꼽히는 〈피지컬 리뷰 레터즈Physical Review Letters〉와 옥스퍼드 대학교가 발간하는 〈컴퓨터 저널The Computer Journal〉도 포함된다.

그러나 정저우 정보 과학 기술 연구소는 실존하지 않는다. 웹 사이트도, 전화번호도, 사무실 주소도 없다. 허난성河南省 행정수도 정저우鄭州 우편함 주소뿐이다. 연구소 명칭은 사실 중국 해커와 신호 첩보 요원들을 양성하는 정저우시 소재 인민해방군신식공정대학人民解放軍信息工程大學•의 위장막이다.[109] 텍사스 대학교 댈러스 캠퍼스, 뉴욕 주립 대학교 버펄로 캠퍼스, 사우스캐롤라이나주의 클렘슨 대

• 중국어로 신식 공정信息工程은 정보 공학을 뜻한다.

학교, 루이지애나 주립 대학교, 뉴욕 시립 대학교 등이 모두 사실상 사이버전 훈련 양성소인 이 인민 해방군 대학교 소속이라는 사실을 숨긴 이들과 협력했다.[110]

호주에서는 인민 해방군 소속 과학자들에 대해 거의 대부분 문호를 개방하고 있는 듯하다. 조스키가 밝혔듯이, 상당 기간 동안 얽히고설킨 협력 관계가 호주 과학자와 인민 해방군 소속 최고 대학들의 과학자들 간에 활발히 구축되면서 시진핑의 '강군몽強軍夢' 실현을 추진해 왔다.[111]

호주 연구원들은 인민 해방군 소속 국방 과학 기술 대학 소속 연구원들과 재료 과학, 인공 지능, 컴퓨터 과학 등 여러 분야에서 수백 편의 공동 연구 논문을 발표했다. 공동 연구자 가운데 시드니 기술 대학교에 재직했었고 현재 시드니 대학교에 재직 중인 타오다청 교수가 있다. 컴퓨터 비전에 대한 그의 연구는 자동 표적 인식, 미사일 유도, 전장 평가와 예측 등에 응용되고 있다. 타오 박사가 인민 해방군 소속 국방 과학 기술 대학 과학자들과 공동으로 한 연구의 자금은 호주 국립 연구 기금 기관이 지원했다.

최근까지도 국방 과학 기술 대학 총장은 양쉐쥔楊學軍 중장이었는데. 그는 현재 중국의 최고 군사 연구 센터인 인민 해방군 군사 과학원 원장이다. 2017년 양쉐쥔은 중국 공산당 중앙 위원회 위원에 임명되었다.[112] 그와 가장 긴밀하게 협력한 이들 가운데는 뉴사우스웨일스 대학교 컴퓨터 과학 엔지니어링 교수이자 '천인계획 학자'인 쉐징링薛京靈이 있다.[113] 그들의 연구는 군에서 첨단 항공기 설계, 전투 시뮬레이션, 핵미사일 실험 등에 이용하는 신세대 슈퍼컴퓨터 핵심 기술인 스트림-프로세싱 기술에 집중되어 있다. 쉐징링은 국방 과학 기술 대학 교수이기도 하고 그곳 연구원들과 함께 적어도 36편의 과학 논문을 썼다.

호주에 있는 대학들의 소속 과학자들도 인민 해방군 공군에게 군용기를 공급하는 중항공업中航工業과 한때 '군산 전자 산업 부대'라 불렸던 군사 연구 기관인 중국 전자과기집단공사 같은 중국의 무기 및 방어 체계 제조업체들과 연구 협력을 해 왔다.[114] 전자과기집단공사는 '민간 전자 기술을 이용해 인민 해방군의 이익을 도모'하는 게 목적이다.[115]

2011년 1월 매사추세츠주의 법원은 중화인민공화국 국적자 두 명을 수감했다. 군사용 위상 배열 레이더, 전자전, 미사일 체계에 사용되는 민감한 전자 장비와 군사 전자 기기 부품을 탈취해 반출하려는 모의를 했기 때문이다.[116] 탈취한 재료를 공급받기로 되어 있던 기관들 중에는 전자과기집단공사도 있었다. 2010년 10월 이 두 중국 국적자는 중국으로 수출이 제한된 전자 기술을 허가도 받지 않고 몰래 빼돌릴 음모를 꾸미고 거짓 진술을 한 혐의로 캘리포니아에서 체포되었다.[117] 두 사람은 중국전자과기집단공사의 제 24 연구소와 계약을 맺고 고성능 아날로그-디지털 변환기 두 가지를 개발하는 데 필요한 기술을 설계하고 이전하기로 한 것으로 알려졌다.

서구 진영의 대학교들은 놀라울 정도로 순진한 태도로 중국 기업과 중국 대학들을 상대하고, 위험을 입증하는 증거를 들이대도 인정하지 않으려 한다. 미국의 국립 과학 재단과 호주 연구 위원회 같이 연구 기금을 지원하는 기구들은 철저한 검증 절차가 없어서 연구원과 기업을 검증할 때 대학 당국에 의존한다.[118] 대학교는 과학 부문에서 전통적으로 소중히 여기는 규범인 개방성과 투명성을 옹호하면서도, 모르는 게 약이라는 태도를 견지할 강력한 금전적 유인책이 존재한다. 이러한 태도를 중국이 철저하게 이용해 먹는데도 말이다.

사이버 공격과 영향 작전

중국에 있는 국가 행위자들이 개인 정보가 저장된 대용량 데이터뱅크를 해킹했다. 중국의 영향 공작 기관과 사이버 해킹 센터의 합동 작전으로 보인다. 역사적으로 이 주제에 관여하기 주저해 온 유럽 연합도 이 사건을 주목했다.[119] 호주에서 2018년 고도로 정교한 대대적 해킹 작전이 시행돼 명문 호주 국립 대학교 직원과 학생들에 대한 정보를 도난당했다. 도난당한 정보에는 이름, 주소, 전화번호, 여권 번호. 소득세 납세 번호, 학생 성적 증명서 등이 있었다.[120] 이 학교 학생들은 대부분 졸업한 후 고위 공직, 안보 기관, 또는 정계에 진출하게 된다. 호주 국립 대학교는 많은 중국인 학생들을 유치하고 있기도 하다.

세계 안보 기관들은 진료 기록에 대한 사이버 공격이 우려할 만한 수준으로 급증하는 현상을 목격했다. 중국에서 국가의 사주를 받은 행위자들이 주요 용의자로 보인다. 2018년 8월 싱가포르 정부는 보건 데이터베이스에 저장된 진료 기록 150만 건을 도난당했다. 사이버 공격 전문가들은 중국에서 국가의 사주를 받은 해커들이 공격한 것으로 본다.[121] 본인도 해킹의 표적이 된 리셴룽李顯龍은 다음과 같은 트윗을 날렸다. "아마 그들은 나에게 창피를 줄 뭔가를 찾고 있었던 듯하다."[122]

싱가포르 정보 도난 사건 이전인 2014년 미국에서도 대대적인 해킹이 일어나 206개 병원이 갖고 있는 450만 명 환자들의 진료 기록을 뽑아 갔고, 2015년에 또 다른 해킹 공격으로 건강 보험 회사의 기록 8000만 건을 도난당했다.[123] 2014-2015년에 딥 판다Deep Panda라고 알려진 국가 지원 중국 기관이 미국 의료 보험사들을 해킹해 환자 8000만 명의 진료 기록을 훔쳤는데 이러한 자료는 중국이 표적으로 삼은 요주의 인물을 협박하는 데 이용될 수 있다.[124] 2014년에도 테네시에 본부를 둔 병원 체인에서 진료 기록 450만 건을 도난당했다. 이번에도 중국에 있는 국가 지원 해커들의 소행인 것으로 전문가들은 분석했다.[125] 같은 해에 해외 작전에 참가하는 특수군을 포함해서 호주 군인들의 진료 기록을 광둥에 시설을 둔 의료 계약업자가 중국으로 전송했다.[126]

현재와 미래의 정치 지도자, 군 지도자, 관료들의 진료 기록은 이제 중국 첩보 기관의 손에 들어갔고 중국은 그들의 약점을 잡아 영향 공작을 하거나 협박을 하는 데 이를 이용할 가능성이 있다. 공개하고 싶지 않은 질병이 있는 이들도 있을지 모른다. 복용하는 약에 대한 자료만으로도 충분하다. 그런 민감한 정보가 공개되면 경력을 망칠 수 있고 약점이 노출된 이들은 강요와 협박에 취약해진다.[127]

화웨이

세계 최대 통신 장비 제조업체인 화웨이華爲•의 사연은 중화인민공화국이 첩보, 지적 재산권 탈취, 영향 공작을 어떻게 융합하는지

• '중화유위中華有爲'에서 비롯된 명칭으로 중국을 위해 분투한다는 뜻.

잘 보여 주는 좋은 사례다. 자세히 얘기하자면 매우 길지만 핵심적인 요소들만 살펴보아도 충분히 이해할 수 있다.

화웨이가 중국 첩보 기관들과 관련이 있다는 의심은 오래전부터 제기되어 왔다. 이 회사의 설립자 런정페이任正非는 인민 해방군 신식공정원信息工程院(정보공학연구소) 원장을 지낸 것으로 일각에서는 생각한다. 신식공정원은 중국군의 통신 연구를 맡고 있으며, 산업 애널리스트들에 따르면 인민 해방군 총참모부 제 3부와 관련 있는 것으로 볼 때 첩보 부서로 보인다.[128] 2005년 미국 랜드(RAND) 연구소의 보고서는 중국군이 화웨이의 정치적 후견인이자 초창기부터 중요한 고객이었던 것으로 보인다고 지적했다.[129] 2010년 보고서에 따르면, 화웨이 회장 쑨야팡孫亞芳은 국가 안전부 직원이었다.[130]

2018년 아디스아바바에 있는 아프리카 연맹Africa Union 본부로부터 비밀 정보를 탈취하는 데 화웨이 장비가 사용되었다. 5년 동안 날마다 이 장비로 대량의 데이터가 다운로드되어 상하이에 있는 서버로 전송되었을 가능성이 농후하다.[131] 화웨이 직원들 사이에서는 중국 정부가 화웨이 해외 지사들에 첩보 요원들을 심어 놓는다는 소문이 파다하다.[132] 선전深圳의 한 직원은 다음과 같이 말한 것으로 전해졌다. "나라에서 화웨이를 이용하려 하고, 원한다면 마음대로 할 수 있다."[133] 2019년 1월 폴란드에서 화웨이 직원 왕위경이 중국을 위해 첩보 행위를 한 혐의로 체포되었다.[134]

화웨이는 공급사와 경쟁사들의 지적 재산권을 도용했다는 비난을 수없이 받았다.[135] 미국 법무부의 한 기소장에 따르면 화웨이 본사가 2013년 "경쟁사들로부터 비밀 정보를 훔쳐오는 직원에게 보상을 하는 상여금 제도를 공식적으로 출범"시켰다고 한다.[136] 화웨이는 탈취한 정보의 가치에 따라 액수를 달리한 급여 체계를 회람했고 특히 민감한 정보를 전달할 경로로서 암호화된 이메일 서비스도 제공했다. 6개월마다 가장 가치가 높은 정보를 탈취해 제공하는 화웨이 지사 세 곳을 선정해 상을 주었다.

그러나 이 문제를 위법 행위라는 틀로 보면 화웨이가 가하는 더욱 폭넓은 위험이 묻혀 버릴지도 모른다. 엘사 카니아Elsa Kania는 "화웨이의 세계적 확장은 그 자체가 중국의 영향력의 확대를 의미한다."고 주장한다.[137] 화웨이가 21세기 세계 통신망을 구축하고 장비를 공급하는 지배적인 지위를 달성하면 중국은 전 세계적으로 어마어마한 영향력을 행사하게 된다. 화웨이는 시진핑이 추진하는 당과 기업 융합, 민과 군의 융합이라는 두 융합 전략의 토대다. 여기에 제 3의 융합, 즉 영향 공작과 첩보 활동의 융합을 덧붙여도 될지 모르겠다.

트럼프 대통령은 화웨이를 '기관 목록entity list•'에 올려 미국 기업들이 정부의 승인 없이 화웨이에 물품을 공급하지 못하도록 한 조치를 취하는 등 1년 동안 뜨거운 논란을 일으켰고, 중국의 친구들이 공개적으로 화웨이를 옹호하면서 그들은 이득을 봤다.[138]

앞서 살펴본 바와 같이 주중 캐나다 대사 존 매컬럼은 멍완저우가 체포되자 화웨이 편을 들었다. 저명한 미국 경제학자 제프리 색스Jeffrey Sachs는 '화웨이를 상대로 한 전쟁'을 격렬히 비난했다(11장 참조). 영중 센터 회장이자 48그룹 클럽 회원인 피터 맨델슨은 미국

• 미국 상무부가 국가 안보 침해 가능성이 있다고 판단한 기술이나 상품과 관련해 자국 기업의 수출에 제한을 두기 위해 만든 해외 기업·기관·개인의 명단.

이 화웨이에 대한 '공포를 조장'한다고 비난하면서 트럼프의 반중 운동이 화웨이에 대한 비판을 부추기고 있다고 주장했다. 트럼프가 대통령이 되기도 전에 이미 오래전부터 여러 나라에서 폭넓은 첩보 당국과 산업 관련 소식통들이 화웨이에 대해 이런 비판을 해 왔는데도 말이다.[139]

화웨이는 상당 기간에 걸쳐 영국에서 입지를 다져 왔다. 보수당과 자유민주당에 거액의 정치 자금을 기부하고 동아시아 사업에 관한 초당적인 의회 단체에도 5만 파운드를 쾌척했다.[140] 하원 의원들이 중국 연구 시설을 시찰하도록 수없이 여러 차례 여행 경비를 댔고 일찍이 2012년 데이비드 캐머런과 회동하기도 했다. 화웨이는 자사의 '국제 자문 위원회'에 자유민주당 대표를 지낸 클레멘트-존스 경Lord Clement-Jones, 정부 부처인 영국 무역 투자부의 수장을 지낸 앤드루 칸 경Sir Andrew Cahn, 토리당 소속의 위트크로프트Wheatcroft 남작 부인 등을 영입했다.[141] (이러한 자문 위원회 위원들은 화웨이의 위상을 높여 주는 구실 외에는 거의 하는 일도 없이 두둑한 보상을 받았다). 오늘날 화웨이의 영국 이사회 의장은 브리티시페트롤륨(BP)의 최고 경영자를 지낸 존 브라운John Browne이 맡고 있다. 화웨이는 이렇게 공을 들인 결과 2020년 1월 그 결실을 보았다. 영국 정부가 영국의 5G 통신망에 화웨이의 참여를 승인하면서 첩보 공유 동맹인 파이브 아이즈Five Eyes를 경악케 했기 때문이다. 중국에게는 완승이었다.

화웨이가 서구 진영에서 저명인사들을 이사회에 영입하는 이유는 자사에게 우호적인 이들을 만드는 데 공을 들이고 영향력을 구축하기 위해서다. 화웨이의 해외 이사회 이사들은 언론 매체와 자주 접촉하고 화웨이가 중국 정부와 무관하다는 주장을 되풀이해 준다. 그들은 화웨이가 첩보 행위를 했다는 증거도 부인하고 화웨이가 선량한 준법 시민이라고 증언해 준다. 두 전문가의 말을 빌리자면 그들은 "화웨이 내부가 어떻게 돌아가는지에 대해 제한적인 시각"을 지니고 있지만[142] 화웨이에 그럴듯한 외양을 입혀 준다.

호주에서 화웨이 이사회 의장은 후방제독rear admiral을 지낸 존 로드John Lord다. 캐나다에서는 멍완저우의 체포를 둘러싸고 위기가 고조되는 가운데 화웨이가 스티븐 하퍼Stephen Harper 전 총리의 수석 자문역을 지낸 알리칸 벨시Alykahn Velshi를 정부 자문역이자 얼굴로 내세웠다.[143] 독일에서 화웨이를 대리하는 산업 로비 단체는 12개가 넘는다.[144] 2018년 12월 화웨이는 독일 집권당인 기독자유연합 연례 총회를 후원했다. 화웨이 고위 간부들이 독일 지도자들과 친밀한 관계를 구축할 절호의 기회였다.[145]

서구 진영의 기업들도 정치적 영향력을 얻고 싶어 하지만 화웨이가 써먹는 수법을 쓰지는 못한다. 2019년 위기가 발생하자 중국 공산당은 캐나다에서 통일 전선 기구들을 동원해 화웨이를 방어했다. 존 매컬럼이 멍완저우를 옹호하는 발언을 한 기자 회견은 토론토의 중국인 지역 사회에서 저명한 한 인사가 마련했다. 바로 토머스 취인데 그는 달라이라마의 방문과 티베트 기旗 게양에 항의하는 시위를 비롯해 '중국의 이미지를 보호'하는 행사들을 포함해 토론토 지역 사회의 친중 기관들에 적극적으로 참여하는 것으로 알려졌다.[146]

멍완저우가 체포된 직후 밴쿠버에 기반을 둔 단체는 기자 회견을 열었고 두 명의 대변인이 멍완저우의 체포를 비난하면서 중국의 주장을 앵무새처럼 되풀이했다.[147] 이 계략은 먹혀들었고, 캐나다 국영방송 CBC 뉴스는 "밴쿠버의 중국계 캐나다인 지역 사회 일부 주민들이 멍완저우를 지지하는 시위를 하고 있다."고 보도했다.[148] 〈윈저 스타Windsor Star〉의 톰 블랙웰Tom Blackwell은 캐나다 여성 어린이 연합회라는 단체의 막후 인물인 두 여성을 조사했다. 하나는 1993년 중국에서 캐나다로 이주한 궈훙郭紅으로서 중국계 이민자 인구 비율이 매우 높은 도시 리치몬드에서 법률 회사를 운영하고 있다. 그녀는 시장에 출마해 언론으로부터 중국의 인권 유린에 대한 질문을 받고 중국에서는 인권 유린이 일어나지 않는다고 답해 처음으로 대중의 주목을 끌었다. 그녀는 실제로 "중국은 표현의 자유를 마음껏 누린다."고 답했다.[149] 궈훙은 자유당에 정치 자금을 기부해 왔고 트루도 총리와 사진을 찍기도 했다.

기자 회견에서 발언을 한 두 번째 여성은 한둥메이韓冬梅다. 그녀는 5년 앞서 캐나다로 이주해 투자 기금을 운용하고 있었는데, 톈안먼 광장에 있는 인민대회당人民大會堂에서 출범식을 했다. 그녀의 회사는 자유당에 10만 캐나다 달러를 기부했다. 캐나다 여성 어린이 연합회는 궈훙과 한둥메이가 영향 공작을 실행하는 도구 역할을 하는 위장 단체임이 명백하다.

화웨이는 대부분의 대기업과 마찬가지로 자사의 긍정적 이미지를 강화하는 일들을 해 왔다. 시청률이 높은 '캐나다 하키의 밤'과 같이 지명도가 높은 스포츠 행사를 후원하는 일도 그 가운데 하나다. 뉴질랜드에서 화웨이는 자사를 뉴질랜드의 국가적인 우상 올블랙스All Blacks 럭비 팀에 비유하는 광고 캠페인을 벌였다. 호주에서 화웨이는 캔버라 레이더스Canberra Raiders 럭비 리그 클럽의 운동복에 자사의 로고를 새겨 넣었다. 화웨이 이사회에는 첩보 기관과 안보 기관에서 고위직을 지낸 인사들이 포함되어 있다.[150] 화웨이는 뉴질랜드와 캐나다 언론 매체들의 중요한 수입원으로 자리매김했고, 뉴스와 평론이 화웨이에 대한 갑론을박으로 뜨겁던 시기에 뉴질랜드의 권위 있는 언론상을 후원하기도 했다.[151]

화웨이는 엘리트 계층에 접근하기 위해서 고급문화도 등한시 하지 않는다. 유럽에서 고전 음악 연주회를 홍보하기도 한다. 화웨이는 런던에서 열린, 상류층을 상대로 한 연주회에서 슈베르트의 교향곡 8번 '미완성 교향곡'의 마무리 부분을 인공 지능으로 연주해 그 역량을 과시하기도 했다.[152]

화웨이가 사람들을 자기편으로 끌어들이기 위해서 하는 활동은 대학교에서도 이루어진다. 2017년 화웨이의 연구 예산은 133억 달러라는 경이로운 액수였는데, 상당 부분을 서구 진영 전역에 있는 수십 개 대학들에 기부한다.[153] 유럽 14개국의 23개 연구 개발 시설을 포함해 150개 이상의 대학에 연구 자금을 지원한다.[154] 캐나다에서 화웨이는 연구 협력망을 아주 촘촘하게 구축했고 종종 최고의 정보 기술 전문가들과 협업을 했다. 화웨이는 이러한 막강한 자금력으로 교수에서부터 대기업 고위 임원들에 이르기까지 엘리트 지지자들의 호감을 사고, 이들은 화웨이의 선의와 화웨이가 캐나다에 기여하는 바를 역설한다.

그러나 화웨이를 상대하면 직면하는 위험에 대한 우려와 이해가 확산되면서 명문 대학교들은 화웨이와의 관계를 단절해 왔다. 옥스퍼드 대학교, 스탠퍼드 대학교, MIT, 캘리포니아 대학교 버클리 캠퍼스는 더 이상 화웨이로부터 연구 자금을 받지 않겠다고 발표했다.[155]

화웨이는 강공책을 쓰기 시작했다. 프랑스 연구원 발레리 니케Valerie Niquet가 인터뷰에서 화웨이는 중국 국가와 공산당의 '직접적인' 통제하에 있고, '전략을 실행할 역량'이 있다고 하자 화웨이는 그녀를 상대로 명예 훼손 소송을 걸었다.[156] 화웨이가 그런 식으로 법을 이용하면, 법적 근거가 무엇이든 상관없이 화웨이에 대한 비판을 억누를 가능성이 있다.

9 Media: 'Our surname is Party'

언론 매체 :
우리의 성姓은 당黨이다

언론 매체의 담론

중국 공산당이 세계 언론 매체 생태계에 진입하기 위해 대대적으로 밀어붙이고 있는데 이는 중국 공산당, 중국, 세계 속에서 중국의 입지 등에 대한 국제적 담론을 바꾸려는 전략의 또 다른 요소다. 담론이라 함은 언어에 내재된 신념, 태도, 정서뿐만 아니라 특정한 주제를 보는 틀과 사용하는 용어 등을 뜻하기도 한다. 상당 기간 동안 중국 공산당은 '세계 여론 환경'에서 힘의 균형을 바꾸기 위해서 중국 나름의 CNN이 필요하다고 생각해 왔다. 즉, 실시간으로 사건들을 보도하고 인민이 그 사건을 보는 틀을 형성하는 등 막강한 영향력을 행사하는 언론 매체가 필요했다.

2016년 시진핑은 '세계적으로 막강한 영향력을 발휘하는 대표적인 중국 언론 매체'를 창설할 필요가 있다고 역설하는 중요한 연설을 했다.[1] 이를 위해 어마어마한 재원이 투입되어 왔는데 연간 100억 달러를 상회한다고 추정된다.[2] 이보다 앞서 2011년 당시 신화통신사 사장 리충쥔李從軍은 〈월스트리트저널〉에 기고한 글에서 '새로운 언론 세계 질서'를 주장했다.[3]

당 공식 매체가 생산하는 선전 선동에만 집중하다 보면 중국이 만들어 내는 담론이 너무 어설프고 강압적이어서 세계적으로 영향을 미치기에 역부족이라고 일축하기 쉽다. 특히 중국 공산당 공식 매체들이 활동하는 환경은 밀폐된 공간보다 나을 게 없을 정도로 폐쇄적이니 말이다. 그러나 그러다 보면 세계 담론을 장악하기 위해 중국 공산당이 이용하는 전략의 더욱 미묘한 요소들을 과소평가하게 된다. 중국과 홍콩에서 상당 기간을 보내고 독일로 돌아간 디디 커스틴 태틀로Didi Kirsten Tatlow는 어딜 가든 중국에 대한 열기를 체감한다면서 중국에 대한 담론이 얼마나 급격히 변했는지를 기록하고 있다.[4] 중국의 매체들은 국가와 국가를 대리하는 기관들로부터 상당한 재정적 지원을 받는 이점을 누리지만, 서구 진영의 언론 매체들은 재정적으로 심각한 압박을 받고 있다. 중국의 언론 매체는 서구 언론 전문가들로부터 큰 도움을 받아 대대적으로 확장했을 뿐만 아니라 외국 독자·시청자를 겨냥한 콘텐츠에 신경을 쓰는 치밀함도 보여 왔다.

중국 언론 매체가 세를 확장하는 동시에 중국 공산당은 전략적으로 자국이 원하는 콘텐츠를 외국 언론 매체들에 심고, 설득 기법, 금전적 유인책, 비협조적인 매체와 해외 특파원들에 대한 협박 등을 통해 서구 언론 매체의 보도에 영향을 미치고 있다. 중국 공산당은 일부 외국 매체들과 제휴해 시진핑의 대표적인 정책이자 담론을 장악하는 가장 중요한 수단인 일대일로창의를 포함해 중국에 대해 '긍정적인 뉴스'를 확산시키고 있다.

세계 담론을 장악하겠다는 중국 공산당의 결연한 의지는 수많은 서구 언론 매체들이 재정난에 허덕이는 상황과 맞물려 서구 언론인들이 준수해야 할 직업 윤리를 훼손할 위험에 노출시킨다. 서구 언론 매체 기관들은 언론 윤리 강령을 토대로 평가를 받으며 많은 권위 있는 언론 매체들이 이를 지키려고 최선을 다한다. 데이비드 밴더스키David Bandurski와 첸강錢鋼은 〈중국 미디어 프로젝트China Media

Project〉에서 시진핑 치하에서 보도 기관들은 오히려 '마르크스주의 보도 가치'를 준수하고 당에 충성 서약을 하라는 강요를 받는다고 말한다.[5] 중국 보도 기관들이 추구하는 언론의 개념으로 보면, 오로지 당만이 진실 여부를 판단한다.

중국 공산당은 중국에서 세계로 일방적으로만 정보를 흐르게 함으로써 계속 이득을 본다. 중국 공산당은 당 공식 매체들을 통해서 해외로 원하는 메시지를 확산시키지만 방화장성으로 철통같이 방어하는 중국 언론 시장은 외국 언론 매체들에게는 문호가 닫혀 있고, 소셜 미디어도 차단되어 있다. 중국에서 서구 진영의 거대 언론 매체들은 중국이 허락한 상품만 팔 수 있고 이는 중국의 검열관들이 그들을 상대로 휘두를 수 있는 지렛대를 더 강화하는 역할을 한다.

당이 최우선

중국의 매체들은 중국 공산당의 수족手足이다. 그들은 당의 목적에 봉사하고 '정능량正能量(긍정적 기운)'을 확산시켜야 한다. 중국 자유주의자들의 철저한 패배를 상징하는 2013년의 악명 높은 9호 문건9号 文件은 '서구의 언론 개념'을 철저히 배격하고 노골적으로 금지하고 있다.[6] 이 문건에 따르면, 언론 매체는 "당의 정신이 충만해야" 하고 마르크스주의가 뉴스를 보는 시각을 지침으로 삼아야 한다. 게다가 이를 지키지 않는 매체는 처벌을 각오해야 한다. 9호 문건만으로는 명백히 의사가 전달되지 않았다는 듯, 시진핑은 2016년 2월 '중요한 연설'을 했다. 그는 매체들은 '필수성당必须姓党'이라고 했다. 영어로 'surname'으로 번역되는 한자어 '성姓'은 'surname' 이상의 의미를 내포한다. '성당姓党'은 언론 매체가 시진핑을 가장家

長으로 하는 당이라는 가부장적인 가족의 일원이라는 뜻이다.[7] 시진핑의 연설에 뒤이어 중국 전역의 매체 기관들은 시진핑의 연설에 담긴 '정신'을 흡수하는 정치 학습회를 열었다.

중국 공산당은 입으로만 매체에 충성을 요구하는 게 아니라 치밀하게 짜인 통제 체제를 통해 출간이나 방송 전후에 검열을 하고 의도한 바를 집행한다. 선전 부서들은 정기적으로 중국 매체들에게 지시를 내려 강조해야 할 주제와 다루지 말아야 할 주제를 알려 준다. 사안에 따라서는 매체들에게 신화통신의 보도를 엄격히 따르라는 지시를 내리기도 한다. 당이 지정한 편집자들이 정치적 실수를 저지르지 않도록 콘텐츠를 면밀히 검사한다. 보도가 방송되거나 기사가 인쇄된 후에는 당 노선으로부터 이탈했는지 다시 확인을 받는다. 정치적 실수는 여지없이 벌금으로 이어지고 책임자들은 강등된다.[8] 2015년 언론인 4인이 사소한 맞춤법[9]이 틀려서 시진핑의 연설을 사임이라고 하는 바람에 처벌을 받았다. 그들은 실수를 저지르고 45분 만에 정정했지만 소용없었다. '가짜 뉴스'를 처벌하는 법도 신설했다. 2015년, 중국 주식 시장이 급락할 때 금융 분야 언론인 왕샤오루王曉璐는 '뉴스를 날조'한 혐의로 체포되었다.(그는 사실을 보도했다.) 왕샤오루는 TV에 나와 '그토록 민감한 시기'에 그런 보도는 하지 말았어야 한다고 자백하고 선처를 바란다고 했다.[10]

〈중국일보〉 같은 당 매체는 해외 독자들을 겨냥해 중국어 외의 언어로도 발간하고 있는데 마찬가지로 정치적 제약을 받는다. 소속 언론인들은 '탁월한 정치적 이해력'을 증명해야 하고 중국 공산당 당원 자격이 요구되는 직책도 있다.[11] 2019년 현재, 언론인들은 시진핑 신시대 중국 특색 사회주의 사상習近平 新時代 中國特色 社會主義 思想을

학습하고 숙지했음을 증명하기 위해 시험을 통과해야 한다.[12]

최근 몇 년 중국 공산당은 개발도상국의 언론인들을 훈련시켜 왔다.[13] '국경 없는 기자회'에 따르면, 수만 명이 중국에서 언론인 연수를 받았다.[14] 2009년 이후로 신화통신은 세계 매체 정상 회의를 주관하고 재정을 지원해 왔는데, 〈뉴욕 타임스〉, BBC, 로이터통신, AP통신 같은 서구 진영의 주요 언론이 참가했다.[15] 중국의 입장을 알릴 또 다른 경로는 2014년부터 〈인민일보〉가 지방 정부들과 협력해 개최하는 일대일로에 관한 매체 협력 포럼이다.[16] 2018년 포럼에는 중앙 선전부 관리들과 90개국의 언론 매체들이 참석했다.[17] 중국 공산당 간부들은 외국 언론인들을 상대할 때는 당에 대한 충성의 필요성을 강조하지 않고 언론 매체가 나라들 간의 '가교' 역할을 하고 우호적인 관계와 상호 이해를 촉진해야 한다고 강조한다.[18]

세계적 매체의 힘

세계적으로 영향력 있는 중국 매체라는 개념은 중국 공산당 역사만큼 오래됐다. 1955년 마오쩌둥은 신화통신사에게 '세계를 관리'하고 '전 세계에 중국의 목소리가 들리게' 하라고 지시했다.[19] 마오쩌둥 때에 신화통신사는 우선 아시아와 아프리카를 포섭하는 데 집중하고 다음으로 유럽과 미국의 마음을 사라는 지시를 받았다.[20] 루이자 림Louisa Lim과 줄리아 버긴Julia Bergin은 아프리카가 중국 매체의 영향력 팽창의 '시험대' 역할을 해 왔다고 주장한다.[21]

'세계 일류 매체' 창설은 2008년 중국 공산당이 세계적 팽창에 돈을 쏟아 부으면서 가속도가 붙었다. 2009년 1월 〈사우스 차이나 모닝 포스트〉는 중국이 세계적 매체에 450억 인민폐(66억 달러)를 투자

할 계획이라고 보도했다.[22] 2008년 말 제 17차 전국 인민 대표 대회 3차 총회에서 중국 공산당이 중국의 '세계적인 소통 역량'을 증진시키겠다고 선언한 후에 나온 보도다.[23]

그 이후로 중국 공산당의 중앙 매체는 모두 빠른 속도로 확장되었다. 2018년 3월 중국 공산당은 국영 중국중앙전시대中國中央電視臺, China Central TV를 국내 라디오 네트워크인 중앙인민광파전대中央人民廣播電臺, China National Radio, 국제 라디오 서비스인 중국국제광파전대中國國際廣播電臺, China Radio International와 합병해 중앙광파전시총대中央廣播電視總臺, China Media Group를 만들었는데, 이는 중국지성中國之聲, Voice of China이라고도 알려져 있다. 이는 형식적으로는 국무원 소속이지만 당의 중앙 선전부로부터 지시를 받는다.[24] 중국중앙전시대의 국제 방송 부문은 2016년 말 중국환구전시망中国環球電視網, China Global Television Network으로 새롭게 태어났다. 중국환구전시망은 영어, 스페인어, 프랑스어, 아랍어, 러시아어로 방송한다.[25] 베이징에 본부를 두고 나이로비, 워싱턴 D.C., 그리고 런던에 방송 제작 센터가 있다.[26] 중국국제광파전대는 32개 해외 지국을 두고 60개 이상의 언어로 방송한다.[27] 세계적인 라디오 방송망과 협력 합의를 통해서 직접 제작한 프로그램을 유통시키기도 하는데, 이에 대해서는 나중에 자세히 다루겠다.

신화통신사新華通信社도 2009년 이후로 빠르게 확장되어 왔다.[28] 신화통신사는 현재 중국 바깥에 180개 지국을[29], 뉴욕시, 브뤼셀, 홍콩, 모스크바, 카이로, 나이로비, 비엔티안, 멕시코시티에 지역 총국을 두고 있다. 2010년에는 24시간 영어 뉴스 채널인 중국신화신문전시망영어전시대中國新華新聞電視網英語電視臺CNC World를 출범시켰다. 중국

국제광파전대와 마찬가지로 중국신화신문전시망영어전시대도 제휴나 소속 방송국들을 통해서 콘텐츠를 배포한다.[30]

또 다른 주요 매체는 중국일보망中國日報網이다. 중국일보망의 대표적인 매체가 〈중국일보〉다. 1981년에 호주 신문 〈더 에이지 The Age〉의 지원과 호주 정부의 재정적 지원으로 창간된 중국에서 가장 오래된 영자 신문이다.[31] 중국일보망은 국무원 정보실로부터 지시를 받는데, 중국 공산당의 대외 선전실은 바깥 세계를 상대할 때 국무원 정보실이라는 명칭을 사용한다.[32] 미국, 캐나다, 영국, 독일, 프랑스, 벨기에, 호주를 포함해 해외에 40개 지국이 있다.[33] 2018년 현재 중국일보망은 전 세계에 921명의 직원을 거느리고 있다.[34]

2009년에 자금이 투입되면서 제 2의 영자 신문도 탄생했다. 〈환구시보環球時報〉(영문명, 〈글로벌 타임스Global Times〉)인데, 중국어판은 1993년에 출범했다. 〈환구시보〉는 인민일보망人民日報網의 자회사로서 중국 공산당이 공식 매체에 게재하기를 꺼려하는 호전적이고 강경한 입장을 표명하는 통로다. 이와 대조적으로 공식 매체는 합리적인 논조라는 인상을 주기 위한 전술이다.[35] 〈환구시보〉의 편집장 후시진胡錫進은 국수주의적 발언을 뱉어내는 인물로 잘 알려져 있다.

중국의 매체들은 대부분 당 소유지만 '상업 매체'로 보이도록 하라는 조언을 받아 왔다. 특히 외국 언론들과 협력할 때는 말이다.[36] 중국환구전시망이 미국에서 외국 대리인 등록법FARA, Foreign Agents Registration Act에 따라 등록할 때는 '국가로부터 그 어떤 지시나 통제도 받지 않는 독립된 편집 체제를 갖추고 있다.'고 주장했다.[37]

그러나 중국환구전시망은 중앙 선전부가 이끄는 중국광파전시총대 소속이므로, 이 주장은 거짓이다. 현재 중국환구전시망의 미국 지국 직원들도 중국이 편집권을 행사한다고 확인해 준다는 사실로도 거짓임이 증명된다. 머리가 헝클어진 시진핑의 모습을 방송해서는 안 되고 타이완 국기가 등장하는 화면은 편집해서 삭제해야 한다.[38]

신화통신사에서 일했던 한 직원은 2012년 기자 신분을 이용해 캐나다에서 달라이라마의 기자 회견을 염탐하라는 요청을 받았다. 그는 자신이 목격한 내용을 기사화하지 않기로 한 결정이 내려지자 사임했다.[39] 다른 신화통신사 직원들도 중국 내의 독자들만을 겨냥한 기사를 써 왔다고 시인한다.[40] 신화통신사는 1950년대부터 중국 관리들의 낮은 급수의 기밀에 접근하는 첩보원 역할을 해 왔다.[41]

중국 국영 매체들은 해외 독자들의 취향에 더욱 부합하기 위해서 '매체 지역화' 전략을 추구해 왔다. 외국인을 채용하고, 콘텐츠를 지역에 맞게 조정하고 지역판과 프로그램을 더 많이 출범시켰다.[42] 〈중국일보〉는 미국을 겨냥한 특별 일간지뿐만 아니라 국제판도 있고 유럽과 아시아를 겨냥한 주간판이 있다. 중국환구전신망은 러시아 투데이Russia Today와 마찬가지로 지역 앵커를 채용해 왔다. 무엇보다도 이 방송국은 CNN, NBC, BBC 같은 방송국에서 근무한 경력이 있는 언론인, 기자, 프로듀서들을 영입할 수 있었다.[43] 중국 공산당은 서구인의 외모를 한 이들이 보도하는 뉴스가 훨씬 신뢰감을 준다고 믿는다. 반면 중국에 있는 외국 매체들은 보조원 역할로서 말고는 중국 국적자를 채용하지 못하도록 되어 있다.[44] 중국이 직접 언급하고 싶지 않은 주제들에 대해서, 그 밖의 다른 주제들에 대한 당의 시각에 정당성을 부여하기 위해서 외국인들이 발언하게 하는 전략을 쓴다. 이 전략은 오랜 전통을 자랑한다. 1968년 문화 혁명이 절정에 달했을 때, 마오쩌둥은 중국 전역의 매체들이 중국을

'세계 혁명의 중심지'라고 반복한 행태는 지나쳤다고 경고했다. 물론 마오쩌둥 본인도 그렇게 생각했지만 중국의 자화자찬은 도움이 되지 않으므로 매체들에게 그런 발언을 한 외국인들의 말을 인용하라고 지시했다.[45]

중국은 서구 진영의 언론 매체들이 '반중적인 편견'을 보인다고 공격하는 일도 외국인들에게 맡긴다.[46] 중국 공산당에게 중대한 사안들을 거론할 때나 중국이 세계에 기여한 바를 칭송할 때도 외국인의 입을 빌린다. 2016년 남중국해 분쟁에 대한 헤이그 국제 상설 재판소의 판결이 나온 후 유럽 의회의 유럽 연합-중국 우호 단체 단체장 너지 데바는 필리핀은 이 문제를 양자 간 대화를 통해 해결했어야 한다는 중국 공산당의 입장을 그대로 되뇌었다.[47] 중국환구전신망에 자주 등장하는 영국 언론인이자 저자 마틴 자크Martin Jacques는 2017년 한 인터뷰에서 서구 진영은 중국으로부터 배워야 하고 중국이 주도하는 세계로의 전환은 '흠잡을 데 없는 바람직한 현상'이고 '세계가 본 적이 없는 위대한 민주화의 시대로 손꼽히게 될 것'이라고 말했다.[48] 중국환구전신망에 출연한 한 학자는 다시 출연하고 싶으면 중국에 대해 지나친 비판을 삼가라는 경고를 받았다. 방송국 측은 그녀에게 다른 외국인 출연자의 이름을 대면서 '그 사람처럼' 하라고 충고했다.[49](일부 다른 매체들과 마찬가지로 중국환구전시망도 인터뷰한 외국인 전문가들에게 소정의 출연료를 지불한다.)

중국 공산당의 선전 선동을 미세하게 다듬는 서구 언론 매체

서구의 기관들은 오래전부터 중국 공산당 매체들이 국제 보도를 확장하고 개선하도록 도왔다. 1990년대 말 중국국제광파전대가 디지털로 전환할 때는 지멘스 오스트리아가 제공한 장비와 오스트리아 정부의 융자도 보탬이 되었다.[50] 네덜란드의 국립 수학과 컴퓨터 과학 연구소 센트룸 비스쿤데 & 인포마티카Centrum Wiskunde & Informatica는 신화통신사가 시청자의 집중도를 측정하는 센서 사용을 시험하는 등 '사용자 경험 증강 연구소'를 구축하도록 돕고 있다.[51]

선전부 간부들은 서구 진영의 매체 지형을 어떻게 헤쳐 나가야 하는지에 대한 전문적인 조언을 받고 있다. 런던에 있는 웨스트민스터 대학교의 중국 매체 센터는 중국 선전 담당 간부들을 초청해 3주간 훈련[52] 강좌를 열었다. 이 센터는 2005년 언론학 교수 휴고 드 버Hugo de Burgh가 창설하고 당시 중국 국영 방송인 중국중앙전시대 부회장 쑨위성孙玉胜과 영국에서 가장 존경받은 언론인으로 이따금 일컬어지는 제러미 팩스만Jeremy Paxman이 출범시켰다.[53] 훈련 강좌 대상은 중앙당 간부들과 국방 부문 관리들, 국유 기업 직원들과 공영 매체들이다.[54] 강좌 비용은 영국 외교부를 통해서 영국 납세자들이 낸 세금 일부로 지원한다. 이 센터 수장 휴고 드 버는 48그룹 클럽의 명예 회원이고, 영중 센터 이사회 이사를 지냈으며, 칭화 대학 교수다. 이 마지막 직함은 중국 교육부에서 세계 인재들을 중국으로 유치하려는 목적으로 실행하는 985프로그램이 관장한다.[55] 그는 영국과 중국 간의 관계가 더욱 친밀해져야 한다고 강력히 주장한다.[56]

중국 공산당에 따르면, 웨스트민스터 대학교 프로그램은 지금까지 매우 성공적이었다. 대외 선전 중앙 본부의 수석 대변인은 다음과 같이 말했다. "지난 7년에 걸쳐 중앙 부서, 성과 도시 등에 근무하는 중국 관리들을 대상으로 중국 미디어 센터가 설계하고 실행한 3주 집중 수련 강좌 덕분에 중국 관리들이 서구 진영에서 언론 매체가 하는 기능을 이해하고 그러한 언론 매체에 대응하고 서로 교류하는 역량이 급격히 향상되었다."[57]

2018년 훈련 강좌 프로그램의 일환으로 중국 미디어 센터는 중앙 선전부의 간부 다섯 명과 함께 '중국의 국제 관계와 경제 전략 : 영국과 중국의 인식'이라는 원탁회의를 개최했다.[58] 중국 미디어 센터는 많은 중국 공산당 관리들을 영국으로 초청해 언론계와 정계 엘리트들과 교류할 기회를 제공했고 재무 장관의 초청으로 총리 관저 다우닝가 11번지에서 다섯 차례 세미나도 열었다.[59] 첫 중국 방문에 휴고 드 버가 동행했던 보리스 존슨은 중국 미디어 센터의 강좌에 참여했고 중국의 매체에 대해 우리에게 가르쳐 줄 사람으로 드 버만한 사람이 없다고 발언했다.[60]

이런 종류의 강좌에 찬성하는 이들은 이러한 강좌가 중국의 매체들이 더욱 개방적인 언론이 되도록 하는 데 도움이 된다고 주장한다. 그러나 정작 실제로는 정반대 결과를 낳는다. 오히려 중국 공산당이 선전을 정교하게 다듬고 세계를 대상으로 더욱 효과적으로 확산시키는 데 도움을 준다. 이 강좌들은 서구 언론인들이 상대방으로부터 대답을 이끌어 내기 위해 쓰는 기법들 가르쳐 주고 정부 관리들이 기자 회견에서 기자들의 곤란한 질문에 어떻게 대응하는지 가르쳐 준다.[61] 중국 정부의 대변인들이 당이 운영하는 신장성 위구르족 강제 수용소 문제와 인권 유린 등으로 툭하면 궁지에 몰릴 때, 이러한 곤란한 질문들을 어떻게 '다룰지' 가르쳐주는 강좌는 영국의 국민들 이익보다 중국 공산당의 이익에 훨씬 도움이 된다.

제대로 된 언론 활동을 하고자 하는 중국 언론인들도 있지만, 지난 6년에 걸쳐 그들이 설 자리는 급격히 줄었고 중국은 그런 언론인들을 해외 훈련 강좌에 파견해 주지 않는다. 보통 해외 강좌 참여자는 당, 당 소속 기관, 당에 고분고분한 것으로 유명한 TV 프로그램과 국영 일간지 소속 인사들이 대부분이다.[62]

방화장성 가로지르기

2009년 7월 신장성 위구르족 자치구에서 소요 사태가 일어난 이후로 거의 대부분의 서구 진영 소셜 미디어는 중국에서 차단되었다. 마이크로소프트가 소유한 링크트인LinkedIn만 예외였다. 중국에 4000만 명 이상의 사용자가 있는 이 소셜 미디어는 중국의 검열 요구를 순순히 따랐다.[63] 2018년 12월 링크트인은 반체제 인사 저우펑쒀周鋒鎖의 계정을 차단하고, 그에게 다음과 같은 공지를 보냈다. "우리는 표현의 자유를 강력히 지지하지만 우리는 중국에서 출범할 때 중국에서 영업을 하려면 중국 정부의 요구 사항을 준수해야 한다는 점을 수용했다."[64] 같은 달, 링크트인은 영국인 피터 험프리Peter Humphrey의 계정도 차단했다. 기업 사기 탐사 보도를 전문으로 하는 그는 거짓 주장을 했다는 이유로 중국에서 수감되었고 강제로 TV에 출연해 잘못을 자백했다.[65]

이렇게 중국 내에서는 소셜 미디어를 금지하면서도, 신화통신사와 〈환구시보〉처럼 외국인을 겨냥한 중국의 모든 매체들은 페이스북, 트위터, 유튜브를 활발하게 사용한다. 이러한 소셜 미디어 플랫폼에서 중국 공산당 매체들은 여러 언어로 콘텐츠를 제공하면서 특정 국가들을 표적으로 삼기도 하지만 가장 중요한 언어는 영어와 중국어다. 2015년 〈인민일보〉 보도에 따르면, 신화통신사는 서구 진영의 소셜 미디어 플랫폼에서의 존재감을 부각시키기 위해서

100명 이상으로 팀을 만들어 소셜 미디어만 관리하기로 했는데, 그 이후로 이 숫자는 폭증했을 가능성이 높다.[66]

서구 진영의 소셜 미디어는 중국 공산당이 잘못된 정보를 확산시키는 또 다른 수단이다. 〈인민일보〉의 트위터 계정은 타이완이 2019년 동성애자 결혼을 합법화한 게 중화인민공화국이 이룬 진보적인 쾌거라고 주장하면서 "중국령 타이완의 지방 의원들은 아시아에서는 처음으로 동성애자 결혼을 합법화했다."라는 트윗을 날렸다.[67] 사실 성 소수자(LGBT)의 권리는 시진핑하에서 더 침해되었다. 타이완이 동성애자 결혼을 합법화하고 몇 달 후 중화인민공화국은 같은 조치를 취할 가능성을 배제한다고 분명히 밝혔다.[68] 2019년 〈중국일보〉는 트위터에서 중국 공산당이 홍콩에서 제안한 송환법에 반대하는 시위자들을 오히려 이 법을 지지하는 이들이라고 하면서 "80만 명이 송환법에 '찬성'했다."라는 제목과 "홍콩 부모들이 미국의 내정 간섭에 반대하는 가두 행진을 하다."라는 제목을 달았다.[69] 같은 해 신화통신사는 페이스북에서 홍콩 시위자들을 '바퀴벌레'라고 불렀다.[70] 트위터에서 활발하게 활동하는 〈중국일보〉의 유럽 지국장은 그들을 '쥐새끼'라고 일컬었다.[71]

트위터에서는 유료 광고를 이용해 중국의 정치 체제와 신장성, 홍콩, 그 밖의 여러 민감한 사안들에 대한 중국 공산당의 노선을 홍보한다.[72] 2019년 8월, 중국 공산당 매체들이 홍콩 시위를 비난하는 유료 광고를 트위터에 게재한 후 대중의 비판이 들끓자 마지못해 트위터는 더 이상 국영 매체들의 유료 콘텐츠를 게재하지 않겠다고 발표했다.[73] 당-국영 매체들은 유튜브에서 젊은 시청자들에게 호소력 있는 포맷으로 짤막한 동영상들을 배포해 왔다. 중국의 정치 체제를 능력주의로 묘사한 동영상도 있다. 돈이 가장 많은 후보가 대통령 선거에서 이기는 미국과는 달리 노력과 경험을 통해서 주석 자리에 오른다는 내용이다.[74] 미국 관련 발언이 부분적으로 옳다면 중국 관련 발언은 완전히 틀렸다. 지배 계층에만 능력이 집중되어 있다면 몰라도 말이다. 이런 동영상을 서구 언론은 별것 아니라고 일축하지만 이런 동영상을 누가 시청하고 어떻게 받아들이는지에 대해서는 거의 알려진 게 없다.[75]

중국 공산당은 이러한 플랫폼을 이용하면서도 동시에 중국 내에서는 이러한 플랫폼을 차단한다는 사실은 그들이 민주주의의 개방성을 어떻게 이용하는지 보여 주는 또 하나의 사례다. 중국 공산당은 허가받지 않고 트위터를 사용하는 중국인(즉, 민간인 계정)에 대한 탄압을 강화해 왔고 위챗WeChat 같은 중국 소셜 미디어도 검열하고 있다. 위챗은 전 세계 해외 거주 중국인들 수백만 명을 포함해 한 달에 10억 명의 사용자가 활동한다. '중국인 표'를 의식하는 서구 진영의 정치인들은 위챗에 계정을 만들고 그들에게 소구하는 콘텐츠를 올린다. 결과적으로 민주주의 국가에서 선거에 출마하는 후보들의 통신 내용을 중국에서 지켜보고 검열하고 있다.[76]

중국 공산당은 서구 진영의 소셜 미디어에서 시쳇말로 '50센트 군대'라고 불리는 대규모 인터넷 댓글 부대를 동원하기도 한다. 이 댓글 부대 요원들은 민간인으로 가장한 정부 직원들이다. 이 50센트 군대는 한 해에 (중국 소셜 미디어를 포함한) 소셜 미디어에 4500만 건을 포스팅하는 것으로 추산된다.[77] 페이스북에서 타이완이나 위구르 관련 계정들을 공격하고 중국 공산당을 옹호하는 댓글들을 올린다.[78] 중국에서 '디바Diba'라고 알려진 집단이 위구르 운동가 계정을 공격하자 〈환구시보〉는 이 행동을 '애국적 행동'이라고 칭찬했다.[79] 2019년 트위터는 1000여 개의 개정을 삭제하고 추가로 2만여 개의 계정을 중지시켰다. 홍콩에 대해 역정보를 퍼뜨리기 위해 국가 차원에서 조직한 것으로 판단했다.[80] 호주 전략 정책 연구소가 이러한 계정들을 1차적으로 분석해 보니 대부분 여러 개의 언어로 홍콩과 무관한 주제들에 대해 트윗을 날려 팔로워를 확보한 다음 계정을 비활성화했다가 2019년 6월에 다시 나타나 홍콩 시위에 대해 중국어와 영어로 트윗을 하기 시작한 것으로 드러났다.[81]

페이스북, 트위터, 유튜브는 표현의 자유를 지지한다고 툭하면 주장하지만 그들과 중국과의 관계는 애매모호하다. 세 플랫폼 모두 중국에 이해관계가 걸려 있고 거대한 중국 시장에 접근하고 싶어 한다. 페이스북의 마크 저커버그는 중국 지도부에 아첨하려고 베이징에서 '자욱한 스모그를 뚫고 조깅을 하고' 최고위급 선전 공작 관리들과 회동하고, 시진핑에게 자기 부인 뱃속에 있는 딸의 이름을 지어 달라고 했다.[82] 구글이 소유한 유튜브는 홍콩 프리 프레스Hong Kong Free Press가 제작한 동영상과 차이나 언센서드China Uncensored가 제작한 민주화 운동가 드니즈 호Denise Ho 인터뷰 동영상의 광고 수익을 박탈했다. 제작자가 동영상에 붙는 광고로 수익을 차출하지 못하게 했다는 뜻이다.[83] 마찬가지로 트위터에서 홍콩 시위 사진은 툭하면 '민감한 내용'이라는 딱지가 붙어 보이지 않게 된다.[84] 이는 중국 공산당과의 조율을 거쳐 중국 댓글 부대가 떼로 몰려가 신고를 한 결과일 가능성이 높지만, 이러한 소셜 미디어 플랫폼들이 국가가 대규모 군중을 동원해 콘텐츠를 공격하는 행위에 대처할 능력이 없음을 여실히 보여 준다.

차주출해

중국 공산당의 전달코자 하는 메시지를 증폭시키기 위해 일당 독재 국가의 국영 매체 외에 다른 경로를 사용하는 관행을 '차주출해借舟出海•'라고 한다.[85] 한 가지 사례를 들자면, 특정 국가에 대한 시진핑의 공식 방문에 때맞춰 초청 국가의 매체에 중국 지도자들이 글을 기고해 싣는다.[86]

규모가 더 큰 차주출해는 중국 공산당의 매체인 중국국제광파전대가 국제 네트워크를 이용해 콘텐츠를 배포하는 방법이다. 이 네트워크는 중국국제광파전대를 위해 일한다는 공통점을 지닌 수많은 지역 회사들로 구성되고, 지창 룰루가 지적한 바와 같이 해당 기업의 중국어 명칭에 '환구global'라는 단어가 들어간다.[87] 2015년 로이터통신은 그 네트워크에 속해 있는 조직 가운데 적어도 33개 라디오 방송국이 중국 정부와 은밀히 연관되어 있다는 사실을 밝혔다.[88] 미국에서 중국국제광파전대는 로스앤젤레스에 본부를 둔 미국매룡전매유한공사美國鷹龍傳媒有限公司, EDI Media Inc.를 통해 지역 채널들을 임대한다.[89] 이 공사의 창립자이자 사장 제임스 쑤James Su.(쑤옌타오蘇彥韜)는 통일 전선 공작 기구인 중화전국귀국화교연합회의 부회장이다. 쑤는 베이징 시 정부의 '선임 자문회원'이기도 하다.[90]

유럽에서 중국국제광파전대는 핀란드에 본부를 둔 회사 지비타임스GBTimes(〈환구시보〉와 혼동하지 말 것)를 통해 주로 공작을 하는데 이 회사는 '중국과 세계의 가교' 역할을 표방한다. 1994년 중국 기업

• 배를 빌려 바다로 나간다는 뜻. 다른 나라의 주체들을 빌려 중국 공산당의 메시지를 전파하는 방식.

가 자오이눙이 설립한 이 기업은 몇 차례 상호를 바꾸었고 2014년에 'GBTimes'라는 이름을 택했다.[91] 이 회사는 합작 투자사로서 60퍼센트의 지분은 중국국제광파전대가 직접 소유하고 있는 국광 센트리 미디어 컨설테이션 Co.Guoguang Century Media Consultation Co.(이하 GCMC로 표기)이 소유하고 있다.[92] 자오이눙은 자기 회사의 지분을 중국 공산당 매체가 소유한다는 사실을 숨기려 하지 않는다고 주장하지만 딱히 이 사실을 드러내지도 않는다.[93] 중국 공식 매체에 따르면, 이 회사는 직원 200명 이상에 20개 언어로 서비스를 제공한다.[94] 호주에서는 멜버른에 본부를 둔 CAMG 미디어가 중국국제광파전대를 위해 비슷한 역할을 한다.[95] GBTimes와 마찬가지로 이 회사의 지분 60퍼센트는 GCMC가 소유한다. CAMG 언론인들은 중국의 전국 인민 대표 대회에 참석한 관리들에게 '가볍고 쉬운 질문'만 했다고 베이징 주재 외국 언론인들로부터 비판을 받았다.[96]

차주출해의 또 다른 사례는 〈차이나 워치China Watch〉다. 2010년 이후로 〈중국일보〉가 발행해 온 간지로서 서구 신문에 끼워 넣는다. 중국 분석가들은 2008-2009년 세계 금융 위기는 중국에게는 큰 이익이었다고 생각한다. 서구 진영의 모든 언론 매체들이 적자를 보지 않으려고 고군분투하고 있었기 때문이다. 〈차이나 워치〉를 간지로 끼워 넣는 신문들은 〈뉴욕 타임스〉, 〈월스트리트저널〉, 〈워싱턴 포스트〉, 〈데일리 텔레그래프〉, 〈시드니 모닝 헤럴드〉, 〈더 에이지〉, 〈르 피가로〉, 〈엘 파리〉, 〈한델스 블랫〉 등 언론계에서 내로라하는 매체를 총망라한다.[97] 〈차이나 워치〉를 자사의 웹 사이트에 게재하는 매체도 있다. 한 매체 당 얼마의 예산을 투자하는지도 밝혀졌다. 런던의 〈데일리 텔레그래프〉는 〈차이나 워치〉의 간지와 내용

을 게재하는 대가로 한 해에 75만 파운드(100만 달러)를 받는다.[98]

〈데일리 텔레그래프〉와 중국 당국과의 관계는 〈차이나 워치〉 간지를 끼워 넣는 데서 그치지 않는 듯하다. 2019년 주영 중국 대사 류샤오밍劉曉明은 "중국과 서구 국가들 간의 상호 이해를 증진시키는 데 있어서 긍정적인 역할"을 한다며 텔레그래프 미디어 그룹을 극찬했다.[99] 찬사를 받을 만했다. 텔레그래프 간부들은 중국 관리들과 기꺼이 만난다.[100] 명예 편집인 이언 맥그리거는 2019년 4월 영국에서 중국 대사관이 주최한 '시진핑의 외교 사상'이라는 심포지엄에까지 참석했다 (3장 참조).[101]

〈차이나 워치〉 콘텐츠가 〈텔레그래프〉나 〈월스트리트저널〉 같은 권위 있는 매체의 웹 사이트에 게재될 때는 돈을 받고 게재한 기사라는 뜻으로 '유료 콘텐츠paid content'라는 표시가 붙는다. 그러나 이 기사들이 소셜 미디어에 다시 포스팅되면 이러한 구분은 사라지고, 매체 측에서 유료로 게재한 광고성 기사가 아니라 직접 취재한 기사처럼 보인다. 〈차이나 워치〉 같은 관행이 우려스러운 또 다른 이유는 서구 신문들로 하여금 중국 공산당의 영향권에서 벗어나지 못하게 하는 유인책이 되기 때문이다. 그러나 피터 매티스가 주장하듯이 가장 큰 효과는 전 세계 주요 신문들과 맺은 관계를 통해 〈차이나 워치〉의 콘텐츠에 신빙성을 부여한다는 점이다.[102]

협력 협정

중국 공산당 매체는 점점 더 많은 해외 매체 기관들과 협력 협정을 체결하고 있다. 뉴욕에 본부를 둔 세계 통신사 AP통신Associated Press이 2018년 신화통신사와 '상호 이익이 되는 협력'을 확대하기로 협정을 맺자 미국 내에서는 우려의 목소리가 나왔고 의회 일부 의원들은 AP통신에게 협정문 내용을 공개하라고 요구했다.[103]

AP통신-신화통신 협정은 이례적인 일이 아니다.[104] AP통신의 경쟁사로서 런던에 본부를 둔 로이터통신Reuters은 이미 오래전인 1957년에 최초로 신화통신과 협정을 맺었다.[105] 48그룹 클럽 회원인 톰 글로서Tom Glocer가 로이터통신의 최고 경영자일 때 중국과의 관계는 한층 더 친밀해졌다. 당시 주영 중국 대사 푸잉傅莹과의 회동에서 글로서는 중국을 "포괄적이고 객관적으로 보도하고 중국과 장기적으로 우호 협력 관계를 향해 나아가겠다."고 약속했다.[106] 2009년 로이터통신은 신화통신사가 주관한 세계 매체 정상회의World Media Summit에 참석했다. 2015년 시진핑이 중영 관계의 '황금시대' 출범을 위해 영국을 방문했을 때 그는 로이터통신과 독점 인터뷰를 했다.[107]

2017년 신화통신사의 '중국 경제 정보 서비스'는 독일-오스트리아 경제 통신사 DPA-AFX, 이탈리아의 클라스 에디토리Class Editori, 폴란드통신사, 그리스 아테네통신사, 벨기에의 르 스와르Le Soir, 브리티시 메트로British Metro 등을 비롯해 유럽의 각종 매체들과 계약을 맺고 일대일로의 경제적 재정적 정보 교류 협력 관계를 구축하기로 했다.[108] 포르투갈은 2019년 일대일로창의의 일환으로 매체 협력 협정에 서명하고 "통신사들 간의 상호 방문 기회를 마련하고 합동으로 취재 보도 활동을 수행하며 언론인 연수 프로그램과 세미나를 개최"하기로 했다.[109] 신화통신사는 AFP통신(AP통신, 로이터통신과 함께 세계 3대 통신사), 독일통신사 DPA, 아테네-마케도니아 통신사, 호주 AP, 라트비아 국영 통신사 LETA, 이탈리아통신사 ANSA

와도 협력 협정을 맺었다.[110] 중국의 중앙광파전시총대와 이탈리아의 클라스 에디토리도 콘텐츠 공유 외에 '포커스 치니탈리아Focus Cinitalia'라는 뉴스 칼럼을 신설하고, TV 공동 제작, 기획 프로젝트를 수행하기 위한 공동 작업 등의 내용을 담은 협정에 서명했다.[111]

이러한 협정을 체결했다고 해서 고도로 정치적인 사안에 대해 중국 공산당의 주장을 무비판적으로 게재하는 결과를 낳을 가능성은 높지 않지만, 미국의 민주주의 진흥 재단National Endowment for Democracy 크리스 워커Chris Walker 부회장이 말한 대로 "중국 관영 매체와 엮이면 특정 사안에 대해 자기 검열을 하게 되고 부지불식간에 중국 공산당의 선전 문구를 전달하게 된다."[112]

중국어 매체

중국이 그동안 총체적인 노력을 기울인 결과 서구 진영의 거의 모든 중국어 매체는 이제 직접적으로 혹은 사실상 중국 공산당 통제하에 놓이게 되었고, 이러한 통제에서 벗어나 있는 매체는 〈명경신문明鏡新聞, Mingjing News〉, 파룬궁과 관련된 〈에포크 타임스The Epoch Times〉, 그리고 '신당인전시대TV新唐人電視臺TV, New Tang Dynasty, NTD' 등 극소수다.

이러한 매체 장악은 중국 공산당에게 반드시 필요하다. 당이 아직 외국의 주류 언론을 설득하지 못하고 있다면 적어도 중국어 매체를 통해서 당의 시각을 밀어붙일 수는 있기 때문이다. 앞서 살펴본 바와 같이 이러한 매체들은 국수주의적인 반응을 부추기는 데 도움이 된다. 2016년 남중국해 분쟁에 대해 헤이그 국제 상설 재판소가 판결을 내리자 이에 항의하는 시위가 발생한 사례와 '반중' 정서에 대해 중국 유학생들이 항의하는 사례에서 보듯이 말이다.[113] 매체 관리 책임은 중국 공산당 중앙 위원회의 선전부가 맡고 있고 중국의 제 2 관영 통신사인 중국신문사中國新聞社, China News Service(212쪽 조직도 참조)를 관리하는 통일전선공작부와 책임을 나누기도 한다.[114] 중국신문사는 (예컨대, 호주에서) 일부 매체를 직접 운영하고 다른 해외 중국어 매체들과 협력하기도 한다.[115]

지난 20년에 걸쳐 서구 진영의 수많은 독립 매체들을 친중 성향의 기업가들이 인수했다.[116] 미국에 있는 몇몇 중국어 신문은 1990년 국무원교무판공실이 설립했다고 알려진 아시아 문화와 매체 그룹Asian Culture and Media Group이 소유하고 있다.[117] 애국심이 강한 기업가들이 새로운 매체 기업들도 설립하고 있다. 중국 공산당 정책에 대한 비판은 배제된다. 존 피츠제럴드John Fitzgerald에 따르면, 공식적인 당 매체 대표들이 멜버른에 있는 라디오 스튜디오 현장에서 토크쇼에 전화를 건 청취자가 친중적인 시각에서 벗어날 경우 전화를 끊으라고 프로듀서에게 지시한다.[118]

얼마 남지 않은 독립 매체들도 당의 노선을 벗어나지 말라는 강한 압력에 시달려 왔다. 독립 매체에 광고를 하는 기업들은 중국 시장에서 퇴출되고 기업주들은 지역 사회에서 배척된다는 협박을 받는다. 때로는 영사관이 중국에 남아 있는 매체 소유주의 가족과 언론인들을 처벌하겠다고 협박한다.[119]

캐나다에서는 언론인들이 중국 정부에 대한 비판의 수위를 낮추고 당의 시각을 전파하라는 압력에 시달린다고 털어놓는다. 자유기고가 조너선 폰Jonathan Fon에 따르면, 예전에는 자기 글을 기고하는 데 아무 어려움이 없었지만 이제는 툭하면 거절당한다.[120] 2019

년 토론토의 라디오 토크쇼 진행자는 지역 사회의 친중 성향의 유지와의 인터뷰에서 갑론을박한 후 해고당했다.[121] 진행자 케네스 요는 홍콩 시위자들에 대한 지지를 표명한 후 가족을 죽이고 딸을 강간하겠다는 협박을 받았다고 말한다. 이 라디오 방송국 관리자 루이자 람은 "표현의 자유 보호는 우리 회사가 추구하는 목표들 가운데 하나"라고 했지만 케네스 요를 해고한 사실로 미루어 볼 때 아마도 그게 가장 중요한 목표는 아닌 것으로 보인다.[122]

해외 중국 매체들은 중국 공산당의 지시를 받는 세계적 지역적 기관들을 통해서 연락을 취한다. 1998년 토론토에서 창설돼 현재 회원사가 160개 이상인 세계 중국 매스 미디어 협회도 그 가운데 하나다. 해외 중국 매체들은 중국 바깥에서 열리는 회의 외에도 공식 통일 전선 기구로부터 중국에서 열리는 행사에 종종 초청을 받는데. 이러한 행사에서 그들은 '지침'을 받고 조국에 대한 충성을 과시하는 연설을 한다.[123]

유럽에도 이에 상응하는 조직이 있다. 1997년에 창설돼 60개 이상의 중국어 매체 기관들이 회원으로 가입해 있는 해외 중국 매체 협회다.[124] 중국 공산당을 지지하는 구주시보문화전매집단歐洲時報文化傳媒集團, Guanghua Culture and Media Group의 대표적인 간행물인 〈누벨뒤로프Nouvelles d'Europe〉(영어 명칭 〈유럽 타임스, The Europe Times〉)의 파리 사무소에 본부를 두고 있다. 2011년 누벨뒤로프는 유럽 대륙 전역에서 대대적으로 세를 확장하기 시작했고, 이제 런던, 비엔나, 프랑크푸르트, 로마, 이스탄불, 마드리드에서 발간하고 있다. 이러한 도시들에 위치한 중국 문화 센터 같은 산하 기관들을 통해서 매체와 관련 없는 활동들에도 관여한다.[125] 구주시보문화전매집단은 중국 공산당의 모든 주요 매체와 협력하지만, 르 피가로, AFP, 데일리 텔레그래프, 디벨트, 프랑크푸르트 알게마이네 자이퉁과도 제휴를 맺고 있다. 게다가 프랑스, 영국, 독일 오스트리아, 이탈리아, 스페인 주재 중국 대사관과도 공식적으로 협력한다.[126]

구주시보문화전매집단이 소유한 웹 사이트와 온라인 커뮤니티들은 중국 법에 따라 운영된다. 이 단체의 웹 사이트oushnet.com의 서비스 약관에 따르면, 사용자는 거주하는 국가의 법을 준수해야 할 뿐만 아니라 "국가(중국을 뜻한다)의 안보를 저해하는 활동에 가담하거나 국가 기밀을 발설하거나 국가의 정당한 권리와 이익을 해치면" 안 된다.[127] 구주시보문화전매집단이 이런 점에서 예외적인 게 아니다. 이탈리아에 본부를 둔 EZ TV의 웹 사이트는 독자들이 중국의 경찰에게 콘텐츠를 신고할 온라인 링크까지 제공하고 있다. 중국 공산당이 운용하는 여느 보도 사이트와 마찬가지로 말이다.[128]

2009년에 스톡홀름에서 창간된 〈북구시보北歐時報, Nordic Chinese Times〉는 북구중국상회가 운영한다. 이 매체는 중국신문사와 전략적 제휴를 맺고 해외 거주 중국인들을 겨냥한 보도를 한다. 회장 허뤼何儒는 중국인민정치협상회의의 광시성廣西省 위원회 회의에도 몇 차례 참여했고, 중국 매체와 북유럽 매체 간의 협력 협정을 촉진시켰다.[129] 〈북구시보〉는 중국 매체 관리들로부터 중국의 입장과 중국의 사연을 더 잘 전달하는 방법에 대해 '전문적인 지침'을 받아왔다.

스페인에 있는 구화전매집단歐華傳媒集團은 해외 중국 매체들이 광범위한 통일 전선 조직망과 어떻게 연결되어 있는지 보여 주는 좋은 사례다. 우화그룹 명예 회장 마르코 왕은 영향력 있는 스페인계 중국인 사업가로서 서반아중국상회西班牙中國商會• 회장이기도 하다.[130] 그에 대한 중국 공산당의 신임은 그가 중국인민정치협상회의의 해외 중국인 대표로 일했다는 사실이 증명해 준다.[131] 구주시보문화전매집단은 신화통신, 중국신문사를 비롯해 중국 공산당 매체들과 제휴를 맺고 있지만 국무원교무판공실의 지국들과도 제휴를 맺고 있다.[132]

매주출해

2008년 세계 금융 위기가 발생하자 중국 관리들과 애널리스트들은 서구 진영에서 현금이 쪼들리는 매체들을 매입할 가능성을 타진했다. 배를 사서 바다로 나가는 '매주출해買舟出海' 전략이다.[133] 2018년 블룸버그 보고서에 따르면, 중국 투자자들은 2008년 이후로 유럽에서 매체 주식을 매입하고 광고를 사는 데 거의 30억 달러를 썼다.[134] 마카오에 본부를 둔 중국계 펀드 KNG는 글로벌 미디어 그룹 지분 30퍼센트를 소유하고 있고, 글로벌 미디어 그룹은 포르투갈 신문 디드리오 데 노티차스Didrio de Noticias를 소유하고 있다.[135] 아예 인수한 매체들도 있다. 런던에 본부를 둔 프로펠러 TVPropeller TV는 1993년 영국 정부의 재정적 지원과 BSkyB의 방송 기술 지원으로 출범했는데, 2009년 중국서정집단이 인수했다. 이 방송국은 '세계를 중국으로, 중국을 세계로'라는 좌우명을 내걸고 운영한다.[136]

프로펠러 TV는 비중 있는 방송국은 아니지만 중국-영국 영화와 TV 회의 같이 중국과 영국에서 정부 대표들이 참석해 중국 매체 기업들과의 제휴를 촉진하는 굵직한 행사들을 주관했다. 같은 해 프

• 중국어로 스페인을 서반아西班牙라고 한다.

로펠러 TV는 중국-영국 매체 원탁회의를 열었는데 중국 공산당의 선전부 부부장이 참석해 '중국과 영국 매체들의 황금시대'의 개막을 축하했다.[137]

2014년 미국의 권위 있는 경제지 〈포브스〉가 타이완 사업가 웨인 시에Wayne Hsieh와 런더장任德章이 소유한 인테그레이티드 훼일 미디어Integrated Whale Media로 알려진 투자 콘소시엄에 팔렸다.[138] 2017년 〈포브스〉에 정기적으로 칼럼을 기고하던 앤더스 코Anders Corr는 거부 로니 챈Ronnie Chan이 아시아 협회의 홍콩 지부에 미치는 영향력에 대한 글을 쓴 후 해촉당했다. 로니 챈이 공동 회장으로 있는 아시아 협회는 홍콩 민주 운동가 조슈아 웡의 강연을 취소했다. 앤더스 코가 입수한 이메일에 따르면, 챈이 직접 〈포브스〉를 접촉해 코의 해촉을 요구했다.[139]

2015년 말 알리바바 그룹이 홍콩의 〈사우스 차이나 모닝 포스트〉를 인수하면서 중국 민영 기업이 처음으로 인수한 주요 영자 신문이 되었다. 2018년 중국에서 존경받는 알리바바 최고 경영자 마윈이 오래전부터 중국 공산당 당원임이 밝혀졌다.[140] 알리바바는 〈사우스 차이나 모닝 포스트〉의 독자들에게 접근 빈도에 따라 차별적으로 구독료를 부과하는 정책을 폐지하고 전 세계에서 더욱 접근하기 쉽게 만들었다. 서구 언론에서는 눈에 띄지 않았지만, 이 신문의 인기 있는 중국어 웹 사이트도 삭제되었다.[141] 〈사우스 차이나 모닝 포스트〉는 여전히 읽을 만한 고급 기사들이 있지만 중국 공산당을 옹호하는 의견들이 점점 많이 실리고 있다. 홍콩의 민주화 운동가들은 한때 독립적이었던 신문의 사망을 애도했다.

〈사우스 차이나 모닝 포스트〉는 2018년 중국 공안부가 중재해 성사된 구이민하이桂敏海와의 '독점 인터뷰'를 받아들였다가 혹독한 비판을 받았다. 스웨덴 시민이자 홍콩 도서 판매업자인 그는 납치당했다. 구이 씨는 인터뷰에서 스웨덴 정부를 비판하면서 스웨덴이 '말썽을 일으키는' 행위를 중단하지 않으면 시민권을 포기할지 모른다고 했다.[142] 중국 관영 TV 중앙전시대와 당국이 함께 TV 앞에서 강제로 자백을 하게 만드는 행태만큼 사악하지는 않지만, 취약한 여건에 놓인 사람을 '인터뷰'하는 행위는 언론인의 직업윤리에 어긋나는 듯하다.

외국 매체들의 자기 검열

중국 공산당은 보상과 처벌을 이용해 외국 매체들이 중국에 대해 보도하는 방식을 통제한다. 점점 많은 서구 매체들이 중국 시장에 투자하면서 특파원들에게 더 많이 의지하게 되고, 그러면 정보원에 대한 접근을 위태롭게 만들지 않으려 하게 된다. 따라서 중국 공산당이 쓸 수 있는 지렛대의 힘은 점점 커진다.

서구 언론 매체 기관들은 중국어 웹 사이트를 만들어서 중국에 대한 보도에 가해지는 제약을 우회하려고 해 왔다. 초창기에는 어려움이 있었지만 여전히 중국어 웹 사이트를 운영하는 매체들이 있다. 금융 정보를 전달할 때 특화된 컴퓨터 터미널을 이용하는 블룸버그 박시즈Bloomberg Boxes처럼 중국 본토 고객들에게 정기 구독을 기반으로 한 상품과 서비스를 제공함으로써 중국 시장에서 수익을 올리려는 매체들도 있다. 중국 시장에 대한 높은 의존도가 이러한 매체들의 편집 독립성에 대한 가장 큰 위협이다. 중국이 중국에서 그러한 매체들의 온라인 콘텐츠를 차단할 수 있고 그들이 제공하는 서비스 구독을 취소할 수 있기 때문이다.

국제 펜클럽 미국 지부PEN America는 보도 매체들이 자사의 중국어판 웹 사이트에서 중국 당국을 화나게 만들 가능성이 있는 기사들을 누락시키는 점을 지적해 왔다.[143] 온라인 잡지 〈슬레이트 Slate〉에 따르면, 블룸버그 뉴스는 코드를 이용해 본토 고객을 겨냥한 플랫폼에는 민감한 뉴스가 보이지 않도록 하고 있다.[144]

2013년 블룸버그 뉴스는 시진핑과 그의 일가가 소유한 부에 대한 마이클 포사이스Michael Forsythe의 탐사 보도 기사의 논조를 누그러뜨리는 노골적인 검열을 했다. 그러더니 그가 쓴 또 다른 기사는 게재를 거부했다. 간부들은 이 기사가 회사의 상당한 사업 이익, 주로 블룸버그 박시즈의 매출을 위협할까 봐 두려웠다.[145] 이 사례가 공개되면서 논란이 일었다. 게재를 거절당한 기사와 그 기사가 거절당한 사연을 포사이스가 〈뉴욕 타임스〉에 기고했기 때문이다.

중국 공산당은 중국 주재 해외 특파원들과 중국 바깥의 외국 언론인들을 위한 관광을 정기적으로 마련한다. '마르크스주의 보도 가치'를 신봉하는 당 기관인 중화전국신문공작자협회中華全國新聞工作者協會와 협력해 치밀하게 일정을 짜고 관광 자체도 위장 단체가 주관한다. 앞서 거론한 바와 같이 중미교류기금회의 동젠화가 미국 언론인들의 방문을 주관한다. 2018년 10월에 중국을 방문한 〈필라델피아인콰이어러〉, 〈시카고트리뷴〉, NPR, 〈복스Vox〉, 〈포브스〉 소속 대표단은 여러 정부 부서와 연구 기관들을 방문하고 '무역 전쟁의 시대에 중미 간의 정치적 경제적 관계에 대한 이해를 증진'시켰다.[146]

언론인들은 자신들의 시각은 그런 일에 영향을 받지 않는다고 자부하고 싶을지 모르지만, 고도로 치밀하게 짜인 관광은 보통 주최 측이 원했던 소기의 목적을 달성한다. 2016년 호주의 가장 경륜 있는 언론인 여러 명이 그런 종류의 관광차 중국을 방문했고, 귀국해서 새로운 중국에서는 "사람들이 키도 더 크고, 훨씬 활기 있고, 더 건강하고, 더 거리낌 없고, 더 행복해" 보이며 "조지 오웰의 1984에 등장하는 체제가 부상한다는 느낌"은 전혀 들지 않는다며 찬사로 가득한 기사를 썼다. 이 가운데 한 명은 호주는 중국을 화나게 할 그 어떤 발언도 삼가야 한다고 촉구했다. 그들이 중국을 떠난 직후 중화전국신문공작자협회 명의로 신화통신사에 기사가 실렸다. "호주 언론인들이 감동해서 '기대를 훌쩍 넘었다.'라고 말한 이유."라는 제목의 이 글에서 기자들은 독자들에게 "중국의 경제 발전이 호주에 부여하는 역사적 기회"에 대해 알리고 불편부당하게 "중국의 목소리"를 전달했다고 호들갑을 떨었다.[147] 이러한 방문 관광의 아이디어는 호주의 전 외무장관 밥 카Bob Carr가 냈다. 그는 중국의 억만장자가 호주의 한 대학교에 기금을 내 설립한 싱크 탱크의 소장으로 발탁된 후 열렬히 중국을 찬양하게 되었다.(그 억만장자는 중국 공산당과의 관계 때문에 호주 비자가 취소됐다.)

비자 발급이나 거부는 중국 공산당이 통제력을 행사하는 막강한 도구다. 특파원이 비자 신청을 하면 중국 관리들은 중국에 대해 훨씬 더 긍정적이거나 '균형 잡힌' 보도를 보고 싶다고 말한다. 이런 식으로 압력을 받는 이들은 언론인뿐만이 아니다. 스웨덴의 중국 전문가 올라 웡에 따르면, 홍보 산업에 종사하는 한 스웨덴 기업가가 비자를 신청하자 스톡홀름 주재 중국 대사관이 그에게 면담을 요청했다. 중국 관리들은 그에게 스웨덴 매체 부문에서의 그의 지위를 이용해 중국이 묘사되는 방식을 바꿀 생각은 없는지 물었다.[148]

일단 중국에 발을 들여놓게 된 언론인들은 앞으로 비자 발급을 거부당할지 모른다는 협박을 받는다. 알자지라의 멜리사 챈, 프랑스 언론인 위쉴라 고티에, 버즈피드의 메가 라자고팔라, ABC 특파원 매튜 카니, 〈월스트리트저널〉의 춘한웡도 모두 당국이 비자 갱신을 거부해 사실상 추방되었다.[149] 베서니 앨런-이브라히미언은 AFP 통신의 중국 특파원으로 발령이 났지만 비자를 발급받지 못해서 그 직책을 맡지 못했다. 〈르몽드〉가 아프리카 연합에 대한 중국의 첩보 행위에 대한 추문을 보도한 후, 파리 주재 중국 대사관 관리들은 이 신문 기자들에게 비자 신청은 할 필요도 없다며 화를 냈다.[150] 이러한 관행은 홍콩으로도 확산되었다. 〈파이낸셜 타임스〉 기자이자 해외 특파원 클럽의 부회장 빅터 멀릿Victor Mallet은 클럽에서 독립 운동가 천하오텐陳浩天을 초청해 강연을 한 후 비자 발급을 거부당했다.[151] 중국 주재 해외 특파원들은 한두 번 비자 발급을 거절당하면 무슨 뜻인지 알아챈다. 선을 넘지 말라는 뜻이다.

지금까지는 중국 공산당이 특히 민감하다고 생각하는 사안들과 관련해서만 비자 발급을 거부했지만, 이제 중국 관리들은 훨씬 사소한 문제를 두고도 외국 매체들을 압박한다. 〈파이낸셜 타임스〉가 시진핑을 중국 공산당의 '핵심'이라고 일컬은 후 중국 외교부로부터 연락이 왔다. 이러한 표현은 과거에 중국 매체들이 이용했었지만 시진핑의 개인숭배를 연상시키는 표현이 됐으므로 부적절하다는 것이다. 표현을 바꾸라는 압력은 다른 보도 기관들도 받았다.[152]

2019년 중국 외교부는 BBC, NBC, 블룸버그, 아사히신문을 비롯해 30개가 넘는 외국 매체들에게 서한을 보내 홍콩 시위에 대해 '중립적이고, 객관적이고, 불편부당하고, 포괄적인' 보도를 해 달라고 요청했다.[153] 중국 공산당의 논조에 훨씬 근접한 논조를 고수하라는 암시이고 중국 관리들이 매체 대표들과 만나면 늘 하는 요구이다.[154]

독일 일간지 <쥐드도이치 자이퉁>의 베테랑 중국 특파원 카이 스트릿매터Kai Strittmatter는 2017년 비자를 갱신하면서 중국에 대해 긍정적인 기사를 쓰지 않으면 비자 발급을 거부당하거나 지연된다는 통상적인 협박을 중국 관리로부터 받으리라 예상했다. 그런데 그 관리는 그에게 "경고한다. 위험에 처할 수도 있다."라고 말했다. 그 관리는 '보통 중국 인민'은 매우 감정적이고 때로는 '폭력적'이라면서 그들이 그의 보도에 폭력적으로 반응하면 중국 당국으로서도 그를 보호하기 위해 취할 수 있는 조치들이 많지 않다고 설명했다. 스트릿매터는 2018년 9월 중국을 떠났다.[155] 블룸버그의 마이클 포사이스와 뉴욕 타임스의 데이비드 바보자를 비롯한 다른 언론인들은 익명의 서신으로 살해 협박을 받거나 중국 공산당이 못마땅해 하는 기사와 관련한 반응을 제 3자를 통해서 전달받았다.[156]

외국 언론인들이 직면하는 압박은 중국인 언론인들이 겪는 압박에 비할 바가 아니다. 많은 중국 언론인들이 독자적으로 기사를 쓰고 나서 해고당하고, 체포되고, 실종된다. 시진핑 통치하에서 상황은 훨씬 악화되었다. 국경 없는 기자회가 발표한 2019년 언론자유지수를 보면 중국은 평가 대상인 180개국 가운데 177위다. 이 지수에 따르면, 60명 이상의 블로거와 언론인들이 "현재 그들의 생명을 위협하는 여건하에서 억류되어 있다." 중국 공산당은 이러한 억압적인 형태의 표현의 자유와 언론의 자유를 수용 가능하게 만들 방법을 모색하는 '새로운 세계 언론 질서'를 수출하고 있다.

10 Culture as battleground

전장戰場으로서의 문화

문화의 정치화

중국 공산당은 문화도 항상 정치 행위로 간주해 왔다. 격동의 1960년대와 1970년대에 당은 전통 문화의 요소는 거의 모조리 봉건적, 부르주아적, 억압적이라고 비판하면서 그 관행을 제어하거나 금지했다. 그러나 1980년대와 1990년대에 마오쩌둥 이념이 쇠퇴하고 경제를 개방하면서 당은 혁명성이 덜 부각되는 방식으로 당의 통치를 정당화할 필요가 생겼다. 중국 공산당은 중국과 인민의 독특함을 바탕으로 한 국수주의를 택했고, 식민 제국주의 세력에게 받은 역사적 치욕을 극복하고 세계 무대에서 위대한 국가로 자리매김하는 사명을 추구하기로 했다. 중국의 유산이 어떻게 정치적으로 이용되었는지를 연구한 재닛 자원 아이에 따르면, '당-국가는 공식적인 정치 독트린이 쇠락하면서 이념적 체제에 발생한 공백을 채우고 중국 정치와 사회에 미치는 서구 자유주의에 맞서 투쟁할 수단이 중국의 전통이라는 결론을 내렸다.[1]

그러나 중국 공산당은, 특히 시진핑하에서는 전통 문화를 되살리기 전에 먼저 중국 공산당을 합법적인 문화의 수호자로 만들어야 했다. 무엇이 중국 고유의 문화인지는 당이 판단하기로 했다. 정치 영역 바깥에 문화가 존재하지 않게 하기 위해서였다.

중국 공산당의 '문화주출거文化走出去'는 2011년에 시작된 당 전국 인민 대표 대회에서 비롯된 문건에 제시되었고 시진핑 치하에서 힘을 얻은 전략으로서 중국의 문화가 아니라 '홍색 문화紅色文化'를 수출하도록 설계되었다. 다시 말해서 중국 공산당의 가치를 수출하는 전략이다. 〈인민일보〉가 보도한 바와 같이 "문화에 대한 지도력을 구축하는 게 중국 공산당의 문화적 사명으로 손꼽힌다."[2] 중국 공산당 중앙 위원회의 대표적인 이론지 〈구시求是〉 편집차장을 지낸 류룬웨이劉潤爲는 2017년에 발표한 글에서 '전통적인 중국 문화'와 혁명적인 '사회주의 선진 문화'를 구분했다. 중국 홍색 문화 연구 협회의 회장이기도 한 류룬웨이는 전통적인 중국 문화는 사회주의 선진 문화에 복종해야 한다며 다음과 같이 말했다. "전통적인 중국 문화도 일단 당의 혁신적인 변화를 거치고 나면 홍색 문화로 바뀌게 된다."[3] 홍색 문화는 중화 민족 대부흥을 실현하는 핵심적 요소다.

2017년 〈구시〉에 실린 "문화 동일시로써 통일 전선을 최대한 동원한다."라는 제목의 글에서 사회주의 중앙 연구원의 양린楊林은 통일 전선 공작에서 '문화 동일시의 전략적 역할'을 강조했다.[4] 2년 후 사회주의 중앙 연구소 소속 이론가 린젠林堅은 당이 문화 외교를 이용해 해외에서 영향력을 심화시키는 방식에 대해 다음과 같이 말했다. "당의 목표는 우리나라의 이미지를 구축하고 우리나라의 지위를 향상시키고 세계적으로 우리의 영향력을 증진시키는 일이다." 문화 교류는 해외에서 중국의 영향력을 증진시키기 위해서 '인민의 마음을 하나로 만들기 위해 공유하는 가치를' 이용하는 '대통일 전선'의 일환이다.[5]

보리문화집단유한공사

최근 몇 년, 보리문화집단유한공사保利文化集團有限公司(이하 보리문화로 표기)가 서구 진영의 수도에서 열리는 고급문화 행사에 널리 알려지게 되었다. 2005년 이 공사는 중국 교향악단의 미국, 캐나다, 유럽 순회공연을 마련했다.[6] 뒤이어 런던 교향악단, 베를린 필하모닉 교향악단, 비엔나 요한스트라우스 교향악단의 공연을 후원했다. 2017년 이 공사는 샌프란시스코 오페라단과 공동으로 오페라를 제작했다.[7] 2018년 런던 디자인 비엔날레의 '행사 주관 제휴사'로 행사를 후원하면서 보리문화의 고위 간부들과 친분이 있는 이들은 영국외무영연방부가 주최한 '명망가들만 모이는 리셉션'에 참석했고 뒤이어 그라우초 클럽에서 열린 '귀빈만 참석하는 뒤풀이 행사'에 참석했다.[8] 보리문화가 중국의 군사 첩보 기관과 불가분의 관계인 사실만 아니라면 특별할 것도 없는 일이었다.

보리문화는 포춘 선정 500대 기업에 이름을 올린 정체가 불분명한 거대 기업 중국보리집단공사中国保利集团公司의 자회사다. 집단공사의 자산은 2018년 현재 거의 1400억 달러다.[9] 중국보리집단공사는 1984년 보리과기유한공사로 출발했다. 또 다른 국유 투자 회사로서 여러 나라에 지사를 두고 특히 캐나다에서 강한 존재감을 과시하는 기업인 중국중신집단유한공사中國中信集團有限公司와 관련된 무기 제조 국유 회사가 보리과기유한공사다. 중국중신집단유한공사와 마찬가지로 보리과기유한공사는 인민 해방군 총참모부(현재 중앙군사위원회의 연합 참모부)의 위장 업체로 여전히 그 역할을 하고 있다.[10] 보리기술은 1992년 중국보리집단공사의 자회사가 되었다.[11] 이 거대 기업은 무기 제조에서부터 무역, 부동산, 그리고 최근에는 고급문화 등 모든 부문에 문어발처럼 사업 이익이 걸쳐 있다.[12] 보리문화는 2000년 창립되었고 2014년 홍콩 증시에 상장되었다.[13] 참고로

런던에 본부를 둔 세계 법률 회사로서 화웨이에도 자문을 하는 법률 회사 클리포트 챈스Clifford Chance가 법률 자문을 하고 있다.[14]

애초부터 중국보리집단공사의 최고위급 인사들을 태자당이 차지하면서 이 공사와 당의 관계가 공고해졌지만 그 때문에 당 내에서 어느 정도 독립을 유지하기도 했다. 국유 기업이기는 하나 공산당 홍색 귀족 계층의 금전적 이해관계가 걸려 있는 기업이다.[15] 중국보리집단공사의 초대 최고 경영자는 현재 명예 회장인 허핑贺平이었다.[16] 인민 해방군 사령관의 아들인 그는 워싱턴 주재 중국 대사관에서 무관(첩보원)을 지냈고 승진을 거듭해 인민 해방군 소장에 올랐다. 그는 20년 동안 중국에서 가장 막강한 권력자였던 최고 지도자 덩샤오핑의 딸 덩룽鄧榕과 결혼했다. 또한 덩룽도 1979년부터 1983년까지 워싱턴 주재 중국 대사관에서 근무했다.[17]

중국보리집단공사와 보리문화를 겸임하고 있는 현재 회장은 해군 대령을 지낸 부동산 개발업자 쉬녠사徐念沙다. 그는 당 고위 간부로서 중국인민정치협상회의의 전국 위원회와 외교 위원회의 선임 위원이다.[18] 흥미롭게도, 2017년 이탈리아 정부는 중국과 이탈리아 간의 교류와 협력 증진에 기여한 공로로 쉬녠사에게 훈장을 수여한 바 있다.[19] 보리문화를 총괄하면서 그 자회사 몇 개의 회장도 맡고 있는 장잉춘蔣迎春도 중국의 명목상 의회로서 거수기에 불과한 전국 인민 대표 대회의 베이징 판인 베이징 인민 대표자 대회 대표다.[20]

보리문화는 모회사를 위해 돈을 버는 일 외에도 해외 엘리트 계층과 친분을 맺어 포섭하고 문화 부문에서 중국의 세계적 위상을 높이는 역할을 한다. 보리문화는 일대일로창의의 일부인 '문화주출거' 전략의 일환으로 볼 수도 있다. 보리문화는 일대일로창의에 합류한 나라들의 예술 단체들과 협력해 해마다 500여 회의 공연을 무대에 올린다.[21] 보리문화는 컬럼비아 대학교, 링컨 센터, 예일 대학교, 메트로폴리탄 박물관 등 유수한 기관들과도 협력해 왔다.[22] 2017년 보리문화 소속 청년 교향악단이 쾰른 성당에서 독일재외중국인연맹의 회장 리아이핑 주최로 '중-독 친선 연주회'를 열었다. 이 교향악단은 비엔나에 있는 유엔 본부도 방문했다.[23]

보리문화는 현재 세계 3위 규모의 예술 경매 사업체인 보리 경매, 공연 기획사, 영화관을 소유한 자회사 등을 포함해 100개 이상의 자회사를 거느리고 있다.[24] 또 다른 자회사 보리예술은 '기업들을 위해 전문적인 기업 예술 솔루션을 제공'하는 데 집중한다. 전략적인 예술 기획을 통해 '기업 문화 구축, 사업 수행 촉진, 사회적 책임 표현'을 돕는다.[25] 보리예술은 '자산이 많은 고객들'을 발굴하고 육성하는 게 목표다. 베이징에 있는 보리예술의 미술관은 해외에서 돌려받은 중국 예술 작품을 주로 전시한다.

2015년 보리문화는 자사의 화랑을 연 캐나다 밴쿠버에 북미 지역 본부를 설립했다. 홍콩 출생으로 밴쿠버가 위치한 브리티시컬럼비아주의 무역 장관 테레사 왓의 강력한 유치 노력에 따라 성사된 것으로 알려졌다.[26] 밴쿠버에 본부를 두면 미국에 두는 것보다 훨씬 이목을 덜 집중시키게 된다. 이 회사가 인민 해방군과 연관되어 있고, 중국보리집단공사의 자회사인 보리과기유한공사는 이란, 북한, 또는 시리아, 혹은 세 나라 모두에게(미국은 구체적으로 밝히지 않았다.) 무기를 판매해 2013년 미국의 제재를 받았다는 사실로 미루어 볼 때 말이다.[27] 보리문화 북미 본부는 테레사 왓의 지역구 사무실이 입주한 바로 그 건물 같은 층에 사무실을 차렸다.[28] 북미 본부 최고 경영자는 이진인데, 과거 이력은 불분명하다.

밴쿠버 북미 본부 출범식에서 보리문화와 중국보리집단공사 고위 간부들은 브리티시컬럼비아주의 정계와 재계 엘리트 인사들과 교류했다. 2017년 밴쿠버 교향악단 협회는 보리문화 북미 본부와 양해 각서를 체결하고 협연하고 중국 예술가들 소개에 적극 협력하기로 했다. 이 교향악단의 이사회 대다수 이사들은 밴쿠버의 재계 엘리트 인사들을 망라한다.[29]

처음에는 홍콩에서 이주한 이들로 시작해 최근에는 중국 본토에서 중국인들이 대거 이주하면서 중국계 인구 비율이 높은 밴쿠버는 문화 부문뿐만 아니라 여러 가지로 통일 전선 공작 활동의 온상이 되어 왔다. 2019년 7월 중국 공산당 선전 관리들이 참석한 가운데 브리티시컬럼비아의 정치인들은 새로운 통일 전선 단체인 온가화중화문화촉진회溫哥華中華文化促進會•를 발족시켰다.[30] 중화인민공화국의 총영사 쿵웨이웨이와 부총영사 왕청쥔, 그리고 영사관의 통일전선공작부 팀이 이 절차를 감독했다. 제니콴과 조 페시솔리도(후자의 경우 중국조직범죄단과 관련됐다는 주장이 제기돼 언론을 뜨겁게 달군 적이 있다.)를 포함해 캐나다 연방 정부 정치인들과 주 의회에서는 테레사 왓이 참석했다.[31]

밴쿠버 시와 브리티시컬럼비아주가 사이먼프레이저 대학교의 도움으로 중국계 캐나다인들의 역사를 소개하는 박물관을 건립하기로 하자 통일 전선 공작 세력은 손을 놓고 있을 수가 없었다. 이 프로젝트는 브리티시컬럼비아주 정부 무역 장관 조지 차우가 이끈다.[32]

• 중국어로 밴쿠버를 온가화溫哥華라고 한다.

차우는 밴쿠버에 있는 중국 자선 협회의 회장을 지냈다. 이 협회는 통일 전선 기관으로 잘 알려져 있으며 2019년 200개 이상의 중국인 지역 사회를 동원해 홍콩의 '급진주의자들'을 비난하고 중국이 지원하는 홍콩 정부를 지지하는 광고를 신문에 냈다.[33] 2019년 9월 이 협회는 차이나타운에서 중화인민공화국 건국 70주년을 기념하는 성대한 행사를 주최했다. 차우와 캐나다 국방 장관 하짓 사잔도 참석했다. 사잔은 화웨이의 멍완저우 체포에 대한 보복으로 중국이 억류한 두 캐나다인 마이클 코브릭과 마이클 스페이버가 교도소에 수감되어 있는 동안 이 기념일 축하 행사에 참석해 혹독한 비판을 받았다.[34]

2018년 12월 조지 차우는 중국 광저우를 방문해 박물관 신설 계획을 중국 공산당 관리들과 논의한 것으로 알려졌다.[35] 박물관 측은 중국인의 캐나다 이민 역사에서 중요한 사건들을 시대 순으로 소개하면서 톈안먼 학살과 중국으로의 홍콩 반환처럼 지역 중국인들에게 가장 영향을 미친 일부 사건들은 누락했다.[36] 사건들의 시대 순 나열은 중국 공산당의 논조에 부합하는 중요한 사건들에만 초점을 맞추었고 인두세를 비롯해 식민지로서 겪었던 다양한 형태의 치욕적 사건 등과 같은 인종 차별적인 조치들을 강조했다. 홍콩 출신의 중국계 캐나다인들은 직접 발 벗고 나서서 누락된 부분을 채워 주었다.[37]

중국예술기금회

보리문화가 해외에서 영향 공작을 한다는 사실은 이 조직이 중국국제우호연락회와 연관되어 있다는 점에서 알 수 있다. 4장에서 살펴본 바와 같이 중국국제우호연락회는 중앙군사위원회 정치 공작부 대외 연락국의 위장 단체다. 대외 연락국은 첩보 업무에 관여하지만, 중국 공산당 전문가 제프 웨이드Geoff Wade가 말한 대로 "세계 엘리트 인사들과 관계를 맺고 중국 바깥의 단체와 기관, 나라들의 정책과 행동에 영향을 미치는 게 목적이다."[38] 막강한 실력자 덩룽이 중국국제우호연락회 부회장이고 그녀의 남편 허핑贺平이 컨설턴트로 일하며 그 밖에도 당의 여러 중량급 인사들이 관여한다.[39]

중국국제우호연락회는 여러 개의 위장 단체들을 설립했다.[40] 연락회는 퇴역 인민 해방군 군인들과 퇴역한 미군 인사들 간에 포럼을 주관하는 삼아창의三亞倡議, 니산 세계 문명 논단, 평화 개발 연구 센터를 지원하고 있고, 중미교류기금회와 밀접한 관계가 있다(3장과 5장 참조).[41] 소속 직원들이 대부분 인민 해방군 장교를 겸하고 있다. 그들의 군 직책은 보통 알려지지 않지만 제프 웨이드는 다음과 같이 지적했다. "인민 해방군 선임 장교들이 중국국제우호연락회 활동에 적극적으로 관여한다는 사실은 이 기관이 인민 해방군의 은밀한 소속 기관이고 첩보와 선전 공작 활동에 얼마나 깊숙이 관여하고 있는지를 분명히 보여 준다."[42] 중국국제우호연락회와 그 위장 단체들은 서구 진영의 엘리트 인사들을 초청해 다양한 활동에 참여시킨다. 예컨대 2012년 11월에 열린 제 1회 중국 자선 포럼에는 빌 게이츠, 토니 블레어를 비롯해 40여 명의 연락회 컨설턴트와 간부들이 참석했다.[43] 같은 해 연락회는 중국예술기금회와 합동으로 빌 클린턴을 연사로 초청했지만 국무부가 난처한 기색을 보이자 클린턴은 초청을 고사했다.[44]

2006년 중국국제우호연락회의 지원으로 덩룽이 설립한 중국예술기금회는 '음악을 통해서 중국 문화, 역사, 정치에 대한 인식을 조성'한다는 설립 취지를 표방하고 있다.[45] 중국예술기금회는 '중국의 엘리트 인사들을 끌어들이는 역할'을 한다.[46] 2010년 중국예술기금회는 뉴욕 필하모닉과 상하이 교향악단을 한자리에 모아 센트럴 파크에서 연주회를 열었는데, 이 행사에는 중국의 슈퍼스타 피아니스트 랑랑郎朗이 참여했다.[47] 이듬해 방미 중인 후진타오 주석을 위해 백악관에서 열린 국빈 만찬에서 랑랑은 반미 선전 선동 노래로 잘 알려진 곡을 연주하기도 했다.[48] 상하이 교향악단 단장 유롱은 중국예술기금회 이사회 이사다.[49] 센트럴파크 연주회가 열리기 전 중국예술기금회는 귀빈만 참석하는 비공개 리셉션을 열었는데 저자 론 처노우Ron Chernow, 사교계의 인테리어 디자이너 제프리 브랫필드Jeffrey Bradfield, 억만장자 투자가이자 자선 사업가 시어도어 포스트먼Theodore Forstmann이 참석했다.[50] 그 이듬해 이 두 교향악단은 상호 순회공연을 주최하고 상하이에 있는 신설 교향악단 훈련 강습소 업무에 협력하는 협정을 체결했다.[51]

2014년 중국예술기금회는 뉴욕에 지부 중국대외예술기금회를 설립해 문화를 넘나드는 예술 행사를 촉진하기로 했다.[52] 중국대외예술기금회 회장은 안젤라 챈이다. 챈은 하버드 경영 대학원을 졸업하고 미국 금융계에 진출해 처음에는 메릴린치에서, 그 다음 미국 최대 보험 회사인 프루덴셜에서 부사장으로 근무하면서 이름을 날렸다.[53] 그녀는 중국 본토에서 입지를 마련할 방법을 모색하는 미국 기업들에게 사업 관계 컨설팅을 해 주는 글로벌 얼라이언스Global Alliance도 운영한다.[54]

글로벌 얼라이언스와 중국예술기금회는 둘 다 사무실 주소가 뉴욕시 파크 애비뉴 502번지로 돼 있다. 바로 파크 애비뉴에 있는 트럼프 타워다. 이 건물에 입주해 수년 동안 거주한 안젤라 챈은 2017년 초 대통령 당선인인 건물주 도널드 트럼프로부터 1580만 달러 상당의 훨씬 호화로운 펜트하우스를 매입했다.[55] 〈마더존스〉가 조사한 바에 따르면, 그녀는 이 두 가지 직책을 통해 미국과 중국 두 나라 엘리트 인사들을 연결시켜 준다.[56] 챈은 중국대외예술기금회를 이용해 인맥을 구축한다. 부동산 거부 래리 실버스타인Larry Silverstein과 패션 디자이너 조지오 아마니Giorgio Armani도 기금회 행사에 모습을 드러냈다.[57] 2014년 안젤라 챈은 뉴욕 필하모닉의 국제 자문단 공동 의장에 임명되었다.[58] 같은 해 중국대외예술기금회가 주최한 중국 음력설 대연회에는 자선 사업가이자 금융인 스티븐 록펠러Steven Rockefeller와 트럼프의 측근이자 중국이 매우 호감을 지니고 있는 인사인 블랙스톤그룹의 스티븐 슈워츠먼Stephen Schwarzman이 참석했다.[59] 중국대외예술기금회는 보석상 티파니즈Tiffany's와 함께 중국 국립 발레단을 환영하는 리셉션도 개최했다.[60] (2019년 10월 티파니즈는 오른손으로 자기 오른쪽 눈을 가린 모델이 등장하는 광고를 삭제했다. 초강경 국수주의자인 중국 네티즌들이 이를 홍콩 경찰이 쏜 공기총에 맞아 눈을 부상당한 젊은 여성을 뜻한다고 해석했기 때문이다.) 중국대외예술기금회의 2015년 중국 음력설 연회에는 주중 미국 대사를 지낸 존 헌츠먼Jon Huntsman, 아시아 소사이어티 회장을 지낸 니컬러스 플랫Nicholas Platt, 그리고 〈포춘〉의 편집 총책을 역임한 앤드루 서워Andrew Serwer가 참석했다. 플랫과 서워는 중국대외예술기금회 이사회 이사다.[61]

중국 군 첩보 기관 소속인 중국대외예술기금회는 이처럼 미국의 재계, 정계, 문화계 엘리트 인사들과의 화려한 인맥을 구축했다. 기금회의 이사회 이사 명단에는 미국인 인사들 외에도 영향력 있는 금융 잡지 〈재경財經〉의 편집장 왕보밍王波明도 올라있는데, 그는 정치국 최고상임 위원회 7인 중 하나이자 시진핑의 오른팔인 왕치산과 매우 가까운 인물로 전해졌다.[62]

문화 독점

중국 공산당의 국무원교무판공실 실장 추위안핑裘援平은 2017년 이탈리아를 방문한 자리에서 해외 거주 중국인들에게 화성 예술단華星藝術團의 활동에 참여함으로써 일대일로창의에 기여하라고 촉구했다.[63] 이 프로젝트는 2014년 국무원교무판공실이 '해외 거주 중국인들을 돕기 위해' 출범시킨 8개 프로젝트 가운데 하나다.[64] 2019년 무렵 25개국에서 42개 화성 예술단이 각종 '홍색 연주회'를 열고 '중국이 걸어 온 영웅적인 공산주의의 여정을 찬양하는 노래와 춤'을 선보이고 있다.[65] 2018년 프랑크푸르트 화성 예술단 봄 축하 공연은 국무원교무판공실이 기획하고 중국 영사관이 지원했다.[66] 2018년 2월 시카고 농구팀 불즈Bulls는 시카고 주재 중국 총영사관이 주최한 중국 음력설 축제의 일환으로 화성 예술단의 공연을 주최했다.[67]

호주에서는 멜버른의 화성 예술단이 국무원교무판공실의 공식적인 승인을 받고 수많은 화려한 '홍색' 문화 행사를 개최한다. 이 예술단은 하급 첩보 수집에도 관여하는 듯하다. 2018년 이 예술단은 '업무 보고서'를 작성해 중국 화성 예술단 본부에 보냈는데, 이 문서에는 '정계 주요 인사들, 중국인 지역 사회의 주요 단체들, 유명인, 예술가들의 연락처가 담긴 데이터베이스를 구축'했다고 과시하는 내용이 포함되어 있다.[68] 예술단이 주최하거나 공동 주최하는 행사에는 중국 영사관 관리들뿐만 아니라 주지사와 연방 의회 의원들을 비롯한 수많은 정치인들이 참여한다. 멜버른 화성 예술단 단장은 '미스터 차이나타운'이라고 알려진 톰 저우Tom Zhou다. 사업가이자 부유한 도박꾼들을 상대로 카지노 여행을 기획해 주는 그는 2019년에 멜버른의 크라운 카지노에서 발생한 돈 세탁 추문의 핵심 인물로 부상했다.[69]

대부분의 다른 나라들 정부는 자국의 문화를 공공 외교의 목적으로 이용하지만 중국 정부는 자국의 문화를 해외 거주 중국인들을 포함해 외국인들에게 은밀히 영향력을 행사하는 데 이용한다. 2008년 중국 공산당의 한 웹 사이트는 "음력설, 청명, 단오, 중추절, 중양절 등 중국 전통 명절의 기능을 십분 활용해 중국에 대한 애국심과 민족정서를 고취"시키는 게 목표라고 설명했다.[70] 전 세계에 흩어져 사는 중국인들이 수십 년 동안 쇄 온 음력설은 최근에 중국 공산당 동조자들이 차용해 정치 지도자들에게 '중국인 지역 사회'의 관점을 각인시키는 데 이용해 왔다.

가장 무해한 중국 문화의 요소조차도 이를 독점하려는 당의 결의를 벗어나지는 못한다. 몸에 달라붙는 우아한 전통 의상 치파오旗袍(장삼이라고도 한다)는 만주에서 비롯되었고 1911년 청 왕조가 몰락한 후 한동안 중국에서 여성들이 착용했다.[71] 문화 혁명 시기에 치파오는 부르주아 문화라고 매도당해서 착용되지 않았지만 최근 들어 다시 유행하면서 중산층 여성들 사이에서 인기를 모으고 있다.[72]

치파오를 기리는 협회들이 전 세계 곳곳에 우후죽순 생기고 있다. 2015년 〈중국일보〉는 전 세계에서 열린 행사에 치파오를 열렬히 사랑하는 이들이 모여 '전통적인 중국 예술을 과시'했다고 보도

했다.[73] 중국치파오협회 회장인 스위스계 중국인 사업가 왕취안汪泉은 "정교하고 수려한 중국 전통 의상으로 세계를 매료시키고 싶다."고 말했다.[74]

그러나 치파오 알리기 운동은 세계를 상대로 한 선전 공작 무기로 변질되었다. 중국 문화부에는 이 운동을 감독하는 위원회가 있다.[75] 통일 전선 공작 조직의 일부인 중화전국귀국화교연합회 부회장 제천생이 2018년 톈진天津에서 선전 세미나를 개최했을 때 치파오 문화의 영향력도 토론 주제의 하나였다.[76] 그해 말 지난대학暨南大學은 해외 거주 중국인 지역 사회 단체들을 위해 치파오·태극권 수련 강좌를 열었다. 이 강좌에는 통일전선공작부 제 10국의 최고위 관리를 비롯해 당 관리들이 대거 참석해, 수강자들에게 전통 문화를 이용해 중국몽을 확산시키라는 시진핑의 명령을 상기시켜 주었다.[77] 같은 해 통일전선공작부의 우한武漢 지부는 중국치파오협회 글로벌 얼라이언스 부회장 이야가 자신이 이끄는 조직은 "당을 중심으로 대동단결"하겠다는 약속을 했다고 보고했다.[78]

따라서 중국치파오협회 회장 왕취안이 중국인민정치협상회의의 해외 대표라는 사실은 전혀 놀라울 게 없다.[79] 그가 회장으로 있는 이 협회는 문화부의 전폭적인 지원을 받고 협회 활동은 일대일로창의에 통합되고 있다.

세계치파오연합회 독일 지부는 2018년 뒤셀도르프 근처의 노이스Neuss에 설립되었는데, 독일에 거주하는 중국인들에게 가장 중요한 지역 중추 시설로 손꼽힌다.[80] 창립 기념식은 뒤셀도르프 주재 중국 영사관이 지원했다.[81] 독일 지부를 이끄는 인물은 장하이잉蔣海英인데, 그녀는 독일 중국 여성회 회장이기도 하며, 이 여성회는 중국 대사관의 지시를 받고 업무 보고를 한다.[82] 장하이잉은 중국에 충성심을 보인 데 대한 보상으로 베이징에서 열린 중화인민공화국 건국 70주년 기념식에 초청받았다.[83] 2015년 장하이잉은 독일 칭톈青田향우회 총괄 부회장으로 선출되었는데, 이 조직의 '특별 자문 위원들' 가운데는 중국 통일전선공작부 고위 간부들도 포함되어 있다.[84]

호주에서는 '화평통일' 단체에서 고위직을 맡고 있는 인물이 호주치파오협회 회장도 맡고 있으므로 이 협회의 활동은 정치화된다. 2016년 이 협회는 중국이 남중국해 도서 영유권을 주장할 근거가 없다는 헤이그 국제 상설 재판소의 판결을 받아들이지 않겠다는 중국의 입장을 지지한다는 선언에 서명했다.[85]

이처럼 중국 공산당은 치파오 알리기 운동을 이용해 통일 전선 공작을 '더욱 편안한 문화적 분위기에서 더욱 친근한 방식으로' 수행하고 있다.[86] 치파오의 화려함은 많은 외국인들의 시선을 사로잡고 통일 전선 공작 단체들의 위상을 높여 주며 패션 업계, 재계, 정계의 엘리트 인사들에게 접근하도록 해 주는 과정에서 이러한 단체들의 활동을 '문화 사절'의 활동으로 합법화시킨다. 이 모두는 중국 공산당이 당을 중국 문화유산의 합법적인 수호자라고 각인시키고 중국다움이라는 개념을 동원해 국내외 중국인들 사이에 충성심을 유발하겠다는 결연한 의지를 보여 준다. 중국 공산당을 지지하지 않는 해외 거주 중국인들이 치파오 부흥 운동에 동참하기 어렵게 만든다는 사실이 비극이다.

문화적 일탈 탄압

중국 공산당은 당이 장악한 문화적 표현은 적극 권장하는 한편

당이 장악하지 못한 문화적 표현은 억압한다. 중국은 2015년 미스 월드 대회를 유치해 사해동포적인 화려함을 중국의 이미지에 덧씌우려고 했는데 아나스타샤 린Anastsia Lin 사건이 초를 쳤다. 중국계 캐나다인 배우이자 중국 인권 운동가인 린은 미스 월드 캐나다에 선발되었고 하이난다오海南島에서 열리는 미스 월드 세계 대회에 참가할 예정이었다. 그러나 그녀는 중국에서 기피 인물로 등록되어 있었고 따라서 대회 개최지로 가기 위해 필요한 비자 발급을 거부당했다. 〈환구시보〉는 린이 "그녀가 지닌 가치에 의해 호도되었기 때문"에 그런 조치가 취해졌다고 설명했다. 그녀는 사악한 마음을 품고 있지는 않지만 "그녀가 태어난 나라를 이성적으로 이해하지 못할 뿐"이라고 했다.[87] 〈환구시보〉는 "25살짜리 젊은 여성이 투덜거리면" 편견을 지닌 서구인들은 그녀의 주장에 설득당할 가능성이 높다고 주장했다.

미스 월드 참가자들은 자신이 어떤 사회적 명분, 예를 들면 여아들의 교육이나 세계 빈곤 퇴치 같은 명분을 추구하는 게 성공의 필수 조건이지만 린은 엉뚱한 명분을 골랐다. (그녀가 '고상한 요가'라고 일컫는 파룬궁 수행자라는 사실도 도움이 되지 않았다.[88]) 그녀의 인권 활동 때문에 후난성湖南省에 사는 그녀의 부친은 국가 안전부 요원들에게 괴롭힘을 당했고 이제 딸과 전화 통화할 때면 '그는 늘 "중국 주석이 얼마나 위대한지 모른다."고 찬양한다.'[89]

이러한 치졸한 검열은 서구 주류 사회에서는 그 지역에 사는 관리들이 중국 대신 맡아서 한다. 오타와에서 열린 단오절 축제에서 축제 주최자는 파룬궁을 홍보하는 티셔츠를 입은 남자에게 티셔츠를 벗으라고 명령했다.[90] 중국 대사관이 이 축제 후원자 가운데 하나였다. 축제 장소가 아니라 공립 공원에서 또 다른 파룬궁 수행자는 공원에서 나가라는 협박을 받았다. 그는 "캐나다인들은 중국 대사관으로부터 지시를 받아서는 안 된다."고 말했다. 많은 이들이 그의 생각에 동의한다.

2019년 초 노스캐롤라이나주 캐리에 있는 예술 센터는 미국에서 활동하는 중국인 예술가 웡빙翁氷의 작품을 전시하기로 했다가 중국이 이의를 제기하기도 전에 알아서 '정치적'이라고 판단되는 작품 3점을 전시에서 제외했다.[91] 캐리 시의 문화 예술을 담당하는 라이먼 콜린스는 웡빙에게 개인적으로는 그림이 마음에 들고 표현의 자유도 보호하고 싶지만 아마도 중국 공산당의 의견을 포함해서 '모든 의견들을 고려'하고 싶다고 했다. 웡빙은 상하이에서 중국인 예술가이자 반정부 성향인 둥야오충董瑶琼이 '폭군'에게 맞서 항의하는 의미에서 시진핑의 포스터에 잉크를 뿌리는 행위를 실시간으로 방송하는 모습을 본 후 영감을 받아 제작한 작품들이라고 말했다. 정치적 반대를 정신병으로 규정했던 소련의 섬뜩한 관행을 상기시켜 주듯, 둥야오충은 후난성의 주저우株洲시 제 3병원에 이송돼 '강제 치료'를 받았다. 웡은 동영상을 보고 나서 "더 이상 침묵을 지킬 수 없었다."라고 말했지만, 둥야오충과 마찬가지로 그녀의 저항도 관리들이 틀어막았다.[92]

영화와 연극 검열

중국 반체제 인사들을 대거 유치한 도시 베를린은 중국의 문화 검열 당국의 어마어마한 관심의 대상이다. 2019년 베를린 국제 영화제 주최자들은 중국의 유명한 감독 장이모가 제작한, 문화 혁명이라는 민감한 시기를 배경으로 한 영화 한편을 포함해 두 편의 중국 영화를 '기술적인 이유'로 출품작에서 뺀다고 발표했다.[93] '기술적 이유'는 행사 주체와 관리자들이 정치적인 협박에 굴복할 때 전가의 보도처럼 써먹는 핑계다.

이런 결정에 대해서는 두 가지 해석이 있다. 첫째, 이 두 편의 영화는 중국 검열 당국으로부터 승인을 얻지 못했고 따라서 나라 밖으로 반출이 허락되지 않았을지 모른다. 더군다나 2018년에 관료 조직 구조 조정이 진행되던 때라 중국 공산당은 오락 부문에 대해 더욱더 직접적인 통제력을 행사했다.[94] 또 다른 가능성은 영화제 주최 측이 영화제 최대 후원사인 독일 자동차 제조사 아우디의 압력을 받았을지 모른다는 것이다.[95] 아우디 매출이 자사의 최대 시장인 중국에서 기록적이 수준에 달했다. 아우디는 2016년 잉골슈타트에 공자학원 설립을 후원했다.[96]

이와 동시에 배급사의 압력 때문에 반체제 인사인 예술가 아이웨이웨이艾未未가 제작한 부분이 '사랑해, 베를린Berlin, I Love You'에서 편집 삭제되었다는 뉴스가 터졌다. 배급사가 아이웨이웨이가 제작한 부분이 포함되면 이 영화를 사지 않겠다고 말했다.[97] 베이징에 새 둥지 모양의 올림픽 경기장을 설계하는 데 일조한 아이웨이웨이는 중국이 수천 명의 어린이가 사망한 2008년 쓰촨성 지진을 은폐했다고 비판해 중국 당국의 분노를 샀다. 2018년 베이징에 있는 그의 작업실 하나가 사전에 고지도 없이 철거되었다. '사랑해, 베를린'의 제작자들 가운데 하나인 에마누엘 벤비히Emmanuel Benbihy는 아이웨이웨이가 제작한 부분은 '예술적 이유' 때문에 삭제되었다고 주장했다. 그러나 또 다른 두 제작자는 아이웨이웨이가 제작한 부분을 포함시키려고 했지만 배급사의 압력 때문에 삭제할 수밖에 없었다고 〈뉴욕 타임스〉에 말했다.[98] 자신이 제작한 부분이 삭제되었다는 통보를 받지 못한 아이웨이웨이는 제작자들이 지레 겁을 먹고 선제적으로 조치를 취하다가 사단이 났다고 생각한다면서 다음과 같이 말했다. "이런 검열은 실제로 서구 진영의 단체들로부터 비롯된다. 그들은 중국의 검열 당국의 입맛을 맞추기 위해 자기 검열을 한다. 그들은 내면적으로 정치적 압력을 체화했다. 딱히 중국 정부가 직접 그들에게 지시를 내리는 게 아니다."[99]

아이웨이웨이가 지적한 서구 진영의 비겁한 태도는 이 영화의 또 다른 제작자이자 막후 거래의 내막을 잘 알고 있는 에다 라이저Edda Reiser가 확인해 주었다. 그녀는 "우리는 중국의 영향력이 아니라 우리가 느끼는 두려움을 과소평가했다. 자유 진영에서 중국에 대해 느끼는 두려움 말이다."라고 시인했다.[100]

코펜하겐과 멜버른에서 열리는 영화제도 비슷한 압력에 시달렸다. 과거에는 서구 진영에서 열리는 행사에서 특정한 인사들을 따돌리거나 특정한 영화의 출품을 배제시키려는 중국의 시도가 어설퍼 보였고 뜻하지 않게 오히려 표적이 된 필름을 홍보해 주는 효과를 낳았다. 더 이상 그렇지 않다. 이제는 중국 정부의 요구에 기꺼이 순응하면서 자신들의 비겁함을 '기술적 난관' 탓으로 돌리는 서구 진영의 단체들이 점점 늘어나고 있다.

문화를 일대일로창의에 통합시키면서 중국의 정치적 영향력은 더욱 깊어지고 있다.[101] 중국 문화부는 이를 일대일로 문화 발전 행동 계획(2016-2020)에 공식화했다.[102] 2016년 말 무렵 실크로드 경로를 따라서 60개 이상의 국가들이 중국과의 문화 교류와 협력 협정

에 서명했다.[103]

중국 공산당이 문화에 대한 장악력을 한층 강화한다 함은 당이 '중국다움'이 무엇인지 규정하고 이를 구축하고 통제한다는 뜻이다. 다양한 목소리와 형태들을 점점 천편일률적인 단일한 목소리와 형태로 대체하고 있다. 예컨대, 영국계 중국인 예술가들은 '세계적인' 중국인 예술가들, 즉 중국의 허락을 받고 영국에 파견된 이들이 영국계 중국인들의 예술을 점점 주변부로 밀어내 왔다고 불만을 토로한다.[104]

런던에서 2016년부터 시작돼 개최된 지 3년이 넘은 사우스뱅크 센터Southbank Centre의 '차이나 체인징 페스티벌China Changing Festival'은 중국 본토에서 온 예술가들의 작품을 전시실 중앙에 배치하고 영국 예술가들의 작품은 양쪽 귀퉁이에 배치해 비난을 샀다.[105] 사우스뱅크 센터는 일대일로 문화 발전 행동 계획의 일환으로 문화부가 승인한 사주지로국제극원연맹(絲綢之路國際劇院聯盟, 사주지로는 비단길을 뜻함-옮긴이)에 합류한 소수 서구 진영의 문화 기관들 가운데 하나다.[106] 〈인민일보〉는 이 연맹에 대한 보도에서 중앙당 부총장을 지낸 이의 말을 인용해 일대일로창의는 경제와 무역을 통한 '이익의 결속'뿐만 아니라 문화적 교류를 통한 '인류애의 결속'도 추구한다고 말했다.[107] 이 행동 계획을 통해서 연극 외에도 도서관, 박물관, 미술관, 미술제, 예술 대학의 국제 연맹도 구축해 왔다.[108]

러시아, 일본, 동유럽, 그리고 남반구의 수많은 극단들이 협정에 서명했다. 프랑스 국립 극단 협회는 2016년 사주지로국제극원연맹과 양해 각서를 체결했고 미니애폴리스에 본부를 둔 아츠 미드웨스트Arts Midwest도 체결했다.[109] 이 연맹에 합류한 또 다른 서구 진영의 기관은 마드리드에 있는 왕립 극단인데, 지금까지 중국이 사주한 문화 검열 가운데 가장 노골적인 검열 행위가 발생한 현장이다. 점점 흔히 일어나는 일이기에 그 사연을 자세히 알아볼 필요가 있다. 우선 간단하게 배경 설명부터 하겠다.

2001년 중국이 파룬궁을 탄압할 때 중국을 탈출한 파룬궁 수행자들 가운데 일부는 신운(션윈)예술단神韻藝術團을 창설해 '중국 고전 무용' 공연을 하고 파룬궁의 원칙을 널리 알려 중국 공산당의 박해에 이목을 집중시키기로 했다.[110] 중국 정부는 신운예술단이 가는 곳마다 집요하게 공연을 무산시키기 위해 애를 썼다. 2019년 초 무렵까지 유럽과 북미 지역을 비롯해 전 세계적으로 60차례 이상 그러한 시도가 이루어졌다. 드러난 것만 해도 그 정도다.[111]

1차 시도는 2008년에 일어났지만 대체로 실패했다. 그러다가 2010년 중국 당국의 압력으로 루마니아, 그리스, 몰도바, 우크라이나에서의 공연이 취소되었다. 2011년 뉴질랜드 오클랜드 주재 중국 총영사관이 시의원들에게 서한을 보내 예정된 신운예술단 공연에 참석하지 말라고 했다. 한 시의원은 분통을 터뜨리며 다음과 같이 말했다. "이 총영사라는 사람은 나한테 오클랜드에서 열리는 공연에 가라마라 할 권리가 없다. 감히 어디라고."[112]

2012년 중국 당국은 런던 콜리시엄에서 열린 신운예술단 공연을 막지 못했고, 2014년 바르셀로나 주재 중국 영사관은 카탈루냐 국립 극장과 스페인 외무부에 압력을 넣어 공연을 막으려 했지만 실패했다. 중국 영사관은 신운예술단의 공연을 허락하면 스페인과 중국의 관계에 응분의 파장이 미치리라고 협박했다.[113] 같은 해 벨기에 브뤼셀 주재 중국 대사관은 시진핑이 이 도시를 방문하는 기간 중 예정되어 있던 신운예술단 공연을 취소하라고 요구했다. 벨기에 국립 극장은 이를 거부했다. 2014년 베를린에서는 중국 대사관의 문화 담당관이 신운예술단 공연이 열릴 예정인 스테이지 시어터의 마케팅과 판매 담당자 외르그 지펠트를 방문해 공연을 취소하지 않으면 중국 극단은 이 극장을 이용하지 않을 것이고 그가 중국을 방문하려 해도 비자 발급을 거부당하게 된다고 말했다. 동독에서 수감된 적이 있는 지펠트는 협박을 받고도 꿈쩍하지 않았다.[114] 2015년 3월 미국 유타주 교육실 중국어 담당 국장 스테이시 라이언은 유타주의 외국어 집중 교육 학교 교장들에게 이메일을 보내 신운예술단이 학교를 접촉해 공연을 하겠다고 하면 거절하라고 촉구했다. 라이언은 공자 학습 강좌를 여는 학교에 제공되는 기금은 신운예술단 행사를 지원하는 데 쓰이면 안 된다고 했다.[115]

중국이 점점 더 막강한 위력을 행사하게 되면서 검열 시도도 성공하는 사례가 더욱 늘었다. 2017년 덴마크 코펜하겐 주재 중국 대사관은 덴마크 왕립 극장에 압력을 넣어 신운예술단 공연을 유치하지 말라고 했다.[116]

여기서 다시 마드리드 사례로 돌아간다. 마드리드 왕립 극장은 2016년 사주지로국제극원연맹에 합류했고, 그 이후로 상호 방문과 교류가 빈번해졌다. 2018년 11월 시진핑 주석의 부인 펑리위안彭麗媛이 스페인 여왕과 이 극장을 방문했다.[117] 2019년 1월 중국 외교관들은 이 극장이 신운예술단 공연을 계획했다는 데 격분해 극장 총책임자에게 공연을 취소하라고 압력을 넣기 시작했다. 중국 대사는 이 극장의 '외교계 인사들' 가운데 한 명이다.

결국 왕립 극장은 공연을 취소했다. 900장의 입장권이 이미 팔렸는데도 말이다. 극장 관리자 측은 '기술적 난관' 핑계를 댔다. 파룬궁과 연계된 〈이포크 타임스〉에 따르면, 중국 정부 고위 관리라고 자신을 소개한 어떤 사람이 공연이 취소되고 며칠 후 마드리드 주재 중국 대사에게 전화를 걸었다.[118] 대사는 자신이 직접 극장 총책임자에게 공연을 예정대로 진행한다면 극장 측이 중국 시장에 접근하지 못하게 된다고 협박한 사실을 자랑스럽게 떠벌였다. 중국 대사는 이 중국 관리라는 이에게 왕립 극장이 사주지로국제극원연맹과 협정을 맺었다는 사실을 상기시켜 주었다. 대사의 주장에 따르면, 중국 방문을 마치고 막 귀국한 이 극장 총책임자는 공연을 취소하면 극장의 평판에 금이 갈까 봐 우려했지만, 결국 포기하고 대사가 권하는 대로 기술적 난관이라는 핑계를 대기로 했다.

공연이 취소되고 두 달 후 이 극장의 전무이사 이그나시오 가르시아-벨렝거는 중국의 국가대극원國家大劇院과 협력 협정에 서명했다.[119] 그는 "상당 기간 동안 친밀한 관계를 가져온 두 기관 간에 더욱 긴밀히 협력하는 방향으로 진일보한 협정"이라고 말했다. 그는 2018년 11월 펑리위안이 극장을 방문한 덕분에 관계가 증진되었다고 강조했다.

예술과 문화에 대한 마르크스주의적 시각

중국은 써먹을 만한 문화적 연성 권력이 없다는 지적이 제기되곤 한다. 이는 중국의 문화가 대단한 호소력이 없어서가 아니다. 중국 공산당이 중국 문화를 철저히 왜곡해서 정치 선전이라는 두꺼운 껍질을 입히기 때문이다. 연성 권력은 시민 사회로부터 유기적으로 성장하고 정부가 지나치게 개입하면 고유의 특성을 잃게 된다. 문화를 정치적 목적 달성의 시녀로 만들기 위해 조작하면 더더욱 그렇게 된다.

중국 공산당이 중국의 연성 권력에서 크게 덕을 보지 못했을지 모르지만, 미국의 문화적 영향력의 가장 중요한 원천을 규제하는 데는 대단히 효과적이다. 바로 할리우드다. 할리우드 영화 제작자들이 거대한 중국 시장에 접근하려고 자기 검열을 한다는 사실은 신문에 자주 보도되어 왔는데 한 가지 사례만 들어 보자. "'픽셀스Pixels' 애니메이션 제작자들은 외계인이 만리장성에 구멍을 내는 장면을 보여 주고 싶었지만, 소니사 간부들은 그런 장면을 넣으면 2015년 중국에서 이 영화를 개봉하지 못하게 될까 봐 우려했다는 내용을 담은 이메일이 유출되었다. 제작자들은 만리장성 대신 타지 마할을 폭파시켰다."[120]

그들에게 인도인들의 정서는 별로 중요하지 않은 듯하다. 중국 영화 규제 당국의 최고 책임자인 장쉰은 미국 영화 제작자들에게 중국의 입장을 다음과 같이 분명히 밝혔다. "우리의 거대한 시장을 당신들과 나누고 싶다. 우리는 중국의 긍정적인 모습을 보고 싶다."[121] 요즘 미국에서 영화를 기획하고 자금을 모으고 시나리오를 쓸 때, 제작자, 감독, 시나리오 작가는 항상 중국의 검열을 염두에 둔다.

심지어 중국 소비자들의 눈치도 본다. 2019년 '탑건Top Gun' 연작에서 매버릭Maverick의 가죽 재킷 등에 꿰매어진 패치들 가운데 일본과 타이완의 깃발이 눈에 띄지 않게 삭제되었다.[122] 제작사들이 자기 검열의 압박에 굴복했을 뿐만 아니라 이 영화 제작사들 가운데 하나가 중국 인터넷 공룡 기업 텐센트Tencent가 소유한 영화 제작사

였기 때문이다.

인도의 영화계 발리우드Bollywood에서도 똑같은 일이 벌어지고 있다. 인도 영화도 중국에서 대단한 관객을 모으기 때문이다. 인도 영화배우 아미르 칸은 중국 영화 팬들 덕분에 수백만 달러를 벌었고 인도와 중국 간의 친밀한 관계를 강력히 주장하게 되었다.[123]

2019년 7월 시진핑은 중국작가협회와 중국 문학 예술계 연합회에 협회 창립 70주년을 축하하는 서한을 보냈다. 이 서한은 중국 공산당 선전부 부장이 심포지엄에 참석한 작가들 앞에서 대신 낭독했다. 시진핑은 이 서신에서 "문학과 예술의 발전은 당과 인민의 중요한 사명이고 문학과 예술 전선은 당과 인민에게 필수적인 전선이다."라는 견해를 표명했다.[124] 5년 앞서 시진핑은 다음과 같이 훨씬 노골적으로 자신의 생각을 드러냈다. "예술과 문화에 대한 마르크스주의적 시각이 확고히 수립되고 인민이 초점이 될 때 예술과 문화는 정능량正能量(긍정적인 기운)을 최대한 발산한다."[125]

중국작가협회는 국가 기관으로서 '작가들을 조직화해 마르크스주의-레닌주의, 마오쩌둥 사상, 덩샤오핑 이론, 그리고 당의 정책들을 학습'하는 게 일차적인 의무다.[126] 더욱 자유로운 시대가 열리면서 일부 작가들은 협회를 이용해 창작의 자유를 더욱 신장시키고 싶어 했지만 2016년 협회의 쑤저우蘇州 지부 부지부장 두 사람이 사임했다. 통제가 강화되는 데 항의하는 의미에서 사임한 것으로 보인다.[127]

서로 다른 문화들 간의 교류라는 정신에 의거해 서구 진영의 문화 축제와 작가 협회들은 중국작가협회와 협력한다고 하지만(2014년 워털루 대학 행사와 2015년 멜버른 작가 축제, 그리고 아이오와 대학교에서 정기적으로 개최되는 국제 창작 프로그램 등이 그런 사례들이다.) 사실상 그들은 중국 공산당의 지시를 받는 작가들, 그리고 당의 이념에서 이탈하는 위험을 감수하지 않으리라고 믿고 당이 승인한 작가들과 협력하는 셈이다.[128] 반체제 성향의 중국 작가들은 이런 행사에 참석이 허락되지 않고 외국 작가들과 허심탄회한 교류를 바라고 참석하는 이들은 공산당 요원들에게 밀착 감시를 당한다. 해외에 거주하는 중국 작가들은 통일 전선부의 지침을 받는 해당 지역 중국작가협회 회원이 아니면 배척당하거나 소외된다. 이러한 문화 축제나 행사는 그 의도는 좋을지 모르지만 자유로운 의견 교환이 아니다. 그런 행사에서 서구인들이 보고 듣는 '중국 문화'는 당이 승인한 종류의 문화다.

이제는 많은 서구인들은 중국 공산당이 중국에서 종교를 탄압한다는 현실을 잘 알고 있다. 중국은 교회와 모스크에 CCTV를 설치하고 중국 당국이 승인하는 방식을 따라 예배를 보라고 신앙인들에게 강요한다. 통일전선공작부 제 11국과 제 12국은 이러한 종교 탄압 업무에 매진하고 있고 각 종교마다 '대표 조직'을 설립하고 있다.[129] 2019년 티베트 유목민들은 "불상에 바치는 제단에 걸어놓은 형상을 중국 정치 지도자들의 형상으로 바꿔야만" 국가 보조금을 계속 받을 수 있다는 통지를 받았다.[130] 그리스도 교도들은 예수의 이미지를 시진핑의 사진으로 대체하라는 압력을 받아 왔다. 바티칸 교황청은 중국 공산당이 가톨릭 주교들을 뽑도록 허용하는 협정에 서명했다. 1930년대에 나치에 동조한 입장을 상기시키는 조치였다.[131]

더 놀라운 사실은 중국 공산당이 서구 진영에 거주하는 중국인 종교 단체들을 염탐하고 침투하고 지침을 내리거나 통제하려고 한다는 점이다. 지면이 한정되어 있어서 그 전모를 다 밝힐 수는 없지만, 중국인들이 다니는 교회들을 중국 당국이 감시하고 침투한다는 신고가 접수되고 있다. 목사들은 신도들 가운데 지역 영사관 직원들이 있으며 그들이 염탐을 하고 교회 내에서 중국 공산당을 비판하면 그들이 신고한다고 생각한다.[132]

중국 공산당은 서구 진영에서 당에 고분고분한 불교 협회를 결성하는 등 불교에 대한 통제에 특히 심혈을 기울여 왔다.[133] 2018년 중국 불자 협회 사무총장이자 중국인민정치협상회의 회원인 스쉐청釋學誠이 시드니를 방문해 호주 중국 불자 위원회 출범을 감독했다. 그는 외교관과 통일전선공작부 고위직 인사들의 극진한 대접을 받았다. 그 가운데는 중국 공산당과의 관계 때문에 호주 입국이 곧 금지될 부유한 정치 자금 기부자 황샹모黃向墨도 있었다.[134] 중국 공산당이 인증한 승려 스쉐청은 종교를 '중국화'하겠다는 중국 공산당의 야망에 동의했다.(그러나 스쉐청이 비구니들을 성적으로 학대했다는 혐의를 받고 자리에서 물러나자 중국 당국은 쓸모 있는 부역자를 잃었다.)[135]

호주 중국 불자 협의회가 보호막을 쳐주는 '홍색 불자들' 가운데는 왕신더王信得라는 이가 있다. 전 세계적으로, 특히 캐나다에 많은 추종자가 있는 '금강선' 종파의 태즈메이니아 지부를 이끄는 자다. 왕신더는 중국의 가장 중요한 통일 전선 공작 기관인 중국화평통일촉진회 호주 위원회의 태즈메이니아 지부장이기도 하다.[136] 왕신더는 지역 정치인들과 툭하면 사진이 찍히고, 그의 웹 사이트는 시진핑의 중국몽을 열렬히 선전하고 "중국의 바람직한 면모에 대한 이야기를 들려주고 중국인의 목소리를 전파하고 싶다."는 욕망을 거리낌 없이 드러낸다. 그는 "조국이 가장 최근에 제시한 정책들을 우리가 하는 모든 일의 지침으로 삼아야 한다."고 말했다.[137] 2019년 그

는 홍콩 민주화 시위대들을 죽이라고 요구하는 기사를 자신의 소셜 미디어 계정에 포스팅했다.[138]

당연히 중국 공산당은 티베트 불교를 장악하려고 무던히도 애써 왔다. 전통적으로 영적인 권위에서 달라이 라마Dalai Lama에 이어 2인자인 판첸 라마Panchen Lama는 2015년 시진핑을 만나 "시진핑 동지를 핵심으로 한 당 중앙 위원회의 영도하에 우리의 미래가 밝고 우리의 내일이 영광스럽다."고 말했다.[139] 1995년이 바로 전의 판첸 라마가 사망한 후 달라이 라마가 지명한 승계자인 여섯 살의 게둔 최끼 니마가 납치당해 실종되고 나서 중국 공산당이 원하는 소년을 그 자리에 앉힌 것이다.

어쩌면 당이 중국 문화를 장악하려는 의도를 보여 주는 가장 흥미로운 사례는 쉬샤오둥徐曉冬의 사연일지 모른다. 그의 사연은 로렌 텍세라Lauren Teixera가 "그는 정치적인 반체제 인사가 될 생각이 전혀 없었지만, 태극권 사부들을 두들겨 패기 시작했다."라는 제목의 글에서 잘 설명했다.[140] 쉬샤오둥은 종합 격투기 전문가다.(종합 격투기는 일본과 브라질에서 유래했고 1990년대에 미국에서 어마어마하게 인기를 끌게 되었다.) 그는 베이징에 체육관을 운영하고 있었고 시간이 흐르면서 소셜 미디어에서 추종자들이 늘어났다. 그러나 그는 중국의 전통적인 무술을 하는 이들, 특히 존경받는 태극권 사부들을 '사기꾼'이라고 조롱해서 중국 당국의 분노를 샀다. 그는 태극권 사부들이 인기 있는 TV 프로그램에 출연해 현란한 몸놀림을 구사하면서 속임수를 쓸 뿐 실제로 싸우지는 못한다고 했다. 100여 명의 태극권 사부들이 그에게 도전장을 내밀자 그는 최고 실력자 17명을 골랐다. 종합 격투기와 태극권의 한판 승부였다. 유튜브 동영상을 보면 그가 17명을 모조리 패배시킨다. 그것도 아주 짧은 시간 안에 처절하게 박살을 낸다.

시진핑이 문화를 중국의 위대한 부흥의 일환으로 이용해야 한다는 지시를 내렸을 때 태극권과 중국 전통 한방의 적극적인 홍보도 이러한 문화에 포함되었다. 쉬샤오둥이 해외에서 유래한 격투 기법으로써 수많은 태극권 사부들이 '사기꾼'임을 폭로하자 중국 공산당은 당황했다. 텍세라에 따르면 "중국 정부는 쉬샤오둥이 태극권에 대한 전쟁을 중단하기를 간절히 바랐다."라면서 중국 정부는 그를 막으려고 온갖 조치를 다 취했고, 그를 사회 신용 평가제의 요주의 대상에 올렸다. 낮은 신용 평가를 받아 비행기도 고속 열차도 탑승하지 못하게 된 쉬샤오둥은 완행열차를 타고 36시간이나 걸려 신장성까지 갔고 '압점壓點'을 눌러 상대방을 제압한다는 유명한 쿵푸 사부와 대결했다.(쉬샤오둥은 1분도 안 돼 그를 때려눕히고 항복을 받아 냈다.)

미국 종합 격투기 흥행사 얼티밋 파이팅 챔피언십Ultimate Fighting Championship은 중국에 진출하기로 하면서 쉬샤오둥이 오랫동안 애써 구축해 온 종합 격투기 무술을 추종하는 거대한 추종자 기반의 덕을 보게 됐다고 흐뭇해했다. 그러나 미국의 흥행사가 중국에서 종합 격투기 경기를 무대에 올릴 때 쉬샤오둥은 초청 인사 목록에 없었다.

11 Think tanks and thought leaders

싱크 탱크와
사상 지도자들

중국 공산당의 밥솥에 숟가락 담그기

싱크 탱크는 정계와 재계 지도자들과 연관되어 있기 때문에 장기적 단기적으로 중국 영향 공작의 표적으로 안성맞춤이다. 중국 공산당이 '당의 목소리를 직접 주입하지 않고 담론을 바꾸는' 전략을 실행하려면 싱크 탱크를 반드시 중국 공산당 편으로 끌어들여야 한다.[1] 영향력 있는 싱크 탱크가 중국과 관련된 주제에 대한 연구를 하면 중국 공산당은 지대한 관심을 보인다는 주장이 과장이 아니다.

싱크 탱크의 세계는 자선 사업과 밀접하게 관련 있어서 특정 기관을 둘러싼 여러 겹의 이익을 하나하나 벗겨 내 해부하기가 어렵다. 미국에서 중국과 관련된 연구를 하는 많은 싱크 탱크들은 중국과 가까운 재계 엘리트들이 후원한다. 일부 자금은 중국 정부와 중국 기업들로부터 직접 흘러들어 가기도 하지만, 골드만 삭스와 동젠화 같은 '중국의 친구들'이 기부하는 자금이 훨씬 큰 역할을 한다.

싱크 탱크는 늘 독립성을 강조한다. 기업의 기부를 받는 정당들과 마찬가지로 싱크 탱크도 그렇게 주장하는 수밖에 달리 도리가 없다. 그러나 현실적으로는 음식을 떠먹여 주는 손을 물지 않는 법이라는 격언에 훨씬 가깝게 행동한다. 시진핑의 말을 빌리자면 "우리는 중국 공산당의 솥을 깨는 이들에게 당의 음식을 먹게 놔둬서는 안 된다."[2] 기부를 받으면 기부를 하는 대상에 대해 의무가 생긴다. 당신이 나를 기쁘게 해 줬으니 나도 당신을 기쁘게 해 주거나 적어도 기분 나쁘게 만들지는 말아야 한다. 밥솥을 깨부수지 말라는 중국 공산당의 기대에 휘둘리지 않는 연구원들도 있지만 고용주인 싱크 탱크의 압력에 저항할 수 있는 사람은 거의 없다. 대학도 마찬가지다. 싱크 탱크가 하나같이 광고 기관으로 변질되어 중국 공산당의 메시지만 쏟아낸다는 뜻은 아니다. 그렇지는 않다. 그러나 연구에 대한 투자는 어떤 식으로든 결실을 맺는다. 중국 공산당의 대외 연락부가 싱크 탱크와의 교류를 강조하는 이유다. 일대일로지고합작연맹一帶一路智庫合作聯盟은 100여 개가 넘는 중국과 외국 회원들이 있다.[3]

서구 진영의 많은 싱크 탱크들이 부유한 '중국의 친구들'이나 수지 타산이 중국 공산당과의 우호적인 관계에 달려 있는 기업들로부터 자금을 받는 게 문제다. 이 때문에 가장 권위와 영향력 있는 싱크 탱크들을 비롯해 많은 싱크 탱크들이 공개하는 연구 내용이 중국의 입맛에 맞게 윤색된다. 중국에 지사나 대표부를 설치하고 싱크 탱크가 생산하는 콘텐츠를 좌지우지할 힘을 중국 공산당에게 추가로 부여하는 서구 진영의 싱크 탱크들도 있다. 그 결과 중국의 전체적인 이미지는 자금 관계가 존재하지 않았을 경우보다 훨씬 긍정적으로 그려진다. 이에 대한 포괄적인 분석은 이 책에서 다룰 범위를 벗어나므로 몇 가지 사례들만 들어 보겠다.

브루킹스 연구소는 미국에서 가장 잘 알려진 최대 규모의 싱크 탱크로 손꼽힌다. 브루킹스 연구소는 초당적이라며 정치 성향을 불문하고 다양한 사람들이 연구소의 연구 결과를 신뢰한다고 자부한다. 그러나 중국과 관련된 연구 자금줄로서 '중국의 친구'로 잘 알려진 존 L. 손튼John L. Thornton 골드만 삭스 전 회장은 브루킹스 연구소에 자금을 기부해 자기 이름을 딴 중국 센터를 설립한 너무나도 중요한 인물이기 때문에 2018년 말까지 브루킹스 이사장을 했고 지금도 여전히 이사직을 맡고 있다.

2008년 손튼은 중국 정부가 외국인에게 주는 최고 영예인 '우의상友誼奬'을 수상했다.[4] 그는 홍콩에 본사를 두고 일대일로 참여국들에 대한 중국의 투자를 원활하게 하는 투자 회사인 실크로드 금융공사 이사장이다.[5] 이 공사의 최고 경영자 리산李山은 중국인민정치협상회의 의원이다.[6] 손튼은 정치국 상임 위원회 위원이자 시진핑의 해결사 왕치산의 친구다.[7]

손튼은 칭화 대학교에 교수직을 맡고 있기도 하다. 그는 2003년 골드만 삭스에서 퇴직한 후 칭화 대학에 창설한 글로벌 리더십 프로그램을 맡고 있다.[8] 브루킹스 연구소 자체도 칭화 대학과 제휴를 맺고 있다. 브루킹스-칭화 공공 정책 센터는 2006년에 문을 열었다.[9] 2015년 시진핑의 미국 방문에 맞춰 브루킹스 연구소는 브루킹스 중국 위원회를 출범시켰다. 워싱턴 D.C.에 있는 손튼 중국 센터와 베이징에 있는 브루킹스-칭화 센터에 양다리를 걸치고 있는 이 위원회는 손튼과 칭화 대학 총장 추융邱勇이 공동 의장을 맡고 있다.[10] 시진핑의 조카는 브루킹스에서 인턴을 했다고 알려졌다.[11]

브루킹스 연구소는 화웨이의 후원도 받고 있다. 2016년 7월부터 2018년 6월까지의 기간 동안 이 연구소는 미국에 본부를 둔 화웨이 자회사 퓨처웨이 테크놀로지스Futurewei Technologies로부터 적어도 30만 달러를 받았다. 화웨이는 안전한 도시를 구축하는 기술에 대한 연구를 위해 브루킹스 연구소에 연구비를 지불했다. 이 연구 결과로 나온 보고서에서 칭찬한 기술 가운데 일부는 화웨이가 제작했다는 사실을 보고서는 밝히지 않았다. 이에 대해 〈워싱턴 포스트〉에 기사를 쓴 아이작 스톤-피쉬Isaac Stone-Fish의 말에 따르면 "브루킹스는 화웨이가 후원한 연구 보고서에서 화웨이 기술을 찬양했다."[12]

영국의 가장 유명한 싱크 탱크 채텀 하우스Chatham House에도 이와 비슷하게 중국과 영국 간에 얽히고설킨 엘리트 계층들 간의 관계가 존재한다. 채텀 하우스도 중국 정부와 중국국제금융고빈유한공사中國國際金融股份有限公司('고빈'은 주식을 뜻한다-옮긴이)와 화웨이 등 중국 기업들을 비롯해 폭넓은 자금원들로부터 연구 자금을 받는다.[13] 채텀 하우스는 중국으로부터 들어오는 금전적인 기부는 비교적 적지만, '중국과 영국 간의 상호 이해와 협력을 증진시키고 긍정적인 기여'를 했다는 이유로 주영 중국 대사 류샤오밍으로부터 찬사를 받았다.[14]

채텀 하우스가 중국 공산당에 기여했다는 류샤오밍의 발언은 틀리지 않았다. 2019년 채텀 하우스 소장 로빈 니블렛Robin Niblett은 당시 신임 영국 총리 보리스 존슨에게 중미 관계의 '황금시대'를 연 테레사 메이와 데이비드 캐머런 정부의 업적을 이어받아 영국을 중국에 더 가까이 다가가게 하라고 촉구했다.[15] 니블렛은 런던을 일대일로창의의 금융 중심축으로 만드는 시티오브런던의 프로젝트를 열렬히 지지한다. 채텀 하우스에서 중국 문제라면 단연 최고 전문가인 유지에는 영국 정부를 향해 중국에 대해 어정쩡한 태도를 취하지 말고 두 나라 간의 관계를 돈독히 하고 안보 우려를 극복하라고 촉구하면서 "브렉시트 이후 '세계적인 영국'으로 성공하려면 중국은 영국에게 반드시 필요한 동반자"라고 주장했다.[16]

중국 공산당이 채텀 하우스에 보유하고 있는 최대 자산은 골드만 삭스 수석 경제학자를 역임한 소장 짐 오닐Jim O'Neill이다. 오닐은 영국이 "영국과 중국 간에 상생 관계의 여건을 더 많이 조성하고 중국의 신뢰받는 동반자"가 되라고 촉구했다.[17]

짐 오닐은 〈중국일보〉가 주최한 행사, 비전 차이나Vision China에 류샤오밍 중국 대사와 중국의 친구 언론인 마틴 자크와 나란히 참석해 일대일로창의는 '세계 무역의 미래에 가장 중요한 구상'이라고 찬사를 퍼부었다.[18] 오닐은 일당 독재 체제인 중국의 관영 매체들에게도 환영받는 인사로서 그는 매체에 출연해 중국 경제에 대해 입에 침이 마르게 칭찬한다.[19] 그는 48그룹 클럽의 스티븐 페리와 한목소리로 시진핑의 사상에 대해 찬사를 쏟아낸다.[20] 짐 오닐 같은 이가 제시하는 싱크 탱크의 전체적인 논조에 발맞추듯 화웨이 테크놀로지스(영국 지사)의 회장 매딩리의 브라운 경Lord Browne of Madingley이 채텀 하우스의 선임 자문단에 포함되어 있다.[21]

채텀 하우스는 중국 최고의 싱크 탱크 중국국제경제교류중심과도 제휴해 일대일로창의를 매우 낙관적으로 보고 열렬히 찬양한 '2025년까지의 유럽 연합-중국 경제 관계: 공동의 미래 구축'이라는 보고서를 공동으로 작성했다. 보고서 제목부터 시진핑이 쓰는 용어들을 그대로 되풀이하며 굽실거리고 있다. 중국 공산당이 이끄는 싱크 탱크(이에 대해서는 나중에 자세히 알아보겠다.)와 제휴하는 미심쩍은 결정을 내린 것은 차치하고, 채텀 하우스가 이 연구서에 기여한 부분의 비용은 화웨이에서 비롯되었다.[22] 채텀 하우스는 중국 정부의 싱크 탱크인 세계경제여정치연구소世界經濟與政治研究所와 중국사회과학원과 제휴해 일대일로창의를 실현하는 데 필요한 자금을 인민폐로 집행하는 방법에 대해 연구를 실시했다.[23] 이 보고서는 런던이 세계 인민폐의 중심축이자 일대일로 자금 조달의 중심지 역할에 최적지라고 띄우고 있다.

시카고에 본부를 둔 폴슨 연구소Paulson Institute도 친중적인 재계 엘리트 계층이 중국에 대한 연구를 후원하는 또 하나의 대표적인 사례다. 골드만 삭스 회장 겸 최고 경영자와 미국 재무 장관을 역임한 헨리 폴슨Henry Paulson이 2011년 창립한 이 연구소는 "빠르게 변하는 세계 속에서 세계 질서 유지에 기여하는 미중 관계를 조성하는 데 매진한다."[24] 이를 달성하는 한 가지 방편이 중국이 친환경 투자 원칙을 일대일로창의에 통합시키도록(시티오브런던과 협력해) 돕는 일이다.[25] 이 연구소의 경제학 블로그 마르코폴로MarcoPolo는 지속적인 경제 협력을 촉구하고 중국 경제의 안정성과 중국 정부의 일관성 있는 개혁을 강조하는 경향이 있다.[26]

손튼과 마찬가지로 폴슨은 골드만 삭스 시절부터 중국 공산당 지도부와 인맥이 두텁다. 2019년 4월 그는 정치국 상임 위원회 위원 한정韓正과 만나 중국과 미국의 관계에 대해 논의했다.[27]

베이징시 정부의 웹 사이트에 게재된 한 보고서는 폴슨을 베이징 시장 천지닝陳吉寧의 '오랜 친구'라고 일컬었다.[28] 폴슨 연구소는 베이징 시와 양해 각서도 체결했다.[29] 폴슨 연구소의 베이징 사무소는 중국 공산당이 가장 좋아하는 세계 경제 포럼과 더불어 중국이 새로 제정한 외국비정부기구법에 따라서 중국에서 계속 활동을 하기 위해 가장 먼저 등록을 한 외국 비정부 기구들 가운데 하나다.[30]

아마도 가장 노골적으로 중국에 굽실거리는 친중 싱크 탱크는 미국 로스앤젤레스에 본부를 둔 버그루언 연구소Berggruen Institute일지 모른다. 2010년 독일계 미국인 억만장자 니컬러스 버그루언Nicolas

Berggruen이 창립한 이 연구소는 초창기부터 중국 공산당의 권위주의적인 이상에 공감을 표명해 왔고 중국 엘리트 계층과 우호적인 관계를 누려 왔다. 중국중앙전시대는 버그루언이 중국 공산당과 중국 정부가 '국민을 섬긴다.'는 단 한 가지 목표를 추구한다고 한 발언을 부각시켰다.[31] 그의 동료 네이선 가델스Nathan Gardels는 일당 국가 체제를 최고의 정부 형태라고 찬사를 퍼부으면서 민주주의는 홍콩에 걸맞지 않다고 말했다.[32] 버그루언 연구소 소속 분석가들이 쓴 글을 보면 중국의 정치 모델을 선전하거나 옹호하는 경우가 많다. 예컨대, 중국의 정치 체제를 분석한 한 버그루언 보고서는 중국에서 중국 공산당의 정통성은 "풍요와 유능함에서 흘러나온다."고 주장한다.[33] 중국 공산당의 중앙 선전부 부장 대리를 지낸 정비젠鄭必堅이 주관하는 '중국 이해하기'라는 일련의 회의를 통해 버그루언 연구소 소속원들은 시진핑을 비롯한 중국 최고 지도자들과 만난다.[34](정비젠은 다른 이유로도 버그루언의 지도급과도 만난다.[35]) 이 회의에는 고든 브라운Gordon Brown 전 영국 총리, 헬레 토닝-슈미트Helle Thorning-Schmidt 전 덴마크 총리, 〈허핑턴포스트〉의 창립자 아리아나 허핑턴Arianna Huffington 등 고위급 인사들이 참석한다.[36] 2018년 12월, 버그루언 연구소는 베이징 대학과 손을 잡고 베이징 대학 내에 보구뤼연구중심博古睿研究中心(버그루언 연구소)•를 설립했다.

버그루언 연구소는 〈워싱턴 포스트〉와 제휴해 〈월드 포스트The World Post〉도 발간한다. 네이선 가델스가 편집을 맡고 '전 세계에서 투고한' 글들과 사설을 싣는다.[37] 〈허핑턴 포스트〉와도 비슷한 제휴

• 중국어로 버그루언을 박고예博古睿라고 한다.

를 맺고 있는 듯하다.[38] 〈월드 포스트〉에 게재된 한 기사는 서구 기업들은 사생활을 "달리 이해하고 있는" 중국 인민들의 정서, 즉 "정부가 간섭하지 못하는" 사생활은 존재하지 않는다는 개념은 "비록 우리에게 익숙한 사생활 개념과는 달라보일지 모르지만" 중국인들의 눈높이에 맞춰야 진정으로 사생활에 관한 국제 규범에 도달할 수 있다고 주장한다.[39] 쑹빙宋冰-골드만 삭스 간부를 지냈고 현재 버그루언 연구소 부소장이자 중국 센터 국장-이 쓴 또 다른 글은 서구 진영이 중국의 사회 신용 시스템을 어떻게 오해하고 있는지 설명한다.[40]

쑹빙은 버그루언 연구소의 철학과 문학 센터 소장 대니얼 벨Daniel Bell과 부부로서, 벨은 명문 대학교들과 협력해 통치를 비롯한 각종 사안에 대해 '서로 다른 문화들을 넘나드는' 연구를 추진하고 있다.[41] 중국 공산당을 가장 열렬히 옹호하고 변호하는 대니얼 벨의 저서 《차이나 모델 : 능력주의 정치와 민주주의의 한계》는 중국 공산당에 대한 찬사로 가득하다.[42] 벨은 서구 진영은 중국 공산당의 '능력 위주 통치'에서 배워야 한다고 주장하면서 시진핑의 부상은 능력주의의 산물이라고 해석한다.[43] 대니얼 벨은 베이징에 있는 칭화 대학의 슈워츠먼 학자 프로그램의 교수 직위도 갖고 있다.

국가호연망신식판공실国家互聯網信息辦公室(국가 인터넷 정보국)•의 웹사이트에 게재된 한 기사에 따르면, 〈중국일보〉는 버그루언 연구소와 제휴해 해외 평론가들을 한 자리에 모아 중국의 긍정적 기운을 바깥으로 "내보낸다."고 주장한다.[44] 〈중국일보〉는 몇몇 다른 싱크탱크들과도 맺고 있는 이러한 제휴를 통해 당사의 웹 사이트에 해

• '호연망'은 인터넷, '신식'은 정보를 뜻한다.

외 200여 개 싱크 탱크 소속 전문가들로부터 300편의 사설을 받아 게재하고 "해외의 더 많은 독자들에게 영향을 미치고 중국의 입장을 제대로 설명한다."[45]

홍콩 인맥

중국 공산당과 연결된 자금은 중미교류기금회를 통해서 영향력 있는 싱크 탱크들의 금고에 흘러들어 가는데, 이러한 자금은 미국 중부 협회US Heartland Association, 삼아창의(3장 참조)에도 흘러들어 간다. 중미교류기금회는 2008년 홍콩에서 창립되었고 회장은 화물 운송업 거부 동젠화가 맡고 있다. 동젠화는 홍콩의 초대 행정장관(1997-2005)을 지냈고 중미교류기금회에 거액을 기부하는 큰손이기도 하다.[46] 중미교류기금회는 중국의 군부와도 연계되어 있고 인민 해방군 위장 단체 중국국제우호연락회와도 협력한다(3장과 10장 참조).[47]

동젠화는 중국인민정치협상회의 부의장이기도 하고, 2019년 그는 미국과 타이완이 홍콩 시위를 '사주'했다고 비난했다.[48] 중미교류기금회 부회장은 리&펑Li & Fung 그룹의 회장 빅터 펑Victor Fung인데, 그는 미국과 유럽 연합 기업들의 공급 사슬 관리를 책임지고 있고 홍콩에서 활동하는 또 다른 중요한 통일 전선 공작원이다. 빅터 펑도 중국인민정치협상회의 회원이며 베이징 시장과 난징시 정부에 자문을 한다.[49] 그의 펑 재단Fung Foundation은 중국 연구에 자금을 지원한다.[50]

중미교류기금회의 미국 특별 대표는 프레드 텅Fred Teng이다. 텅은 미중 공공 문제 연구소 소장인데 이 연구소는 '미국 정부 내에서 그리고 핵심적인 정책 결정자와 여론 선도자들 사이에서 중국에 관한 지식, 이해, 정확한 인식을 증진'시키는 사명을 실행한다.[51] 이 연구소는 중국 공산당 및 중국 정부와 긴밀히 협조하여 미국 지도자 대표단의 중국 방문을 추진하고 미중 간에 양자 자유 무역 협정과 대테러, 사이버 안보, 법 집행 등을 아우르는 안보 동반자 관계를 추구한다.[52]

중미교류기금회의 뉴욕 홍보 회사는 비엘제이 월드와이드BLJ Worldwide다.(이 회사 웹 사이트에 따르면 "우리는 정교하고 지적인 소통 캠페인을 제작한다.") 이 회사는 외국대리인등록법Foreign Agent Registration Act에 따라 외국 대리인으로 등록되어 있다.[53] 이 회사는 중국 문제에 관해 의회에 영향력을 행사하기 위해서 포데스타 그룹Podesta Group을 비롯해 로비 회사들을 채용해 왔다.[54] 포데스타 그룹은 2016년과 2017년 중국 통신 장비 제조업체 중싱통신中興通訊, ZTE을 대리해 로비 활동을 했다.[55] 포데스타 그룹에서 고위직을 맡았던 인사가 민주당 정치 진영에서 막강한 실력자인 존 포데스타John Podesta다. 포데스타 그룹을 자기 형 토니 포데스타에게 맡기고 물러난 존 포데스타는 빌 클린턴 대통령의 비서실장이 되었고, 그 후 2016년 힐러리 클린턴 대통령 선거 운동 본부 본부장이 되었다. 2003년부터 2011년까지 포데스타는 워싱턴에 있는 싱크 탱크 미국 진보 센터Center for American Progress 회장을 지냈는데, 이 싱크 탱크는 공화당이 집권하는 기간 동안 고위급 민주당 당직자들이 잠시 쉬어가는 곳으로 간주되기도 한다. 따라서 이 싱크 탱크는 중국 공산당 영향 공작의 표적으로 안성맞춤이고, 그 소속 고위급 인사들은 중미교류기금회의 중재로 중국을 방문한다. 이 두 기관은 2011년부터 제휴를 맺어 왔고 이따금 중국 외교부와 연관된[56] 상하이 국제 문제 연구소와 협력하기도 한다.[57] 2015년 미국 진보 센터와 중미교류기금회는 합동으로 베이징에서 고위급 회담을 열었다.[58]

중미교류기금회는 브루킹스 연구소뿐만 아니라 애틀랜틱 협의회Atlantic Council, 카네기 국제 평화 기금, 카터 센터Carter Center에도 연구 자금을 제공하고 있으며,[59] 미국에서 국제 관계 부문 최고 명문인 존스 홉킨스 국제 관계 대학원SAIS에 중국 연구 부문을 마련해 교수직에 기금을 대고 있다. 중미교류기금회는 키신저 연구소Kissinger Institute와도 손잡고 존스 홉킨스 국제 관계 대학원에서 태평양 공동체 구상Pacific Community Initiative도 운영하고 있다. 배서니 알렌-이브라히미언은 존스 홉킨스 국제 관계 대학원 졸업생들은 "국무부에서부터 중앙정보부, 군에 이르기까지 미국의 각종 정부 기관에 진출한다."고 지적한다.

브뤼셀로 유입되는 중국 공산당 관련 자금

유럽 연합 주재 중국 대표부는 중국이나 중국 공산당의 관심사에 대해 연구하는 싱크 탱크에 기부하는 중요한 주체로 부상했다. 프랑수아 고드망François Godement과 아비가엘 바셀리에Abigaël Vasselier는 유럽에서 중국이 지닌 위력을 평가한 보고서에서 "브뤼셀에서 개최되는 회의와 세미나 목록을 훑어보기만 하면 국제 관계와 경제 또는 아시아를 다루는 거의 모든 싱크 탱크가 중국의 후원을 받는다는 사실이 즉각 드러난다."고 했다.[60]

마다리아가-칼리지 오브 유럽 재단Madariaga-College of Europe Foundation은 브뤼셀에 위치한 싱크 탱크로서 중국 정부에서도 자금을 받는다. 이 기관은 나중에 브뤼허에 있는 칼리지 오브 유럽(이 학교는 "유럽 엘리트 계층의 하버드"라고 불린다고 한 인사는 말한다.)과 합병했다.[61] 이 재단은 유럽 집행 위원회 무역국 국장을 지낸 피에르 드프렌느Pierre Defraigne가 설립했다. 그의 주장에 따르면 마다리아가는 "중국 대표부와의 건설적이고 균형 잡힌 실무 관계를 구축했고" 당 고위급 지도자들과 유럽 의회, 유럽 집행 위원회, 유럽 연합의 외교 및 국방부의 고위급 지도자들 간의 교류를 촉진했다.[62] 2014년 이 재단은 예산의 20퍼센트를 유럽 연합 주재 중국 대표부로부터 받았다. 무엇보다도 이 재단의 예산 가운데 40퍼센트가 베이징화평지려문화교류중심北京和平之旅文化交流中心으로부터 나온다는 사실이 중요하다.[63] 이 기관의 회장 사오창춘邵常淳은 벨기에 국가 안보 당국이 이 기관을 조사한 결과 첩보와 개입의 증거를 발견했다고 알려진 후 벨기에를 떠나야 했다.[64] 사오창춘은 중구문화교육기금회中歐文化教育基金會와 사주지로화평장기금회丝绸之路和平奬基金會를 포함해 여러 개의 재단도 운영하고 있다.[65] 드프렌느 조차도 결국 베이징화평지려문화교류중심의 자금 지원에 대해 경계를 하게 되었고 "우리가 특수 이익 집단의 로비스트 역할에 이용되었을지 모른다는 사실을 깨달아서 관계를 청산하기로 했다."고 시인했다.[66]

마다리아가는 브뤼셀에서 문을 닫았지만, 이를 흡수한 칼리지 오브 유럽과 이 칼리지에 2014년 설립된 유럽 연합-중국 연구 센터는 유럽 연합 주재 중국 대표부와 계속 긴밀하게 협력하고 자금 후원을 받고 합동으로 일대일로창의와 중국-유럽 관계에 대한 세미나와 회의를 개최하고 있다.[67] 칼리지 오브 유럽은 중국 인권 문제 협회가 설립한 유럽-중국 인권 세미나도 주최하고 있다. 중국 공산당의 대외 선전실과 연관된 중국 인권 문제 협회는 1993년에 설립되었는데 개인의 권리와 정치적 권리로부터 다른 문제로 국제 사회의 시선을 돌림으로써 중국의 인권 상황에 대한 비판을 희석시키는 게 목적이다(13장 참조).[68]

2017년 6월 유럽 연합-중국 정상 회의 직전에, 브뤼셀에 본부를 둔 유럽 매체 네트워크 유락티브Euractiv는 '유럽 연합-중국 : 이견을 해소하다'라는 제목의 보고서를 발표했다.[69] 중국 대표부가 후원한 이 보고서에는 중국 로비스트 루이지 감바르델라Luigi Gambardella와의 인터뷰도 실렸는데 그는 일대일로창의를 극찬하면서 "중국은 상호 이익이 되는 정책들을 주장해 왔다."라고 말했다.[70] 2015년 감바르델라는 차이나이유ChinaEU를 설립했는데 디지털 경제 시대에 유럽 연합과 중국의 협력을 증진하는 게 이 조직이 공식적으로 추구하는 목표다.[71] 미국의 인터넷 매체 '폴리티코Politico'가 "유럽의 미스터 차이나"이자 브뤼셀에서 "가장 눈에 띄는 로비스트"라고[72] 일컫는 감바르델라는 유럽 의회 의원들과 만나서 중국과 유럽 연합의 협력을 한층 증진시켜야 한다고 주장한다.[73] 여느 '중국의 친구들'과 마찬가지로 그도 일당 독재 국가 중국의 관영 매체들에 글을 기고하고 그가 한 발언은 그 매체들이 자주 인용하며, 우전烏鎭에서 열린 연례 세계 인터넷 회의에 빠지지 않고 참석해 왔다.[74]

브뤼셀에 본부를 둔 싱크 탱크 유럽의 친구들Friends of Europe은 중국 대표부와 함께 유럽-중국 정책과 관행을 다루는 원탁회의뿐만 아니라 유럽-중국 포럼도 주관한다.[75] 2019년 3월, 유럽의 친구들, 중국 대표부, 중국인민정치협상회의 소속 중국 공공 외교 협회는 합동으로 유럽 연합-중국 고위급이 참석하는 '협력이 경쟁을 이

길 수 있을까'라는 행사를 열었다.[76] 유럽의 친구들 소속 정책 국장 샤다 이슬람Shada Islam의 발언은 당-국가 매체에 툭하면 인용된다.[77]

브뤼셀을 근거지로 활동하면서 아시아에 관한 연구를 하는 다른 싱크 탱크들도 비슷하다. 예컨대 유럽-아시아 센터는 중국 대표부로부터 자금을 받고 중국 당국과 긴밀히 협력한다.[78] 이 싱크 탱크의 창립자이자 소장인 프레이저 캐머런Fraser Cameron은 영국 외교관과 유럽 연합 관리를 지냈는데, 그의 견해는 〈중국일보〉가 적극적으로 인용한다. 유럽 연합이 "일대일로창의를 강력히 지지해야 한다."고 한 발언도 이 신문에 실렸다.[79] 2015년 유럽 아시아 문제 연구소는 호주 전문가 가브리엘 라피트Gabriel Lafitte가 티베트에 대한 토론을 열겠다는 제안을 거절했다. "티베트에 대한 공공 세미나는 유럽 아시아 문제 연구소로서는 불가능하다."는 이유였다. 그러나 몇 주 후 이 연구소는 중국 공산당 고위 관리이자 군인인 한 인사를 초청해 티베트에서의 경제 발전에 대한 연설을 들었다.[80]

스위스에서는 세계 경제 포럼World Economic Forum에 중국의 친구가 있고, 중국은 이 친구를 이용해 세계 재계 엘리트 인사들과 탄탄한 인맥을 구축해 왔다. 〈뉴욕 타임스〉와 〈중국일보〉에 게재된 유료 광고에 따르면, 이 포럼의 창립자이자 회장 클라우스 슈바프Niclaus Schwab는 '세계 경제 질서를 재편하려는 중국'을 지지한 공로로 중국 정부가 수여하는 훈장인 개혁 우의상을 받은 단 10명의 외국인 전문가들 가운데 하나다.[81] 시진핑의 '개방적이고 협력적인 정신'을 찬양한 슈바프는 세계 경제 포럼이 앞으로도 계속 중국이 "세계 평화, 행복, 정의, 평등, 사랑이 빈곤을 이기는 인류 공동의 꿈을 실현하도록 돕겠다."고 밝혔다.[82]

중국은 유럽 전역의 싱크 탱크들 상당수를 무력화시키거나 포섭해 중국에 공감하는 의견들을 조성하고, 중국을 비판하는 목소리를 억누르는 데 성공한 듯하다.

그 밖의 다양한 형태의 압력 수단

중국이 서구 진영의 싱크 탱크들을 상대로 압박을 가할 때 쓰는 지렛대는 자금뿐만이 아니다. 2019년 아이작 스톤-피쉬는 주미 중국 대사관이 비자 발급에서 우대할 인사들로 '화이트 리스트'를 만들고 있다고 보도했다.[83] 중국과 관련된 사안들을 연구하는 싱크 탱크 소속 연구원은 언론인 못지않게 (그리고 다음 장에서 살펴보겠지만 학자도 언론인 못지않게) 이런 유형의 압력에 노출되기 쉽고, 중국의 자금 지원을 받지 않거나 중국 공산당과 다른 관련이 없다고 해도 부담을 느끼게 된다. 후버 연구소Hoover Institution의 연구원들이 보고서 작성과 관련해 중국 비자를 발급받기 위해 면담을 했는데 비자 발급 관계자들로부터 소속 싱크 탱크를 직장으로 비자 신청서에 적으면 비자를 받기가 훨씬 힘들거나 심지어 불가능할지도 모른다는 통보를 받았다.[84]

또 다른 방법도 있다. 2019년 화웨이는 보잉과 구글 등을 비롯해 호주 전략 정책 연구소Australian Strategic Policy Institute를 후원하는 기업들에게 서신을 보내 이 연구소가 화웨이에 대해 '건강하지 못한 집착'을 하고 있다고 비난했다. 이 서신에 따르면, 화웨이는 "호주 전략 정책 연구소의 행태에 대단히 실망했다." 이 서신은 이 연구소가 반중적인 사안이라면 빼놓지 않고 앞장서는 기관이 되었다면서 후원사들이 이런 기관과 연관되면 해롭다고 에둘러 협박하고

있다.[85]

유럽에서 오로지 중국만 다루는 유일한 싱크 탱크로서 베를린에 본부를 둔 메르카토르 중국 문제 연구소The Mercator Institute for China Studies도 압박에 직면해 왔다. 2017년 중국 공산당의 국수주의적인 성향의 〈환구시보〉는 일련의 기사를 게재해 이 연구소가 '학자들을 호도'하고 '정치화된' 연구를 한다고 매도했다. 이 신문은 이 연구소의 당시 소장 세바스찬 하일만Sebastian Heilmann 개인을 공격하는 선동적인 기사도 실었다. 2018년 초 이 연구소는 세계 공공 정책 연구소와 합동으로 중국 공산당이 유럽에서 행하는 영향 공작이 점점 더 활발해지고 있다고 비판하는 보고서를 발표해 중국에 미운털이 박혔다. 머라이커 올버그Mareike Ohlberg가 공동 집필한 '권위주의의 전진Authoritarian Advance'이라는 제목의 이 보고서는 유럽의 지도자들에게 중국의 유럽 침투에 맞설 조치를 취하라고 요구하고 있다. 그 직후 하일만이 이 연구소에서 물러나자 〈환구시보〉는 이 연구소에 대한 비판 기사를 게재해 이 연구소에 자금을 지원하는 재단 메르카토르 슈티프퉁Mercator Stiftung에 "압력을 넣었다."고 주장하면서 그의 사임이 〈환구시보〉 덕이라며 생색을 냈다.[86]

이러한 주장을 뒷받침하는 근거는 없지만, 하일만 후임인 네덜란드 중국학 학자 프랑크 피케Frank Pieke는 중국 공산당에 대해 훨씬 호의적인 입장을 수없이 표명해 왔다. 예컨대, 그는 화웨이가 억울하게 누명을 써 왔고 화웨이에 대한 우려는 '망상'이라고 일축했다.[87] 2019년 피케는 중국이 "서구 문명의 폭력적인 속성과 불관용을 대단히 과소평가했다."고 주장했다. 게다가 이전까지지는 "중국이 세계에서 더 큰 역할을 하게 되는 현실을 서구 진영이 받아들이리라고 중국은 생각했는데, 이제 그렇지 않다는 사실을 중국이 뼈저리게 깨달았고" 따라서 이제 중국의 외교는 "더 이상 사람들이 온전히 이성적이고 합리적이라는 전제하에 추진되지 않는다."고 덧붙였다.[88] 피케는 이러한 문제는 점점 공격적으로 변하는 독재 국가의 부상이 아니라 "공산주의 중국에 대한 서구 진영의 태도"에서 비롯된다고 했다. 그는 서구 진영에서 느끼는 불안감은 중국에서 벌어지는 일에 대한 두려움이 아니라 서구 진영 자신의 미래에 대한 두려움을 중국에 투사했기 때문이라고 말했다.

이처럼 중국 공산당은 오로지 선한 의도밖에 없는데 서구 진영의 비이성적인 적대감에 직면하고 흠칫 놀란 국제 사회의 순진한 일원인 듯이 중국 공산당을 장밋빛으로 묘사하는 행태는 서구 진영과의 관계가 최상일 때조차도 중국 공산당은 냉전 시대적 사고를 결코 포기한 적이 없음을 증명하는 지난 30년 동안의 중국 공산당의 기록물을 완전히 묵살하는 셈이다.

피케는 메르카토르 중국 문제 연구소의 소장에 임명된 후 취임 직전에 중국 매체와의 인터뷰에서 '권위주의의 전진' 보고서를 비판했다.[89] 그는 중국에 대해 서구 진영에서 잘못 알고 있는 견해들에 대해 줄줄이 지적을 한 후, 이 보고서가 중국을 적으로 규정하는 실책을 범했고 그 근거가 미약하다고 말했다. 그의 인터뷰 내용으로 미루어 볼 때 그가 소장으로 있는 한 이 연구소에서는 중국을 비판하는 이런 보고서는 나오지 않을 게 분명했다. 그런데도 피케의 입장과 그의 발언과 그가 이끄는 연구소는 계속 '중국 당국의 분노'를 샀다.[90] 2020년 1월 이 싱크 탱크는 피케가 "연구소의 전략적 발전에 대한 견해 차이"로 소장에서 물러난다고 발표했다.[91]

여론을 조성하는 주체들

서구 진영의 지식인과 여론을 주도하는 이들은 중국 공산당의 정당성과 세계를 상대로 중국이 품은 야심을 지지하는 견해를 때로는 노골적으로 때로는 넌지시 표명한다. 전자의 사례는 태평양 세기 연구소Pacific Century Institute의 부소장 톰 플레이트Tom Plate다. 그는 세계가 당면한 문제들을 해결할 최선의 아이디어는 싱가포르 저자 키쇼르 마부바니Koshore Mahbubani와 호주의 전략적 사상가 휴 화이트Hugh White와 더불어 중공중앙당교中共中央黨校(중국공산당 중앙당교) 교수들에게서 나온다고 주장한다.[92] 캐나다 주재 중국 대사도 이에 동의한다. 그는 중국 공산당을 비판하는 서구 진영의 인사들을 폄하한 후 지미 카터처럼 '균형 잡힌 사고를 지닌 정치가'의 말을 귀담아듣고, 시진핑을 '합리적이고 선한 통치'의 귀감이라고 묘사한 마부바니의 신간을 읽으라고 촉구한다.[93]

화웨이의 멍완저우가 캐나다에서 체포되자 컬럼비아 대학교의 저명한 경제학 교수 제프리 색스Jeffrey Sachs는 "화웨이를 상대로 한 전쟁"이라는 제목의 기고문에서 멍완저우의 체포를 "중국 재계에 대한 미국의 전쟁 선포에 준하며, 트럼프가 써먹는 깡패 전술"의 사례라고 규정했다.[94] 색스는 "오늘날 세계적인 법치를 가장 위협하는 주체"는 중국의 중국 공산당 정권이 아니라 미국이라고 단언했다.

트위터 사용자들이 지적한 바와 같이, 미국이 위선적이라는 그의 비판(그는 멍완저우가 위반한 법과 똑같은 법을 위반한 미국 기업들의 최고 경영자들을 미국 정부가 체포하지 않았다고 지적했다.)은 그가 화웨이와 대단히 밀접한 관계가 아니었다면 설득력이 있었을지도 모른다.[95] 2018년 11월 제프리 색스는 "인류 공통의 디지털 시대에 대해 화웨이가 지닌 미래상은 강력하고, 흥분되고, 제대로 된 정보를 바탕으로 한다."고 지지를 표명했다.[96] 이러한 발언은 화웨이가 우리를 미래로 이끌 기업이라고 찬사를 퍼부은 천편일률적이고 진부한 제프리 색스의 글의 도입부다.[97]

중국 국영 매체에 따르면, 색스는 시진핑의 일대일로창의를 "당대 경제학 역사상 가장 중요한 경제 개발 구상"으로 손꼽힌다고 극찬했다. 색스는 일대일로창의는 "지혜로 가득하고 유럽과 아시아 간의 평화와 협력을 증진시킬 인간적인 플랫폼 구축"이라는 미래상을 제시한다고 찬사를 퍼부었다.[98]

상당히 오랫동안 민영 에너지 기업 청정에너지 금융 공사Clean Energy Finance Corporation뿐만 아니라 중국의 많은 국가 기관들이 제프리 색스를 중국 편으로 만들기 위해 공을 들인 것으로 보인다. 색스는 청정에너지 금융 공사의 행사에서 연설도 했다.[99](그 이후로 이 공사의 고위 간부들은 부패 혐의로 기소되었다.) 색스는 CNN에 출연해 멍완저우의 체포를 비판했다. 그는 캐나다 국영 방송 CBC에 나와 화웨이를 극찬하고 중국이 멍완저우 체포에 대한 보복으로 캐나다 국민 두 명을 억류한 조치를 옹호했다. 그는 중국의 선전 문구를 앵무새처럼 그대로 되뇌면서 멍완저우의 체포는 "미국의 냉전 시대적 사고"를 반영한다고 말했고, 이러한 발언은 중국 국영 TV가 대서특필했다.[100]

트위터에서 화웨이를 옹호한 제프리 색스에 대해 네티즌들의 비판이 쏟아지고 그와 중국과의 관계가 폭로된 후 〈환구시보〉는 색스의 표현의 자유를 보호하라며 그를 옹호하고 나섰다.[101] 색스는 혹독한 비판이 쏟아진 후 트위터 계정을 폐쇄했지만 곧 중국으로부터 보상을 받았다. 2019년 3월 제프리 색스는 중국 정부가 주최한 한 행사에 참석해 무역 전쟁을 일으킨 도널드 트럼프를 "경제 문맹"이라며 맹렬히 공격했다.[102]

중국 공산당의 정당성은 100인회百人會 Committee of 100를 구성하는 부유하고 영향력 있는 중국계 미국인들이 뒷받침해 준다. 100인회 웹 사이트에 따르면, 1988년 건축가 아이.엠. 페이I.M. Pei와 헨리 키신저가 공동 창립한 이 단체는 미국과 중국 간에 국제적인 관심사들을 논의할 중국계 미국인들로 구성된 영향력 있는 단체를 조성하자는 아이디어가 출발점이 되었다.[103] 이 단체는 1990년 중국 공산당이 톈안먼 학살 이후 국제적으로 고립되어 어려움을 겪고 있을 때 중국과 미국 간에 가교를 구축할 절실한 필요에서 설립되었다.[104] 오늘날 이 단체가 추구하는 목표는 두 가지다. "미국 사회에서 모든 중국계 미국인들의 총체적인 참여를 촉진"하고 "미국과 중화권의 국민들과 지도자들 사이에 건설적인 대화와 관계를 증진"시키는 일이다.[105] 이를 통해 100인회는 폭넓은 활동이 가능하다. 이론적으로는, 100인회는 미중 무역에서 호혜적인 관계와 중국에서 소수 민족의 권리를 지지할 수도 있고, 중국에서 출국 금지당하고 억류되어 있는 중국계 미국인들을 위해 목소리를 낼 수도 있다.[106]

그러나 100인회의 공식 성명서들을 분석해 보면 이 단체가 다루는 사안들은 훨씬 협소하고 중국 공산당의 이익과 궤를 같이 하는 경우가 빈번하다. 100인회는 미국에서 권리를 짓밟힌 중국인은 빠짐없이 옹호하면서 중국에서 일어나는 끔찍한 인권 유린에 대해서는 침묵을 지킨다. 마크 사이먼Mark Simon은 "그들이 미중 관계를 논의할 때면 중국 공산당의 행동에 대해 이렇다 할 반대 의견을 내는

경우를 보기가 힘들다."고 밝혔다.[107]

100인회 회원 가운데 비교적 저명한 일부 회원들은 중국 공산당 지도부와 당의 통일 전선 기관과 사적으로도 사업상으로도 상당한 인맥을 구축하고 있다. 창립 회원인 C. B. 성은 상하이시귀국화교연합회上海市歸國華僑聯合會 자문이었다.[108] 중국 공산당 홍색 귀족층과 연관된 공룡 기업 해항집단유한공사HNA Group의 공동 창립자도 100인회 회원이고 중국 공산당의 인터넷 검열 정책에 관여하는 거대 인터넷 기업 바이두百度 회장도 회원이다. 100인회 대표단과 지도자들은 통일전선공작부와 국무원교무판공실 소속 고위급 중국 공산당 관리들과 자주 만난다.[109] 100인회 전 회장 푸뤼런傅履仁, 존 푸John Fugh는 2007년 당시 통일전선공작부 부장 류옌둥劉延東과 만난 자리에서 그에게 "100인회는 중국의 현대화, 중국의 화평 통일, 우호적인 중미 관계를 위해 지속적으로 노력하겠다."고 다짐했다.[110]

지금은 작고했지만 이전에 100인회 회장을 지낸 찰스 시에는 로스앤젤레스를 방문한 통일 전선 공작 고위 관리들에게 티베트에서의 선전 선동을 더욱 효과적으로 수행하는 방법에 대해 조언을 했다. 예전에 '노예'였던 티베트인들을 로스앤젤레스에 데려와 할리우드 스타들과 만나게 해서 중국 공산당이 티베트에서 이룬 진전을 할리우드 스타들이 깨닫게 해 주자는 조언도 했다.[111]

여러 싱크 탱크에 자금을 지원하는 펑 재단의 빅터 펑도 100인회 회원이고 중국과 미국 양국의 여러 싱크 탱크에서 직을 맡고 있는 로니 챈도 100인회 회원이다. 챈은 중국 공산당과 연계된 싱크 탱크 중국여전구화지고의 전략 자문단 회장이고 중국 국무원의 발전연구 기금회 자문을 맡고 있다. 그는 미국에서는 친중 성향의 피터

슨 연구소 부서장, 중미교류기금회의 선임 회원, 예일 대학교와 중국 공산당의 외문국이 공동으로 진행하는 출판 프로젝트의 자문단 공동 의장 외에도 여러 직책을 맡고 있다.[112] 로니 챈은 아시아 협회의 홍콩 지부 이사회 이사장도 맡고 있는데, 홍콩 지부는 학생 운동가 조슈아 웡이 2017년 한 출판 기념회 행사에서 연설을 하지 못하도록 막았다.[113] 챈은 2014년 하버드 대학교에 3억 5000만 달러를 기부했다.[114]

100인회 지도부의 친중적인 활동에 동의하지 않는 회원들도 일부 있을지 모르지만 100인회는 불편할 정도로 중국 공산당과 가깝다는 결론에서 벗어나기는 힘들고, 따라서 중국계 미국인들이 지닌 관심사나 우려를 제대로 대표한다고 보기가 힘들다.

중국 공산당, 국내 싱크 탱크를 해외로 확장하다

시진핑 체제하에서 중국은 당을 지원할 싱크 탱크를 국내에 설립하는 노력에 박차를 가했다. 2015년에 발표된 제 13차 경제 사회 발전 5개년 개획 요강에 따르면 중국의 정치와 경제 체제의 신뢰도를 향상시키기 위해서 인문학과 사회 과학 분야에 '고급 싱크 탱크' 50개에서 100개 정도를 설립하는 계획을 마련했다.[115] 처음부터 국제 사회에서 중국의 입장을 증폭시키는 게 목적이었다. '중국의 특색을 지닌 새로운 형태의 싱크 탱크 설립'에 대한 중국 중앙 판공청의 문건은 중국적 가치를 세계에 널리 알리고 새로운 '담론 체제'를 구축하고 국제 사회에서 중국의 영향력을 증대시키는 노력이 중요한 이유를 설명했다.[116] 2019년 3월 선전부 부장 황쿤밍黄坤明은 중국의 최고 싱크 탱크들은 국제 교류와 협력을 확대해 "중국의 입장을 제대로 전달"하고 "중국의 시각을 전파할 책무"가 있다는 점을 상기시켰다.[117] 따라서 이러한 싱크 탱크 설립은 '중국에 대한 세계의 인식을 바꾼다는 중국 공산당의 목표'를 달성하는 데 기여하게 된다. 그리고 이는 제대로 작동하고 있다.

정부나 당 부서와의 관계가 명백히 드러나는 싱크 탱크도 있지만, 지난 10여 년 동안 수많은 싱크 탱크들이 '독립적'인 '비정부' 단체로 틀을 짰다. 예컨대, 차하얼학회察哈爾學會는 '초당적 비정부적 싱크 탱크'라고 소개하고 있다.[118] 그러나 이 학회의 설립자 한팡밍韓方明은 중국인민정치협상회의 외교 위원회 부의장이다. 그는 통일 전선 공작 기구인 중국 인민 대외 우호 협회(212쪽 조직도 참조)와 중국 공산당 중앙당교 연구 센터에서도 직함을 갖고 있다.[119] 차하얼학회가 독립 기구라는 주장은 사실을 호도한다. 이 학회는 당 기관과 관련되어 있을 뿐만 아니라 중국 공산당이 싱크 탱크를 통제한다는 게 정책 문서에 명문화되어 있기 때문이다. 따라서 모든 싱크 탱크는 '당 지도부를 받들고', '싱크 탱크를 관리하는 당을 지지해야 한다.'[120] 국가 지침에 따르면 싱크 탱크는 "당과 정부의 의사 결정에 봉사한다는 목적을 달성하기 위해 활동을 수행해야 한다."[121] 독립을 추구하는 싱크 탱크는 강한 압박을 받게 된다. 최근 그런 압박을 받은 싱크 탱크는 톈저경제연구소天則經濟研究所인데 이 연구소는 수년 동안 당국의 괴롭힘과 방해에 시달리다가 2019년 문을 닫았다.[122]

이와 같이 중국의 싱크 탱크들이 당의 통제하에 있는데도 불구하고 서구 진영의 싱크 탱크들은 중국 싱크 탱크와의 고위급 회담에 동참하고 그들과 제휴를 맺으려고 안달을 해 왔다. 가장 두드러진 사례가 베이징에 본부를 둔 중국여전구화지고로서 6장에서 살펴본 바와 같이 당 조직과 밀접하게 연결되어 있는 단체다. 이 단체는 2008년에 (헨리 왕이라고도 알려진) 왕후이야오王輝耀가 설립했는데, 그는 통일 전선 요원으로서 정부와 중국 공산당 여러 부서들에 수많은 직책을 맡고 있다. 2008년부터 왕은 중국에서 인정받은 8개 '민주적 정당'의 하나인 구삼학사九三學社 중앙 위원회 위원이고, 중화전국귀국화교연합회(212쪽 조직도 참조) 특별 위원회 부회장이다.[123]

중국여전구화지고는 바깥으로 활발히 확장하고 있다. 왕후이야오는 중국에서 해마다 열리는 100인회 모임에서 연설을 해 오고 있다. 그는 2019년 뮌헨 안보 회의에 패널로 참석했는데,[124] 이 회의에서 중국여전구화지고는 일대일로창의에 대한 보조 행사를 처음으로 주관했다.[125] 왕후이야오는 에마뉘엘 마크롱이 이끄는 '민주주의를 주제로 열리는 다보스 포럼'으로 불리는 파리 평화 포럼 운영 위원회 위원이기도 하다. 이 행사에서 왕후이야오는 세계 무역 기구 사무총장을 지낸 파스칼 라미와 앙겔라 메르켈 독일 총리에서부터 블라디미르 푸틴 러시아 대통령에 이르기까지 세계 지도자들과 어깨를 나란히 하면서 친분을 다진다.[126] 윌슨 센터Wilson Center의 키신저 연구소 주관으로 열린 외국의 영향력에 관한 회의에 왕후이야오가 연사로 초청되자, 마코 루비오Marco Rubio 상원 의원은 이 행사를 주관한 주최 측이 왕후이야오의 공산당 당적을 공개하지 않았다는 사실을 지적했고 왕후이야오는 참석을 취소했다.

중국의 또 다른 중요 싱크 탱크는 2009년 원자바오 부총리의 지시에 따라 설립된 중국국제경제교류중심으로서 '중국에 설립된 최상위급 싱크 탱크'역할을 한다.[127] 이 싱크 탱크는 중국의 중앙 계획거시 경제 기관인 국가 발전 개혁 위원회의 감독을 받으며 청페이옌曾培炎이 그 수장을 맡고 있다.[128] 중국국제경제교류중심 인사부는 당 위원회의 중앙기율검사위원회中央紀律檢查委員會 역할도 겸한다.[129] 중국국제경제교류중심에서 일하는 전문가들은 당의 영역을 벗어나는 사고를 할 재량이 거의 없는 사실상 정부 관리들이다.[130]

중국국제경제교류중심은 재정이 탄탄하고 세계 경제 담론에 적극적으로 참여한다. 이 조직의 자문 위원회 의장으로서 중국의 문제에 관한 약방의 감초인 헨리 키신저의 말을 빌리자면, 이 싱크 탱크는 블룸버그와 제휴해 중국과 미국이 추구하는 국가 목표들이 양립 가능하도록 만드는 게 목표인 주요 국제회의를 계획한다.[131] 자문 위원회는 키신저 외에도 중국의 친구들로 빼곡하다. 미국 재무장관을 지낸 헨리 폴슨, 백악관 수석 경제 자문을 지낸 게리 콘Gary Cohn, 호주 총리를 지낸 케빈 러드Kevin Rudd, 중미교류기금회에 거액을 기부하는 홍콩 억만장자 동젠화 등이 자문 위원이다.[132]

2016년 중국국제경제교류중심은 호주 국립 대학교의 경제 연구소 아시아국과 제휴해 두 나라 간의 경제 관계의 미래에 대한 보고서를 작성했다.[133] 이 보고서는 두 나라 관계에 대한 '최초의 독자적 주요 연구'로 호평을 받았는데, 중국 '관광객, 학생, 투자자, 이주민'의 호주 유입을 더욱 확대함으로써 양국 관계를 '극대화'해야 한다고 촉구했다. 그러나 보고서 제 1 저자 피터 드라이스데일Peter Drysdale 교수는 호주의 '보호받는 산업들'은 중국과의 경쟁에 한층 더 노출되어야 한다고 주장하면서도 중국도 자국의 시장과 문호를 개방해야 한다고 요구하지는 않았다. 호주는 세계에서 가장 개방된 경제 체제로 손꼽히는데 말이다. 호주가 안고 있는 문제(이 보고서는 호주가 안고 있는 문제점들로 가득하다.)는 국민이 외국인을 혐오하는 정서 때문에 중국으로부터의 "해외 투자가 주는 혜택을 깨닫지 못하는 점"이라고 지적했다. 이 보고서는 호주에게 필수적인 사회 기간 시설과 관련한 투자를 비롯해 중국 투자에 대한 제한을 폐지하라고 권고하고 있다. 이 보고서에 따르면, 중국에서 기업의 중요한 의사 결정이 일당 국가의 전략적 목표와 이익과 밀접하게 관련이 있다는 게 문제가 아니라 호주 국민이 무지하다는 게 문제다. 이 '합동 보고서'는 중국의 희망 사항을 적은 목록처럼 읽힌다. 이와 같이 중국 공산당은 호주 국립 대학교를 통해 문호 개방을 밀어붙이고 있다.

2017년 중국국제경제교류중심은 브뤼셀에 본부를 둔 싱크 탱크 브뤼헐Bruegel, 채텀 하우스, 중국의 홍콩 대학교와 협력해 이와 비슷한 공동 보고서를 작성했다. 화웨이가 일부 자금을 지원해 작성한 '2025년까지의 유럽 연합-중국 경제 관계 : 공동의 미래 구축'이라는 제목의 이 보고서는 유럽 연합과 중국 간의 자유 무역과 투자 협정 체결을 요구하면서, 일대일로창의를 받아들이고 과학 기술과 혁신에서의 협력을 증진하라고 주장한다. 이 보고서의 선임 자문단에는 48그룹 클럽의 피터 맨델슨, 중국 최초로 유럽에 근거지를 둔 싱크 탱크로서 부다페스트에 위치한 중국-중동구 연구원 원장 황핑, 중미교류기금회 설립자 동젠화, 중국인민정치협상회의 회원 빅터 펑 등이 포함되어 있다.[134]

태화지고太和智庫도 독자적이라고 위장하고 있지만 중국 공산당과 관련된 싱크 탱크다. 2013년 베이징에서 창립된 이 싱크 탱크는 유럽과 미국에 연구 센터가 있다. 독일에 있는 태화지고 유럽 지부 지부장은 세계 경제 포럼에서 부국장을 지낸 토르스텐 젤리넥Thorsten Jelinek이다. 중국 공산당 내에서 태화지고 책임자가 누군지 공식적으로 알려진 바 없지만, 국가 안전부 산하의 거대한 싱크 탱크인 중국 현대 국제 관계 연구원의 연구원들을 대거 채용한다.[135] 태화지고의 가장 큰 행사는 태화 문명 포럼인데 첫 회는 2017년에 열렸다. 그 해 참석한 연사들 가운데는 체코 총리 얀 피셔Jan Fischer, 브루킹스 연구소의 창리, 미중 관계 전국 위원회 회장 스티브 올린스Steve Orlins, 그리고 윌슨 센터의 로버트 데일리Robert Daly 등이 있다.

나데쥬 롤런드Nadege Rolland는 일대일로를 주제로 한 영향 작전에 관한 연구에서 사주지로지고협회, 사주지로지고망, 일대일로국제지고합작위원회(마지막 기관은 신화통신사가 운영한다.)에 대해 설명한다.[136] 사주지로지고협회는 중국 공산당의 대외 연락부 후원으로 운영되며 대외 연락부 내의 싱크 탱크 당대세계연구중심當代世界研究中心이 활동을 조율한다.[137] 사주지로지고망의 사무국은 국무원 개발연구 중심 내에 위치하고 있다. 채텀 하우스, 마드리드에 있는 엘카노 왕립 연구원, 독일 개발 연구원, OECD 개발 센터 등 명성 있는 유럽 기관들이 사주지로지고망에 참여하고 있다. 이러한 싱크 탱크들은 중국 공산당의 선전 문구로 가득한 다음과 같은 합동 선언을 승인하면서 충성 서약을 했다.

> "2015년, 일대일로는 세계 경제 성장을 촉진하고 지역 협력을 심화하고 전 세계 인민의 복지를 개선한다는 공동의 인식을 바탕으로, '평화와 협력, 개방과 포용, 상호 학습과 상호 이득'의 실크로드 정신을 준수하고 '포괄적인 논의와 공동의 기여와 이익 공유'의 원칙을 준수하면서 우리는 사주지로지고망을 공동으로 출범시켰다."[138]

중국은 워싱턴 D.C.에 중국 나름의 싱크 탱크도 설립했다.[139] 2015년 중국 정부의 중국남해연구원의 전초 기지로서 설립된 중미 연구 중심이다. 이 연구소는 남중국해에 대한 중국의 영유권 주장에 대해 '분명한 메시지를 전달'하는 게 주목적이다.[140] 중국 공산당이 추구하는 구상들이 나오기만 하면 조금도 지체하지 않고 힘을 실어 주는 헨리 키신저는 이 구상을 환영한다는 동영상 메시지를 보냈다. 키신저는 중국 공산당 내에서 존경받는 인물이다.[141] 베이징에 있는 중국 공산당의 고급 간부를 양성하는 기관인 중앙당교 건물 내부의 벽에는 사진들이 걸려 있는데 외국인으로서는 유일하게 헨리 키신저의 사진이 걸려 있다고 알려져 있다.

중미 연구 중심은 그다지 효과가 없었다는 견해가 워싱턴 D.C.에 널리 퍼져 있다.[142] 존재감을 부각시키지도 못했고 정책 보고서 단 한편도 발표하지도 않았으며, 로비 활동도 전혀 하지 않았다. 그러나 소기의 목적을 달성하는 방법은 여러 가지다. 중미 연구 중심은 친중 인사들을 조직화하고, 부추기고, 보상하는 수단이다. 이사회에는 버지니아 대학교 법학 대학원 해양법 정책 센터 부소장 마이론 노드퀴스트Myron Nordquist가 있다. 해양법 전문가인 노드퀴스트는 중국의 남중국해 도서 점유는 법적인 근거가 없다는 헤이그 상설중재법원의 판결을 철저히 분석한 글을 썼다. 그는 상설중재법원이 법 해석에서 오류를 범했고 정치적 요인들의 영향을 받았다고 결론 내렸다. 중국에게 자국의 행동을 정당화할 무기를 쥐어 준 셈이다.[143]

중미 연구 중심 이사회의 또 다른 이사는 호주 해군 장교를 지냈고 뉴사우스웨일스에 있는 울롱공 대학교에 해양 안보 객원 연구원으로 있는 샘 베이트먼Sam Bateman이다.[144] 그는 툭하면 중국의 팽창주의를 변명해 준다. 예컨대, 그는 미국 펜스 부통령이 2018년 연설에서 중국 혐오를 한층 강화했다고 주장했다.[145] 베이트먼은 아시아 태평양 지역에서의 긴장 상태는 미국의 공격적인 태도 때문이라고 주장하고 헤이그 상설중재법원이 남중국해에 대해 내린 판결이 중요하지 않고 호주의 이익에 부합하지도 않는 근거가 희박한 이유를 연달아 쏟아냈다. 그는 중국 공산당의 입장을 그대로 되뇌면서 호주는 "협력을 촉진하고 신뢰를 구축하는 데 도움이" 돼야 한다고 주장했다.[146]

중미 연구 중심의 또 다른 이사는 고든 훌든Gordon Houlden이다. 중국에서 상당 기간 동안 외교관으로 근무했고 현재 앨버타 대학교의 중국 연구소 소장인 그는 노드퀴스트와 베이트먼보다는 독립적인 태도를 보여 왔고, 헤이그 상설중재법원 판결이 나온 직후 "캐나다는 국제법의 범위 내에서 협상과 중재에 지속적인 이해를 지니고 있다."면서 "해상 이슈는 법에 근거한 관리를 준수한다는 우리의 입장을 재확인하는 성명서를 발표하라."고 캐나다 정부에 촉구했다.[147] 중미 연구 중심의 또 다른 지지자들은 마이클 스웨인Michael Swaine과 수전 손튼Susan Thornton이다. 3장에서 언급한 "중국은 적이 아니다."라는 서신 작성을 주도한 이들이다. 그들은 중미 연구 중심이 주관하는 수많은 행사에서 연설을 했다.[148]

부다페스트에서 중국-중동구 연구원 원장을 맡고 있는 황평은 중국 사회 과학원 소속 구주 연구소 사무총장도 맡고 있다. 중국-중동구 연구원은 헝가리에 비영리 단체로 등록되어 있지만 중국 관료 조직에 속해 있고, 웹 사이트에는 중국 사회 과학원이 조직하고 관리한다고 되어 있다.[149] 중국에서 '소조를 조직화'하고 '소조를 관리'하는 체제는 연대 책임 체제를 구축함으로써 정치적으로 당의 노선을 준수하고 중국 공산당에 대한 충성을 담보한다. 중국-중동구 연구원은 유럽에서 중국 사회 과학원이 최초로 설립한 지부라는 사실 때문에 특히 주목할 가치가 있다. 이 연구원은 일대일로창의를 주제로 한 굵직한 행사들을 여러 차례 개최했고 중국과 중동부 유럽 국가들과의 선린 관계와 협력을 주장한다.[150]

마지막으로 중국 연구 세계 포럼을 언급하고 싶다. 이 포럼은 상하이 사회 과학원이 조직한다. 중국 공산당의 대외 선전실과 상하이시 정부가 후원하는 이 포럼은 2004년 이후로 격년으로 상하이에서 열리고 있다.[151] 최근에 이 포럼은 해외까지 확장되었다. 2015년에는 뉴욕시에 있는 아시아 협회와 애틀랜타에 있는 카터 센터에서 행사를 열었다.[152] 2017년 이 포럼은 베를린에서 '중국과 세계화 : 새 시대, 새 난관'이라는 제목의 행사를 주관했다. 이 행사를 공동 주최한 기관들은 권위 있는 독일 세계와 지역 연구소, 버텔스만 재단(버텔스만 슈티프퉁)이다.[153] 중국 공산당의 최고 대외 홍보 조직이 후원한 행사치고는 상당한 성공이다.

12 Thought management: CCP influence in Western academia

사상 관리: 서구 학계를 겨냥한 중국 공산당의 영향 작전

정치적 전장으로서의 대학교

서구 진영의 매체들은 공자학원이 중국 공산당 일당 독재 국가 해외 대학들을 대상으로 영향력을 행사하기 위한 경로라고 보도하곤 하지만, 세계를 겨냥한 중국 공산당의 '사상 관리' 프로젝트는 그 이상으로 야심만만하고 다각적인 경로를 통해서 추진된다. 8장에서 과학과 기술 연구 부문을 다루었으니 이번 장에서는 중국 공산당이 서구 진영의 사회 과학과 인문학 학제에 어떻게 개입하는지 살펴보겠다.

대학가에서 중국 공산당의 세계관을 따르라는 압력이 거세지고 있고 중국은 공자학원을 통해서뿐만 아니라 중국 대사관과 영사관의 직접적인 로비를 통해서, 중국 유학생들에게 대학의 활동을 신고하고 시위를 조직하라고 부추김으로써, 중국 유학생들의 학비에 재정적으로 의존하는 대학들에게 중국 유학생의 유입을 막겠다고 협박함으로써, 그리고 합동 프로그램과 고위인사들을 대상으로 한 연수 강좌들을 취소하겠다고 협박함으로써 압력을 행사한다. 이러한 유형의 강요와 더불어 연구원들로 하여금 중국이 비자를 발급해 줄지 여부에 대해 전전긍긍하게 만든다.

중국 공산당은 당의 공식적인 '중국 논조'와 학술적인 이념들을 '중국의 학계 주출거走出去(세계 진출이라는 뜻)' 전략을 통해서 체계적으로 추진한다. 전 세계 여러 나라들이 중국에 대해 자국이 지닌 지식의 간극을 메우려고 노력하면서 재정난을 겪는 대학 행정 당국자들이 중국 기관들과 협력 협정 체결을 모색하게 만드는 구조적인 유인책이 존재한다. 그러나 그들은 중국 공산당이 추구하는 목적과 수단에 대해서는 거의 아는 바가 없다. 중국 공산당은 '중국의 관점'에 대한 이해 촉진을 학술 교류의 중요한 일환으로 만들고 국제 학계를 더욱 평등하고 서구 중심적 관점에서 벗어나게 만들려고 한다. 문제는 '중국의 관점'은 실제로 중국 공산당의 관점이라는 사실이다. 당의 관점을 제시하는 것 자체가 잘못은 아니지만(중국 공산당은 9000만 명의 당원이 있고 세계적으로 막강한 위력을 지닌 조직이다.) 당의 관점을 중국의 관점과 동일시하면서 그 저변에 깔린 의제(당의 지속적인 통치를 담보하기 위해 '중국 특색을 지닌 세계 담론 체제' 조성)에 대한 단서 조항도 달지 않기 때문에 아무리 좋게 해석해도 오해의 소지가 있다. 나쁘게 해석한다면, 중국 공산당에 대해 비판적인 중국인 학자들의 의견을 비롯해 다른 의견들을 배제시키는 결과를 낳는다.

중국 공산당은 정치권력을 차지하기 위한 대결에서 이념이 핵심적인 요소라고 믿는다. 따라서 학계는 이념 투쟁에서 중요한 역할을 한다. 중국의 대학들은 시진핑하에서 당으로부터 훨씬 엄격한 통제를 받게 되었다. 중국 공산당이 국제 사회에서 달성하려는 목표가 무엇인지 이해하려면 중국 내에서의 학술 연구를 통해서 '체계적인 자신감'을 구축하는 프로젝트를 간단히 살펴보면 도움이 된다. 다른 영역에서와 마찬가지로 국제 학술 지형을 바꾸는 일은 이러한 국내 프로젝트의 연장선상에 있다. 여기서도 당에 대한 비판을 억누르고 검열 규범을 수출하고 '중국의 길'과 '중국의 체제'와 '중국의 이론'을 고양시키는 연구를 촉진하는 게 목표다.[1]

수십 년 동안 중국 공산당은 서구의 학술적 이념들이 당에 대한 믿음을 약화시키고 중국의 불안정을 야기할 가능성에 집착해 왔다. 1989년 민주화 운동을 억압한 직후 출간된 덩샤오핑의 선전 사상 연구에 따르면, 서구 진영에 대한 '문화적 침투'는 두 가지 차원에서 진행된다.[2] 첫 번째 차원은 해외 매체들의 적대적인 정치적 시각의 확산인데 이는 감시하고 대처하기가 상당히 쉽다. 두 번째 차원은 이념적 침투와 학계 침투인데, '적대적인 세력'이 현대적 사회 과학 이론과 가치를 이용해 중국 지식인들을 전향시키는 일이다. 이런 종류의 침투는 훨씬 방어하기가 힘들다고 저자는 말한다.[3]

거의 30년이 지나 〈인민일보〉에 실린 다음과 같은 사설은 이러한 주장을 그대로 되뇌었다. "중국의 길을 분명하게 설명하는 일은 중국인 학자들이 수행해야 할 정치적으로 중요한 책임이고 매우 진지한 학술 연구 활동이다."[4] 이 사명은 학자의 성향과 주도에 맡겨지지 않는다. 이념 연구는 전국철학사회과학공작판공실全國哲學社會科學科工作辦公室을 통해 조율되는데, 이 조직은 철학 사회 과학 영도소조領導小組와 중앙 선전부로부터 지시를 받는다.[5] 시진핑은 중국의 대외 영향력을 강화하기 위해서 인문학과 사회 과학이 중요하다고 강조해 왔다.[6]

최근에 개정된 중국의 중등 교육 기관 외국어 교과 과정에는 서구 이념에 물들지 않게 학생들에게 '예방 접종'을 하고 중국 체제에 대한 신념을 강화도록 설계된 과목들이 포함되어 있다. 학생들은 학습을 통해 두 체제를 비교해 중국의 체제가 우월하다는 결론에 '독자적으로' 도달하게 된다.[7]

9호 문건(2장 참조)에 제시된 바와 같이 당 간부들에게 금지된 '거짓 이념 추세' 일곱 가지는 학계에도 적용된다. 학생들은 교수들의 언행에 대해 신고하라는 권고를 받는다. 우한武漢에서 교수 한 명은 주석의 임기 제한 폐지에 대해 부적절한 발언을 했다고 학생들로부터 비난을 받은 후 해고되었다.[8] 중국 지도자들을 비판하거나 단톡방에서 한 발언을 비롯해 훨씬 경미한 '사상 범죄'를 저질러서 해고당하거나 징계를 당한 이들도 있다.[9]

공자학원

공자학원孔子學院은 후진타오 주석과 원자바오 총리 정부하에서 배태되었고 당의 논조를 확산시키는 한편 해외 대학들에 진입하는 무해한 방법으로 2004년 시작되었다. 공자학원은 중국 공산당이 '문화적 연성 권력'에 매료되어 낳은 산물이다.

공자학원은 표면적으로는 중국어를 가르치고 중국 문화를 알리는 데 전념한다고 내세우지만, 선전 부장을 지낸 리장춘李長春의 말처럼, 공자학원은 "중국의 대외 선전 구조의 중요한 일부"다.[10] 공자학원은 교육부 소속, 한반漢辦이라고 알려진 국가한어국제추광영도소조판공실國家漢語國際推廣領導小組辦公室이 관리한다. 그러나 미국의 저명한 중국학자 데이비드 셈보는 중국 공산당의 선전부가 자금을 대고 교육부를 통해서 이 자금이 '세탁'된다고 주장해 왔다.[11]

서구 진영에서 공자학원은 영어권 국가들에 가장 많이 설립되었다. 2019년 7월 현재 미국에는 90개의 공자학원이 있었다. 이제 한 차례 폐쇄 조치가 단행되긴 했지만 말이다.[12] 영국에는 30개, 캐나다에는 13개의 공자학원이 있다.[13] 유럽에는 대다수가 프랑스, 독일, 이탈리아에 있다. 중국 공산당 영향 공작의 주요 표적으로 간주되곤 하는 중부와 동부 유럽에는 각 나라마다 1개에서 4개의 공자학원이 있고, 서유럽에 있는 공자학원은 폐쇄되는 추세인 반면 전체적인 수는 증가하고 있다.

공자학원은 독일의 괴테 연구소와 영국 문화원과는 달리 대부분 외국 대학교 내에 설치되어 있다.[14] 이로 인해 공자학원은 공자학원을 유치한 대학 기관에 대해 영향력을 행사하게 된다. 권위 있는 중국학 학자 존 피츠제럴드John Fitzgerald는 공자학원 직원 채용과 교과과정은 중국에서 결정한다면서 다음과 같이 지적한다. "중국이 요구하는 조건에 따라, 그 조건에 따르는 온갖 제약을 감수하면서까지 공자학원을 유치하는 대학들은 학문 추구의 원칙을 저버리고라도 중국과 우호적인 관계를 구축할 의향이 있고 중국 대학과 기업들과의 관계에는 서구 진영의 정상적인 적법 절차가 적용되지 않는다는 뜻을 내비치는 셈이 된다."[15]

미국에서는 보수 성향의 전국 학자 협회가 2017년 공자학원에 대한 철저한 검토 보고서를 의뢰해 발표했다.[16] 이 보고서에 따르면, 공자학원과 관련된 많은 교수들이 "공자학원의 간부들과 공자학원과 관련된 대학 행정 당국자들의 눈 밖에 나지 않아야 한다는 엄청난 압박"을 느낀다.'[17] 공자학원의 이사회는 보통 통일 전선 기구들과 밀접하게 관련된 사람들이 포함된다.[18] 통일전선공작부 웹 사이트에 게재되는 글들을 보면 공자학원을 이용해 통일 전선 공작을 실행하는 방법들을 논하고 있다.[19] 전국 학자 협회가 발표한 보고서는 공자학원 폐쇄를 요구했다. 공자학원 일부는 첩보 활동을 했다는 믿을 만한 보고서들도 제시되었다.[20]

공자학원이 학문의 자유, 표현의 자유. 그 밖의 여러 개인의 권리를 침해한 사례들이 많은 나라들에서 보고되었다. 가장 어처구니없는 사례로 손꼽히는 사건이 2014년 포르투갈에서 열린 유럽 중국학 협회 연례 회의에서 일어났다. 이 회의는 한반과 타이완의 장징궈국제학술교류기금회蔣經國國際學術交流基金會가 후원했다. 회의 일정에 이 장징궈국제학술교류기금회를 비롯한 여러 타이완 기관들이 언급되었다는 데 불만을 품은 한반 총재 쉬린許琳은 회의 일정을 소개하는 책자를 모두 수거하라고 지시를 내리고 책자에서 못마땅한 부분을 찢어냈다.[21] 이 사건은 회의 참석자들을 경악하게 했지만 유럽에서 한반이나 공자학원은 응분의 대가를 치르지 않았다.

검열은 공자학원이 후원하는 다른 업무에서도 일어난다. 타이완, 티베트, 톈안먼 이 세 가지 주제는 공자학원에서 하는 토론에서 반드시 제외된다.[22] 언론인 이자벨 힐튼Isabel Hilton은 공자학원이 후원해서 출간된 책에 수록된 자신의 글 일부가 삭제된 것을 발견했다. 삭제된 부분은 중국 환경 운동가와 관련된 내용이었다.[23]

공자학원은 행사를 취소시키는 막후 로비 활동에도 관여해 왔다. 2018년 멜버른에서 공자학원을 비판하는 다큐멘터리 시사회가 취소되었다. 시사회를 위해 극장을 대여한 행사 주최자인 빅토리아 대학교가 취소한 것이다.[24] 대학교 측은 학내 공자학원 소장 콜린 클라크Colin Clark로부터 사전 경고를 받았고, 중국 영사관이 압박을 가하자 항복했다. 영화 홍보 담당자가 대학교에 접촉해 이유를 묻자 극장 측이 해당 상영관을 두 군데 이중으로 대여를 했고 다른 상영관이 없었다고 거짓말로 둘러댔다. 시사회 당일 대여 가능한 텅 빈 상영관이 허다했다. 공자학원을 유치한 대학을 상대로 공자학원이 정치적 영향력을 행사한다는 내용의 다큐멘터리의 시사회를 공자학원을 유치한 대학을 상대로 정치적 영향력을 행사해 취소시키다니 참으로 공교로웠다. 빅토리아 대학교의 행동 강령에 따르면, 대학은 "독립적인 학습과 사상의 전당으로서 서로 생각을 제시하고 자신의 합리적인 견해를 자유롭게 표명하는 동시에 다른 사람들을 존중하라고 되어 있다."[25]

2013년 명문 시드니 대학교는 공자학원으로부터 받는 재정 지원을 포함해서 중국과의 관계가 훼손될까 봐 달라이라마의 방문을 취소했다는 비난을 받았다.[26] 시드니 대학교가 행사를 학교 밖에서 치르게 하고 대학의 로고도 사용하지 못하게 한 후 부총장 마이클 스펜스Michael Spence는 "대학 전체의 연구원들을 위해서 내린 최선의 결정"이었다고 말했다.[27] 5년 후 스펜서는 중국 공산당이 호주에서 영향 공작을 한다는 정부 발표나 언론 매체의 보도는 "중국을 혐오하는 헛소리"에 불과하다고 말했고, 이듬해에는 중국 공산당의 영향 공작에 대해 우려를 표명하는 이들이 '백호주의 정책'으로 되돌아가고 싶어 한다고 매도했다.[28]

호주의 대학들은 앞서 말한 타이완, 티베트, 텐안먼 등 3대 금기를 포함해 중국 정치에 대한 그 어떤 토론도 금지하면서도 부분적으로 미국이 재정적 지원을 하는 미국 연구 센터들을 외국의 영향을 투명하게 밝혀야 한다는 새로운 정책의 적용 대상으로 삼는 반면, 공자학원은 일대일로창의의 이점을 찬양하는 세미나를 열고 중국 공산당의 이념이 결정하는 '문화'를 가르치는데도 '정치를 논하지 않기 때문에' 동일한 정책의 적용 대상으로 지정할 필요를 느끼지 못하는 괴상망측한 상황에 놓이게 되었다.[29]

공자학원의 계약에는 공자학원을 유치하는 국가에서 불법인 조항이나 이들을 유치한 대학교가 추구하는 가치와 상충되는 조항이 포함된 경우도 있었다. 예컨대, 공자학원은 중국 법에 저촉되는 그 어떤 행동에도 관여하지 않아도 된다고 명시하고 있는데 이는 '국가의 결속력을 저해하고' '국가 안보를 위험에 빠뜨리는' 애매모호하고 전천후로 적용되는 법도 포함한다고 해석될 수 있다.[30] 캐나다 맥매스터 대학교의 공자학원은 소속 직원들에게 파룬궁을 금지한다고 명시했다. 이는 서구 민주주의 국가에서는 불법인 일종의 차별이다. 맥매스터 대학교는 이 조항을 삭제하는 데 실패하자 공자학원을 폐쇄했다. 이 문제가 얼마나 만연해 있는지 파악하기는 어렵다. 공자학원을 유치하는 협정 조건들은 보통 비공개이기 때문이다. 에든버러 대학교는 계약서에 차별적 소지가 있는 조항들이 있는지 알아보기 위해 계약서 관련 정보를 제공해 달라는 요청을 받았지만 비공개라는 이유를 들어 요청을 거부했다.[31]

공자학원은 투명성이나 그들을 유치한 대학에 간섭하는 정도가 천차만별이다. 대학의 규모가 크고 영향력이 많은 대학이 규모가 상대적으로 작거나 지명도가 떨어지는 대학보다 협상력이 더 강하다. 스탠포드 대학교에서 공자학원을 유치하기 위한 협정을 협상할 때 중국 측은 티베트 같이 민감한 사안들에 대한 논의를 완전히 배제하려고 했다. 스탠포드 측이 이를 거절하자 한반은 꼬리를 내렸다.[32] 공자학원을 유치하기로 합의하는 명문 대학교들이 그러한 합의에 정당성을 부여하면 공자학원 측은 이를 힘없는 대학들을 상대로 압력을 행사할 때 이용한다는 사실을 명심해야 한다.

직접적인 압력

중국 대사관과 영사관은 서구 진영 대학들에 직접 간섭하기 일쑤다. 2018년 스페인의 살라만카 대학교는 타이완 문화 주간 행사를 취소했다. 타이완 대표부 대표에게 '대사'라는 호칭을 썼다고 중국 대사관이 항의했기 때문이다. 중국 대사관은 중국이 그 행사에 '동의'하지 않는다는 의사를 분명히 했다.[33] 헝가리에서는 드브레첸 대학교에서 세계 음식의 날 행사가 시작되기 몇 시간 전에 중국 대사관이 타이완 학생들을 행사에 참여하지 못하게 하라는 압력을 넣었다.[34] 그리고 2019년 4월 브뤼셀 자유 대학교 중국학과에서 신장성의 악명 높은 '재교육 수용소'에 억류되었던 카자흐스탄 국적자와 행사를 기획하자, 중국 대사관이 행사 주최 측과 참석 예정인 이들에게 서한을 보내 참석하지 말라고 종용했다. 이 행사는 계획대로 진행되었지만 보안을 강화했다.[35]

핑계로 보이는 명분을 대면서 행사를 취소하는 경우도 있다. 2014년 한 아이비리그 대학교의 교수가 홍콩의 우산 시위에 대한 행사를 열자고 했으나 "학술적 기준에 못 미친다."는 이유로 거절당했다. 이 학교는 사회 운동가들을 초청하는 행사를 종종 했었는데도 말이다.[36] 행정 당국자는 이 교수에게 대학의 동아시아 관계의 '복잡한 사정'을 이해하기 바란다고 말했다.

중국인 학생들도 대학가에 압력을 가하는 또 다른 주체다. 2015년 통일 전선 공작 회의에서 시진핑은 해외에 있는 중국인 유학생들을 통일 전선 공작의 '새로운 3대 중점 세력'으로 규정했다.[37] 중국 공산당은 중국인 해외 유학생들이 서구 이념으로 '오염'되지 않도록 하기 위해 그들이 당 노선을 벗어나지 못하게 하는 광범위한 노력을 기울이고 있다. 대부분의 유학생들은 중국학생학자연합회를 통해 느슨하게나마 조직화되어 있다(212쪽 조직도 참조). 이 연합회 일부 지부들은 해당 지역 중국 대사관이나 영사관이 승인하고 대사관이나 영사관에 등록되어 있으며 심지어 보조금까지 받는다고 웹사이트에 버젓이 드러내고 있다. 중국학생학자연합회 영국 지부는 "주영 중국 대사관의 교육부로부터 지침을 받는" 공식 기관이라고 자임하고 있다.[38] 보스턴 대학교의 중국학생학자연합회는 뉴욕 주재 중국 영사관에 등록되어 있고, 밴더빌트 대학교 내의 연합회는 중국 대사관으로부터 '보조금과 지원'을 받는다고 주장한다.[39] 미국과 영국 내의 중국인 유학생들이 대학교 내에 당 세포 조직을 구축하기까지 한 대학교들도 있다.[40]

중국학생학자연합회가 어느 정도나 중국의 조종을 받는지에 대해 갑론을박이 있다. 이 연합회의 활동은 대부분 교류 행사와 학생들의 지원을 중심으로 이루어지지만, 이 연합회가 중국 공산당과 중국 정부와 연결되어 있기는 하다. 일부는 중국 대사관으로부터 재정 지원을 받는다.[41] 협회 당직자들은 보통 중국 공산당에 충성을 맹세하고 해당 지역 대사관이나 영사관과 주기적으로 연락한다. 중국 유학생들이 대학가에서 중국 지도자들의 방문 기간 동안 '애국적인 지지'를 표시하고 중국 공산당이 적대적이라고 간주하는 활동들에 맞서기 위해 동원되는 경로는 바로 중국학생학자연합회를 통해서다. 2016년 중국 정부는 네덜란드에 있는 중국 유학생들과 학자들에게 남중국해 문제에 대한 중국의 입장에 대해 지지를 표명하라고 압력을 가했다.[42] 2019년 캐나다, 호주, 영국에서 중국인 유학생들이 홍콩 민주화 시위대에 대해 공개적으로 지지를 표명하는 학생들을 때로는 공격적이고 위협적인 방식으로 상대했다. 퀸즐랜드 대학교에서는 홍콩을 지지하는 한 학생이 폭행을 당했다. 그 다음 날 중국 총영사는 중국인 유학생들의 애국적인 행동을 칭찬하는 성명서를 발표해 호주 외무 장관의 질타를 받았다.[43]

토론토 대학교 학생들이 학생회 회장으로 티베트계 캐나다인 케미 라모를 선출하자 그녀는 학내 중국인 유학생들로부터 살해와 강간 협박을 받는 등 심각하게 괴롭힘을 당했는데, 이는 중국 외교관들이 사주했을 가능성이 있다.[44] 온라인 서명 운동 사이트인 Change.org에는 그녀의 친 티베트 운동을 "중국의 역사와 중국의 법과 중국 학생들의 권리에 명백히 반하는" 행동이며 중국의 2005년 분리 독립 금지법에 따라 중국 인민은 모두 케미 라모의 행동에 반대하는 시위를 해야 한다는 주장이 게시되었다.[45]

이러한 활동은 학생들이 독자적으로 조직화하기도 하지만 중국 대사관과 영사관이 주도하거나 뒤에서 조율하는 경우도 있다. 맥매스터 대학교 중국인 학생들은 위구르족 사회 운동가 루키에 투르두쉬의 강연이 예정되어 있다고 중국 대사관에 보고했고 강연에서 찍은 사진을 대사관에 보냈다. 〈워싱턴 포스트〉는 이 사건과 관련해 위챗에서 오고간 메시지들을 일부 검토한 후 이를 "서구 대학가에서 중국인 유학생들이 점점 세를 확장하고 조직화하는 생생한 사례"라고 일컬었다.[46] 맥매스터 대학교는 그 사건이 일어난 후 중국 학생학자연합회의 학생 동아리 지위를 박탈했다.[47]

맥매스터 대학의 중국인 학생들이 대사관 관리들의 사주를 받고 이 행사를 조직하는 데 관여한 중국인 학생이 있는지 알아본 것도 문제지만[48] 더 심각한 우려 사항은 중국 유학생들이 자발적으로 서로를 감시하는 행태다. 심지어 강의 시간에도 말이다. 최근 발표된 연구에 따르면 미국 전역에서 교수들이 자기가 가르치는 중국인 유학생들이 서로에 대해 밀고를 하는 것으로 추측한다. 자신이 탄압받는다고 걱정하면서 직접 교수를 접촉해 호소하는 학생도 있다고 한다.[49] 라이덴 아시아 센터가 조사를 위해 인터뷰한 유럽 학자들도 비슷한 우려를 표명했다.[50] 호주 국립 대학교에서는 한 중국인 유학생이 강의 시간에 한 발언을 누군가 대사관에 신고했고 중국 국가안전부 관리가 중국에 있는 그녀의 부모 집에 찾아와 딸의 행동에 대해 경고를 했다. 그녀가 그 발언을 하고 겨우 두 시간 후에 국가안전부 관리가 그녀 부모 집을 찾아 왔다.[51]

자기 검열

중국 입국이 수차례 금지되었던 페리 링크Perry Link가 2002년에 발표해 수없이 인용되는 글에서 그는 중국 공산당을 "샹들리에에 숨어 있는 아나콘다"에 비유하면서 다음과 같이 말했다. "거대한 뱀은 보통 움직이지 않는다. 움직일 필요가 없다. 금기 사항이 뭔지 분명히 밝힐 필요도 없다. 침묵을 통해 '너 스스로 결정해'라는 메시지를 일관적으로 보내면, 대개의 경우 그 그늘에 놓인 이는 누구든 크고 작은 여러 가지 방식으로 자기 행동을 조정한다. 아주 자연스럽게."[52]

링크는 주로 거대한 뱀이 중국인 학자들에게 미치는 영향에 대해 논하고 있지만 이러한 영향은 해외에서도 감지되기 시작하고 있다고 주장한다. 오늘날 이 아나콘다는 서구 진영에 있는 중국인 학자들 위에 그림자를 드리우면서 많은 이들이 '자연스럽게' 글과 말을 조정하고 있다. 연구하려면 계속 중국에 접근해야 하므로 눈치를 보는 이들도 있다. 중국인 협력자들에 대한 예의 차원이라고 생각하는 이들도 있다. 아니면 자기가 접촉하는 대상이나 정보원을 보호하고 싶어서이기도 하다.[53] 2018년 한 학술 연구에 따르면, 인터뷰 대상인 500명 가운데 68퍼센트가 중국인 학자들 사이에 자기 검열이 문제라고 답했다.[54]

이 주제는 격렬한 반응을 불러일으키는 민감한 문제다. 서구 진영의 학자들은 자신의 지적인 독립을 자랑스럽게 과시하는 경향이 있고 자기 검열한다고 시인하는 이는 거의 없다. 많은 학자들이 자기는 자기 검열 하지 않지만 다른 학자들은 자기 검열한다고 주장하지만 말이다. 중국이 미국 대학가에 미치는 정치적 영향에 대한 연구에서 아나스타샤 로이드-다냐노비치는 다음과 같이 말한다.

> "비공개로 인터뷰에 응하겠다고, 즉 자기가 전달한 정보는 연구 보고서에 넣지 않는다는 조건하에 인터뷰에 응하겠다고 한 이들도 있다는 점은 시사하는 바가 크다. 한 교수는 자신의 휴대 전화기가 감청될 우려가 있다며 호텔 유선 전화를 쓸 수 있을 때 인터뷰를 해야 한다고 고집했다. 많은 학자들이 중화인민공화국 정부가 보복하거나 미국의 일부 사회적인 진보주의자들이 중화인민공화국에 대한 비판을 '인종 차별'로 인식할까 봐 두려워서 이 연구에서 신분이 공개될까 봐 우려를 표했다. 자기 검열을 하지 않는다고 주장한 응답자들도 마찬가지였다."[55]

페리 링크가 지적한 바와 같이, 중국 공산당이 민감하게 여기는 모든 사안들, 즉 티베트, 톈안먼, 타이완, 신장성 위구르 자치주, 당 최고 지도자들의 가족들이 축적한 부 등을 논의 대상에서 빼면 "중국의 전체 모습은 실제보다 작아 보이고 그 속성도 전혀 달라진다."[56] 중국에 대한 정보를 얻을 다른 정보원이 별로 없거나 전혀 없는 곳에서는 중국의 실상이 특히 더 왜곡된다.

언론인들을 대상으로 하는 경우와 마찬가지로 학자들, 특히 자기 밥벌이가 중국에 대한 접근여부에 달려 있는 이들을 중국의 노선에서 이탈하지 못하게 만드는 가장 효과적인 수단으로 비자가 손꼽힌다.[57] 자기 전문성을 축적하는 데 수십 년을 바친 학자들은 중국에 대한 접근이 거부되면 경력을 쌓는 데 방해된다. 정교수 직책이 아닌 젊은 학자들과 중국에 가족이 있는 이들은 특히 중국 공산당의 압력에 취약하다.[58]

비자 발급 거부보다 더 흔한 수법이 비자 발급 신청을 받고 질질 끄는 방법이다. 비자 신청자는 비자 발급 신청서에 중국으로 가는 비행 편 날짜를 기입해야 하는데 영사관 관리들이 그 날짜 전에 비자 발급 여부를 통보해 주지 않으면 그만이다.[59] 노골적으로 블랙리스트에 올려놓은 이들도 있지만, 더 많은 학자들이 비자 발급도 거부도 아닌 어정쩡하고 불확실한 상태에 놓이게 된다. 설상가상으로 비자 발급을 거부당한 사람들은 거의 발설하지 않기 때문에 이러한 관행이 어느 정도인지 가늠하기가 어렵다.

2018년 초 호주에서 중국 공산당의 영향과 간섭에 대한 갑론을박이 절정에 달하자, 70여 명의 중국인 학자들은 이러한 논의는 '선정주의적'이고 반중 인종 차별주의의 오랜 역사를 보여 주는 또 하나의 증거라고 주장하는 공개서한에 서명했다.[60] 이 학자들은 중국이 호주에서 간섭을 한다는 "아무런 증거를 보지 못했다."고 주장했다. 정반대임을 입증하는 증거들이 널리 보도되었는데도 말이다. 3장에서 언급한 미국 학자들의 사례와 마찬가지로 호주 학자들은 중국 공산당의 잘못이 아니라 자기 나라의 도덕적 흠결 탓으로 책임을 전가하고 있다. 그런 흠결은 분명히 존재하지만 중국 공산당의 작용을 무시한다면 서구 진영의 학계가 내세우는 진실 추구라는 사명을 거역하는 셈이다. 〈환구시보〉는 호주 학자들의 공개서한을 환영하면서 중국 공산당의 영향에 대한 논쟁은 인종 간의 반목이라는 '불에 부채질을 할 뿐'이라며 논의를 중단해야 한다고 주장했다.[61]

재정적 의존

어떤 결과로 이어지든 관계없이 진실을 좇는 서구 학문의 자유 전통은 늘 금전에 의한 타락의 위험에 직면해 왔다. 최근에는 중국의 돈을 좇다가 타락하는 사례들이 생겼다. 런던 정경 대학교의 크리스토퍼 휴즈Christopher Hughes는 '기업 대학' 모델이 그 한 가지 문제라고 지적한다.[62] 대학교가 수익을 올리기 위해서 중국의 대학교와 연구 프로젝트를 진행하거나 중국인 유학생들이 내는 학비에 재정적으로 의존하게 되면, 중국과 원만한 관계를 유지하려는 구조적인 유인책이 조성된다. 의사 결정권이 학교 당국에 집중되어 있으면 개별적인 연구자들은 학교 당국이 연구에 개입하려는 시도에 맞설 수도 중국의 기관과 윤리적으로 미심쩍은 협력을 차단할 수도 없다.[63] 휴즈는 "뭔가 민감한 문제를 제기하거나 민감한 사안에 대한 연구를 하면 재정 관리 담당자들이 매우 달갑지 않게 생각한다. 내가 직접 겪었고 내 동료 학자들이 자기 의견을 표명했다는 이유로 주변부로 밀려나거나 그들에게 조용히 불려가 '분란을 그만 일

으키라.'는 충고를 받았다."고 전했다.[64]

많은 대학들이 중국인 유학생들 덕분에 짭짤한 수익을 올렸다. 특히 정부가 교육 재정 지원을 삭감하면서 더더욱 그랬다. 2018년에 미국 대학에 유학하는 중국인 유학생이 36만 명 이상이었고[65] 캐나다의 경우 14만 명이 넘었다.[66] 영국의 경우 10만 명 이상이 등록되어 있고 중국인 유학생이 외국인 유학생들 가운데 가장 높은 비율을 차지한다.[67] 호주에서는 2018년 15만 명 이상의 중국인 유학생이 등록했고,[68] 중국인 유학생의 학비에 대한 재정 의존도가 다른 나라보다 월등히 높다.

중국인 학부모들은 자녀를 해외 최고 명문 대학교에 보내려 하고 대학 순위를 매긴 표를 열렬히 탐독한다. 서구 진영의 명문 대학교들이 중국 유학생 학비에 재정적으로 의존하게 되면 중국 대사관이나 영사관의 압력에 훨씬 더 민감해지게 된다. 중국 정부는 서구 진영의 대학들을 맘대로 휘두르려고 툭하면 돈줄을 끊겠다는 협박을 해 왔다. 협박 사례가 공개되는 경우가 거의 없을 뿐이다. 이러한 사례가 공개되면 대학 행정 당국자들은 심각하게 체면을 잃게 된다. 협박에 굴하게 되면 원칙을 저버렸다고 혹독한 비판을 받게 되기 때문이다. 간혹 공개되는 경우도 있다. 2017년 달라이라마가 샌디에이고에 있는 캘리포니아 대학교를 방문한 후 중국 정부는 그곳에서 연구하려는 중국인 학자들에 대한 자금 지원을 중단하겠다고 통보했다.[69]

중국에서의 연구 제휴, 학술 교류 협정, 연수 과정도 협상용 수단으로 이용된다. 중국과 이런 관계를 수십 개 맺고 있는 일부 대학들은 중국의 기관들 및 개인들과의 학맥과 인맥을 탄탄히 구축하면 직업적으로 성공한 것으로 간주한다. 고위급 인사들 연수 과정은 서구 진영의 대학들에게 중요한 수입원이 되었다. 케임브리지 대학교는 중국 고위급 지도자 과정을 열고 있는데, 중국 공산당의 막강한 조직 부서와 국무원의 중국 발전 연구 기금회가 공동 후원하고 있다. 이는 중국 공산당이 선정한 국유 기업 간부들이 케임브리지에서 3주 동안 받는 연수 과정이다. 이러한 연수 프로그램은 중국이 압박을 가할 수 있는 또 하나의 약점이 된다. 메릴랜드 대학교의 고위급 연수 과정은 2013년 달라이라마가 교내에서 연설을 한 후 중단되었다고 알려졌고, 2017년 양수핑楊舒平이 졸업식에서 표현의 자유와 민주주의를 옹호하는 내용이 포함된 연설을 한 후에 또 다시 중단되었다.[70] 서구 진영의 수많은 대학 지도자들은 그들이 학문의 자유를 수호하지 않는다는 사실을 행동으로 보여 주었고 그게 뭔지 제대로 알지 못하는 이들도 많다. 대학 행정 담당자가 중국의 압박에 굴복하는 사례는 수없이 많다. 그들은 "우려는 이해하지만 상황이 복잡하다." 혹은 "대학 측은 우리 교수진의 학문의 자유 보호와 대학이 추구하는 다른 목표들 간에 균형을 유지해야 한다." 등과 같은 변명을 늘어놓는다. 학문의 자유 원칙은 대학들이 이를 적극적으로 보호할 의지가 없다면 아무런 가치가 없다.

중국학 재조정

중국 공산당이 세계 담론을 재조정하는 작업에서 반드시 표적으로 삼아야 할 대상은 중국학 분야 자체다. 앞서 살펴본 바와 같이 공자학원은 이러한 작업을 수행하는 하나의 경로이고, 2004년 중국 공산당에 동조적인 외국인 학자들을 육성하려고 선전 당국이 출범

시킨 세계중국학논단世界中國學論壇도 그러한 경로다.[71]

또 다른 경로는 젊은 중국학 학자들을 위한 3주짜리 연수 과정인데 중국 문화 관광부가 운영하는 이 과정은 〈텔레그래프〉의 웹 사이트 차이나워치ChinaWatch 섹션에 광고를 내고 있다.[72] 2019년 6월 이 연수 과정은 상하이 사회 과학원이 주관해 '외국인 학자들로 하여금 중국의 입장을 잘 전달하도록' 하고 있다.[73] 중국 정부는 중부와 동부 유럽에서 학생들을 유치하기 위해 특별 장학금 제도도 운영하고 있다.[74] 이 목표는 즉시 결실을 맺지는 않지만 이러한 나라들에서 차세대 중국 전문가들이 중국 공산당에 대해 긍정적인 인식을 지니도록 해 준다.

중국이 중국학 학자들에게 금전적 보상을 해 주고 중국을 홍보하게 하는 경우도 있다. 미국 정치학자 에드워드 프리드먼Edward Friedman에 따르면, 2000년대 초 중국 외교부 관리가 그에게 접근해 중국이 외교에서 성공하고 있다는 책을 써 주면 2만 5000달러를 주겠다는 제안을 했다.[75] 그는 그 제안을 거절했다. 오늘날 중국 정부가 제공하는 '외국인사작중국계획外國人寫作中國計劃'은 "외국인 중국학 학자, 작가, 언론 매체 종사자, 학자, 저명한 공인" 등에게 중국 내 출판사들의 초청으로 "중국의 목소리를 전파할" 책을 저술하게 하고 재정적 지원을 한다.[76]

2011년경 중국 전 총리 원자바오의 딸 원뤼춘溫如春이 정체가 미심쩍은 자신의 총화 재단을 통해 케임브리지 대학교에 교수직 자리를 만들어 370만 파운드를 기부했다. 최초로 총화 교수로 선정된 피터 놀런Peter Nolan은 과거에 원뤼춘을 가르쳤고 그녀의 남편과 함께 책을 공동 저술했다.[77] 대학 측은 이 직책을 맡을 학자를 공식적인 임명 절차를 거치지 않고 임명한 게 분명하다. 케임브리지에 근무했던 학자 타라크 바르카위Tarak Barkawi는 "놀런은 중국 정부와 아주 가까운 관계이고 이 기부금을 유치하는 데 핵심적인 역할을 한 것으로 보인다."고 말했다.[78] 놀런은 더 이상 총화 교수직을 보유하고 있지는 않지만 여전히 케임브리지 대학교에서 발전 연구 센터 소장과 중국 고위급 지도자 연수 과정을 책임지고 있다.[79] 그는 48그룹 클럽 회원이다.

2017년 존스 홉킨스 대학교 국제학 대학원은 홍콩 행정 장관을 지낸 동젠화의 이름을 따 C.H.동 교수 직책을 신설했다고 발표했다. 신설된 교수직을 맡는 이는 태평양 공동체 구상이라는 연구 프로그램의 소장도 맡게 되었다. 교수직과 연구 프로그램은 부분적으로 2008년 동젠화가 홍콩에 설립한 조직인 중미교류기금회가 자금을 지원한다.[80] 앞서 살펴본 바와 같이 동젠화는 중국 공산당의 중요한 영향 공작 기구의 하나인 중국인민정치협상회의 부의장이자 고위급 당 운동가다. 2018년 텍사스 대학교 오스틴 캠퍼스는 중미교류기금회로부터 학내의 중국 공공 정책 센터에 기부를 하겠다는 제안을 받았고 일부 교수진은 이 제안을 지지했지만 학교 당국은 이 재단이 중국 공산당과 연관이 있다는 이유를 들어 거절했다.[81]

2019년 〈파이낸셜 타임스〉는 런던 정경 대학교가 벤처 투자자이자 중국 공산당의 열렬한 지지자인 에릭 X. 리Eric X. Li로부터 자금을 지원받아 중국 프로그램을 신설할 계획이라고 보도했다. 이 프로그램은 중국의 자문단의 감독을 받을 예정이었는데, 교수진의 반발로 취소되었다.[82]

대학 협력

중국에 분교를 개설하는 방법은 서구 진영의 대학교들이 자기 학교를 국제화하는 동시에 새로운 수익원을 창출하는 방편으로 널리 확산됐다. 지금의 분교 개설 물결이 일기 훨씬 전 가장 초창기에 추진된 게 1986년 존스 홉킨스 대학교와 난징 대학이 공동으로 설립한 홉킨스-난징 센터다. 1995년 중국 정부가 교육 분야의 협력을 권장하기 시작하면서 서구 진영의 몇몇 대학교가 합동 기관을 설립했다. 이러한 기관들은 중국 대학교에 본부를 설립하고 중국 대학교 내의 단과 대학처럼 기능했다.[83] 2003년 이후로 외국 대학교들은 중국 측이 51퍼센트 지분을 소유하는 조건으로 중국의 대학교와 합작투자를 통해 중국 내에 명실상부한 대학교를 개교하게 되었다.[84] 이 때문에 이러한 대학교는 중국 법을 따라야하는 중국 법인이 되고 학문의 자유와 관련한 규정들도 모두 중국 규정들을 따라야 한다.[85]

뉴욕 대학교(NYU-상하이), 듀크 대학교(듀크-쿤산崑山), 노팅엄 대학교(노팅엄-닝보寧波), 리버풀 대학교(교통交通-리버풀 대학교), 캘리포니아 대학교 버클리 캠퍼스(칭화清華-버클리 선전深圳 연구소) 등을 비롯해 몇몇 명문 대학교들도 이러한 조건을 받아들였다. 케임브리지 대학교 같이 현재 협상을 진행하고 있는 대학교들도 있다.[86] 이따금 100퍼센트 미국 측이 소유한 대학교가 중국에서 개교하도록 허락을 받는 경우가 있다. 본래 포트 헤이즈 주립 대학과 정저우鄭州 대학교가 1998년 합동으로 추진해 설립한 서아사국제학원西亞斯國際學院이 그 한 사례다.[87] 2000개가 넘는 각종 형태의 대학 제휴 기관들이 현재 중국에서 운영되고 있다.[88]

외국이 소유하는 대학교와 부분적으로 외국이 소유하는 대학교들의 설립을 지지하는 이들은 이러한 대학교들을 중국에서 드물게 학문의 자유가 가능한 영역으로 내세워 왔지만, 학문의 자유에 대한 제약을 비롯해서 여러 가지 문제들을 안고 있다. 2010년 한 미국인 학생이 홉킨스-난징 센터에서 최초로 학술지를 출범시키려고 하자 행정 당국자들은 학교 외부에서 학술지를 배포하지 못하게 했다. 학문의 자유는 강의실에 국한된다는 이유에서다. 학술지에 관여하는 대부분의 중국인 학생들은 자기 이름을 삭제해 달라고 요청했고 한 학생은 기고한 글을 철회하라는 압박을 받았다.[89]

2018년 노팅엄-닝보 대학교는 2017년 제 19차 전국 인민 대표대회의 결과를 비판하는 글을 쓴 스티븐 모건Stephen Morgan을 부학장 직위에서 해제했다.[90] 2019년 뉴욕 대학교-상하이에서 가을 학기가 시작되자 대학 내에서 다루면 안 되는 한 가지 주제는 홍콩 시위였다. 한 교수는 "우리는 대부분 날씨 얘기를 할 때조차 말조심한다."라고 말한 것으로 알려졌다.[91] 뉴욕에 있는 뉴욕 대학교 본교에서 가르치는 레베카 칼Rebecca Karl 교수는 상하이 캠퍼스에서 요주의 인물 명단에 올랐다. 그녀는 "뉴욕의 동료 교수들 여러 명으로부터 '상하이 출신 동료들의 감정을 상하게 할까 우려스럽다.'면서 홍콩 시위에 대한 공개 토론을 마련하지 말라는 압력을 받았다." 칼 교수는 뉴욕 대학교가 상하이 분교에서 학문의 자유를 보장하지 않는다고 말했다. "너무 많은 이해가 걸려 있기 때문이다."[92]

서구 진영의 대학 행정 당국은 중국에 분교를 설립하기로 함으로써 학문의 자유 원칙을 포기하는 데 동의하는 셈이라는 사실을 알고 있다. 2011년 뉴욕 대학교 총장 존 섹스턴John Sexton은 블룸버그 뉴스에게 "신설되는 상하이 분교의 학생과 교수들이 정부 지도자들이나 정책을 비판하고도 아무렇지 않으리라고 생각한다면 오산이다. 학문의 자유와 정치적 표현의 자유를 별개로 구분하는 데 전혀 문제가 없다."라고 말한 것으로 전해진다.[93]

2017년에 도입된 새로운 규정은 중국 대학가에서 이념적인 제약을 점점 강화하는 추세를 반영하고 있다. 이 조치에 따르면 합작 투자 대학교는 당 위원회를 설치하거나 당 서기를 임명해야 한다.[94] 〈파이낸셜 타임스〉에 따르면, 대학 행정 당국자들은 중국으로부터 이러한 새로운 규정을 명시한 문건을 받지 않고 구두로 브리핑만 받았다.[95] 2018년 네덜란드에 있는 흐로닝언 대학교는, 중국 공산당 관리가 모든 외국계 대학교의 이사회에 포함되어야 한다고 중국 정부가 발표한 후, 옌타이煙臺 캠퍼스에서 학위를 수여하기로 한 협정을 취소했다.(이 협정식에는 시진핑과 네덜란드 왕이 참석했었다). 대학 교정의 상당 부분이 이미 건설된 뒤였다.[96]

흐로닝언은 중국 공산당의 요구에 항복하는 서구 진영의 다른 대학들과는 다른 반응을 보였다. 거의 모든 합작 투자 형태의 대학교들은 중국어 웹 사이트뿐만 아니라 자국어 웹 사이트에도 당 서기를 소개해 놓고 있지만, 중국어 웹 사이트만 '당건공작党建工作' 활동과 '당의 대중 관계'에 대한 정보를 제공한다. 이러한 활동은 시진핑 사상, 중국 공산당 강령, 가장 최근에 당이 발표한 문건과 선전 문구 등에 대한 '이론 학습회'도 포함된다.[97] 리즈Leeds 대학교 중국 분교에서의 당건공작 활동은 '이념 공작을 잘 수행할' 중국 직원을 훈련시키는 활동도 포함된다.[98] 포트헤이즈 주립 대학교의 중국 분교인 시아쓰국제학원도 당-구축 활동에서 자유롭지 못하다. 이 학교에서는 중국 공산당 창당 98주년을 계기로 중국인 직원들이 당에 대한 충성을 거듭 다짐했다.[99] 이런 정책의 영향을 받는 이들은 중국인 직원과 당원뿐만이 아니다. 뉴욕 대학교 상하이 분교에 다니는 중국인 학생들도 마오쩌둥의 사상과 '정치 연구' 필수 과목들을 반드시 수강해야 한다.[100]

일부 합작 투자 대학교들은 현지에서 교직원을 채용하는데, 이는 외국인 교직원의 고용주가 외국 대학교가 아니라 중국 정부라는 뜻이다. 뉴욕 대학교 상하이 분교와 듀크 대학교 쿤산 분교는 수년 전 말없이 이러한 구조로 전환했다고 알려졌다.[101](듀크 대학교의 설립 취지문에 "자유롭고 개방된 탐구에 매진하는 지적인 환경을 증진"한다고 되어 있다.)[102] 미국 뉴저지에 있는 공립 대학교 킨 주립 대학교의 중국 원저우溫州 분교에서는 현지 채용으로 전환하려 했다가 이를 눈치 챈 대학교 노조가 반발해 역풍을 맞았다.[103] 원저우-킨 분교는 구인 공고를 낼 때 중국 공산당 당원인 응모자는 우대하겠다고 했다.[104] 여느 합작 투자와 마찬가지로 원저우-킨 대학교에는 당 서기가 있고, 당 서기는 대학을 총괄하는 이사장도 맡고 있다.[105] 일대일로와 같은 중국 공산당의 정책 구상을 노골적으로 선전하는 일부 합작 투자 교육기관도 있다. 2018년 프랑스 엠리용 경영 대학원은 화둥사범대학華東師範大學과 함께 상하이에 아시아 유럽 경영 대학원을 설립했다. 이 학교 웹 사이트에 따르면 "일대일로 기업인들"을 육성하는 게 설립 취지다.[106] 프랑스 정부는 일대일로창의 참여를 거부했지만, 엠리용 경영 대학원은 일대일로창의를 열렬히 찬양하는 이들을 육성해 프랑스로 보내고 있다.

일단 협력 협정을 체결하고 나면 이를 파기하는 서구 진영 대학은 거의 없다. 예외적인 사례가 2018년에 일어났다. 코넬 대학교의 산업 노동관계 대학원이 인민 대학 노동 인력 대학원과 경영 대학원 등 두 대학원과 맺은 협력 관계를 청산했다. 인민 대학에서 사회운동에 관여한 중국인 학생들이 납치된 사건으로 촉발된 결정이지만 중국에서 연구 분위기가 심각하게 훼손된다는 우려가 점증하고 있었던 까닭도 있다. 코넬의 산업 노동관계 대학원 원장 일라이 프리드먼Eli Friedman은 직접 이러한 교류 관계를 청산하는 결정을 내리면서 다음과 같이 말했다. "외국 기관들은 중국에서 교육 기관들을 관여시키고 조용한 외교를 진행하면 결국 학문의 자유, 특히 정치적 자유가 확장되리라고 기대해 왔다. 하지만 정반대 현상이 점점 빈번해지고 있는 게 분명하다. 우리가 코넬 산업 노동관계 대학원에서 취한 조치가 효과적일지 여부는 알 수 없지만 수수방관할 수는 없었다."[107]

거꾸로 중국이 해외에 분교를 설치하는 경우도 있다. 2013년 푸단 대학復旦大學은 "중국의 발전을 더욱 세심하고 균형 잡힌 시각으로 이해하려는 요구에 부응하기 위한 전략적 구상의 일환으로서" 코펜하겐 대학교에 푸단-유럽 중국 연구 센터를 설립했다. 이 센터가 연 주요 행사들 가운데는 중국의 입장을 선전하는 데 기여한 행사도 있다. 예컨대, "2016년 타이완 선거에서 차이잉원이 당선돼 양안 관계가 악화되고 있다."라든가 "미국이 개입하지만 않으면 타이완 문제는 없다."와 같은 주장 말이다.[108](2016년 코펜하겐 대학교는 미국에서 활동하는 학자들과 손잡고 전 세계적으로 협박과 구속 수감에 직면한 학자를 보호하는 조직을 만들었다. 그러나 이 대학은 지금까지 중국인 학자에게 피난처를 제공해 준 적이 없다.)

유럽에 본부를 둔 또 다른 기관은 중국의 인민 대학교, 쓰촨 대학교, 푸단 대학교와 브뤼셀 자유 대학교 간의 협력 투자로 2014년 문을 연 브뤼셀 중국-유럽 연구 학원이다. 이 학원은 브뤼셀 자유 대학교 내의 공자학원과 긴밀하게 협력한다.[109] 2019년 10월 이 공자학원 원장 쑹신닝宋新寧은 첩보 활동 혐의로 유럽 연합 지역 출입을 8년 동안 금지 당했다. 브뤼셀 자유 대학교는 벨기에 첩보 기관으로부터 경고를 받았지만 이를 묵살해 온 것으로 알려졌다. 쑹신닝은 '유럽 관료들을 양성하는 브뤼허 엘리트 학교'라고 불리는 칼리지 오브 유럽을 비롯해 유럽 전역의 싱크 탱크들과 탄탄한 인맥을 구축했다.[110]

2018년 베이징 대학교는 옥스퍼드 근처에 HSBC 경영 대학원 분교를 개교하고 초창기에 영국은행 HSBC로부터 지원을 받았다. 개교식에서 주영 중국 대사 류샤오밍은 이 분교가 "중국의 입장을 알리는" 발언대가 되어야한다고 강조했다.[111] 그해 말 포르투갈의 코임브라 대학교는 중국 사회 과학원 중국 연구 센터를 설립한다고 발표했다.[112]

학술 출판

중국 학술 논문의 번역은 중앙에서 기획하고 여러 프로그램을 통해서 재정적인 지원이 이루어진다. 2010년 중국의 국가 사회 과학 기금은 '중국 인문학과 사회 과학의 세계적 영향력을 증진시키기 위해' 번역 프로그램을 설치했다. 번역된 논문에 정당성을 부여하기 위해서 논문들은 '권위 있는 출판 기관'이 번역하고 해외의 '주요 배포 경로를 통해서' 확산시키기로 했다.[113] 중국의 출판 기관들에게 저명한 국제 출판 기관과 제휴를 모색하라고 권장한다는 뜻이고, 지금까지 상당히 성공을 거두어 왔다.

2017년 케임브리지 대학교 출판부는 중국 공산당의 입장에 대해 비판적인 논문을 실은 학술지 몇 개를 출판부가 중국 대학교들에 제공하는 학술지 모음집에서 제외하기로 결정했다가 학자들이 강력히 항의하자 결국 뒤로 물러섰다. 그러나 다른 출판 기관들은 눈에 띄지 않고 은밀히 중국에서 사용될 자료들을 검열하고 있다. 슈투트가르트에 본부를 둔 거대한 학술 출판 기관 스프링어 네이처 Springer Nature(〈사이언티픽 아메리칸Scientific American〉과 〈네이처Nature〉를 출판하는 기관)는 중국 당국으로 하여금 당 산하 기관이 중국 온라인 플랫폼에 게재할 논문을 결정하도록 허락하고 이는 중국에서 접속하는 콘텐츠의 1퍼센트(중국 공산당이 못마땅해 하는 1퍼센트)에만 영향을 미친다는 핑계를 대면서 검열을 정당화했다.[114] 이와 관련해 언론에 기사 몇 건 보도된 것 말고는 스프링어 네이처는 크게 역풍을 맞지 않았다. 스프링어 네이처가 발간하는 모든 인문 사회 과학 학술지들과 그 자회사인 팰그레이브 맥밀런Palgrave Macmillan에서 출간한 논문들에 대한 동료 학자들의 평가peer review를 보이콧하자는 서명 운동에 1200명이 서명을 했지만 말이다.[115] 하이델베르크 대학교가 발간하는 학술지 〈트랜스컬추럴 리서치Transcultural Research〉 편집자들은 스프링어 네이처의 위와 같은 결정에 대해 "용납할 수 없는 신뢰 위반"이라고 항의하면서 관계를 청산했다.[116]

중국 공산당은 루틀리지Routledge 출판사를 소유한 테일러 앤드 프랜시스Taylor & Francis에 대해서는 약간 다른 접근 방식을 택했다. 중국의 학술지 수입 당국은 개별적인 논문을 검열하지 않고 이 출판 그룹이 도서관에 묶음으로 제공하는 1466개 학술지 가운데 83

개를 제외시켰다.[117]

정확히 얼마나 많은 출판 기관과 학술지들이 중국 공산당의 검열을 받는지는 알려지지 않았다. 이러한 검열을 정당화하기 위해 출판 기관이 툭하면 내세우는 핑계는 세계에 배포되는 간행물이 아니라 오로지 중국에서 배포되는 간행물에만 영향을 미친다는 주장이다. 출판 기관들은 해당 지역 법을 준수해야 한다는 변명을 늘어놓는다. 자신의 논문이 중국어로 번역될 때 검열을 받아들이는 개별적인 저자들도 있는데 이런 이들은 검열로 누락되는 콘텐츠가 야기하는 손실보다 대부분의 논문들을 중국 독자들이 읽을 수 있다는 이익이 더 크다고 주장해 왔다.[118]

검열에 순응하는 이들이 둘러대는 미심쩍은 핑계는 차치하고, 중국에서 매출에 눈독을 들인 일부 저자들은 자기 글의 내용도 스스로 검열하려는 유혹을 느낀다. 그리고 출판 기관들은 중국 공산당의 검열을 통과할지 여부를 기준으로 논문의 게재 여부를 결정할지 모른다. 저자의 표현의 자유를 옹호하는 국제 펜클럽은 저자들이 중국으로부터 자신의 저술을 중국어로 번역하겠다며 거액의 선급금을 제안 받으면 저자들이 논란의 여지가 있는 주제를 기피하게 될지 모른다는 우려를 표명해 왔다.[119]

그러나 그보다 훨씬 근본적인 문제가 있을지 모른다. 2019년 중국 출판사들을 대리하는 한 에이전트가 호주의 출판사들에게 중국에서 발간할 예정인 저서에 등장하면 안 되는 단어와 주제 목록을 전달했다.[120] 이 목록에는 중국의 반체제 인사들과 시진핑을 비롯한 정치인들의 이름도 들어 있었다. 뉴질랜드의 출판사들도 똑같은 금기 사항에 직면하고 있다.[121] 대부분의 서구 진영 출판 기관들은 중국에서 특히 삽화가 많은 책들을 비롯해 상당한 비율의 출판물을 대량으로 인쇄한다. 중국은 비용이 저렴하면서도 가장 발달한 인쇄 기술을 자랑하기 때문이다. 이러한 출판 기관들은 발간하는 저서를 알아서 검열하든가 비용이 더 들더라도 중국이 아닌 다른 곳에서 인쇄해야 한다. 중국이 내세우는 금기 사항은 중국에서 판매되는 책들에만 적용되는 게 아니라 그 어느 지역에서 판매되는 책에도 적용된다. 호주 출판 기관인 앨렌 앤드 언윈Allen & Unwin은 2017년 중국 공산당에 대해 비판적인 내용을 담은 책 출간을 취소했다. 중국의 인쇄소에 대한 접근을 원천 봉쇄당할까봐 우려했던 이유도 있다.[122] 중국의 인쇄소들은 검열 지침이 상당히 오래전부터 존재해 왔지만 2019년까지는 실행되지 않았다고 말한다.[123] 중국에서 인쇄 작업을 하는 출판사들은 저자와 출간 계약을 체결할지 여부를 결정할 때 중국 정부의 이러한 지침까지 고려해야 한다.

중국 공산당은 당의 입장을 널리 알리기 위해서 출판 협력도 한다. 예일 대학교는 중국 공산당의 외문 출판국과 협력하는데, 외문 출판국은 바깥세상을 대할 때는 중국 국제 출판 집단이라는 이름을 쓴다. 2006년 중국의 인민대회당에서 이 협력 프로그램의 출범식이 열릴 때 예일 대학교 지도층이 중국 공산당의 선전부 고위 간부들과 나란히 참석했다.[124] 2017년 중국 사회 과학 출판사는 프랑스 보르도에 정치 연구원 분원을 설립해 외국 출판사들과 장기적으로 제휴를 제도화하고 "유럽의 주요 국가들과 협력해 국제 사회에서 중국의 학문적 영향력을 증진"시키기로 했다.[125]

영국에서는 영국에 본부를 둔 세계 중국 학술원 소속 기관인 세계 세기 출판이 영국 사회학자 마틴 얼브로Martin Albrow의 《인류 공동의 미래에서 중국의 역할 : 세계 지도자 이론》(2018)과[126] 7장에 소개한 마이클 베이츠 경과 그의 부인 레이디 리쉐린의《평화의 행군 : 중국에서의 문화 교류》(2016) 같은 책들을 출판해 왔다.[127] 두 책 모두 영국의 영향력 있는 인사들이 중국 공산당의 핵심적인 선전과 용어를 전파하는 데 자신의 이름을 빌려 주는 사례다.

서구 진영의 거대 출판사들은 대부분 일당 독재 국가 중국의 기관들과 협력 협정을 맺고 중국 학술 자료(실제 연구 논문이자 당의 입장)의 영어 번역본을 배포해 왔다. 여기에는 중국 과학원과 중국 사회과학원과 같은 중국 기관들이 비용을 댄 저서와 학술지들, 그리고 중국 출판 기관과 공동 출간한 저서와 학술지들이 포함된다. 스프링어 네이처는 이런 식으로 수십 개의 학술지를 출간하는데, 베이징 대학교의 국제 전략 연구소가 발간하는《중국 국제 전략 논평》, 고등 교육 출판사와 공동 출간하는《중국 교육 전선》, 중국 사회 과학원의 후원하에 발간되는 '중국 본토 최초의 사회학 영문 학술지인《중국 사회학 학술지》등도 포함된다. 스프링어 네이처와 그 자회사 팰그레이브 맥밀런은 각계각층이 저자로 참여한 일대일로창의와 관련된 논문 모음집《일대일로창의》를 발간했는데, 대부분의 논문들은 중국 대학에서 고도로 정치화되고 엄격히 통제된 환경하에서 생산된 논문들이다.[128] 루틀리지는 최근《루틀리지 일대일로 편람》(2019)을 출간했는데 중국어에서 영어로 번역된 논문들이 포함되어 있고 중국 사회 과학원 부원장 차이팡蔡昉과 케임브리지 교수 피터 놀런이 공동으로 편집한다.[129] 네덜란드 출판사 엘스비어Elsevier는 중국 사회 과학원이 관장하는 학술지들을 출간한다.[130]

인문학과 사회 과학 부문 중국 연구 자료들은 대부분 상당히 품

질이 높고 이러한 자료들을 접하게 하는 일은 가치 있는 기여다. 그러나 대부분의 출간 협력은 개별적인 중국의 기관이나 서구 진영의 출판 기관이 아니라 일당 독재 국가가 '중국 특색을 지닌' 개념과 이론을 확산시키겠다는 분명한 목표를 지니고 주도하는 일이라는 사실을 인식하는 이는 거의 없다. 팰그레이브 맥밀런이 외어교학어연구출판사와 제휴해 출간한《중국 사상과 문화의 핵심 개념》연속물은 중국 국무원이 관장하는 상명하달식의 '번역과 소통' 프로젝트의 일환이다.[131]

중국의 출판계와 국제 출판계의 경계가 허물어지면서 중국의 검열이 점점 정상으로 받아들여지고 있다. 외국 독자들은 중국 관련 책 표지에 인쇄된 유명한 중국 출판사의 이름을 보고서도 그 책에 담긴 내용이 중국과의 협약을 준수한다는 사실을 알지 못한다.

그러나 중국의 검열 관행에 굴복하지 않는 또 다른 사례도 있다. 네덜란드 출판사 브릴Brill은 중국 교육부가 소유한 출판 기관과 제휴해 4개 학술지를 출간하기로 한 협정을 종료시켰다.[132] 그 이유는 밝혀지지 않았지만 협력하에 발간하는 학술지들 가운데 하나에 실린 논문을 검열 당국의 요청으로 삭제한 직후에 일어난 일이다. 문제가 된 논문은 조지아 공과 대학의 부교수 류진劉津이《중국의 문학 전선》이라는 학술지 특별 호에 기고한 '전복적인 글'인데, 이 글은 동료 학자들의 심사를 통과해 게재하기로 결정된 논문이다. 이 학술지 편집자들은 이 논문 삭제와 관련해 사전에 논의하자는 요청도 받지 못했고 교정을 하다가 이 논문이 삭제된 사실을 깨달았다. 게다가 편집자들이 특별 호를 소개하는 글에서 이 논문을 언급한 부분도 삭제되었다.

편집자들이 편집장 장쉬둥張旭東을 접촉해 물었더니 그 글이 삭제된 게 "전혀 놀랄 일이 아니다."라는 답변이 돌아 왔다. 《중국의 문학 전선》의 편집부는 중국에 있으니 중국의 통상적인 검열 기준을 준수해야 한다면서 말이다.[133] 장쉬둥은 편집자들에게 애초에 그 논문을 게재하지 말았어야 한다며 그들을 질책했다. 편집자들이 편집 위원회 소속 위원인 미국 명문 대학교의 저명한 교수에게 자신들의 주장을 지지해 달라고 하자 "그는 어깨를 으쓱하면서 '그럴 줄 몰랐나?' 라고 했다."[134] 편집자들은 이 사연을 공개했고 특별 호 출간을 다른 곳에서 했다. 그들은 사방에 수소문해서 자신들이 겪은 사례와 비슷하면서도 공개되지 않은 학술지 검열 사례들을 찾아냈다.[135]

이 특별 호 편집자들은 중국 본토에서 출간된 논문들의 행간을 읽고 눈에 띄게 누락된 부분을 찾아내 채우는 방법을 터득했다고 말한다.[136] 그러나 그들은 출간물이 어떤 규정에 따라 출간됐는지 분명히 공개되지 않으면 어떤 일이 일어나는지 스스로에게 의문을 던졌다. 중국을 중점적으로 연구하지 않는 학자들 입장에서는 문제가 더욱 심각하다. 그들은 행간의 의미를 읽을 훈련이 되어 있지 않기 때문이다.

중국의 불법적인 영유권 주장도 서구 진영의 권위 있는 학술지들이 은근히 인정하고 강화하는 또 다른 입장이다.[137] 그들은 9단선을 그려 넣은 지도를 포함시킨 논문들을 출간해 왔다. 1947년에 최초로 그어진 9단선은 중국이 남중국해의 거의 전 지역과 그곳의 산호초에 대한 영유권을 주장하는 경계선이다. 필리핀 어부들이 그들의 조업 영역에서 내쫓기자 필리핀 정부는 9단선 내의 영역에 대한 중국의 관할권에 이의를 제기했고 해양법에 관한 유엔 협약에 따라

헤이그 상설중재법원에서 재판이 열렸다. 2016년 중재법원은 "중국이 영유권을 주장할 법적 근거가 없다."고 판결했다. 이 지도는 중국에서 나비, 나무, 풀의 분포 등을 다루는 등 남중국해와 아무 관련 없는 논문에 삽입되는데 이는 철저히 정치적인 의사 표명이다. 서구 진영의 저자들이 자신들의 논문에 9단선을 표시한 지도를 삽입하는 조치에 대해 의문을 제기하자 그들의 중국인 공동 저자들은 당국에서 요구하면 어쩔 도리가 없다고 핑계를 대거나 남중국해는 자기들 조국의 영토라는 중국 공산당의 주장을 되풀이한다.[138]

13 Reshaping global governance

세계 지배
구조 변형

다자주의 옹호자

2018년 중앙 외교 회의에서 시진핑은 중국이 "세계 지배 체제의 개혁을 주도해야 한다."고 촉구했다.[1] 2014년 같은 회의에서는 '주도'라는 표현을 쓰지 않았다는 점으로 미루어 볼 때 급격한 입장 변화였다.[2] 솔직한 '주도'라는 표현은 중국 공산당의 이익에 적합하게 국제적인 제도와 세계 기구들을 재편하기 위해 적극적으로 노력하겠다는 속내를 반영한다.

그러나 중국 공산당은 중국이 다자주의 기구들의 수호자로 보이기를 희망하면서 자국을 '미국의 일방주의'를 견제하는 데 절실히 필요한 대항마로 제시한다. 2018년 유엔 총회에서 외교부장 왕이는 중국을 "다자주의의 옹호자"라고 일컬었다.[3] 그 이듬해 오사카에서 열린 G20 정상 회담에서 참석자들은 시진핑의 주도로 "다자주의 수호"를 한목소리로 주장하는 한편,[4] 4월에는 유럽 연합-중국 합동 발표문에서 양측은 "다자주의를 존중하는 공동의 입장"을 강조했다.[5]

중국 공산당이 현재 세계 질서에 대해 불만을 품고 있다는 사실은 놀랄 일이 아니다. 1970년대에 가서야 현재의 세계 질서에 합류한 중국은 국제 사회에서 크게 발언권이 없었다. 그러나 중국의 지도자들이 포용적인 세계 질서를 주장할 때 그들이 뜻하는 바는 그들의 권위주의적인 체제도 받아들이고 그들의 가치관도 민주적인 가치와 동등한 지위를 누리게 하라는 요구를 하고 있음을 명심해야 한다.[6] 중국 공산당은 국가의 주권을 강조하고 따라서 중국에 묻는 책임을 최소화하는 규범을 지닌 새로운 국제기구를 창설하고 싶어 한다.

중국 공산당은 유엔 같은 다자주의 기구에서 자국의 입장을 공고히 하고 기구 내에서 못마땅한 작동 방식을 조금씩 제거하는 동시에 중국이 지배할 수 있는 병행 기구들을 창설하는 목표를 추진하고 있다. 중국은 가능한 한 다자주의 기구에서 일부 국가들을 떼어 내 중국이 늘 강자인 입장에 놓일 양자 관계로 끌어들이려 한다. 아래에서 살펴볼 유사類似 다자주의 기구들도 똑같은 접근 방식을 따른다. 유엔에서 미국의 기여도는 줄어드는 반면 중국의 재정적 기여도는 증가하고 있으며 개발도상국들과 비서구 진영의 나라들 가운데 중국의 동맹국들이 중국을 지지하면서 중국의 입장은 강화된다.

중국 공산당은 국제기구를 통해서 기술적 표준을 정하고 일대일로창의 같은 정책에 대한 지지를 확보하고, "인류 공동체의 공동의 미래"같은 시진핑의 발언을 논의에 집어넣고, '인권,' '테러리즘' 그리고 '인터넷 관장' 같은 용어에 대한 대안적 정의들을 확산시킨다. 이러한 국제기구들은 국제 사회에서 중국 공산당이 담론을 주도하는 '화어권話語權'을 강화하고 '중국식 모델'을 확산시키는 발판으로 안성맞춤이다.

유엔의 중국화

중국은 유엔 안전 보장 이사회 상임 이사국이고 시진핑하에서 그 영향력을 적극적으로 확대해 왔다. 중국은 농촌으로 도시를 에워싸는 농촌포위성시農村包圍城市 전략을 추구하면서 주변부에 꾸준히 기지를 구축하고 기존 질서에 도전장을 내밀고 있다. 가장 두드러진 사례가 중국이 유엔 인권 위원회에 접근하는 방식이다. 중국은 유엔 인권 위원회에서 '서구적인' 인권 개념을 비판하고 '중국의 특성을 지닌 인권'을 선전하면서 다른 나라들을 설득해 자국의 인권 상황을 칭찬하도록 만들어 왔다. 이 문제에 대해서는 이 장에서 나중에 살펴보겠고 일단 중국이 유엔에서 행사하는 영향력이 급증한다는 사실을 보여 주는 다른 많은 징후들이 나타나고 있다는 점을 지적하고 싶다. 유엔 내의 개발도상국 연합체인 G77은 창설된 이후로 그 회원이 상당히 증가해 오늘날 134개국에 이르고 있고 유엔 회원국의 70퍼센트를 차지하면서 중국이 자국의 활동을 더불어 조율할 동맹국들을 상당히 확보했다.[7] G77 회원국들이 항상 특정 사안에 대해 같은 입장을 지지하면서 몰표를 던지지는 않지만 중국은 중국의 입장을 대변하고 유엔 기구에서 중국의 입장을 대표할 충분한 수의 회원국들을 동원할 수 있다.

유엔의 15개 특별 기구들 가운데 식량 농업 기구(FAO), 국제 전기 통신 연합(ITO), 국제 민간 항공 기구(ICAO), 유엔 산업 개발 기구(UNIDO) 등 4개 기구는 현재 중국인 국적자들이 사무총장이다.(이와는 대조적으로 미국, 영국, 프랑스가 수장을 맡고 있는 기구는 각각 한 개 기구뿐이다.)[8] 중국은 서구 국가들이 방치해 온 대규모 유엔 부서들도 사실상 장악해 왔다. 그 하나가 유엔 경제 사회국인데 이 부서는 지속 가능한 개발 목표에서부터 유엔 회의와 정상 회담에서 위임받은 업무의 실행에 이르기까지 온갖 종류의 활동들을 책임지고 있다. 이 부서를 이끌고 있는 이는 류전민劉振民으로 중국 외교부 부부장을 역임했고 인터넷 관장 업무에 대해 유엔 사무총장에게 자문도 한다.[9] 유럽의 한 외교관은 이 부서에 대해 "중국의 기관이며, 모두가 그 사실을 알고 받아들인다."라고 말했다.[10]

경제 사회국은 중국의 기관들과 긴밀히 협조해 일대일로창의를 유엔의 의제로 밀어붙였다.[11] 경제 사회국의 경제 정책부는 일대일로창의를 유엔의 지속 가능한 발전 목표들과 연계시키는 주요 프로젝트를 실행하고 있다.[12] 네덜란드의 한 싱크 탱크는 중국이 유엔을 이용해 "자국의 이익을 국제화하고 정당화"해 왔다고 말한다.[13] 세계 기상 기구, 국제 노동 기구, 국제 민간 항공 기구, 국제 전기 통신 연합 등 여러 유엔 기구들이 일대일로창의 협정에 서명하고 일대일로창의는 중국의 구상이 아니라 세계의 구상이라는 중국 공산당의 논조를 받아들이고 전파하고 있다.[14]

유엔 개발 계획은 유엔 기구 가운데 최초로 2016년 9월 중국과 일대일로창의 양해 각서를 체결했다.[15] 뉴질랜드 총리와 유엔 개발 계획의 행정 관리를 지낸 헬렌 클라크Helen Clark는 일대일로창의를 "경제 성장의 막강한 발판"이자 "지속 가능한 개발 목표를 촉진하고 가속화 할 중요한 역할"을 한다며 찬사를 퍼부었다.[16] 이 양해 각서에 뒤이어 2017년 5월 유엔 개발 계획과 중국 정부 사이에 협력을 위한 행동 계획이 마련되었다. 유엔 개발 계획은 "이 구상을 실행하는 중국 정부에 찬사를 보내고 주도적으로 모범을 보이는 중국의 역할을 인정하며 중국의 노력을 지원하겠다는 의지를 재확인 한다."고 강조했다.[17]

유엔 사무총장 안토니오 구테레스까지도 2019년 베이징에서 열린 일대일로 국제 협력 포럼에 참석해 일대일로창의에 찬사를 퍼부었다.(그의 중국 방문에는 그의 사무차장 류전민이 동행했다.[18]) 구테레스는 "국제 협력과 다자주의 촉진에서 중추적인 역할"을 한 중국을 극찬했다.[19]

중국은 유엔의 6대 주요 기구로 손꼽히는 경제 사회 이사회에서도 영향력을 휘둘러 왔다. 중국은 1971년부터 이 기구의 회원이다. 중국은 경제 사회 이사회에서 비정부 기구 인가 위원회 위원국이라는 지위를 이용해 중국에 비우호적인 기관들의 인가를 막아 왔다. 중국은 이 위원회에서 언론인 보호 기구Protect Journalists가 비정부 기구로 인정받지 못하도록 4년 동안 방해했다. 이 상황은 미국이 공식 표결을 요구하면서 비로소 해결되었다.[20] 중국은 독일에 본부를 둔 '위협받는 국민 협회'Society for Threatened Peoples의 자문역을 박탈하려고 했다.[21] 반면 중국 화평 발전 기금회 같은 중국 공산당 위장 단체들에 대한 승인은 지체 없이 이루어졌다.[22]

중국은 툭하면 인가 절차를 이용해 비정부 기구들에게 그들의 웹 사이트에서 못마땅한 콘텐츠를 삭제하라고 요구하고 그들에게 타이완을 "중국의 성省, 타이완"이라고 일컬으라고 통보한다. 심지어 중국과 아무 관련이 없는 비정부 기구들에게도 그런 명령을 내린다.[23] 한 비정부 기구는 자기들 웹 사이트에 게재된 반체제 인사이자 노벨 평화상 수상자인 류샤오보劉曉波에 대한 게시물에 대해 중국이 항의했다고 인권 감시단Human Rights Watch에게 털어놓았다. 이 비정부 기구는 일부 '불쾌감을 주는' 내용은 삭제했지만 중국에 있는 정보원들을 위험에 빠뜨릴 정보를 달라는 중국의 요구에 이 기구가 순응하지 않자 비정부 기구 인가 신청서 처리를 중국이 계속 지연시키는 일을 겪었다.[24]

2015년 뉴욕과 제네바에 있는 유엔 본부는 타이완 국적자들의 출입을 금지하기 시작했다. 심지어 타이완 외교관들도 타이완 여권만 소지한 경우에는 들여보내지 않았다.[25] 유엔이 중국의 요청으로 이런 조치를 취했는지 알아서 선제적으로 취한 조치인지 모르겠으나 타이완이 사실상 독립 국가라는 사실을 지워 버리려는 중국의 노력이 성공을 거두고 있었다. 유엔은 유엔 회원국이 발행한 문서만 수용한다는 핑계를 댔다.(타이완은 1971년 중화인민공화국에게 회원국 지위를 빼앗긴 이후로 유엔 회원국이 아니다. 타이완이 회원국이 되려는 신청을 여러 번 했지만 모두 거부당했다.) 그동안 타이완이 발행한 문서들은 사실상 받아들여져 왔지만, 타이완이 발행한 신분증을 거부하는 사례가 최근 들어 늘어나고 있는 듯하다. 2017년 타이완 학생들이 유엔 인권 위원회 회의를 참관하기 위해 제네바 유엔 본부에 들어가려다가 거절당했다. 타이완 학생들은 중국 당국이 중국을 방문하려는 타이완 국민에게 발행하는 입국 허가증 같은 '타이완 동포 여행 허가증'을 제시해야 출입을 허락하겠다는 통보를 받았다.[26] 그런데 2018년 타이완의 한 기자는 이 허가증을 제시하고도 출입을 거절당했다. 그녀는 출입하려면 중화인민공화국 여권이 필요하다는 통보를 받았다.[27]

중국인들의 직접적인 지시에 따라 유엔 건물에서 추방된 이들도 있다. 유엔 사무차장을 지낸 우홍보吳红波는 중국 국영 TV에 나와 자신의 지위를 이용해 2017년 4월 원주민 문제와 관련한 포럼이 열리는 기간에 세계 위구르 회의 의장 돌쿤 이사를 유엔 건물에서 추방시켰다고 시인했다. 돌쿤은 비정부 기구 참가자로 인정을 받았는데도 말이다. 돌쿤은 유엔 건물에서 자신이 추방된 이유를 전해 듣지 못했고 재차 입장도 허락되지 않았다.[28]

타이완을 세계 무대에서 밀어내기

중국은 서구 진영의 기업들에게 압력을 넣어 인구 2300만 명인 타이완을 중화인민공화국의 일부처럼 취급하게 만드는 데 성공했다. 2019년에 걸쳐 중국은 여전히 타이완을 국가로 인정하는 나라들에게 적극적으로 구애를 펼쳐 매우 짧은 기간 안에 일부 국가들로 하여금 국가로 인정하는 대상을 타이완에서 중국으로 바꾸게 만들었다.[29] 오랫동안 중국은 타이완을 세계 보건 기구(WHO) 회원으로 받아들이는 데 반대해 왔고 이로 인해 세계적으로 질병에 대한 투쟁을 방해해 왔다. 2003년 급성 호흡기 증후군(SARS) 전염병이 발발했을 때 타이완 보건 기구들은 미국 질병 관리 예방 본부에 근무하는 인맥들을 통해서 이 위험한 질병에 대한 정보를 가까스로 입수했다. 급성 호흡기 증후군이 타이완의 한 병원에서 발병한 후에야 비로소 세계 보건 기구는 마침내 전문가들을 타이완에 파견했다. 31년 만에 처음 있는 일이었다.[30] 이 대참사에 뒤이어 타이완은 이따금 세계 보건 기구에 중국의 허락을 받고 참가하도록 허용되었다.[31] 2020년 초 신종 코로나 바이러스가 급속히 확산되자 세계 보건 기구는 타이완을 이 전염병의 영향을 받은 국가들의 회의에서 배제하라는 중국의 요구를 받아들였다.[32] 중국 외교부는 타이완이 이 전염병에 대해 알아야 할 사항에 대해서는 중국이 전해 주겠다고 주장했다. 타이완 외교부는 중국이 모든 정보를 빠짐없이 전해 주지는 않았기 때문에 자국 국민을 보호하는 역량을 해치고 있다고 말했다.[33] 이와 동시에 〈니케이 아시안 리뷰Nikkei Asian Review〉라는 중국의 외교 소식통이 “중국과 세계 보건 기구는 더할 나위 없이 친밀한 관계”라고 귀띔해 주었다고 보도했다.[34] 중국은 세계에서 두 번째로 유엔에 재정적 기여를 많이 하는 나라다. 〈네이처Nature〉는 세계 보건 기구와 중국의 관계는 2006년부터 2017년까지 이 기구의 사무총장을 지낸 마거릿 챈의 임기 동안 매우 가까워졌다고 보도한 적이 있다.(마거릿 챈은 홍콩 행정 장관에 출마한다는 소문이 돌았지만 중국은 캐리 람을 선택했다.)[35] 코로나 바이러스 위기 동안 세계 보건 기구의 사무총장 테드로스 아드하놈 게브레예수스Tedros Adhanom Ghebreyesus는 중국이 초기에 여행 경고를 하지 않기로 한 조치를 두둔했고 시진핑 주석의 대응을 높이 칭송했다.(시진핑의 부인 펑리위안은 오래전부터 세계 보건 기구 친선 대사를 맡고 있다.)

2016년 차이잉원이 타이완 총통에 당선된 후 중국은 타이완이 세계 보건 대회에 참석하지 못하게 막기 시작했다. 아마도 중국 공산당이 못마땅해 하는 정치인을 선출한 데 대한 보복이었던 듯하다.[36] 제네바에서 열린 세계 보건 대회는 수년 동안 연속해서 회의를 취재하려는 타이완 언론인들에게 취재를 허용하지 않았다.[37] 캐나다 언론인 율리 후는 2016년 몬트리올에서 개최된 유엔 국제 민간 항공 기구 회의 취재를 거부당했다. 그녀가 타이완의 중앙통신사 소속이기 때문이었다.[38]

타이완의 적십자회는 세계 보건 기구로부터 배제되어 왔을 뿐만 아니라 오래전부터 중국의 환심을 사려고 무던히도 애써온 국제 적십자 위원회의 인정도 받지 못하고 있다. 2019년 3월 국제 적십자 위원회는 중국 상공 회의소와 "해외의 복잡한 환경에서 활동하는 중국 기업들을 지원할 재원을 함께 마련하고 공유"하는 협약에 서명했다.[39] 국제 적십자 위원회의 중국 특사 자크 펠레Jacques Pellet는 중국의 국제 TV 방송국 중국환구전시망에 나와 중국이 인도주의적 원조에 기여했다며 찬사를 퍼부었다.[40] 100만 명이 넘는 소수 민족들이 강제 수용소에 수감된 신장성에서 국제 적십자 위원회는 중국의 적십자회와 함께 개발 프로젝트를 진행했다.[41] 이 프로젝트의 결실은 누군가에게 이득이 되겠지만, 국제기구가 이 프로젝트에 관여함으로써 사실상 문화 학살이자 반인도적 범죄인 이 지역 정책에 정당성을 부여해 준다.

중국은 타이완에 대해 무자비한 태도를 취하면서 세계를 상대로 타이완은 중국 소유라는 입장을 분명히 전달한다. 중국이 이러한 태도를 취하는 이유는 타이완을 위협하기 위해서이고 중국 공산당이 원하는 대로 따르지 않으면 어떤 대가를 치르는지 보여 주는 셈이다. 또한 중국이 아마도 오래전부터 중국 공산당 내부의 강경파가 바라온 대로 타이완에 대해 무력 침공을 감행함으로써 타이완을 중화인민공화국에 통합시키려는 계획에 대한 국제 사회의 저항을 잠식하려는 의도도 있다.

감찰의 세계화

전 세계에서 통일전선공작부는 일부 지역에서는 '중국인 지역 공동체와 경찰 협력'이라고 알려진 화조중심華助中心을 후원하거나 창설을 권장해 왔다.[42] 국적과 상관없이 해외에 거주하는 중국인들을 보호하고 '국가 부흥의 꿈을 공유'하기 위해 설립된 이 단체들은 반체제 인사들과 중국을 비판하는 이들의 활동을 감시하는 수단이기도 하다.[43] 미국, 캐나다, 프랑스와 영국 등을 비롯해 40여 개 나라에 60여 개 지부가 있고 중국 대사관의 지원을 받으며, 중국 국영 중국통신사의 보도에 따르면 "해외에 거주하는 중국인 지역 사회에 서서히 침투해 왔다."[44] 화조중심은 지역 경찰과 협조해 연락책과 번역 서비스를 제공하지만 중국 공산당이 어디든 존재한다는 메시지를 확산시키기도 한다. 예컨대 멜버른에서는 중화인민공화국 건국 70주년 기념일에 중국인 인구 비율이 높은 지역을 관할하는 경찰이 경찰서에 중국 오성기를 게양했다. 이에 대한 비판이 쏟아졌고 한 라디오 진행자는 "경찰서가 경찰국가를 기념하다니."라고 일갈했다. 그 지역에 거주하는 타이완인들, 위구르인들, 티베트인들도 항의했다.[45]

중국은 국제기구들과의 협조를 확대해 범죄 단속에도 관여해 왔다. 2015년 4월에만도 중국 당국은 인터폴에게 500개의 적색 수배 공지를 게재해 달라고 요청했다. 전 세계 법 집행 기관들에게 범죄 협의자들을 체포해 달라는 요청이었다. 500건이라는 수치는 지난 30년 동안 중국이 요청한 건수를 모두 합한 건수와 같다.[46] 중국은 정치적 반체제 인사들에 대한 적색 수배 공지를 발행한다고 알려져 있다. 2016년 멍훙웨이孟宏偉는 중국인으로서는 최초로 인터폴Interpol 수장이 되었고 2017년 4월 유럽 연합의 경찰 협조 기관 유로폴Europol은 당시에 공안부 부부장이던 멍훙웨이가 대표하던 중국 공안부와 전략적 협력 협정을 체결했다.[47] 그 이후로 범죄자들을 대상으로 국경을 넘나드는 작전들을 실행하는 유로폴은 중국 공안부 대표단을 초청해 긴밀한 협력을 논의해 왔다.[48]

이러한 상황이 전개되면서 두드러지는 효과를 낳았다. 2017년 이탈리아 경찰이 뮌헨에 본부를 둔 세계 위구르 회의World Uyghur Congress 사무총장 돌쿤 이사Dolkun Isa를 억류했는데, 2006년에 돌쿤을 체포해 달라며 적색 수배를 발행한 중국의 요청에 뒤이은 조치라고 알려졌다. 서구 진영의 한 외교관에 따르면, 중국 정부는 유럽 국가들에게 툭하면 돌쿤을 체포해 달라고 요청한다.[49] 인터폴은 2018년 2월 그에 대한 적색 수배를 취소했고, 6주 후 중국 공안국 당 위원회는 멍훙웨이를 축출했다.[50] 몇 달 후 멍훙웨이는 베이징을 방문하러 가던 도중 사라졌고 인터폴은 어안이 벙벙해졌다. 멍훙웨이가 사라진 게 적색 수배 때문인지 아니면 다른 위반 행위 때문인지는 불분명하지만 배서니 앨런-이브라히미언에 따르면 중국 공산당 징계 당국은 멍훙웨이를 국제 사법 기관의 수장이 아니라 '정도를 이탈한 당원'으로 취급하고 있었다.[51] 2020년 1월 그는 단 하루 재판을 받았고 뇌물 수수 유죄 판결을 받고 13년 6개월 징역형에 처해져 수감되었다.[52]

범인 인도 송환 협정도 중국이 영향력을 더욱 확대하는 또 다른 방식이다. 홍통 사람들은 중국으로 송환된다는 게 무슨 뜻인지 너무나도 잘 안다. 그렇기 때문에 홍콩은 2019년에 송환 법에 반대하는 격렬한 시위를 했다. 친중 홍콩 정부가 이 법안을 포기하게 만들 정도로 말이다. 반면 유럽 연합의 프랑스, 스페인, 이탈리아, 포르투갈, 루마니아, 불가리아, 리투아니아 등 7개국은 중국과 송환 협정을 체결하고 비준했다.[53]

스페인은 서구 진영에서 최초로 중국과 범인 인도 송환 협정에 서명한 나라로서 2017년에 이 협정을 비준했다.[54] 2016년 12월, 스페인은 중국과 합동 작전을 펼쳐 스페인에서 통신 사기단을 운영해 온 269명을 체포했는데 대부분이 타이완 국적자였다. 그러나 스페인은 타이완을 공식적으로 국가로 인정하지 않기 때문에 체포된 타이완인들은 스페인 법정에서 '중국 국적자'로 취급되었다.[55] 2019년

7월 현재 스페인은 타이완 국적자 218명을 체포해 중국에 송환했는데, 그들은 중국에서 공정한 재판을 받지 못한다.[56] 케냐, 말레이시아, 베트남도 타이완 국적자들을 중국에 송환했다.

이탈리아는 2015년 중국과 범인 인도 송환 협정을 맺었다. 게다가 2016년 중국과 경찰 협력 협정을 체결해 중국 경찰들이 로마, 베닛, 프라토에서 관광 명소들을 순찰한다.[57] 피렌체 근처에 위치한 프라토에는 중국인이 대거 밀집해 있는데, 대부분이 섬유 의류 제조 공장에서 일한다. 합동 순찰은 명목상으로 중국 관광객들을 보호하는 게 목적이지만, 외국에서의 중국 경찰의 존재는 외국을 여행하거나 해외에 거주하는 중국인들에게 그들이 어딜 가든 중국 정부가 따라다니며 감시한다는 메시지를 전달하는 또 다른 방법이다. 그러나 이러한 경찰 협력 협정을 통해 중국이 얻는 가장 중요한 이득은 외국의 사법 당국을 의무 이행, 정보 공유, 중국이 불법적인 행동을 할 때 방관하게 할 관계망에 엮어 넣는다는 사실이다.

프랑스는 2015년 중국과 범인 인도 송환 협정을 맺었고 이듬해 9월 이 협정에 따라 최초로 중국 국적자 천원화陳文華를 중국에 송환했다.[58] 이 협정에 명시된 조건에 따라 프랑스 국적자는 중국으로 송환되지 않고 보호받지만, 다른 유럽 국가의 국적자는 그런 보호를 받지 못한다.[59] 프랑스가 인터폴 수장 멍훙웨이의 부인 그레이스 멍에게 프랑스 망명을 허용한 후 중국은 프랑스와의 경찰 협력을 전면 중단했다.[60]

중국은 프랑스와 범인 인도 송환 협정을 체결했음에도 불구하고 프랑스에서 협의자들을 납치해 왔다. 2017년 2월 중국 당국은 시간이 걸리는 송환 절차를 거치지도 않고 프랑스 당국에 알리지도 않고 정닝鄭寧을 본국으로 '송환'했다.[61] 정닝에게는 적색 수배령이 내려져 있었다. 혐의는 '경제 범죄'였지만 비밀 요원들이 그를 '설득해' 중국으로 돌아가게 했다. 시진핑이 부정부패 척결을 해외에까지 확장한 악명 높은 여우 사냥 작전의 일환이었다.[62] 실제로 송환되거나 추방되는 중국인보다 '설득'당해서 중국으로 돌아가는 도망자들이 훨씬 많다. 이러한 설득에는 중국에 있는 가족을 처벌하겠다는 협박이나 피의자의 범죄 현장을 찍었다며 사진들을 전국에 공개하겠다고 협박하는 등의 방법이 동원된다. '멜버른 할머니'로 알려진 줘스친이 바로 그런 사례다. 중국 공산당이 독직 수뢰 혐의가 있다고 지목한 줘스친은 그녀의 사진이 국영 매체에 도배가 되고 중국에 사는 그녀의 자매 자산이 동결된 후 중국으로 돌아갔다.[63]

이렇게 중국이 자국의 관할이 아닌 지역에서 위협적인 행태를 보이는 일이 드물지 않고, 중국 관리들이 서구 진영의 국가에서 반체제 인사나 소수 민족을 괴롭히고 협박해도 해당 국가는 거의 항의도 하지 않았다. 중국 국가 안전부 요원들은 벨기에, 프랑스, 독일, 캐나다를 비롯해 수많은 나라들에서 그곳에 거주하는 위구르인들을 협박해 왔다.[64] 2017년 10월 미국 국무부는 방미 목적을 위장하고 입국한 부유한 반체제 인사 궈원구이郭文貴(마일즈 곽Miles Kwok이라고도 한다)를 '설득'해 중국으로 돌아가게 하려한 중국 국가 안전부 관리 4명을 연방 수사국이 체포하려 하자 이를 막았다.[65]

2015년 시진핑이 런던을 방문하자 경찰은 그의 방문을 반대하는 시위를 한 중국인과 티베트인 반체제 인사들을 체포하고 그들의 자택을 압수 수색했다.[66] 이보다 1년 앞서 시진핑이 브뤼셀을 방문했을 때는 시위가 금지되었고 티베트를 지지하는 시위자들은 체포되었다.[67] 이러한 행태는 2017년 스위스에서도 반복되었다.[68] 이런 식으로 서구 진영의 국가들은 자국의 경찰력을 동원해 중국 공산당이 반체제 인사들을 억압하는 데 일조하고 있다. 톈안먼 학살 생존자 사오장邵江의 런던 자택도 수색당했는데, 그는 이를 중국에서 자신이 겪었던 일에 비유하면서 다음과 같이 말했다. "내가 체포될 때마다 중국 경찰은 내 방을 수색하고 내 소지품을 압수했다. 그 생각이 떠올랐다."[69]

그러나 중국 당국과 협조를 거부하는 국가들이 점점 늘고 있다. 2017년 호주 정부가 중국과의 인도 송환 협정을 밀어붙이려 하자 의회 의원들은 중국 사법 체계의 부패를 이유로 들면서 이를 막았다. 중국 재판부의 유죄 판결 비율은 99퍼센트 이상이고 인권 유린이 만연해 있다. 2019년 스웨덴이 중국 관리를 지낸 차오젠쥔喬建軍을 송환하기로 결정하자 중국 당국은 이를 환영했다. 스웨덴은 중국과 범인 인도 송환 협정을 맺지 않았고, 유엔 반부패 회의를 근거로 내린 결정이었다.[70] 그러나 스웨덴 재판부는 고문과 혹독한 처벌과 처형을 거론하면서 '중국에서 정치적 이유로 박해를 당할 실제적인 위험이 있다는 이유'를 들어 송환을 막았다.[71] 최근 들어 스웨덴은 다른 나라들에 비해 중국의 위협에 쉽게 굴복하지 않는 모습을 보여 왔다. 아마 이 때문에 스웨덴 주재 중국 대사가 다음과 같은 발언을 했는지도 모른다. "우리는 친구에게는 고급 술을 접대하지만 적은 엽총으로 상대한다."[72]

중국이 정의한 테러리즘 개념 수출하기

중국이 지배하는 지역 기구들은 중국이 아직 결정권을 행사할 수

없는 거대한 국제기구들을 우회해 협력 협정을 맺고 이를 통해 영향력을 행사할 절호의 기회를 제공한다. 상하이합작조직上海合作组織, 특히 이 조직 산하의 지역 대테러 기구가 가장 대표적인 사례다. 상하이합작조직은 중국이 주도하는 정치, 경제, 안보 동맹으로서 러시아와 중앙아시아 국가들, 그리고 2017년 이후로 인도와 파키스탄이 합류하고 있다. 이 조직은 2001년 상하이에서 창설되었다.

이 조직은 중국의 3개 세력三個勢力을 악으로 규정하는 독트린을 채택했다. 중국 공산당이 '종교적 극단주의'나 '분리주의'로 간주하는 것은 무엇이든 테러리즘으로 규정하는 독트린이다.[73] 신장성의 위구르족은 중국 공산당이 규정한 '종교적 극단주의'란 것이 턱수염을 기르고, 돼지고기를 금지하고, 알코올 섭취를 금지하고 기도하는 관행도 포함되며, 이 중 한 가지라도 하면 집단 수용소에 감금된다는 사실을 깨달았다.[74]

지역 대테러 기구는 유엔 안전 보장 이사회의 대테러 위원회와의 협력을 한층 강화해 왔고 정보 교환을 촉진하기 위해 양해 각서에 서명했다.[75] 이 기구는 프로젝트 칼칸Project Kalkan과 같은 인터폴 활동에도 참여해 왔다. 이 프로젝트는 테러 활동에 대한 정보를 교환하는 실무 회의인데 중국은 3개 세력에 대처하는 활동에 대해서 이 기구에 보고한다.[76] 2019년 3월 이 기구는 유엔의 대테러 위원회와 협력 각서를 체결했다.[77]

이러한 각서들은 중국 공산당이 새롭게 해석한 억압적인 테러리즘 개념을 정당화하기 위한 방편이다. 반체제 인사들을 테러리스트로 낙인찍으려는 중국의 시도는 이미 결실을 거두고 있다. 독일에 본부를 둔 세계 위구르 회의는 각국 정부와 은행들이 테러리스트와 금융 범죄에 연루된 인물들을 걸러내는 데 이용하는 데이터베이스 월드 체크World Check에 테러 조직으로 등재되어 있다.[78] 그 결과, 도이치뱅크와 웨스턴유니언은 이유도 알려 주지 않고 세계 위구르 회의 사무총장 돌쿤 이사의 국제 송금을 막아 놓았다. 돌쿤은 제네바에서 열린 유엔 인권 위원회 회의에 참석하는 동안 환전도 금지되어 있었다. 세계 위구르 회의의 다른 회원들도 비슷한 고충을 겪었다.[79]

기존 국제기구와 병행하는 유사 다자간 기구 창설하기

앞서 살펴본 바와 같이 일대일로창의는 중국 공산당이 세계 질서를 바꾸는 동시에 기존의 기구들을 이용해 일대일로창의를 홍보하는 방법을 보여 주는 사례다. 일대일로창의는 애매모호하고 혼란스러운 국내 정책의 일환으로 중국이 추진하는 정책으로서 이것저것 마구잡이로 다 집어넣어 딱 부러지게 규정하기 힘든 정책이라고 주장하는 이들이 있다.[80] 물론 일대일로창의는 국내 목표 추진에 부합한다. 예컨대 중국의 기간 시설의 필요를 충족시키면 국내 총생산이 성장한다. 그러나 일대일로창의는 중국이 지배하는 병행 세계 기구를 창설하는 전략의 일환이기도 하다. 중국 공산당이 이러한 기구의 설계자이고 국내적 측면과 국제적 측면으로부터 이득을 보는 당사자라는 사실에서 국내외 양 측면은 하나로 합쳐진다.

중국 전문가 앨리스 에크먼Alice Ekman은 다음과 같이 주장한다. "중국은 현재의 안보 지배 구조가 불만스럽고 따라서 이를 재편하려는 정치적 결의에 차 있다."[81] 중국은 미국의 안보 동맹국들을 포함에서 그 어떤 나라에게도 중국의 '친구 동아리'에 합류하도록 문호가 열려 있다고 말한다.[82] 에크먼은 기존의 공식적인 동맹이 새로운 비공식적인 동맹으로 대체되면 결과적으로 애매모호한 안보 구조가 되고 여기서 명백히 혜택을 누리는 당사자가 중국이라고 지적한다.[83]

지금 유럽은 기존의 국제 질서를 서서히 잠식하는 중국 공산당의 전략을 실현하는 데 탁월한 역할을 하고 있다. 중국 공산당은 오랫동안 유럽 대륙을 미국의 별 볼일 없는 왜소한 동맹 지역으로 간주해 왔지만 이제는 자국의 편으로 만들어야 할 중요한 행위자로 여기고 있다. 중국은 대서양을 사이에 둔 양쪽 대륙 간의 분열을 더 심화시키는 동시에 중국에 대한 유럽의 지지를 이끌어 내거나, 아니면 적어도 공개적으로 중국을 비판하지는 않는 유럽을 만들고, 개발 도상 지역에서 중국 공산당의 위상에 정당성을 부여하고 싶어 한다. 중국은 병행 기구들을 통해서 유럽 연합 국가들과 각각 개별적으로 상대하고 서로를 이간질한다.

중국은 유럽에서도 17+1 정상 회의로 국경을 다시 그리고 있다. 17+1은 유사 다자주의 기구지만 유럽 17개 국가들과 그보다 훨씬 덩치가 큰 '동반자'인 중국 간의 양자 관계로 보는 게 훨씬 정확하다.[84] 중국과 중부 유럽/동부 유럽 간의 관계를 심화하고 일대일로 창의를 추진하기 위해서 2012년 부다페스트에서 출범한 이 기구의 사무국은 베이징에 있다. 이 기구에 참여하는 17개 나라의 국가수반은 중국 총리와 연례 회의를 한다. 이 정상 회의는 유럽 연합에게 난관을 제시한다. 유럽 연합 회원국들과 유럽 연합 가입 후보국인 비회원국들이 뒤섞여 있기 때문이다. 이와 병행해 설치된 경제 정상 회의는 중국의 투자를 유치하고 그 대가로 기꺼이 '중국의 입장을 지지하겠다는' 나라들에게 솔깃할 기회다.[85] 그러나, 17+1의 중요성이 커질수록 기존의 유럽 질서, 즉 유럽 연합은 난관에 봉착하게 된다.

중국은 유럽 연합이 추진하는 여러 구상에 회원국들이 참여하지 못하게 각 회원국을 개별적으로 각개 격파해서 그러한 구상들을 무산시키는 데 성공해 왔다. 유럽 연합은 만장일치의 원칙에 따라 단 하나의 회원국만 반대하면 공동 성명서나 정책이 무산된다. 2016년 7월 중국의 압력을 받은 헝가리와 그리스는 유럽 연합이 남중국해에 대한 입장을 표명하지 못하게 막았고, 2017년 3월에는 헝가리가 변호사들을 고문하는 중국을 비판하는 내용의 서신에 서명하기를 거부해 유럽 연합은 이 서신을 발표하지 못했다. 같은 해 그리스는 유럽 연합이 중국의 인권 상황을 비판하는 성명서를 발표하지 못하게 막았다.[86] 2018년 3월 중국 주재 헝가리 대사는 유럽 연합의 28개 회원국 대사들 가운데 유일하게 일대일로창의를 비판하는 성명서에 서명하지 않았다.[87]

중국 특색을 띤 인권

1990년대 초 중국 공산당은 자기 나름으로 해석한 인권 개념을 적극적으로 널리 확산시키는 일에 착수했다. 다시 말해서 '개발 권리'가 다른 모든 권리에 우선한다는 뜻이다. 1991년 중국 공산당은 신설된 대외 선전실을 통해서 인권 백서를 처음 발간했다. 대외 선전실은 국무원 신문 판공실로도 알려져 있다.[88] 대외 선전실에는 당이 규정한 인권 개념을 확산시키는 업무에 매진하는 인권국이 있는데 리샤오쥔李曉軍이 국장을 맡고 있다. 기본적으로 개인의 자유와 정치적 자유보다 '사회적 경제적 권리'에 집중한다는 개념이다.

중국 인권 연구회는 1993년 대외 선전부의 위장 조직 일환으로 창설되었다. 이 연구회는 비정부 기구를 표방하고 있고 유엔 비정부 기구 회의의 회원이다.[89] 이 연구회 초대 회장 주무즈朱穆之는 대외 선전실 실장도 겸한다. 이 연구회와 선전실의 연관성은 선전부와 대외 선전실 부국장을 지낸 추이위잉崔玉英이 중국 인권 연구회 부회장을 겸직했다는 사실로 확인된다.[90]

중국 인권 연구회의 전략적 중요성은 이 기구가 1998년 영어 웹사이트를 최초로 설치한 중국 기구들 가운데 하나라는 사실로 명백해졌다.[91] 중국 인권 연구회는 중국의 인권 상황에 대한 연례 보고서를 발행하는데, 1998년 이후로 미국의 인권 상황에 대한 연례 보고서도 발행하고 있다. 미국이 중국의 인권 상황에 대한 연례 보고서를 발행하는 데 대한 맞불 놓기 전략이다.[92] 그러나 중국 인권 연구회의 주요 기능은 중국에 우호적인 담론을 확산시키는 일이다.[93]

2006년 유엔 인권 이사회UN Human Rights Council가 유엔 인권 위원회UN Commission on Human Rights를 대체했다. 인권 상황이 열악한 나라들을 회원으로 두고 이스라엘을 비판해 온 유엔 인권 위원회에 대한 비판이 쏟아졌기 때문이다. 중국은 신설된 유엔 인권 이사회의 규정을 만드는 데 적극적으로 참여해 특정 국가에 대한 검토는 폐지하든가 대폭 축소해야 한다고 주장하면서 특정 국가에 대한 결의안을 채택하려면 회원국 가운데 3분의 2의 찬성을 확보해야 하는 규정을 만들려고 애썼다.[94] 중국은 3분의 2 찬성 규정을 공식화하는 데 실패했지만 유엔 인권 이사회에서 특정 국가에 대한 결의안은 이 회의 회원인 대다수의 아시아와 아프리카 국가들이 툭하면 부결시킨다.

중국은 유엔 인권 이사회에서 중국의 인권 상황에 대한 비판을 억누르는 데도 도가 텄다. 유엔이 중국의 인권 상황을 점검할 때마다, 중국은 중국의 인권 상황을 기꺼이 찬양할 나라들에게 발언할 기회를 주기 위해 애쓴다. 2019년 중국이 이러한 동조 세력으로부터 받은 인권 '권고 사항'은 "일대일로창의를 계속 추진해 다른 개발도상국들의 개발 노력을 돕고(파키스탄)", "중국의 국가 인권 행동계획 2016-2020을 통해서 인권 분야에서 국제 협력을 강화하고(투르크메니스탄)", "자국의 주권을 수호하고 영토를 보전하기 위해 극단주의와 테러리즘과 분리주의 성향에 맞서 지속적으로 투쟁하라(시리아아랍공화국)"는 내용이다.[95] 이처럼 권고 사항을 빙자한 중국 찬양의 사례들은 많이 있다. 2019년 홍콩 운동가 드니즈 호가 유엔 인권 이사회에서 연설을 했다. 그녀는 중국 대표단의 방해에도 아랑곳하지 않고 중국의 회원 자격을 중지하라고 유엔 인권 이사회 측에 요구했다.[96] 그러나 중국은 유엔 체제에 깊숙이 침투해 있기 때문에 그런 요청은 받아들여지지 않았다.

중국 공산당은 자국이 자의적으로 규정한 인권 개념을 확산시키기 위해 자국의 억압적인 정책을 정상으로 간주하는 포럼을 출범시켰다. 예컨대, 신화통신은 제 6차 베이징 인권 포럼에서 '외국 전문가들'이 인권을 보호하기 위해서는 인터넷 규제가 중요하다는 중국 전문가들의 의견에 동의했다고 보도함으로써 중국의 검열 정책을 정당화했다.[97] 네덜란드 인권 연구원 원장 톰 쯔바르트Tom Zwart, 영국 외교부 중국 문제 담당 국장을 지낸 케이츠 웨스트가스Kate Westgarth 같은 외국 전문가들은 중국이 바라는 수준의 검열을 지지하지는 않을지 모르지만 이러한 대화에 참여해 이러한 공식 발언을 함으로써 중국의 정책을 승인해 주는 행동을 하는 것만으로도 중국 공산당의 주장에 정당성을 부여해 준다.

유럽 연합-중국 연례 인권 대화와 중국-독일 인권 대화 같은 인권 대화도 중국의 인권 상황을 개선하지 않는 당의 입장을 정당화해 주는 역할을 한다. 2017년 10개 인권 기관들은 중국이 인권 분야에서 의미 있는 개혁을 시행할 때까지 중국과의 인권 대화를 중단하라고 유럽 연합에 요구했다.[98] 서구 진영 국가들은 그렇게 하기를 꺼렸다. 그러나 2019년 중국은 독일 측이 '건설적인 분위기가 결여'돼 있다는 이유로 독일과의 인권 대화를 취소했다.[99]

중국 공산당이 인권과 언론 매체 등과 같은 주제에 대해 서구 진영의 동반자 국가들과 대화를 할 때 이러한 대화를 청취할 표적으로 삼는 대상은 서구 진영뿐만이 아니다. 유럽과 북미는 중국에 대해 인권을 존중하라는 압력을 약화시켜 왔지만, 중국 공산당은 앞으로 한동안 이러한 나라들을 자국의 편으로 만들지 못하리라는 사실을 잘 알고 있다. 그리고 당분간 서구 진영은 여전히 남반구 국가들이 보기에 중국의 입장을 깎아 내릴 수 있다.

최근 몇 년 사이 중국 공산당은 중국이 주관하는 대화, 유엔 결의안, 국제회의 등을 통해서 자국의 인권 개념을 확산시키는 데 박차를 가해 왔다. 2011년 중국은 최초로 인권 행동 계획을 발표했다. 2017년 6월 중국은 유엔 인권 이사회에 처음으로 "모든 인권을 누리는 데 발전이 기여하는 바"라는 내용의 결의안을 제출했다.[100] 2018년 3월 중국은 "인권 분야에서 호혜적인 협력 촉진"이라는 제목의 두 번째 결의안을 제출했다.[101] 이 두 결의안은 모두 무난히 통과되었다.

2017년 12월 중국은 베이징에서 남-남 인권 포럼을 주최했고 시진핑의 '인류 공동체의 공통의 미래'를 개발 도상 지역 인권의 핵심적 요소로 승인하는 '베이징 선언'을 채택했다.[102] 중국 인권 연구회는 유럽을 순회하면서 중국 공산당이 정의한 인권 개념을 전파하고 자국의 집단 수용소 체제에 대한 비판을 무마해 왔다.[103] 중국은 2017년부터 100만 명이 넘는 위구르족과 소수 민족들을 감금하고 있는 수용소가 테러리즘에 맞서 싸우는 데 반드시 필요하다고 주장한다.[104] 중국 인권 연구회는 신장성에서 인권이 개선되었다고 찬사를 퍼붓는 행사들을 유엔 인권 이사회에서 주관하기도 한다.[105] 현재 신장성의 인권 현황을 미래를 가늠할 지표로 삼는다면, 중국이 말하는 '인류 공동체의 공통의 미래'는 진정으로 인권을 소중히 여기는 이라면 누구에게도 암울한 비보悲報다.

인터넷 주권과 신기술 표준을 수출하기

중국 공산당이 생각하는 '인터넷 주권' 개념은 정보의 자유로운 흐름을 촉진하는, 국경 없는 개방된 인터넷이라는 개념을 대체한다. 국내적으로는 검색 엔진을 조작해 특정한 용어가 검색되지 않게 막고 온라인 검열 부대를 설치하고 인터넷 기업들을 엄격히 규제하는 조치 등 역사상 그 유례가 없는 검열 체제가 필요한 개념이다. 중국 정부 산하 싱크 탱크들이 '민주적인' 세계 인터넷-관리 체제를 요구할 때는 독재 국가의 규범이 민주 국가의 규범에 상응하는 지위를 누리도록 하고 각 국가가 자국의 국경 내에서는 마음대로 인터넷을 검열하도록 허용함으로써 '인터넷 주권'을 보장하라는 요구를

달리 표현한 데 지나지 않는다.[106]

2014년 이후로 중국은 우전烏鎮에서 연례 세계 인터넷 회의를 개최해 왔다. 애플의 팀 쿡과 구글의 최고 경영자 순다르 피차이 등과 같은 거물급 인사들이 참여해 연설을 하는 이 회의는 별 볼일 없는 행사와는 거리가 멀다.[107] 팀 쿡은 "사이버 공간에서 공동의 미래에 합류할 공동체 구축을 돕게 되어" 뿌듯하다고 말했다.[108] 그의 이 발언을 중국어로 번역하면 시진핑의 '인류 공동의 미래'와 아주 흡사하게 들린다.

중국은 '인터넷 주권' 개념을 전 세계에 확산시키기 위해서 다른 나라들의 관리들을 대상으로 연수를 실시한다. 2017년 11월 중국은 '일대일로에 참여하는 국가의 관리들을 위한 사이버 공간 관리에 대한 세미나'를 개최해 부정적인 여론을 감시하고 이를 긍정적인 방향으로 전환하는 방법에 대한 강좌를 제공했다.[109]

중국 공산당은 중국이 생각하는 인터넷 관리 개념을 전 세계가 받아들이도록 설득할 가능성은 크지 않지만 어느 정도 성과는 거두었다. 베트남의 제약이 심한 사이버공간법은 중국의 법을 본떴다.[110] 러시아는 2019년 자국 국민이 러시아 국경 내에서 인터넷으로 접할 수 있는 콘텐츠에 대해 정부가 전권을 행사하는 법을 통과시킴으로써 '인터넷 주권'이라는 개념에 대한 지지를 표명했다.[111] 무엇보다도 중국은 인터넷 주권이라는 개념과 전문성뿐만 아니라 중국 공산당의 검열과 감시 체제를 가능케 하는 기술도 수출한다는 사실이 가장 중요하다. 전 세계적으로 구축되고 있는 '안전한 도시'는 화웨이 같은 기업의 감시 기술을 이용한다.[112] 화웨이는 '안전한 도시' 시설을 잠비아 수도 루사카에 제공했고, 화웨이 직원들은 잠비아 정

부가 정적들을 감시 추적하도록 도와 왔다고 전해진다.[113]

마지막으로, 중국은 국제 표준을 설정하는 기구의 역할에 지대한 관심을 보여 왔다. 즉, 충족해야 할 요구 사항과 규범, 그리고 상품의 기술적 설비 구조 등을 설정하는 행위이다. 2015년 중국은 일대일로를 따라서 표준화를 위한 영도소조領導小組를 설립했다.[114] 국제 표준 기구(IOS), 국제 전자 위원회(IEC), 유엔의 국제 전기 통신 연합(ITU) 등과 같은 여러 기구에서 주도적인 입지도 확보했다.[115] 〈파이낸셜 타임스〉보도가 유출된 문서를 인용해 보도한 바에 따르면 중싱통신中興通訊, ZTE과 국유 기업인 중국전신中國電信, China Telecom 같은 중국 기업들은 국제 전기 통신 연합을 통해서 새로운 안면 인식 기술의 표준을 제안했다.[116] 이러한 중국 기업들이 자사의 특허 기술을 토대로 세계 표준을 설정하게 되면 시장 점유율을 확대하는 데 유리한 지위를 점하게 된다. 2019년 중싱통신과 중국전신은 스마트 가로등에 비디오 감시 기술을 추가하는 표준을 제안했다. 홍콩의 시위대들이 우려해 온 바로 그 표준이다. 이 표준은 채택되었다.[117]

맺음말

서구 진영은 개인의 자유와 인권에 대한 이러한 위협에 어떻게 대응해야 할까? 민주주의 국가들은 그 체제를 견고하게 유지하려면 어떻게 해야 할까? 중국 공산당을 비롯한 독재적인 정권들의 간섭에 대처할 역량을 갖추되 그들을 닮지 않으려면 어떻게 해야 할까?

입에 발린 말이나 희망 사항이 아니라 적극적인 반격을 할 전략이 필요하다. 민주주의 국가들은 중국을 바꾸지는 못하겠지만 자국의 가장 중요한 제도들을 방어할 수는 있다. 효과적인 대응 방법은 나라마다 다르겠지만 어떤 나라든 열린사회의 장점을 십분 활용하되 동시에 단점도 보완해야 한다. 중국과 무절제하게 교류하는 행태를 종식시킴으로써 초래할 단기적인 손해를 받아들여야 한다. 그리고 동맹국들 간에 긴밀한 조율이 반드시 필요하다.

중국 공산당은 음지에서 암약하는 편을 선호하므로 햇빛이 최고의 살균제다. 중국 공산당의 활동을 만천하에 드러내는 책임은 언론 매체, 정부 기관, 학자, 정치 지도자들의 몫이다. 이 가운데 언론 매체는 전면에 나서야 한다. 표현의 자유와 언론의 자유는 중국 공산당의 적이고 어떤 대가를 치르더라도 보호해야 한다. 떼쓰기 외교와 경제적 보복이라는 공포 조장 때문에 중국의 개입 활동을 지적하기 꺼려해서는 안 된다.

학자들도 맞서야 한다. 대학교라는 개념 자체가 위협받고 있기 때문이다. 가랑비에 옷 젖듯 스며드는 자기 검열이든 행정 당국이 교직원들에게 자제를 당부하는 행태든, 학문의 자유에 대한 공격이 자행되면 주저 없이 지적해야 한다. 개입, 검열, 괴롭힘이 버젓이 자행되는데도 침묵하는 행태가 가장 위험하다. 학자와 학생 모두에 대해 불관용 원칙을 적용해야 한다. 상당수의 대학교들이 달라이라마를 초청해 연설을 들으면 중국의 협박은 효력을 발휘하지 못한다.

시민 사회도 중국 공산당의 만행을 폭로하는 데 앞장서야 한다. 중국에게 굴복하거나 적극적으로 지지하는 정계, 재계, 학계 엘리트 계층은 대중의 철저한 감시와 강도 높은 비판을 받아 마땅하다. 극장, 영화 제작자, 출판업자들을 비롯한 모든 문화 기관들은 중국의 압력에 굴복해 콘텐츠를 검열당하게 되면 이를 폭로하고 비판해야 한다. 불매 운동은 효과가 있다.

중국계인 사람들도 중국 공산당에 맞서는 데 중요한 역할을 해야 한다. 단순히 해외에 거주하는 중국인들도 참여해야 한다. 중국 공산당의 영향에 대한 저항이 인종 차별이나 '반중 정서'에서 비롯됐다는 비열한 공격을 불식시키기 위해서가 아니다. 서구 진영에 거주하는 중국인 후손들이 중국 공산당의 협박의 가장 일차적인 표적이기 때문이다. 중국이 원하는 대로 하지 않으면 처벌하겠다는 위협은 가혹한 경우가 많다. 이에 맞서 공개적으로 목소리를 내는 사람들은 지지하고 그들을 위협하는 이들은 처벌해야 한다.

반격을 가할 때 사용하는 언어는 중국 공산당과 중국인들을 한데 섞는 오류에 절대로 빠지지 말아야 한다. 중국 공산당이 중국인들을 포섭해 정계에 진출시키는 화인참정 전략에 맞서기 위해서 민주주의를 소중히 여기는 중국인들이 더 많이 시민 단체나 정치 단체에 참여해야 한다. 정당은 민주적 가치를 지닌 중국인들에게 출마를 권장하고 정치인들은 통일 전선 단체와 어울리면서 그들에게 정당성을 부여해 주는 행태를 그만두어야 한다.

민주주의 제도들을 방어하는 임무는 정당, 공공 기관, 사법 당국, 대학교, 문화 기관들, 언론 매체와 기업들이 담당해야 하고, 이들 모두 독재 정권을 상대할 때 지켜야 할 규정들을 분명히 밝히고 시행해야 한다. 정치 영역에서는 로비 활동의 투명성을 보장하는 법을 제정하고 선거 자금법의 허점을 보완해 중국 공산당 대리인들이 선거 자금으로 정치적 영향력을 사고 중국 공산당이 선호하는 후보를 지지하고 비판하는 이들의 목소리를 억누르고 선거의 결과를 좌지우지하는 정보 활동에 관여하지 못하게만 해도 상당한 성과를 거둘 수 있다. 의회는 필요하다면 어느 부문에서든 외국의 개입을 금지하는 법을 시행해 새로운 형태의 정치 전쟁과 민주주의 제도들을 전복할 방법을 적극적으로 모색하는 기구와 개인들로부터 체제를 보호해야 한다. 재정난에 빠진 대학교들의 문제도 시급히 해결해야 할 문제다. 대부분의 대학교들은 현재 중국과의 우호적인 관계를 유지해야 성공할 수 있다고 믿는 수익 지향적인 사람들이 관장하고 있다. 학문의 자유를 행사함으로써 금전적인 처벌을 감수해야 한다면 그 자유는 지키기 훨씬 힘들어진다. 대학교들은 중국 전문가들이 독자적인 연구를 통해 중국 공산당의 전략에 대한 대중의 이해를 돕도록 더 많은 재정적 지원을 할 필요가 있다.

마찬가지로 공공 매체에 더 많은 투자를 함으로써 중국과 우호적인 관계를 유지하는 데 금전적 이해가 걸려 있는 이들에 맞서야 한다. 중국 공산당이 중국어 매체들을 더 이상 장악하지 못하게 무력화하려면 중국의 압박으로 광고주들이 이러한 매체들에 대한 광고를 피하는 상황을 극복하는 조치도 포함되어야 한다. 광고 수익의 폭락으로 많은 매체들이 시장에서 퇴출되었다. 신생 매체들은 공적인 자금 지원이 필요할지도 모른다.

중국 공산당의 압박에 취약해지지 않기 위해 치러야 하는 비용은 장기적으로 볼 때 그만한 가치가 있다. 중국은 경제력을 막강한 무기처럼 휘두른다. 중국의 경제적 협박은 지금까지 대단한 효과를 거두었으며, 국민이 선출한 정부의 의사 결정을 왜곡하고 관료들 사이에 공포심을 조장하고, 비판하는 이들의 입을 틀어막고, 수많은 기업들을 볼모로 잡았다. 이러한 중국의 위력은 중국 국유 기업들이 다른 나라의 주요 기간 시설들을 소유하면서 증폭 일로를 걸었다. 서구 진영은 가능하다면 이러한 압박에 굴복하지 않도록 면역력을 길러야 하지만 불가능한 경우에는 손해를 보더라도 어려운 결단을 해야 한다.

교육과 관광을 비롯해 모든 산업 분야는 중국에서 비롯되는 수익에 크게 의존하게 되면 정치적 위험을 감수해야 한다는 사실을 깨달아야 한다. 단기적인 수익에 급급하다 보면 장기적으로 손해에 노출된다. 중국 기관과 제휴를 맺으려면 중국 공산당 체제가 작동하는 방식을 심층적으로 파악하고 있고 중국어가 유창한 사람들이 신중하게 심사숙고해서 결정해야 한다.

정부는 중국 시장에 지나치게 의존하게 됨으로써 위험에 노출되는 모든 기업들에게 그 대가를 감수해야 한다는 점을 분명히 인식시킬 필요가 있다. 기업은 중국에 대한 유화책으로서 자국의 정부가 인권과 개인의 자유에서 타협하기를 기대하지 말아야 한다. 현 중국 공산당 정권이 중국을 통치하는 한 시장을 다변화하는 게 신중한 기업 경영 방식이다.

미국 혼자서는 중국 공산당의 영향력 확산에 성공적으로 대처할 수 없다. 미국이 독자적으로 행동하면 중국의 술수에 빠지게 된다. 동시에 다른 서구 국가들도 중국 공산당이 통치하는 중국은 지금도 앞으로도 절대로 친구가 아니라는 사실을 깨달을 필요가 있다. 중국 공산당은 자국이 좌지우지하는 나라가 아니면 동맹을 혐오하고 어떻게 해서든 동맹을 깨뜨리기 위해 온갖 술수를 동원한다. 전 세계 민주 국가들은 하나로 뭉쳐서 보편적인 인권과 민주주의 원칙을 수호해야 하고, 이러한 노력을 기울이는 데 있어서 개발도상국들과의 동맹은 선진국들 간의 동맹 못지않게 중요하다.

이 책은 현 상황을 암울하게 그렸지만 우리는 민주주의와 자유를 지키려는 의지가 결국 승리하리라는 희망을 여전히 잃지 않고 있다. 홍콩과 타이완에서 국민들이 중국 공산당의 통제와 협박에 맞서 반격을 감행하고 있다. 서구 진영의 대다수가 자국의 통치 체제에 대해 넌더리를 내고 냉소주의에 빠져 있지만, 그들이 당연시하는 권리와 자유를 중국 공산당이 심각하게 위협하고 있다는 사실을 깨닫는 이들이 점점 늘어나고 있다. 그리고 정치적 진영을 가리지 않고 중국의 영향력과 개입과 위협에 맞서고 있다는 사실에서 위안과 자신감을 얻는다. 중국을 탈출한 이들을 포함해 좌우를 막론하고 중국 공산당이 가하는 위협에 눈을 뜬 사람들이 서로 힘을 모으고 있다. 반격을 가하는 세력은 나날이 강해지고 있고 중국의 공산당 간부들은 점점 근심이 깊어지고 있다.

감사의 말

수많은 이들이 본인의 시간과 지식을 동원해 이 책의 내용을 다듬는 데 기여해 주었다.

특히 존 피츠체럴드, 헬레나 르가다, 카티야 드린하우센, 알렉스, 조스키, 메투 터핀 등 이 책 원고 전체 혹은 부분을 읽고 조언을 해준 이들에게 특히 감사드린다. 제프 웨이드는 이 책을 집필하는 내내 소중한 조언을 해 주었다. 이름을 밝히지 않기를 원한 멜버른의 한 동료 학자는 자료 조사에 어마어마한 기여를 했고 각 장을 꼼꼼히 읽어 주었다.

클라이브 해밀턴은 특히 캐나다와 미국에서 그를 만나 자발적으로 전문 지식을 제공해 준 많은 이들에게 감사드린다. 데이비드 킬고어, 위니 응, 알렉스 보우, 매트 서덜랜드, 대니얼 펙, 톰 만켄, 토시 요시하라, 일라이 래트너, 조쉬 로진, 아이작-스톤, 피쉬, 앤드루 에릭슨, 조애나 추, 제러미 너톨, 이나 미첼, 조너선 맨소프, 페린 그라우어, 캘빈 크러스티, 존 프레이저, 레브런드 도미닉 체, 조엘 칩카. 크레이그 오프먼, 딕 챈, 디몬 류, 밥 슈팅거, 빈센트, 차오, 러셀 샤오, 크리스 워커, 제시카 루드윅, 오빌 셸, 그리고 이안 이스턴이 그들이다.

해밀턴은 특히 캐나다에서 중국 공산당이 행사하는 정치적 영향력을 이해하도록 이끌어 준 정보의 보고, 이 아이비, 리, 페넬라 성, 나탈리 휘에게 특히 감사한다.

이미 언급된 이들 말고도 호주에서 수많은 동료들과의 대화를 통해 관련 주제에 대한 정보와 지식을 얻었다. 찰스 에델, 캐서린 융, 닉 매킨지, 매튜 로벗슨, 존 가넷에게 감사드린다. 영국에서는 키스 토머스, 마틴 솔리, 찰스 파튼이 크게 도움을 주었다. 유럽에서는 프라디프 파네자, 루크레치아 포게티, 손스턴 베너, 로저 팔리고, 지창 룰루가 이 책에 도움을 주었다.

머라이커 올버그는 소중한 조언과 지지를 해 준 메르카토르 연구소 중국학 부서의 동료들에게 감사를 드린다. 이 책에 제시한 주장들이 반드시 그녀가 소속된 기관들의 주장과 일치하지는 않는다. 올버그는 유럽 전역에 걸쳐 이 책의 주제와 관련한 수많은 회의와 세미나와 워크숍에 참석한 이들에게도 감사를 드린다. 비공식적으로 나눈 수많은 대화 덕분에 새롭게 연결고리를 찾고 새로운 깨달음을 얻었으며 중국 공산당의 개입에 대한 이해를 다듬게 되었다. 마지막으로 올버그는 가족과 친구들에게도 감사드린다. 그들의 지원이 아니었다면 이 책을 탈고하지 못했을지 모른다.

우리가 쓴 이 책은 중국을 연구하는 수많은 학자와 분석가들의 땀과 노력의 결실이며, 이 책의 본문과 미주를 통해서 그들에게 진빚을 제대로 갚았기를 바란다. 특히 앤-마리 브래디의 역작은 우리가 중국 공산당의 통일 전선 공작을 이해하는 데 큰 영향을 미쳤다.

물론 이 책에 수록된 모든 주장들은 저자인 우리의 주장이며 위에 언급된 그 누구의 주장도 아님을 분명히 밝힌다. 혹여 놓치고 바로잡지 못한 오류가 있다면 이 또한 저자인 우리의 책임이다.

- **표태**表態: 표시 태도의 줄임말. 말 그대로 자신의 태도를 표명한다는 뜻. 중국 공산당의 정치 문구를 되풀이하고 지지함으로써 당에 대한 충성을 표하는 정치적으로 중요한 행위.
- **대외선**大外宣: 정부 선전 부서들과 당과 정부의 모든 기관들이 중국 사회뿐만 아니라 더욱더 폭넓게 외국인을 표적 삼아 진행하는 선전 공작.
- **차주출해**借舟出海: 문자 그대로 배를 빌려 바다로 나간다는 뜻. 외국 매체 등과 같이 다른 나라의 주체들을 빌려 중국 공산당의 메시지를 전파하는 방식
- **중국방안**中国方案: 중국식 독재 체제 정부를 설명하는 용어로서 다른 나라들에 수출해 학습하게 할 수 있는 체제
- **9호 문건**9号文件: 2013년 4월 당 중앙 위원회가 회람한 '작금의 의식 형태 영역의 정황에 관한 통보關於當前意識形態領域情況的通報'라는 내부 문건의 구어체 표현
- **인민적적인**人民的敵人: 중국 공산당이 당이 추구하는 목표에 적대적이라고 간주하는 부류. 그들은 당이 대표하는 대중, 즉 '인민'에 속하지 않는다. 중국 공산당이 적으로 간주하는 이들에게는 별도의 규정들이 적용된다.
- **방화장성**防火長城: 중국 내에서 인터넷을 검열하는 데 사용되는 기술과 규제를

일컫는 구어체 표현

- **화교**華僑: 중국 바깥에 거주하는 중국인
- **화인참정**華人參政: 말 그대로 중국인의 정치 참여. 신뢰할 만한 중국 혈통인 이들의 지위를 향상시켜 민주주의 국가에서 정치적 영향력을 극대화하는 통일 전선 전략.
- **화어권**話語權: 담론 권력. 의제를 설정하고 공공 담론의 방향을 정하는 능력을 일컫는 중국 공산당 용어.
- **구호**口號: 정치적 문구. 중국 정치에서 매우 흔하다.
- **노붕우**老朋友: 라오펑유. '중국의 오랜 친구'라는 뜻. 중국 공산당의 전략적 이익을 달성하는 데 도움을 주는 특정한 지위를 지닌 외국인들을 일컫는 호칭.
- **영도소조**領導小組: 각종 부서와 기관들에서 차출된 지도자들이 서로 협력해 특정 부문에서의 업무를 조율하는 흔한 조율 및 자문 기구.
- **이용지방포위중앙**利用地方包圍中央: '지방으로써 중앙을 에워싼다.'는 뜻. 지방의 행위자들과의 우호적인 관계를 이용해 중앙 정부에 압력을 행사하는 전술을 말한다.
- **농촌포위성시**農村包圍城市: '농촌을 이용해 도시를 에워싼다.'는 뜻. 적이 취약한 지역을 이용해 적의 본거지를 에워싼다는 뜻.
- **화평연변**和平演變: 서구 진영이 평화적인 수단을 이용해, 무엇보다도 중국 체제를 안으로부터 훼손할 이념을 확산시켜 정치적 변화를 야기하려 한다는 중국 공산당의 이론(9호 문건 참조).
- **화평굴기**和平崛起: 선전부 부장 대리를 지낸 정치 책사 정비젠鄭必堅이 만든 이론으로서 세계에서 중국이 행사하는 영향력은 대체로 평화로운 특성을 지닌다는 주장. 이는 나중에 '화평발전和平發展'으로 바뀌었다.
- **민간외교**民間外交: 1950년대부터 중국 공산당이 사용해 온 국제 사회에 관여하는 형태. 본래 중국의 외교적 고립을 우회하기 위해 사용되었고, 중국이 다른 나라들에게 공식적으로 인정을 받게 된 이후에도 유지된 전술로서 통일 전선 공작 기관들을 통해서 당이 총괄한다. 중국 공산당은 '인민'의 궁극적인 대표임을 자임한다.

- **정능량**正能量: 시진핑과 중국 공산당이 매체 등에 비판적이거나 '부정적인' 보도보다 긍정적인 내용을 보도하라고 요구할 때 사용하는 표현.
- **교무**僑務: 해외 중국인 교포 업무. 해외 거주 중국인들을 겨냥한 통일 전선 공작의 형태.
- **천인계획**千人計劃: 2008년 세계적인 학자들을 중국으로 영입하기 위해 중국 정부가 출범시킨 프로그램
- **통일전선공작**統一戰線工作(줄여서 통전 공작) : 중국 공산당 밖에서 단체와 개인들과 관계를 구축하는 정치 업무. 숙적에 맞서기 위해 최대한 폭넓은 연대 세력을 구축하는 게 목표다.
- **외원내방**外圓內方: 바깥은 둥글고 안은 네모란 뜻. 원칙을 훼손하지 않고 전략적 유연성을 허락하는 통일 전선 원칙.
- **소매대방망**小罵大幇忙: 사소한 비판을 곁들인 큰 도움이란 뜻. 사소한 문제에 대해 약간의 비판을 함으로써 더욱 중요한 문제와 관련해 중국 공산당(또는 그 관련 기관)을 지지할 때 믿음직해 보이도록 하는 전략.
- **신교**新僑: 최근에 해외에 정착한 중국인들.
- **이상핍정**以商逼政: 기업을 이용해 정부에 압력을 행사하는 방법. 즉, 외국 기업들로 하여금 중국과 중국 공산당을 대신해 자국의 정부를 상대로 로비하게 만드는 방법.
- **우의**友誼: 우정과 같은 뜻. 외국인들을 포섭해 중국 공산당의 이익을 옹호하거나 증진시키도록 만드는 업무와 관련된 용어.

- **인민 해방군 총참모부 제 2부:** 그 후신은 중앙군사위원회 연합 참모부 첩보국
- **인민 해방군 총참모부 제 3부:** 신호 첩보 업무를 맡았다.
- **ABP, 총부기지總部基地:** 베이징에 본부를 둔 부동산 개발 회사로서 보리스 존슨이 런던 시장일 때 런던의 로얄 앨버트 부두를 재개발하는 10억 파운드 상당의 공사 수주를 따냈다.
- **ACPAI, 미중 공공 문제 연구소:** 미중 관계를 구축하는 비영리 단체. 이 연구소 소장 프레드 탱Fred Tang은 중미교류기금회의 미국 특별 대표도 겸한다.
- **AfD, 독일대안당:** 독일 강경 우익 정당
- **AFROC, 중화전국귀국화교연합회中華全國歸國華僑聯合會:** 1957년에 설립된 통일 전선 기구. 포섭 대상은 중국으로 이주한 중국인 혈통의 후손으로서 외국 국적자와 해외에서 장기간 거주한 후 중국으로 돌아온 중국 국적자들이다.
- **ANU, 호주 국립 대학교:** 캔버라에 있는 호주 국립 대학교
- **브리티시컬럼비아:** 캐나다에서 가장 서쪽에 있는 주.
- **BRI, 사주지로경제대화21세기해상사주지로丝绸之路經濟带和21世紀海上丝绸之路:** 전 세계적으로 기간 시설 프로젝트에 자금을 지원하는 중국 정부의 주요 정책. 사주지

로丝绸之路 또는 일대일로一帶一路라고도 한다.

- **C100, 100인회百人會:** 1990년에 창설된 저명한 중국계 미국인들의 단체로서 중국계 미국인의 미국 사회 참여와 미국과 중국 간의 건설적인 관계를 증진시킨다는 게 공식적인 설립 취지다.
- **CAFI, 중국예술기금회:** 2014년에 설립된 중국 예술 기금의 뉴욕 지부로서 문화 활동을 통해 정보를 수집하고 영향력을 행사하는 게 목표다. 중국예술기금회는 2006년 덩샤오핑의 딸 덩룽이 인민 해방군과 연계된 중국국제우호연락회의 지원을 받아 설립했다.
- **CAIEP, 중국 국제 인재 교류 협회:** 민간 교류에 매진하는 중국 단체로서 미국, 캐나다, 러시아, 독일, 영국, 호주, 이스라엘, 일본, 싱가포르, 홍콩에 지부를 두고 있다.
- **CAIFC, 중국국제우호연락회:** 중앙군사위원회 정치 공작부 연락부 산하 통일 전선 기관. 정보를 수집하고 선전 활동에 관여한다.
- **CASS, 중국 사회 과학원:** 중국의 으뜸가는 국가 차원의 인문 사회 과학 부문 연구 기관으로서 1977년에 설립되었다. 정부 부서에 상응하는 지위를 갖고 있고 국무원 직속 산하 기관이다.
- **CBBC, 영중 무역 협회:** 영국과 중국 간의 무역과 투자를 촉신하는 영국 로비 단체. 1991년 48그룹 클럽의 지원으로 중미 무역 단체로 창설되었다.
- **CCG, 중국여전구화지고中國與全球化智庫:** 2008년에 설립된, 베이징에 본부를 둔 싱크 탱크로서 통일 전선 부서와 밀접한 관련이 있고 왕후이야오가 이끌고 있다.
- **CCIEE, 중국국제경제교류중심:** 베이징에 본부를 둔 고위급 싱크 탱크로서 2009년에 창립되었고 부총리를 지낸 청페이옌曾培炎이 이끄는 국가 발전 개혁 위원회의 감독을 받는다.
- **CCP, 중국 공산당:** 중화인민공화국의 유일한 통치 당.
- **CCPIT, 중국 국제 무역 촉진 위원회:** 1952년 당시 중국 총리 저우언라이의 지시로 창설된 통일 전선 기구. 당시에는 외국 정부들을 설득해 중국과 교역 관계를 맺도록 하는 업무를 했다. 1949년 공산주의자가 중국을 접수하면서 중국은 무역 금지 대상이 되었다. 이 기구는 오늘날에도 중국과 외국 간의 무역을 촉진시

키고 정치적 인맥을 구축하는 업무를 하고 있다.

- **CCPPNR, 중국화평통일촉진회:** 타이완에 대한 중국의 입장을 널리 알리고 다른 의견들을 억압하는 데 매진하는 통일 전선 기구지만 당의 폭넓은 정치적 목표를 추진하는 업무도 한다.
- **CCTV, 중국중앙전시대中國中央電視臺:** 중국 제 1의 텔레비전 방송국. 2018년 중국광파전대中國廣播電臺와 중국국제광파전대中國國際廣播電臺와 합병해 중앙광파전시총대中央廣播電視總臺가 되었고 이는 중국 공산당 선전부 산하에 있다.
- **CEIBS, 중국 유럽 국제 경영 대학원:** 상하이에 본부를 둔 경영 대학원으로 중국 정부와 유럽 집행 위원회의 합의하에 1994년에 설립되었다.
- **CETC, 중국전자과기집단中國電子科技集團:** 통신 장비, 소프트웨어를 비롯한 전자 장비 전문 국유 기업으로서 '인민 해방군에게 쓸모 있는 민간 부문 전자 제품을 차용'하는 게 목적이다.
- **CGTN, 중국환구전시망中国環球電視網:** 중국중앙전시대의 국제 방송. 워싱턴 D.C., 나이로비, 런던에 방송 제작 센터가 있다. 중앙 국제 전시대로 알려졌었는데 2016년에 이름을 바꿨다.
- **CIC, 중국 투자 유한 책임 공사:** 중화인민공화국의 외환 보유고의 국부 펀드 운용 부문
- **CICIR, 중국 현대 국제 관계 연구원:** 베이징에 본부를 둔 싱크 탱크로서 1965년에 설립되었고 국가 안전부 관할이다.
- **CIPG, 중국 국제 출판 집단:** 중국 공산당의 외문국의 외부용 명칭. 중국 공산당 중앙 위원회 선전부 산하 기관이다. 중국 외문 출판 총국이라고도 한다.
- **CITIC, 중국중신집단유한공사中國中信集團有限公司:** 인민 해방군과 연계된 국유 투자 공사
- **CMC, 중앙군사위원회:** 인민 해방군을 지휘하는 중국 공산당 위원회. 중화인민공화국 중앙군사위원회라고도 일컫는다.
- **CMG, 중앙광파전시총대中央廣播電視總臺:** 2018년 중국중앙전시대中國中央電視臺, 중국광파전대와 중국국제광파전대中國國際廣播電臺가 합병해 만들어진 매체. 중국 공산당 선전부로부터 지시를 받는다.

- **CNS, 중국신문사**中國新聞社: 중국 제 2의 관영 통신사. 중국 공산당의 통일 전선 조직의 일부이고 주로 타이완, 홍통, 마카오뿐만 아니라 해외 거주 중국인들을 겨냥한다.
- **CPAFFC, 중국 인민 대외 우호 협회:** 1954년에 창설된 통일 전선 기구로서 현재 회장은 중국 주석을 지낸 리셴녠李先念의 딸 리샤오린李小琳이다.
- **CPPCC, 중국인민정치협상회의:** 전국 인민 대표 대회에 상응하는 통일 전선 조직. 전국 인민 대표 대회와 중국인민정치협상회의는 해마다 한 차례 3월에 만나는데 이를 량후이兩會라고 한다.
- **CPSU, 소련 공산당:** 구소련의 통치 당
- **CRI, 중국국제광파전대**中國國際廣播電臺: 중국의 관영 국제 라디오 방송국으로 2018년부터 중앙광파전시총대 소속이다.
- **CSSA, 중국학생학자연합회:** 해외에서 유학하는 중국인 학생과 학자들로 구성된 통일 전선 조직. 전 세계 대학 내에 존재하는 중국학생학자연합회는 해당 지역의 중국 대사관이나 영사관과 연결되어 있다.
- **CUSEF, 중미교류기금회:** 2008년에 설립되었고 홍콩에 본부를 두고 있다. 홍콩 행정 장관을 지낸 동젠화가 회장을 맡고 있는데, 그는 통일전선공작의 중요한 인물이다. 인민 해방군과도 연결되어 있다.
- **EDI Media, 미국매룡전매유한공사**美國鷹龍傳媒有限公司: 로스앤젤레스에 본부를 둔 중국계 미국인의 멀티미디어 기업으로 중국국제광파전대와 연관되어 있다. 이 공사의 부사장 제임스 수는 중화전국귀국화교연합회의 부회장이기도 하다.
- **G77:** 유엔 내의 135개 개발도상국들의 연합체. 창설 회원국이 77개국이다. 중국은 G77의 공식 회원국은 아니지만 이 연합체와 행동을 조율하기 때문에 공동 성명서는 보통 'G77과 중국'의 명의로 발표된다.
- **HNA Group, 해항집단유한공사**海航集團有限公司: 항공, 부동산, 금융 서비스를 비롯한 각종 산업에 관여하는 중국 거대 기업으로 하이커우에 본부를 두고 있다.
- **ICAS, 중미 연구 중심:** 워싱턴 D.C.에 있는 싱크 탱크. 중국 정부의 싱크 탱크인 중국남해연구원中国南海研究院의 해외 지부이고 해남 남해 연구 기금회가 재정을 뒷받침한다.

- **ICPT, 국제 무역 촉진 위원회:** 소련과의 무역 제한을 우회할 방법을 모색하기 위해 1952년에 창설된 소비에트 위장 단체.
- **ILD, 중국 공산당 중앙 위원회 대외 연락부:** 1951년에 창설된 중국 공산당 소속 부서로서 외국 정당들과의 연락 업무를 맡고 있다. 처음에는 공산당에만 집중했지만 1980년대에 업무 영역을 확장해 비공산당 정당들과도 연락을 하기 시작했다.
- **MPS, 중화인민공화국 공안부:** 중국 경찰이자 국내 공공 안전을 유지하는 기관.
- **MSS, 중화인민공화국 국가 안전부:** 정보 업무와 정치 안정을 책임진 정부 기관.
- **NAS, 전국 학자 협회:** 교육과 관련된 미국 내 보수 성향의 단체
- **NUDT, 국방 과기 대학:** 중국의 핵심적인 대학 가운데 하나. 중앙군사위원회의 지휘를 받으며, 후난성의 수도 창사에 있다.
- **NYU, 뉴욕 대학교:** 뉴욕 시에 있는 민간 연구 대학교로서 상하이와 아부다비에 학위를 수여하는 분교가 있다.
- **OBOR, 일대일로一帶一路:** 현재 '일대일로창의一帶一路倡議, Belt and Road Initiative BRI'의 옛 명칭.
- **OCAO, 국무원교무판공실國務院僑務辦公室:** 해외 거주 중국인들과의 관계를 관리하는 중국 정부 기관. 2018년 통일전선공작부와 합병했지만, 공식적으로는 이 명칭이 여전히 쓰인다.
- **PLA, 중국 인민 해방군:** 중국 공산당의 군부.
- **PLAIEU, 중국 인민 해방군 전략 지원 부대 신식 공정 대학:** 허난성 정저우에 있는 군 사관학교.
- **PRC, 중화인민공화국中華人民共和國, People's Republic of ChinaPRC:** 중국의 공식 명칭. 타이완의 공식 명칭인 중화민국中華民國, Republic of ChinaROC과 혼동하지 말 것.
- **RMB, 인민폐人民幣:** 중화인민공화국의 화폐. 위안이라고도 한다.
- **SAFEA, 국가 외국 전(문)가국:** 국무원 산하 기관으로서 중화인민공화국과 협력하는 외국 전문가들을 보증하는 업무를 한다. 우의상友誼獎을 수여하는 업무도 맡고 있다.
- **SAIS, 국제학 대학원:** 존스 홉킨스 대학교 소속 미국 최고 명문 국제 관계 대학원

- **SARS, 급성 호흡기 증후군:** 바이러스 호흡기 질환.
- **SASTIND, 국가국방과기공업국**國家國防科技工業局**:** 공업화신식화부工業和信息化部 소속 정부 기관. 국방 과학 기술 공업 위원회 후신이다.
- **SCO, 상하이합작조직**上海合作组織**:** 중국이 지배하는 유라시아 안보 기구. 2001년 상하이에서 창설되었고 러시아, 카자흐스탄, 키르기스스탄, 타지키스탄, 우즈베키스탄, 인도, 파키스탄 등이 회원국이다.
- **SCOBA, 규곡유미박사기업가협회**硅谷有美博士企業家協會**:** 본토 중국인과 중국계 미국인들을 포함한 기업가/기술 전문가 협회. 일부 회원들은 중국의 중앙 정부와 지방 정부 기관들의 자문 역할을 한다.
- **SOE, 국유 기업:** 정부가 지분 절반 이상을 소유한 기업.
- **SPD. 독일사회민주당:** 독일의 중도 좌익 정당.
- **UFWD, 통일전선공작부**統一戰線工作部**:** 국내외 당 안팎으로 단체와 개인들과의 관계를 관리하는 중국 공산당 기관. 종교 단체, 산업 연맹, 소수 민족, 해외 거주 중국인, 홍콩, 마카오, 타이완 사람들을 겨냥한다. 시진핑 시대에 그 임무가 확대되어서 2018년에는 다양한 정부 기관들을 흡수했다.
- **UNDP, 유엔 개발 계획:** 유엔의 세계 개발 조직망.
- **UNHCR, 유엔 인권 이사회:** 인권을 증진하고 보호하는 업무를 맡은 유엔 기구. 2006년에 창설되었고 유엔 인권 위원회를 대체했다.
- **USCPFA, 미중 인민 우호 협회:** 1974년 미국에서 창설된 친선 기구.
- **USSR, 소비에트 사회주의 공화국 연방:** 구소련의 공식 명칭
- **WHA, 세계 보건 대회:** 이 포럼을 통해서 세계 보건 기구가 운영된다. 회원국의 보건부 장관들로 구성된다.
- **WHO, 세계 보건 기구:** 국제 공중 보건 업무를 맡은 유엔 기구.
- **ZJUKA, 영국저장연의회**英國浙江聯議會**:** 중국 저장성 출신으로 영국에 거주하고 있는 중국인들의 향우회(통일 전선 기구)

1. 중국 공산당이 품은 야심

1 Shaun Rein, China Market Research Group, Shanghai, quoted by Anon., 'Beijing's new weapon in economic war: Chinese tourists', Inquirer.net, 26 June 2017.

2 Clive Hamilton, Silent Invasion: China's influence in Australia, Melbourne: Hardie Grant Books, 2018, p.145.

3 Norman Lebrecht, 'Eastman dean explains why he dropped Korean students from China tour', Slipped Disk, 26 October 2019.

4 Javier Hernández, 'Caught in U.S.-China crossfire, Eastman Orchestra cancels tour', The New York Times, 30 October 2019.

5 James Palmer, 'The NBA is China's willing tool', Foreign Policy, 7 October 2019.

6 Ben Cohen, Georgia Wells and Tom McGinty, 'How one tweet turned pro-China trolls against the NBA', The Wall Street Journal, 16 October 2019.

7 Sopan Deb, 'N.B.A. commissioner defends Daryl Morey as Chinese companies cut ties', The New York Times, 8 October 2019.

8 Ben Mathis-Lilley, 'The NBA forgot that it has American fans too', Slate, 7 October 2019.

9 Perry Link, 'China: the anaconda in the chandelier', Chinafile, 11 April 2002.

10 Jason Thomas, 'China's BRI negatively impacting the environment', Asean Post, 19 February 2019.

11 Devin Thorne and Ben Spevack, 'Harbored ambitions: how China's port investments are strategically reshaping the Indo-Pacific', C4ADS, 2017, p.19.

12 Nadège Rolland, 'Beijing's vision for a reshaped international order', China Brief (Jamestown Foundation), 26 February 2018.

13 The leading intellectual Zheng Wang observes, 'the Chinese feel a strong sense of chosenness and are extremely proud of their ancient and modern achievements'. Zheng Wang, Never Forget National Humiliation: Historical memory in Chinese politics and foreign relations, New York: Columbia University Press, 2012, p.17.

14 Martin Hála and Jichang Lulu, 'Lost in Translation: "economic diplomacy"with Chinese characteristics', Sinopsis, 10 March 2019, p.7.

15 Qiao Liang, 'One belt, one road', Limes (Revista Italiana di Geopolitica), 17 July 2015.
16 Tom Wright and Bradley Hope, 'China offered to bail out troubled Malaysian fund in return for deals', The Wall Street Journal, 7 January 2019. The projects turned into a major graft scandal.
17 Ben Blanchard and Robin Emmott, 'China struggles to ease concerns over "Belt and Road" initiative as summit looms', Japan Times, 11 April 2019.
18 Nayan Chanda, 'The Silk Road – Old and New', YaleGlobal Online, 26 October 2015.
19 Ariana King, 'China is "champion of multilateralism," foreign minister says', Nikkei Asian Review, 29 September 2018.
20 Zhonggong zhongyang xuanchuanbu ganbuju 中共中央宣传部干部局 [Cadre Bureau of the Central Propaganda Department of the CPC Central Committee], ed., Xin shiqi xuanchuan sixiang gongzuo 新时期宣传思想工作 [Propaganda and thought work in the new period], Beijing: Xuexichubanshe, 2006, p.2.
21 Melanie Hart and Blaine Johnson, 'Mapping China's global governance ambitions', Center for American Progress, 28 February 2019. The CCP's switch to attack as the best form of defence is discussed in chapter two.
22 Anon., 'Why does the Western media hate the GFW so much?', Global Times, 11 April 2016. Like many other Global Times editorials that are dismissed as radical or only representing a fringe opinion inside the Chinese government, we'll see that it actually represents mainstream thinking inside the CCP leadership.
23 Party theorists have studied Michel Foucault. See 'Guoji huayuquan jianshe zhong ji da jichuxing lilunxing wenti' 国际话语权建设中几大基础性理论问题 [Some big basic theoretical questions in building international discourse power], State Council Information Office, 27 February 2017, 〈http://archive.is/jIjRm〉.

2. 레닌주의 정당, 바깥세상으로 발을 내딛다

1 'China urges US to abandon zero-sum Cold War mindset', CGTN YouTube channel, 19 December 2017, 〈https://www.youtube.com/watch?v=zZyPDLJmZE〉; 'China calls on US to "cast away Cold War mentality"', AP Archive YouTube channel, 6 February 2018, 〈https://www.youtube.com/watch?v=ZYdaY8Ptp78〉. For official news agency Xinhua, the US Department of Defense's 2018 National Defense Strategy was also a sign of America's 'Cold War mentality'. Anon., '"Cold War" mentality for U.S. to play up "Chinese military threat": spokesperson', Xinhua, 1 January 2018.
2 Anon., 'Huawei victim of high-tech McCarthyism', Global Times, 1 July 2019.
3 Liu Xiaoming, '"Gunboat diplomacy" does not promote peace', The Telegraph, 20 March 2019. It is not just the United States that suffers from a 'Cold War' mindset. Germany has the same problem, if the Global Times is to be believed, and Australia. Li Chao, 'Germany's skepticism of China unfounded', Global Times, 14 March 2018. When Lithuania included China in its 2019 National Threat Assessment, the Chinese ambassador 'reminded' Lithuania 'not to look at Chinese investment through the lens of "cold war"'. Joel Gehrke, 'China lashes Lithuania for sounding alarm on espionage', Washington Examiner, 8 February 2019.
4 Anon., 'China rejects U.S. accusations on human rights', People's Daily Online, 15 March 2019.

5 Laurie Chen, 'Overreaction to China threat could turn into McCarthyite Red Scare, says former US official', South China Morning Post, 31 March 2019.
6 Chen, 'Overreaction to China threat could turn into McCarthyite Red Scare'.
7 John Kennedy, 'Xi Jinping's opposition to political reforms laid out in leaked internal speech', South China Morning Post, 28 January 2013; Gao You 高瑜, 'Nan'er Xi Jinping' 男儿习近平 [Real man Xi Jinping], Deutsche Welle, 25 January 2013.
8 E.g., Angus Grigg, 'How did we get Chinese leader Xi Jinping so wrong', Financial Review, 18 January 2019.
9 Xi Jinping 习近平, 'Guanyu jianchi he fazhan Zhongguo tese shehui zhuyi ji ge wenti' 关于坚持和发展中国特色社会主义的几个问题 [A few issues regarding upholding and developing socialism with Chinese characteristics], Qiushi, no. 7, 31 March 2019, 〈http://www.qstheory.cn/dukan/qs/2019-03/31/c_1124302776.htm〉.
10 For a translation, see Anon., 'Document 9: a ChinaFile translation', ChinaFile, 8 November 2013, 〈http://www.chinafile.com/document-9-chinafile-translation〉.
11 Carry Huang, 'Paranoia from Soviet Union collapse haunts China's Communist Party, 22 years on', South China Morning Post, 8 November 2013. In the same year, cadres were asked to watch a documentary, jointly produced by the CCP's Central Disciplinary Inspection Commission and the Chinese Academy of the Social Sciences, called In Memory of the Collapse of the Communist Party of the Soviet Union. Just like Xi Jinping's speeches, it blamed the fall of the Soviet Union on the loosening of Party control in the ideological sphere.
12 Also see Jeremy Goldkorn, 'Silent Contest', The China Story, 2014.
13 Huang Jingjing, '"Silent Contest" silenced', Global Times, 17 November 2013.
14 For campaigns at universities, see Tom Phillips, '"It's getting worse": China's liberal academics fear growing censorship', The Guardian, 6 August 2015; Tom Phillips, 'China universities must become Communist party "strongholds", says Xi Jinping', The Guardian, 9 December 2016; Steven Jiang, 'Communist Party cracks down on China's famous Peking University', CNN, 15 November 2018. For tightened controls over media, see David Bandurski, 'The spirit of control', Medium, 24 February 2016.
15 John Garnaut, 'Engineers of the soul: ideology in Xi Jinping's China by John Garnaut', republished in Sinocism Newsletter, 17 January 2019, 〈https://nb.sinocism.com/p/engineers-of-the-soul-ideology-in〉.
16 Garnaut, 'Engineers of the soul'.
17 Anne-Marie Brady, Marketing Dictatorship: Propaganda and thought work in contemporary China, Lanham, MD: Rowman & Littlefield, 2008, pp.51ff.
18 Joseph Nye, Bound to Lead: The changing nature of American power, New York: Basic Books, 1990.
19 Meiguo dingneng lingdao shijie ma? 美国定能领导世界吗? [Is It Certain that America Can Lead the World?], trans. He Xiaodong 何小东 and Gao Yuyun 盖玉云, Beijing: Junshi yiwen chubanshe, 1992, p.4.
20 Meiguo dingneng lingdao shijie ma?, pp.2–3.
21 Sha Qiguang 沙奇光, 'Dui shiji chu guoji yulun xingshi ji yingdui cuoshi de ji dian sikao' 对 世纪初国际舆论形式及应对措施的几点思考 [Reflections on form of international public opinion and response measures in the beginning of the century], Duiwai xuanchuan cankao, no. 12, 2000, p.9.

22 Zhang Guofan 张国祚, 'Zenme kandai yishi xingtai wenti' 怎样看待意识形态问题 [How to view the question of ideology], Qiushi, 23 April 2015, originally published in Hongqi wengao, no. 8, 2015, 〈https://web.archive.org/web/20191205120449/http://www.qstheory.cn/dukan/hqwg/ 2015-04/23/c_1115069696.htm〉.

23 See for example chapter 4, 'The Chinese discourse on Communist partystates', in David Shambaugh, China's Communist Party: Atrophy and adaptation, Berkeley: University of California Press; Washington, D.C.: Woodrow Wilson Center Press, 2008.

24 Bruce Gilley and Heike Holbig, 'In search of legitimacy in post-revolutionary China: bringing ideology and governance back', GIGA Working Paper no. 127, 8 March 2010, available at SSRN: 〈https://ssrn.com/abstract=1586310 or http://dx.doi.org/10.2139/ssrn.1586310〉.

25 'The west is strong and China is weak' is an assessment of the state on the 'public opinion front' 舆论战线 that both top party leaders and others have made repeatedly. See for example Zhang Zhizhou 张志洲, 'Qieshi gaibian guoji huayuquan "Xi qiang wo ruo" geju' 切实改变国际话语权'西强我弱'格局 [Thoroughly change the pattern of 'the West is strong and China is weak' in international discursive power], People's Daily Online, 20 September 2016, 〈http://theory.people.com.cn/n1/2016/0920/c40531-28725837.html〉.

26 Yang Jinzhou 杨金洲 and Yang Guoren 杨国仁, 'Xingshi, renwu, tiaozhan, jiyu – xie zai xin shiji kaiyuan zhi ji' 形势·任务·挑战·机遇—写在新世纪开元之际 [The situation, responsibilities, challenges, opportunities—Written on the occasion of the new century], Duiwai xuanchuan cankao, no. 1, 2001, p.4.

27 Wang Huning 王沪宁, 'Zuowei guojia shili de wenhua: ruanquanli' 作为国家实力的文化：软权力 [Culture as a part of a country's power: soft power], Fudan xuebai (shehui kexueban), no. 3, 1993, p.91.

28 See Banyan, 'The meaning of the man behind China's ideology', The Economist, 2 November 2017.

29 In the early 2000s, the CCP still pushed the idea of 'China's peaceful rise', an idea proposed by former deputy director of the Central Propaganda Department Zheng Bijian, and not to be confused with 'peaceful evolution'. The slogan was later turned into 'China's peaceful development'—to avoid the threatening connotations of the word 'rise'—and then dropped entirely. See for example R.L. Suettinger, 'The Rise and descent of "peaceful rise"', China Leadership Monitor, no. 12, 2004.

30 Zhonggong zhongyang xuanchuanbu ganbuju 中共中央宣传部干部局 [Cadre Bureau of the Central Propaganda Department of the Central Committee of the Communist Party of China], ed., Xin shiqi xuanchuan sixiang gongzuo 新时期宣传思想工作 [Propaganda and thought work in the new period], Beijing: Xuexi, 2006, p.188. A few months later, in April 2004, China upgraded the External Propaganda Work Small Group to the status of Leading Small Group in order to better coordinate policy-making and implementation. Zhu Muzhi 朱穆之, Fengyun jidang qishi nian 风云激荡七十年 [Seven turbulent decades], vol. 2, Beijing: Wuzhou chuanbochubanshe, 2007, p.248. The group may have been merged with the Leading Small Group for Propaganda and Thought Work under Xi, but since neither is officially publicly acknowledged, that's unclear.

31 'Quansheng duiwai xuanchuan gongzuo huiyi tichu: jianli da waixuan geju

kaichuang waixuan gongzuo xin jumian' 全省对外宣传工作会议提出:建立大外宣格局开创外宣工作新局面 [The province's foreign propaganda work meeting suggests: establish a big external propaganda pattern to create a new situation of external propaganda work], Jinri Hainan, no. 7, 2004, p.7.

32 Anne-Marie Brady, Magic Weapons: China's political influence activities under Xi Jinping, Washington D.C.: Wilson Center, 2017, p.9.

33 Wu Nong 吴农, 'Lun duiwai xuanchuan yu jiaqiang dang de zhizheng nengli jianshe' 论对外 宣传与加强党的执政能力建设 [On external propaganda and building the ability of the Party to rule], Duiwai xuanchuan cankao, no.4, 2005, p.17.

34 Joseph Fewsmith, 'Debating "the China Model"', China Leadership Monitor, no. 35, summer 2011.

35 Chen Fengying 陈凤英, 'Shijiu da baogao quanshi quanqiu zhili zhi Zhongguo fang'an: Zhongguo dui quanqiu zhili de gongxian yu zuoyong' 十九大报告诠释全球治理之中国方案—中国对全球治理的贡献与作用 [The 19thParty Congress Report explains the China Case for global governance: China's contribution and function for global governance], People's Daily Online, 14 December 2017, 〈https://web.archive.org/web/20191205121135/http://theory.people.com.cn/n1/2017/1214/c40531-29706473.html〉; 'Tegao:Zhongguo fang'an de shijie huixiang—xie zai renlei mingyun gongtongti linian shouci zairu Anlihui jueyi zhi ji' 特稿：中国方案的世界回响—写在人类命运共同体理念首次载入安理会决议之际 [Special report: the world's echo of the China Case—Written on the occasion of the first inclusion of the idea of the concept of the community of shared destiny for mankind in the Security Council], Xinhua, 23 March 2017, 〈https://web.archive.org/web/20180725121415/http://www.xinhuanet.com/2017-03/23/c_129516885.htm〉.

36 'Chinese democracy in the eyes of an American', New China TV YouTube channel, 2 March 2019, 〈https://www.youtube.com/watch?v=AUxbZ07q7j0〉.

37 'Pojie quanqiu zhili 4 da chizi, Xi Jinping zai Bali jichu "Zhongguo fang'an"' 破解全球治理4大赤字,习近平在巴黎给出'中国方案' [To break through the four major deficits of global governance, Xi Jinping offers the 'China case' in Paris], China Peace Net, 27 March 2019, 〈https://web.archive.org/web/20190404193447/http://www.chinapeace.gov.cn/2019-03/27/content_11513080.htm〉.

38 Juan Pablo Cardenal, Jacek Kucharczyk, Grigorij Mesežnikov and Gabriela Pleschová, Sharp Power: Rising authoritarian influence, Washington D.C.: International Forum for Democratic Studies, 2017.

39 Jasmin Gong, Bertram Lang and Kristin Shi-Kupfer, 'European crises through the lens of Chinese media', MERICS China Monitor, 12 July 2016.

40 Peter Mattis, 'China's "three warfares" in perspective', War on the Rocks, 30 January 2018.

41 'Zhonggong zhongyang yin "Shenhua dang he guojia jigou gaige fang'an"' 中共中央印发《深化党和国家机构改革方案》[The Central Committee of the Communist Party of China issues the 'Plan to deepen the reform of party and state organisations'], Xinhua, 21 March 2018, 〈https://web.archive.org/web/20191130114748/http://www.xinhuanet.com/politics/ 2018-03/21/c_1122570517.htm〉.

42 Tasking a party member with keeping an eye on Chinese delegations going abroad is not an entirely new phenomenon, but it appears to be more strictly enforced under Xi Jinping.

43 David Shambaugh, 'China's "quiet diplomacy": the International Department of

the Chinese Communist Party', China: An International Journal, vol. 5, no. 1, March 2002, pp.26–54.
44 Larry Diamond and Orville Schell, eds, China's Influence & American Interest: Promoting constructive vigilance, Stanford: Hoover Institution Press, 2018, pp.160–1. As part of a large-scale restructuring in 2017 and 2018, the ILD was merged with the Office of the Central Leading Group on Foreign Affairs. Anne-Marie Brady, 'Exploit every rift: United Front Work goes global', Party Watch Annual Report 2018, p.35.
45 Julia G. Bowie, 'International liaison work for the new era: generating global consensus?', Party Watch Annual Report 2018, p.42, cited from 'Xi Jinping: nuli kaichuang Zhongguo tase dagga waijiao xin jumian' 习近平：努力开创中国特色大国外交新局面 [Xi Jinping: work hard to start a new phase of great power relations with Chinese characteristics], Xinhua, 23 June 2018, 〈https://web.archive.org/web/20191130115541/http://www.xinhuanet.com/ 2018-06/23/c_1123025806.htm〉.
46 Brady, 'Exploit every rift', pp.35–6.
47 See Michael Martina, 'Exclusive: In China, the Party's push for influence inside foreign firms stirs fears', Reuters, 24 August 2017.
48 Alex Joske, 'The Party speaks for you', Canberra, Australian Strategic Policy Institute, 2020.
49 Brady, 'Exploit every rift', p.34. Also see Charlotte Gao, 'The 19th Party Congress: a rare glimpse of the United Front Work Department', The Diplomat, 24 October 2017.
50 Gerry Groot, 'The expansion of the United Front under Xi Jinping', in The China Story, Australian Centre on China in the World, ANU, 2015, p.168. See also Gerry Groot, 'The long reach of China's United Front Work', Lowy Interpreter, 6 November 2017, and Gerry Groot, 'United Front Work after the 19th Party Congress', China Brief (Jamestown Foundation), 22 December 2017.
51 Anon., 'Tongyi zhanxian shi yi men kexue de youlai' 统一战线是一门科学的由来 [The origin of united front as a science], United Front News Net, 8 May 2014, 〈https://tinyurl.com/uvz6jwe〉.
52 Anon., 'Woguo shou jie tongzhanxue shuoshi biye—lai kan yixia' 我国首届统战学硕士毕业—来看一下 [China's first batch of United Front master students graduated—take a look], Sohu, 4 July 2018, 〈https://web.archive.org/web/20191130134628/http://m.sohu.com/a/239312861_358054.〉
53 Anne-Marie Brady, 'Chinese interference: Anne-Marie Brady's full submission', Newsroom, 8 May 2019.
54 Groot, 'The expansion of the United Front under Xi Jinping', p.168.
55 Gerry Groot, 'The United Front in an age of shared destiny', in Shared Destiny: The China Story yearbook, ed. Geremie Barmé et al., Canberra: ANU Press, 2015, p.130.
56 Brady, Magic Weapons, p.8.
57 Zheng Bijian, 'China's "peaceful rise" to great-power status', Foreign Affairs, September/October 2005.
58 'Zheng Bijian: jiefang "san ge li" zhiguan quanju' 郑必坚：解放"三个力"事关全局 [Zheng Bijian: liberating the 'three forces' matters to the big picture], originally published in Tong zhou gong jin, no. 12, 2008, 〈https://tinyurl.com/srcgwy2〉; Zheng Bijian, Bo'ao Forum for Asia, 17 December 2013, 〈https://tinyurl.com/

wwt5bmj〉. A 2015 article outlined the varying roles of six former senior advisers to Chinese leaders, including Zheng Bijian, 〈https://tinyurl.com/qoc5uwl〉.

59 Lü Jianzhong 吕建中, 〈https://tinyurl.com/u3zzbpd〉. Baidu Baike is China's equivalent of Wikipedia. See also 'Xi'an Datang Xishi wenhua chanye touzi youxian gongsi' 西安大唐西市文化产业投资有限公司董事长吕建中 [Lü Jianzhong, Chairman of Xi'an Datang West Cultural Industry Investment Co., Ltd.], ifeng.com, 20 March 2013, 〈https://tinyurl.com/qne7n6j〉 and 'Lü Jianzhong shou yao danren Zhonguo guoji wenti yanjiu jijinhui teyao fu lishizhang' 吕建中受邀担任中国国际问题研究基金会特邀副理事长 [Lü Jianzhong invited to be Vice Chairman of the China Foundation for International Studies], Jin Merchants Club, 12 August 2016, 〈https://tinyurl.com/surttjk〉.

60 See Russell L.C. Hsiao, 'Chinese political warfare in the 21st century', Asia Dialogue, 21 October 2013. The PLA's General Political Department was disbanded as part of the military reform of 2015–16 and superseded by the Political Work Department of the Central Military Commission.

61 Previously, the State Council Information Office and the Office of External Propaganda were referred to as 'one organisation with two nameplates under the Central Committee'. See 'Guowuyuan guanyu jigou shezhi de tongzhi' 国务院关于机构设置的通知 [Notice by the State Council on organisational set up], People's Daily Online, 24 April 2008, 〈https://tinyurl.com/w23mode〉. According to the official website of the Chinese government, the State Council Information Office now has a nameplate under the Central Propaganda Department. See 'Zhonghua renmin gongheguo guowuyuan' 中华人民共和国国务院 [State Council of the People's Republic of China], website of the Chinese government, 〈http://www.gov.cn/guowuyuan/zuzhi.htm〉. According to David Shambaugh, 'As a result of the sweeping reorganisation of the State Council at the 13th National People's Congress (NPC) in March 2018, it appears that the EPLG [External Propaganda Leading Group] has been reabsorbed back within the Central Propaganda Department—thus no longer enjoying its semi-autonomous status—but this is not entirely clear.' David Shambaugh, 'China's external propaganda work: missions, messengers, mediums', Party Watch Annual Report, October 2018, p.29.

62 'Xueyuan jieshao' 学院簡介 [Introduction to the institute], website of the Central Institute of Socialism, 25 June 2018, 〈https://tinyurl.com/vm5v3h9〉; Website of the Academy of Chinese Culture, 〈https://tinyurl.com/utzlpha〉.

63 Quote: '特别是与外国合作以商业面貌出现'. Benkan teyue jizhe 本刊特约记者, 'Tixian shidaixing, bawo guilüxing, fuyu chuangzaoxing: ji 2003 nian quanguo waixuan gongzuo huiyi' 体现时代性 把握规律性 富于创造性—记 2003 年全国外宣工作会议 [Embody the characteristics of the times, grasp the rules, be rich in innovation—Notes from the nationwide work meeting for external propaganda in 2003], Duiwai xuanchuan cankao, no. 2, 2003, p.3.

64 Peter Mattis, 'Everything we know about China's secretive State Security Bureau', The National Interest, 9 July 2017.

65 Anon., 'Guo Yezhou: quan fangwei, kuan lingyu, duo cengci de zhengdang waijiao xin geju yijing xingcheng' 郭业洲：全方位、宽领域、多层次的政党外交新格局已经形成 [Guo Yezhou: a new pattern of all-round, wide-ranging and multi-level government–party diplomacy has already taken shape], Xinhua, 21 October 2017, 〈https://tinyurl.com/sownfcg〉.

66 Anne-Marie Brady, Making the Foreign Serve China: Managing foreigners in the

People's Republic, Lanham MD: Rowman & Littlefield, 2003.

67 Brady, Making the Foreign Serve China, p.8.

68 See Nick Knight, Marxist Philosophy in China: From Qu Qiubai to Mao Zedong, 1923–1945, Springer, 2005 p.149. It wasn't published until 1952, and some scholars have argued it wasn't written in 1937 but was used retroactively to justify the alliance with the KMT with the benefit of hindsight.

69 'Xinhuawang: dangqian yishi xingtai lingyu hongse heise huise san ge didai jiaoshi' 新华网：当前意识形态领域红色黑色灰色三个地带交织 [Xinhuanet: in the ideological field, the red, black and grey zones are intertwined], CCTV, 7 September 2013, 〈https://web.archive. org/ web/20191130145054/http://news.cntv.cn/2013/09/07/ARTI1378549535599959.shtml.〉. Also see Binchun Meng, The Politics of Chinese Media: Consensus and contestation, New York: Palgrave Macmillan, 2018, p.131.

70 The latter instruction is from a speech from late 2015. See 'Xi Jinping: zai quanguo dangxiao gongzuo huiyi shang de jianghua' 习近平：在全国党校工作会议上的讲话 [Xi Jinping: speech at the national party school work conference], Qiushi, republished on CPC News, 1 May 2016, 〈https://tinyurl.com/rd5fckq〉.

71 See 'Zhonggong zhongyang guanyu jiaqiang he gaijin duiwai xuanchuan gongzuo de tongzhi' 中共中央关于加强和改进对外宣传工作的通知 [Note by the Central Committee of the Communist Party of China on reinforcing and improving external propaganda work], Central Circular No.21 (1990) in Dang de xuanchuan gongzuo wenjian xuanbian (1988–1992), 1922; and 'Zeng Jianhui tongzhi tan waixuan gongzuo de ji ge wenti' 曾建徽同志 谈外宣工作的几个问题 [Comrade Zeng Jianhui talks about a number of problems in external propaganda work], Duiwai baodao cankao, no. 7, 1990, p.3.

72 Although in recent years, Party theorists have argued again that some arguments that are presented as academic issues are in fact political issues 'dressed up' as academic issues. This is part of the politicisation of an increasing number of issues under Xi, which means there is an ever smaller number of topics on which academics can dissent from the Party line. See Zhou Liangshu 周良书, 'Ruhe qufen zhengzhi yuanze, sixiang renshi he xueshu guandian wenti' 如何区分政治原则、思想认识和学术观点问题? [How to distinguish between issues of political principles, ideological grasp and academic views], Banyuetan, 12 December 2017, 〈https://tinyurl.com/qmfrswx〉. Banyuetan ('Bimonthly commentary') is a journal run by Xinhua News Agency on behalf of the Central Propaganda Department.

73 See Zhou Liangshu, 'Ruhe qufen zhengzhi yuanze, sixiang renshi he xueshu guandian wenti'.

74 See Anon., 'Chinese consulate general praises "patriotism" of pro-Beijing students in clash at New Zealand university over extradition bill', South China Morning Post, 1 August 2019.

75 E.g., Wang Ping 王平, 'Jue bu rongxu waiguo shili gaolun Xianggang' 绝不容许外国势力搞乱香港 [Never allow foreign forces to cause chaos in Hong Kong], Xinhua, 24 July 2019, originally published in the People's Daily Overseas Edition, 〈https://tinyurl.com/su6xoak〉.

76 A chilling account of how 'enemies' are treated and talked about was given by lawyer Teng Biao in detailing his own detention and interrogation at the hands of Chinese police. See Teng Biao, '"A hole to bury you"', The Wall Street Journal, 28 December 2010. The distinction between the people and their enemies also

comes up in Simon Cheng's account of his detention in China: Cheng Man Kit, 'For the record: an enemy of the state', personal Facebook page, 20 November 2019, 〈https://www.facebook.com/notes/cheng-man-kit/for-the-record-an-enemy-of-the-state/2490959950941845/〉.

77 The distinction is explicitly mentioned in Article 6 of the Communist Party's Regulations on Political and Legal work from January 2019. See 中共中央印发《中国共产党政法工作条例》, Xinhua, 18 January 2019, 〈http://www.xinhuanet.com/politics/2019-01/18/c_1124011592.htm〉. We are indebted to Katja Drinhausen for bringing this to our attention.

78 See Valerie Strauss and Daniel Southerl, 'How many died? New evidence suggests much higher numbers for the victims of Mao Zedong's era', The Washington Post, 17 June 1994.

79 'Mayor Chen Xitong's report on putting down anti-government riot', 7 July 1989, available on China Daily, 〈https://tinyurl.com/u9hvclu〉.

80 Hua Chunying, 'Open letter adds insult to injury in extradition case', China Daily, 24 January 2019.

81 Fan Lingzhi, 'Billionaire political donor Huang Xiangmo decries cancelation of his permanent visa by Australia', Global Times, 11 February 2019.

82 'The Chinese embassy spokesperson: no freedom is beyond the law', website of the Chinese embassy in Sweden, 3 May 2019, 〈http://www.chinaembassy.se/eng/sgxw/t1660497.htm〉.

83 'China urges U.S. commission to stop interfering in HK affairs', Xinhua, 4 May 2017, 〈https://tinyurl.com/v6uke89〉.

84 David Shambaugh, 'China's external propaganda work: missions, messengers, mediums', Party Watch Annual Report, October 2018, p.28. For the importance of this, also see Michael Schoenhals, Doing Things with Words in Chinese Politics, Berkeley: Institute of East Asian Studies, University of California, Berkeley, 1992.

85 In the words of the Silk Road Think Tank Network Declaration on Joint Action, website of the Silk Road Think Tank Network, 16 May 2017, 〈https://web.archive.org/web/20191205130057/http://www.esilks.org/about/ declaration〉.

86 Due to its Marxist origins, the CCP views history through the lens of teleological determinism. Human society is heading towards a specific outcome. When the party speaks of multipolarity as an irresistible trend, it means that the world is heading in that direction regardless of what humanity might do. Nevertheless, human agency remains, having an impact on how quickly and smoothly humankind moves in the correct historical direction. Whether individuals inside the CCP 'really' believe this is a different question, but this is the official position that cannot be contradicted publicly.

87 Rush Doshi, 'Xi Jinping just made it clear where China's foreign policy is headed', The Washington Post, 25 October 2017.

88 See 'Mao Zedong yong "tongqian waiyuan neifang" miaoyu na xiang gongzuo' 毛泽东用"铜钱外圆内方"妙喻哪项工作 [For which work did Mao Zedong use the metaphor of 'copper coin round outside square within'], originally published in Zhongguo zuzhi renshi bao, republished on Wenmingwang, 13 March 2017, 〈https://tinyurl.com/uk4lbjd〉. Wenminwang (Civilisationnet) is a website run by the Central Propaganda Department and the Central Office for Civilisation.

89 For the origin of this translation for xiao ma da bangmang, see Xudong Zhang, Chinese Modernism in the Era of Reforms, Durham and London: Duke University

Press, 1997, p.119.

90 Using the local to surround the centre is explained by Anne-Marie Brady in 'Chinese interference: Anne-Marie Brady's full submission'

3. 권력 중심부의 정치 엘리트: 북아메리카

1 Based on expert interviews.

2 John Garnaut, 'China gets into the business of making friends', The Sydney Morning Herald, 25 May 2013.

3 Richard Baum, China Watcher: Confessions of a Peking tom, Seattle: University of Washington Press, 2010, pp.152–3.

4 Baum's taxonomy is a little dated as it is based on information from a Chinese diplomat who defected after Tiananmen. Today's categories differ somewhat from those used in the 1980s.

5 George H.W. Bush and Brent Scowcroft, A World Transformed, New York: Knopf Doubleday, 2011, p.94.

6 See Clive Hamilton, Silent Invasion: China's influence in Australia, Melbourne: Hardie Grant Books, 2018, pp.260–1.

7 Susan Thornton, 'Is American diplomacy with China dead?', The Foreign Service Journal, July/August 2019. The article was praised as 'required reading' by Michael Swaine, one of the chief authors of the open letter mentioned in chapter three.

8 M. Taylor Fravel, J. Stapleton Roy, Michael D. Swaine, Susan A. Thornton and Ezra Vogel, 'China is not an enemy', The Washington Post, 3 July 2019.

9 Anon., 'Objective, rational voices will prevail in defining China-U.S. ties:FM spokesperson', Xinhua, 4 July 2019.

10 Anon., 'Better understanding can lower China-US mistrust', Global Times, 9 July 2019. Swaine was interviewed in Beijing at the World Peace Forum, a front group of the PLA's Political Department.

11 John Pomfret, 'Why the United States does not need to return to a gentler China Policy', The Washington Post, 9 July 2019.

12 James Jiann Hua To, 'Beijing's policies for managing Han and ethnic-minority Chinese communities abroad', Journal of Current Chinese Affairs, no. 4, 2012, p.189.

13 Robert Fife and Steven Chase, 'Canada's China envoy John McCallum says Huawei executive has good chance of avoiding US extradition', The Globe and Mail, 23 January 2019.

14 Ian Young, 'Does Canada really have more in common with China than with the US?', South China Morning Post, 1 February 2018.

15 Limin Zhou and Omid Ghoreishi, 'The man behind McCallum's controversial press conference that led to his removal as Canada's ambassador to China', Epoch Times, 28 January 2019.

16 Anon., 'Resignation reveals political interference', Global Times, 27 January 2019.

17 Eugene Lang, 'John McCallum's China gaffe shouldn't obscure his successes', Ottawa Citizen, 31 January 2019.

18 David Wertime and James Palmer, 'I think that Chinese official really likes me!', Foreign Policy, 8 December 2016.

19 Reported in an insightful, excellent article by Perrin Grauer, 'John McCallum fell

victim to Beijing's "influence campaign", say former ambassadors', StarMetro Vancouver, 29 January 2019.

20 An academic from the Chinese Academy of Social Sciences, Xu Liping, unwittingly gave the game away in comments to the South China Morning Post ('Former Australian officials who participate in think tanks after retirement can help speak for China, and reduce the Australian government's misjudgment of China'), Martin Choi and Catherine Wong, 'China-Australia relations "will not be helped" by foreign influence register', South China Morning Post, 21 February 2019.

21 Email from David Mulroney to Clive Hamilton, 17 February 2019. The following sentences are paraphrases from the email.

22 Quoted by Perrin Grauer, 'John McCallum fell victim to Beijing's "influence campaign"'.

23 'Jianade zhu Hua dashi "dao ge": Meng Wanzhou you chongfen liyou fandui yindu' 加拿大驻华大使"倒戈"：孟晚舟有充分理由反对引渡 [Canada's ambassador to China 'defects': Meng Wanzhou has good reason to oppose extradition], Cankao xiaoxi, 24 January 2019, 〈https://web.archive.org/web/20190215161644/http://www.cankaoxiaoxi.com/china/20190124/2369920.shtml〉.

24 Josh Rogin, 'China's interference in US politics is just beginning', The Washington Post, 20 September 2018.

25 Earlier efforts are discussed in Section 1 of Diamond and Schell, eds, China's Influence & American Interests.

26 Diamond and Schell, eds, China's Influence & American Interests.

27 Paul Steinhauser, 'Biden slams Trump over escalating trade war with China', Fox News online, 13 May 2019.

28 David Nakamura, 'Biden to attempt damage control in visit with Chinese leader', The Washington Post, 30 November 2013.

29 William Hawkins, 'Biden's embrace of globalism includes waltzing with China', blog post, Journal of Political Risk, vol. 7, no. 5, May 2019; 〈https://global.upenn. edu/ penn- biden- center/addressing- threats- liberalinternational-order〉.

30 Peter Schweizer, Secret Empires, New York: Harper Collins, 2019, chapter 2.

31 Robert Farley, 'Trump's claims about Hunter Biden in China', blog post, Factcheck.org, 10 October 2019. Schweizer refined the story in a New York Times op-ed: 'What Hunter Biden did was legal—and that's the problem', The New York Times, 9 October 2019.

32 Schweizer, 'What Hunter Biden did was legal—and that's the problem'.

33 Farley, 'Trump's claims about Hunter Biden in China'.

34 Sharon LaFraniere and Michael Forsythe, 'What we know about Hunter Biden's business in China', The New York Times, 3 October 2019.

35 Eric Levitz, 'In appeal to hard left, Bloomberg praises Chinese Communism', Intelligencer (New York Magazine online), 2 December 2019.

36 Tory Newmyer, 'Mike Bloomberg is likely the most China-friendly 2020 candidate. That could be a liability', The Washington Post, 25 November 2019.

37 Alex Lo, 'Follow Mitch McConnell's money, not his tweets', South China Morning Post, 15 August 2019.

38 Eric Lipton and Michael Forsythe, 'Elaine Chao investigated by House panel for possible conflicts', The New York Times, 16 September 2019.

39 Schweizer, Secret Empires, pp.75–9.
40 Lee Fang, 'Mitch McConnell's freighted ties to a shadowy shipping company', The Nation, 30 October 2014.
41 Larry Getlen, 'How McConnell and Chao used political power to make their family rich', The New York Post, 17 March 2018.
42 Anon., 'Follow the Money', A report by Global Trade Watch, Washington: Public Citizen, March 2019.
43 Anon., 'Goldman Sachs, China's CIC to launch up to $5 billion fund: sources', Reuters, 6 November 2017.
44 Anon., 'Follow the Money'.
45 Anon., 'White House hawks ratchet up trade hostilities with China', Financial Times, 18 September 2018.
46 Edward Helmore, 'Jared Kushner's company under renewed scrutiny over Chinese and Israeli deals', The Guardian, 8 January 2018.
47 Matthew Carney, 'Donald Trump heaps praise on Xi Jinping, makes no breakthrough on North Korea or trade', ABC News online, 10 November 2017.
48 Mo Yu, 'Chinese-American businesswoman accused of selling access to Trump', Voice of America online, 30 March 2019.
49 Lee Fang and Jon Schwarz, 'A "desperate" seller: Gary Locke, while Obama's ambassador to China, got a Chinese tycoon to buy his house', The Intercept, 4 August 2016. Locke had been described as 'the most successful American politician of Chinese descent in history', and had been providing services to the couple's company for some years.
50 Jon Schwarz and Lee Fang, 'Citizens united playbook', The Intercept, 4 August 2016.
51 Fang and Schwarz, 'A "desperate" seller'.
52 Lee Fang, Jon Schwarz and Elaine Yu, 'Power couple', The Intercept, 4 August 2016.
53 Dominic Faulder, 'George H.W. Bush's China connection', Nikkei Asian Review, 1 December 2018.
54 Maureen Dowd, '2 US officials went to Beijing secretly in July', The New York Times, 19 December 1989.
55 https://www.aspph.org/texas-am-dean-named-senior-academic-advisor-forthe-bush-china-u-s-relations-foundation.
56 https://www.aspph.org/texas-am-dean-named-senior-academic-advisor-forthe-bush-china-u-s-relations-foundation
57 Anne-Marie Brady, Making the Foreign Serve China: Managing foreigners in the People's Republic, Lanham: Rowman & Littlefield, 2003, p.7.
58 Zhang Qi, 'Ireland willing to help China reach out to EU—deputy PM', Xinhua, 25 May 2019.
59 Zhang Mengxu, 'China, US have more in common than what divides them', People's Daily, 24 June 2019.
60 CGTN, 'Exclusive interview with Neil Bush', CGTN channel on YouTube, 27 August 2019, 〈https://www.youtube.com/watch?v=DNT7Hth6XzA〉.
61 Lee Jeong-ho, 'US must stop treating China as an enemy, says son of former president George HW Bush', South China Morning Post, 10 July 2019.
62 CGTN, 'Exclusive interview with Neil Bush', CGTN channel on YouTube, 27 August 2019, 〈https://www.youtube.com/watch?v=DNT7Hth6XzA〉.

63 It was previously under the General Political Department of the PLA. With the restructuring of the PLA in 2016, it seems likely that the functions of the General Political Department were assumed by the new Political Work Department of the Central Military Commission. Alexander Bowe, 'China's overseas United Front Work: background and implications for the United States', U.S.-China Economic and Security Review Commission, Washington, 24 August 2018, p.9 note.

64 Geoff Wade, 'Spying beyond the façade', The Strategist, Canberra: Australian Strategic Policy Institute, 13 November 2013.

65 Mark Stokes and Russell Hsiao, 'The People's Liberation Army General Political Department: political warfare with Chinese characteristics', Project 2049 Institute, 14 October 2013, p.15. See also Zheping Huang, 'An intricate web ties the woman who paid $16 million for Trump's condo to China's power elite', Quartz, 17 March 2017.

66 Stokes and Hsiao, 'The People's Liberation Army General Political Department'.

67 Angela Chen's Chinese name is Chen Xiaoyan 陈晓燕 but she also goes by Chen Yu.

68 Andy Kroll and Russ Choma, 'Businesswoman who bought Trump penthouse is connected to Chinese intelligence front group', Mother Jones, 15 March 2017.

69 Wade, 'Spying beyond the façade'. See also Roger Faligot, Chinese Spies: From Chairman Mao to Xi Jinping, London: Hurst & Company, 2019 (updated from the 2015 second French edition), pp.247–8. He writes that China's military intelligence 'employs tens of thousands of agents—scientists, students, tourists, shopkeepers and businessmen' overseas. For links between CAFI and CAIFC, see the detailed discussion in chapter ten.

70 Stokes and Hsiao, 'The People's Liberation Army General Political Department', p.24. In 2015 the usually well-informed South China Morning Post referred to CAIFC as 'a Chinese military intelligence agency'. (Minnie Chan, 'Chinese military intelligence chief Xing Yunming held in graft inquiry', South China Morning Post, 4 March 2015.)

71 John Garnaut, 'Chinese military woos big business', The Sydney Morning Herald, 25 May 2013; Bowe, 'China's overseas United Front work'.

72 John Garnaut, 'China gets into the business of making friends', The Sydney Morning Herald, 25 May 2013.

73 Chan, 'Chinese military intelligence chief Xing Yunming held in graft inquiry'.

74 Wade, 'Spying beyond the façade'.

75 Stokes and Hsiao, 'The People's Liberation Army General Political Department', p.24.

76 Garnaut, 'China gets into the business of making friends'. For Owens's bio, see ⟨https://www.eastwest.ngo/node/2032⟩.

77 Garnaut, 'China gets into the business of making friends'.

78 Garnaut, 'China gets into the business of making friends'.

79 Bill Gertz, 'Chinese communists influence US policy through ex-military officials', Washington Free Beacon, 6 February 2012; Shirley A. Kan, 'US-China military contacts: issues for Congress', report of the US Congressional Research Service, 25 October 2012; Bill Owens, 'America must start treating China as a friend', Financial Times, 17 November 2009.

80 Gertz, 'Chinese communists influence US policy through ex-military officials'.

81 Kan, 'US-China military contacts'.

82 https://web.archive.org/web/20180508000126/https://red-bison.com/about-us
83 Kan, 'US-China military contacts: issues for Congress'.
84 Gertz, 'Chinese communists influence US policy through ex-military officials'.
85 Ralph Hallow, 'Republicans fear exchange program put national security at risk', The Washington Times, 19 April 2012.
86 Jace White, 'U.S.-China Sanya Initiative Dialogue: report from the 10th anniversary meeting', EastWest.ngo, 17 January 2019, 〈https://web.archive.org/web/20191208182022/https://www.eastwest.ngo/idea/us-china-sanya-initiative-dialogue-report-10th-anniversary-meeting〉.
87 Michael Kranish, 'Trump's China whisperer: how billionaire Stephen Schwarzman has sought to keep the president close to Beijing', The Washington Post, 12 March 2018.
88 Kranish, 'Trump's China whisperer'.
89 Dasha Afanasieva, 'Blackstone sells Logicor to China Investment Corporation for $14 billion', Reuters, 3 June 2017.
90 Quoted by Kranish, 'Trump's China whisperer'.
91 Anon., 'Stephen Schwarzman's remarks from the Schwarzman Scholars inaugural convocation', website of the Schwarzman Scholars, 10 September 2016, 〈https://web.archive.org/web/20191208182433〉; 〈https://www.schwarzmanscholars.org/news-article/stephen-schwarzmans-remarks-at-theschwarzman-scholars-inaugural-convocation/〉.
92 Kranish, 'Trump's China whisperer'.
93 'Schwarzman College', website of Schwarzman Scholars, not dated, 〈https://www.schwarzmanscholars.org/about/schwarzman-college/〉; 〈https://en.wikipedia.org/wiki/Tsinghua_clique〉.
94 Sam Dangremond, 'Steve Schwarzman hosted an epic 70th birthday party in Palm Beach', Town & Country, 13 February 2017.
95 Tony Munroe, 'Refinitiv blocks Reuters stories on Tiananmen from its Eikon platform', Reuters, 4 June 2019.
96 Matthew Belvedere, 'Blackstone's Schwarzman: China's economic "miracle" came at the expense of the US and the West', CNBC, 17 September 2019.
97 Jonathan Manthorpe, Claws of the Panda: Beijing's campaign of influence and intimidation in Canada, Toronto: Cormorant Books, 2019, pp.157–67.
98 Nicholas Kristof, 'Chinese bank is an anomaly', The New York Times, 4 May 1987.
99 Faligot, Chinese Spies, pp.203–4.
100 Faligot, Chinese Spies, p.204, quoting from Agnès Andrésy, Princes Rouge, les nouveaux puissants de Chine, Paris: L'Harmattan, 2003. Cain Nunns, 'China's Poly Group: the most important company you've never heard of ', GlobalPost, 25 February 2013.
101 Mark Mackinnon and Nathan Vanderklippe, 'The inglorious exit of Bo Xilai, Canada's closest ally in China's power structure', The Globe and Mail, 25 October 2013.
102 Sandra Martin, 'Behind the scenes, Paul Desmarais was a force in Canadian politics', The Globe and Mail, 9 October 2013. For the paper mill, see Yongjin Zhang, China's Emerging Global Businesses: Political economy and institutional investigations, Basingstoke: Palgrave Macmillan, 2003, p.137.
103 Li Hede 李禾德, 'Bo Guagua zai Jianada dagong qian chu yu Suoluosi de

guanxi' 薄瓜瓜在加拿大打工 牵出与索罗斯关系 [Bo Guagua works in Canada, pulls relationship with Soros], Next Magazine, 4 December 2018, 〈https://web.archive.org/web/20191208194657/https://hk.nextmgz.com/article/2_641390_0〉.
104 Anne Kingston, 'Brian Mulroney: from scandal-adjacent elitist to magnanimous statesman', Macleans, 19 February 2019.
105 Martin, 'Behind the scenes, Paul Desmarais was a force in Canadian politics'.
106 Jason Kirby, 'Chretien's sell-out plan to keep China happy', Macleans, 14 June 2019.
107 Manthorpe, Claws of the Panda, p.127.
108 Geoffrey York, 'Chrétien builds links with Chinese conglomerate', The Globe and Mail, 6 February 2004.
109 Manthorpe, Claws of the Panda, p.127.
110 Andrew Mitrovica and Jeff Sallot, 'China set up crime web in Canada, report says', The Globe and Mail, 29 April 2000.
111 Manthorpe, Claws of the Panda, pp.157–67.
112 〈https://www.primetimecrime.com/Articles/RobertRead/Sidewinder%20page%201.htm〉. Although the CCP's use of triads in Taiwan and Hong Kong is well known, the links between organised crime and Beijing's political influence operations in the West is little studied or understood.
113 Manthorpe, Claws of the Panda, pp.157–9.
114 Robert Fife and Steven Chase, 'Influential Chinese-Canadians paying to attend private fundraisers with Trudeau', The Globe and Mail, 2 December 2016.
115 Fife and Chase, 'Influential Chinese-Canadians paying to attend private fundraisers with Trudeau'.
116 Jen Gerson, 'At Toronto fundraiser, Justin Trudeau seemingly admires China's "basic dictatorship"', National Post, 8 November 2013.
117 See the account in Manthorpe, Claws of the Panda, pp.179–81.
118 Craig Offman, 'CSIS warned this cabinet minister could be a threat. Ontario disagreed', The Globe and Mail, 16 June 2015 (updated 15 May 2018).
119 At the time of writing the case had not been concluded.
120 Craig Offman, 'Ontario minister Michael Chan defends China's humanrights record', The Globe and Mail, 8 June 2016.
121 Tom Blackwell, 'Former Ontario Liberal cabinet minister headlines pro-Beijing rally near Toronto', National Post, 20 August 2019; Xiao Xu, 'Former Ontario minister sides with Beijing, pins Hong Kong protests on "outside" forces', The Globe and Mail, 15 September 2019. Interviewed by China News in September 2019, Chan said the Hong Kong police's behaviour is 'the most non-violent violence' 最不暴力的暴力 〈https://tinyurl.com/uot4t9p〉.
122 Walt Bogdanich and Michael Forsythe, 'How McKinsey has helped raise the stature of authoritarian governments', The New York Times, 15 December 2018.
123 Bogdanich and Forsythe, 'How McKinsey has helped raise the stature of authoritarian governments'.
124 Geoff Zochodne and Naomi Powell, 'Will Dominic Barton's experience in China help or hurt him as Canada's new man in Beijing?', Leader Post, 6 September 2019.
125 Jeremy Nuttall, 'Chinese politician's role on Teck board worries watchdog', The Tyee, 7 July 2016; 〈https://tinyurl.com/wdqtk7n〉; for Quan's bio see 〈https://tinyurl.com/yx6cdjfk〉.

126 Matthew Fisher, 'Canada's new foreign minister must figure out how to deal with China', Global News, 24 November 2019.

127 Steve Chase, 'François-Philippe Champagne takes helm at Department of Global Affairs during critical period in Canada-China relations', The Globe and Mail, 20 November 2019.

128 Michelle Carbert, 'Trudeau no-show leads to cancellation of Munk debate on foreign policy', The Globe and Mail, 24 September 2019.

4. 권력 중심부의 정치 엘리트: 유럽

1 For a good overview of the ILD, see David Shambaugh, 'China's "Quiet Diplomacy": the International Department of the Chinese Communist Party', China: An International Journal, vol. 5, no. 1, March 2007, pp.26–54. In English, the ILD is referred to as the International Department.

2 '习近平总书记说,"党的对外交往工作是党的一条重要战线,是国家总体外交的一个重要组成部分"', See Anon., 'Guo Yezhou: hanwei guojia liyi shi suoyou duiwai jiaowang gongzuo de yingyou zhi yi' 郭业洲：捍卫国家利益是所有对外交往工作的应有之义, Xinhua, 21 October 2017, 〈http://www.xinhuanet.com/politics/19cpcnc/2017-10/21/c_129724190.htm〉. According to an editor of Party Watch Initiative, Julia Bowie, the ILD operates by 'encouraging foreign political parties, politicians, and political organizations to understand and respect China's values and interests'. Julia Bowie, 'International liaison work for the new era: generating global consensus?', in Julia Bowie and David Gitter, eds, Party Watch Annual Report 2018, Washington D.C.: Center for Advanced China Research, 19 October 2018, p.43.

3 Bowie, 'International liaison work for the new era', p.43. At the 19th Party Congress in 2017, the deputy head of the ILD, Guo Yezhou, said the CCP maintains regular contact with over 400 political parties in over 160 countries, 〈http://www.xinhuanet.com/politics/19cpcnc/zb/zb7/index.htm〉.

4 Bowie, 'International liaison work for the new era', p.44.

5 Bowie, 'International liaison work for the new era', p.44.

6 Hu Ping, 'Do "we", the world's political parties, know that "we" have issued an initiative extolling the CCP's global leadership for a better world?', China Change, 5 December 2017.

7 〈http://language.chinadaily.com.cn/2017-12/04/content_35199254.htm〉.

8 Bowie, 'International liaison work for the new era', p.48.

9 See the banner at the top of their website, 〈http://www.idcpc.org.cn/english/〉.

10 Meetings are recorded in English at 〈http://www.idcpc.org.cn/english/news/〉.

11 〈http://www.idcpc.org.cn/english/news/201905/t20190523_100451.html〉.

12 Email to authors, 6 May 2019.

13 〈http://www.idcpc.org.cn/english/news/201812/t20181211_99054.html〉.

14 〈http://www.idcpc.org.cn/english/news/201905/t20190505_100353.html〉.

15 Examples include Hans-Peter Friedrich, vice president of the German Bundestag and former minister of the interior, whom we will meet again, 〈http://www.idcpc.org.cn/english/news/201904/t20190420_100067.html〉; Lars Klingbeil, general secretary of the Social Democratic Party of Germany, 〈http://www.idcpc.org.cn/english/news/201812/t20181221_99149.html〉; and Morten Wold, vice president of the Norwegian Parliament, 〈http://www.idcpc.org.cn/english/news/201812/t20181211_99051.html〉.

16 Bowie, 'International liaison work for the new era', p.47.

17 〈http://www.gbcc.org.uk/about-us/our-board〉.
18 〈http://www.idcpc.org.cn/english/news/201905/t20190515_100405.html〉. These words are the ILD's, presumably paraphrased from Mandelson's comments.
19 Peter Mandelson, 'Trump is wrong on China, and we must tell him', The Sunday Times, 16 June 2019.
20 Peter Mandelson is chairman and co-founder of Global Counsel, a consulting firm, 〈https://tinyurl.com/qvhl94a〉. On 7 May 2019 he went to Beijing and met with senior members of the China Council for International Investment Promotion (under the Ministry of Commerce). Jin Ligang, a principal of Albright Stonebridge Group (chaired by Madeleine Albright) joined them, as did the chairman of ASG China.
21 Angela Gui, 'Damned if you do, damned if you don't? I won't', Medium, 13 February 2019.
22 Gui, 'Damned if you do, damned if you don't?'
23 Gui, 'Damned if you do, damned if you don't?'
24 Kris Cheng, '"Threats, verbal abuse, bribes, flattery" won't silence me: Sweden probes unauthorised meeting with daughter of bookseller detained in China', Hong Kong Free Press, 14 February 2019.
25 Anon., 'Ex-Swedish envoy to China Anna Lindstedt suspected of crime after setting up "unofficial" meetings over detained bookseller', Hong Kong Free Press, 10 May 2019; Iliana Magra and Chris Buckley, 'Sweden charges ex-ambassador to China over secret meetings', The New York Times, 9 December 2019.
26 Anon., 'Ola Wong: "Sverige har varit som en sömngångare om Kina"', Expressen, 23 February 2019; Anon., 'Tung diplomat byter sida—hjälper Ericssons ärkerival', Dagens SP, 7 November 2012.
27 'Serge Abou', Corporate Europe Observatory, 〈https://corporateeurope.org/revolvingdoorwatch/cases/serge-abou〉.
28 'Serge Abou', Corporate Europe Observatory.
29 Ren Ke, 'Interview: BRI to become model for culture exchanges: former German ambassador to China', Xinhua, 22 March 2019.
30 'Advisory Board', Deutsch-Chinesische Wirtschaftsvereinigung e.V., 〈https://www.dcw-ev.de/en/about-dcw/advisory-board.html〉.
31 'Dr. Michael Schaefer', MERICS, 〈https://www.merics.org/de/team/dr-michael-schaefer〉.
32 Michael Schaefer, 'Co-driving the new silk road', Berlin Policy Journal, 12 January 2016.
33 Philip Bilsky, 'Schaefer: "Man tut sich sehr schwer"', Deutsche Welle, 17 February 2015.
34 Bilsky, 'Schaefer'.
35 David Bandurski, 'China's new science of sycophantology', China Media Project, 21 June 2018.
36 Peter Martin and Alan Crawford, 'China's influence digs deep into Europe's political landscape', Bloomberg, 4 April 2019.
37 Martin and Crawford, 'China's influence digs deep into Europe's political landscape'.
38 Martin and Crawford, 'China's influence digs deep into Europe's political landscape'.
39 Martin and Crawford, 'China's influence digs deep into Europe's political

landscape'.

40 See for example, 'International Conference: "EU-China 2020 Strategic Agenda for Cooperation"', 〈https://www.coleurope.eu/events/internationalconference- eu-china-2020-strategic-agenda-cooperation〉.

41 〈https://www.vsse.be/nl/wat-we-doen/dreigingen/spionage〉.

42 Christoph B. Schiltz, 'Hunderte Spione in Brüssel—Vor dem Betreten einiger Lokale wird gewarnt', Die Welt, 9 February 2019.

43 〈http://www.chinamission.be/eng/fyrjh/t1636626.htm〉.

44 Jörg Diehl and Fidelius Schmid, 'Ex-Diplomat soll für China spioniert haben', Der Spiegel, 15 January 2020. Matthew Karnitschnig, 'The man at the center of Brussels spy probe', Politico, 22 January 2020.

45 Alan Crawford and Peter Martin, 'How Belgium became Europe's den of spies and a gateway for China', Bloomberg, 29 November 2019.

46 'Ouzhou Huiyi Ou Zhong youhao xiaozu' 欧洲议会欧中友好小组 [EU-China Friendship Group of the European Parliament], website of the EU-China Friendship Association, not dated, 〈https://web.archive.org/web/20190616092022/http://www.eu-cfa.com/lists/OZYHOZYHXH.html〉; Zhang Jie 张杰, 'Ouzhou yihui yiyuan zhuli Gai Lin jiangshu ta de gongzuo gushi' 欧洲议会议员助理盖琳讲述他的工作故事, People's Daily Online, 27 March 2014, 〈https://web.archive.org/web/20191208211535/http://world.people.com.cn/n/2014/0327/c1002-24756505.html〉.

47 Jichang Lulu, 'Repurposing democracy: the European Parliament China friendship group', Sinopsis, 26 November 2019.

48 'Ouzhou Huiyi Ou Zhong youhao xiaozu zhuxi: ceng dangmian bochi Rebiya' 欧洲议会欧中友好小组主席：曾当面驳斥热比娅 [Chairman of the EU-China Friendship Group of the European Parliament: I once refuted Rebiya in person], website of the EU-China Friendship Association, 17 October 2016, 〈https://web.archive.org/web/20191020051201/http:// www.eu-cfa.com/detail/218.html〉; Darren Ennis, 'EU assembly to consider Beijing Olympics boycott', Reuters, 21 March 2008.

49 'EU-China Friendship Groups visits Tibet', China.org.cn, 27 August 2016, 〈https://web.archive.org/web/20191208211327/http://www.china.org.cn/china/2016-08/27/content_39179710.htm〉.

50 Daqiong and Palden Nyima, 'Friendship group praises Tibet after 3-day field trip', China Daily, 27 August 2016.

51 The term used was 著名的对华友好人士. Zhang Xiaofang 张晓芳, 'Ouzhou Huiyi Ou Zhong youhao xiaozu zhuxi: ceng dangmian bochi Rebiya' 欧洲议会欧中友好小组主席：曾当面驳斥热比娅 [Chairman of the EU-China Friendship Group of the European Parliament: I once refuted Rebiya in person], Huanqiuwang, 17 March 2014, 〈http://world.huanqiu.com/exclusive/2014-03/4909357.html?agt=622〉.

52 Anon., 'Český europoslanec na Hedvábné stezce', Sinopsis, 17 May 2019.

53 Gai Lin 盖琳, in Li Xia, 'Spotlight: two-year mark of global community towards a shared future', Xinhua, 20 January 2019; 〈http://www.europarl.europa.eu/meps/en/4556/NIRJ_DEVA/assistants#mep-card-content〉. For the claim that he became the first EU public servant of Chinese nationality, see 'Ouzhou yihui Ou Zhong youhao xiaozu zhuxi: ceng dangmian bochi Rebiya' 欧洲议会欧中友好小组主席：曾当面驳斥热比娅, Huanqiuwang, 17 March 2014, 〈http://world.huanqiu.com/exclusive/2014-03/4909357.html?agt=622〉; 〈https://tinyurl.com/selw4g3〉.

54 'Ouzhou huiyi li de Zhongguo miankong' 欧洲议会里的中国面孔 [The Chinese face

in the European Parliament], CRI Online, 19 October 2014, 〈https://web.archive.org/web/20191208205839/http://news.cri.cn/gb/42071/2014/10/19/6891s4732552.htm〉. '最后,盖琳被聘为"议员顾问", 开始了他在欧洲议会的职业生涯。'

55 Zhang Jie, 'Ouzhou yihui yiyuan zhuli Gai Lin jiangshu ta de gongzuo gushi'.
56 Zhang Jie, 'Ouzhou yihui yiyuan zhuli Gai Lin jiangshu ta de gongzuo gushi'.
57 The ILD and the UFWD are listed on the Friendship Association's Chinese website as its 'partners', although this is not mentioned on its English site. The Friendship Association is officially separate from the less transparent Friendship Group but it is run by some of the same people, including Gai Lin, 〈https://web.archive.org/web/20180824075929/http://eu-cfa.com/lists/HZZZ-01.html〉.
58 On Huawei, see Martin and Crawford, 'China's influence digs deep into Europe's political landscape'. On Xinjiang, see 〈https://www.youtube.com/watch?v=AdWGS-_UHM8〉; Zhang Xiaofang, 'Ouzhou Huiyi Ou Zhong youhao xiaozu zhuxi'.
59 Zhang Xiaofang, 'Ouzhou Huiyi Ou Zhong youhao xiaozu'.
60 Yang Yi, 'Chinese NPC Tibetan delegation visits European Parliament', Xinhua, 12 December 2018.
61 Martin and Crawford, 'China's influence digs deep into Europe's political landscape'.
62 EU–China relations: 〈https://www.youtube.com/watch?v=IhLXWznZts4〉; Trade with China: 〈https://www.youtube.com/watch?v=rTwvtA3ym_o〉. In March 2019 Nirj Deva's organisation launched the Policy Coordination Committee of the Belt and Road Initiative in Europe, 〈https://tinyurl.com/yx4tgt25〉.
63 New China TV (TV channel run by Xinhua News Agency), 〈https://www.youtube.com/watch?v=aaAW1RVE9mM〉.
64 Martin and Crawford, 'China's influence digs deep into Europe's political landscape'.
65 'About', blog of EU-China Friendship Association, not dated, 〈https://web.archive.org/web/20191208215049〉; 〈https://euchinafa.wordpress.com/about/〉; Zhang Xiaofang, 'Ouzhou Huiyi Ou Zhong youhao xiaozu'.
66 Zhang Xiaofang, 'Ouzhou Huiyi Ou Zhong youhao xiaozu zhuxi'.
67 Derek Vaughan has had a number of roles in pro-Beijing groups, such as honorary president of the EU-China Joint Innovation Centre. 'Derek Vaughan zhuxi daibiao Oumeng Zhongguo lianhe chuangxin zhongxin wei 2019 Zhong Ou chengshi Keyan chuangxin chanye fazhan luntan kaimu zhici', Derek Vaughan主席代表欧盟中国联合创新中心为2019中欧 城市科研创新产业发展论坛开幕致辞[Chairman Derek Vaughan gives opening speech on behalf of the EU-China Joint Innovation Center at the opening of the 2019 China-EU Urban Scientific Innovation Industry Development Forum], website of EU-China Joint Innovation Center, 18 May 2019, 〈https://web.archive.org/web/20190827184202/http://cn.eucjic.org/index.php?id=81〉.
68 Anon., 'Český europoslanec na Hedvábné stezce'. The Chinese report cited by Sinopsis can be found at 〈https://web.archive.org/web/20200104212113〉; 〈http://www.zgqt.zj.cn/5337641.html〉.
69 Lulu, 'Repurposing democracy'.
70 Lulu, 'Repurposing democracy', p.13.
71 Screenshot of an email sent by Deva to prospective participants at the European Parliament. The committee is also referenced on the website of the Chinese

Mission to the EU, 〈https://tinyurl.com/rsj6fd2〉.

72 European Commission, 'Member States publish a report on EU coordinated risk assessment of 5G networks security', European Commission, 9 October 2019.

73 'A public debate: sustaining an open global digital ecosystem with Huawei: a European perspective', Huawei, 15 Otober 2019, 〈https://web.archive.org/web/20191016153007/https://huawei.eu/events/public-debate-huawei〉.

74 In Belgium, the parliamentary group has facilitated trips to China for parliamentarians. 'Qian Hongshan meets with Belgian multi-party parliamentarian delegation', website of the ILD, 18 March 2019, 〈https://web.archive.org/web/20191208220359/http://www.idcpc.org.cn/english/news/201903/t20190322_99883.html〉.

75 Alexei Chikhachev, 'From apprehensions to ambitions: the French approach to China', Russian International Affairs Council, 11 April 2019.

76 'About us', website of the All Party Parliamentary China Group, not dated, 〈https://web.archive.org/web/20191208220625/https://appcg.org.uk/about-us/〉.

77 For members, see 〈https://www.the48groupclub.com/about-the-club/whoswho/〉; for history, see 〈https://tinyurl.com/uu3wu4d〉.

78 Ji Chaozhu 冀朝铸 was an interpreter for Mao Zedong, Zhou Enlai and Deng Xiaoping. He is the younger brother of Ji Chaoding, mentioned later. On Ji Chaozhu see: David Barboza, 'The Man on Mao's right, at the center of history', The New York Times, 17 February 2012; 〈http://www.chineseembassy. org.uk/eng/ambassador/lrds/trans1/t229791.htm〉; Geoffrey Fowler, 'Reunion in Beijing', Harvard Magazine, undated, 〈https://harvardmagazine.com/2000/01/reunion-in-beijing-html〉.

79 〈https://www.the48groupclub.com/about-the-club/〉; Lord Davidson is represented on the board of CBBC by Katie Lee of Ensis Strategic.

80 Anon., 'Lord Mayor of London leads fintech delegation to China to promote trade and investment', press release, City of London Corporation, 18 March 2019.

81 'Belt and Road report: a guide to UK services (April 2019)', website of the China-Britain Business Council, 〈http://www.cbbc.org/belt- and- road-publications-2019/〉; 〈https://appcg.org.uk/about-us/〉; CBBC still hosting meetings with the CCPIT: see 'Roundtable meeting with CCPIT Xiamen (London)', 〈http://www.cbbc.org/events/2019/july/roundtable-meeting-with-ccpit-xiamen-(london)/〉.

82 'Xi reiterates China's commitment to free trade, globalization', Xinhua, 16 October 2018, 〈https://web.archive.org/save/http://www.xinhuanet.com/english/2018-10/16/c_137537109.htm〉. See also An Baijie and Cao Desheng, '10 foreigners given medals for roles in reform, opening-up', China Daily, 19 December 2018.

83 Stephen Perry, 'China and the world', website of China Global Impact, 11 June 2019, 〈https://web.archive.org/web/20191208221526/https://chinaglobalimpact.com/2019/06/11/china-and-the-world-2/〉; Stephen Perry, 'New China', website of China Global Impact, 30 May 2019, 〈https://web.archive.org/web/20191208221648/https://chinaglobalimpact.com/2019/05/30/new-china/〉.

84 Stephen Perry, 'Stephen Perry, Chairman of the 48 Group Club, honoured as one of ten foreigners who have supported and helped China's reform and opening up over the past 40 years', website of China Global Impact, 24 December 2018, 〈https://tinyurl.com/tac8to6〉.

85 ⟨http://www.chinagoabroad.com/en/expert/dr-robert-lawrence-kuhn⟩; ⟨https://en.wikipedia.org/wiki/Robert_Lawrence_Kuhn⟩. When in August 2019 Xinhua reported Robert Kuhn calling for the Hong Kong protests to be shut down, the Party newspaper described him as 'an American investment banker and author of a propaganda book eulogizing former Chinese Communist Party chair Jiang Zemin', ⟨http://www.xinhuanet.com/world/2019-08/14/c_1124876756.htm⟩.

86 ⟨https://chinaglobalimpact.com/⟩.

87 ⟨https://chinaglobalimpact.com/⟩.

88 ⟨https://www.youtube.com/watch?v=PJl507uI1Qw⟩.

89 The clues are all to be found in Tom Buchanan, East Wind: China and the British left, 1925–1976, Oxford: Oxford University Press, 2012, pp.156–8. See also Wenguang Shao, China, Britain and Businessmen: Political and commercial relations, 1949–57, Basingstoke: Macmillan, 1991, pp.148–9.

90 From a detailed account, published by the People's Daily, of the establishment and early years of the CCPIT. 'Maoyi xian xing yi min cu guan—Zhou Enlai zhidao Maocuhui duiwai gongzuo de sixiang yu shijian' 贸易先行以民促官—周恩来指导贸促会对外工作的思想和实践 [Trade advances first, using the people to push the officials—thought and practise of how Zhou Enlai guided the external work of CCPIT], People's Daily Online, not dated, ⟨https://web.archive.org/web/20191208222236/http://www.people.com.cn/GB/ shizheng/8198/9405/34150/2543935.html⟩.

91 ⟨https://www.cia.gov/librar y/readingroom/docs/CIA-RDP78-00915R000600210003- 9.pdf⟩, p.63.

92 ⟨https://www.cia.gov/librar y/readingroom/docs/CIA-RDP78-00915R000600210003-9.pdf⟩ p.63; 'Chi Cha'o-ting' and 'Nan Hanch'en' are listed as committee members. Ji Chaoding is the pinyin translation of Chi Cha'o-ting 冀朝鼎.

93 Nan Hanchen 南汉宸 (1895-1967). This account is drawn in part from Jiang Mengying 蒋梦莹, 'Huode guojia lingdaoren huijian, Yingguo 48 Jia jituan julebu you he lai tou' 获得国家领导人会见,英国48家集团俱乐部有何来头？[What is the origin of the 48 Group Club that received a meeting with national leaders?], The Paper, 17 October 2018, ⟨https://tinyurl.com/s4keutp⟩.

94 'Nan Hanchen', in Wolfgang Bartke, Who Was Who in the People's Republic of China, München: Saur, 1997, p.347.

95 Joseph Needham quoted by Buchanan, East Wind, p.96. See also this obituary in The New York Times on 10 August 1963: ⟨https://tinyurl.com/yxwsky35⟩, p.17.

96 Ch'en Li-fu, The Storm Clouds Clear over China: The memoir of Ch'en Li-fu, 1900–1993, Sidney Chang and Ramon Myers, eds, Stanford: Hoover Institution Press, 1994, pp.181–2.

97 Peter Mattis and Matthew Brazil, Chinese Communist Espionage: An intelligence primer, Annapolis: Naval Institute Press, 2019.

98 Buchanan, East Wind, p.155–7; ⟨https://www.cia.gov/library/readingroom/docs/CIA-RDP78-00915R000600210003-9.pdf⟩, p.63. In a nowdeclassified telegram of May 1952 to the British embassy in Paris concerning the Moscow conference, the Foreign Office wrote: 'We must be careful not to let Communist propaganda persuade people to think of economics apart from politics and so obscure the real reasons for the limitations upon East-West trade', telegram from UK Foreign Office Northern Department to Commercial Department, British embassy, Paris,

14 May 1952.

99 Buchanan, East Wind, pp.156–7.

100 On Roland Berger, see 〈https://discovery.nationalarchives.gov.uk/details/r/C16282412〉. On Bernard Buckman, see Alan Campbell and John Mcilroy, '"The Trojan Horse": Communist entrism in the British Labour Party, 1933–43', Labor History, March 2018. Berger's work for the BCPIT was 'deemed so sensitive by the [British] Communist Party that the career of his wife Nancy ... was deliberately held back for fear of jeopardizing it'. Buchanan, East Wind, p.156.

101 Ming Liu, 'Buckman collection in spotlight at London auction', China Daily, 14 November 2016. SOAS offers a Bernard Buckman Fellowship, 〈https://www.soas.ac.uk/registry/scholarships/bernard-buckman-scholarship.html〉.

102 〈https://hansard.parliament.uk/commons/1953-02-05/debates/c06a6587-b990-4157-a4ef-69ee2efbc909/CouncilForPromotion OfInternational Trade〉.

103 Buchanan, East Wind, p.157.

104 Dave Renton, Fascism, Anti-Fascism and Britain in the 1940s, Basingstoke: Macmillan, 2000, p.96. Jack Perry, who was Jewish, had battled Mosley's Blackshirts in the East End in the 1930s and he remained an antifascist activist. When Perry died he was eulogised in the China Daily: Zhang Haizhou, 'Father-and-son team bridged Chinese business with West', China Daily, 3 December 2010.

105 See Anon., 'The rise & fall of Maoism: the English experience', p.35, 〈https://www.marxists.org/history/erol/uk.firstwave/uk-maoism.pdf〉; Buchanan, East Wind, p.202.

106 〈https://www.the48groupclub.com/about-the-club/〉.

107 Jin Jing and Gu Zhenqiu, 'The "icebreaker" who helps bond China with West', Xinhua, 23 October 2018.

108 〈http://en.ccpit.org/info/info_4028811760d8d5d401668610b98301d2.html〉.

109 Stephen Perry, 'President Xi and Stephen Perry Meeting—Xi reiterates China's commitment to free trade, globalization', 22 October 2018, on Perry's blog 〈https://chinaglobalimpact.com/2018/10/22/president-xi-and-stephen-perry-meeting-xi-reiterates-chinas-commitmentto-free-trade-globalization/〉.

110 Anon., 'Three generations of British family play important role in warming China-UK trade relations', Global Times, 20 October 2015.

111 〈https://web.archive.org/web/20191020112028/http://europe.chinadaily.com.cn/epaper/2010-12/03/content_11993942.htm〉.

112 〈http://www.chinese-embassy.org.uk/eng/EmbassyNews/t1655714.htm〉.

113 〈https://web.archive.org/web/20191020113023/http://www.chineseembassy.org.uk/eng/EmbassyNews/t1652772.htm〉.

114 See, for example, Cecily Liu, 'New book explains role China is playing in global development', China Daily, 11 April 2018.

115 〈https://www.amazon.com/Chinas-Role-Shared-Human-Future/dp/1910334340〉.

116 Anon., 'China Daily Global Edition wins admiration from across the world', China Daily, 11 January 2019.

117 〈http://www.martinjacques.com/articles/no-time-for-wishful-thinking/〉.

118 Interview with Martin Jacques, 'How to make sense of the Hong Kong protests?', CGTN online, 5 July 2019.

119 Ian McGregor organises visits by Chinese diplomats to The Telegraph Media Group's offices so that they may put their point of view: see for example 〈https://

www.fmprc.gov.cn/ce/ceuk/eng/EmbassyNews/t1677779.htm〉. At a meeting in January 2019 Ambassador Liu praised the The Daily Telegraph and The Sunday Telegraph for 'playing a positive role in enhancing the mutual understanding between China and western countries', and The Sunday Telegraph's editor Allister Heath is reported to have replied that the two newspapers 'attach great importance to China-related reports and stay committed to covering China's development comprehensively to contribute to the understanding and cooperation between China and the UK', 〈http://www.chinese-embassy.org.uk/eng/ambassador/dshd/t1633606.htm〉. The Telegraph Group has struck a deal with Beijing according to which it receives £750,000 each year to publish in The Daily Telegraph paid propaganda inserts supplied by CCP news outlet China Daily. (Louisa Lim and Julia Bergin, 'Inside China's audacious global propaganda campaign', The Guardian, 7 December 2018.)

120 With thanks to Lucrezia Poggetti for helpful comments on this section.

121 Andre Tartar, Mira Rojanasakul and Jeremy Scott Diamond, 'How China is buying its way into Europe', Bloomberg, 23 April 2018.

122 Anon., 'China, Italy sign BRI MoU to advance connectivity', China Daily, 23 March 2019.

123 John Follain and Rosalind Mathieson, 'Italy pivots to China in blow to EU efforts to keep its distance', Bloomberg, 5 October 2018.

124 Follain and Mathieson, 'Italy pivots to China in blow to EU efforts to keep its distance'. Geraci's boss, minister of economic development and second deputy prime minister Luigi Di Maio, leads the Five Star Movement. He has been a firm supporter of closer ties with China. The BRI was opposed by the foreign minister, Enzo Moavero Milanesi, and his officials.

125 Stuart Lau, 'Italian PM Giuseppe Conte ignores US warnings and pushes for closer cooperation with China's belt and road plan', South China Morning Post, 12 March 2019.

126 Lau, 'Italian PM Giuseppe Conte ignores US warnings'.

127 Lucrezia Poggetti, 'Italy's BRI Blunder', Project Syndicate, 21 March 2019.

128 Philippe Le Corre wrote: 'There is a strong possibility that Southern Europe might become a zone of strong Chinese influence in the future. In an economically weakened region with rising anti-European sentiment, citizens might be looking at alternative options', 〈https://carnegieendowment. org/2018/10/30/this-is-china-s-plan-to-dominate- southern- europe- pub-77621〉.

129 François Godement and Abigaël Vasselier, China at the Gates: A new power audit of EU-China relations, London: European Council on Foreign Relations, 2017, p.112.

130 François Godement, 'Hand-outs and bail-outs: China's lobbyists in Italy', blog post, European Council on Foreign Relations, 12 October 2018.

131 Lucrezia Poggetti, 'Italy charts risky course with China-friendly policy', blog post, Mercator Institute of China Studies, 11 October 2018.

132 〈https://data.consilium.europa.eu/doc/document/ST-6551-2019-ADD-2/en/pdf〉.

133 Godement, 'Hand-outs and bail-outs'; Crispian Balmer, 'Italy's drive to join China's Belt and Road hits potholes', Reuters, 15 March 2019.

134 Giulia Pompili, 'Chi Mise la Cina al governo', Il Foglio, 7 March 2019.

135 Stuart Lau, 'The Sinophile driving Italy's hopes of a New Silk Road deal with China', South China Morning Post, 16 March 2019.

136 John Follain, 'Trump's Huawei threats dismissed in Italian pivot toward China', Bloomberg, 19 February 2109.
137 Pompili, 'Chi Mise la Cina al governo'.
138 〈http://www.beppegrillo.it/la-cina-e-il-governo-del-cambiamento/〉.
139 Editors, 'The Chinese panacea?', Made in China, 19 March 2019.
140 Not all China experts at the University of Nottingham are CCP sympathisers. Rian Thum, a senior research fellow, wrote in respect of the persecution of Uyghurs, 'Xi's Communist Party is an organization that's willing to go to greater extremes of repression than I think any outside observer expected', Peter Martin, 'Inside Xinjiang: a 10-day tour of China's most repressed state', Bloomberg, 25 January 2019.
141 〈https://web.archive.org/web/20190620130525/http://www.globalthinktank. org.cn/Director/View.aspx?Id=4964〉. See also Jonas Parello-Plesner, 'The Curious case of Mr. Wang and the United Front', blog post, Hoover Institute, 11 May 2018.
142 Lau, 'The Sinophile driving Italy's hopes of a New Silk Road deal with China'.
143 〈https://tinyurl.com/rulzryq〉; 〈https://www.linkedin.com/pulse/italy-china-link-ecco-come-porteremo-investimenti-cinesi-maria-moreni〉.
144 Anon., 'Italy aims to develop closer trade ties with China through Belt and Road', China Daily, 16 May 2019.
145 〈https://web.archive.org/web/20180819042607〉, 〈http://agcci.com/trend/info/772?cid=19〉; 〈https://web.archive.org/web/20190406012753〉, 〈http:/agcci.com/style/info/742〉.
146 〈https://web.archive.org/web/20170829042923/http://www.chinaqw.com/sqjg/2017/08-29/159363.shtml〉.
147 Many overseas Chinese are concentrated in the industrial city of Prato, with a population of some 50,000 migrants from China, and many working in fast fashion factories. A delegation of senior united front officials visited in July 2019 to 'promote the unity of overseas Chinese', 〈http://italiapratohuashanghui.com/a/info/2019/0718/424.html〉.
148 〈https://tinyurl.com/tzxe4wl〉.
149 〈https://tinyurl.com/tzxe4wl〉.
150 〈https://web.archive.org/web/20180903040709/http://oborit.org/about-us.html〉.
151 European Commission, EU-China—A strategic outlook, report, 12 March 2019, p.1.
152 They can be found at 〈https://tinyurl.com/w22oe57〉 and 〈https://tinyurl.com/ur7bnkx〉.
153 Stuart Lau, 'Italy may be ready to open up four ports to Chinese investment under "Belt and Road Initiative"', South China Morning Post, 19 March 2019.
154 〈https://tinyurl.com/w22oe57〉. Note also collaboration agreement between private media conglomerate Class Editori and China Media Group. Class Editori will jointly organise events with CMG and broadcast programs produced by it, 〈https://tinyurl.com/u4m6lde〉.
155 The League is part of Bannon's coalition of European right-wing parties. Earlier in March 2019 Bannon met with leaders of the League party and warned against China's 'predatory capitalism', including the BRI. Jason Horowitz, 'Defying allies, Italy signs on to New Silk Road with China', The New York Times, 23 March 2019.
156 Elvira Pollina, 'Huawei to invest $3.1 billion in Italy but calls for fair policy on 5G:

country CEO', Reuters, 15 July 2019.

157 Juan Pedro Tomás, 'Italy will not push emergency legislation on 5G "golden power": Report', RCRWireless News, 19 July 2019. However, PM Conte was reported to be cooling on the China relationship and making reassuring comments to Europe. Stuart Lau, 'Is Italy experiencing buyer's remorse after signing up to China's belt and road scheme?', South China Morning Post, 30 July 2019.

158 Anon., 'Cai Mingpo: the financier helping to build bridges between France and China', Intelligence Online, 20 May 2019.

159 Bezard's appointment to Cathay Capital attracted controversy because he had been a member of the supervisory committee of a state-owned financial institution involved in making a loan to the company. Laurent Mauduit, 'Direction du Trésor: le sulfureux pantouflage de Bruno Bézard', Mediapart, 25 May 2016.

160 Anon., 'Cai Mingpo'.

161 Anon., 'Cai Mingpo'.

162 Anon., 'Cai Mingpo'.

163 On united front ties, see 'Hubei Shengwei tongzhan fubuzhang Chen Changhong dao Changjiang Guoji Shanghui diaoyan' 湖北省委统战部副部长陈昌宏到长江国际商会调研 [Chen Changhong, vice head of the United Front Work Department of Hubei Provincial Committee, inspects the Yangtze River International Chamber of Commerce], Sina, 1 November 2019, 〈https://tinyurl.com/uqkjct6〉. Also see their website 〈https://tinyurl.com/uortmoz〉. Cai Mingpo is a friend of the renowned New York–based artist Cai Guo-Qiang, and bankrolled the French publication of the artist's book. Cai Guo-Qiang is close to Rupert Murdoch's former wife Wendi Deng, who is suspected by US intelligence—and by her former husband—of being a spy for the MSS. Graham Ruddick and Nicola Slawson, 'US officials "briefed Jared Kushner on concerns about Wendi Deng Murdoch"', The Guardian, 17 January 2018.

164 Anon., 'Cai Mingpo'.

165 Clive Hamilton, Silent Invasion: China's influence in Australia, Melbourne: Hardie Grant Books, 2018, p.201.

166 〈http://www.ceibs.edu/media/news/events-visits/14535〉.

167 The Russian political scientist Alexei Chikhachev has written: 'Several former politicians of different affiliations, including former ministers, are now employed by Chinese companies, including Jean-Louis Borloo, who is with Huawei, and Bruno Le Roux, who is with CRRC. Both houses of the French parliament have France–China friendship groups … However, the key vigilantes when it comes to China are not individual politicians, but some very reputable international experts. President of the French Institute of International Relations (IFRI) Thierry de Montbrial says that China is "playing the intra-European controversies," using a "quasi-imperial" strategy in its efforts to implement the Belt and Road Initiative and striving to become the leading world power in the next few decades … France is extremely wary of potential Chinese espionage (including, but not limited to, industrial espionage).' Alexei Chikhachev, 'From apprehensions to ambitions: the French approach to China', Russian International Affairs Council, 11 April 2019. For CEIBS, see their website, where all three are listed as distinguished professors.

168 Steven Chase, 'New Chinese ambassador praises Canadian communist supporter

Isabel Crook, jailed during Cultural Revolution', The Globe and Mail, 24 October 2019.
169 Anon., 'Xi confers highest state honors on individuals ahead of National Day', Xinhua, 29 September 2019.
170 Anon., 'France backs China on Taiwan', Deutsche Welle, 21 April 2005.
171 Pierre Tiessen and Régis Soubrouillard, La France Made in China: la France peut-elle résister à la puissance chinoise?, Paris: Michel Lafon, 2019; Philippe Grangereau, 'Le petit livre rouge de Raffarin', Libération, 27 October 2011.
172 Andrew Moody, 'Raffarin supports ideas of president', China Daily, 30 July 2018.
173 Philippe Branche, 'Comprendre La Chine: questions/réponses à Jean-Pierre Raffarin', Forbes, 19 June 2018.
174 'France's former prime minister Jean-Pierre Raffarin joins CEIBS', website of CEIBS, 23 February 2018, 〈https://tinyurl.com/uxot3vy〉.
175 Anon., 'Cai Mingpo'.
176 Anon., 'Patrice Cristofini, fondateur du club Paris Shanghai: "rapprocher la France et la Chine va permettre d'apaiser les tentations protectionnistes"', Opinion Internationale, 13 June 2018.
177 On Raffarin's role in the France China Foundation, see Anon., 'China- France meeting of minds calls for continued globalization', Chinawatch, 19 October 2018; Bruna Bisini, 'Qui sont les relais de l'influence chinoise en France?', Le Journal du Dimanche, 30 October 2017. For the foundation's partnership with the CPIFA, see 〈https://tinyurl.com/s4rlf4b〉. Raffarin is also the chairman of Fondation Prospective et Innovation, responsible for a stream of pro-Beijing books and commentary, along with various seminars and workshops promoting the BRI. A China Daily report on a 2018 'Young Leaders Program' tour organised by the France China Foundation and CPIFA, although painful to read, shows how easy it is for the CCP's united front operations to draw 'young leaders' into the Party's worldview, with French young leaders gushing about 'people-to-people exchanges' and a 'community of shared values'.
178 Diamond and Schell, eds, China's Influence & American Interests, p.12. See also Robert Fife, Steven Chase and Xiao Xu, 'Beijing foots bill for Canadian senators, MPs to visit China', The Globe and Mail, 1 December 2017; Andrew Tillett, 'The new diplomatic dance with Beijing', Australian Financial Review, 4 November 2018. The twitter hashtag #cpifa provides a useful insight into the CPIFA's global influence operations: see 〈https://twitter.com/hashtag/CPIFA?src=hashtag_click〉.
179 See 'Partners', website of the France China Foundation, capture from 26 January 2018, 〈https://tinyurl.com/wseqw28〉.
180 'Strategic Committee', website of the France China Foundation, undated, 〈https://tinyurl.com/up8xvwo〉.
181 Anon., 'In wolves' clothing', The Economist, 12 February 2015.
182 On CITIC's PLA links, see elsewhere in this book via the index. On Everbright's PLA link, see U.S-China Security Review Commission, documentary annex to 'Report to Congress of the U.S.-China Security Review', Washington D.C., July 2002, p.26.
183 Véroniques Groussa, 'Emmanuel Macron, membre du club des Young Leaders China', Le Nouvel Observateur, 4 August 2018.
184 CPIFA also sponsors a Young Leaders Program in Australia, 〈https://twitter.com/EichtingerM/status/983464348671758336〉.

185 〈https://tinyurl.com/wa8by6z〉. Financial supporters include retail giant Carrefour, high-end jeweller Chaumet, and restauranteur Alain Ducasse Group.

186 Diamond and Schell, eds, China's Influence & American Interests, p.14.

187 The founder of the organisation is said to be Chinese-French businessman Hua Bin (华宾, French name Gérard Houa), 〈https://tinyurl.com/wa8by6z〉. Hua is a business partner of HNA Group. Anon., 'Aigle Azur: l'actionnaire à l'origine du coup de force se dit soutenu par les deux autres', Le Figaro, 1 September 2019.

188 One of the five honorary members is France's former ambassador to China, distinguished diplomat Jean-Pierre Lafon, 〈http://fondation-france-chine.com/?page_id=112〉. (Directeur du Centre de R&D du Conseil des Affaires d'Etat.)

189 〈https://tinyurl.com/wa8by6z〉. To further complicate matters, in 2011 Cathay Capital founded a third foundation with a very similar name, the France Chine Entreprendre Fondation. It is chaired by Sciences Po journalism professor, and brother of Cathay Capital's co-founder Edouard Moinet, Paul-Henri Moinet. Paul-Henri Moinet is also the editor of a French website named Sinocle that promotes closer Sino-French connectivity and aims to 'remove the ignorance, prejudice and ideology that distort Europe's view of China'. Sinocle publishes endless puff pieces about the wonders of the BRI, often quoting experts from the Peterson Institute for International Economics. Its principal purpose seems to be to promote the New Silk Road, 〈http://sinocle.info/en/2019/01/23/〉.

190 Johnny Ehrling, 'China trauert um den "alten Freund" Helmut Schmidt', Die Welt, 11 November 2015.

191 Anon., 'Helmut Schmidt: "Wir sehen China ganz falsch"', Westdeutsche Zeitung, 13 April 2008.

192 Helmut Schmidt, Nachbar China: Helmut Schmidt im Gespräch mit Frank Sieren, Berlin: Ullstein, 2006.

193 Anon., 'Altkanzler Schmidt verteidigt Tian'anmen-Massaker', Welt, 13 September 2012.

194 Helmut Schmidt, 'Xi Jinping: the governance of China book review', State Council Information Office, 25 April 2017.

195 Anon., 'Fuß gefaßt', Der Spiegel, 11 June 1984.

196 Sabine Pamperrien, 'Die China-Versteher und ihre demokratischen Freunde', Deutschlandfunk, 3 October 2013.

197 David Charter, 'Angela Merkel benefits as Gerhard Schröder joins Rosneft board', The Times, 17 August 2017.

198 Andreas Lorenz, 'Hugging the panda: Gerhard Schröder opens doors for German companies in China', Der Spiegel, 6 November 2009.

199 Nina Trentmann, 'Ex-Politiker als gut bezahlte Türöffner nach China', Die Welt, 12 April 2012.

200 Lorenz, 'Hugging the panda'.

201 Anon., 'Keine bohrenden Nachfragen', Deutsche Welle, 8 April 2002.

202 Anon., 'Schröder calls for end to arms embargo against China', Deutsche Welle, 2 December 2003.

203 Lorenz, 'Hugging the panda'.

204 Trentmann, 'Ex-Politiker als gut bezahlte Türöffner nach China'; Lorenz, 'Hugging the panda'.

205 Matthias Kamp, 'Altkanzler Schröder verteidigt Seidenstraßen-Initiative', Wiwo, 26 November 2018.

206 Anon., 'Hamburger China-Konferenz mit Steinmeier und Ex-Kanzler Schröder', Business Insider, 20 November 2016.
207 'Die Laudatio der Verleihung des "China-Europe Friendship Awards" 2016 an Gerhard Schröder', Gesellschaft für Deutsch-Chinesische Verständigung e.V., 30 March 2017.
208 Kamp, 'Altkanzler Schröder verteidigt Seidenstraßen-Initiative'.
209 Anon., 'Scharping: Sachsen müssen in China ihre Nischen suchen', RND, 27 November 2017.
210 Trentmann, 'Ex-Politiker als gut bezahlte Türöffner'.
211 Anon., 'Ludaofu Shaerping—Deguo zhengzhijia, Zhong De hezuo jiaolicu tuidongzhe' 鲁道夫·沙尔平—德国政治家、中德合作交流推动者 [Rudolf Scharping—German politician and promoter of Sino-German cooperation and exchange], Sohu, 27 January 2018, 〈https://www.sohu.com/a/219447838_99901145〉; Zhu Dianyong 朱殿勇: 'Wang Guosheng huijian Ludaofu Shaerping' 王国生会见鲁道夫·沙尔平 [Wang Guosheng meets Rudolf Scharping], Henan ribao, 29 September 2018, 〈https://baijiahao.baidu.com/s?id=1612940937639689321&wfr=spider&for=pc〉.
212 For example, 'One Belt, One Road: die Neue Seidenstrasse', 〈https://www. bhv-bremen.de/tiding/one-belt-one-road-die-neue-seidenstrasse/〉.
213 'Chinas neue Rolle in der Welt—die "Road and Belt" Initiative', 11 July 2018, 〈https://www.spdhessensued.de/2018/07/11/chinas- neue- rolle- in- der- weltdie-road- and- belt- initiative/〉.
214 'Introduction to China Economic Cooperation Center', CECC, 6 June 2014, 〈http://en.cecc.net.cn/Detail.aspx?newsId=1026&TId=44〉.
215 See the programs at 〈https://bri-rsbk.de/de/〉.
216 Cathrin Shaer, 'Huawei can work on German 5G networks: here's why critics say that's a very bad idea', ZDNet, 16 October 2019.
217 Matthew Miller, 'China's HNA charity turns to former German official for leadership', Reuters, 14 December 2017; Anon., 'Who owns HNA, China's most aggressive dealmaker?', Financial Times, 2 June 2017. 'Hainan Cihang said it planned to contribute up to $200 million toward charitable undertakings over the next five years, including $30 million in pledges to Harvard University, the Massachusetts Institute of Technology and Calvary Hospital in New York.'
218 Anon., 'Zeichen gegen US-Eskalation setzen—Rüstungsexporte für Taiwan stoppen', Die Linke, 21 August 2019.
219 Anon., 'Trumps Treibjagd nicht unterstützen', Die Linke, 11 December 2018.
220 Anon., 'Was ist für Dich links, Norbert?', Die Linke, 9 July 2019.
221 'Besorgt über die Lage religiöser Minderheiten in China', Bundestag, 8 May 2019, 〈https://www.bundestag.de/dokumente/textarchiv/2019/kw19-pa-menschenrechte-634964〉.
222 Andreas Rinke, 'Annäherung statt Abgrenzung—Neues Netzwerk China- Brücke', Reuters, 15 January 2020. See also Torsten Rieke, 'CSU-Politiker Hans-Peter Friedrich schlägt Brücke zu China', Handelsblatt, 15 January 2020.
223 Lyndon LaRouche is said to be the author of 'the most baroque conspiracy theories ever put into circulation'. Scott McLemee, 'The LaRouche Youth Movement', Inside Higher Ed, 1 July 2007.
224 Anon., 'Foreign experts applaud China's development concepts', CCTV Plus, 16 March 2019; Chen Weihua, 'Identifying with China', China Daily, 18 August 2017.
225 Bethany Allen-Ebrahimina, 'Lyndon LaRouche is running a pro-China party in

Germany', Foreign Policy, 18 September 2017.

226 'Movisol conference on BRI in Milan', 〈https://tinyurl.com/uo8xxvp〉; Anon., 'Michele Geraci, from professor to Belt and Road player', Belt & Road News, 18 April 2019; Stuart Lau, 'The Sinophile driving Italy's hopes of a New Silk Road deal with China', South China Morning Post, 16 March 2019.

227 'Ambassador Gui Congyou meets with head of the Schiller Institute in Sweden', Chinese embassy in Sweden, 26 July 2018, 〈http://www.chinaembassy.se/eng/sgxw/t1580316.htm〉.

228 'About us', 〈http://brixsweden.com/what-is-the-brix/?lang=en〉.

5. 주변부의 정치 엘리트

1 Jichang Lulu, 'Confined discourse management and localised interactions in the Nordics', Sinopsis, 22 October 2018. See also Jichang Lulu's revealing Twitter thread, 〈https://twitter.com/jichanglulu/status/1059542849291726850〉.

2 Anon., 'Prime Minister Scott Morrison, Victorian Premier Daniel Andrews clash over China deal', ABC News online, 7 November 2018.

3 Gay Alcorn, 'Victorian opposition will make Belt and Road deal with China public if elected', The Guardian, 7 November 2018.

4 Nanette Asimov and Rachel Swan, 'Amid protests, SF board names Chinatown subway station after Rose Pak', San Francisco Chronicle, 21 August 2019; Mark Eades, 'Beijing-by-the-Bay: China's hidden influence in San Francisco', Foreign Policy Association, 9 June 2016.

5 Asimov and Swan, 'Amid protests, SF board names Chinatown subway station after Rose Pak'.

6 Asimov and Swan, 'Amid protests, SF board names Chinatown subway station after Rose Pak'.

7 Lulu, 'Confined discourse management'.

8 〈https://twitter.com/XHNews/status/1163352605420130310〉. See also the follow-up Xinhua story: Anon., 'U.S. state, local officials still eye China opportunities despite trade tensions', Xinhua, 17 August 2019.

9 〈https://twitter.com/XHNews/status/1163352605420130310〉.

10 Phila Siu, 'US-China trade war may cut Los Angeles' economic growth to zero, mayor Eric Garcetti warns during Hong Kong trip', South China Morning Post, 1 August 2018.

11 〈https://twitter.com/XHNews/status/1163352605420130310〉.

12 May Zhou, 'Ex-Missouri governor: American heartland seeks China relations', China Daily, 15 February 2019. Holden endorsed the efficacy of the CCP's tactic of 'use the countryside to surround the city' when he told China Daily: 'We are working with cities and states to have them actively involved in this. I believe that the real changes come from the bottom up, not top down. After all, all politics are local.' Kong Wenzheng, 'Ex-governor is working to connect US heartland, China', China Daily, 7 August 2019.

13 Zhou, 'Ex-Missouri governor'.

14 〈https://usheartlandchina.org/about〉.

15 Tung is vice-chairman of the CPPCC. Jeffie Lam and Peace Chiu, 'Former Hong Kong leader Tung Chee-hwa blames liberal studies at secondary schools for encouraging violent protests among young people', South China Morning Post, 3

July 2019.

16 〈https://drive.google.com/file/d/1vwkDkznV3dInH8ULSOdGBickOMpWW3xF/view〉.

17 〈https://efile.fara.gov/ords/f?p=181:130:6416909505612::NO::P130_CNTRY:CH〉; Elizabeth Redden, 'Thanks, but no, thanks: UT Austin says it will not accept funding from a foundation', Inside Higher Ed, 16 January 2018. CUSEF's 'special representative is Fred Teng, also the president of the America China Public Affairs Institute (ACPAI), whose explicit aim is to establish good relations with individual governors of states so as to encourage all 50 of them to promote good bilateral trade ties with China. 'America China Public Affairs Institute', Chinese language self-introduction, 〈https://tinyurl.com/rybn978〉. This statement is only on the Chinese-language version of the website. Teng is also a council member of the United Front– linked think tank the Centre for China and Globalization, 〈https://tinyurl.com/sbg84zy〉, and was honoured to be one of only 35 overseas members to attend the CPPCC meeting in 2018, 〈https://tinyurl.com/vvwnqy6〉.

18 Anne-Marie Brady, 'Magic weapons: China's political influence activities under Xi Jinping', Wilson Center, September 2017.

19 Jichang Lulu, 'Repurposing democracy: the European Parliament China friendship cluster', Sinopsis, 29 November 2019.

20 Anne-Marie Brady describes how various mayors in New Zealand were co-opted by the CPAFFC. See her Magic Weapons, pp.33–4.

21 Brady, Magic Weapons, p.34.

22 See 〈https://tinyurl.com/um34hkm〉 where it says it organises educational tours of China in conjunction with the CPAFFC. See also May Zhou, 'Bilateral relationship's benefits celebrated in Houston', China Daily, 29 October 2018.

23 〈http://mnchinagarden.org/board-members/〉. In 2018 the Houston chapter of the USCPFA hosted a gala event at which Ed Gonzales, the sheriff of Harris County, which takes in Houston, was made a Friendship Ambassador by the CPAFFC. Gonzales heads the third-largest police force in the United States and was a prominent member of the Houston City Council.

24 〈https://www.cgccusa.org/en/us-china-governors-collab-summit/〉.

25 John Dotson, 'China explores economic outreach to U.S. states via united front entities', blog post, Jamestown Foundation, 26 June 2019.

26 Quoted in Dotson, 'China explores economic outreach to U.S. states via united front entities'.

27 Owen Churchill and John Power, 'For US and Chinese regional officials, economic summit was a chance to heal frayed ties. For the White House, it rang alarm bells', South China Morning Post, 9 August 2019.

28 Anon., 'U.S. state, local officials still eye China opportunities despite trade tensions', Xinhua, 17 August 2019.

29 Anon., 'U.S. state, local officials still eye China opportunities despite trade tensions'.

30 Dotson, 'China explores economic outreach to U.S. states via united front entities'.

31 Churchill and Power, 'For US and Chinese regional officials, economic summit was a chance to heal frayed ties'.

32 Quoted by Bill Bishop, Sinocism Newsletter, 30 July 2019. Original article: Huang Renwei 黄仁伟, 'Zhong Mei jinru zhanlüe xiangchi jieduan, jiang chong su daguo pingheng'中美进入战略相持阶段,将重塑大国平衡 [China and the United States enter

a strategic stalemate phase which will reshape the balance of powers], Guancha, 1 March 2019.

33 Kong Wenzheng and May Zhou, 'China, US city leaders gather', China Daily, 18 July 2019.

34 Wenzheng and Zhou, 'China, US city leaders gather'.

35 Kyle Munson, 'Glad in Muscatine: what one Chinese businessman and his millions mean to this Iowa river town', Des Moines Register, 1 March 2018.

36 Kyle Munson, 'The rise of the "Iowa mafia" in China, from a governor to Xi's "old friends"', Des Moines Register, 9 November 2017.

37 Munson, 'The rise of the "Iowa mafia" in China, from a governor to Xi's "old friends"'.

38 The CPAFFC sponsored the China International Friendship Cities Association in 1992, a national civil organisation of the People's Republic of China with the status of a legal person, 〈https://tinyurl.com/wx2w33e〉. See the section headed 'sister cities seeking', 〈https://tinyurl.com/yx5zwtej〉.

39 Mike Ferguson, 'Muscatine woman a friend of China', Globe Gazette, 21 October 2013. Gary Dvorchak, who as a teenager in 1985 gave up his bedroom for the visiting Xi to sleep in, was one of only twelve foreigners invited to the grand military parade in Beijing to celebrate the seventieth anniversary of the founding of the PRC. Cate Cadell, 'A dozen hand-picked foreigners join China's parade of soldiers and tanks', Reuters, 1 October 2019.

40 Rusty Schrader, 'Lande resigns as director of Iowa Department of Natural Resources', Muscatine Gazette, 25 May 2012.

41 Cynthia Beaudette, 'Water under the bridge: Chinese students visit Muscatine and put their finger on the pulse of one of America's main arteries', Muscatine Gazette, 23 July 2012.

42 Beimeng Fu, 'A Chinese businessman wants to turn a small Iowa town into the Midwest's China hub', Buzzfeed News, 3 January 2017.

43 Brady, Magic Weapons, p.34.

44 Melissa Nightingale, '$100k banquet in Wellington for Chinese Mayoral Form', New Zealand Herald, 5 April 2018.

45 Jeremy Nuttall, 'Chinese government woos local politicians with UBCM event', The Tyee, 13 September 2017.

46 Observation to author.

47 Renee Bernard, 'Delta mayor to boycott reception hosted by Chinese government', Citynews, 28 June 2019.

48 Anon., 'Carried away by communism', The Globe and Mail, 14 September 2010.

49 〈https://tinyurl.com/uvxxkpc〉.

50 〈https://www.youtube.com/watch?v=xR9287AdGV4〉.

51 Anon., 'Nanjing Massacre Victims Monument launched in Canada', Xinhua, 10 December 2018.

52 〈https://tinyurl.com/rwxzymz〉.

53 Paul Robinson and Emilia Terzon, 'Taiwan flag design painted over by council ahead of beef industry event', ABC News online, 9 May 2018.

54 Didi Kirsten Tatlow, 'Mapping China-in-Germany', Sinopsis, 2 October 2019.

55 Tatlow, 'Mapping China-in-Germany'.

56 〈https://www.dcw-ev.de/de/partner/ccpit.html〉. The United Front links of the CCPIT are especially conspicuous in New Zealand, 〈https://tinyurl.com/qlpffrl〉.

57 Tatlow, 'Mapping China-in-Germany'.
58 Tatlow, 'Mapping China-in-Germany'.
59 Tatlow, 'Mapping China-in-Germany'. The agreement is available at ⟨https://tinyurl.com/ro84czp⟩.
60 'One Belt One Road Forum 14.5.2017', ⟨https://tinyurl.com/rugjfwb⟩.
61 According to this 2019 post on the Chinese embassy website, ⟨https://tinyurl.com/we39krd⟩, Pflug was also a former chair of the German-Chinese Parliamentary Group of the Bundestag. On China Bridge, see Andreas Rinke, 'Annäherung statt Abgrenzung—Neues Netzwerk China-Brücke', Reuters, 15 January 2020.
62 'Johannes Pflug wird China-Beauftragter der Stadt', 22 April 2016, ⟨https://tinyurl.com/uf8zev2⟩.
63 'One Belt One Road—Die neue Seidenstraße', Rheinmaintv, 29 March 2018, ⟨https://www.youtube.com/watch?v=z6Cg_LMrlas⟩; Jeffrey Möller, 'Johannes Pflug: China hat mich frühzeitig eingenommen', Renminwang, 28 June 2018, ⟨https://tinyurl.com/u58owqp⟩.
64 'CBND-China Business Network Duisburg', ⟨http://www.cbnd.de/de/ueber-uns⟩.
65 'Chinesische Unternehmen setzen weiter auf Nordrhein-Westfalen und Düsseldorf ', Chinese General Consulate in Düsseldorf, 18 January 2019, ⟨http://dusseldorf.china-consulate.org/det/xwdt_6/t1630608.htm⟩.
66 Annika Schulz, 'Huawei soll Duisburg digitalisieren', Tagesspiegl, 6 December 2018.
67 'Huawei vertieft Kooperation mit Duisburg, um den deutschen Industriestandort in eine neue Smart City zu verwandeln', Presseportal, 3 September 2018, ⟨https://www.presseportal.de/pm/100745/4051263⟩. Both Link and Pflug were interviewed in the March 2019 edition of the journal of the Chinese Industry and Trade Association in Germany. See ⟨https://www.cihd.de/de/leistungen/download/Magazin39-D.PDF⟩.
68 Anon., 'Was vom Tage übrig blieb: Huawei mauschelt mit Duisburg und Cambridge Analytica rettet sich in die Pleite', Netzpolitik, 18 April 2019.
69 Anon., 'Chinese Chamber of Commerce opens office in Hamburg', Hamburg News, 20 March 2017.
70 '40 Jahre Öffnungspolitik in China: Präsidentin Veit lobt Beziehungen zur Volksrepublik', website of the Chinese consulate in Hamburg, 29 January 2019, ⟨https://tinyurl.com/v2ovou8⟩.
71 'Chinesischer Vize-Ministerpräsident Liu He im Rathaus—Chancen für Hamburg durch "Neue Seidenstraße" von Asien nach Europa', website of the Chinese consulate in Hamburg, 27 November 2018, ⟨http://hamburg.china-consulate.org/det/lgxwldhd/t1632457.htm⟩.
72 At least this is what the report written by the Chinese consulate that stands online, unchallenged, claims, ⟨https://tinyurl.com/yxy5z2o3⟩.
73 Lulu, 'Repurposing democracy', p.21–2. See also Olga Lomová, Jichang Lulu and Martin Hala, 'Bilateral dialogue with the PRC at both ends: Czech-Chinese "friendship" extends to social credit', Sinopsis, 28 July 2019.
74 In Prague, for example. See Manuel Eckert and Richard Turcsányi, 'Prague vs. Beijing: estranged sister cities', The Diplomat, 8 October 2019.
75 Brady, Magic Weapons.
76 Diamond and Schell, eds, China's Influence & American Interests, pp.20–1.
77 ⟨https://en.wikipedia.org/wiki/List_of_federal_installations_in_Maryland⟩.

78 In 1999, after complaints from Chinese diplomats, the governor of Maryland rescinded a proclamation honouring Li Hongzhi, exiled leader of Falun Gong. See Steven Mufson, 'Falun Gong honors rescinded', The Washington Post, 11 December 1999. The mayors of Seattle, Baltimore and San Francisco followed suit. For USA-China Sister School Association, see 〈https://montgomerycountymd.galaxydigital.com/agency/detail/?agency_id=76841#toggle-sidebar〉. Rockville, Maryland has a sister-city relationship with Yilan city in Taiwan, 〈http://www.rockvillesistercities.org/wp/〉.

79 Len Lazarick, 'Chinese sister state promoting more trade with Maryland', Maryland Reporter, undated.

80 Lazarick, 'Chinese sister state promoting more trade with Maryland'.

81 〈https://globalmaryland.umd.edu/offices/confucius-institute-maryland/frequently-asked-questions〉. For competing views on UM's Confucius Institute, see Don Lee, 'Confucius Institutes: do they improve U.S.-China ties or harbor spies?', Los Angeles Times, 23 January 2019.

82 Bethany Allen-Ebrahimian, 'China's long arm reaches into American campuses', Foreign Policy, 7 March 2018.

83 Simon Denyer and Congcong Zhang, 'A Chinese student praises the fresh air of free speech at a U.S. college, then came the backlash', The Washington Post, 23 May 2017.

84 〈https://www.umdrightnow.umd.edu/news/university- statement-regarding-2017-student-commencement-speaker〉.

85 Elizabeth Redden, '"A flood to a trickle"? Pence on Maryland's China Programs', Inside Higher Ed, 8 October 2018. Student enrolments from China have grown rapidly in recent years, reaching 2511 in 2017, making up 48 per cent of all international students and 6.2 per cent of the total student body, 〈https://tinyurl.com/ro5n4le〉.

86 Although not named, the case of Columbia is discussed in Section 2 of Diamond and Schell, eds, China's Influence & American Interests.

87 〈https://tinyurl.com/r3eb7ow〉.

88 〈https://www.sohu.com/a/212396602_246081〉; 〈https://tinyurl.com/vqfmo5r〉.

89 〈https://tinyurl.com/sw7qe29〉.

90 〈https://tinyurl.com/r3eb7ow〉.

91 Janene Holzberg, 'Columbia poised to add China's Liyang as sister city', Baltimore Sun, 15 June 2018.

92 〈https://tinyurl.com/vqfmo5r〉. Ms Han 韩军 has a number of united front links. She is vice chair of the Chinese Alumni Associations of Greater Washington (2018 to 2020), 〈https://web.archive.org/web/20180902104155/ http://caagw.org/node/227〉, which is active in talent transfer, 〈https://tinyurl.com/ufgobj3〉. She is also deputy secretary general of the Coordination Council of Chinese America Associations, 〈http://archive. today/ 2019. 10. 23- 094929/http://www.chinaqw.com/hqhr/hd2011/2016/11-09/1132.shtml〉, which is active in huaren canzheng events. (〈https://tinyurl.com/t8l4vru〉; 〈https://tinyurl.com/v7yo9lp〉)

93 〈http://archive.today/upzHG〉. In January 2018 Sun Diantao, ACM's editor-in-chief, was elected deputy secretary general of the National Association for China's Peaceful Unification in Washington D.C., a leading United Front group, 〈http://archive.today/CauBc〉; 〈http://archive.today/YQP6H〉. Sun was president of the Hebei Association of Greater Washington. ACM's president, Wei Dahang, used to

work for CCTV as editor/producer: see 〈http://archive.today/EwV9k〉.
94 〈https://tinyurl.com/rejmmex〉.
95 〈https://web.archive.org/web/20190311223717/https://chaowu.org/meetchao-wu/〉.
96 Information provided by Chinese-American residents of Maryland.
97 He Xiaohui 何晓慧, 〈https://tinyurl.com/so8sppc〉. See also Bethany Allen-Ebrahimian, 'China built an army of influence agents in the U.S.', Daily Beast, 18 July 2018.
98 〈https://tinyurl.com/y5yhs9ky〉.
99 Allen-Ebrahimian writes: 'Lily Qi, a current Democratic nominee for Maryland state delegate, described He as "one of those great connectors to pay attention to local level"'. (Allen-Ebrahimian, 'China built an army of influence agents in the U.S.')
100 See this article on the CCPPNR website: 〈https://tinyurl.com/so8sppc〉.
101 Manuel Eckert and Richard Turcsanyi, 'Prague vs. Beijing: estranged sister cities', The Diplomat, 8 October 2019; Stuart Lau, 'Prague cuts sister-city ties with Beijing amid "tangible anger" over pro-China policies', South China Morning Post, 8 October 2019; Lenka Ponikelska, 'Beijing takes aim at Prague after "One-China" dispute deepens', Bloomberg, 9 October 2019.
102 Holmes Chan, 'Prague ditches Beijing for Taipei in new sister city deal', Hong Kong Free Press, 5 December 2019.

6. 중국 공산당-기업 복합체

1 Bonnie Girard, 'The real danger of China's national intelligence law', The Diplomat, 23 Febraury 2019.
2 George C. Chen, 'Le droit, c'est moi: Xi Jinping's new rule-by-law approach', Oxford Human Rights Hub, 26 July 2017.
3 Jennifer Duggan, 'China targets lawyers in new human rights crackdown', The Guardian, 13 July 2015.
4 Anon., 'Xi stresses CPC leadership of state-owned enterprises', China Daily, 12 October 2016.
5 Zhang Lin, 'Chinese Communist Party needs to curtail its presence in private businesses', South China Morning Post, 26 November 2018; 'China says foreign firms welcome benefits from internal Communist Party cells', Reuters, 19 October 2017. Technically, Party cells have long been mandated in private enterprises under Chinese law, but this has been enforced much more tightly since ca. 2017.
6 In 2016 the respected Caixin finance news group reported on the 'growing number of Chinese state-owned enterprises that are merging the two roles' of chairman and Party secretary. Lu Bingyang and Teng Jing Xuan, 'Train manufacturer merges jobs of chairman, party secretary', Caixin, 28 November 2016.
7 Wang Jiamei and Huang Ge, 'SOEs to unify Party, board chairman posts', Global Times, 18 December 2016. See also Bingyang and Jing Xuan, 'Train manufacturer merges jobs of chairman, party secretary'.
8 Patricia Adversario, 'China's Communist party writes itself into company law', Financial Times, 14 August 2017.
9 Alexandra Stevenson, 'China's Communists rewrite the rules for foreign

businesses', The New York Times, 13 April 2018.

10 Yi-Zheng Lian, 'China, the party-corporate complex', The New York Times, 12 February 2017.

11 John Garnaut, 'Chinese leader's family worth a billion', The Sydney Morning Herald, 30 June 2012; Anon., 'Panama Papers: family of China's President Xi implicated', Straits Times, 4 April 2016.

12 David Barboza and Michael Forsythe, 'Behind the rise of China's HNA: the chairman's brother', The New York Times, 27 March 2018.

13 Ting Chen and James Kai-sing Kung, 'Busting the "Princelings": the campaign against corruption in China's primary land market', The Quarterly Journal of Economics, vol. 134, no. 1, February 2019, pp.185–226.

14 Minxin Pei, China's Crony Capitalism: The dynamics of regime decay, Cambridge, Mass.: Harvard University Press, 2016.

15 Chua Kong Ho, 'Huawei founder Ren Zhengfei on why he joined China's Communist Party and the People's Liberation Army', South China Morning Post, 16 January 2016.

16 While this claim has been challenged by Huawei in a legal deposition, Samantha Hoffmann and Elsa Kania have pointed out that the requirement to assist in intelligence work is consistent across several laws. See Samantha Hoffmann and Elsa Kania, 'Huawei and the ambiguity of China's intelligence and counter-espionage laws', ASPI Strategist, 12 September 2018.

17 Lin, 'Chinese Communist Party needs to curtail its presence in private businesses'.

18 Lin, 'Chinese Communist Party needs to curtail its presence in private businesses'.

19 Gwynne Guilford, 'Jack Ma: mowing down demonstrators in Tiananmen Square was the "correct decision"', Quartz, 17 July 2013. On Jack Ma's wealth, see 〈https://www.forbes.com/profile/jack-ma/#58d5da4f1ee4〉.

20 Josh Horwitz, 'China's annual Communist Party shindig is welcoming a handful of new tech tycoons', Quartz, 5 March 2018.

21 Arjun Kharpal, 'Alibaba's Jack Ma has been a Communist Party member since the 1980s', CNBC online, 27 November 2018.

22 Horwitz, 'China's annual Communist Party shindig is welcoming a handful of new tech tycoons'.

23 Quoted by Elsa Kania, 'Much ado about Huawei (part 2)', ASPI Strategist, 28 Mar 2018.

24 Greg Levesque, 'China's evolving economic statecraft', The Diplomat, 12 April 2017.

25 Anon., 'Civil-military fusion: the missing link between China's technological and military rise', Council on Foreign Relations, blog post, 29 January 2018.

26 Doug Palmer, 'Navarro tells Wall Street "globalist billionaires" to end "shuttle diplomacy" in U.S.-China trade war', Politico, 9 November 2018. See also 〈https://www.youtube.com/watch?v=PROpS3U_FIY〉.

27 Alexandra Stevenson, Kate Kelly and Keith Bradsher, 'As Trump's trade war mounts, China's Wall St allies lose clout', The New York Times, 16 September 2018.

28 Joseph Kahn, 'China leader concentrates on capitalism in New York', The New York Times, 14 April 1999.

29 Stevenson, Kelly and Bradsher, 'As Trump's trade war mounts, China's Wall St allies lose clout'.

30 Kahn, 'China leader concentrates on capitalism in New York'.
31 Stevenson, Kelly and Bradsher, 'As trade war rages, China's sway over the U.S. fades'.
32 Josh Rogin, 'China's infiltration of U.S. capital markets is a national security concern', The Washington Post, 13 June 2019.
33 On the influence of Goldman Sachs in the Obama White House, see Michael Sainato, 'Trump continues White House's Goldman Sachs revolving door tradition', The Hill, 12 December 2016.
34 Stevenson, Kelly and Bradsher, 'As Trump's trade war mounts, China's Wall St allies lose clout'.
35 Personal communication, April 2019.
36 William Stanton, 'Another PRC sharp power: foreign "friends"', Global Taiwan Brief, vol. 3, no. 24, 12 December 2018.
37 Paul Blustein, 'The untold story of how George W. Bush lost China', Foreign Policy, 2 October 2019.
38 Blustein, 'The untold story of how George W. Bush lost China'.
39 'Professor John L. Thornton honored with Friendship Award', Tsinghua SEM, 13 October 2008, 〈https://web.archive.org/web/20190824184433/http://cms.sem.tsinghua.edu.cn/semcms/News1/36101.htm?tempContent=full〉.
40 Yun Li, 'Larry Fink just revealed how BlackRock is going to keep growing at its torrid pace: China', CNBC, 8 April 2019; James Hatton, 'Canadian ambassador's marriage to BlackRock APAC boss raises conflict of interest concerns', Mingtiandi, 25 September 2019.
41 Tony Tang Xiaodong, LinkedIn; Anon., 'Larry Fink says BlackRock focused on onshore presence in China', Reuters, 8 April 2019.
42 〈https://citywireasia.com/manager/helen-zhu/d26476〉.
43 Barbara Demick, 'In China, "red nobility" trumps egalitarian ideals', Los Angeles Times, 4 March 2013.
44 David Lynch, Jennifer Hughes and Martin Arnold, 'JPMorgan to pay $264m in penalty for hiring "princelings"', Financial Times, 18 November 2016.
45 Jessica Silver-Greenberg and Ben Protess, 'Chinese official made job plea to JPMorgan Chase chief ', The New York Times, 9 February 2014.
46 Anon., 'JP Morgan under scrutiny over hiring of Chinese minister's son: WSJ', Reuters, 6 February 2015.
47 Gwynn Guilford, 'JP Morgan isn't the only big financial firm to have hired Chinese Communist Party scions', Quartz, 20 August 2013.
48 Kris Cheng, '"Little darlings summer camp": CY Leung faces fresh questions over his daughter's JP Morgan internship', Hong Kong Free Press, 24 November 2016.
49 Neil Gough, 'Former top China JPMorgan banker said to be arrested in Hong Kong', The New York Times, 22 May 2014; Wang Duan, 'Former JPMorgan executive arrested by HK's graft fighter', Caixin, 24 May 2014; Cendrowski, 'J.P. Morgan's dealmaker in China steps down', 〈https://huecri.wordpress.com/tag/fang-fang/〉.
50 As a postscript, in 2014 Fang Fang was arrested by Hong Kong's anti-graft agency. Although some said he had agreed to become a 'tainted witness', spilling the beans on J.P. Morgan's practice of hiring princelings, a more plausible explanation may be that he was caught up in a CCP factional struggle. (Some say he is aligned with former CCP boss Zeng Qinghong, once aligned with Jiang

Zemin and then a backer of Xi Jinping.) Whatever the reason, it does not seem to have done him much harm. After leaving J.P. Morgan he set up an investment group. He retains his prestigious role on the CPPCC and remains a vice chairman of the advisory council of the Center for China and Globalization.

51 Neil Gough, 'Top China banker for JPMorgan to retire amid hiring inquiry', The New York Times, 25 March 2014.

52 Scott Cendrowski, 'J.P. Morgan's dealmaker in China steps down. Who's next?', Fortune, 25 March 2014.

53 Cheng, '"Little darlings summer camp"'. For Hua Jing Society, see ⟨http://www.hua-jing.org/default.php⟩.

54 For example, ⟨https://www.ntdtv.com/gb/2014/05/26/a1111869.html⟩.

55 Cendrowski, 'J.P. Morgan's dealmaker in China steps down'.

56 ⟨https://archive.fo/2019.05.01-014840/http:/english.ccg.org.cn/Director/Member.aspx?Id=1806⟩. The president of the Centre for China and Globalization is Wang Huiyao, a senior fellow at Harvard Kennedy School, and a CCP operative (see also Diamond and Schell, eds, China's Influence & American Interests, p.64). CCG is funded by Ronnie Chan, also a big Harvard donor. For the CCG's tight Party links, see Tony Cheung, 'New mainland think tank hopes to take "objective" view on Hong Kong issues', South China Morning Post, 12 November 2017.

57 Matt Levine, 'JP Morgan's mistake was not hiring princelings fast enough', Bloomberg, 30 December 2013.

58 Gwynn Guilford, 'JP Morgan isn't the only big financial firm to have hired Chinese Communist Party scions', Quartz, 20 August 2013.

59 It's perhaps worth noting that Australia's former finance minister and prime minister Paul Keating was appointed to the CDB's international advisory board (whose membership included Kissinger and Dominic Barton). He became so enamoured of Chen Yuan that he wrote the foreword to Chen's book.

60 In 2011, Chen Xiaodan was courting Li Wangzhi, the son of Bo Xilai, a potential 'royal marriage' (Peter Foster, 'Photos leaked online fuel rumours of romance between China's red royals', The Telegraph, 21 February 2011). Both studied at Harvard. Bo Guagua went from Harrow to Oxford to Harvard and drove a red Ferrari.

61 James Follows, 'Internship at a Chinese bank? Only if you go to Harvard or MIT', The Atlantic, 20 February 2011.

62 Anon., 'Heirs of Mao's comrades rise as new capitalist nobility', Bloomberg, 27 December 2012.

63 Edward Wong and Amy Qin, 'Son of fallen Chinese official enrolls at Columbia Law School', The New York Times, 29 July 2013.

64 'Headhunter Tan says market knowledge and communication skills now trump family connections when young mainland graduates apply to global banks', ⟨https://news.efinancialcareers.com/au-en/318785/finance-jobprinceling-asia⟩.

65 Michael Forsythe, David Enrich and Alexandra Stevenson, 'Inside a brazen scheme to woo China: gifts, golf and a $4,254 wine', The New York Times, 14 October 2019.

66 Levine, 'JP Morgan's mistake was not hiring princelings fast enough'.

67 Forsythe, Enrich and Stevenson, 'Inside a brazen scheme to woo China'.

68 Forsythe, Enrich and Stevenson, 'Inside a brazen scheme to woo China'; Anon., 'Wang Xisha, daughter of Chinese vice premier Wang Yang; the couple's

extravagant lifestyle has frequently caught the attention of Hong Kong's paparazzi and tabloids', Bamboo Innovator, 23 June 2014.
69 Matt Robinson and Patricia Hurtado, 'Credit Suisse to pay $77 million to settle princeling probes', Bloomberg, 6 July 2018.
70 Robinson and Hurtado, 'Credit Suisse to pay $77 million to settle princeling probes'.
71 Alexandra Rogers, 'City Corporation slammed for decision to ban Taiwan float from Lord Mayor's show', City A.M., 14 May 2019.
72 Wieland Wagner, 'Exchange rates and reserve currencies: China plans path to economic hegemony', Der Spiegel, 26 January 2011.
73 Martin Thorley, 'Shadow play: elite Chinese state influence strategies and the case of Renminbi internationalisation', Parts 1 and 2, Asia Dialogue, 19 July 2018.
74 'Gaining currency: the rise of the Renminbi', Brookings website, event held on 3 November 2016, 〈https://www.brookings.edu/events/gaining-currency-the-rise-of-the-renminbi-2/〉.
75 Anon., eds., Currency Internationalization and Macro Financial Risk Control, International Monetary Institute, London: Palgrave, 2018.
76 See 〈https://tinyurl.com/u4e2be3 and https://tinyurl.com/vn4wqn3〉.
77 〈https://twitter.com/OMFIF/status/1012246109413134336〉.
78 〈https://hansard.parliament.uk/Lords/2014-05-07/debates/ 14050796000304/ China InvestmentIntoTheUnitedKingdom〉.
79 Quoted by Thorley, 'Shadow play'.
80 Nikou Asgari, 'City of London cements dominance of renminbi trading', Financial Times, 17 April 2019.
81 Anne Peters, 'Human rights à la Chinoise: impressions from the 6th Human Rights Forum in Beijing on the eve of the second UPR of China, Part II', blog of the European Journal of International Law, 24 September 2013, 〈https://tinyurl.com/w49glem〉.
82 Anon., 'British Labour MP criticized for role in China's Tibet propaganda', Tibetan Review, 16 August 2014.
83 〈https://www.theyworkforyou.com/lords/?id=2018-11-01b.1428.2〉.
84 Lord Woolf of Barnes, former Lord Chief Justice and chairman of the Bank of England Financial Markets Law Committee, is also a fellow of the 48 Group Club.
85 〈https://www.parliament.uk/biographies/lords/lord-davidson-of-glen-clova/3781/register-of-interests〉.
86 〈https://www.berggruen.org/work/berggruen-china-center/〉.
87 Anon., 'Lord Mayor of London leads fintech delegation to China to promote trade and investment', press release, City of London Corporation, 18 March 2019.
88 〈https://www.youtube.com/watch?v=IrAz-lQDrAo〉, minute 2.00 and 19.30.
89 Anon., 'Lord Mayor of London leads fintech delegation to China to promote trade and investment'.
90 Anon., 'China Daily Global Edition wins admiration from across the world', China Daily, 11 January 2019.
91 〈https://sgc.frankfurt-school.de/〉; Zhou Wa, 'Giving currency to yuan's spread', China Daily, 2 October 2015.
92 Mark Sobel has written for the journal Shenglin edits, the International Monetary Review (see the January 2019 issue).
93 Ben Moshinsky, 'Terrifying highlights from Ray Dalio's note on the China bubble',

Business Insider, 24 July 2015.
94 Alicia Gonzales, '"China is dealing with a heart transplant," says Bridgewater head', El Pais, 26 August 2015.
95 Alan Cheng, 'How Ray Dalio broke into China', Institutional Investor, 18 December 2017.
96 Amanda Cantrell, 'Ray Dalio is worried about markets—but bullish on China', Institutional Investor, 15 November 2018.
97 Linette Lopez, 'It's time to stop listening to Ray Dalio on China', Institutional Investor, 4 January 2019.
98 Cheng, 'How Ray Dalio broke into China'.
99 Samuel Wade, 'Minitrue: rules on stock-market reporting', China Digital Times, 9 July 2015.
100 Amie Tsang, 'Caijing journalist's shaming signals China's growing control over news media', The New York Times, 6 September 2015.
101 PEN America, 'Darkened screen: constraints on foreign journalists in China', PEN America, 22 September 2016.
102 Based on discussions with financial market experts.
103 Anon., 'UBS is curbing some China travel after banker detained', Bloomberg, 20 October 2018.
104 Anon., 'UBS is curbing some China travel after banker detained'.
105 Anon., 'Lone analyst who cut Cathay to sell says he faces huge pressure', Straits Times, 23 August 2019.
106 Anon., 'Lone analyst who cut Cathay to sell says he faces huge pressure'.
107 John Pomfret, 'What America didn't anticipate about China', The Atlantic, 16 October 2019.
108 Brian Stelter, 'ESPN faces criticism over its coverage of Hong Kong tweet and the NBA', CNN Business, 9 October 2019; Alex Lindner, 'ESPN uses map of China complete with nine-dash line, Taiwan, and Arunachal Pradesh', Shanghaiist, 10 October 2019.
109 Anon., 'China takes a bite out of Apple privacy claims', Deutsche Welle, 28 February 2018.
110 Frank Tang, 'Apple CEO Tim Cook joins influential Beijing university board as company's China woes continue', South China Morning Post, 21 October 2019.
111 Martin Hala and Jichang Lulu, 'The CCP's model of social control goes global', Sinopsis, 20 December 2018.
112 ⟨https://tariffshurt.com/⟩.
113 Scott Reeves, 'Tariffs hurt "heartland" companies, letter says', China Daily, 15 June 2019.
114 ⟨https://tinyurl.com/w7hjs87⟩; Bethany Allen-Ebrahimian, 'Meet the U.S. officials now in China's sphere of influence', Daily Beast, 23 July 2018.
115 Moritz Koch, Dietmar Neuerer and Stephan Scheuer, 'Merkel öffnet 5G-Netz für Huawei' [Merkel opens 5G network for Huawei], Handelsblatt, 14 October 2019.
116 'The People's Republic of China is again Germany's main trading partner', German Federal Office of Statistics, ⟨https://tinyurl.com/rco2uvo⟩; Mu Xueqian, 'China remains Germany's most important trading partner', Xinhua, 18 February 2019.
117 Elisa Simantke, Harald Schuhmann and Nico Schmidt, 'Wie gefährlich China für Europa wirklich ist', Tagesspiegel, 15 September 2019. See also ⟨https://www.

euronews.com/2019/04/09/bei-ching-the-figures-behind-theeu- s-trade-with-china〉.

118 See for example Matthias Breitinger and Zacharias Zacharakis, 'Auto Macht Deutschland', Die Zeit, 24 July 2017; Martin Seiwert and Stefan Reccius, 'So abhängig ist Deutschland von der Autoindustrie', Wirtschaftswoche, 27 July 2017.

119 Anon., 'VW, BMW und Daimler wachsen in China gegen den Trend', Manager Magazin, 10 February 2019.

120 'Weekly brief: BMW's latest kowtow chasing Chinese driverless cash', TU-Automotive, 22 July 2019, 〈https://www.tu-auto.com/weekly-briefbmws-latest-kowtow-chasing-chinese-driverless-cash/〉.

121 Tim Bartz et al., 'China pressures foreign companies to fall in line on protests', Der Speigel online, 28 August 2019.

122 Interview with Robin Brant, 'VW boss "not aware" of China's detention camps', BBC News online (video), 16 April 2019.

123 Joe McDonald, 'Mercedes-Benz apologises to China for quoting Dalai Lama on Instagram', The Independent, 6 February 2018.

124 Anon., 'Audi apologizes for inaccurate China map', Global Times, 16 March 2017.

125 Gerhard Hegmann, 'Siemens-Chef warnt davor, Chinas Führung zu kritisieren', Welt, 8 September 2019.

126 'Siemens embraces Belt and Road Initiative', Siemens website, 6 June 2018, 〈https://tinyurl.com/tfsw8ff〉.

127 Anon., 'Merkel will friedliche Lösung für Hongkong', Frankfurter Rundschau, 8 September 2019.

128 'About APA', 〈https://www.asien-pazifik-ausschuss.de/en/about-apa〉.

129 Julian Röpcke, 'China-Lobbyisten fordern Ende deutscher Werte-Politik', Bild, 19 March 2019.

130 Author's personal experience.

131 Andrew Chatzky and James McBride, 'China's Massive Belt and Road Initiative', Backgrounder, Council on Foreign Relations, 21 May 2019; see also 〈https://tinyurl.com/r9ygvx2〉.

132 Chatzky and McBride, 'China's Massive Belt and Road Initiative'.

133 Raissa Robles, 'China can turn off the Philippine national power grid, officials say', South China Morning Post, 20 November 2019.

134 Hamilton, Silent Invasion, pp.121, 159.

135 Anon., 'As Trump bashed China, he sought deals with its government-owned energy firm State Grid', South China Morning Post, 18 October 2016.

136 Andre Tartar, Mira Rojanasakul and Jeremy Scott Diamond, 'How China is buying its way into Europe', Bloomberg, 23 April 2018.

137 Ronald Linden, 'The new sea people: China in the Mediterranean', IAI Papers 18, Istuto Affari Internazionali, July 2018.

138 Tartar, Rojanasakul and Scott Diamond, 'How China is buying its way into Europe'.

139 Devin Thorne and Ben Spevack, 'Harbored ambitions: how China's port investments are strategically reshaping the Indo-Pacific', C4ADS, 2017, p.4.

140 Quoted by Thorne and Spevack, 'Harbored ambitions', p.19.

141 〈https://iias.asia/the-newsletter/article/one-belt-one-road-chinasreconstruction-global-communication-international〉 (Xiang Debao 相德宝)

142 See Nadège Rolland, 'Beijing's vision for a reshaped international order', China

Brief, vol. 18, no. 3 (Jamestown Foundation), 26 February 2018.

143 Jing Xin and Donald Matheson, 'One Belt, competing metaphors: the struggle over strategic narrative in English-language news media', International Journal of Communication, no. 12, 2018, pp.4248–68. The CCP's 'Culture Going Global' strategy is also tied into the BRI. As Party theorists put it in 2015, 'the consensus on culture [that is, global acceptance of CCP values] is the foundation for the BRI'. Anon., 'Direction and aspects of the culture industry's development in BRI', China Economy, 28 March 2015.

144 Haoguang Liang and Yaojun Zhang, 'International discourse power: Belt and Road is not starting from "scratch"', in Anon., eds, The Theoretical System of Belt and Road Initiative, Singapore: Springer, 2019, p.52.

145 In a study of foreign media reporting of the BRI, Jing Xin and Donald Matheson found that it often relies on metaphors of 'vision' and 'dream' to describe the larger meaning of BRI in the world. While Pakistani media tend to use phrases like 'game changer', 'economic catalyst' and 'a new wave of globalization', India's media are more likely to deploy the negative imagery of 'colonialism' and 'Trojan horse'. So, world media both reproduce Party discourse and undermine it. Chinese-language media abroad mostly follow three scripts: China as a historical victim committed to peaceful development, the 'China Dream' of returning to strength and self-confidence, and 'a new, more collaborative style of great-power relations, in contrast to cold war thinking'. Xin and Matheson, 'One Belt, competing metaphors'.

146 And to developing the sister-city networks and 'people-to-people exchanges'. ('Belt and Road, here is the Italy and China memorandum of understanding', Affaritaliani.it, 12 March 2019, 〈https://tinyurl.com/qm8yeno〉. Italy's accession to the BRI was welcomed enthusiastically by the Schiller Institute. 'In an interview with Chinese journalists, Italian President Mattarella spoke at length about the ancient bonds between Italy and China and the future perspective for cooperation', 〈https://tinyurl.com/s3zh398〉.

147 Dan Harrison, 'Victorian government releases agreement with China on Belt and Road Initiative', ABC News online, 12 November 2018.

148 'Joint communique of the leaders' roundtable of the 2nd Belt and Road Forum for International Cooperation', 27 April 2019, 〈https://tinyurl.com/qmn2fm8〉.

7. 해외 거주 중국인들을 동원하라

1 James Jiann Hua To, Qiaowu: Extra-territorial policies for the overseas Chinese, Leiden: Koninklijke Brill, 2014, pp.115, 184. There have been some important changes to united front structures and operations since James To wrote his book.

2 Marcel Angliviel de la Beaumelle, 'The United Front Work Department: "magic weapon" at home and abroad', China Brief (Jamestown Foundation), 16 July 2017.

3 To, Qiaowu.

4 James Kynge, Lucy Hornby and Jamil Anderlini, 'Inside China's secret "magic weapon" for worldwide influence', Financial Times, 26 October 2017.

5 To, Qiaowu, p.188.

6 James To, 'Beijing's policies for managing Han and ethnic-minority Chinese communities abroad', Journal of Current Chinese Affairs, no. 4, 2012, pp.186–87.

7 Groot, 'The expansion of the United Front under Xi Jinping', p.169.
8 For example, companies are threatened with loss of business in China and official displeasure unless they withdraw advertising from Chinese-language media that do not bend to Beijing's will.
9 To, Qiaowu, p.189.
10 〈https://tinyurl.com/u24p6ud〉.
11 〈http://www.upholdjustice.org/node/181#report181_24〉; 'Quan guo Qiaoban zhuren huiyi jingshen chuanda tigang' 全国侨办主任会议精神传达提纲 [Main message from the directors' meeting of China's Overseas Office], Chongqing Overseas Chinese Affairs website, 5 April 2007, 〈https://tinyurl.com/tfz5zfa〉.
12 'Quan guo Qiaoban zhuren huiyi jingshen chuanda tigang' (paragraph 7).
13 With thanks to Alex Joske for advice on the chart.
14 Joske, 'The Party speaks for you'.
15 〈https://web.archive.org/web/20110801030857/http://www.gdsy.com.cn/new7.htm〉.
16 Quoted in 〈http://www.upholdjustice.org/sites/default/files/201709/record/2008/181-report_a4_report.pdf〉. See also Anne-Marie Brady, 'On the correct use of terms', China Brief, vol. 19, no. 9, 9 May 2019.
17 Jichang Lulu, 'Repurposing democracy: the European Parliament China friendship cluster', Sinopsis, 26 November 2019, p.21, n105.
18 'The children of two other CCP grandees, Chen Yi and Chen Yun, have also held CPAFFC posts.' Lulu, 'Repurposing democracy', n104.
19 To, Qiaowu, p.76. Qiaowu work is a subset of UFWD work because it is limited to influencing ethnic Chinese, while united front work has a much broader audience. Officially, qiaowu policies and directives come from the OCAO.
20 Alex Joske, 'Reorganizing the United Front Work Department: new structures for a new era of diaspora and religious affairs work', China Brief, vol. 19, no. 9 (Jamestown Foundation), 9 May 2019. Joske notes that some OCAO staff were redeployed to AFROC or CPPCC positions.
21 For Australia, they are detailed in Clive Hamilton and Alex Joske, 'Submission to the Parliamentary Joint Committee on Intelligence and Security',22 January 2018, Submission No. 20 at 〈https://tinyurl.com/yd922bwz〉.
22 'Wei qiao fuwu xingdong nian quanmian luoshi ba xiang huiqiao jihua' 为侨服务行动年 全面落实八项惠侨计划 [Action year for serving overseas Chinese: fully implement the eight plans for benefiting overseas Chinese], website of the Chinese government, 2 March 2015, 〈https://tinyurl.com/yx554pfv〉.
23 Joske, 'Reorganizing the United Front Work Department'.
24 〈https://twitter.com/geoff_p_wade/status/1116480563613851648〉.
25 〈https://tinyurl.com/s2ccyp6〉.
26 〈http://www.ejinsight.com/20140805-chinese-french-citizenship/〉. Some 500 people from China have obtained French citizenship this way. It's especially popular for young people from the city of Wenzhou. The first to take this route was a student from Wenzhou on the advice of his professor at the University of Paris 3 in 1979.
27 〈https://www.youtube.com/watch?v=NoWc3tEGuu4〉.
28 〈http://news.66wz.com/system/2015/04/02/104404281.shtml〉.
29 'Yingguo huaren laobing lianyihui Lundun "ba yi" da juhui' 英国华人老兵联谊会伦敦"八一"大聚会, Huashangbao, 1 August 2016, 〈http://archive.today/BK0uo〉. See

also 〈https://tinyurl.com/racdqwu〉.

30 Tom Blackwell, 'Canadian veterans of People's Liberation Army form association, sing of China's martial glory', National Post, 30 October 2019.

31 〈https://archive.today/wwuhs〉. 聚澳现场丨军歌嘹亮唱响八一,澳中退役老兵俱乐/; 〈https://tinyurl.com/qom8evp〉. See also Clive Hamilton, Silent Invasion, p.248.

32 〈https://twitter.com/Anne_MarieBrady/status/1116473692345786370〉; 〈https://twitter.com/xmyhm/status/1115504141999022080〉; 〈https://twitter.com/ geoff_p_wade/ status/1116480563613851648?lang=en〉.

33 Cary Huang, '83 Chinese billionaires members of NPC and CPPCC: Hurun', South China Morning Post, 8 March 2013. A more up-to-date figure is not available.

34 Diamond and Schell, eds, China's Influence & American Interests, p.34.

35 中国强大是侨胞心中最殷切的期盼; see 'Liexi jinnian quango zhengxie huiyi de 35 ming haiwai qiaobao dou you shei?' 列席今年全国政协会议的35名海外侨胞都有谁?, website of the Overseas Chinese Affairs Office, 3 March 2018, 〈http://web.archive.org/web/20190803225827/http://www.gqb.gov.cn/news/2018/0303/44447.shtml〉.

36 John Dotson, 'The United Front Work Department goes global: the worldwide expansion of the Council for the Promotion of the Peaceful Reunification of China', China Brief, vol. 19, no. 9, 9 May 2019.

37 Dan Conifer and Stephanie Borys, 'Australia denies citizenship to Chinese political donor Huang Xiangmo and strips his permanent residency', ABC News online, 6 April 2019.

38 For example, Yang Wentian of the Phoenix CPPRC and Ma Ao of the New York City CPPRC. See 列席全国政协会议海外侨胞期望助力新时代 〈http://web.archive.org/web/20190803232811/https://news.sina.com.cn/c/2019-03-02/doc-ihrfqzkc0514609.shtml〉 and 新机遇 海外侨胞展宏图 〈https://tinyurl.com/vo9y8nm〉.

39 'Ouzhou Zhongguo heping tongyi cujinhui zhi quanti lü'Ou qiaobao de huyushu' 欧洲中国和平统一促进会致全体旅欧侨胞的呼吁书 [A letter of appeal to all Chinese compatriots in Europe from the European Association for the Peaceful Reunification of China], Qiaowang, 14 May 2019, 〈http://www.chinaqw.com/hqhr/2019/05-14/222686.shtml〉.

40 Mark Eades, 'Chinese government front groups act in violation of U.S. law', blog post, Foreign Policy Association, 9 May 2016.

41 Eades, 'Chinese government front groups act in violation of U.S. law'; 〈https://tinyurl.com/qrhw5et〉.

42 Benjamin Haas, '"Think of your family": China threatens European citizens over Xinjiang protests', The Guardian, 18 October 2019.

43 Bethany Allen-Ebrahimian, 'Chinese police are demanding personal information from Uighurs in France', Foreign Policy, 2 March 2018. For Belgium, see Tim Nicholas Rühlig, Björn Jerdén, Frans-Paul van der Putten, John Seaman, Miguel Otero-Iglesias and Alice Ekman, eds, 'Political values in Europe-China relations', report by the European Think-tank Network on China (ETNC), December 2018, pp.25–6.

44 〈https://www.rfa.org/english/news/uyghur/threats-02272018150624.html〉.

45 Paul Mooney and David Lague, 'The price of dissent: holding the fate of families in its hands, China controls refugees abroad', Reuters, 30 December 2015.

46 Steve Chao and Liz Gooch, 'No escape: the fearful life of China's exiled dissidents', Al Jazeera, 9 April 2018.

47 Chao and Gooch, 'No escape'.

48 〈https://www.aljazeera.com/programmes/101east/2018/04/china-spies-liesblackmail-180404145244034.html〉.
49 〈https://www.rfa.org/english/news/china/germany-agents-09132019142817.html〉.
50 Didi Kirsten Tatlow, 'Datenkolonialismus. Chinas Angriff auf die offene Gesellschaft', Zentrum Liberale Moderne, 25 September 2018.
51 Camron Slessor, Claire Campbell and Daniel Keane, 'Fake Chinese police cars spotted in Perth and Adelaide amid pro-Hong Kong rallies', ABC News online, 19 August 2019.
52 In August 2004 the Chinese consulate in New York posted an article about huaren canzheng in the US, 〈http://archive.today/2019.09.21-073907/https://www.fmprc.gov.cn/ce/cgny/chn/lsyw/qwgz/t147027.htm〉. An article about huaren canzheng appeared in the same year in Canada, 〈http://archive.today/2019.09.21-074432/http://goabroad.xdf.cn/200406/18502.html〉.
53 For Canada, see for example Tom Blackwell, 'MPP's ties to China raise questions about how close Canadian politicians should get to foreign powers', National Post, 6 September 2019. For New Zealand, see for example Tom Phillips, 'China-born New Zealand MP denies being a spy', The Guardian, 13 September 2017. For Australia, see Anon., 'ASIO identifies political candidates with links to China', SBS News, 9 December 2017; Wai Ling Yeung and Clive Hamilton, 'How Beijing is shaping politics in Western Australia', China Brief, vol. 19, no. 9, 9 May 2019; Clive Hamilton, 'Why Gladys Liu must answer to parliament about alleged links to the Chinese government', The Conversation, 11 September 2019. In the United States, the Coordination Council of Chinese America Associations has organised many huaren canzheng events. One example (in English) is at 〈https://web.archive.org/web/20171111051835/http://www.cccaa.org/ch/inusa/election_5.aspx〉.
54 〈https://tzb.jnu.edu.cn/f4/18/c5573a128024/page.htm〉, Jinan University United Front Department, 5 May 2010.
55 Xue Qingchao 薛庆超, 'Di jiu zhang: Mao Zedong "shuai shitou", "can shazi", "wa qiangjiao"' 第九章：毛泽东"甩石头","掺沙子","挖墙脚", People's Daily Online, 29 October 2013, part 1, 〈https://tinyurl.com/vgufwzw〉 and part 3, 〈https://tinyurl.com/tdac338〉.
56 The claim that it is most advanced in Canada is our judgement, based on close study.
57 Tom Igguldon, 'Questions raised about Liberal MP Gladys Liu amid claims of links to Chinese political influence operations', ABC News online, 9 September 2019; Hamilton, 'Why Gladys Liu must answer to parliament about alleged links to the Chinese government'.
58 Dan Oakes, 'Gladys Liu's Liberal Party branch called to relax foreign investment laws before she became federal MP', ABC News online, 14 September 2019.
59 Rob Harris, 'Morrison defends "great Australian" Gladys Liu against "smear"', The Sydney Morning Herald, 12 September 2019.
60 Nick McKenzie, Paul Sakkal and Grace Tobin, 'China tried to plant its candidate in federal parliament, authorities believe', The Age, 24 November 2019.
61 Yeung and Hamilton, 'How Beijing is shaping politics in Western Australia'.
62 〈https://web.archive.org/web/20190921222515/https://world.huanqiu.com/article/9CaKrnK5dp9〉, Association des Chinois Residant en France 法国华侨华人会主席任俐敏.

63 〈http://archive.today/2019.09.21-225007/http://news.66wz.com/system/2018/09/06/105111657.shtml〉.

64 The COEA's member organisations/provincial chapters are listed on its website: 〈https://web.archive.org/web/20190115003915/http://www.coea.org.cn/xhgg/xhgg.d.html?nid=19〉.

65 〈http://archive.today/2019.04.06-004152/http://www.gqb.gov.cn/news/2018/0504/44842.shtml〉.

66 〈https://web.archive.org/web/20161203100337/http://www.bcproject.org/about/#history〉, Christine Lee 李贞驹.

67 Hamilton and Joske, 'Submission to the Parliamentary Joint Committee on Intelligence and Security', p.27.

68 Lee's website: 〈https://tinyurl.com/s5neovh〉. See also bio at 〈https://tinyurl.com/vcze47o〉. Christine Lee on YouTube (in English), 〈https://www.youtube.com/watch?v=piezUzwS3Hk〉.

69 〈https://web.archive.org/web/20171009000710/http://uk.people.com.cn/GB/370630/370680/index.html〉.

70 Hannah McGrath and Oliver Wright, 'Money, influence and the Beijing connection', The Times, 4 February 2017.

71 〈https://web.archive.org/web/20190405083748/http://www.bcproject.org/michael-wilkes/〉. Michael Wilkes on YouTube: 〈https://www.youtube.com/watch?v=GEDeOioavdE〉. This news story details Michael Wilkes's involvement in the British Chinese Project: 〈http://qwgzyj.gqb.gov.cn/qjxy/187/2742.shtml〉.

72 McGrath and Wright, 'Money, influence and the Beijing connection'.

73 〈https://web.archive.org/web/20181211111940/https://www.chineseforlabour.org/ executive_committee〉.

74 Hu Yang, 'UK law firm opens office in Beijing', China Daily, 19 November 2011. Also, according to China Daily: 'Lee, an influential and active figure in the Chinese community in the UK, is chief legal advisor to the Chinese Embassy in the United Kingdom. Working with Chinese government departments, she has made great efforts in promoting the rights of Chinese in the UK.' The firm is also one of the legal experts recommended to overseas enterprises by the UK Trade and Investment government agency. In 2001, China Daily announced the opening of an office of Lee's law firm in Beijing. On Lee's legal services for the OCAO and her meeting with senior OCAO officials, see 〈http://archive.today/MMJSa〉 and 〈https://tinyurl.com/v8tvjss〉.

75 〈http://archive.today/2019.09.21-113520/http://www.ihuawen.com/article/index/id/42470/cid/45〉.

76 〈https://web.archive.org/web/20190921124029/http://paper.people.com.cn/rmrbhwb/html/2016-02/19/content_1654994.htm〉.

77 〈https://web.archive.org/web/20190711081020/http://www.christine-lee.com.cn/nd.jsp?id=108〉.

78 〈http://archive.today/i0wS8〉; 〈https://tinyurl.com/wqbutsq〉.

79 〈https://tinyurl.com/w86f3e8〉. Also, 'The British Chinese Project will open the door to politics for young ethnic Chinese. It will help them see politics can start with small things around them. It will help them master rules of the game to better protect their rights and interests.'

80 〈http://archive.today/dYWvh〉. On Points of Light Awards, see 〈https://www.pointsoflight.gov.uk/〉 and Lee's citation at 〈https://www.pointsoflight.gov.uk/

british-chinese-project/〉.

81 〈https://tinyurl.com/vqquzjo〉; 〈https://tinyurl.com/vy3wmvm〉; 〈https://tinyurl.com/sm8huhk〉. Other founders were Dr Stephen Ng MBE and Dr Mee Ling Ng OBE.

82 〈https://tinyurl.com/ue37f89〉.

83 〈https://tinyurl.com/ue37f89〉.

84 〈https://tinyurl.com/tkdjx23〉.

85 〈https://tinyurl.com/qk2vbrp〉.

86 〈https://tinyurl.com/tp3cxsd〉.

87 〈https://tinyurl.com/uj2oenu〉; 〈https://tinyurl.com/s57cyu3〉.

88 〈https://tinyurl.com/v6as2v2〉; 〈https://tinyurl.com/uggbtwg〉; 〈https://tinyurl.com/rzzc96s〉.

89 〈http://archive.today/2019.07.07-113849/http://zjuka.blogspot.com/2009/12/〉.

90 〈http://archive.today/2019.07.07-113529/http://zjuka.org.uk/old/Visiting%20 Qiao%20Lian%2002-07-10.pdf〉.

91 〈https://web.archive.org/web/20160421042133/http://qwgzyj.gqb.gov.cn/qjxy/181/2568.shtml〉.

92 Anon., 'China, Britain to benefit from "golden era" in ties—Cameron', Reuters, 18 October 2015.

93 〈https://tinyurl.com/scpdaf7〉

94 〈https://tinyurl.com/squysp4〉.

95 〈https://web.archive.org/web/20190630233450/http://wemedia.ifeng.com/89034940/wemedia.shtml〉.

96 〈https://tinyurl.com/t2yfcxr〉.

97 〈https://www.youtube.com/watch?v=sUgrj2r6FR8〉.

98 〈https://tinyurl.com/tso3r7x〉.

99 〈https://tinyurl.com/sbbxhbx〉.

100 〈http://www.channel4.com/news/boris-johnson-london-propery-deal-chinaalbert-dock〉; 〈https://tinyurl.com/seffc8z〉; 〈http://archive.today/qTqfr〉.

101 〈http://powerbase.info/index.php/Xuelin_Bates#Political_donations〉.

102 Anon., 'Tory peer Bates failed to declare ZRG interests, paper reports', Inside Croyden, 12 April 2015.

103 Christian Eriksson and Tim Rayment, 'Minister faces quiz over link to new Crystal Palace', Sunday Times, 12 April 2015.

104 〈http://powerbase.info/index.php/Xuelin_Bates#Political_donations〉; 〈http://powerbase.info/index.php/The_Leader%27s_Group〉.

105 〈https://tinyurl.com/seffc8z〉.

106 〈https://tinyurl.com/wdcpdye〉.

107 〈https://tinyurl.com/uvomjuz〉.

108 〈https://tinyurl.com/vwcb6vj〉.

109 〈https://tinyurl.com/wlaunsu〉, 6 February 2019.

110 〈https://tinyurl.com/tfwtu9u〉.

111 〈https://tinyurl.com/rgqmdw6〉; 〈https://mp.weixin.qq.com/s/G5XojgHiRyjn1G8A30GSJQ〉.

112 〈https://tinyurl.com/vqavhj8〉.

113 Wang Yisan and Bai Tianxing, 'Lord Bates walks China: China contributes peace and prosperity to the world', People's Daily, 26 September 2019.

114 〈https://tinyurl.com/tqljhn7〉.

115 Anon., 'China interaction: stories of Zhejiang premiers in Beijing', Beijing Review, 11 October 2019.
116 〈https://tinyurl.com/u46q5x7〉; 〈https://tinyurl.com/yxytr5sj〉; 〈https://www.walkforpeace.eu/mission-possible/〉. The UK China Friendship Association was incorporated in November 2019, see 〈https://beta.companieshouse.gov.uk/company/12295975/officers〉. A British-China Friendship Society was formed in 1949 but dissolved in 1965 when Maoists broke away to form the Society for Anglo-Chinese Understanding. See 〈https://tinyurl.com/yjqroghc〉.
117 〈https://tinyurl.com/t3b8t8m〉.

8. 첩보 활동의 생태계

1 A sample of reports on the scandal includes John Pomfret, 'China denies contribution charges', The Washington Post, 20 May 1998; David Jackson and Lena Sun, 'Liu's deals with Chung: an intercontinental puzzle', The Washington Post, 24 May 1998.
2 Agnès Andrésy quoted by Faligot, Chinese Spies, Melbourne: Scribe, 2019, pp.204, 255–7.
3 As in the case of former Australia defence minister Joel Fitzgibbon. Before entering parliament, Fitzgibbon developed a close relationship with a Chinese businesswoman, Helen Liu, who also made large donations to his election fund and the Labor Party. It turned out that Helen Liu had close connections with China's intelligence agencies, and with top united front figures. She was a friend of Lieutenant-Colonel Liu Chaoying, the daughter of the Chinese general who donated $300,000 to the Clinton campaign. Helen Liu was also a good friend of Bob Carr, former premier of New South Wales and former foreign minister, and director of a think tank funded by a Chinese businessman who is now banned from Australia because he is believed by Australia's intelligence agency to be an agent of influence. See Hamilton, Silent Invasion, pp.163–5. On Huang Xiangmo's exclusion, see Nick McKenzie and Chris Uhlmann, 'Canberra strands Beijing's man offshore, denies passport', The Sydney Morning Herald,5 February 2019.
4 Dustin Volz and Aruna Viswanatha, 'FBI says Chinese espionage poses "most severe" threat to American security', The Wall Street Journal, 12 December 2018.
5 Cristina Maza, 'China involved in 90 percent of espionage and industrial secrets theft, Department of Justice reveals', Newsweek, 12 December 2018.
6 William Hannas, James Mulvenon and Anna Puglisi, Chinese Industrial Espionage, London: Routledge, 2013, pp.204–7.
7 James To, Qiaowu, p.43.
8 Anon., 'China is top espionage risk to Canada: CSIS', CTV News, 30 April 2007.
9 'The ideal spy is one who is a citizen or resident of the target country, has access to its sensitive decision-making portals, and/or is part of its government or industrial machinery'. Sreeram Chaulia, 'The age of the immigrant spy', Asia Times, 3 April 2008. 'Instead of the classical methods used by other great power intelligence services involving tight control over a few, deeply planted and valuable assets, Beijing employs an array of decentralized networks that thrive on the Chinese diaspora.'
10 Peter Mattis, '"Beyond spy versus spy": clarifying the analytic challenge of the Chinese intelligence services', Studies in Intelligence, vol. 56, no. 4, September 2012, pp.47–57; Hannas, Mulvenon and Puglisi, Chinese Industrial Espionage,

chapter 5.

11 Mattis, '"Beyond spy versus spy"'.

12 Hannas, Mulvenon and Puglisi, Chinese Industrial Espionage, chapter 8.

13 Robert Burnson, 'Accused Chinese spy pleads guilty in U.S. "dead-drop" sting', Bloomberg, 25 November 2019.

14 Faligot, Chinese Spies, p.2.

15 Peter Mattis and Matthew Brazil, Chinese Communist Espionage: An intelligence primer, Annapolis: Naval Institute Press, 2019, pp.55–6.

16 Mattis and Brazil, Chinese Communist Espionage, p.55.

17 Mattis and Brazil, Chinese Communist Espionage, p.239. According to Roger Faligot, whose information may be less up-to-date, the Shanghai State Security Bureau has responsibility for the United States and its main Western allies, including Canada, Australia and Western Europe; the Zhejiang office covers Northern Europe: the Qingdao office covers Japan and the Koreas; and the Beijing office covers Eastern Europe and Russia. Faligot, Chinese Spies, pp.230–1.

18 Jay Solomon, 'FBI sees big threat from Chinese spies', The Wall Street Journal, 10 August 2005.

19 Faligot, Chinese Spies, p.275. In the 1990s the MSS expanded its 'special section for broadcasting fake news' (p.396). Faligot also refers to confidential economic reports produced by Xinhua news agency (p.279).

20 Hannas, Mulvenon and Puglisi, Chinese Industrial Espionage, pp.116–17.

21 Peter Mattis, 'China reorients strategic military intelligence', Janes, 2017. See the chart on p.6.

22 Mattis and Brazil, Chinese Communist Espionage, p.52.

23 James Scott and Drew Spaniel, China's Espionage Dynasty, Washington, D.C.: Institute for Critical Infrastructure Technology, 2016, p.10. No source is given for these numbers, so they should be treated with caution.

24 Mattis, 'China reorients strategic military intelligence', p.8, table. See also Faligot, Chinese Spies, p.248.

25 Mattis, 'China reorients strategic military intelligence', p.3.

26 Mattis, 'China reorients strategic military intelligence', p.3.

27 Faligot, Chinese Spies, pp.206, 247. SASTIND was previously the Commission for Science, Technology and Industry for National Defence (COSTIND).

28 〈http://www.xinhuanet.com//politics/2017-08/26/c_1121545221.htm〉.

29 Anon., 'Survey of Chinese-linked espionage in the United States since 2000', Center for Strategic and International Studies, 2019, 〈https://www.csis.org/programs/technology-policy-program/survey-chinese-linked-espionageunited-states-2000〉.

30 Or at least had Chinese names. Andrew Chongseh Kim, 'Prosecuting Chinese "spies": an empirical analysis of the Economic Espionage Act', Cardozo Law Review, vol. 40, no. 2, 2019.

31 Anti-Chinese racism but not anti-Asian racism because the share of indictments for 'other Asians' remained constant between the two periods at nine per cent.

32 Nate Rayond and Brendan Pierson, 'FBI employee gets two years in prison for acting as Chinese agent', Reuters, 20 January 2017.

33 Zach Dorfman, 'How Silicon Valley became a den of spies', Politico, 27 July 2018; Trevor Loudon, 'Feinstein's spy: Russell Lowe and San Francisco's pro- China left', Epoch Times, 20 August 2018.

34 It was set up by the Chinese Progressive Association, known to be a united front group (Loudon, 'Feinstein's spy').

35 Glenn Bunting, 'Feinstein, husband hold strong China connections', Los Angeles Times, 28 March 1997. Feinstein seems to have had early sympathies for the CCP government and by the time she became mayor of San Francisco was a friend of China. Her election to the US Senate in 1992 was perhaps a pay-off for the CCP's 'surround the city' tactic.

36 〈https://www.justice.gov/opa/press-release/file/953321/download〉.

37 Faligot, Chinese Spies, p.273.

38 Garrett Graff, 'China's 5 steps for recruiting spies', Wired, 31 October 2018.

39 〈https://www.justice.gov/opa/pr/chinese-national-arrested-allegedly-actingwithin-united-states-illegal-agent-people-s〉.

40 Kate Mansey, 'Boris Johnson's deputy: "I had sex with a Chinese spy": Beauty lures politician to bed then drugs him to take secrets', The Mirror, 29 November 2009.

41 Andrew Porter, 'Downing Street aide in Chinese "honeytrap" sting', The Telegraph, 20 July 2008.

42 Mattis and Brazil, Chinese Communist Espionage, p.255. For useful references, see the glossary of Chinese espionage and security terms in the appendix.

43 See references 65–69 in glossary, Mattis and Brazil, Chinese Communist Espionage.

44 Nigel Inkster, 'China's draft intelligence law', International Institute for Strategic Studies, blog post, 26 May 2017.

45 Peter Cluskey, 'Dutch ambassador to Beijing suspended over affair amid honeytrap fears', Irish Times, 17 October 2016.

46 Faligot, China's Spies, p.394. See also: 〈https://tinyurl.com/y9d4o836〉

47 Mike Giglio, 'China's spies are on the offensive', The Atlantic, 26 August 2019.

48 Anon., 'German spy agency warns of Chinese LinkedIn espionage', BBC News online, 10 December 2017; Jeff Stone, 'LinkedIn is becoming China's go-to platform for recruiting foreign spies', Cyberscoop, 26 March 2019.

49 Christoph Giesen and Ronen Steinke, 'Wie chinesische Agenten den Bundestag ausspionieren', Süddeutsche, 6 July 2018; Anon., 'Chinese spy on Bundestag through social media info purchased from German politicians: report', The Local.de, 6 July 2018.

50 Jodi Xu Klein, 'Fear mounts that Chinese-American scientists are being targeted amid US national security crackdown', South China Morning Post, 3 July 2019.

51 US counterintelligence chief William Evanina said that the PRC's intelligence agencies 'bring ungodly resources that we can't handle right now'. Quoted by Olivia Gazis, 'U.S. top spy-catcher: China brings "ungodly resources" to espionage', CBS News online, 5 September 2018.

52 Faligot, China's Spies, p.215.

53 CICIR is listed on official Chinese website as one of the top think tanks in China, 〈https://web.archive.org/web/20190106155604/http://www.china.org.cn/top10/2011-09/26/content_23491278_5.htm〉. Although now dated, a good source on CICIR is Anon., 'Profile of MSS-affiliated PRC foreign policy think tank', Open Source Center, 25 August 2011. See also Peter Mattis, 'Five ways China spies', The National Interest, 6 March 2014.

54 Anon., 'Profile of MSS-affiliated PRC foreign policy think tank'. On the 11th

Bureau, see Mattis and Brazil, Chinese Communist Espionage, p.56. See also Anon., 'China's Ministry of State Security', StratFor, 1 June 2012, 〈https://worldview.stratfor.com/article/chinas-ministry-state-security〉.

55 Peter Mattis, 'Assessing the foreign policy influence of the Ministry of State Security', China Brief (Jamestown Foundation), vol. 11, no. 1, 14 January 2011; 〈http://www.chinavitae.com/biography/3969〉.

56 David Shambaugh, 'China's international relations think tanks: evolving structure and process', China Quarterly, vol. 171, September 2002, pp.575–96.

57 Anon., 'Profile of MSS-affiliated PRC foreign policy think tank'.

58 Faligot, Chinese Spies, p.218.

59 'EU-China Strategic Dialogue 2015', website of the EU Institute for Security Studies, 13 March 2015, 〈https://www.iss.europa.eu/content/eu-chinastrategic-dialogue-2015〉; '9th Meeting of the CSIS-CICIR Cybersecurity Dialogue', CSIS website, 2–3 February 2015, 〈https://www.csis.org/events/9th-meeting-csis-cicir-cybersecurity-dialogue〉.

60 As an instance of China's intellectuals using the weaknesses of democracy to justify the one-party state, CICIR experts, responding to Russian meddling in the US presidential election, argued 'that the pervasive influx of fake news affecting the US election is clear precedent for why the Chinese government regulates the internet, to "insure that information online is true"', 〈https://tinyurl.com/vvjkp79〉.

61 〈https://www.twai.it/journals/orizzonte-cina/〉; 〈https://tinyurl.com/rwpwzbt〉.

62 For the link between the CIISS and PLA intelligence, see Peter Mattis, 'China's military intelligence system is changing', War on the Rocks, 29 December 2015

63 Faligot, Chinese Spies, pp.218–19.

64 The affidavit can be found at 〈https://www.justice.gov/opa/press-release/file/975671/download〉, p.5.

65 Nate Thayer, 'How the Chinese recruit American journalists as spies', Asia Sentinel, 4 July 2017.

66 〈https://www.justice.gov/opa/press-release/file/975671/download〉; Brandi Buchman, 'Bond revoked for ex-CIA agent charged with spying for China', Courthouse News, 10 July 2017.

67 Garrett Graff, 'China's 5 steps for recruiting spies', Wired, 31 October 2018.

68 Graff, 'China's 5 steps for recruiting spies'.

69 To, Qiaowu, p.42

70 To, Qiaowu, pp.45–6.

71 To, Qiaowu, p.46.

72 Anon., 'Threats to the U.S. research enterprise: China's talent recruitment plans', staff report, United States Senate Permanent Subcommittee on Investigations, 2019.

73 Stephen Chen, 'America's hidden role in Chinese weapons research', South China Morning Post, 29 March 2017.

74 To, Qiaowu, pp.43–4.

75 Jeffrey Mervis, 'NIH letters asking about undisclosed foreign ties rattle U.S. universities', Science Mag, 1 March 2019; Jocelyn Kaiser and David Malakoff, 'NIH investigating whether U.S. scientists are sharing ideas with foreign governments', Science Mag, 27 August 2018.

76 Todd Ackerman, 'MD Anderson ousts 3 scientists over concerns about Chinese conflicts of interest', Houston Chronicle, 19 April 2019.

77 Hvistendahl, 'Major U.S. cancer center ousts "Asian" researchers after NIH flags their foreign ties'.
78 〈https://www.justice.gov/opa/press-release/file/1239796/download〉
79 Douglas Belkin, 'Harvard chemistry chairman under investigation is a giant of his field', Wall Street Journal, 29 January 2020.
80 〈https://archive.fo/7Htz#selection-2341.363-2341.497〉.
81 Bill Wallace, 'Cox Report links S.F. association to spy network / Chinese exchange group accused of stealing U.S. weapons secrets', SFGate, 28 May 1999.
82 〈https://www.justice.gov/usao-sdny/press-release/file/1203021/download〉.
83 Hannas, Mulvenon and Puglisi, Chinese Industrial Espionage, pp.78–80.
84 Hannas, Mulvenon and Puglisi, Chinese Industrial Espionage, p.96.
85 For the case of Noshir Gowadia, see 〈web.archive.org/web/20070523175209/〉; 〈honolulu.fbi.gov/dojpressrel/pressrel06/ defensesecrets110906.htm〉; 〈www.justice.gov/opa/pr/hawaii-man- sentenced-32-yearsprison-providing-defense-information-and-services- people-s〉.
86 In 2015 China's ambassador, Luo Zhaohui, briefed the chief representative of the China Association for International Exchange of Personnel (CAIEP) Canada, Lyu Ge, on the latest developments in China–Canada relations. 'He encouraged CAIEP Canada Ltd to break new ground in introducing Canadian talent to China', 〈http://ca.china-embassy.org/eng/gdxw/t1325872.htm〉. In 2007 the Canadian government signed a cooperation agreement on science and technology with CAIEP and other agencies. The Canadian government has been promoting and facilitating joint projects, workshops etc. and removing barriers for the exchange of talent, 〈http://www.ec.gc.ca/international/default.asp?lang=En&n=BF139207-1&pedisable=true〉.
87 Hannas, Mulvenon and Puglisi, Chinese Industrial Espionage, pp.79–80.
88 Hannas, Mulvenon and Puglisi, Chinese Industrial Espionage, p.110.
89 〈http://www.cast-usa.net/〉, see News section. For a more detailed discussion of CAST-USA's origins, organisational structure and operations, see 〈https://books.openedition.org/irdeditions/2642?lang=en〉.
90 〈http://www.cast-usa.net/〉.
91 〈http://www.cast-usa.net/〉, see News section.
92 Hannas, Mulvenon and Puglisi, Chinese Industrial Espionage, p.113; 〈http://www.castdc.org/cast_web_2006/network.htm〉.
93 Hannas, Mulvenon and Puglisi, Chinese Industrial Espionage, p.107
94 Hannas, Mulvenon and Puglisi, Chinese Industrial Espionage, chapter 5.
95 The following text is modified from Hamilton, Silent Invasion, pp.184–6.
96 'Quan Ao Huaren zhuanjia xuezhe lianhehui chengli' 全澳华人专家学者联合会成立 [All-China Association of Chinese Experts and Scholars established], People's Daily Online, 11 October 2004, 〈https://tinyurl.com/r4cd9qj〉.
97 〈www.chinaql.org/c/2015-12-14/485805.shtml〉. See also 〈https://tinyurl.com/rjkes3v〉.
98 Interview 1 February 2017 with Chinese defector Chen Yonglin, who says some scientists are given very large bonuses for supplying information to the PRC.
99 Hannas, Mulvenon and Puglisi, Chinese Industrial Espionage, p.114.
100 Hannas, Mulvenon and Puglisi, Chinese Industrial Espionage, pp.122–3.
101 Quoted by Diamond and Schell, eds, China's Influence & American Interests, p.124.

102 Quoted by Hannas, Mulvenon and Puglisi, Chinese Industrial Espionage, p.126.
103 Hong Xiao, 'It's all about the people's exchanges: official', China Daily, 16 December 2017.
104 Note this similar organisation, related to CAIEP and also overseen by SAFEA—China Society for Research on International Exchange and Personnel Development: 〈https://web.archive.org/web/20190917013413/http://yjh.caiep.net/index_en.php〉.
105 〈http://ianharvey-ip.com/china/safea-caiep-china-and-ip-myth-and-reality/〉.
106 Hong Xiao, 'Academia feeling heat of trade conflict', China Daily, 1 July 2019.
107 Bill Bishop, Sinocism newsletter, 12 June 2019.
108 Alex Joske, Picking Flowers, Making Honey, report by Australian Strategic Policy Institute, Canberra, 2019. See also Alex Joske, 'The China defence universities tracker', Australian Strategic Policy Institute, Canberra, 2019.
109 PLAIEU was merged with a few other institutes and universities in 2017. The current full name is 中国人民解放军战略支援部队信息工程大学. It was also transferred to the supervision of the PLA's new Strategic Support Force.
110 Clive Hamilton and Alex Joske, 'China's ghost university haunts U.S. campuses', unpublished paper, November 2017. See also Joske, Picking Flowers.
111 Clive Hamilton and Alex Joske, 'Australian universities are helping China's military surpass the United States', The Sydney Morning Herald, 27 October 2017. The text that follows borrows from this article by Joske and one of the authors of this book.
112 He was an alternate member from 2012 to 2017.
113 Ben Packham, 'Professor, Chinese generals co-authored defence research', The Australian, 31 July 2019.
114 Clive Hamilton and Alex Joske, 'Australian taxes may help finance Chinese military capability', The Australian, 10 June 2017. With thanks to Alex Joske for permission to reproduce and paraphrase sentences from this article. CETC's investment arm also holds the controlling share of Hikvision, 〈https://ipvm.com/reports/cetc-increase〉.
115 Matthew Luce, 'A model company: CETC celebrates 10 years of civil-military integration', China Brief (Jamestown Foundation), vol. 12, no. 4, 2012.
116 Anon., 'Woman sentenced for U.S. military sales to China', Reuters, 29 January 2011.
117 Matthew Godsey and Valerie Lincy, 'Gradual signs of change: proliferation to and from China over decades', Strategic Trade Review, vol. 5, no. 8, winter/spring 2019.
118 Anon., Threats to the U.S. Research Enterprise, p.44.
119 Laurens Cerulus, 'Europe raises flags on China's cyber espionage', Politico, 10 April 2018.
120 Stephanie Borys, 'Inside a massive cyber hack that risks compromising leaders across the globe', ABC News online, 2 October 2019.
121 Anon., 'Singapore health database hack steals personal information of 1.5 million people, including PM', ABC News online, 20 July 2018
122 A few months earlier, it was reported that Chinese hackers, probably the notorious APT10 group, had been targeting Japan's healthcare companies, although in that case the intention appeared to be theft of proprietary information on their products. Anon., 'China hackers accused of attacking Japanese defence

firms', South China Morning Post, 23 April 2013.
123 ⟨https://www.cnet.com/news/justice-department-indicts-chinese-hackersallegedly-behind-anthem-breach/⟩.
124 Scott and Spaniel, China's Espionage Dynasty, p.15.
125 Nicole Perlroth, 'Hack of community health systems affects 4.5 million patients', The New York Times, 18 August 2014.
126 David Wroe, 'Defence medical records sent to China in security breach', The Sydney Morning Herald, 7 July 2015.
127 Hacking into medical records may not be necessary in Australia; there has been a boom in Chinese investment in healthcare, a trend that seems to have attracted no official interest despite the security risks. Mergers and acquisitions totalling $5.5 billion took place over the three years 2015–17, the same amount as in the vastly larger US market. Anon., Demystifying Chinese Investment in Australian Healthcare, a report by KPMG and the University of Sydney, January 2018.
128 US House of Representatives Permanent Select Committee of Intelligence, 'Investigative report on the US national security issues posed by Chinese telecommunications companies Huawei and ZTE', 8 October 2012, ⟨http://tinyurl.com/qrm3hc3⟩ But see Elsa Kania, 'Much ado about Huawei (part 1)', The Strategist, ASPI, 27 March 2018.
129 Evan S. Medeiros, Roger Cliff, Keith Crane and James C. Mulvenon, 'A new direction for China's defense industry', RAND Corporation, 2005, p.218.
130 Bryan Krekel, Patton Adams and George Bakos, Occupying the Information High Ground: Chinese capabilities for computer network operations and cyber espionage, report prepared for the U.S.-China Economic and Security Review Commission by Northrop Grumman Corp, 2012, p.75.
131 John Aglionby, Emily Feng and Yuan Yang, 'African Union accuses China of hacking headquarters', Financial Times, 30 January 2018; Danielle Cave, 'The African Union headquarters hack and Australia's 5G network', ASPI Strategist, 13 July 2018.
132 Norman Pearlstine et al., 'The man behind Huawei', Los Angeles Times, 10 April 2019. In May 2019 it was reported that the Dutch intelligence agency AIVD believes Huawei equipment used in the network of a major Dutch telecommunication network has a hidden 'backdoor' installed that allows access to customer data. Anon., 'Dutch spy agency investigating alleged Huawei "backdoor": Volkskrant', Reuters, 16 May 2019.
133 Pearlstine et al., 'The man behind Huawei'.
134 Joanna Plucinska, Koh Gui Qing, Alicja Ptak and Steve Strecklow, 'How Poland became a front in the cold war between the U.S. and China', Reuters, 2 July 2019.
135 See for example, Wayne Ma, 'How Huawei targets Apple trade secrets', The Information, 18 February 2019.
136 Tripto Lahiri, 'The US says Huawei had a bonus program for employees who stole trade secrets', Quartz, 30 January 2019.
137 Elsa Kania, 'Much ado about Huawei', ASPI Strategist, Part 1, 27 March 2018, Part 2, 28 March 2018.
138 David Shepardson and Karen Freifeld, 'China's Huawei, 70 affiliates on U.S. trade blacklist', Reuters, 16 May 2019.
139 Dan Sabbagh and Jon Henley, 'Huawei poses security threat to UK, says former MI6 chief ', The Guardian, 16 May 2019.

140 Christopher Hope, 'Chinese firm Huawei spends tens of thousands lobbying British politicians', The Telegraph, 30 November 2012.
141 Hope, 'Chinese firm Huawei spends tens of thousands lobbying British politicians'.
142 Adam Satariano and Raymond Zhong, 'How Huawei wooed Europe with sponsorships, investments and promises', The New York Times, 22 January 2019.
143 Robert Fife and Stephen Chase, 'Goodale says decision on Huawei 5G network to come before election', The Globe and Mail, 1 May 2019; Erin Dunne, 'Huawei's latest advocate? An Obama cybersecurity official', Washington Examiner, 12 April 2019. Donald Trump tweeted: 'This is not good, or acceptable.'
144 'Huawei Deutschland—Deutschland besser verbinden', Huawei website, not dated, 〈https://web.archive.org/web/20200112210508/http://huaweidialog.de/mission-statement/〉.
145 Satariano and Zhong, 'How Huawei wooed Europe with sponsorships, investments and promises'.
146 Limin Zhou and Omid Ghoreishi, 'The man behind McCallum's controversial press conference that led to his removal as Canada's ambassador to China', Epoch Times, 28 January 2019.
147 Tom Blackwell, 'A curious mirroring of Beijing's official line', Windsor Star, 23 February 2019.
148 Anon., 'Chinese-Canadian group defends detained Huawei CFO', CBC, 11 December 2018.
149 Bob Mackin, 'Richmond mayoral candidate says "there is no human rights abuse in China"', The Breaker, 3 October 2018.
150 Hamilton, Silent Invasion, pp.158–9.
151 Harrison Christian, 'Huawei piles pressure on Govt with ads and sponsorship, security experts say', Stuff.com, 18 April 2019.
152 Kelvin Chan and Rob Gillies, 'Huawei night in Canada: inside tech giant's push to burnish its brand', Toronto Star, 13 February 2019.
153 Elizabeth Gibney, 'Berkeley bans new research funding from Huawei', Nature, no. 566, 7 February 2019, pp.16–17.
154 Satariano and Zhong, 'How Huawei wooed Europe with sponsorships, investments and promises'.
155 Robert Delaney, 'Shutting the gates of academia: American universities cut ties to Huawei and Confucius Institute', South China Morning Post, 19 March 2019.
156 Ilaria Maria Sala, 'Chinese tech firm Huawei's bullying attitude fails to win over hearts and minds', Hong Kong Free Press, 15 December 2019.

9. 언론 매체: 우리의 성姓은 당黨이다

1 Anon., 'China's Xi urges state media to boost global influence', Reuters, 19 February 2016; 'Xi Jinping: jianchi zhengque fangxiang chuangxin fangfa shouduan tigao xinwen yulun chuanboli yindaoli' 习近平:坚持正确方向创新方法手段提高新闻舆论传播力引导力 [Uphold the correct direction and innovate methods to raise communication power and guidance of news and public opinion]; People's Daily Online, 19 February 2016; 〈https://tinyurl.com/u7utsnr〉.
2 David Shambaugh, 'China's soft power push: the search for respect', Foreign Affairs, July/August 2015.
3 Li Congjun, 'Toward a new world media order', The Wall Street Journal, 1 June

2011.

4 Didi Kirsten Tatlow, 'Mapping China-in-Germany', Sinopsis, 2 October 2019.

5 See for example David Bandurski, 'Journalism denied: how China views the news', China Media Project, 1 February 2018.

6 Anon., 'Document 9: a ChinaFile translation', ChinaFile, 8 November 2013, 〈http://www.chinafile.com/document-9-chinafile-translation〉.

7 David Bandurski, 'The spirit of control', Medium, 25 February 2016. We are indebted to John Fitzgerald for highlighting the difference in connotation between 'xing' and 'surname'.

8 For a practical example, see 'Chengdu wanbao yin kandeng you yanzhong zhengzhi cuowo de zhaopian shoudao weigui weiji jinggao' 《成都晚报》因刊 登有严重政治错误的照片受到违规违纪警告 [Chengdu Evening Times receives a warning of violation of regulations and discipline because of publishing a photo containing a serious political mistake], Neibu tongxin, no.7, 2000, p.12.

9 Lizzie Dearden, 'Chinese journalists punished for wrongly reporting Xi Jinping's "resignation" in state media spelling mistake', The Independent, 7 December 2015.

10 Tom Phillips, 'Chinese reporter makes on-air "confession" after market chaos', The Guardian, 31 August 2015.

11 See China Daily job ads: 'Zhongguo ribao she gongkai zhaopin gangwei xuqiu' 中国日报社公开招聘岗位需求 [China Daily public recruitment positions], China Daily online, 27 November 2017, 〈https://tinyurl.com/yx7a6hzj〉.

12 Lily Kuo, 'Chinese journalists to be tested on loyalty to Xi Jinping', The Guardian, 20 September 2019.

13 For instance, the China Public Diplomacy Association offers ten-month courses to journalists from Africa, South Asia and Southeast Asia. See Ros Chanveasna, 'China training journalists from 44 countries', Khmer Times, 6 March 2018.

14 Anon., 'China's pursuit of a new world media order', Reporters Without Borders, 22 March 2019, 〈https://rsf.org/en/reports/rsf-report-chinas-pursuit-new-world-media-order〉.

15 Anon., 'China's pursuit of a new world media order'; Anon., 'New York Times hosts 3rd World Media Summit', China Daily, 10 October 2013.

16 Nadège Rolland, 'Mapping the footprint of Belt and Road influence operations', Sinopsis, 12 August 2019.

17 'Media Cooperation Forum on B&R; held in Hainan', Xinhua Silk Road Information Service, 31 October 2018, 〈https://tinyurl.com/rzoju5j〉.

18 See for example 'Jointly build a bridge of friendship and mutual understanding—address by HE Ambassador Ma Zhaoxu at the 3rd China-Australia Forum', website of the Chinese embassy in Australia, 26 August 2014, 〈https://web.archive.org/web/20191130181921/http://au.chinaembassy.org/eng/sgjs/Topics123/t1185770.htm〉.

19 'Xinhuashe juxing jinian Yingyu duiwai xinwen kaibo liushi zhounian zuotanhui' 新华社举行纪念英语对外新闻传播六十周年座谈会 [Xinhua news agency holds symposium to commemorate the 60th anniversary of external news dissemination], Duiwai xuanchuan cankao, no. 10, 2004, p.6.

20 Xi Shaoying 习少颖, 1949–1966 nian Zhongguo duiwai xuanchuan shi yanjiu 1949–1966 年中国对外宣传史研究 [Research on China's external propaganda history from 1949 to 1966], Wuhan: Huazhong keji daxue chubanshe, 2010, p.28.

21 Louisa Lim and Julia Bergin, 'Inside China's audacious global propaganda campaign', The Guardian, 7 December 2018.
22 Vivian Wu and Adam Chen, 'Beijing in 45b yuan global media drive', South China Morning Post, 13 January 2009. According to Reporters Without Borders, the sum was meant to cover a period of ten years and was later increased to 10 billion RMB per year. Reporters without Borders, 'China's pursuit of a new world media order', p.29.
23 Wang Guoqing 王国庆, 'Jianchi "ruan", "ying" liang shou qi zhua, nuli tigao woguo meiti guoji chuanbo nengli' 坚持'软'、'硬'两手齐抓 努力提高我国媒体国际传播能力 [Adhere to grasp with 'soft' and 'hard' hands together, to make an effort to improve China's media international dissemination capabilities], Zhongguo guangbo dianshi xuekan, no. 10, 2010, p.1.
24 See the graphic in 'Dang Xinwen lianbo yu shang Zhongguo zhi sheng' 当'新闻联播'遇上'中国之声', 1 April 2018, website of the Nordic Chinese Times, 〈https://web.archive.org/web/20191018121009/http://nordicapd.com/content.asp?pid=31&cid=4162〉. The term used is 业务领导, 'professional guidance', which describes a relationship in which one entity can issue binding orders to another in the Chinese bureaucracy.
25 'Who we are', website of CGTN, not dated, 〈https://tinyurl.com/vc3d6ev〉.
26 Reporters Without Borders, 'China's pursuit of a new world media order', p.4.
27 'About China Radio International', website of CRI, not dated, 〈http://english.cri.cn/11114/2012/09/20/1261s723239.htm〉.
28 See also David Bandurski, 'Xinhua News Agency steps out into the world', China Media Project, 22 October 2009, 〈http://chinamediaproject.org/2009/10/22/xinhua-news-agency-steps-out-into-the-world/〉.
29 'Guanyu Xinhuashe' 关于新华社 [About Xinhua News Agency], website of Xinhua, not dated, 〈https://web.archive.org/web/20190827153150〉, 〈http://203.192.6.89/xhs/〉.
30 'About CNC', website of CNC, not dated, 〈https://web.archive.org/web/20190827153236/http://en.cncnews.cn/e_about_cnc/about.html〉.
31 Kirsty Needham, 'How Australians set up Communist China's official propaganda tool', The Sydney Morning Herald, 5 December 2018.
32 Annual Report of the China Daily for 2018 on Service Units Online (gjsy.gov.cn), the official website for China's 'Service units' 事业单位.
33 'About China Daily Group', website of China Daily, not dated, 〈https://web.archive.org/web/20190827153657/http://www.chinadaily.com.cn/static_e/2011about.html〉.
34 Annual Report of the China Daily for 2018 on Service Units Online (gjsy.gov.cn), the official website for China's 'Service units' 事业单位.
35 Chinese observers have long admired what they consider the United States' ability to let 'different voices sing the same tune'. By this they mean that different actors take on different roles when criticising China, doing so with different degrees of intensity and in different words while relaying the same message. See Liu Yaming 刘雅鸣 and Li Pei 李珮, 'Quanqiu chuanbo shidai wo guo duiwai xuanchuan xin chulu (er)—Di yi shijian fachu shengyin waixuan bixu xian fa zhi ren' 全球传播时代我国对外宣传新出路（二—第一次发出声音外宣必须先发制人 [A new way out for China's external propaganda in the era of global communication—Starting with the first sound, external propaganda needs to gain the upper hand by releasing

news first], Duiwai xuanchuan cankao, no. 12, 2003, p.18.

36 特别是与外国合作以商业面貌出现 Benkan teyue jizhe 本刊特约记者, 'Tixian shidaixing, bawo guilüxing, fuyu chuangzaoxing: Ji 2003 nian quanguo waixuan gongzuo huiyi' 体现时代性 把握规律性 富于创造 性—记 2003 年全国外宣工作会议 [Embody the characteristics of the times, grasp the rules, be rich in innovation—Notes from the nationwide work meeting for external propaganda in 2003], Duiwai xuanchuan cankao, no. 2, 2003, p.3.

37 Paul Mozur, 'Live from America's capital, a TV station run by China's Communist Party', The New York Times, 28 February 2019.

38 Mozur, 'Live from America's capital, a TV station run by China's Communist Party'.

39 Lim and Bergin, 'Inside China's audacious global propaganda campaign'.

40 Lim and Bergin, 'Inside China's audacious global propaganda campaign'.

41 He Qinglian, 'The fog of censorship: media control in China', Human Rights in China, 2008, 〈https://www.hrichina.org/sites/default/files/PDFs/Reports/HRIC-Fog-of-Censorship.pdf, pp.71ff〉.

42 Known as 本土化 in Chinese. See Brady, Magic Weapons, p.10.

43 For example, Sean Callebs, 〈https://tinyurl.com/tj3l5yw〉; Jeff Moody, 〈https://tinyurl.com/wd8vlqb〉; Elaine Reyes, 〈https://tinyurl.com/r6ft56m〉; Jim Spellman, 〈https://tinyurl.com/u4sf7ga〉; Brian Salter, 〈https://tinyurl.com/uyv2qkx〉.

44 'Hiring Chinese citizens to do auxiliary work', International Press Center, not dated, 〈https://web.archive.org/web/20191130184313/http://ipc.fmprc.gov.cn/eng/wgjzzhzn/t716850.htm〉.

45 Reprinted in Henansheng geming weiyuanhui banshizu 河南省革命委员会办事组 [Office of the revolutionary committee of Henan province], Mao Zedong guanyu duiwai xuanchuan de zhishi 毛泽东关于对外宣传的指示[Directives from Chairman Mao about external propaganda work], 1 August 1972.

46 John F. Copper, 'Western media reveal China bias', China Daily, 5 February 2018, 〈https://web.archive.org/web/20191018124935/http://www.chinadaily.com.cn/a/201802/05/WS5a779716a3106e7dcc13aa92.html〉.

47 New China TV (TV channel run by Xinhua), 〈https://www.youtube.com/watch?v=aaAW1RVE9mM〉.

48 CGTN America, 'The heat: author Martin Jacques discusses China & global issues Pt 1', CGTN YouTube channel, 19 October 2017, 〈https://www.youtube.com/watch?v=cOs4T0mEzA0〉.

49 Diamond and Schell, eds, China's Influence & American Interests, p.70. The scholar reported she was paid US$150 per interview.

50 'History and milestones', website of CRI, not dated, 〈https://archive.is/20131116074500/http://english.cri.cn/about/history.htm〉.

51 'CWI and Xinhuanet sign cooperation agreement', website of CWI, 4 November 2014, 〈https://web.archive.org/web/20190829153344〉, 〈https://www.cwi.nl/news/2014/cwi-and-xinhuanet-sign-cooperation-agreement〉.

52 'China Media Centre (CMC) hosts roundtable discussions with leading UK specialists on China and senior Chinese officials', 6 November 2018, 〈https://tinyurl.com/snc5hqv〉.

53 〈https://www.westminster.ac.uk/research/groups-and-centres/china-mediacentre〉; 'China Media Centre (CMC) hosts roundtable discussions with leading UK specialists on China and senior Chinese officials', 6 November 2018,

〈https://tinyurl.com/snc5hqv〉.

54 'Professional exchange: the China Professional Leadership Programme', website of University of Westminster, 〈https://tinyurl.com/vfnbuo8〉.

55 'Professor Hugo de Burgh', website of University of Westminster, 〈https://tinyurl.com/td22euk〉.

56 Bill Kenber, 'Hugo de Burgh, professor who has pushed for closer ties with China,' The Times, 24 August 2019.

57 'Professional exchange: the China Professional Leadership Programme', website of the University of Westminster, 〈https://tinyurl.com/vfnbuo8〉.

58 'China's international relations and economic strategies: perceptions of the UK and China', China Media Center, 31 October 2018, 〈https://tinyurl.com/uw74p93〉.

59 〈https://tinyurl.com/r9vdl72〉.

60 〈https://tinyurl.com/r9vdl72〉.

61 'CMC's courses for media handlers: the practical elements', website of the China Media Centre, 16 October 2019, 〈https://tinyurl.com/tktfph7〉.

62 'Professional exchange: the China Professional Leadership Programme', website of University of Westminster, 〈https://tinyurl.com/vfnbuo8〉.

63 Viola Zhou, 'Why is LinkedIn so big in China? Because it censors', Inkstone, 4 January 2019.

64 Erin Dunne, 'LinkedIn's China compromise shows price of market access', Washington Examiner, 3 January 2019.

65 Megha Rajagopalan, 'LinkedIn censored the profile of another critic of the Chinese government', Buzzfeed News, 8 January 2019.

66 'Xinhuashe haiwai shejiao meiti tongyi zhanghao "New China" zhengshi yunxing' 新华社海外社交媒体统一账号"New China"正式运行 [Xinhua's unified account for overseas social media 'New China' officially launched], People's Daily Online, 1 March 2015, 〈https://tinyurl.com/yx4w76sx〉.

67 Steven Jiang, 'Taiwan furious after China attempts to take credit for LGBT marriage win', CNN, 20 May 2019.

68 Ben Blanchard, 'China's parliament rules out allowing same-sex marriage', Reuters, 21 August 2019.

69 Layla Mashkoor and Kassy Cho, 'Chinese state media and others are spreading false information about the protests in Hong Kong', Buzzfeed News, 14 June 2019.

70 'Zui "zhencheng" de daoqian'最真诚的道歉 [The most 'sincere' apology], Xinhua Xianggang on Facebook, 15 August 2019, 〈https://tinyurl.com/s4fjktr〉.

71 Chen Weihua, Twitter, 1 September 2019, 〈https://tinyurl.com/sahdtnm〉.

72 Screenshots on file with the authors.

73 Twitter Inc., 'Updating our advertising policies on state media', Twitter blog, 19 August 2019, 〈https://blog.twitter.com/en_us/topics/company/2019/ advertising_policies_on_state_media.html〉.

74 CCTV, 'Lingdaoren shi zenme liancheng de?' 领导人是怎样炼成的? [How leaders are made], CCTV channel on YouTube, 〈https://www.youtube.com/watch?v=eGX2kMUWvIo〉. For an English version of the same clip, see 〈https://www.youtube.com/watch?v=M734o_17H_A〉. 'How leaders are made' was produced by Studio on Fuxing Road, which some media reports have linked to the CCP's International Liaison Department. See Chun Han Wong, 'Chinese

president Xi Jinping's extreme makeover', The Wall Street Journal, 12 May 2016.

75 For example, Agence France Presse in Beijing, 'China turns to psychedelic David Bowie lookalike to push "five-year plan"', The Guardian, 27 October 2015.

76 Julia Hollingsworth, 'Australian politicians are targeting voters on WeChat. But fake content could end up costing them', CNN, 15 May 2019.

77 Joel Harding, 'The Chinese government fakes nearly 450 million social media comments a year. This is why', The Washington Post, 19 May 2019.

78 See Zheping Huang, 'Chinese trolls jumped the firewall to attack Taiwan's president and military on Facebook', Quartz, 3 January 2017.

79 Zhang Han, 'Patriotic posts flood East Turkestan pages to fight untrue reports on Xinjiang', Global Times, 10 April 2019.

80 Maggie Miller, 'Twitter, Facebook accuse China of misinformation targeting Hong Kong protests', The Hill, 19 August 2019.

81 Jake Wallis, 'China's information warfare darkens the doorstep of Twitter and Facebook', ASPI Strategist, 21 August 2019, 〈https://www.aspistrategist.org.au/chinas-information-warfare-darkens-the-doorstep-of-twitter-and-facebook/〉.

82 Amar Toor, 'Zuckerberg meets with China's propaganda chief ', The Verge, 21 March 2016; Loulla-Mae Eleftheriou-Smith, 'China's President Xi Jinping "turns down Mark Zuckerberg's request to name his unborn child" at White House dinner', The Independent, 4 October 2015.

83 Will Oremus, 'Why YouTube keeps demonetizing videos of the Hong Kong protests', OneZero, 8 July 2019, 〈https://onezero.medium.com/why-youtubekeeps-demonetizing-videos-of-the-hong-kong-protests-460da6b6cb2b〉.

84 Personal experience while following the protests on Twitter, also noted by a number of other users.

85 借船出海; See Brady, Magic Weapons, p.10.

86 For example, 'Für eine bessere Welt—Ein Gastbeitrag des Staatspräsidenten Xi Jinping anlässlich seines Besuches in Deutschland' [For a better world — a guest comment by president Xi Jinping during his visit in Germany], website of the Chinese embassy in Germany, 4 July 2017, 〈https://web.archive.org/web/20191130192124/http://de.china-embassy.org/det/sgyw/t1475300.htm〉.

87 Jichang Lulu, 'China's state media and the outsourcing of soft power', Asia Dialogue, 15 July 2015, 〈https://theasiadialogue.com/2015/07/15/chinas-state-media-and-the-outsourcing-of-soft-power/〉.

88 Koh Gui Qing and John Shiffman, 'Beijing's covert radio network airs Chinafriendly news across Washington, and the world', Reuters, 2 November 2015.

89 Diamond and Schell, eds, China's Influence & American Interests, p.82. See also 'Gongsi gaikuang', 公司概况 [Company overview], website of EDI media, not dated, 〈https://web.archive.org/web/20190827155315〉, 〈http://www.edimediainc.com/zh/%e5%85%ac%e5%8f%b8%e6%a6%82%e6%b3%81/〉. EDI Media Inc 鹰龙传媒有限公司 Qing and Shiffman, 'Beijing's covert radio network airs China-friendly news across Washington, and the world'.

90 James Su (Su Yantao 苏彦韬), 'Team', website of EDI Media, not dated, 〈https://web.archive.org/web/20190827155537/https://www.edimediainc.com/en/team/〉.

91 'About us', website of GBTimes, not dated, 〈https://web.archive.org/web/20190827155713/https://gbtimes.com/page/about-us〉.

92 'GBTimes', Media Bias/Fact Check, not dated, 〈https://mediabiasfactcheck.com/

gbtimes/〉; according to the company's self-presentation, it jointly belongs to Guoguang and Finnish company FutuVision. See 〈https://tinyurl.com/sbmpgkk〉. However, FutuVision is simply an earlier name of the Zhao's company GBTimes. See 'About us', website of GBTimes; Koh Gui Qing and Jane Wardell, 'Chinese radio broadcaster taps front men in Finland and Australia', Reuters, 2 November 2015.

93 Zhao Yinong does not deny receiving funds from CRI. See Qing and Shiffman, 'Beijing's covert radio network airs China-friendly news across Washington, and the world'.

94 'Zhongxinshe daibiaotuan Anfang Fenlan Huanqiu shidai chuanmei gongsi' 中新社代表团参访芬兰环球时代传媒公司 [Delegation from China News Service visits GBTimes media company in Finland], China News Service, 6 September 2016, 〈https://tinyurl.com/urszvmz〉.

95 Jichang Lulu, 'China's state media and the outsourcing of soft power', Asia Dialogue, 15 July 2015, 〈https://theasiadialogue.com/2015/07/15/chinas-state-media-and-the-outsourcing-of-soft-power/〉.

96 Lim and Bergin, 'Inside China's audacious global propaganda campaign'.

97 'About us', ChinaWatch website, not dated, 〈https://tinyurl.com/thlo2xh〉; Vanessa Steinmetz, 'Anmerkung: Dieser Ausgabe kann Propaganda beiliegen', Der Spiegel, 25 August 2016; 〈https://www.nytimes.com/paidpost/chinadaily/china-watch.html〉; 〈https://tinyurl.com/vwg3ac6〉.

98 Jack Hazlewood, 'China spends big on propaganda in Britain ... but returns are low', Hong Kong Free Press, 3 April 2016. According to estimates published in the Hoover Institute report on Chinese influence, inserts would cost around US$250,000 per year in US media. Diamond and Schell, eds, China's Influence & American Interests, pp.83–4.

99 'Ambassador Liu Xiaoming holds talks with the Daily Telegraph editors and gives an interview', website of the Chinese embassy in the UK, 23 January 2019, 〈https://tinyurl.com/yx5f4vtp〉.

100 'Minister Ma Hui visits Telegraph Media Group and holds talks with the editors', website of the Chinese Ministry of Foreign Affairs, 21 June 2019, 〈http://archive.is/20egn〉.

101 'The Chinese embassy holds symposium on "Xi Jinping Thought on Diplomacy"', website of the Chinese MFA, 10 April 2019, 〈http://archive.is/5Pud6〉.

102 Lim and Bergin, 'Inside China's audacious global propaganda campaign'.

103 'Xinhua, AP sign MOU to enhance cooperation', Xinhua, 25 November 2018, 〈https://web.archive.org/web/20190827160133〉, 〈http://www.xinhuanet.com/english/2018-11/25/c_137630583.htm〉; Josh Rogin, 'Congress demands answers on AP's relationship with Chinese state media', The Washington Post, 24 December 2018.

104 AP and Xinhua had previously signed an MoU in 2011. 李从军同美联社社长签署合作谅解备忘录, Xinhua, 19 December 2011, 〈https://web.archive.org/web/20191130194357/http://www.xinhuanet.com//ziliao/xhsld/2011-12/19/c_122447652.htm〉.

105 'Xinhuashe yu Lutoushe qingzhu hezuo 60 zhounian' 新华社与路透社庆祝合作６０周年 [Xinhua and Reuters celebrate 60 years of cooperation], Xinhua, 30 June 2017, 〈http://www.xinhuanet.com/xhsld/2017-06/30/c_1121241072.htm〉.

106 'Fu Ying visited headquarters of Reuters Group', website of the Chinese Embassy

in the UK, 4 July 2007, 〈https://tinyurl.com/wrpmqwa〉. According to the report published by the Chinese embassy, 'the two parties also exchanged opinions on feasibility of Reuters being listed in Shanghai Stock Exchange and the ways to strengthen communications between Chinese and British online news media.'

107 Anon., 'Exclusive Q&A with Chinese President Xi Jinping', Reuters, 18 October 2015.

108 Anon., 'Xinhua launches Belt and Road info partnership with European media, think-tanks', Xinhua, 2 December 2017, 〈https://tinyurl.com/rwrh5bn〉.

109 'China, Portugal ink cooperation agreement on media exchange under BRI', Xinhua Silk Road Information Service, 27 February 2019, 〈https://tinyurl.com/v3rwv3f〉.

110 'Xinhua CEIS, DPA ink agreement to promote information exchanges', Xinhua Silk Road Information Service, 15 May 2018, 〈https://tinyurl.com/s79wj2d〉; 'Athens Macedonian News Agency: News in English', Hellenic Resources Institute, 17 May 2012, 〈http://www.hri.org/news/greek/apeen/2017/17-05-12_1.apeen.html〉; 'Xinhua, AAP sign new greement for closer cooperation', 12 September 2018, 〈https://tinyurl.com/swndpot〉; 'Italy-China: cooperation agreement between ANSA and Xinhua', Ansamed, 17 May 2016, 〈https://tinyurl.com/tt48dm5〉.

111 'Cooperation agreement between Class Editori and China Media Group', Xinhua Silk Road Information Service, 2 July 2019, 〈https://tinyurl.com/r3kovfm〉.

112 'Xinhua, AP sign MOU to enhance cooperation', Xinhua, 25 November 2018, 〈https://web.archive.org/web/20190827160133/http://www.xinhuanet.com/english/2018-11/25/c_137630583.htm〉; Josh Rogin, 'Congress demands answers on AP's relationship with Chinese state media', The Washington Post, 24 December 2018.

113 Ruptly, 'Australia: Chinese protesters rally against South China Sea ruling in Melbourne', Ruptly YouTube channel, 23 July 2016, 〈https://www.youtube.com/watch?v=jSeaPFxRyxA〉.

114 To, Qiaowu, pp.179–80.

115 Alex Joske, 'Reorganizing the United Front Work Department: new structures for a new era of diaspora and religious affairs work', China Brief (Jamestown Foundation), vol. 19, no. 9, 9 May 2019, 〈https://jamestown.org/program/reorganizing-the-united-front-work-department-new-structures-for-a-newera-of-diaspora-and-religious-affairs-work/〉. Nick McKenzie, Richard Baker, Sashka Koloff and Chris Uhlmann, 'The Chinese Communist Party's power and influence in Australia', ABC News online, 29 March 2018.

116 To, Qiaowu, pp.176–8.

117 Diamond and Schell, eds, China's Influence & American Interests, p.85.

118 John Fitzgerald, 'Beijing's guoqing versus Australia's way of life', Inside Story, 27 September 2016.

119 Hamilton, Silent Invasion, p.41.

120 Dan Levin, 'Chinese-Canadians fear China's rising clout is muzzling them', The New York Times, 27 August 2016.

121 Tom Blackwell, 'Host on Chinese-language station in Toronto says he was fired for criticizing Beijing', The County Weekly News, 8 October 2019.

122 Blackwell, 'Hoston on Chinese-language station'.

123 '"Jiang hao Zhongguo gushi, chuanbo hao Zhongguo shengyin" luntan Beijing juxing' '讲好中国故事、传播好中国声音'论坛北京举行 ['Tell China's story well, spread

China's voice well' forum held (in) Beijing], Ouzhou Shibao, 28 September 2016, 〈https://web.archive.org/web/20191130195737〉, 〈http://www.oushinet.com/qj/qjnews/20160928/243581.html〉. See also Hamilton, Silent Invasion, pp.42–3.

124 'Xiehui jianjie' 协会简介 [Introduction to the Association], website of the Association of Overseas Chinese Media in Europe, not dated, 〈https://tinyurl.com/uuwrom9〉.

125 'Ouzhou shibao wenhua chuanmei jituan' 欧洲时报文化传媒集团 [Guang Hua Cultures et Media], website of Ouzhou Shibao, not dated, 〈https://tinyurl.com/rqucaen〉.

126 'Ouzhou shibao wenhua chuanmei jituan', 〈https://tinyurl.com/rqucaen〉.

127 '"Oushidai" shequ yonghu xieyi' "欧时代"社区用户协议 [Nouvelles d'Europe community user agreement], website of Ouzhou Shibao, not dated, 〈https://web.archive.org/web/20190818202416/http://www.oushidai.com/intro/agreement?local=eu〉.

128 See the bottom of their homepage at 〈https://web.archive.org/web/20190801163031/http://www.eztvnet.com/〉.

129 'Guanyu women: gongsi jianjie' 关于我们：公司简介 [About us: introduction to the company], website of the Nordic Chinese Times, 〈http://archive.today/2019.10.18-162821/http://nordicapd.com/content.asp?pid=22〉.

130 'Shanghui jieshao' 商会简介 [Introduction to the Chamber of Commerce], 〈http://web.archive.org/web/20190801204004/http://acec.org.es/language/zh/about-4/〉.

131 'Zhengxie gongzuo baogao jiedu: yi fen yangyi minzhu fazhi jingshen de baogao' 政协工作报告解读：一份洋溢民主法制精神的报告 [Interpretation of the work report of the CPPCC: a report filled with the spirit of democracy and rule of law], China.org.cn, 4 March 2008, 〈https://tinyurl.com/sso2uxu〉.

132 'Xibanya Ouhua chuanmei jituan jianjie' 西班牙欧华传媒集团简介[Introduction the Spanish Ouhua Media Group], 〈https://web.archive.org/web/20190801150949/http://www.ouhua.info/2016/0527/7269.html〉.

133 For example, Wu Zuolai 吴祚来, 'Duiwai chuanbo yu wenhua jiaolü' 对外 传播与文化焦虑 [External communication and cultural anxiety], Duiwai chuanbo, no. 9, 2009, pp.14–15.

134 Andre Tartar, Mira Rojanasakul and Jeremy Scott Diamond, 'How China is buying its way into Europe', Bloomberg, 23 April 2018.

135 Philippe Le Corre, 'This is China's plan to dominate Southern Europe', Carnegie Endowment for International Peace, 30 October 2018, 〈https://carnegieendowment.org/2018/10/30/this-is-china-s-plan-to-dominatesouthern-europe-pub-77621〉.

136 Website of Propeller TV, 〈https://web.archive.org/web/20190827155110〉, 〈https://www.propellertv.co.uk/〉.

137 'China-UK media roundtable held in London', CRIEnglish, 24 November 2015, 〈https://web.archive.org/web/20191130200506/http://english.cri.cn/12394/2015/11/24/53s905534.htm〉.

138 Ben Kwok, 'Meet Yam Tak-cheung, the new Forbes owner', ejinsight, 21 July 2014, 〈http://www.ejinsight.com/20140721-yam-tak-cheung-new-forbes-owner/〉.

139 Kris Cheng, 'Forbes terminates contract with writer after deleting article critical of Asia Society tycoon', Hong Kong Free Press, 30 July 2017.

140 Adam Jourdan and John Ruwitch, 'Alibaba's Jack Ma is a Communist Party member, China state paper reveals', Reuters, 27 November 2018.

141 〈https://tinyurl.com/s69hmq2〉.
142 Phila Siu, 'Sweden "using me as chess piece" says detained Hong Kong bookseller Gui Minhai in government-arranged interview', South China Morning Post, 9 February 2018.
143 PEN America, Darkened Screen: Constraints on foreign journalists in China, PEN America, 22 September 2016, p.7.
144 Joshua Keating, 'Bloomberg suspends China reporter amid censorship scandal', Slate, 18 November 2013.
145 Diamond and Schell, eds, China's Influence & American Interests, p.93; PEN America, Darkened Screen, pp.13–14.
146 'US Journalists' visit to China in October 2018', website of CUSEF, 2 November 2018, 〈https://tinyurl.com/vwvdr35〉.
147 Hamilton, Silent Invasion, pp.104–7.
148 'Sverige har varit som en sömngångare om Kina' [Sweden has been like a sleepwalker on China], Expressen, 23 February 2019, 〈https://www.expressen.se/ledare/ledarsnack/sverige-har-varit-som-en-somngangare-om-kina/〉.
149 Melissa Chan, 'Goodbye to China, country of contradictions', Al Jazeera, 13 May 2012, 〈https://tinyurl.com/ckko84e〉; Tom Phillips, 'French journalist accuses China of intimidating foreign press', The Guardian, 26 December 2015; Foreign Correspondents Club of China, Under watch: reporting in China's surveillance state, Foreign Correspondents Club of China, 2018, p.10; Anon., 'China denies credentials to Wall Street Journal reporter', Reuters, 30 August 2019.
150 Foreign Correspondents Club of China, Under Watch, p.12. The FCCC report only speaks of 'French media'.
151 Alvin Lum, 'Financial Times journalist Victor Mallet about to leave Hong Kong after visa denial', South China Morning Post, 12 October 2018.
152 PEN America, Darkened Screen, p.11.
153 Anon., 'China seeks to shape Hong Kong narrative with letter to media', Bloomberg, 21 August 2019; Catherine Wong, 'China urges foreign media to "help right public opinion wrongs" on Hong Kong protests', South China Morning Post, 22 August 2019.
154 PEN America, Darkened Screen, p.7.
155 Personal conversation, 25 February 2019, Berlin; email conversation, 10 January 2020.
156 PEN America, Darkened Screen, p.16.

10. 전장戰場으로서의 문화

1 Janette Jaiwen Ai, 'The political use of China's traditions in contemporary China', PhD thesis, School of Social and Political Sciences, the University of Melbourne, 2012.
2 Anon., 'The CCP's "Cultural Leadership" history since the founding of the PRC', People's Daily, 10 November 2009.
3 Liu Runwei 刘润为, 'Hongse wenhua yu wenhua zixin' 红色文化与文化自信 [Red culture and cultural confidence], Qiushi, 23 June 2017, 〈http://www.qstheory.cn/dukan/hqwg/2017-06/23/c_1121197124.htm. Liu's bio is here: 〈https://web.archive.org/web/20191004045738/http://m.hswh.org.cn/column/120.html〉.
4 Yang Lin 杨林, 'Yi wenhua rentong shixian tongyi zhanxian de zui da dongyuan' 以文化认同实现统一战线的最大动员 [Achieving the greatest united front mobilisation

through cultural identity], Qiushi, 17 January 2017, 〈https://tinyurl.com/rlkgzjl〉; Anon., 'Xi's article on dialectical materialism to be published', China Daily, 2 January 2019.

5 Lin Jian 林坚, 'Zhonghua wenhua haiwai chuanbo ren zhong dao yuan' 中华文化海外传播任重道远, originally published in Huanqiu Shibao, 20 April 2019, republished on the website of the Jiangsu Institute of Socialism, 23 April 2019, 〈https://tinyurl.com/vcuhhx3〉.

6 〈https://tinyurl.com/tc2uzjx〉.

7 〈https://tinyurl.com/vk3yman〉.

8 〈https://www.londondesignbiennale.com/supporters〉.

9 'Jituan jianjie' 集团简介 [Introduction to the group], website of China Poly Group 中国保利集团公司, 〈https://tinyurl.com/rxez766〉.

10 〈https://www.globalsecurity.org/military/world/china/poly.htm〉; Barbara Demick, 'In China, "red nobility" trumps egalitarian ideals', Los Angeles Times, 4 March 2013.

11 'Jituan jianjie' 集团简介 [Introduction to the group], website of China Poly Group, 〈https://tinyurl.com/rxez766〉.

12 〈https://fortune.com/global500/2018/china-poly-group/〉. For its corporate structure, see 〈https://www.globalsecurity.org/military/world/china/poly.htm〉.

13 'About us: introduction', 〈https://tinyurl.com/rjlgvuu〉.

14 'Clifford Chance advises Poly Culture Group on HK$2.57 billion IPO', website of Clifford Chance, 7 March 2014, 〈https://tinyurl.com/wvqpyz9〉.

15 〈https://www.globalsecurity.org/military/world/china/poly.htm〉. Cain Nunns, 'China's Poly Group: the most important company you've never heard of ', Public Radio International, 25 February 2013.

16 He Ping's 贺平 bio on CAIFC website, 〈http://archive.today/2019.10.04- 080431/http://www.caifc.org.cn/content.aspx?id=4267〉. See also Bo Zhiyue, 'Who are China's princelings?', The Diplomat, 24 November 2015.

17 Anon., 'Mapping China's red nobility', Bloomberg, 26 December 2012.

18 Sam Cooper and Doung Quan, 'How a murky company with ties to the People's Liberation Army set up shop in B.C.', Vancouver Sun, 26 August 2017. See also 〈https://www.weforum.org/people/xu-niansha〉.

19 'Chairman XU Niansha was awarded Great Officials of Star of Italy', website of Poly Culture Group, 28 July 2017, 〈https://tinyurl.com/qk6httf〉.

20 Jiang Yingchun 蒋迎春, China Daily, 12 September 2018, 〈https://tinyurl. com/uxkjh4k〉.

21 Zheng Xin, 'Poly Group set to boost ties with global partners', China Daily, 21 September 2018.

22 Zheng Xin, 'Poly Group set to boost ties with global partners'.

23 'China-Germany friendship concert successfully held in Cologne Cathedral by Poly WeDo', website of Poly Culture Group, 19 July 2017, 〈https://tinyurl.com/s257rzn〉.

24 'About us: introduction', 〈https://tinyurl.com/rjlgvuu〉; Cooper and Quan, 'How a murky company with ties to the People's Liberation Army set up shop in B.C.'.

25 〈http://beijing.lps-china.com/partners/poly-art/〉.

26 Cooper and Quan, 'How a murky company with ties to the People's Liberation Army set up shop in B.C.'.

27 Anon., 'U.S. lists new Iran sanctions on several Chinese firms', Reuters, 12

February 2013.

28 Bob Mackin, 'Hard currency, soft power: Poly Culture rolls into British Columbia', South China Morning Post, 7 December 2016.

29 〈https://tinyurl.com/ttvf3kf〉; see also 〈https://twitter.com/geoff_p_wade/status/1084683664380768256〉. Poly Culture North America's interim 2018 report noted that it had held 'three high-end thematic exhibitions and 32 cultural exchange events', 〈https://tinyurl.com/yx3t3xhp〉.

30 'Wengehua Zhonghua wenhua cujinhui jiepai chengli' 温哥华中华文化促进会揭牌成立 [Vancouver Chinese Culture Promotion Association inaugurated], Dahuawang, 17 July 2019, 〈http://dawanews.com/dawa/node3/n5/n18/u1ai26835.html〉.

31 Sam Cooper and Brian Hill, 'Alleged gang kingpin may have used Liberal MP's law firm to launder money through B.C. condo deal', Global News, 11 June 2019.

32 〈https://tinyurl.com/r2ceb84〉.

33 Zak Vescera, 'Local Chinese groups take out pro-Communist Party ads amidst Hong Kong protests', Vancouver Sun, 26 June 2019. Note too that in 2016 George Chow was appointed an honorary adviser to the Teo Chew Society of Vancouver, 〈https://tinyurl.com/vydwptb〉. The current president of this group is Feng Rujie 冯汝洁, who in 2018 was appointed an overseas council member of the 10th Committee of the All-China Federation of Returned Overseas Chinese, 〈https://tinyurl.com/tn9obxe〉.

34 Douglas Quan, 'Defence minister ripped for attending gala honouring Chinese Communist Party anniversary', National Post, 30 September 2019.

35 Bob Mackin, 'B.C.'s Premier and L-G to skip Communist China's 70th birthday parties', The Breaker, 28 August 2019. Chow's trip to Guangzhou was also reported by the OCAO Guangzhou, see 〈https://tinyurl.com/sbh8kxq〉.

36 Sean Brady, 'Kamloops' Chinese community provides input on museum project', Kamloops This Week, 19 January 2019.

37 Brady, 'Kamloops' Chinese community provides input on museum project'.

38 Geoff Wade, 'Spying beyond the façade', The Strategist, Australian Strategic Policy Institute, 13 November 2013. The names used by Wade differ because this was written prior to China's major military reform in 2015–16.

39 〈http://www.caifc.org.cn/en/jgsz_l.aspx?cid=28〉; 〈http://www.caifc.org.cn/en/content.aspx?id=1083〉.

40 Mark Stokes and Russell Hsiao, 'The People's Liberation Army General Political Department: political warfare with Chinese characteristics', Project 2049 Institute, 14 October, 2013.

41 Stokes and Hsiao, 'The People's Liberation Army General Political Department', p.25.

42 Wade, 'Spying beyond the façade'.

43 Wade, 'Spying beyond the façade'.

44 Andy Kroll and Russ Choma, 'Businesswoman who bought Trump penthouse is connected to Chinese Intelligence Front Group', Mother Jones, 15 March 2017.

45 China Arts Foundation 北京中艺艺术基金会, 〈https://tinyurl.com/stlxdro〉; 〈https://tinyurl.com/tz5tm43〉.

46 Zheping Huang, 'An intricate web ties the woman who paid $16 million for Trump's condo to China's power elite', Quartz, 17 March 2017.

47 Anthony Tommasini, 'Let it rain! (After the music, of course)', The New York Times, 14 July 2010. Photos of the concert are featured on the NYT 's Facebook

page. Chinese websites announcing it: ⟨http://ent.sina.com.cn/y/2011-08-08/11063380366.shtml⟩ and ⟨https://tinyurl.com/sb8f6bv⟩.
48 Anon., 'Was Lang Lang's propaganda song a jab at White House?', CBS News, 24 January 2011.
49 ⟨https://tinyurl.com/rol7pdp⟩.
50 ⟨http://blacktiemagazine.com/International_Society/Shanghai.htm⟩.
51 ⟨https://tinyurl.com/uxs4tor⟩.
52 ⟨https://www.guidestar.org/profile/33-1156962⟩.
53 ⟨http://gaa.lucita.org/about_who_angela.shtml⟩; Anon., 'New York Philharmonic forms international advisory board', Broadway World, 29 October 2014.
54 Anon., 'New York Philharmonic forms international advisory board'.
55 Andy Kroll and Russ Choma, 'Trump just sold a $15.8 million condo to a consultant who peddles access to powerful people', Mother Jones, 27 February 2017.
56 Kroll and Choma, 'Businesswoman who bought Trump penthouse is connected to Chinese intelligence front group'.
57 ⟨https://twitter.com/chinaartsintl/status/604404511197827072/photo/1⟩; ⟨https://twitter.com/chinaartsintl/status/604405504643862529/photo/1⟩.
58 Anon., 'New York Philharmonic forms international advisory board'.
59 Kroll and Choma, 'Businesswoman who bought Trump penthouse is connected to Chinese intelligence front group'.
60 ⟨https://www.thequestforit.com/photos/it_charity_invites/china-artsfoundation_ballet_tiffany-event.html⟩.
61 ⟨https://tinyurl.com/tl8j59j⟩; ⟨https://tinyurl.com/revjsda⟩; ⟨https://twitter.com/chinaartsintl?lang=en⟩; ⟨https://tinyurl.com/wmm2bwl⟩.
62 Huang, 'An intricate web ties the woman who paid $16 million for Trump's condo to China's power elite'.
63 ⟨https://tinyurl.com/vqwt2bb⟩, Huaxing Art Troupe 华星艺术团.
64 Another project is Chinese Mutual Aid Centers. See 'Qiu Yuanping wei xin yi pi "Huaxing yishutuan" jie pai' 裘援平为新一批"华星艺术团"揭牌 [Qiu Yuanping unveils plates for new batch of Huaxing Arts Troupes], Qiaowang, 28 September 2016, ⟨https://tinyurl.com/stwvanl⟩.
65 ⟨https://tinyurl.com/wb3wzrj⟩; Chongyi Feng, 'How the Chinese Communist Party exerts its influence in Australia: detained professor', ABC News online, 6 June 2017.
66 'Deguo Falankefu Huaxing yishutuan chenggong ban chunwan' 德国法兰克福 华星艺术团成功办春晚 [Frankfurt Huaxing Arts Troupe successfully organises Spring Festival gala], Global Times online, 7 February 2018; ⟨https://tinyurl.com/t7zahaj⟩.
67 ⟨http://www.chinaconsulatechicago.org/eng/lghd/t1547374.htm⟩.
68 ⟨https://tinyurl.com/yxq9zxgx⟩. '建立了与政要、主要华人社团、社会名流以及艺术家联系资料档案库'.
69 Nick McKenzie, Nick Toscano and Grace Tobin, 'Crown's unsavoury business links: how Australia's casino got tied up with criminals', The Age, 28 July 2019.
70 ⟨https://tinyurl.com/uhz76hf⟩.
71 Jeff Yang, 'The shocking viral reaction to a prom dress', CNN online, 3 May 2018.
72 Joyce Siu, 'Vintage in vogue: patriotic ladies revive "Qipao" dress', Sixth Tone, 4 January 2018.

73 Anon., 'Qipao fans step out worldwide', China Daily, 18 May 2015.
74 Anon., 'Qipao fans step out worldwide'.
75 ⟨https://tinyurl.com/r8qxjbj⟩; ⟨https://tinyurl.com/u3sd4ww⟩.
76 ⟨https://tinyurl.com/uqhdt7k⟩.
77 ⟨https://tinyurl.com/ru889ws⟩.
78 ⟨https://tinyurl.com/sogu336⟩.
79 ⟨https://tinyurl.com/vlseqh5⟩. There seems to have been an internal dispute in 2017. From 28 April 2017, Wang Quan is no longer 'chairman' of the Chinese Cheongsam Association. In the same year, Wang set up the China Qipao Society Global Alliance, ⟨https://tinyurl.com/s5ywoe6⟩; ⟨https://tinyurl.com/r4gwmy8⟩. The China Qipao Association more recently translates its name as the Chinese Cheongsam Association. There are a number of other societies celebrating the qipao, ⟨https://tinyurl.com/uxz6lbo⟩.
80 ⟨https://tinyurl.com/wbvgofd⟩.
81 Anon., 'Chinese Qipao Federation lands in Germany', People's Daily, 23 January 2018.
82 ⟨https://tinyurl.com/ujhwanb⟩; ⟨https://tinyurl.com/sfcdb3s⟩.
83 ⟨https://tinyurl.com/wp69pyc⟩.
84 ⟨https://tinyurl.com/uz2f5mz⟩.
85 ⟨https://tinyurl.com/unz5f7c⟩; ⟨https://tinyurl.com/tw2xk5m⟩.
86 In the words of the director of the United Front Theory Department at the Liaoning party school, Shen Yan, 'Use culture to carry out cultural united front work in the new era' 以文化之做好新时代文化统战工作 ⟨https://tinyurl.com/sb3nbt5⟩.
87 Shan Renping, 'Canadian Miss World contestant misguided by her values', Global Times, 29 November 2015.
88 Anon., 'Canada's Miss World finalist Anastasia Lin comes out as a Falun Gong practitioner', South China Morning Post, 28 August 2015.
89 Anon., 'Canada's Miss World finalist Anastasia Lin comes out as a Falun Gong practitioner'.
90 Tom Blackwell, 'Ottawa man says Dragon-boat festival CEO ordered him to remove Falun Gong shirt, citing Chinese sponsorship', National Post, 16 July 2019.
91 Anon., 'US town arts center removes paintings depicting President Xi Jinping', Radio Free Asia, 4 February 2019.
92 Anon., 'US town arts center removes paintings depicting President Xi Jinping'.
93 Anon., 'Zhang Yimou's "One Second" abruptly pulled from Berlinale', Asia in Cinema, 11 February 2019.
94 Patrick Frater, 'Banned in Berlin: why China said no go to Zhang Yimou', Variety, 11 February 2019.
95 Anon., 'Ai Weiwei hits out at self-censorship by Western organizations after film is cut', Radio Free Asia, 21 February 2019.
96 ⟨https://audi-konfuzius-institut-ingolstadt.de/en/institut/ueber-uns.html⟩.
97 Anon., 'Ai Weiwei hits out'.
98 Amy Qin, 'Dissident artist Ai Weiwei is cut from film; producer cites "fear of China"', The New York Times, 19 February 2019.
99 Anon., 'Ai Weiwei hits out'.
100 Qin, 'Dissident artist Ai Weiwei is cut from film'.
101 Tim Winter, 'One Belt, One Road, One Heritage: cultural diplomacy and the Silk

Road', The Diplomat, 29 March 2016; Zhang Xinjiang, '"Belt and Road" boosts Chinese cultural industry', China Daily, 2 May 2018.

102 〈http://www.xinhuanet.com/ent/2016-11/17/c_1119928799.htm〉. Full text in Chinese at 〈http://archive.today/2019.10.05-001738/https://www.scio.gov.cn/xwfbh/xwbfbh/wqfbh/37601/38866/xgzc38872/Document/1636159/1636159.htm〉.

103 At least according to this article: 〈http://archive.today/2019.10.05-002647/https://www.yidaiyilu.gov.cn/xwzx/gnxw/13841.htm〉. Others give different numbers.

104 Diana Yeh, 'The cultural politics of invisibility', in Ashley Thorpe and Diana Yeh, eds, Contesting British Chinese Culture, London: Palgrave, 2018, p.49.

105 Yeh, 'The cultural politics of invisibility'.

106 The League of Theatres is headquartered in Beijing's Xicheng district. The People's Daily wrote that the decision to establish the Silk Road International League of Theatres was an extension of the strategic partnership between the China Arts and Entertainment Group, the government of the Xicheng district, and Beijing Tianqiao Zenith Investment Group (a state-owned local company specialising in cultural performances, established in 2014), 〈https://web.archive.org/web/20190208040104/http://ydyl.people.com.cn/n1/2018/0402/c411837-29901477.html〉. Beijing Tianqiao Zenith Investment Group is a large company 'committed to build a comprehensive production chain of culture and performing arts', 〈https://web.archive.org/web/20190208041156/http:/www.bjtqss.com/index.php?m=content&c=index &a=lists&catid=7〉.

107 〈http://www.xinhuanet.com/ent/2016-11/17/c_1119928799.htm〉. 'China's Minister of Culture Luo Shugang said the establishment of the Silk Road International League of Theatres was a creative achievement under the framework of the Belt and Road Initiative', Anon., 'Silk Road International League of Theaters launched in Beijing', China Daily, 24 October 2016.

108 National Development and Reform Commission, 'Ministry of Culture "One Belt, One Road" Cultural Development Action Plan (2016–2020)', website 2016 〈http://www.ndrc.gov.cn/fzgggz/fzgh/ghwb/gjjgh/201707/t20170720_855005.html〉.

109 〈https://web.archive.org/web/20180822192043/http://srilt.org/en/members/〉; 〈http://www.xinhuanet.com/ent/2016-11/17/c_1119928799.htm〉.

110 Jia Tolentino, 'Stepping into the uncanny, unsettling world of Shen Yun', The New Yorker, 19 March 2019.

111 〈http://leeshailemish.com/on-shen-yun/whos-afraid-of-shen-yun/〉.

112 Frank Fang, 'Document reveals Beijing pressured UN diplomats to boycott Shen Yun performances', Epoch Times, 21 February 2019.

113 Juan Pablo Cardenal and Heriberto Araujo, 'China quiso prohibir el estreno de una obra de teatro en Barcelona', El Mundo, 6 April 2014.

114 〈http://leeshailemish.com/on-shen-yun/2014/03/30/chinese-embassy-epicfail-in-berlin/〉.

115 Copy of email in possession of authors. On 20 July 2019 Stacy Lyon was emailed and offered an opportunity to comment or explain. She did not reply.

116 Andreas Bøje Forsby, 'Diplomacy with Chinese characteristics: the case of Denmark', Asia Dialogue, 18 December 2018. In 2012 Danish police forces 'systematically prevented peaceful pro-Tibet demonstrators from exercising their constitutionally guaranteed right to freedom of speech when Hu's motorcade toured the streets of Copenhagen'.

117 Anon, 'Xi urges Spanish enterprises to make best use of CIIE platform', China Daily, 29 November 2018.
118 Janita Kan, 'Chinese embassy pressured theatre to cancel Shen Yun performances in Spain, investigation reveals', Epoch Times, 29 January 2019.
119 Anon., 'El Teatro Real acercará al público chino su contenido a través de la plataforma cultural online Palco Digital', Europa Press, 1 April 2019. The report does not appear to be an April Fools' Day spoof.
120 Amy Qin and Audrey Carlsen, 'How China is rewriting its own script', The New York Times, 18 November 2018.
121 Qin and Carlsen, 'How China is rewriting its own script'.
122 〈https://twitter.com/markmackinnon/status/1152241649893945346〉.
123 Pradeep Taneja, 'China-India bilateral economic relations', in Kanti Bajpai, Selina Ho and Manjari Chatterjee, eds, Routledge Handbook on China–India Relations, London: Routledge, forthcoming.
124 Anon., 'Xi sends letter to congratulate 70th anniversary of national writer, artist groups', China Daily, 16 July 2019.
125 Patrick Boehler and Vanessa Piao, 'Xi Jinping's speech on the arts is released, one year later', The New York Times, 15 October 2015.
126 Joel Martinsen, 'The Chinese Writers' Association: what good is it?', blog post, Danwei, 17 November 2006. In his history of Chinese literature, Hong Zicheng wrote that the more important functions of the CWA 'were to exercise political and artistic leadership and control of a writer's literary activities, and to guarantee that literary norms were implemented', Hong Zicheng, A History of Contemporary Chinese Literature, Leiden: Brill, 2007, p.27. Deng Xiaoping's daughter Deng Rong is a member of the Chinese Writers' Association, see 〈https://web.archive.org/web/20150322033230/〉, 〈http://www.chinaartsfoundation.org/cn/leadership.html〉.
127 Oiwan Lam, 'Two writers publicly resign amid the Chinese Communist Party's tightening grip on culture', Hong Kong Free Press, 20 March 2016.
128 On University of Waterloo, see Anon., 'Our quilts: one world same dream', China Daily, 2 May 2014; 〈https://www.writersunion.ca/member/yan-li〉. On Melbourne Writers Festival, see Hamilton, Silent Invasion, pp.239–42. On University of Iowa, see 〈https://iwp.uiowa.edu/programs/life-of-discovery/2012〉.
129 Alex Joske, 'Reorganizing the United Front Work Department: new structures for a new era of diaspora and religious affairs work', China Brief, vol. 19, no. 9, 9 May 2019.
130 Adrain Zenz, 'You can't force people to assimilate. So why is China at it again?', The New York Times, 16 July 2019.
131 Anon., 'Chinese Catholic bishop ordained with Pope's approval', BBC News online, 28 August 2019.
132 See Hamilton, Silent Invasion, pp.243–4.
133 Julia Bowie and David Gitter, 'The CCP's plan to "Sinicize" religions', The Diplomat, 14 June 2018; Laurie Chen, 'Red flag for Buddhists? Shaolin Temple "takes the lead" in Chinese patriotism push', South China Morning Post, 28 August 2018.
134 Geoff Wade, tweet, 2 August 2018, 〈https://twitter.com/geoff_p_wade/status/1024960867778093056〉.
135 〈https://www.dpmchina.org/directors-blog/chinas-plan-to-sinicize-religions〉.

136 Rhiana Whitson, 'Communist Party-linked group holds event at Hobart's Parliament House, Tasmanian politicians attend', ABC News online, 5 December 2017.

137 〈https://tinyurl.com/qsup4cp〉.

138 〈https://twitter.com/alexjoske/status/1161052811334828032?lang=en〉.

139 Reported in David Gitter et al., Party Watch, Centre for Advanced China Research, Weekly report 3/1, 28 September 2019.

140 Lauren Teixeira, 'He never intended to become a political dissident, but then he started beating up Tai Chi masters', Deadspin, 3 October 2019.

11. 싱크 탱크와 사상 지도자들

1 Quoted in Bethany Allen-Ebrahimian, 'This Beijing-linked billionaire is funding policy research at Washington's most influential institutions', Foreign Policy, 28 November 2017.

2 绝对不允许吃共产党的饭,砸共产党的锅。 Quoted in「绝不容吃饭砸锅」 习近平批示讲硬话, Mingpao, 27 October 2014, 〈https://www.mingpaocanada.com/van/htm/News/20141027/tcbf1_r.htm〉.

3 〈https://tinyurl.com/wy8bj7x〉.

4 'Professor John L. Thornton Honored Friendship Award', Tsinghua SEM, 13 October 2008, 〈https://tinyurl.com/v3zb7yf〉.

5 'About us', 〈http://www.silkroad-finance.com/en/about/〉; 'John Thornton: Chairman of the Board', 〈http://www.silkroad-finance.com/en/our-team/〉. The SRFC has its own think tank, the Silk Road Research Center, whose executive vice chairman is princeling Li Xiaolin, daughter of former premier Li Peng, 〈https://twitter.com/geoff_p_wade/status/1067775094875799562?lang=en〉. Speaking to partners at Renmin University, Li Xiaolin said that the centre is 'a new type of think tank with Chinese characteristics established to serve the "One Belt, One Road" initiative'. See 'Executive Vice Chairman of the Silk Road Planning Research Center LI Xiaolin visits RUC', website of Renmin University, 7 May 2018, 〈https://www.ruc.edu.cn/archives/32079〉.

6 'John Thornton: Chairman of the Board', website of Silk Road Finance Corporation, not dated, 〈https://web.archive.org/web/20190606092335/http://www.silkroad-finance.com/en/our-team/〉; 'Li Shan: huiguo chuangye bi zheng qian geng you xingfu gan' 李山：回国创业比挣钱更有幸福感 [Li Shan: returning to China and starting a business makes me happier than earning money], Sina, 1 November 2011, 〈https://web.archive.org/web/20150921232843/http://news.sina.com.cn/c/2006-11-01/102911389539.shtml〉.

7 Rachelle Younglai, 'The man with the key to China: Barrick Gold's quest to open new doors', The Globe and Mail, 6 December 2013, 〈https://tinyurl.com/whrndx6〉.

8 'Professor John L. Thornton Honored Friendship Award', Tsinghua SEM, 13 October 2008, 〈https://tinyurl.com/v3zb7yf〉.

9 'About the Brookings-Tsinghua Center for Public Policy', website of the Brookings Institution, not dated, 〈https://www.brookings.edu/about-the-brookings-tsinghua-center-for-public-policy/〉.

10 'Brookings China Council launches on the eve of Obama-Xi Summit', website of the Brookings Institution, 22 September 2015, 〈https://www.brookings.edu/news-releases/brookings-china-council-launcheson-the-eve-of-obama-xi-summit/〉.

11 〈https://twitter.com/PekingMike/status/1071441574528192512〉; 〈https://threadreaderapp.com/thread/1084191340232142849.html〉; Edward Wong and Michael Forsythe, 'China's tactic to catch a fugitive official: hold his two American children', The New York Times, 25 November 2018.

12 Isaac Stone-Fish, 'Huawei's surprising ties to the Brookings Institution', The Washington Post, 7 December 2018.

13 'Donors to Chatham House', website of Chatham House, 〈https://www.chathamhouse.org/about/our-funding/donors-chatham-house〉.

14 'H.E. Ambassador Liu Xiaoming meets with director of Chatham House Dr Robin Niblett CMG', website of the Chinese embassy to the UK, 6 January 2017, 〈https://web.archive.org/web/20190823174422/http://www.chinese-embassy.org.uk/eng/tpxw/t1429999.htm〉.

15 Robin Niblett, 'What the world can expect from the Boris Johnson government', The Hill, 30 July 2019.

16 Yu Jie, 'Britain needs to decide what it wants from China', Chatham House, 26 February 2019, 〈https://www.chathamhouse.org/expert/comment/britain-needs-decide-what-it-wants-china〉.

17 'Spotlight: overseas experts laud Xi's speech on China's foreign policy', Xinhua, 24 June 2018, 〈https://tinyurl.com/vdpkss5〉.

18 'Ambassador Liu Xiaoming attends "Vision China" hosted by China Daily and delivers a keynote speech', website of the Chinese embassy to the UK, 15 September 2018, 〈https://tinyurl.com/u2qmg8e〉; 〈https://tinyurl.com/v72jauj〉.

19 'Interview: consumers to underpin Chinese growth in coming years, says Jim O'Neill', Xinhua, 13 September 2019, 〈https://tinyurl.com/woj965n〉.

20 Lei Xiaoxun and Wang Minglei, 'Analysts agree that vision puts China on right track', China Daily, 21 October 2017.

21 'Lord Browne of Madingley', website of Chatham House, not dated, 〈https://www.chathamhouse.org/about/governance/panel-senior-advisers〉.

22 'EU–China economic relations to 2025: building a common future', a joint report by Bruegel, Chatham House, China Center for International Economic Exchanges, and the Chinese University of Hong Kong', September 2017, 〈https://www.chathamhouse.org/publication/eu-china-economic-relations-2025-building-common-future〉.

23 'Next steps in renminbi internationalization', Chatham House, not dated, 〈https://tinyurl.com/umd56fr〉.

24 'About the Paulson Institute', website of the Paulson Institute, not dated, 〈http://www.paulsoninstitute.org/about/about-overview/〉.

25 'A first gathering for implementation of the Green Investment Principles for the Belt and Road', 26 September 2019, 〈https://tinyurl.com/vgtbxyu〉.

26 See for example articles filed under Macro Outlook, 〈https://macropolo.org/analysis_category/macro-outlook/〉. Neil Thomas, 'Matters of record: relitigating engagement with China', Macro Polo, 3 September 2018.

27 'Vice-premier meets former US treasury secretary Henry Paulson', website of the Chinese government, 11 April 2019, 〈https://tinyurl.com/tuknw6a〉.

28 'Chen Jining meets with Chairman of Paulson Institute', website of Beijing government, 15 April 2019, 〈http://www.ebeijing.gov.cn/Government/Mayor_office/OfficialActivities/t1583250.htm〉.

29 'Chen Jining meets with Chairman of Paulson Institute', website of Beijing

government, 15 April 2019, 〈http://www.ebeijing.gov.cn/Government/Mayor_office/OfficialActivities/t1583250.htm〉. The report does not mention what the MoU was on, much less provide the full text of the document. Based on the Paulson Institute's previous work with Chinese partners, it may have been about green finance.

30 'China issues first certificates for overseas NGOs', China Daily, 21 January 2017, 〈https://web.archive.org/web/20191201150112/http://www.chinadaily.com.cn/china/2017-01/24/content_28041563.htm〉.

31 CGTN America, 'Authors say Western-style democracy won't work in Hong Kong', CGTN America YouTube channel, 17 October 2014, 〈https://www.youtube.com/watch?v=nrhANAmPOxg〉. See also CGTN America, 'Nicolas Berggruen on "Giving Pledge" and think tanks', CGTN America YouTube channel, 21 April 2015, 〈https://www.youtube.com/watch?v=FAUNOL_d8YM〉.

32 CGTN America, 'Authors say Western-style democracy won't work in Hong Kong'.

33 Zhang Weiwei, 'For China's one-party rulers, legitimacy flows from prosperity and competence', Berggruen Institute, 1 March 2017, 〈https://www.berggruen.org/ideas/articles/for-china-s-one-party-rulers-legitimacyflows-from-prosperity-and-competence/〉.

34 On Zheng Bijian, see 〈https://web.archive.org/web/20191029020838/http://www.ciids.cn/content/2016-04/19/content_12581303.htm〉. On Understanding China conferences, see 〈https://web.archive.org/web/20190821155415/https://www.berggruen.org/people/group/21stcentury-council/〉; Rachel S. Bauch, 'Berggruen Institute and Peking University announce new hub for research and dialogue on global transformations affecting humanity', Berggruen Institute, 6 June 2018, 〈https://tinyurl.com/vxglz3t〉. See also Nathan Gardels, 'Chinese President Xi Jinping meets the 21st Century Council in Beijing', Berggruen Institute, 3 November 2015, 〈https://tinyurl.com/s5frygq〉.

35 'CIIDS Chairman Zheng Bijian met with Berggruen Institute co-founder Nathan Gardels last weekend to discuss globalization and China', Berggruen Institute on Twitter, 18 July 2017, 〈https://twitter.com/berggruenInst/status/887342354700541952〉.

36 'The 3rd "Understanding China" conference', 〈https://web.archive.org/web/20190921003945/http://img.cyol.com/img/news/ddzg.pdf〉.

37 'The Washington Post and Berggruen Institute partner to publish The WorldPost', The Washington Post, 6 February 2018, 〈https://www.washingtonpost.com/pr/wp/2018/02/06/the-washington-post-and-the-berggruen-institute-partner-to-publish-the-worldpost/〉.

38 The Huffington Post runs many articles under the WorldPost label and republished Zhang Weiwei's praise of China's political model. See 'In China, unlike Trump's America, political legitimacy is built on competence and experience', Huffington Post, 3 March 2017.

39 Tiffany Li, 'China's influence on digital privacy could be global', The Washington Post, 7 August 2018.

40 Song Bing, 'China's social credit system may be misunderstood', The Washington Post, 29 November 2018; 'Song Bing', 〈https://www.berggruen.org/people/bing-song/〉. Hat tip to Mike Forsythe on Twitter. The argument that the social credit system has not been portrayed accurately in the media has merit, but Song Bing's

article portrays the system much too positively.

41 'Daniel Bell', 〈https://www.berggruen.org/people/daniel-bell/〉; 〈https://chinamatters.blogspot.com/2012/11/its-not-freedom-vs-truth-its-daniel.html〉.

42 Mark Mackinnon, 'Canadian iconoclast Daniel A. Bell praises China's oneparty system as a meritocracy', The Globe and Mail, 24 November 2012.

43 Andrew Nathan does a brilliant deconstruction of Bell in 'The problem with the China model', Chinafile, 5 November 2015.

44 'Gaoju dangmei qizhi, lüxing zhize shiming' 高举党媒旗帜 履行职责使命[Holding high the banner of Party media and performing the duties of the mission], website of the Cyberspace Administration of China, 26 April 2017, 〈https://tinyurl.com/vn39gs8〉.

45 'Gaoju dangmei qizhi, lüxing zhize shiming' 高举党媒旗帜 履行职责使命 [Holding high the banner of Party media and performing the duties of the mission].

46 Mark Stokes and Russell Hsiao, 'The People's Liberation Army General Political Department: Political warfare with Chinese characteristics', Project 2049 Institute, October 2013, p.25; Bethany Allen-Ebrahimian, 'This Beijing-linked billionaire is funding policy research at Washington's most influential institutions', Foreign Policy, 28 November 2017.

47 For example, 〈https://web.archive.org/web/20190914172232/https://www.eastwest.ngo/sites/default/files/us-china-sanya-initiative-dialogue-10thmeeting.pdf〉: 'The EastWest Institute (EWI) convened the 10th anniversary of the U.S.-China Sanya Initiative from October 27 to 29, 2018. The dialogue was made possible through the generous support of the China-United States Exchange Foundation (CUSEF) and other private donors and was organized in close partnership with the China Association for International Friendly Contact (CAIFC).' See also Michael Raska, 'China and the "three warfares"', The Diplomat, 18 December 2015.

48 Tony Cheung, 'Former Hong Kong leader Tung Chee-hwa accuses the United States and Taiwan of orchestrating "well-organised" recent protests', South China Morning Post, 31 July 2019.

49 'Our founders', 〈https://www.fungfoundation.org/our-founders/〉; 〈https://www.cusef.org.hk/dr-victor-k-fung/〉.

50 The full name of this foundation is 'The Victor and William Fung Foundation'. See 〈https://www.fungscholars.org/about/〉.

51 'Mission', AmericaChina Public Affairs Institute, not dated, 〈https://www.americachina.us/mission〉.

52 'Goals', AmericaChina Public Affairs Institute, not dated, 〈https://www.americachina.us/goals〉.

53 〈https://efile.fara.gov/docs/5875-Short-Form-20150204-162.pdf〉; 'About', website of BLJ Worldwide, not dated, 〈http://www.bljworldwide.com/about-us/〉.

54 'Podesta, Tony, lobbyist profile: summary 2017', Center for Responsive Politics, 〈https://www.opensecrets.org/lobby/lobbyist.php?id=Y0000046505L&year=2017〉.

55 Richard Pollock, 'Tony Podesta made $500k lobbying for Chinese firm convicted of illegal sales to Iran', Daily Caller, 27 March 2017.

56 'Center For American Progress Visit 2016', website of CUSEF, 23 June 2016, 〈https://www.cusef.org.hk/high-level-dialogues/center-for-americanprogress-visit-2016/〉.

57 Robert Henderson, 'China: Great power rising', in B. McKercher (ed.), Routledge

Handbook of Diplomacy and Statecraft, London: Routledge, 2021, p.70.

58 Center for American Progress, 'U.S.-China high level dialogue', 〈https://wikileaks.org/podesta-emails/fileid/9612/2554〉.

59 Bethany Allen-Ebrahimian, 'This Beijing-linked billionaire is funding policy research at Washington's most influential institutions', Foreign Policy, 28 November 2017.

60 François Godement and Abigaël Vasselier, China at the Gates. A new power audit of EU-China relations, London: European Council on Foreign Relations, 2017, p.78.

61 Jonathan Oliver, 'Which way will Nick Clegg turn?', Sunday Times, 25 April 2010.

62 Pierre Defraigne, letter to Politico in response to its article 'China-backed think tank exits Brussels', 〈https://www.coleurope.eu/system/tdf/uploads/page/madariagapoliticoen.pdf?file=1&type=node&id=9804&force〉.

63 James Panichi, 'China-backed think tank exits Brussels', Politico, 23 July 2015.

64 'Dewinter werkte voor Chinese "spion": "Als hij een spion was, was ik James Bond"', Gazet van Antwerpen, 12 November 2018, 〈https://www.gva.be/cnt/dmf20181112_03935995/filip-dewinter-werkte-voor-chinese-spion〉.

65 Anon, 'Sichou zhi lu hepingjiang jijinhui zhuxi, heping zhi lü lishizhang Shao Changchun kan sichou zhi lu renwen hezuojiang huodezhe Weikeduo Youxianke boshi' 丝绸之路和平奖基金会主席、和平之旅理事长邵常淳看望丝绸之路人文合作奖获得者维克多 尤先科博士 [Shao Changchun, Chairman of Silk Road Peace Prize Foundation and Chairman of Peace Journey visits Dr. Victor Yushchenko, winner of the Silk Road Humanities Cooperation award], website of Beijing Peace Tour Cultural Exchange Center, 21 March 2018, 〈https://web.archive.org/web/20190823180811/http://www.peace-art.org/detail/602.html〉.

66 Pierre Defraigne, letter to Politico in response to its article 'China-backed think tank exits Brussels', 〈https://www.coleurope.eu/system/tdf/uploads/page/madariagapoliticoen.pdf?file=1&type=node&id=9804&force〉.

67 For example, 'EU-China relations seminar for the students of the College of Europe (17/01)', College of Europe, 〈https://web.archive.org/web/20190920155437/https://www.coleurope.eu/news/eu-china-relationsseminar-students-college-europe-17/01〉; 'International conference: "a new order or no order? Continuity and discontinuity in the EU-China-US relationship"', College of Europe, 〈https://tinyurl.com/see2o4w〉.

68 'China-EU human rights seminar emphasizes diversity', China Daily, 29 June 2018.

69 Euractiv, 'EU-China: mending differences', special report, 29 May–2 June 2017.

70 'Luigi Gambardella: Eu-China should move beyond stereotypes', in Euractiv, 'EU-China: mending differences', special report, 29 May–2 June 2017, pp.10–12.

71 'Mission', ChinaEU, 〈http://www.chinaeu.eu/mission/〉.

72 Nicholas Hirst, 'Europe's Mr. China', Politico, 31 May 2017.

73 Reported meetings have taken place with Federica Mogherini, Andrus Ansip, Jyrki Katainen, Eric Peters, Mariya Gabriel, Edward Bannerman, Carlos Moedas, Aare Järvan and Hanna Hinrikus, 〈https://www.integritywatch.eu/〉.

74 Chen Yingqun, 'ChinaEU chief responds to Xi speech', China Daily, 16 November 2016.

75 'Europe-China forum: cooperation, competition and the search for common ground', event held on 28 November 2018, 〈https://web.archive.org/web/20190914160202/https://www.friendsofeurope.org/events/europe- china-forum-cooperation-competition-and-the-search-for-common-ground/〉; 'Europe-

China policy & practice roundtable', event held on 18 November 2019, 〈https://web.archive.org/web/20190914160854/https://www.friendsofeurope.org/events/europe-china-policy-practiceroundtable-2/〉.

76 'Zhu Oumeng shituan tuanzhang Zhang Ming dashi chuxi di ershiyi ci Zhong Ou lingdaoren huiwu zhengce chuifenghui bing fabian zhuzhi yanjiang' 驻欧盟使团团长张明大使出席第二十一次中欧领导人会晤政策吹风会并发表主旨演讲, Foreign Ministry of the PRC, 20 March 2019, 〈https://www.fmprc.gov.cn/web/wjdt_674879/zwbd_674895/t1647463.shtml〉.

77 For example, Federico Grandesso, 'Interview: China will remain top priority for EU foreign policy, says EU expert', Xinhua, 25 July 2019, 〈http://www.xinhuanet.com/english/2019-07/25/c_138256727.htm〉; 'G20 summit displays China's ability in chairing global governance forum', Xinhua, 1 September 2016, 〈http://m.chinadaily.com.cn/en/2016-09/01/content_26666969.htm〉.

78 'Partners', website of EU-Asia Center, not dated, 〈https://web.archive.org/web/20200103170646/http://www.eu-asiacentre.eu/sponsors.php?cat_id=3〉.

79 Fraser Cameron, 'EU can now move forward with China', China Daily, 9 May 2017.

80 Vincent Metten, 'The ambivalent attitude of the Brussels based European Institute for Asian Studies on Tibet', Save Tibet, 8 December 2015, 〈https://weblog.savetibet.org/2015/12/the-ambivalent-attitude-of-the-brusselsbased-european-institute-for-asian-studies-on-tibet/〉.

81 Chen Jia, 'Associating the "Davos Spirit" with China's rising economy', New York Times advertisement created by China Daily, not dated, 〈https://web.archive.org/web/20191201130912/https://www.nytimes.com/paidpost/china-daily/associating-the-davos-spirit-with-chinas-rising-economy.html〉.

82 Chen Jia, 'Associating the "Davos Spirit" with China's rising economy'.

83 Isaac Stone-Fish, 'What China experts have to do to get on Beijing's visa "whitelist"', The Washington Post, 5 September 2019.

84 Diamond and Schell, eds, China's Influence & American Interests, p.68.

85 Jennifer Duke, 'Huawei heaps pressure on Telstra, Google over think tank funding', The Sydney Morning Herald, 14 February 2019.

86 David Bandurski, 'The "misguided academics" of Europe', China Media Project, 6 February 2018; see also Matthias Müller and Nina Belz, 'Wie China seinen Einfluss in Europa ausbaut', NZZ, 5 February 2018.

87 Frank Pieke, 'Why the West should stop projecting its fears onto China and cultivate a more mature relationship', South China Morning Post, 30 September 2019.

88 Frank Pieke, 'How misconceptions brought China-West relations to the breaking point', The Diplomat, 22 August 2019.

89 'Hanxuejia Peng Ke: wo de gongzuo shi jiekai renmen dui Zhongguo keban yinxiang de miansha' 汉学家彭轲：我的工作是揭开人们对中国刻板印象的面纱 [Sinologist Pieke: my job is to lift the veil on people's stereotypes on China], Jiemian, 14 August 2018, 〈https://www.jiemian.com/article/2383387.html〉.

90 'Open letter by MERICS director and CEO Frank N. Pieke', MERICS, 1 October 2019, 〈https://web.archive.org/web/20191201153357/https://www.merics.org/en/china-flash/open-letter- merics- director- and- ceo- frankn-pieke〉.

91 'Press release: leadership change at MERICS', MERICS website, 22 January 2020, 〈https://www.merics.org/en/china-flash/press-release-leadershipchange-merics〉.

92 Tom Plate, 'The world can think its way out of a US-China deadlock, starting by reading Singapore's Kishore Mahbubani', South China Morning Post, 22 April 2019.

93 'Remarks by Ambassador Lu Shaye at the Seminar on China-Canada Relations', website of the Chinese embassy in Canada, 24 May 2019, 〈https://web.archive.org/web/20191201161606/http://ca.china-embassy.org/eng/gdxw/t1666127.htm〉.

94 Jeffrey Sachs, 'The war on Huawei', Project Syndicate, 11 December 2018.

95 For a commentary on the affair, see Jichang Lulu, 'Huawei's Christmas battle for Central Europe', Sinopsis, 28 December 2018.

96 Digital nation: stronger economy, better society, adept governance', Huawei position paper, November 2018, p.2, 〈https://tinyurl.com/ubatdru〉.

97 Sachs has also dismissed concerns when asked about tech theft. See Cristina Maza, 'China is using cyberespionage against U.S. to gain military and technology advantages, report reveals', Newsweek, 9 May 2018.

98 Matthew Russell Lee, 'UN @JeffDSachs fled Twitter after shown as CEFC adviser by Inner City Press Now Roanoke Cyprus', Inner City Press, 20 February 2019.

99 Jichang Lulu uncovered and documented some of these functions on Twitter, 〈https://web.archive.org/web/20191201163721/https://twitter.com/jichanglulu/status/1076864146707283968〉.

100 Kristie Lu Stout, 'Jeffrey Sachs: Trump's war on Huawei is "a danger to the world"', YouTube, 12 December 2018, 〈https://www.youtube.com/watch?v=N5Ta_RhsXYY〉; CBC News, 'Canada doing U.S. bidding in Huawei case, economist says', YouTube, 15 December 2018, 〈https://www.youtube.com/watch?v=NKX0tGG80SU〉.

101 Li Qingqing, 'Is neo-McCarthyism what US elites want to see?', Global Times, 17 December 2018.

102 Yen Nee Lee, 'Trump's "economic illiteracy" caused the US-China trade war, says professor', CNBC, 23 March 2019.

103 Mission & History', website of the Committee of 100, 〈https://web.archive.org/web/20190921013849/https://www.committee100.org/missionhistory/〉. A 2013 mission statement, now taken down, explained that C100's stance 'does not align with any political party in the United States or with any government in Asia', 'Mission & History', website of the Committee of 100, archived version from 30 December 2013, 〈https://web.archive.org/web/20190921013849/https://www.committee100.org/mission-history/〉.

104 'Mission & History', website of the Committee of 100, archived version from 30 December 2013, 〈https://web.archive.org/web/20131230025620/https://www.committee100.org/mission-history/〉.

105 Mission & History', website of the Committee of 100, 〈https://web.archive.org/web/20190921013849/https://www.committee100.org/mission-history/〉.

106 See for example Deirdre Shesgreen, 'Trapped, alone and "desperate to come home". American siblings barred from leaving China', US Today, 14 September 2019.

107 See Mark Simon, 'How the "Committee of 100" is doing Beijing's bidding in the US', Hong Kong Free Press, 1 May 2019. 'The Committee of 100 is a pro-Beijing group, concerned almost exclusively with the interests aligned with those of the Chinese Communist Party.'

108 〈https://tinyurl.com/spehtk9〉.

109 For example, 'Guowuyuan Qiaoban zhuren Qiu Yuanping huijian Meiguo "Bairenhui" huizhang' 国务院侨办主任裘援平会见美国"百人会"会长 [Qiu Yuanping, Director of the Overseas Chinese Affairs Office of the State Council, meets with the President of the U.S. Committee of 100], website of the Chinese government, 16 April 2013, 〈https://web.archive.org/web/20190907233857/http://www.gov.cn/govweb/gzdt/2013-04/16/content_2379247.htm〉.

110 Liu Yandong huijian Meiguo "Beirenhui" daibiaotuan' 刘延东会见美国"百人会"代表团 [Liu Yandong meets delegation from U.S. 'Committee of 100'], Hangzhou tongyi zhanxian, 30 November 2007, 〈https://web.archive.org/web/20191201180958/http://www.hztyzx.org.cn/article/132.html〉.

111 'Tongzhanbu fubuzhang pilu Dalai siren daibiao tijiao wenjian neirong' 统战部副部长披露达赖私人代表提交文件内容 [Deputy head of the United Front Work Department reveals content of documents provided by Dalai Lama's personal representative], Sohu, 7 December 2008, 〈https://web.archive.org/web/20190907230715/http://news.sohu.com/20081207/n261060735.shtml〉.

112 'Mr. Ronnie C. Chan: governors', website of CUSEF, not dated, 〈https://www.cusef.org.hk/en/who-we-are/our-leadership/mr-ronnie-c-chan〉; 'Chen Qizong' [Ronnie Chan], website of the Center for China and Globalization, not dated, 〈https://web.archive.org/web/20190824171418/http://www.ccg.org.cn/Director/Member.aspx?Id=969〉.

113 Kris Cheng, '"Disappointed": Joshua Wong's party accuses Asia Society of self-censorship following "ban"', Hong Kong Free Press, 7 July 2017; Anon, 'Forbes deletes article on Asia Society billionaire Chairman Ronnie Chan', BC Magazine, 20 July, 2017; Tom Grundy, 'Deleted Forbes article criticising Asia Society tycoon resurfaces online amid accusations of censorship', Hong Kong Free Press, 20 July 2017.

114 Denise Tang, 'Ronnie Chan: philanthropist taking charity through the roof ', South China Morning Post, 22 September 2014.

115 'Zhonghua Renmin Gongheguo guomin jingji he shehui fazhan di shisan ge wu nian (2016-2020 nian) guihua gangyao' 中华人民共和国国民经 济和社会发展第十三个五年（2016–2020年）规划纲要 [Outline of the Thirteenth Five-Year lan for the economic and social development of the People's Republic of China (2016-2020)], website of the government of China, 17 March 2016, 〈http://www.gov.cn/xinwen/2016-03/17/content_5054992.htm〉.

116 'Zhonggong Zhongyang Bangongting, Guowuyuan Bangongting yin fa "Guanyu jiaqiang Zhongguo tese xinxing zhiku jianshe de yijian"' 中共中央办公厅、国务院办公厅印发《关于加强中国特色新型智库建设的意见》[The General Office of the Central Committee of the CCP and the General Office of the State Council issue the 'Opinion on strengthening the construction of new type think tanks with Chinese characteristics'], website of the Chinese government, 20 January 2015, 〈https://web.archive.org/web/20190824162259/http://www.gov.cn/xinwen/2015-01/20/content_2807126.htm〉. See also 'Liu Qibao zap guojia gaoduan zhiku lishihui kuoda huiyi shang qiangdiao tuidong gaoduan zhiku jianshe shixian lianghao kaiju' 刘奇葆在国家高端智库理事会扩大会议上强调 推动高端智库建设实现良好开局, Xinhua, 22 January 2016, 〈http://www.xinhuanet.com/politics/2016-01/22/c_1117867512.htm〉.

117 'Huang Kunming: dazao shiying xin shidai xin yaoqiu de gao shuiping zhiku' 黄坤明：打造适应新时代新要求的高水平智库 [Huang Kunming: creating high-level think

tanks that meet the new requirements of the new era], People's Daily Online, 21 March 2019, 〈http://politics.people.com.cn/n1/2019/0321/c1001-30988496.html〉.
118 'About us: who we are', website of the Charhar Institute, not dated, 〈https://web.archive.org/web/20191201184548/http://en.charhar.org.cn/index.php?a=lists&catid=9〉.
119 'Dr. Han Fangming, founding chairman', website of the Charhar Institute, 〈https://web.archive.org/web/20191201184657/http://en.charhar.org.cn/index.php?a=lists&catid=11〉.
120 坚持党的领导,把握正确导向。坚持党管智库,坚持中国特色社会主义方向.
121 Anon., 'China to introduce dual-management on think tanks', Xinhua, 4 May 2017.
122 Chun Han Wong, 'A rare champion of pro-market policies to close in China', The Wall Street Journal, 27 August 2019; Nectar Gan, 'Chinese government pressured property agent into welding iron gates to liberal think tank office doors, penning in workers, director says', South China Morning Post, 11 July 2018.
123 'Geren jianjie' 个人简介 [Self-introduction], personal website of Wang Huiyao, 〈https://web.archive.org/web/20190825160957/http://scgti.org/wanghuiyao/plus/list.php?tid=11〉.
124 '2019 Munihei Anquan Huiyi zhuanti yantaohui chenggong juban, chongjian xin duobian zhixu cheng guoji jiaodian' 2019慕尼黑安全会议专题研讨会成功举办 重建新多边秩序成国际焦点 [2019 Munich Security Conference successfully held; building a new multilateral order becomes international focus], personal website of Wang Huiyao, 18 February 2019, 〈https://web.archive.org/web/20190825161859/http://scgti.org/wanghuiyao/a/dongtai/2019/0218/1899.html〉.
125 Zhongguo zhiku shouci zai Munihei Anquan Huiyi juban guanfang bianhui huiju guoji shengyin gongyi "yi dai yi lu" xin juhui' 中国智库首次在慕尼黑安全会议举办官方边会 汇聚国际声音共议"一带一路"新机遇" [Chinese think tank holds official side event at Munich Security Conference for the first time bringing together international voices to discuss new opportunities of the 'Belt and Road'], personal website of Wang Huiyao, 18 February 2019, 〈https://web.archive.org/web/20190825162042/http://scgti.org/wanghuiyao/a/dongtai/2019/0218/1901.html〉.
126 'Huiyao (Henry) WANG', Paris Peace Forum, 〈https://parispeaceforum.org/place/huiyao-henry-wang/〉.
127 Hou Lei, 'Top level think tank set up for policymaking', website of the Permanent Mission of the People's Republic of China to the UN, 3 April 2009, 〈www.china-un.org/eng/gyzg/t555926.htm〉.
128 'Zhongguo guoji jingji jiaoliu zhongxin jianjie'中国国际经济交流中心简介 [Introduction to the China Center for International Economic Exchanges], website of CCIEE, not dated, 〈https://web.archive.org/web/20190803152321/http://www.cciee.org.cn/list.aspx?clmId=18〉.
129 'Zhongguo guoji jingji jiaoliu zhongxin neishe jigou zhuyao yewu jigou shezhi ji zhuyao zhize' 中国国际经济交流中心内设机构主要业务机构设置及主要职责 [Main professional institutional arrangements and main responsibilities of institutions inside the CCIEE], website of CCIEE, not dated, 〈https://web.archive.org/web/20190803153132/http://www.cciee.org.cn/list.aspx?clmId=635〉.
130 Li and Xu, 'Chinese think tanks'.
131 〈https://tinyurl.com/yd92dkhp〉.

132 〈https://tinyurl.com/yd92dkhp〉.

133 East Asian Bureau of Economic Research and China Center for International Economic Exchanges, Partnership for Change, Australia-China joint economic report, Canberra: ANU Press, 2016.

134 EU–China economic relations to 2025: building a common future', a joint report by Bruegel, Chatham House, China Center for International Economic Exchanges, and the Chinese University of Hong Kong, September 2017, 〈http://bruegel.org/wp-content/uploads/2017/09/CHHJ5627_China_EU_Report_170913_WEB.pdf〉.

135 'About us', website of the Taihe Institute, not dated, 〈https://web.archive.org/web/20181109140630/http://www.taiheglobal.org/en/gywm/index.html〉.

136 Nadège Rolland, 'Mapping the footprint of Belt and Road influence operations', Sinopsis, 12 August 2019; '"Yi dai yi lu" guoji zhiku luntan jijiang zai Dunhuang juban' "一带一路"国际智库论坛即将在敦煌举办, Center for China and Contemporary World Studies, 14 September 2018, 〈https://web.archive.org/web/20190825154017/http://www.cccws.org.cn/Detail.aspx?newsId=4800&TId=103〉; 'Belt and Road Studies Network inaugurated', Belt and Road Studies Network, 24 April 2019, 〈https://tinyurl.com/vplnujy〉.

137 Rolland, 'Mapping the footprint of Belt and Road influence operations'.

138 'Silk Road Think Tank Network declaration on joint action', website of the Silk Road Think Tank Network, 16 May 2017, 〈https://web.archive.org/web/20190920203610/http://www.esilks.org/about/declaration〉.

139 Isaac Stone Fish, 'Beijing establishes a D.C. think tank, and no one notices', Foreign Policy, 7 July 2016.

140 See Jonas Parello-Plesner and Belinda Li, 'The Chinese Communist Party's foreign interference operations: how the U.S. and other democracies should respond', Hudson Institute, June 2018, p.38.

141 Anon., 'Making waves: China tries to strengthen its hand in a dangerous dispute', The Economist, 2 May 2015.

142 Author interviews, April 2019.

143 'Advisory board', website of ICAS, not dated, 〈http://chinaus-icas.org/about-icas/advisory-board/〉; Myron Nordquist, 'UNCLOS Article 121 and Itu Aba in the South China Sea Final Award: a correct interpretation?', in S. Jayakumar, T. Koh, R. Beckman, T. Davenport and Hao Duy Phan, eds, The South China Sea Arbitration: The legal dimension, Edward Elgar, 2018.

144 'Bateman, Sam S.', website of the University of Wollongong Australia, not dated, 〈https://scholars.uow.edu.au/display/sam_bateman〉.

145 Sam Bateman, 'Rethinking Australia's plan B', ASPI Strategist, 29 October 2018.

146 Sam Bateman, 'The South China Sea arbitration ruling—two months on', ASPI Strategist, 21 September 2016. He did not note his link to ICAS.

147 Gordon Houlden, 'Opinion: why the South China Sea decision matters to Canada', Edmonton Journal, 15 July 2016.

148 ICAS, 'Panel 1: risk of U.S.-China strategic competition', ICAS YouTube channel, 28 May 2019, 〈https://www.youtube.com/watch?v=F1LNEyzeHzA〉; ICAS, 'Luncheon speech: Ms. Susan Thornton', ICAS YouTube channel, 28 May 2019, 〈https://www.youtube.com/watch?v=z8_K5Im_Hm8〉; ICAS, 'Panel 1: China-U.S. relations at a time of flux', ICAS YouTube Channel, 8 July 2018, 〈https://www.youtube.com/watch?v=NrgRvMACpxk〉; ICAS, 'ICAS Interview with Michael Swaine', ICAS YouTube channel, 1 August 2016, 〈https://www.youtube.com/

watch?v=Yx3OnYKPr7M&t=551s〉; Duncan DeAeth, '"China's actions consistent with status-quo in Taiwan Strait" says ex-US State Dept. official', Taiwannews, 26 April 2019.
149 'China-CEE Institute', website of the China-CEE Institute, not dated, 〈https://web.archive.org/web/20190419075129/https://china-cee.eu/structure/〉.
150 'News and events', website of the China-CEE Institute, not dated, 〈https://archive.is/EB8MN〉.
151 'Introduction of the World Forum on China Studies', website of the China-CEE Institute, not dated, 〈https://web.archive.org/web/20190921182720/http://www.chinastudies.org.cn/zgxlte1/1.htm〉.
152 'China's reforms help deepen common interests of US, China', World Forum on China Studies, 25 May 2015, 〈https://web.archive.org/web/20190921183120/http://www.chinastudies.org.cn/e/967.htm〉.
153 'European symposium of World Forum on China Studies held in Berlin', World Forum on China Studies, 13 July 2017, 〈https://web.archive.org/web/20190921183615/http://www.chinastudies.org.cn/e/1517.htm〉.

12. 사상 관리: 서구 학계를 겨냥한 중국 공산당의 영향 작전

1 These are three out of the four confidences that have been promoted under Xi Jinping. The fourth is confidence in Chinese culture.
2 Liu Jianming, 刘建明, Deng Xiaoping xuanchuan sixiang yanjiu 邓小平宣传思想研究 [Research on the propaganda thought of Deng Xiaoping], Shenyang: Liaoning renmin chubanshe, 1990, pp.164–5.
3 Liu Jianming, 刘建明, Deng Xiaoping xuanchuan sixiang yanjiu 邓小平宣传思想研究 [Research on the propaganda thought of Deng Xiaoping].
4 Hao Yongping 郝永平 and Huang Xianghuai 黄相怀, 'Renmin Ribao renmin yaolun: zengqiang xueshu zixin jiangqing Zhongguo daolu'人民日报人民要论：增强学术自信 讲清中国道路 [People's Daily people's essential theory: increase academic confidence to clearly explain the Chinese path], People's Daily online, 23 February 2018.
5 Jigou zhineng' 机构职能 [Institutional functions], website of the National Office for Philosophy and Social Sciences, 19 September 2018, 〈https://web.archive.org/web/20190802154705/http://www.npopss-cn.gov.cn/n1/2018/0919/c220819-30302949.html〉.
6 Chen Zhuanghai 沈壮海, 'Jianshe juyou ziti tese he youshi de xueshu huayu tixi' 建设具有自己特色和优势的学术话语体系 [Establishing an academic discourse system with our own characteristics and strengths], People's Daily online, 23 May 2016, 〈http://theory.people.com.cn/n1/2016/0523/c49157-28370464.html〉.
7 See 'Putong gaozhong Yingyu kecheng biaozhun (2017)' 普通高中英语课程标准(2017). 'Putong gaozhong Deyu kecheng biaozhun (2017)' 普通高中德语课程标准(2017). We are indebted to Katja Drinhausen for bringing this to our attention.
8 Ingrid d'Hooghe, Annemarie Montulet, Marijn de Wolff and Frank N. Pieke, Assessing Europe–China Collaboration in Higher Education and Research, Leiden: LeidenAsiaCentre, 2018, p.11.
9 Editorial board, 'A professor at China's premier university questioned Xi Jinping. Then he was suspended', The Washington Post, 28 March 2019; Didi Tang, 'Professor Zheng Wenfeng suspended for saying Chinese history is overrated', The Times, 22 August 2019.

10 Quoted in Anon., 'A message from Confucius', The Economist, 22 October 2009.
11 David Shambaugh, 'China's propaganda system: institutions, processes and efficacy', China Journal, no. 57, January 2007, p.50.
12 'How many Confucius Institutes are in the United States?', National Association of Scholars, 9 April 2018, last updated 15 July 2019, 〈https://www.nas.org/blogs/dicta/how_many_confucius_institutes_are_in_the_united_states〉.
13 Benedict Rogers, 'How China's overseas Confucius Institutes pose a powerful threat to academic freedom', Hong Kong Free Press, 5 May 2019.
14 This has not always been the case, but some institutions that did not follow this arrangement have faced problems for precisely this reason. For instance, the Confucius Institute Lyon was founded as an independent, not-for-profit organisation in 2009. However, three years later, Hanban began demanding the CI be integrated into the University of Lyon, suspending its annual subsidy for the institute without warning. The institute was closed in 2013 after the two sides failed to find a solution. 'Lyon Confucius Institute closure', personal website of Gregory Lee, the former director, 〈https://www.gregorylee.net〉.
15 Alexander Bowe, China's Overseas United Front Work: Background and implications for the United States, U.S.-China Economic and Security Review Commission, August 2018, p.13.
16 Rachelle Petersen, Outsourced to China: Confucius Institutes and soft power in American higher education, New York: National Association of Scholars, 2017.
17 Petersen, Outsourced to China, p.88.
18 Geoff Wade, 'Confucius Institutes and Chinese soft power in Australia', Canberra: Parliamentary Library, 24 November 2014; Hamilton, Silent Invasion, p.218.
19 Anon, 'Dalian Waiguoyu Xueyuan fahui waiyu yuanxiao youshi tuidong Gang Ao Tai haiwai tongzhan gongzuo "wu xin" fazhan' 大连外国语学院发挥外语院校优势 推动港澳台海外统战工作"五新"发展 [Dalian Foreign Studies University gives full play to the advantages of foreign language colleges and promotes 'five new' developments in united front work in Hong Kong, Macau, Taiwan and overseas], website of the UFWD, 12 July 2018, 〈http://archive.ph/2019.03.18-053516/http://www.zytzb.gov.cn/tzcx/291691.jhtml#selection-217.0-226.0〉.
20 Robert Burton-Bradley, 'China's Confucius Institutes have spy agencies and governments increasingly alarmed', ABC News online, 10 March 2019.
21 'Letter of protest at interference in EACS Conference in Portugal, July 2014', European Association of Chinese Studies, 〈https://web.archive.org/web/20140809004832/http://www.chinesestudies.eu/index.php/433-letterof-protest-at-interference-in-eacs-conference-in-portugal-july-2014〉.
22 China's Confucius Institutes: An inquiry by the Conservative Party Human Rights Commission, February 2019, 〈http://conservativehumanrights.com/news/2019/CPHRC_Confucius_Institutes_report_FEBRUARY_2019.pdf〉.
23 China's Confucius Institutes: An inquiry by the Conservative Party Human Rights Commission.
24 Henry Jom, 'Victoria Uni cancelled documentary due to Chinese consular pressure, documents reveal', NTD, 3 December 2018.
25 'Staff code of conduct', 〈https://policy.vu.edu.au/document/view.php?id=176&version=2〉.
26 Anon., 'Sydney University criticised for blocking Dalai Lama visit', The Guardian, 18 April 2013.

27 Adam Harvey, 'Uni under fire for pulling pin on Dalai Lama event', ABC News online, 18 April 2013.

28 Jordan Baker, 'China debate raises spectre of White Australia Policy, says uni chief ', The Sydney Morning Herald, 23 August 2019.

29 Fergus Hunter, 'Foreign influence showdown as universities decline to register China-funded Confucius Institutes', The Sydney Morning Herald, 21 March 2019.

30 Diamond and Schell, eds, China's Influence & American Interests, p.41. In an interview with the BBC, Madam Xu Lin also confirms this when she claims that the teachers that are sent are Chinese citizens and therefore must obey Chinese law (1:12–1:28). John Sudworth, 'Confucius Institute: the hard side of China's soft power', BBC, 22 December 2014.

31 Daniel Sanderson, 'Universities "sign Chinese gagging clause"', The Times, 5 September 2018.

32 Daniel Golden, 'China says no talking Tibet as Confucius funds U.S. universities', Bloomberg, 2 November 2011; Hannah Knowles and Berber Jin, 'Warnings of Chinese government "influence" on campuses divide Stanford community', Stanford Daily, 30 May 2019.

33 Shiany Perez-Cheng, 'La embajada de China en España coaccionó a la Universidad de Salamanca para cancelar eventos culturales de Taiwán' [The Chinese embassy in Spain coerced the University of Salamanca to cancel cultural events of Taiwan], Sociopolítica de Asia Pacífico, 25 August 2018, 〈https://deasiapacifico.wordpress.com/2018/08/25/la-embajada-de-china-en-espana-coacciono-a-la-universidad-de-salamancapara-cancelar-eventos-culturales-de-taiwan/〉.

34 Elaine Hou and Chung Yu-chen, 'MOFA condemns attempted exclusion of Taiwan students in Hungary', Focus Taiwan, 4 May 2019.

35 Vanessa Frangville @VanessaFrangvi, Twitter status, 〈https://twitter.com/VanessaFrangvi1/status/1112417710355431426〉.

36 Anastasya Lloyd-Damnjanovic, A Preliminary Study of PRC Political Influence and Interference Activities in American Higher Education, Washington D.C.: Wilson Center, 2018, p.74.

37 Peter Mattis and Alex Joske, 'The third magic weapon: reforming China's united front', War in the Rocks, 24 June 2019.

38 'Guanyu xuelian' 关于学联 [About the Association], website of the Chinese Students and Scholars Association UK, 〈https://tinyurl.com/trz6gh5〉.

39 'BUCSSA 波士顿大学中国学生学者联合会 是波士顿大学唯一在纽约总领馆注册的华人组织。我们致力于贴心高效地服务于波士顿大学华人'. See 'BUCSSA jieshao' BUCSSA 介绍 [Introduction to BUCSSA], website of Boston University's Chinese Students and Scholars Association, not dated, 〈https://web.archive.org/web/20190802154850/http://www.bucssa.net/portal.php〉; 'Guanyu women' 关于我们 [About us], website of Vanderbilt University Chinese Students and Scholars Association, 〈https://web.archive.org/web/20190802154939/https://studentorg.vanderbilt.edu/vucssa/?page_id=14〉.

40 Lloyd-Damnjanovic, A Preliminary Study of PRC Political Influence and Interference Activities in American Higher Education; Diamond and Schell, eds, China's Influence & American Interests, pp.180–1.

41 See '2005 nian Kunshilanzhou Zhongguo xuesheng xuezhe lianyihui gongzuo huiyi shunli zhaokai' 2005年昆士兰州中国学生学者联谊会工作会议顺利召开 [2005 Queensland Chinese Students and Scholars Association work conference held

successfully], website of the Chinese embassy in Australia, 11 May 2005, 〈http://archive.ph/2019.08.27-232636/http://au.chinaembassy.org/chn/zagx/jyjl/t195066.htm#selection-287.0-287.26〉. According to the article, the Education Division of the consulate funded 'meaningful activities, with a focus on large-scale events with over 200 participants'.

42 Hooghe, Montulet, de Wolff and Pieke, Assessing Europe-China collaboration in higher education and research, p.27.

43 Ben Packham, 'China diplomat slapped down over uni protest', The Australian, 27 July 2019. The student who was assaulted, Drew Pavlou, sought a court order restraining the consul-general. The court action was unresolved at the time of writing.

44 Jennifer Creery, 'Don't mind the haters: Tibetan-Canadian student Chemi Lhamo brushes off pro-China cyberbullying campaign', Hong Kong Free Press, 31 March 2019.

45 Jennifer Creery, 'Don't mind the haters'; L. Kennedy, 'Update on petition', 〈https://www.change.org/p/update-on-petition〉. The original text of the petition seems to be no longer available, only an update, added after the cyberbullying received a backlash. The quotes and content cited here are from the updated (and presumably watered down) text of the petition.

46 Gerry Shih and Emily Rauhala, 'Angry over campus speech by Uighur activist, Chinese students in Canada contact their consulate, film presentation', The Washington Post, 14 February 2019.

47 Justin Mowat, 'McMaster student government bans Chinese students' group from campus', CBC, 26 September 2019.

48 Shih and Rauhala, 'Angry over campus speech by Uighur activist'.

49 Lloyd-Damnjanovic, A Preliminary Study of PRC Political Influence and Interference Activities in American Higher Education, pp.76–7.

50 Hooghe, Montulet, de Wolff and Pieke, Assessing Europe-China Collaboration in Higher Education and Research, p.27.

51 Personal communication, February 2019.

52 Perry Link, 'China: the anaconda in the chandelier', ChinaFile, 11 April 2002.

53 Sheena Chestnut Greitens and Rory Truex, 'Repressive experiences among China scholars: new evidence from survey data', China Quarterly, 1 August 2018, p.18; Lloyd-Damnjanovic, A Preliminary Study of PRC Political Influence and Interference Activities in American Higher Education, pp.56, 64–5.

54 Greitens and Truex, 'Repressive experiences among China scholars', p.3.

55 Lloyd-Damnjanovic, A Preliminary Study of PRC Political Influence and Interference Activities in American Higher Education, p.45.

56 'The debate over Confucius Institutes: a ChinaFile conversation', ChinaFile, 23 June 2014, 〈http://www.chinafile.com/conversation/debate-over-confucius-institutes〉.

57 See for example Edward Wong, 'China denies entry to American scholar who spoke up for a Uighur colleague', The New York Times, 7 July 2014; Perry Link, 'The long shadow of Chinese blacklists on American Academe', Chronicle of Higher Education, 22 November 2013.

58 See Greitens and Truex, 'Repressive experiences among China scholars'.

59 Personal experience, December 2017. The pattern was the same for others the authors know who didn't get a visa.

60 Concerned scholars of China, 'An open letter from concerned scholars of China and the Chinese diaspora: Australia's debate on "Chinese influence"', Policy Forum, 26 March 2018.

61 Anon., 'Shifou tingzhi "Zhongguo shentoulun" Aodaliya liang pai xuezhe zhenfengxiangdui' 是否停止"中国渗透论" 澳大利亚两派学者针锋相对 [Two scholarly factions in Australia clash on whether or not to stop the 'Chinese infiltration debate'], Global Times online, 29 March 2018.

62 See testimony of Prof. Christopher Hughes (LSE) at the UK House of Commons Foreign Affairs Committee on 'Autocracies and UK Foreign Policies', 3 September 2019, 〈https://tinyurl.com/wwhv9ch〉.

63 See Christopher Hughes, 'Confucius Institutes and the university: distinguishing the political mission from the cultural', Issues & Studies, vol. 50, no. 4, December 2014, pp.49–50.

64 See testimony of Prof. Christopher Hughes (LSE) at the UK House of Commons Foreign Affairs Committee on 'Autocracies and UK Foreign Policies', 3 September 2019, 〈https://tinyurl.com/wwhv9ch〉.

65 Paul Musgrave, 'Universities aren't ready for trade war casualties', Foreign Policy, 19 May 2019.

66 'Canada's foreign student enrolment took another big jump in 2018', ICEF Monitor, 20 February 2019, 〈https://monitor.icef.com/2019/02/canadas-foreign-student-enrolment-took-another-big-jump-2018/〉.

67 'International student statistics in UK 2019', Studying-in-UK.org, 〈https://www.studying-in-uk.org/international-student-statistics-in-uk/〉. Students from India and the United States, the next two countries after China, are under 20,000 each.

68 Hazel Ferguson and Henry Sherrell, 'Overseas students in Australian higher education: a quick guide', website of the Parliament of Australia, 20 June 2019, 〈https://www.aph.gov.au/About_Parliament/Parliamentary_Departments/Parliamentary_Library/pubs/rp/rp1819/Quick_Guides/OverseasStudents〉.

69 Josh Rudolph, 'UCSD stands by Dalai Lama invite despite protest', China Digital Times, 17 February 2017.

70 Lloyd-Damnjanovic, A Preliminary Study of PRC Political Influence and Interference Activities in American Higher Education, p.62.

71 'Introduction of the World Forum on China Studies', website of the World Forum on China Studies, 〈https://web.archive.org/web/20190802155359/http://www.chinastudies.org.cn/zgxlte1/1.htm〉.

72 Liu Xiangrui, 'Sinologists gets a look at local culture', China Watch, 17 July 2018, 〈https://www.telegraph.co.uk/china-watch/culture/sinologyprogramme- beijing/〉. Going by the URL, this article looks like it's from The Telegraph, but it's not. It's one of the many China Watch articles prepared by the China Daily.

73 Rang waiguo xuezhe jiang hao Zhongguo gushi 2019 qingnian Hanxuejia yanxiu jihua Shanghai ban kaiban' 让外国学者讲好中国故事 2019青年汉学家研修计划上海班开班 [Let foreign scholars tell China's story well—2019 Young Sinologist Training plan Shanghai class begins], Dongfangwang, 17 June 2019, 〈https://web.archive.org/web/20191128022003/http://www.gxnews.com.cn/staticpages/20190617/newgx5d072662-18423310.shtml〉.

74 'Chinese government special scholarship—CEE special scholarship', website of China's University and College Admission System, 〈https://web.archive.org/web/20190802155554/https://scholarship.cucas.edu.cn/China_Youth_University_

for_Political_Sciences_scholarships/Chinese_Government_Scholarships_scholarship/Chinese_Government_Special_Scholarship___CEE_Special_Scholarship_scholarship_1884.html〉.

75 Lloyd-Damnjanovic, A Preliminary Study of PRC Political Influence and Interference Activities in American Higher Education, p.58.

76 '"Waiguoren xiezuo Zhongguo jihua" di si qi zhengji zhiyin fabu' "外国人写作中国计划"第四期征集指引发布 [Guidelines for fourth call of 'Foreigners Writing on China Project' published], website of the Chinese Culture and Translation Studies Support Research Center, 22 August 2019, 〈https://web.archive.org/web/20191128025551/http://www.cctss.org/article/headlines/5386〉.

77 Malcolm Moore, 'Cambridge University under fresh scrutiny over Chinese government-linked donation', The Telegraph, 8 October 2014.

78 Tarak Barkawi, 'Power, knowledge and the universities', Al Jazeera, 9 February 2012, 〈https://www.aljazeera.com/indepth/opinion/2012/02/2012269402871736.html〉.

79 'China Executive Leadership Program', website of the China Development Research Foundation, 〈https://web.archive.org/web/20190802155639/http://cdrf-en.cdrf.org.cn/qgb/index.jhtml〉.

80 Bethany Allen-Ebrahimian, 'This Beijing-linked billionaire is funding policy research at Washington's most influential institutions', Foreign Policy, 28 November 2017.

81 Elizabeth Redden, 'Thanks, but no, thanks', Inside Higher Ed, 16 January 2018.

82 Primrose Riordan, 'London School of Economics academics outraged by proposed China programme', Financial Times, 27 October 2019.

83 Mike Gow, 'Sino-foreign joint venture universities: an introduction', The Newsletter, no. 77, summer 2017, International Institute for Asian Studies.

84 Gow, 'Sino-foreign joint venture universities'.

85 See in particular article 5 of the Regulations of the People's Republic of China on Sino-Foreign Cooperative Education, 〈https://web.archive.org/web/20190610164330/http://www.fdi.gov.cn/1800000121_39_1937_0_7.html〉.

86 Zhuang Pinghui, 'Cambridge and Peking universities in talks about partnership plan for "role model" Shenzhen', South China Morning Post, 7 September 2019.

87 'History', website of Sias University, not dated, 〈https://web.archive.org/web/20190802155723/http://en.sias.edu.cn/AboutSias/168/894.html〉.

88 Yojana Sharma, 'Ministry ends hundreds of Sino-foreign HE partnerships', University World News, 6 July 2018.

89 Marjorie Heins, 'Trading academic freedom for foreign markets', National Coalition against Censorship, 30 July 2012, 〈https://ncac.org/fepp-articles/trading-academic-freedom-for-foreign-markets〉.

90 Diamond and Schell, eds, China's Influence & American Interests, p.181.

91 John Levine, 'NYU Shanghai campus "self-censoring, politically neutral" on Hong Kong: faculty', New York Post, 19 October 2019.

92 Cited in Levine, 'NYU Shanghai campus "self-censoring, politically neutral" on Hong Kong'.

93 Marjorie Heins, 'Trading academic freedom for foreign markets'; Daniel Golden, 'China halts U.S. academic freedom at classroom door for colleges', Bloomberg, 28 November 2011.

94 Some insight into Party-building activities on joint campuses can be gained from

Chinese reports. See 'Quanguo Zhong wai hezuo banxue dangjian gongzuo tuijinhui zai Chengdu juban' 全国中外合作办学党建工作推进会在成都举办 [National Conference on promoting Party building in Sinoforeign jointly run schools takes place in Chengdu], originally published on Renmin zhengxie wang, 24 May 2018, 〈http://archive.ph/2019.11.28-110411/ https://cfcrs.xmu.edu.cn/2018/0601/c4034a344069/page.htm#selection-1235.0-1235.20〉.

95 Emily Feng, 'China tightens grip on foreign university joint ventures', Financial Times, 7 August 2018.

96 Zheping Huang, 'A Dutch university has canceled plans to offer degrees at its China campus', Quartz, 30 January 2018.

97 Example from a study session at the Sino-Dutch Biomedical and Information Engineering School: Anon., 'Xueyuan danwei juxing dang zhibu shuji niandu shuzhi dahui' 学院党委举行党支部书记年度述职大会 [Party Committee of the school holds annual debriefing of party branch secretaries], website of the College of Medicine and Biological Information Engineering, 6 June 2019, 〈https://web.archive.org/web/20190802155816/http://www.bmie.neu.edu.cn/2019/0606/c576a129912/page.htm〉; example from Bangor College at the Central South University of Forestry and Technology: Anon., 'Bangge xueyuan dang zongzhi zhongxinzu 2019 nian di er ci lilun xuexi' 班戈学院党总支中心组2019年第二次理论学习 [Second theoretical study (session) of Bangor Party Branch Center in 2019], website of Bangor College, 〈https://web.archive.org/web/20190802155855/http://bangor.csuft.edu.cn/djgz/201903/t20190319_84465.html〉; example from Leeds-SWJTU: 'ASO', 'Lizi xueyuan kaizhan benzhou yewu xuexi huiyi' 利兹学院开展本周业务学习会议 [Leeds College conducts this week's professional study session], website of Southwest Jiaotong University–Leeds Joint School, 3 June 2019, 〈https://web.archive.org/web/20190802155934/https://leeds. swjtu.edu.cn/info/1041/2034.htm〉.

98 'Lizi xueyuan kaizhan benzhou yewu xuexi huiyi' 利兹学院开展本周业务学习会议 [Leeds College conducts this week's professional study session], website of Southwest Jiaotong University–Leeds Joint School, 3 June 2019, 〈https://web.archive.org/web/20190802155934/https://leeds.swjtu.edu.cn/info/1041/2034.htm〉.

99 Zuo Qian 左倩, 'Wo xiao kaizhan qingzhu Zhongguo Gongchandang chengli 98 zhounian "bu wang chuxin laoji shiming" chongwen rudang shici zhuti dangri huodong' 我校开展庆祝中国共产党成立98周年"不忘初心牢记使命"重温入党誓词主题党日活动 [Our school held a Party day event for the 98th anniversary of the founding of the Communist Party with the theme 'Don't forget the origins, remember the mission' renewing the Party oath], 〈https://web.archive.org/web/20190802160503/http://news.sias.edu.cn/contents/309/29795.html〉.

100 Levine, 'NYU Shanghai campus "self-censoring, politically neutral" on Hong Kong'.

101 Colleen O'Dea, 'Chinese government to control Kean U faculty in Wenzhou? Union up in arms', NJ Spotlight, 16 November 2018, 〈https://www.njspotlight.com/stories/18/11/15/chinese-government-to-control-kean-ufaculty-in-wenzhou-union-asks-nj-to-investigate/〉.

102 'Mission statement', website of Duke University, approved by the Duke University Board of Trustees 1 October 1994, and revised 23 February 2001, 〈https://trustees.duke.edu/governing-documents/mission-statement〉.

103 Joanna Gagis, 'Teachers union critical of Kean ceding control of China campus',

NJTV News, 13 December 2018, 〈https://www.njtvonline.org/news/video/teachers-union-critical-of-kean-ceding-control-of-chinacampus/〉; Donna M. Chiera, 'Op-ed: Kean University's China fiasco illustrates need for state oversight', 13 February 2019, 〈https://www.njspotlight.com/stories/19/02/12/op-ed-kean-universitys-china-fiasco- illustrates-need-forstate- oversight/〉.

104 Elizabeth Redden, 'Is Kean giving control of its overseas faculty to Chinese government?', Inside Higher Ed, 16 November 2018; Kelly Heyboer, 'Communist Party members "preferred" for jobs on Kean U.'s new China campus, ad says', NJ.com, 23 July 2015.

105 'About us: leadership', website of Wenzhou-Kean University, not dated, 〈https://web.archive.org/web/20190802160618/http://www.wku.edu.cn/en/org/〉.

106 'Introduction to Asia Europe Business School (AEBS)', China Admissions, not dated, 〈https://web.archive.org/web/20191201225457/https://www.china-admissions.com/asia-europe-business-school-aebs/〉.

107 Friedman quoted in Jessica Chen Weiss, 'Cornell University suspended two exchange programs with China's Renmin University: here's why', The Washington Post, 1 November 2018.

108 'Fudan-European China Forum 2017 successfully held', website of the Fudan-European Centre for China Studies, 8 May 2017, 〈https://web.archive.org/web/20190802160731/https://www.fudancentre.eu/news/2017/5/26/fudan-european-china-forum-2017〉.

109 'About', website of Brussels Academy for China-European Studies, not dated, 〈http://www.baces.be/about/〉.

110 Bruno Struys, 'Waarom de Chinese directeur van het Confuciusinstitut aan de VUB ons land niet meer binnen mag', DeMorgan, 29 October 2019.

111 Du Xiaoying, 'Peking University opens UK campus', China Daily online, 26 March 2018.

112 'UC is home to the first CASS Chinese Studies Centre in Portugal', University of Coimbra, 〈https://web.archive.org/web/20190825011406/http://www.uc.pt/en/iii/initiatives/china/2018_12_05_CASS〉.

113 'Guojia sheke jijin Zhonghua xueshu wai yi xiangmu jianjie' 国家社科基金中华学术外译项目简介[Brief introduction to the Chinese Academic Foreign Language Translation Project of the National Social Science Fund], website of the National Office for Philosophy and Social Science, 7 September 2011, 〈https://web.archive.org/web/20190802160848/http://www.npopss-cn.gov.cn/GB/230094/231486/15611673.html〉.

114 Javier C. Hernández, 'Leading Western publisher bows to Chinese censorship', The New York Times, 1 November 2017.

115 'Peer review boycott of Springer Nature publishing company', change. org petition started by Charlene Makley, Change.org, 1 November 2017, 〈https://web.archive.org/web/20190802160927/https://www.change.org/p/peer-review-boycott-of-academic-publications-that-censor-content-inchina/u/21865528〉.

116 Elizabeth Redden, 'An unacceptable breach of trust', Inside Higher Ed, 3 October 2018.

117 'Taylor & Francis Social Sciences and Humanities Library: statement', website of Taylor & Francis Group, 20 December 2018, 〈https://newsroom.taylorandfrancisgroup.com/taylor-francis-social- sciences-andhumanities-library/〉.

118 Personal communication. See also 'Publishers pledge on Chinese censorship of

translated works', 〈https://pen.org/sites/default/files/Publishers_Pledge_ Chinese_Censorship_Translated_Works.pdf〉.

119 Anon., 'Foreign authors warned about book censorship in China', The Guardian, 21 May 2015.

120 For the full lists, see 〈https://twitter.com/CliveCHamilton/status/1099454938453659649〉.

121 Harrison Christian, 'Kiwi publishers face censorship demands from Chinese printers', Stuff.co.nz, 18 August 2019.

122 The book was Clive Hamilton's Silent Invasion. It was not the main concern cited. The main concern was lawfare, viz. the use of the legal system to impose an onerous financial burden on Allen & Unwin through vexatious defamation actions by pro-Beijing agents. A third reason given was the fear of Beijing-inspired cyber attacks closing down the company's website, which is crucial to its marketing. Nick McKenzie and Richard Baker, 'Free speech fears after book critical of China is pulled from publication', The Sydney Morning Herald, 12 November 2017.

123 Michael Bachelard, 'Chinese government censors ruling lines through Australian books', The Sydney Morning Herald, 23 February 2019.

124 'Zhong Mei hezuo chuban shi shang de kaituo xianfeng' 中美合作出版史上的开拓先锋, People's Daily online, 15 November 2006, 〈https://web.archive.org/web/20190824165314/http://book.people.com.cn/GB/69360/5045049.html〉.

125 Ke Liming 可黎明, 'Zhongguo xueshu "zou chuqu": Zhongguo shehui kexue chubanshe Faguo fenshe zai Bo'erduo chengli' 中国学术"走出去"：中国社会科学出版社法国分社在波尔多成立 [Chinese academia 'going out': Chinese Social Sciences Press establishes French branch in Bordeaux], People's Daily online, 11 April 2017, http://archive.today/2019.11.28-100840/http://world.people.com.cn/n1/2017/0411/c1002-29201762.html〉.

126 Martin Albrow, China's Role in a Shared Human Future: Towards a theory for global leadership, Global China Press, 2018. From the author bio: 'His first visit to China was in 1987 on an observational tour with the State Family Planning Commission and in recent years he has contributed to the annual Symposium on China Studies with the Academy of Social Sciences and the Ministry of Culture of the PRC.' See 〈https://www.amazon.com/Chinas-Role-Shared-Human-Future/dp/1910334340〉.

127 Michael Bates and Xuelin Li Bates, Walk for Peace: Transcultural experiences in China, Global China Press, 2016.

128 'Belt and Road Initiative: Cutting-edge studies relating to China's massive BRI project', 〈https://tinyurl.com/radd58a〉.

129 Cai Fang and Peter Nolan, eds, Routledge Handbook of the Belt and Road, Routledge, 2019.

130 'Science Bulletin', 〈https://www.journals.elsevier.com/science-bulletin〉.

131 'Springer Nature partners with FLTRP in promoting Chinese thought and culture overseas', website of Springer Nature, 25 August 2016, 〈https://tinyurl.com/vv6fmpk〉.

132 The four journals were Frontiers of Literary Studies in China, Frontiers of History in China, Frontiers of Law in China and Frontiers of Philosophy in China, published jointly with Higher Education Press, which belongs to the Chinese Ministry of Education. 'Brill has terminated its agreement with Higher Education Press in China', website of Brill, 25 April 2019, 〈https://brill.com/newsitem/126/

brill-has-terminated-its-agreement-with-highereducation-press-in-china〉.
133 Jacob Edmond, 'Three new essays on the Chinese script and a new twist to the old problem of censorship in Chinese studies', 18 April 2019, 〈https://tinyurl.com/yyexdqgf〉.
134 Edmond, 'Three new essays on the Chinese script and a new twist to the old problem of censorship in Chinese studies'.
135 Edmond, 'Three new essays on the Chinese script and a new twist to the old problem of censorship in Chinese studies'. Another case that did go public was that of Timothy Groose, an assistant professor at the Rose-Hulman Institute of Technology in Indiana. Groose had prepared a book review by request on behalf of the new journal China and Asia: A journal in historical studies, also published by Brill. Due to the grave situation in Xinjiang, he had opened his review with a paragraph on the mass detainment of Uyghurs and other ethnic minorities in Xinjiang. A day after Groose submitted the review, he received an edited manuscript back in which the opening statement about Uyghurs had been crossed out. After Groose expressed his concern and followed up with the journal's editor-in-chief, Han Xiaorong, he received a response suggesting that his piece may not be published at all. When, after several more months of silence, Groose went public with his story, Han Xiaorong responded publicly, claiming that the review had been excluded because it was 'not directly relevant to our journal's central theme, which is China's historical relations with other Asian countries'. He acknowledged requesting the deletion of the comments on mass internment in Xinjiang, saying they 'were primarily of a political nature and were about a current event that was still developing', but denied that this constituted a form of censorship. See Timothy Groose, 'How an academic journal censored my review on Xinjiang', Los Angeles Review of Books China Channel, 13 May 2019; Elizabeth Redden, 'X-ing out Xinjiang', Inside Higher Ed, 20 May 2019; 'My response to Timothy Groose's "How an academic journal censored my review on Xinjiang"', MCLC Resource Center, 16 May 2019.
136 Edmond, 'Three new essays on the Chinese script and a new twist to the old problem of censorship in Chinese studies'.
137 John Ross, 'Journal articles "tacitly support China territory grab"', Times Higher Education, 11 December 2019; Clive Hamilton, 'Scientific publishers disregard international law', Journal of Political Risk, vol. 7, no. 12, December 2019.
138 Hamilton, 'Scientific publishers disregard international law'.

13. 세계 지배 구조 변형

1 Melanie Hart and Blaine Johnson, 'Mapping China's global governance ambitions', Center for American Progress, 28 February 2019; 'Xi urges breaking new ground in major country diplomacy with Chinese characteristics', Xinhua, 24 June 2018.
2 Hart and Johnson, 'Mapping China's global governance ambitions'.
3 Ariana King, 'China is "champion of multilateralism", foreign minister says', Nikkei Asian Review, 29 September 2018.
4 Yi Ling and Liu Tian, 'Xinhua headlines: at G20, Xi leads chorus for multilateralism', China.org.cn, 29 June 2019, 〈https://web.archive.org/web/20191202191647/http://www.china.org.cn/world/Off_the_Wire/2019-06/29/content_74935190.htm〉.
5 Anon., 'China, EU vow to uphold multilateralism, facilitate bilateral

trade, investment', China.org.cn, 10 April 2019, 〈https://web.archive.org/web/20190514153948/http://www.china.org.cn/world/2019-04/10/content_74664092.htm〉.

6 Hart and Johnson, 'Mapping China's global governance ambitions'.

7 Maaike Okano-Heijmans and Frans-Paul van der Putten, A United Nations with Chinese characteristics?, Clingendael report, December 2018, p.2, 〈https://www.clingendael.org/sites/default/files/2018-12/China_in_the_UN_1.pdf〉.

8 Colum Lynch and Robbie Gramer, 'Outfoxed and outgunned: how China routed the U.S. in a U.N. agency', Foreign Policy, 23 October 2019.

9 'Mr. Liu Zhenmin, Under-Secretary-General', United Nations Department of Economic and Social Affairs, 〈https://www.un.org/development/desa/statements/usg-liu.html〉. Liu's predecessor at the UN was Wu Hongbo 吴红波. For advising on internet governance, see Okano-Heijmans and van der Putten, A United Nations with Chinese characteristics?, p.13.

10 Cited in Colum Lynch, 'China enlists U.N. to promote its Belt and Road project', Foreign Policy, 10 May 2018, 〈https://foreignpolicy.com/2018/05/10/china-enlists-u-n-to-promote-its-belt-and-road-project/〉.

11 Okano-Heijmans and van der Putten, A United Nations with Chinese characteristics?, p.13.

12 'Jointly building Belt and Road towards SDGS', United Nations Department of Economic and Social Affairs, 〈https://www.brisdgs.org/about-bri-sdgs〉.

13 Okano-Heijmans and van der Putten, A United Nations with Chinese characteristics?, p.4.

14 'UN agencies Belt and Road involvement', website of UN Environment Programme, undated, 〈https://tinyurl.com/w49oc8t〉.

15 'Zhongguo zhengfu yu Lianheguo Kaifa jihua shu qianshu "Guanyu gongtong tuijin sichou zhi lu jingji dai he 21 shiji haishang sichou zhi lu jianshe de liangjie beiwanglu"' 中国政府与联合国开发计划署签署《关于共同推进丝绸之路经济带和21世纪海上丝绸之路建设的谅解备忘录》 [The Chinese government and the United Nations Development Programme sign Memorandum of Understanding on jointly promoting the Silk Road Economic Belt and the 21st Century Maritime Silk Road], website of the Chinese government, 19 September 2016, 〈https://tinyurl.com/yjjjskw4〉.

16 'UNDP and China to cooperate on Belt and Road Initiative', United Nations Development Programme, 19 September 2016, 〈https://www.undp.org/content/undp/en/home/presscenter/pressreleases/2016/09/19/undp-andchina-to-cooperate-on-belt-and-road-initiative.html〉. See also Sinopsis and Jichang Lulu, 'United Nations with Chinese characteristics: elite capture and discourse management on a global scale', Sinopsis, 25 June 2018.

17 'Cooperation for common prosperity', 14 May 2017, 〈https://tinyurl.com/tv9ukgf〉. The UNDP's 2017 Governance Report focused on the BRI, analysing its potential contributions to sustainable development. 'A new means to transformative global governance towards sustainable development', 9 May 2017, 〈https://tinyurl.com/rztq9fq〉.

18 'At China's Belt and Road Forum, Guterres calls for "inclusive, sustainable and durable" development', UN News, 26 April 2019, 〈https://news.un.org/en/story/2019/04/1037381〉.

19 'United Nations poised to support alignment of China's Belt and Road Initiative

with sustainable development goals, secretary-general says at opening ceremony', United Nations, 26 April 2019, 〈https://www.un.org/press/en/2019/sgsm19556.doc.htm〉.

20 Human Rights Watch, 'The cost of international advocacy: China's interference in United Nations' human rights mechanisms', Human Rights Watch, 5 September 2017, 〈https://www.hrw.org/report/2017/09/05/costs-international-advocacy/chinas-interferenceunited-nations-human-rights〉.

21 Ted Piccone, 'China's long game on human rights at the UN', Brookings, September 2018, p.4, 〈https://www.brookings.edu/wp-content/uploads/2018/09/FP_20181009_china_human_rights.pdf〉.

22 Human Rights Watch, 'The cost of international advocacy'.

23 Human Rights Watch, 'The cost of international advocacy'.

24 Human Rights Watch, 'The cost of international advocacy'.

25 'Chi wo huzhao wufa ru Lianheguo zongbu qiagong waijiaobu jiaoshe zhong' 持我护照无法入联合国总部洽公 外交部交涉中, Apple Daily, 20 October 2015, 〈https://tw.appledaily.com/new/realtime/20151020/715101/〉.

26 Lu Yi-hsuan and Jake Chung, 'UN body turns away Taiwanese without Chinese IDs', Taipei Times, 17 June 2017, 〈http://www.taipeitimes.com/News/front/archives/2017/06/17/2003672712〉.

27 Jennifer Creery, 'Taiwan lodges protest with the United Nations for denying entry to Taiwanese reporter', Hong Kong Free Press, 15 October 2018.

28 'In an interview with @CCTV, former UN Under-Secretary-General & head of @UNDESA Wu Hongbo said he represented Chinese national interests in his position as a UN official, saying he ordered that WUC President @Dolkun_Isa be expelled from the 2017 UN Indigenous Forum @UN4Indigenous', World Uyghur Congress on Twitter, 25 April 2019, 〈https://twitter.com/uyghurcongress/status/1121349082457485312?lang=de〉; Human Rights Watch, 'The cost of international advocacy'.

29 Randy Mulyanto, 'Taiwan weighs options after diplomatic allies switch allegiance', Al Jazeera, 26 September 2019, 〈https://www.aljazeera.com/news/2019/09/taiwan-weighs-options-diplomatic-allies-switchallegiance-190925070254771.html〉.

30 Chen Shih-chung, 'Taiwan's participation vital to global influenza pandemic preparedness and response', Voice Publishing, 22 May 2017, 〈https://thevoiceslu.com/2017/05/taiwans-participation-vital-global-influenzapandemic-preparedness-response/〉.

31 Amir Attaran, 'Taiwan, China and the WHO: of pandas and pandemics', Canadian Medical Association Journal, vol. 180, 2009, 〈https://www.ncbi.nlm.nih.gov/pmc/articles/PMC2679814/〉.

32 〈https://tinyurl.com/u6bhadn〉

33 Ben Blanchard, 'Taiwan calls China 'vile' for limiting WHO access during virus outbreak', Reuters, 4 February 2020.

34 Rintaro Hosukawa and Tsukasa Hadano, 'Did WHO's China ties slow decision to declare emergency?', Nikkei Asian Review, 1 February 2020.

35 Kimmy Chung, 'Beijing never pressured me in office, former WHO chief Margaret Chan says,' South China Morning Post, 7 July 2017.

36 'Taiwan accuses World Health Organization of bowing to Beijing over invitation to top health meeting', South China Morning Post, 8 May 2018: 'In Beijing on Monday, foreign ministry spokesman Geng Shuang said the island was only

able to attend the assembly from 2009–2016 because the previous Taiwan government had a consensus with Beijing that there is only "one China"'; 'Taiwan: Ministry of Foreign Affairs urges WHO to issue invitation to annual assembly', Underrepresented Nations and Peoples Organization, 20 February 2019, 〈https://unpo.org/article/21384〉.

37 Jennifer Creery, 'Watchdog urges United Nations to defy Chinese pressure and let Taiwanese journalists cover events', Hong Kong Free Press, 19 September 2018.

38 Sam Yeh, 'YAR: let's not abandon Taiwan on international stage', Toronto Sun, 3 May 2019.

39 China: framework agreement aims to help enterprises reduce risks in overseas operations', website of the International Committee of the Red Cross, 27 March 2019, 〈https://www.icrc.org/en/document/icrc-cccmc-dcaf-signframework-agreement-in-responsible-business-conduct〉.

40 'ICRC's special envoy to China Jacques Pellet speaks with CGTN', CGTN channel on YouTube, 23 April 2019, 〈https://www.youtube.com/watch?v=IgPN_RvuTGs〉.

41 'China: livelihood project reduces poverty, changes mindset in Xinjiang', ICRC, 26 March 2019, 〈https://www.icrc.org/en/document/china-ecosec-xinjiang-livelihood-2019〉.

42 Matt Schrader, '"Chinese Assistance Centers" grow United Front Work Department global presence', Jamestown Foundation, 5 January 2019.

43 2018 "Hua zhu zhongxin" nianhui huimou: ning qiao xin qiao li gongxiang minzu fuxing meng' 2018 "华助中心"年会回眸：凝侨心侨力 共享民族复兴梦 [Looking back at the 2018 annual meeting of the 'Overseas Chinese help center': solidifying overseas Chinese hearts and overseas Chinese power, sharing the dream of national rejuvenation].

44 '2018 "Hua zhu zhongxin" nianhui huimou: ning qiao xin qiao li gongxiang minzu fuxing meng' 2018 "华助中心"年会回眸：凝侨心侨力 共享民族复兴梦 [Looking back at the 2018 annual meeting of the 'Overseas Chinese help center': solidifying overseas Chinese hearts and overseas Chinese power, sharing the dream of national rejuvenation].

45 Frank Chung, '"It's a police station honouring a police state": outrage as Melbourne cop shop raises Chinese Communist flag', News.com.au, 3 October 2019.

46 Thomas Eder, Bertram Lang and Moritz Rudolf, 'China's global law enforcement drive: the need for a European response', MERICS China Monitor, 18 January 2017, 〈https://web.archive.org/web/20191011035019/https://www.merics.org/sites/default/files/2018-05/Merics_China-Monitor_36_Law-Enforcement.pdf〉.

47 'Europol and the People's Republic of China join forces to fight transnational crime', Europol, 19 April 2017, 〈https://www.europol.europa.eu/newsroom/news/europol-and-people's-republic-of-china-join-forces-tofight-transnational-crime〉.

48 'Europol executive director receives the vice minister of China at agency's headquarters', Europol, 19 January 2018, 〈https://www.europol.europa.eu/newsroom/news/europol-executive-director-receives-vice-minister-of-chinaagency's-headquarters〉.

49 Michael Martina, Philip Wen and Ben Blanchard, 'Exiled Uighur group condemns Italy's detention of its general secretary', Reuters, 28 July 2017.

50 Ben Blanchard, 'China upset as Interpol removes wanted alert for exiled Uighur

leader', Reuters, 24 February 2018.

51 Bethany Allen-Ebrahimian, 'Can the Chinese be trusted to lead global institutions?', Foreign Policy, 11 October 2018.

52 Chris Buckley, 'Ex-president of Interpol is sent to prison for bribery in China', The New York Times, 21 January 2020.

53 Eder, Lang and Rudolf, 'China's global law enforcement drive'.

54 Michael Laha, 'Taking the anti-corruption campaign abroad: China's quest for extradition treaties', CCP Watch, 13 March 2019, 〈https://www.ccpwatch.org/single-post/2019/03/13/Taking-the-Anti-Corruption-Campaign-Abroad-Chinas-Quest-for-Extradition-Treaties〉.

55 Kevin Ponniah, 'Why is Spain in the middle of a spat between China and Taiwan?', BBC, 23 March 2017.

56 Anon., 'Spain deports 94 Taiwanese to Beijing for telecom fraud', Reuters, 7 June 2019.

57 'Zhongguo jingyuan jiangshu shouci Zhong Yi jingwu lianhe xunluo jingli' 中国警员讲述首次中意警务联合巡逻经历 [Chinese police officer recounts first Sino-Italian police patrol experience], Xinhua, 18 May 2015, 〈https://web.archive.org/web/20191011034150/http://www.xinhuanet.com/world/2016-05/18/c_1118891085.htm〉.

58 Eder, Lang and Rudolf, 'China's global law enforcement drive'.

59 Eder, Lang and Rudolf, 'China's global law enforcement drive'.

60 Emma Graham-Harrison, 'China suspends cooperation with France on police affairs, says report', The Guardian, 3 August 2019.

61 Anon., 'China says its police brought graft suspect back from France', Reuters, 13 March 2017; Harold Thibault and Brice Pedroletti, 'Quand la Chine vient récupérer ses fugitifs en France', Le Monde, 23 May 2017, 〈https://www.lemonde.fr/asie-pacifique/article/2017/05/23/quand-la-chine-vientrecuperer-ses-fugitifs-en-france_5132103_3216.html〉.

62 Anon., 'China says its police brought graft suspect back from France'.

63 Philip Wen, 'Operation Fox Hunt: Melbourne grandmother Zhou Shiqin returns to China', The Sydney Morning Herald, 26 October 2016.

64 Tim Nicholas Rühlig, Björn Jerdén, Frans-Paul van der Putten, John Seaman, Miguel Otero-Iglesias and Alice Ekman, 'Political values in Europe-China relations', European Think Tank Network on China Report 2018, pp.25–6.

65 Kate O'Keeffe, Aruna Viswanatha and Cezary Podkul, 'China's pursuit of fugitive businessman Guo Wengui kicks off Manhattan caper worthy of spy thriller', The Wall Street Journal, 22 October 2017; Josh Rogin, 'Without Rex Tillerson's protection, a top State Department Asia nominee is in trouble', The Washington Post, 15 March 2018.

66 Peter Walker, 'Xi Jinping protesters arrested and homes searched over London demonstrations', The Guardian, 23 October 2015.

67 Rühlig et al., 'Political values in Europe-China relations', p.25; 'Tibetan protest targeted in Belgium and Nepal', Free Tibet, 3 April 2014, 〈https://freetibet.org/news-media/na/tibetan-protest-targeted-belgium-and-nepal〉.

68 Anon., 'Dozens arrested during Swiss protests against Chinese president's visit', The Guardian, 15 January 2017.

69 Cited in Peter Walker, 'Xi Jinping protesters arrested and homes searched over London demonstrations'.

70 Dou Kelin 窦克林, 'Guojia jiancha tizhi gaige zhuli fan fubai guoji zhuitao zhuizang' 国家监察体制改革助力反腐败国际追逃追赃 [Reform of national supervision system aids international pursuit in anti-corruption], Zhongguo jijian jiancha zazhi, no. 1, 2019, p.1, 〈https://web.archive.org/web/ 20191202181143/http://zgjjjc.ccdi.gov.cn/bqml/bqxx/201901/t20190109_ 186640.html〉.

71 'Swedish Supreme Court rules against extradition to China', Safeguard Defenders, 〈https://safeguardwdefenders.com/en/swedish-supremecourt-refuses-extradition-china〉.

72 Anon., 'Kinas ambassadör: "Vi har hagelgevär för våra fiender"', Expressen, 2 December 2019; 〈https://twitter.com/jojjeols/status/1201376527713099776〉.

73 Eder, Lang and Rudolf, 'China's global law enforcement drive'; Julie Boland, Ten Years of the Shanghai Cooperation Organization: A lost decade? A partner for the U.S.?, Washington D.C.: Brookings Institute, 20 June 2011, p.8.

74 Peter Stubley, 'Uighur Muslims forbidden to pray or grow beards in China's "re-education" camps, former detainee reveals', The Independent, 22 March 2019.

75 Interpol SCO-RATS Memorandum of Understanding, 2014 〈https://www.interpol.int/en/content/download/11136/file/21-%20SCO-RATS.pdf〉.

76 'Guanyu Shanghai Hezuo Zuzhi Diqu Fankongbu jigou zhiweihui daibiaotuan canjia guoji xingjing zuzhi "Ka'erkan" xiaogmu gongzuo zu huiyi qingkuang' 关于上海合作组织地区反恐怖机构执委会代表团参加国际刑警组织"卡尔坎"项目工作组会议情况 [About the participation of a delegation from the Executive Committee of the Shanghai Cooperation Organization's Regional Anti-Terrorism Structure in Interpol's project 'Kalkan' working group], website of SCO-RATS, 21 July 2017, 〈http://ecrats.org/cn/news/6915〉.

77 'New framework for enhanced cooperation between RATS SCO and UN CTED', UN Security Council Counter-Terrorism Committee, 25 March 2019, 〈https://www.un.org/sc/ctc/news/2019/03/25/new-framework-enhanced-cooperation-rats-sco-un-cted/〉.

78 Jan-Peter Westad, Richard Assheton and Peter Oborne, 'Campaigners against Uighur oppression blacklisted on terrorism database', Middle Eastern Eye, 16 April 2019, 〈https://www.middleeasteye.net/news/exclusivecampaigners-against-uighur-oppression-blacklisted-terrorism-database〉.

79 Westad, Assheton and Oborne, 'Campaigners against Uighur oppression blacklisted on terrorism database'.

80 Winslow Robertson quoted in Lily Kuo and Niko Kommenda, 'What is China's Belt and Road Initiative?', The Guardian, 30 July 2018.

81 Alice Ekman, 'China's "new type of security partnership" in Asia and beyond: a challenge to the alliance system and the "Indo-pacific" strategy', Elcano Royal Institute, 25 March 2019.

82 Ekman, 'China's "new type of security partnership" in Asia and beyond'.

83 Ekman, 'China's "new type of security partnership" in Asia and beyond'.

84 Formerly known as 16+1, or China and the Central and Eastern European Countries, it was joined by Greece in 2019. The summit has been described as 'a network of bilateral relations more than anything else'. Richard Q. Turcsanyi, 'Growing tensions between China and the EU over 16+1 platform', The Diplomat, 29 November 2017.

85 See for example 9th Business Forum of CEEC & China, 〈https://croatiaforum2019-ceec-china.hgk.hr/〉.

86 Piccone, 'China's long game on human rights at the UN', p.18.
87 Ravid Prasad, 'EU ambassadors condemn China's Belt and Road Initiative', The Diplomat, 21 April 2018.
88 Information Office of the State Council of the People's Republic of China, 'Human rights in China', Beijing, November 1991, 〈http://www.china.org.cn/e-white/7/index.htm〉.
89 'China Society for Human Rights Studies', Chinahumanrights.org, 1 August 2014, 〈http://www.chinahumanrights.org/html/2014/BRIEFINGS_0801/126.html〉.
90 Zhongguo renquan yanjiuhui jianjie' 中国人权研究会简介 [Introduction to the China Society for Human Rights Studies], Zhongguo renquan, 17 June 2014, 〈http://www.humanrights.cn/html/2014/1_0617/675.html〉. For Cui Yuying, see 'Cui Yuying chuxi "goujian renlei mingyun gongtongti yu quanqiu renquan zhili" lilun yantaohui bing zhi ci' 崔玉英出席"构建人类命运共同体与全球人权治理"理论研讨会并致辞, humanrights.cn, 8 June 2017, 〈https://tinyurl.com/yzpgw2d3〉. Since January 2018 she has been serving as the head of the Fujian PPCC.
91 'Zhongguo renquan yanjiuhui jianjie'.
92 'Human rights record of the United States', website of the Chinese embassy to the US, put online 23 October 2003, 〈http://www.china-embassy.org/eng/zt/zgrq/t36633.htm〉.
93 'China Society for Human Rights Studies', Chinahumanrights. org, 1 August 2014, 〈http://www.chinahumanrights.org/html/2014/BRIEFINGS_0801/126.html〉.
94 Sonya Sceats with Shaun Breslin, 'China and the international human rights system', Chatham House, October 2012, 〈https://www.chathamhouse.org/sites/default/files/public/Research/International%20Law/r1012_sceatsbreslin.pdf〉, p.10–11, 18–19.
95 UN Human Rights Council, 'Report of the Working Group on the Universal Periodic Review—China', pp.8, 10, 13.
96 Danny Mok, 'Canto-pop singer Denise Ho calls on UN Human Rights Council to remove China over "abuses" in Hong Kong', South China Morning Post, 9 July 2019.
97 Anon., 'Internet regulations can protect human rights: experts', China Human Rights, 24 July 2014, 〈https://web.archive.org/web/20191206020516/http://www.chinahumanrights.org/html/2014/IE_0724/34.html〉.
98 'EU: suspend China human rights dialogue', Human Rights Watch, 19 July 2017, 〈https://www.hrw.org/news/2017/06/19/eu-suspend-china- humanrights-dialogue〉.
99 Hinnerk Feldwisch-Drentrup, 'Peking sagt Dialog mit Berlin ab', TAZ, 6 December 2019.
100 Piccone, 'China's long game on human rights at the UN', p.4.
101 Piccone, 'China's long game on human rights at the UN', p.4.
102 'Full text of Beijing Declaration adopted by the First South-South Human Rights Forum', South-South Human Rights Forum portal, 10 December 2017, 〈http://p.china.org.cn/2017-12/10/content_50095729.htm〉.
103 'Chinese human rights delegation visits UK', China Daily, 5 July 2018, 〈http://www.chinadaily.com.cn/cndy/2018-07/05/content_36514008.htm〉. The CSHRS has also been holding an annual Europe-China Seminar on Human Rights in different European cities since at least 2015. The 2019 invitation and program description is on file with the authors.

104 See for example State Council Information Office, 'The fight against terrorism and extremism and human rights protection in Xinjiang', White paper, March 2019; Jun Mai, 'Chinese state media "terrorism" documentaries seek to justify Xinjiang crackdown after US vote on human rights bill', South China Morning Post, 8 December 2019.

105 Anon., 'Human rights improve in Xinjiang, experts say', China Daily, 27 June 2018, 〈http://www.chinadaily.com.cn/kindle/2018-06/27/content_36464925.htm〉.

106 Cate Cadell, 'China think tank calls for "democratic" internet governance', Reuters, 4 December 2017.

107 Josh Horwitz, 'Tim Cook and Sundar Pichai's surprise remarks at China's "open internet" conference', Quartz, 4 December 2017.

108 Horwitz, 'Tim Cook and Sundar Pichai's surprise remarks at China's "open internet" conference'.

109 Adrian Shahbaz, 'Freedom on the net 2018: the rise of digital authoritarianism', Freedom House, p.8, 〈https://freedomhouse.org/sites/default/files/FOTN_2018_Final%20Booklet_11_1_2018.pdf〉.

110 Trinh Huu Long, 'Vietnam's cybersecurity draft law: made in China?', The Vietnamese, 8 November 2017, 〈https://www.thevietnamese.org/2017/11/vietnams-cyber-security-draft-law-made-in-china/〉.

111 Zak Doffman, 'Putin signs "Russian Internet Law" to disconnect Russia from the World Wide Web', Forbes, 1 May 2019.

112 Yao Tsz Yan, 'Smart cities or surveillance? Huawei in Central Asia', The Diplomat, 7 August 2019. For another example of the global expansion of the CCP's 'tech-enhanced authoritarianism', see Samantha Hoffman, 'Engineering global consent: the Chinese Communist Party's data-driven power expansion', ASPI Policy Brief, no. 21, 2019.

113 Joe Parkinson, Nicholas Bariyo and Josh Chin, 'Huawei technicians helped African governments spy on political opponents', The Wall Street Journal, 15 August 2019.

114 Kristin Shi-Kupfer and Mareike Ohlberg, 'China's digital rise: challenges for Europe', MERICS papers on China, no. 7, April 2019, p.21.

115 Shi-Kupfer and Ohlberg, 'China's digital rise'.

116 Anna Gross, Madhumita Murgia and Yuan Yang, 'Chinese tech groups shaping UN facial recognition standards', Financial Times, 1 December 2019.

117 Gross, Murgia and Yang, 'Chinese tech groups shaping UN facial recognition standards'.